www.ingramcontent.com/pod-product-compliance
Lightning Source LLC
Chambersburg PA
CBHW070704190326
41458CB00004B/848
9781989880180

سلام هم زبان

دستیابی ایرانیان مقیم خارج از کشور به کتاب های بسیار متنوع و جدیدی که به تازگی در ایران نگاشته و چاپ می شود، محدود است. ما قصد داریم این خدمت را به فارسی زبانان دنیا هدیه دهیم تا آنها بتوانند مانند شما با یک کلیک در آمازون یا دیگر انتشارات آنلاین کتاب هایی در زمینه های مختلف را خریداری کنند و درب منزل تحویل بگیرند.

خانه انتشارات کیدزوکادو تحت حمایت مجموعه آموزشی کیدزوکادو این افتخار را دارد تا برای اولین بار کتاب های با ارزش فارسی را که با زبان فارسی نگارش شده است از شرکت های انتشاراتی بزرگ آن لاین مانند آمازون و ایی بی بارنز اند نابل و هم چنین وبسایت خود انتشارات در اختیار ایرانیان مقیم خارج از ایران قرار دهد.

از اینکه توانستیم کتابهای جدید و با ارزشی که به قلم عالی نویسنده گان و نخبگان خوب ایرانی نگاشته شده است را در اختیار شما قرار دهیم بسیار احساس رضایتمندی داریم

این کتاب ها تحت اجازه مستقیم نویسنده و یا انتشارات کتاب صورت گرفته و درآمد حاصله بعد از کسر هزینه ها، به نویسنده پرداخته می شود.

خانه انتشارات کیدزوکادو در قبال مطالب داخل کتاب هیچگونه مسئولیتی ندارد و صرفاً به عنوان یک پخش کننده است.

و شما خواننده عزیز ما را با گذاشتن نظرات در وب سایتی که کتاب را تهیه کرده اید به این کار فرهنگی دلگرمتر کنید.

سریال کتاب: H2145120016

سرشناسه: درگی مارچ۲۱

عنوان: مباحث و موضوعات مدیریت بازاریابی

زیر نویس عنوان: با نگرش بازار

نویسنده: پرویز درگی

مشخصات نشریه در ایران: نشر بازاریابی

شابک کانادا: 9781989880180

موضوع: بازاریابی، بیزینس، کسب و کار

متا دیتا: Business, Marketing

مشخصات کتاب: سایز ۵.۸۳ در ۸.۲۷

تعداد صفحات: 514

تاریخ نشر در کانادا: march ۲۰۲۱

تاریخ نشر اولیه: ۱۳۹۱

Kidsocado Publishing House

خانه انتشارات کیدزوکادو

ونکوور، کانادا

تلفن: ۱+ (۸۳۳) ۶۳۳ ۸۶۵۴

واتس آپ: ۱+ (۲۳۶) ۳۳۳ ۷۲۴۸

ایمیل: info@kidsocado.com

وبسایت انتشارات: https://kidsocadopublishinghouse.com

وبسایت فروشگاه: https://kphclub.com

به نام خداوند عشق و امید

تقدیم به:

استادان بزرگ و پیشکسوت بازاریابی کـه نـقش ارزنـده‌ای در اعتلای علم بازاریابی ایران داشته‌اند:

- **دکتر احمد روستا**
- **دکتر عبدالحمید ابراهیمی**
- **دکتر داور ونوس**

و

استادان بزرگ دانشگاههای معتبر سوئد و سـازمان مـدیریت صنعتی ایران که افتخار شاگردی ایشان را داشته‌ام:

- **دکتر منوچهر فرهنگ**
- **دکتر اسماعیل صالحی سنگری**

مباحث و موضوعات

مدیریت بازاریابی

با نگرش بازار ایران

نویسنده:

پرویز درگی

مدرس دانشگاه ــ مشاور و محقق بازاریابی

ویراستاران:

احمد آخوندی ــ محسن جاویدمؤید

انتشارات بازاریابی

سرشناسه	: درگی، پرویز، ۱۳۴۵-
عنوان و نام پدیدآور	: مباحث و موضوعات مدیریت بازاریابی با نگرش بازار ایران / نویسنده پرویز درگی؛ ویراستاران احمد آخوندی، محسن جاویدمؤید.
مشخصات نشر	: تهران: انتشارات بازاریابی، ۱۳۹۱.
مشخصات ظاهری	: ۵۱۰ ص.: جدول، نمودار.
شابک	: 978-600-92502-9-5
یادداشت	: چاپ قبلی: رسا، ۱۳۸۷. (۵۱۰ ص.)
موضوع	: خدمات -- بازاریابی
موضوع	: خدمات -- ایران -- بازاریابی
موضوع	: خدمات -- مدیریت
موضوع	: خدمات -- ایران -- مدیریت
شناسه افزوده	: آخوندی، احمد، ۱۳۴۱ -، ویراستار
شناسه افزوده	: جاویدمؤید، محسن، ۱۳۶۱ -، ویراستار
رده‌بندی کنگره	: HD ۹۹۸۰ /۴ /د ۴ م ۲ ۱۳۹۱
رده‌بندی دیویی	: ۶۵۸/۸
شماره کتابشناسی ملی	: ۲۷۲۵۳۲۳

انتشارات بازاریابی

تلفن: ۶۶۴۲۳۶۶۷ (۰۲۱) و ۶۶۴۳۴۰۵۵ (۰۲۱) فاکس: ۶۶۴۳۱۴۶۱ (۰۲۱)

WWW.MARKETINGBOOKS.IR WWW.MARKETINGPUBLISHER.IR

چاپ پنجم کتاب - سوم ناشر ۱۳۹۵/تیراژ ۱۱۰۰

چاپخانه پایدار / صحافی البرز

مراکز توزیع:

شرکت توسعه مهندسی بازارگستران آتی (TMBA)

تهران؛ صندوق پستی: ۱۳۴۴۵ / ۱۳۴۵ تلفن: ۴ - ۶۶۰۲۸۴۰۱(۰۲۱) فکس: ۶۶۰۲۸۴۰۵(۰۲۱)

پخش انتشارات بازاریابی؛ خیابان انقلاب، ابتدای خیابان ۱۲فروردین، پلاک ۲۸۵، مجتمع کتاب فروردین، طبقه همکف، واحد یک. تلفن: ۶۶۴۰۸۲۵۱(۰۲۱) و ۶۶۴۰۸۲۷۱(۰۲۱)

قیمت: ۳۰/۰۰۰ تومان

فهرست

مقدمه ی چاپ سوم

کتاب مباحث و موضوعات مدیریت بازاریابی با نگرش بازار ایران نیز به چاپ سوم رسید. خدای قادر را شاکرم که توفیق داد تا بتوانیم به اتفاق همکاران گرانقدرم در شرکت TMBA و انتشارات بازاریابی، در طی سالهای گذشته گامهای کوچکی برای ارتقای دانش بازاریابی به صورت عملی برداریم.

همان طور که پدر علم بازاریابی جهان پروفسور فیلیپ کاتلر می گوید، بازارها به شدت در حال تغییر هستند پس بازاریابی هم باید تغییر کند؛ خوشبختانه روند تغییر و تحول در بازار ایران و توجه به علم بازاریابی، مثبت و تا حدی راضی کننده است. اما به جهت مسائل محیط کلان و نیاز به تغییر جدی تر در تفکر مدیران ارشد بنگاههای اقتصادی، هنوز این تغییرات به حد مطلوب نرسیده است.

هنوز هم بسیاری از تصمیمات بر اساس حدس و گمان صورت می گیرد و به اندازه ای که در کشورهای توسعه یافته تر به تحقیقات بازاریابی و هوشمندی رقابتی و هوشمندی بازاریابی توجه می شود، در کشور ما پرداخته نمی شود.

هنوز هم بسیاری از محصولات بدون بخش بندی بازار صورت می گیرد و مدیران ارشد بعضی از شرکتها نمی خواهند بپذیرند که دوران تولید و عرضه ی یک محصول برای تمام بخشهای بازار به پایان رسیده است. و هنوز بعضی از این مدیران تصور می کنند بازار هدفشان کل بازار است و در خصوص مباحثی چون مزیت رقابتی، جذابیت بازار و ریسک بازارها مطالعه نمی کنند.

هنوز بسیاری از شرکتها نسبت به موقعیت گذاری شایسته در بازارهای هدف با داشتن و شناساندن مزیت رقابتی و شایستگی کلیدی اقدام نمی کنند.

هنوز سیاستگذاری محصول، توزیع، ترویج و ارتباطات و قیمت گذاری و سایر عوامل آمیزه ی بازاریابی به نحو شایسته ای صورت نمی گیرد.

برای مثال بسیاری از شرکتها خدمات را یک عامل هزینه ای می بینند و باور نکرده اند

که کیفیت، یک مزیت رقابتی نیست بلکه، یک نیاز پایه است. و این خدمات حمایتی است که می‌تواند مزیت رقابتی آن شرکتها و سازمانها باشد.

موضوع برند به نحو شایسته در کشور ما جا نیفتاده است و بسیاری از مدیران، برند را مارک می‌دانند و تمایزی بین برند شرکت و برند محصولات قائل نیستند، و تازه اگر برند جایگاهی در آن سازمان پیدا کرده، بین واحدهای بازاریابی و روابط عمومی این بحث است که مسئول برند کیست؟

هنوز در بسیاری از شرکتها قیمت گذاری بر مبنای قیمت تمام شده را مطرح‌ترین شیوه‌ی قیمت گذاری می‌دانند و اجرا می‌کنند و از اهمیت قیمت محصولات رقبا، ارزش مشتری و... در قیمت گذاری محصولاتشان غافل هستند.

هنوز جنگ پنهانی بین شرکتهای مادر و نمایندگیها وجود دارد و کمتر در به کارگیری شرکای تجاری به مباحثی چون هدفهای مشترک، هویت همخوان و ارزشهای شایسته توجه می‌شود.

هنوز تبلیغات به عنوان مطرح‌ترین ابزار ترویج و ارتباطات مطرح است و کمتر از مباحثی چون بازاریابی حسی، نقشه‌ی ذهن مشتری و... در تأثیرگذاری بر عقل، ذهن و روح مشتری بهره گرفته می‌شود.

هنوز شیوه‌های اجرا و کنترل در بسیاری از شرکتها متناسب با تغییرات صورت گرفته در نسل سوم بازاریابی نیست.

اما اگر تغییرات و تحولات در دنیای بازاریابی ایران را که در طی پنج سال گذشته صورت گرفته است با پنجاه سال گذشته مقایسه کنیم، باید اعتراف کنیم که تغییرات این پنج سال به مراتب بیشتر از نیم قرن گذشته بوده است؛ میزان کتابهای منتشر شده در حوزه‌ی بازاریابی در طی این چند سال قابل توجه است و تعداد کنفرانسها و سمینارهای بازاریابی، فروش، برند و... بسیار زیاد شده است. هر چند بسیاری از آنها بنیان و ریشه‌ی درستی ندارند اما اقبال اهالی بازاریابی نشان از این دارد که بازاریابی دیگر یک پست تشریفاتی نیست، بازارها تغییر کرده‌اند پس بازاریابی هم باید تغییر کند.

اکنون مسأله‌ی اساسی مدیران، تولید نیست چون به لطف سرمایه گذاریهای سنگین صورت گرفته در حوزه‌ی تولید در ایران و جهان، کمتر در این عرصه نیاز به ظرفیت سازی جدید است اما مسأله این است که تولید بدون فروش یعنی آشغال.

اکنون مدیران نگران بازار و مشتری هستند. میزان مراجعه برای مشاوره و تحقیقات بازاریابی بسیار بیشتر از سالهای گذشته است و تمام اینها نوید این را دارد که بازاریابی در ایران با پتانسیل مورد توجه قرار گرفته است.

در چند سال گذشته انجمن علمی بازاریابی ایران و انجمن تحقیقات بازاریابی ایران شکل گرفتند و شروع به فعالیت کردند. همچنین کمیته‌ی استانداردسازی پژوهشهای بازاریابی در مؤسسه‌ی استاندارد و تحقیقات صنعتی ایران راه اندازی شد و بزرگان بازاریابی جهان خصوصاً پروفسور فیلیپ کاتلر، پدر بازاریابی جهان، به ایران توجه خاصی کردند. و تمام اینها مسئولیت مدرسان و مشاوران و اهل قلم در حوزه بازاریابی را بیشتر می‌کند و باید با تکیه بر همدلی و هم توان‌افزایی و با پرهیز از سایش در توان یکدیگر، در ارتقای دانش علمی بازاریابی گامهای ارزنده تری برداریم.

بازار به اندازه‌ی کافی بزرگ است، پس ما باید خودمان را بزرگ کنیم. در دنیای آینده اگر ما بازارها را جدی نگیریم، این بازارها هستند که ما را جدی نخواهند گرفت و راه را برای رقبای خارجی باز می‌کنند. پس بیایید با هم تلاش کنیم. امیدوارم تمام اهالی بازاریابی ایران عالم عامل عاشق باشند.

لازم می بینم مثل همیشه قدردان خانواده‌ی عزیزم باشم که با گذشت خویش امکان خدمت بیشتر اینجانب را به جامعه‌ی بازاریابی ایران فراهم می کنند.

همچنین از خانواده‌ی TMBA، خصوصاً آقایان احمد آخوندی و محسن جاویدمؤید که در انتشارات بازاریابی و مجله‌ی توسعه مهندسی بازار امکان نشر مباحث بازاریابی را فراهم می کنند، ممنون باشم.

و از تمام اساتید بزرگوار بازاریابی ایران که با هدایت و حمایتهای خویش توان و انرژی من و همراهانم را در خدمتگزاری بیشتر می‌افزایند، خصوصاً بزرگان بازاریابی کشورمان آقایان دکتر عبدالحمید ابراهیمی و دکتر احمد روستا تشکر کرده و تعظیم شان کنم.

سبز و پایدار باشید

پرویز درگی

مقدمه‌ی چاپ دوم

باور کنیم که بازاریابی در ایران وارد دوران جدیدی شده است که تا به حال هیچ وقت تجربه نشده بود؛ چراکه بنگاههای اقتصادی در حوزه‌های مختلف، تاکنون این شدت از رقابت را تجربه نکرده بودند. کسانی که برای مشاوره به TMBA مراجعه می‌کنند، طیف بسیار وسیعی را، از بنگاههای بسیار بزرگ و معروف گرفته، تا گردانندگان یک مغازه و جوانان آماده‌ی شروع کار، تشکیل می‌دهند. خوشبختانه دنیای ارتباطات، یادگیری را نسبت به قبل آسانتر کرده است. آموزش برای سازمانها و شرکتهای ایرانی به عنوان یک سرمایه‌گذاری مطرح شده است و کمتر نسبت به قبل، دید هزینه‌ای نسبت به کسب دانش دارند. سازمانها پذیرفته‌اند که افزون بر سخت‌افزار و نرم‌افزار، برای اداره‌ی صحیح و شایسته باید روی مغزافزار و دل‌افزار هم هزینه کنند. استقبال از کتابهای بازاریابی و فروش نیز زیاد شده است. سرعت فروش کتاب «مدیریت فروش و فروش حضوری با نگرش بازار ایران» تعجب بسیاری از جمله خودم را فراهم کرده بود اما وقتی کتاب «مباحث و موضوعات مدیریت بازاریابی با نگرش بازار ایران» هم در کمتر از یکسال به چاپ دوم رسید، به وجد و شعف قبلی‌ام افزوده شد. وقتی شنیدم از سوی خبرگزاری کتاب ایران، چاپ اول این کتاب به عنوان کاندیدای جایزه‌ی فصل کتاب برتر در حوزه‌ی مدیریت بازرگانی انتخاب شده است، بیشتر خوشحال شدم.

- از این همه استقبال سپاسگزارم؛ متواضعانه و صمیمانه تشکر خودم و تیم قدرتمند TMBA را پذیرا باشید و با ارائه‌ی پیشنهادات و انتقادات ارزشمندتان، ما را در مسیری که انتخاب کرده‌ایم، یاری کنید.

- از استادان دانشگاه که با معرفی این کتاب به عنوان کتاب منبع در دوره‌های کارشناسی و کارشناسی ارشد اینجانب را سرافراز کردند، قدردانی می‌کنم. بسیاری از عزیزان، سرعت فروش بالای تألیفات اینجانب را به ساده‌سازی و کاربردی کردن علم بازاریابی، همراه با نگرش بازار ایران مرتبط می‌دانند.

- هنر استادان و مشاوران حوزه‌های مختلف علوم باید این باشد که علم را از هرجای دنیا که هست بگیرند و خلاقیت و تجربیات خویش را به آن اضافه کنند و مهمتر از همه اینکه، متناسب با فضای کشور ایران نسبت به بومی سازی آنها اقدام کنند.
- در این صورت کلیدسازی حرفه‌ای خواهیم بود که به محض برخورد با هر قفل، کلید مناسب آن را تشخیص داده و با تغییراتی که در کلید به عمل می‌آوریم، نسبت به بازکردن قفل اقدام خواهیم کرد.
- از تمام همکاران پرتوانم در TMBA، خصوصاً آقای احمد آخوندی و همکار ایشان محسن جاویدمؤید سپاسگزارم که ویراستاری چاپ دوم را انجام دادند.
- آزمایشگاه ما در علم بازاریابی «خود بازار» است؛ هر چقدر با بازار ارتباط بیشتری داشته باشیم و خودمان را از دانش جدید بهره‌مند سازیم، نقش بارزتری در راستای رسالت خویش در مقابل جامعه خواهیم داشت.

اجازه دهید کلام پایانی را از لویی پاستور، دانشمند شهیر فرانسوی، بشنویم که گفت:

- در هر حرفه‌ای که هستید، نه اجازه دهید که به بدبینی‌های بی‌حاصل آلوده شوید، و نه بگذارید که بعضی لحظات تأسف‌بار که برای هر ملتی پیش می‌آید، شما را به یأس و ناامیدی بکشاند. در آرامش حاکم بر آزمایشگاهها و کتابخانه‌هایتان زندگی کنید. نخست از خود بپرسید: «برای یادگیری و خودآموزی چه کرده‌ام؟» سپس همچنانکه پیشتر می‌روید بپرسید: «من برای کشورم چه کرده‌ام؟» و این پرسش را آنقدر ادامه دهید تا به این احساس شادی‌بخش و هیجان‌انگیز برسید که شاید سهم کوچکی در پیشرفت و اعتلای بشریت داشته‌اید. اما هر پاداشی که زندگی به تلاشهایمان بدهد، یا ندهد هنگامی که به پایان تلاشهایمان نزدیک می‌شویم، هر کداممان باید حق آن را داشته باشیم که با صدای بلند بگوییم:

«من آنچه در توان داشته‌ام، انجام داده‌ام.»

سبز و شاداب باشید

پرویز درگی

تقریظ

علم بازاریابی در ایران مسیر رشد و توسعه‌ی خود را به آرامی طی می‌کند و کم‌کم کویر و بیابان خشک و خالی از درخت و گل و گیاه علم بازاریابی، به زمینی حاصلخیز، آماده و مستعد برای کاشت انواع بذرها، نهال‌ها، گیاهان، و میوه‌های تازه تبدیل می‌شود. توجه جامعه به بازاریابی علمی و علم بازاریابی، علاقه و گرایش به دوره‌های گوناگون و افزایش تعداد دانشکده‌های بازاریابی در سطوح مختلف در ایران و نیز ظهور و حضور نسل جوان، علاقه‌مند، توانمند، و تحصیل‌کرده در این رشته، باعث شده‌اند تا نیاز به نوشته‌ها، کتاب‌ها، و آثار علمی بازاریابی به شدت افزایش یابد.

به همین دلیل در سال‌های گذشته شاهد انتشار مقاله‌ها، کتاب‌ها، نوشته‌ها، و گزارش‌های علمی و پژوهشی گوناگون در این رشته بوده‌ایم که هر یک از آن‌ها نقشی در ترویج فرهنگ و علم و دانش بازاریابی داشته‌اند و لازم است از همه‌ی کسانی که در این راه ارزشمند گامی برداشته‌اند، سپاسگزاری کرد.

آقای پرویز درگی یکی از چهره‌های تحصیل‌کرده و فعال و پویا در این رشته است که در سال‌های اخیر توانسته مقاله‌ها و کتاب‌هایی را به صورت تألیف و ترجمه به علاقه‌مندان بازاریابی کشور عرضه کند.

کتاب «مباحث و موضوعات مدیریت بازاریابی با نگرش بازار ایران» مجموعه‌ای از مقاله‌ها، برداشت‌ها، فراگرفته‌ها، و نظرات ایشان است که می‌تواند به عنوان مجموعه‌ای متفاوت مورد استفاده اهل علم و عمل بازاریابی کشور قرار گیرد.

انتقاد و راهنمایی درست و سازنده، نقش مهمی در بهبود، اصلاح، و تحول دارند؛ امیدوارم کسانی که این مجموعه را با حوصله، دقت، و علاقه‌مندی مطالعه می‌کنند، نظرات، انتقادات، و پیشنهادهای خود را برای کمک به آقای درگی به‌منظور عرضه‌ی کتاب‌های آینده ارائه دهند تا خود نیز نقشی در تقویت و ترویج علم و دانش بازاریابی کشور داشته باشند.

دانشگاهیان و جامعه‌ی صنعتی، بازرگانی، و حتی سازمانهای دولتی می‌توانند بخشهای گوناگون این کتاب را به‌طور مجزا یا پیوسته مورد مطالعه قرار دهند و از نکات آموزنده و ارزشمند آن بهره‌مند شوند.

گاهی یک جمله‌ی پر محتوا، ظریف، و مسئولانه می‌تواند نقشی عظیم در تحول فکری و رفتاری ما داشته باشد. امیدوارم با دریافت و بهره‌برداری از مطالب گوناگونی که آقای درگی در این مجموعه ارائه داده‌اند، به تلاش و توان ایشان احترام بگذاریم، و آرزو کنیم در آینده، آثار بیشتر و بهتری عرضه کنند.

احمد روستا

عضو هیأت علمی دانشگاه شهید بهشتی

مقدمه‌ی چاپ اول

حدود نیم قرن پیش، علم «مارکتینگ[1]» به عنوان بعضی از دروس رشته‌هایی چون مدیریت بازرگانی، وارد دانشگاههای ایران شد. در آن زمان، مارکتینگ را «بازاریابی» ترجمه کردند. اما این ترجمه بسیار ناقص بود، چون افزون بر بازاریابی، موارد بازارشناسی، بازارسنجی، بازارداری، بازارسازی، بازارگردی، بازارگرمی، بازارکاهی، بازارگردانی، بازارگرایی، نیز جزء مارکتینگ هستند. نگارنده برای ترجمه‌ی این واژه‌ی بسیار پرمحتوا، «امور بازار» را به معنای تمام مواردی که به حوزه‌ی بازار مربوط می‌شوند، پیشنهاد کرده است. اما این واژه نیز باید بررسی شود و در صورت تصویب در نزد استادان این رشته و مراجع مربوط، مورد استفاده قرارگیرد. به هر حال ما هم فعلاً از همان واژه‌ی بازاریابی استفاده می‌کنیم.

به صورت عملی، کمتر از ده سال است که بازاریابی وارد بنگاههای اقتصادی ایران شده است. اگر بخواهیم ادعا کنیم که یک کلمه باعث شکل‌گیری علم بازاریابی شده است، بدون شک آن کلمه «رقابت» است.

طبیعی است در فضای کسب‌وکار انحصاری که یکی از مشخصه‌های بارز آن، کمبود عرضه و فراوانی تقاضاست، نیاز چندانی به علم بازاریابی نیست؛ اما زمانی که وارد فضای کسب‌وکار رقابتی می‌شویم که یکی از ویژگیهای آن فراوانی عرضه نسبت به تقاضاست، اهمیت بازاریابی و مشتری‌نوازی بیشتر مشخص می‌شود.

در فضای کسب‌وکار رقابتی، مشتری رئیس است و این دیگر یک واقعیت است؛ چون مشتری حق انتخاب دارد. اوست که تصمیم می‌گیرد از چه کسی بخرد و از چه کسی نخرد. در بیشتر موارد، دیگر شرکتها نمی‌توانند برای مشتری تعیین تکلیف کنند. باید پذیرفت که هر کسی که تصمیم می‌گیرد، رئیس است. می‌توان مدیریت را به صورت

1. Marketing

ساده در یک کلمه تعریف کرد و آن هـم «تـصمیم‌گیری» است. البتـه مـدیران وظیفه‌ی دیگری هم دارند و آن نظارت بر حسن اجرای تصمیمهاست. در مقابل، وظیفه‌ی کارکنان نیز تصمیم‌سازی (با ارائه‌ی پیشنهادهای مناسب به مدیران) و اجـرای تـصمیمها پس از اتخاذ آنها از سوی مدیریت و ابلاغ به نیروهاست.

از عبارات فوق می‌توان چنین نتیجه گرفت که وقتی بازارهای انحصاری به بازارهای رقابتی تبدیل شدند، جای رؤسا هم عوض شد. رؤسای دیـروزی (شـرکتها) خـادمان امروزی، و خادمان دیروزی (مشتریان)، رؤسای امروز هستند و بعید است این معادله بار دیگر تغییر کند.

باید به این جمله که «مشتری رئیس است»، ایمان بیاوریم و تمام رفتارهای شرکت را بر این اساس شکل دهیم.

فضای کسب‌وکار بازار ایران با سرعت سرسام‌آوری به سمت رقابتی شدن حـرکت می‌کند. در این فضای پر چالش، بنگاههای اقتصادی را می‌توان به سه دسته تقسیم کرد:

- آنهایی که موج‌ساز هستند و با پذیرش ریسکها، تغییرات را می‌آفرینند.
- آنهایی که موج‌سوار هستند و با موج تغییرات، همساز می‌شوند.
- آنهایی که تغییرات را نمی‌بینند و اسیر موج می‌شوند. بدیهی است که موج برای آنها تصمیم می‌گیرد و احتمالاً آنها را به صخره می‌کوبد.

در چنین شرایطی، ادبیات کسب‌وکار پیشین کـاربردشان را از دست داده‌انـد و لازم است نسبت به آفرینش ادبیات نو با استفاده از ادبیات توسعه‌یافتگان و با نگرش اقتضایی و همسازی با شرایط بازار ایران اقدام کرد.

به‌هرحال، عصر بازاریابی سنتی پایان یافته و این حقیقتی است که باید پذیرفت. تغییر وجود دارد، نمی‌توان در مقابل آن ایستاد؛ باید آن را پذیرفت و با آن هماهنگ شد.

اگر نمی‌توانید تغییرساز باشید، حداقل باید همساز تغییر باشید تا بقا داشته باشید. به همین دلیل یکی از علومی که در محیط کسب‌وکار رقابتی اهمیت شایان‌توجه یافته است، علم بازاریابی است.

مفهوم بازاریابی این است که یک شرکت باید نیازها و خواستهای مشتریان یک بازار هدف کاملاً تعریف شده را بشناسد و بتواند در مقایسه با رقبا بـه آن مشتریان، ارزش بیشتری ارائه کند تا مقبول ایشان افتد؛ بـه‌شرطی کـه در بلندمـدت هـم بـرای شرکت

سودآوری داشته باشد. چراکه هدفهای سه‌گانه‌ی مشترک بین تمام بنگاههای اقتصادی جهان، «اصل بقا»، «اصل رشد»، و «اصل سود»اند.

بازاریابی را مدیریت تغییر می‌نامند و حتی باروین بائر، بازاریابی را «عینیت» تعریف کرده است.

بازاریابی یک علم بهره‌بردار است و از دستاوردهای سایر علوم نظیر جامعه‌شناسی، روانشناسی، آمار، و... استفاده می‌کند تا نتایج عینی را برای کسب‌وکار فراهـم آورد. تألیف این کتاب تلاشی برای نشان دادن اهمیت بازاریابی علمی در شرایط رو به گسترش بازار ایران، و چگونگی به‌کارگیری آن در رسیدن به هدفهای کسب‌وکار است. نگارنده در تدوین کتاب، افزون بر استفاده از منابع مختلف معتبر، از تجربیات عملی خویش در سِمتهای مدیریت بنگاههای اقتصادی و مشاوره‌ی بازاریابی در شرکتهای متعدد نیز استفاده کرده است.

پس از استقبال کم‌نظیری که از کتاب «مدیریت فروش و فروش حضوری با نگرش بازار ایران» به‌عمل آمد ـ به‌نحوی که در فاصله‌ی زمانی یکسال، ۸۰۰۰ نسخه‌ی چاپ اول و دوم آن به اتمام رسید و در اواخر سال ۱۳۸۵ چاپ سوم آن (همراه با اضافات) به بازار عرضه شد ـ برای تألیف کتاب «مباحث و موضوعات مدیریت بازاریابی با نگرش بازار ایران» بیش از پیش راغب شدم. خدای قادر را شاکرم که این توفیق را نیز نصیبم کرد و هم اکنون کتاب در اختیار شماست.

● در نگارش این کتاب بعضی از مقالات نگارنده مورد استفاده قرار گرفته‌اند که در مجلات تدبیر، عصر تبلیغات و بازاریابی، دانش تبلیغات، مـهندسی تبلیغات، توسعه‌مدیریت، و توسعه‌مهندسی بازار چاپ شده‌اند.

● بعضی از مباحث در قالب توصیه‌های کاربردی ارائـه شـده‌انـد. در ارائـه‌ی ایـن توصیه‌ها نکات زیر مورد توجه بوده است:

  ٭ کاربردی باشد

  ٭ متناسب با شرایط بازار ایران باشد

  ٭ دسته‌بندی‌شده باشد

  ٭ از سایر علوم نظیر روانشناسی، ارتباطات، و... نیز استفاده شده باشد

- در انتهای کتاب نیز دو مقاله برای مدیران و کارشناسان حـوزه‌های بـازاریـابی و دانشجویان عزیز به‌صورت پیوست آمده است که بتوانند در بهبود عملکردشان مورد استفاده قرار دهند.

این کتاب به‌منظور بهره‌برداری دانشجویان مقاطع کـارشناسی و کـارشناسی ارشـد رشته‌های مدیریت بازرگانی و مدیریت اجرایی (MBA) تألیف شده است و علاوه بر آن مدیران بنگاههای اقتصادی و مدیران و کارشناسان حـوزه‌های بـازاریـابی نیز بـه‌خوبی می‌توانند از آن استفاده کنند.

همزمان با چاپ این کتاب، اثر دیگری به نام «قضایای موردی واقعی بـازاریـابی بـا نگرش بازار ایران» به بازار عرضه شده است که با مطالعه‌ی آن می‌توانید توانایی خود را در تعریف مسأله در بنگاههای اقتصادی خویش افزایش دهید و ضمن آشنایی با اصول حل یک قضیه‌ی واقعی در کسب‌وکار، با قضایای متعددی آشنا شوید که در بنگاههای اقتصادی ایران مطرح است؛ سپس با حل آنها، تـوان حـل قضایای شـرکت خـویش را افزایش دهید.

لازم می‌بینم از زحمات تمامی عزیزانی که در نگارش و به ثمر رساندن این اثر به هر شکل مشوقم بودند و یاری‌ام کرده‌اند، قدردانی کنم.

- از استادان برجسته‌ی بازاریابی ایران آقایان دکتر احمد روسـتا، دکتر مـحمود محمدیان و دکتر وحید ناصحی‌فر، به دلیل تشویقها و راهنماییهای ارزنده‌شان.
- از آقایان دکتر احمدرضا فتوت و دکتر علیرضا شریفی، متخصصان روانشناسی صنعتی و ارتباطات، به دلیل مشاوره‌های تخصصی‌شان در حوزه‌های مربوط.
- و از تیم حرفه‌ای مؤسسه‌ی خدمات فرهنگی رسا خصوصاً جناب آقای ناجیان به دلیل زحمات شایسته‌شان در چاپ کتاب.

خواهشمندم از سایت ۱۲ زبانی شرکت توسعه مهندسی بازار گستران آتی (TMBA) به نشانی www.TMBA.ir به عنوان یک شرکت فعال و تـخصصی در زمینه‌های آمـوزش، مشاوره، تحقیقات بازاریابی، و انتشار مجله و کتاب بازدید کنید. من و همکاران عزیزم در این شرکت، با هدف اعتلای علم و هنر بازاریابی، تمام تلاشمان را به‌منظور خدمت به بنگاههای اقتصادی ایران به کار گرفته‌ایم.

استدعا دارم با نظرات ارزشمند خویش، نواقص موجود را به ما نشـان دهیـد تـا در راستای رسالت TMBA موفقیت بیشتری داشته باشیم.

ایران آباد نیاز به انسانهای عالمِ عامل دارد و ابزارهای آن اندیشه و عشق است.

زنده‌یاد مجتبی کاشانی گفت:

عقل تنها چیست؟ ماشین حساب

عشق اما چیست؟ یک جام شراب

آن یکی اندیشه را می‌گسترد

این یکی انگیزه را می‌پرورد

تندبادی گر وزد در این میان

عقل لنگر، عشق همچون بادبان

سبز و پایدار باشید

پرویز درگی

فصل اول

ارتقای بهره‌وری فردی و سازمانی
از دیدگاه بازاریابی
با ارائه‌ی ۸۰ توصیه‌ی کاربردی

۱. کلید بهبود، تغییر تفکر مدیران است

مدیران باید باور کنند که دیگر رئیس مشتری نیستند بلکه، خادم او هستند. بـه گـفته‌ی گاندی، رهبر فقید هند، مشتری با خرید خود در حق ما لطف می‌کند. او ست که فرصت کسب‌وکار را برای شرکتها و فروشندگان مهیا می‌کند. پس باید در گفتار و کردار مدیران بنگاههای اقتصادی تغییر صورت گیرد.

ادبیات کسب‌وکار بازارهای انحصاری، قابلیت کاربرد در فضای رقـابتی را نـدارنـد. فکر مدیران باید متناسب با شرایط جدید عوض شود. به همین دلیل است که بازاریابی را مدیریت تغییر می‌نامند. بقا و تداوم سازمانها و همچنین توسعه‌ی آنها نـیازمند درک به‌هنگام فرصتهای محیطی و تغییرات در قواعد بازی است. سازمانهایی که تـوان درک قواعد جدید بازی را دارند، شانس بیشتری بـرای بـهره‌مندی از فـرصتها مـی‌یابند. در شرایط جدید ببرها می‌مانند و دایناسورها نابود می شوند.

۲. پشت میز جای کوتاهی برای دیدن بازار است

اگر مدیران انتظار دارند در پشت میزشان بنشینند و فقط به گزارشهای رسیده از سوی کارکنان اکتفا کنند، قطعاً توفیق آنها زیاد نخواهد بود. حضور در بازار یکی از شاخصه‌های مدیران عصر جدید است. مدیران موفق دنیا بین $\frac{۱}{۴}$ تا $\frac{۱}{۳}$ وقت خود را مستقیماً در بازار حضور پیدا می‌کنند، با مشتریان حرف می‌زنند، صدای آنها را مـی شنوند، مـحصولات رقبا و حرکات آنها را زیر نظر می‌گیرند، و با اطلاعات صحیحتر تصمیم می‌گیرند.

۳. حدسیات سازمان‌نیافته‌ی خودتان را به‌جای تحقیقات سازمان‌یافته از بازار نگذارید

دیگر دورانی که بر اساس حدس و گمان تصمیم می‌گرفتیم و خودمان را به‌جای مشتری می‌گذاشتیم، تمام شده است. امروزه هزینه‌های تصمیم‌گیری غلط بسیار زیاد است. باید از مشتریان نظرسنجی کرد، سلیقه‌های آنان، باورهایشان، فرهنگشان، و... را شناخت و طرح و رنگ و شکلی را برای محصول در نظر گرفت که باب میل مشتری باشد نه باب میل مدیران. به دلیل اهمیت خاص تصمیم‌گیری بر پایه‌ی اطلاعات و لزوم اجرای تحقیقات بازاریابی، فصل خاصی به این مهم اختصاص یافته است (به فصل سوم رجوع کنید).

۴. چرخه‌ی PDCA دمینگ[1] را در همه‌ی حالات مدنظر داشته باشید

دکتر ادواردز دمینگ، پایه‌گذار مدیریت کیفیت، معتقد است: هر کاری که می‌خواهید بکنید، ابتدا یک نقشه داشته باشید (Plan)؛ یعنی برنامه‌ریزی کنید. برنامه‌ریزی یعنی پیش‌بینی تمامی اقدامات و عملیات، برای رسیدن به هدف. پس مقدم بر هر چیز تعیین هدف است. اگر ندانید به کجا می‌خواهید بروید، پس فرقی نمی‌کند که از کدام راه بروید.

پس از برنامه‌ریزی، فعالیتهایتان را اجرا کنید (DO)؛ اقدام، ترس را از بین می‌برد. دید علمی داشته باشید. و اشتباهات را اصلاح کنید (CHEK) و سپس مجدداً اقدام کنید (ACT).

نگارنده شاهد بوده است که در بیشتر موارد، دو مرحله‌ی مهم DO و CHEK حذف شده‌اند؛ طبیعی است هزینه‌های اقدامات بدون تست آزمایشی و اصلاح اشتباهات، بسیار زیاد خواهد بود.

۵. نگرش از «درون به بیرون» را به نگرش از «بیرون به درون» تبدیل کنید

یکی از گامهای اولیه در تدوین استراتژی، طراحی ماتریس SWOT[2] است که شامل شناخت نقاط قوت (برتریهای بنگاههای اقتصادی نسبت به رقبا)، نقاط ضعف (کاستیهای بنگاههای اقتصادی نسبت به رقبا)، فرصتها (منفعتهای بالقوه)، و تهدیدات

---

1. Edwards Deming

2. SWOT = (Strength-Weaknesses-Opportunities-Threats)

(ضررهای بالقوه) است. اما امروز بسیاری از استادان حوزه‌های استراتژی و بازاریابی معتقدند که باید ماتریس SWOT به ماتریس معکوس آن یعنی TOWS تبدیل شود.

به بیانی دیگر، مقدم بر نقاط قوت و ضعف که از درون شرکت سرچشمه می‌گیرند، تهدیدات و فرصتها هستند که از محیط نشأت می‌گیرند.

می‌توان با جدیت ادعا کرد که امروزه نقطه‌ی شروع عملیات بازاریابی، دیگر درون شرکتها نیست بلکه، نقطه‌ی شروع «خود بازار» است و بازار به معنای مجموعه‌ی مشتریان است. پس باید سراغ ایشان رفت، آنها را شناخت، دستوراتشان را شنید و بر اساس آن تصمیمهای لازم را گرفت.

فقط شرکتهای شماره‌یک که رهبران بازار هستند با اختصاص بودجه‌های سنگین می‌توانند ابتدا اختراعات خود را خلق کنند و سپس با ارتباطات اثربخش، مشتریان را متقاعد کنند که به آن محصول نیاز دارند. برای مثال می‌توان به شرکت سونی اشاره کرد؛ وقتی که این شرکت واکمن را اختراع کرد، هر چند قبل از آن مشتریان اطلاعی از واکمن نداشتند، بازارسازی کرد. پس باید نتیجه گرفت غیر از شرکتهای شماره‌یک، سایر شرکتها باید نقطه شروع عملیاتشان را خود بازار قرار دهند.

۶. ترس و تردید را کنار بگذارید؛ آنها دشمنان رشد و پیشرفت هستند

اقدام کنید؛ اقدام ترس را از بین می‌برد، اما با کسب دانایی روزافزون، اقدامات خویش را جهت‌دار کنید. در چنین روندی، اعتماد به نفس شما نیز بیشتر می‌شود.

بزرگترین ترسها، ترس از شکست و ترس از انتقاد (طرد شدن) هستند. حقیقت این است که دیکته ننوشته، غلط ندارد. کنترل برای همین است که اشتباهات را اصلاح کنید، طبیعی است هر قدر عالمانه و با بهره‌گیری از نظرات مشاوران آگاه حرکت کنید، احتمال شکست کاهش می‌یابد. ولی فعالیت نکردن به دلیل ترس از شکست، رشدی را در پی نخواهد داشت.

جی واتسون[1] می‌گوید: اگر می‌خواهید سریعتر موفق شوید، باید سرعت شکست‌تان را دو برابر کنید، موفقیت در آن سوی شکست خوابیده است.

فرانکلین دلانو روزولت[2] سی و دومین رئیس جمهور امریکا، نیز می‌گوید: تنها

1. J. Watson
2. Franklin Delano Roosevelt

محدودیتی که شما را از درک فردا باز خواهد داشت، تردیدهای امروزتان است؛ بیایید با ایمانی قوی و جدی جلو برویم.

علاج ترس و تردید، افزایش اشتیاق و علم است. در این صورت است که شجاعت و اطمینان را جایگزین ترس و نادانی می‌کنید. اما مهمتر از همه، میل درونی شما برای غلبه بر ترس و تردید است که موجب موفقیت می‌شود. موفقیت یک تکلیف درونی است؛ در درون شما باید شروع شود تا در بیرون انعکاس یابد.

وقتی شما فعال باشید، مورد انتقاد نیز قرار خواهید گرفت؛ بررسی کنید اگر انتقاد سازنده و از سر دلسوزی است، آن را یک فرصت برای بهبود ببینید و از منتقد تشکر کنید اما اگر انتقاد، نق زدن بدون پیشنهاد و از سر حسودی است، به‌جای اینکه ناراحت شوید، انرژی بگیرید. وقتی ایمان دارید که کارتان درست است، در مقابل کنایه‌های حسدورزان عبارت زیر را به یاد آورید:

● بنگر که به چه مقصود آمده‌ای

آنگاه با شوق و عزم عمل کن

هر قدر مقصد والاتر باشد

مصمم‌تر خواهی شد

که با تعالی خود، جهانی متعالی‌تر بسازی

و در این مسیر حسد حسودان را انرژی خود قرار ده.

۷. مواظب افکارتان باشید

قانون تطابق می‌گوید: دنیای بیرونی شما بازتاب دنیای درونیتان است؛ شما همان هستید که می‌اندیشید. مثبت‌اندیش باشید و به افکار منفی اجازه‌ی جولان در مغزتان را ندهید. به عبارات زیبای زیر توجه کنید:

ـ مواظب افکارتان باشید، آنها اعمال شما را می‌سازند.

ـ مواظب اعمال خویش باشید، آنها عادتهای شما را تشکیل می‌دهند.

ـ مواظب عادتهای خویش باشید، آنها شخصیت شما را می‌سازند.

ـ مواظب شخصیت خویش باشید که ان، سرنوشت شما را رقم می‌زند.

قانونی در علم روانشناسی وجود دارد که اگر شما از آنچه که دوست دارید باشید، تصویری

در ذهنتان مجسم کنید و آن تصویر را مدتی در ذهن نگه دارید، به‌زودی دقیقاً چیزی خواهید شد که فکرش را می‌کنید. شما یک آهن‌ربای زنده هستید که به‌طور تغییرناپذیر، افراد، ایده‌ها، فرصتها، و حوادثی را هماهنگ با افکار برتر خود به داخل زندگیتان جذب می‌کنید.

افکار مثبت، تقویت‌کننده‌ی زندگی، و افکار منفی مخرب آن است.

۸. حس برتری‌جویی شایسته‌مدار را در خویش ارتقا دهید

یکی از عباراتی که انسانهای ضعیف در توصیف انسانهای شایسته و قوی به‌کار می‌برند این است که طرف بلندپرواز است. مگر بلندپروازی بد است؟ مگر غیر از این است که جهان را انسانهای بلندپرواز و ناراضی از وضعیت موجود می‌سازند؟ پس بدون نگرانی از گفتار انسانهای حسود، بلندپرواز باشید ولی الزامات آن را که پرورش شایستگیها با کسب مهارتها و دانشهای نو است در خودتان تقویت کنید. در غیر این‌صورت، دچار دام غرور کاذب می‌شوید.

بروسس بارتون می‌گوید: هیچ چیز بزرگی هرگز انجام نگرفته است مگر از سوی آنهایی که جرأت کرده‌اند باور کنند چیزی درون آنها وجود دارد که نسبت به اطرافیان برتری دارند.

۹. به گلوگاههای محیط کار توجه و آنها را به‌موقع رفع کنید

کسب‌وکار یک فرایند است و نتیجه اقدامات قسمتهای مختلف به‌صورت محصول به مشتری عرضه می‌شود. در هر جای این فرایند نقص باشد، در نهایت، محصول دیرتر و با کیفیت پایینتر به دست مشتری می‌رسد. بعضی از مواقع، مدیران به بزرگی شرکت خویش می‌نازند. توجه داشته باشید هرقدر یک بطری، بزرگ و گشاد و زیبا باشد، نهایتاً گردن بطری است که سرعت خروجی را تعیین می‌کند. گلوگاه همان نقش گردن بطری را بازی می‌کند. به عبارت دیگر، قدرت یک زنجیر، به اندازه‌ی قدرت ضعیفترین حلقه‌ی آن است؛ به ضعیفترین حلقه نیز توجه کنید تا قدرت جمعی افزایش یابد. اصلاحات کوچک در حوزه‌های مختلف می‌تواند موجب ایجاد اصلاحات بزرگ در نتایج شود.

۱۰. با معضلات، همزیستی مسالمت‌آمیز پیدا نکنید بلکه، به رفع آنها بپردازید

بعضی از مواقع، مدیران یک کارمند نامناسب را برای همیشه تحمل می‌کنند. یا یک

مشتری نامناسب را که هزینه‌هایش بیشتر از منافع اوست، از سیستم حذف نمی‌کنند. یک اقدام اثربخش و تصمیم مدیریتی این است که از خودتان بپرسید «با توجه به آگاهیهایی که اکنون دارم، آیا چیزی هست که اگر دوباره کارم را از صفر شروع می‌کردم، آن کار را انجام نمی‌دادم؟» اجرای این اقدام به شجاعت و تعهد نیاز دارد. برایان تریسی[1]، مربی پرآوازه‌ی کسب‌وکار تجاری، این اقدام را «تفکر بر مبنای صفر» نامگذاری کرده است.

۱۱. آن کاری را انجام دهید که بهتر از همه انجام می‌دهید؛ بقیه را به دیگران واگذار کنید

تفویض اختیار را یاد بگیرید؛ قرار نیست سیستم فقط به شما وابسته باشد. اگر همکارانی هستند که بعضی از وظایف شما را حتی به اندازه‌ی ۷۵٪ خوبی عملکرد شما انجام می‌دهند، آن کار را به ایشان واگذار کنید و شما به فعالیت مهم دیگری بپردازید. این را تفویض اختیار درون‌سازمانی می‌گوییم. می‌توانید تفویض اختیار را به بیرون از سازمان هم منتقل کنید. یعنی بعضی از کارها را برون‌سپاری کنید. در این حالت از انرژی، دانش، سرمایه، ایده‌ها، و اعتبارات دیگران نیز بهره‌مند می‌شوید.

در برون‌سپاری، وظیفه‌ی نظارت بر کیفیت را حتماً باید به‌خوبی انجام دهید تا به هویت و برند شرکت شما خدشه وارد نشود. به تفویض اختیار بیرونی «تولید بدون کارخانه» نیز گفته می‌شود. فقط آن بخشی از کار را برای خودتان نگه دارید که در نزد مشتریان به آن وجه تمایز معروف هستید و آن فعالیتی است که دلیل اصلی خرید مشتریان را از شما شکل می‌دهد.

۱۲. کارآفرین باشید

کارآفرینی فرایند خلاقیت و نوآوری است. کارآفرینی توانایی ایجاد و ساخت یک دیدگاه از هیچ، و اساساً یک عمل خلاقانه‌ی انسانی است. به‌کارگیری انرژی زیاد در پیاده‌سازی یک پروژه‌ی اقتصادی، مستلزم مدیریت ریسک و تلاش برای کاهش احتمال شکست است. کارآفرین همچنین دارای توان تیم‌سازی، فرصت‌یابی، یافتن منابع، و کنترل آنها است.

کارآفرین فردی است که نیاز بازار را می‌شناسد، فرصتها را تشخیص می‌دهد، و با ایجاد ایده‌های عملی (قابل فروش) همراه با صرف پول، زمان، مهارت و افزودن انرژی، به استفاده از فرصتها می‌پردازد.

1. Brian Tracy

کارآفرین، شتاب‌دهنده‌ی تغییرات در بستر تجارت است. او چشم‌اندازی بلند دارد و اندیشمندی مستقل است که جرأت می‌کند متفاوت باشد.

۱۳. سرمایه‌گذاری کنید؛ درآمدها، دارایی ایجاد می‌کنند نه مخارج

در استخدام نیروهای مناسب، سرمایه‌گذاری کنید، در ارتقای کیفیت سرمایه‌گذاری کنید و در حد هزینه‌ی قابل قبول نیز به زیبایی محیط کار توجه کنید.

بعضی از شرکتها به‌جای سرمایه‌گذاری در افزایش درآمدها بیش از اندازه به ظواهر محیط کار توجه می‌کنند، محیط کار باید زیبا، مشتری‌پسند، و مناسب باشد، اما نـه در حدی که فقط پوسته‌ی زیبایی بدون داشتن محتوای عالی باشد.

بعضی از مواقع مدیران به‌جای هزینه کردن بـرای افـزایش ایمنی کشتی و تـهیه‌ی قایقهای نجات، به تزئین بادبان و لنگر می‌پردازند. مثلاً بدترین حالت زمانی است کـه وامهای دریافتی صرف خرید اتومبیل گران‌قیمت و... می‌شود.

۱۴. فرهنگ مشتریان را بشناسید و خیلی به آن احترام بگذارید

فرهنگ، مجموعه‌ای از آداب، رسوم، رفتارها، و کـردارهایی است کـه در جـامعه‌ای به‌صورت مشترک درآمده است. مذهب هم جزئی از فرهنگ است. عوامل فرهنگی و اجتماعی مهم‌ترین عامل از بین عوامل محیط کلان در بازارهای مصرفی‌اند. با فرهنگ مشتریان مقابله نکنید، قرار نیست فرهنگ خودتان را به آنها بقبولانید. فرهنگ مشتری را بشناسید و به آن احترام بگذارید تـا مـورد قبول مشتری واقع شـوید. ژاپنی‌ها بـرای دستیابی به بازار ایران حدود چهل سال پیش، رشته‌ی زبان و ادبیـات فـارسی را در دانشگاه‌های خود دائر کردند؛ چون می‌دانستند برای ارتباط با مصرف‌کنندگان بازارهای مصرفی، بهترین راه شناخت فرهنگ آنان است و برای شناخت فرهنگ، دانستن زبـان بسیار مؤثر خواهد بود. در فصل هشتم و در بخش اهمیت رفتار در بازاریابی، به مبحث فرهنگ نیز پرداخته شده است.

۱۵. برای تعامل به بازار بروید نه برای تقابل

تعامل یعنی ارتباط دوطرفه؛ در هر تعامل، ما طرف مقابل تأثیر می‌گذاریم و از او تأثیر

می‌پذیریم. تعامل سازنده، منجر به معامله می‌شود که هدف اساسی بازاریابی است، اما تقابل یا مقابله کردن، ما را از رسیدن به هدف کسب‌وکار دور می‌سازد. از هر عاملی که منجر به تقابل بشود بپرهیزید. به شخصیت مشتری خیلی احترام بگذارید. اگر مشتری احساس کند که به شخصیت او یعنی خصوصیات روانی و فردی او بی‌احترامی شده است، علاقه‌ای به ادامه‌ی ارتباط و خرید از شما نشان نخواهد داد.

۱۶. تفاوت بازارهای مصرفی با بازارهای صنعتی (تجاری) را بشناسید

حاکمان بازارهای مصرفی، خانمها هستند. از این رو نقش فرهنگ و احساس در این بازارها بسیار قویتر است. اما حاکمان بازارهای صنعتی، آقایان هستند و در نتیجه نقش عوامل اقتصادی در این بازارها بیشتر است. در بازارهای مصرفی، تعداد تصمیم‌گیران کمتر است، اما در بازارهای صنعتی حداقل با شش گروه شامل پیشنهاددهندگان اولیه، تصمیم‌گیران، تأثیرگذاران، مأموران خرید، مصرف‌کنندگان محصولتان در آن شرکت، و دروازه‌بانها نظیر منشی‌ها، طرف هستید. لازم است آنها را بشناسید، روحیاتشان را مورد توجه قرار دهید، و در برقراری ارتباط صحیح با آنان تلاش کنید.

۱۷. به عوامل سیاسی ـ حقوقی بازار هدف توجه کنید

منظور از عوامل سیاسی ـ حقوقی در بازاریابی، میزان دخالت دولت در حوزه‌ی اقتصاد و کسب‌وکار است. طبیعی است هر قدر میزان دخالت دولت کمتر باشد، فضای اقتصاد بازتر و رقابتی‌تر خواهد بود. به هر حال برای توفیق در کسب‌وکار باید قوانین را شناخت و به آن احترام گذاشت. خودتان را از مشاوران حقوقی زبده و کارآزموده بهره‌مند سازید؛ این یک نوع سرمایه‌گذاری است، چون از زیانهای سنگین بعدی جلوگیری می‌کند.

۱۸. به عوامل جغرافیایی بازار هدف توجه کنید

چند سال قبل یکی از شرکتهای اتومبیل‌ساز ایرانی، تعدادی اتومبیل به بازار سودان صادر کرد، اما پس از چندی با شکایتهای مکرر مبنی بر سوختن موتور روبه‌رو شد. پس از بررسی مشخص شد میزان گرد و خاک در کشور سودان، حتی در خارطوم پایتخت آن،

ده برابر ایران است؛ طبیعی است فیلتر روغن طراحی شده برای آن بازار جوابگو نبود.
پس لازم است در هر کاری وضعیت آب و هوای بازار هدف را بررسی کنید و تأثیر آن
را بر کسب‌وکار و محصول خود مورد سنجش قرار دهید.

از دیگر نکات مورد توجه در مبحث مسائل جغرافیایی، دوری و نزدیکی است؛ برای
مثال، ایران در دستیابی به بازار کشورهای عراق و افغانستان نسبت به کشورهای اروپایی
مزیت جغرافیایی دارد. یعنی هزینه‌ی رساندن محصول به بازار هدف کمتر است. این
نکته را هم در تصمیم‌های بازاریابی مورد توجه قرار دهید.

۱۹. به فناوری بنگاه اقتصادی خود برای دستیابی به بازار هدف توجه کنید

امروزه دیگر به‌جای اصطلاح «فناوری اطلاعات»[1] از اصطلاح «فناوری ارتباطات
اطلاعات»[2] استفاده می‌کنند. به عبارتی فناوری اطلاعات، در گذشته تنها به دو بعد
سخت‌افزاری و نرم‌افزاری فناوری توجه داشت، اما این دو فقط بستر ارتباطی هستند، در
حالی که خود ارتباطات را انسان برقرار می‌کند. بنابراین، به دو عامل دیگر به نام‌های
مغزافزار و دل‌افزار نیز باید توجه کرد که این دو به انسان مرتبط می‌شوند. مغزافزار یعنی
اینکه چقدر روی مغز نیروها سرمایه‌گذاری کرده‌اید و چقدر به آنها آموزش داده‌اید. البته
آموزشی که منجر به یادگیری شود؛ یعنی در رفتار یادگیرندگان تغییر ایجاد کند.

همین‌طور چقدر روی دل نیروها کار کرده‌اید که منظور از آن، حس تعلق سازمانی
است. یادتان باشد هر قدر از بُعد سخت‌افزاری، نرم‌افزاری، و مغزافزاری سازمانی قوی
داشته باشید، اگر دل آنها به کار نباشد، موفق نخواهید شد. همواره به یاد داشته باشید که
کارکنان راضی، مشتریان راضی می‌آفرینند. به کارکنان به مثابه ماشین نگاه نکنید؛ آنها
انسان هستند، روح و احساس و عاطفه دارند. نقش دل در مدیریت امروز بسیار مهم است.

۲۰. عوامل جمعیتی بازار هدف را مورد بررسی قرار دهید

منظور از عوامل جمعیتی، مواردی چون اندازه‌ی جمعیت، سن جمعیت، ترکیب
جمعیت، پراکندگی آن، و... است. اینها پایه‌های تصمیم‌گیری هستند. جمعیت بازار را
مورد بررسی قرار دهید و بر اساس آن تصمیم بگیرید. چه بسیار سرمایه‌گذاری‌های

---

1. Information Technology   2. Information Communication Technology

نابجایی که در بازار ایران صورت گرفته است و در حال حاضر بینتیجه ماندهاند و دلیل آن عدم بررسیهای جمعیتشناسی اولیه بوده است. برای نمونه سرمایهگذاریهای صورت گرفته در صنعت سوسیس و کالباس را میتوان مثال زد؛ در حالیکه برای پاسخگویی به بازار ایران (مصرف سرانه حدود ۱/۵ کیلوگرم) ۳۰٪ ظرفیتسازی صورت گرفته کافی بود، سرمایهگذاری کلانی صورت گرفت و در حال حاضر حدود ۷۰٪ ظرفیت ایجاد شده بدون استفاده مانده است.

۲۱. بازاریابی در محیط کسبوکار رقابتی، شبیه بازی شطرنج است

در بازی شطرنج شما قبل از جابجا کردن مهره، اقدامات قبلی رقبا و خودتان را مورد بررسی و تجزیهوتحلیل قرار میدهید و سناریوهای مختلف حرکت بعدی رقیب را از نظر میگذرانید. سپس پیشبینی و بعد اقدام میکنید. کسبوکار عصر حاضر هم شبیه همین اعمال است، با این تفاوت که همزمان بهجای یک رقیب، چندین رقیب داخلی و خارجی با بهرهگیری از منابع مختلف روبهروی شما قرار دارند. دیگر نمیتوان با خیال راحت حرکت کرد؛ ناچار هستید رقبا را زیر نظر داشته باشید، اطلاعات آنها را بهدست آورید، از برنامههای ایشان، محصولاتشان، تبلیغات آنها، شبکهی توزیع آنان، و... آگاه باشید. تصمیمگیری در فضای رقابتی، بدون اطلاع داشتن از رقبا، همانند راه رفتن در تاریکی با چشم بسته است.

۲۲. در انتخاب تأمینکنندگان برگزیدهی محدود تلاش کنید

تمام تأمینکنندگان، این قابلیت را ندارند که به شما مواد اولیه و قطعات و سایر ملزومات و خدمات مورد نیازتان را بفروشند. شما باید با در نظر گرفتن شاخصهای مهمی چون دارا بودن استانداردهای کیفی، ملاحظات تجاری، ملاحظات فنی، و نحوهی برخورد و نگرش و ملاحظات مالی، تمام تأمینکنندگان مدنظر را مورد ارزیابی قرار دهید و با جمیع جهات، بهترینها را گزینش کنید. هیچوقت با یک تأمینکننده هر چند بهترین هم باشد کار نکنید (مگر اینکه آن تأمینکننده بخشی از شرکتی از مجموعهی خودتان باشد)؛ چون در اینصورت شما اسیر او میشوید. رقابت در همه حال سازنده است، بین تأمینکنندگان برگزیدهی محدود (مثلاً هشت تأمینکننده یا کمی بیشتر یا کمتر) رقابت ایجاد کنید.

۲۳. واسطه‌های مناسب انتخاب کنید تا یاوران شما باشند

نمایندگیها، شعب، عمده‌فروشان، خرده‌فروشان، و حتی مشاوران و شرکتهای تبلیغاتی، همه در صورت دارا بودن شایستگیهای لازم، یاور شما هستند. هر شخصیت حقیقی یا حقوقی که کمک کند تا شما به مشتریان دست بیابید و در برقراری ارتباط بلندمدت بین شرکت شما و مشتریان گام بردارد، یاور شماست. ولی اگر ایشان واجد صلاحیتهای لازم نباشند، نهایتاً کسب‌وکار شما لطمه می‌بینند. همان‌طور که در انتخاب تأمین‌کنندگان دقت لازم را به‌عمل می‌آورید، در ارزیابی برای انتخاب واسطه‌های شایسته نیز با دقت نظر عمل کنید. عوامل زیر در انتخاب نمایندگیهای مناسب مهم هستند. در فصل نوزدهم، آسیب‌شناسی نمایندگیها در زنجیره‌ی ارزش‌آفرینی، به چگونگی انتخاب نمایندگیهای واجد شرایط اشاره شده است.

۲۴. به مردمی که مشتری شما نیستند ولی در کسب‌وکارتان مؤثرند، بی‌توجه نباشید

نقش تأثیرگزاران در کسب‌وکار را جدی بگیرید، برای مثال اگر شما در صنعت کارت اینترنتی فعالیت می‌کنید، نقش والدین در تصمیم‌گیری و دادن اجازه‌ی استفاده از این محصول به فرزندانشان حائز اهمیت است.

همچنین مردمی که در اطراف کارخانه‌ی شما زندگی می‌کنند به طرق مختلف تأثیر مثبت یا منفی در کسب‌وکار خواهند داشت. برای مثال اعتراضاتی که آنها برای استفاده از کارگران غیربومی در کارخانه ابراز می‌دارند، ایراداتی که به آلوده بودن پساب صنعتی یا دود آلوده‌کننده‌ی محیط‌زیست می‌گیرند، و... به همین دلیل است که امروزه افزون بر توجه به مشتریان، توجه به جامعه هم مورد توجه بنگاههای اقتصادی است؛ به عبارتی فلسفه‌ی حاکم بر محیط کسب‌وکار امروز، فلسفه یا دیدگاه بازاریابی اجتماعی است و مفهوم آن عبارت است از اینکه بنگاههای اقتصادی حق ندارند محصولی را تولید کنند که برای جامعه و محیط کسب‌وکار زیان‌آور باشد و در صورت عدم رعایت، هزینه‌های جبران خسارت را باید خودشان بپردازند. در مسیر اجرای این امر، سازمانهای غیردولتی[1] شکل گرفتند و حکومتها را مجبور به وضع قوانین محکم کردند و همچنان بر

1. NGO

اجرای قوانین نظارت می‌کنند. در همین راستا بود که تحت فشار سازمان حفاظت از محیط‌زیست، شرکت ایران‌خودرو مجبور به حذف پیکان از چرخه‌ی تولید شد.

۲۵. میزان دخالت دولت در کسب‌وکارتان را در بازارهای هدف مورد ارزیابی قرار دهید و سپس تصمیم‌گیری کنید

هر قدر میزان دخالت دولت در حوزه‌ی اقتصاد بیشتر باشد، فضای اقتصادی به سمت اقتصاد بسته حرکت می‌کند و هر قدر این دخالت کمتر باشد، فضای اقتصادی به سمت اقتصاد رقابتی یا باز حرکت می‌کند. لازم است از این نظر میزان دخالت دولت در فضای عمومی اقتصاد و همچنین نگرش دولت و قوانین مربوط در مورد صنعت و محصول خودتان را مورد بررسی و تجزیه‌وتحلیل قرار دهید، سپس اقدام کنید.

۲۶. به ارتش احترام بگذارید

بسیاری از واژه‌های اساسی مورد استفاده در کسب‌وکار، ابتدا در ارتش خلق شده‌اند و سپس به دانشگاه و بنگاههای اقتصادی راه یافته‌اند؛ به مثالهای زیر توجه کنید:

استراتژی یعنی هنر ژنرالها

تاکتیک یعنی هنر جنگاوری سربازان

تکنیک یعنی هنر جنگاوری یک سرباز

اینترنت یعنی شبکه‌ی شبکه‌ها

لجستیک یعنی پشتیبانی

مدیریت یعنی فرماندهی

در بنگاههای اقتصادی، ژنرالها همان مدیران ارشد هستند که وظیفه‌ی بسیار مهم تعیین استراتژی، یعنی راه رسیدن به هدف با زیر نظر گرفتن دقیق رقبا و استفاده از فرصتها را به‌عهده دارند.

تاکتیک، مجموعه ابزارهای لازم برای تأثیر گذاشتن بر مشتری (که هدف کسب‌وکار است) و تکنیک، میزان تسلط و مهارت فردی هر یک از کارکنان است.

اینترنت، شبکه‌ای است که تمام شبکه‌های عضو را به هم متصل می‌سازد و یک شاهراه ارتباطی است.

لجستیک یا پشتیبانی، جزء لازم برای توفیق نیروهای خط مقدم یا فروشندگان است. مدیریت و فرماندهی، علم و هنر، برنامه‌ریزی و سازماندهی، هدایت و رهبری، نظارت و کنترل و ایجاد هماهنگی بین تمام منابع سازمان برای رسیدن به هدف با توجه به قوانین و محدودیتهای بازار هدف است.

قطعاً کلمات دیگری هم وجود دارند که در ارتش خلق شده و سپس به سایر حوزه‌ها بسط یافته‌اند. پس بیایید به قدیمیترین سازمانها یعنی ارتشها احترام بگذاریم و از آنها یاد بگیریم. در آینده از تک‌تک این کلمات مهم بیشتر صحبت خواهیم کرد.

۲۷. تاکتیکها همان ابزارها هستند

تاکتیکهای بازاریابی، ابزارهای بازاریابی، آمیزه‌ی بازاریابی، آمیخته‌ی بازاریابی، و ترکیب بازاریابی، همگی واژگان مشترکی برای ترجمه‌ی کلمه‌ی "Marketing Mix" اند. منظور از این واژه آن است که برای متقاعدسازی مشتریان تنها یک ابزار کفایت نمی‌کند بلکه، مجموعه‌ای از ابزارها با هماهنگی یکدیگر باید عمل کنند تا توفیق حاصل شود؛ این مجموعه ابزارها را ابتدا در دهه‌ی ۱۹۶۰ جروم مک‌کارتی تحت عنوان ۴پی[1] نامگذاری کرد که عبارتند از: محصول[2]، قیمت[3]، ترویج[4] و توزیع یا مکان[5]. هر چند ۴پی در تمام موارد مصداق ندارد؛ به عبارتی آمیزه‌ی بازاریابی شرکتهای مختلف با یکدیگر فرق می‌کند ولی تمامی آنها به نوعی برگرفته‌شده از زیرمجموعه‌های همان ۴پی هستند (بجز موارد خاص). اما نکته‌ی مهم این است که آمیزه‌ی بازاریابی شرکت شما هر چه که باشد باید بین اجزای آن یک همسویی و هماهنگی برقرار باشد. به عبارتی آمیزه‌ی بازاریابی شبیه اسبی است که حتی اگر یک دست آن شکسته باشد، آن اسب کارایی نخواهد داشت. در شناساندن تاکتیکهای مؤثر شرکت به مشتریان به‌صورت اثربخش اقدام کنید. در فصل دوازدهم با چگونگی طراحی آمیزه‌ی بازاریابی بنگاه اقتصادی مناسب آشنا می‌شوید.

۲۸. سازمانی یادگیرنده و فراگیر داشته باشید

سازمان یادگیرنده یا فراگیر طبق تعریف، سازمانی است که تمام اجزای آن با همدیگر یاد

---

1. 4P
2. Product
3. Price
4. Promotion
5. Place

می‌گیرند. فرق آموزش با یادگیری در این است که آموزش، گذراندن دوره است؛ اما یادگیری، آموزشی است که منجر به تغییر رفتار بشود و به عبارتی در رفتار و کردار فرد آموزش‌دیده نماد عینی داشته باشد. طبیعی است برای بهبود کسب‌وکار، آموزش لازم است اما کافی نیست بلکه، باید به دنبال یادگیری اثربخش باشیم و هر مانعی که فرایند یادگیری را مختل کند باید از سر راه برداشته شود. سازمان یادگیرنده طبق گفته‌ی پیتر سنگه[1]، بنیانگذار انجمن یادگیری سازمانی، پنج اصل دارد که عبارتند از:

- **تسلط فردی یا قابلیت شخصی:** هرکس باید مهارتهای خویش را پیوسته ارتقا دهد.
- **یادگیری تیمی:** با هم یادگرفتن و توجه به ارتقای جمعی.
- **رسالت مشترک:** آرمان سازمان است و مجموعه ارزشها و اعتقادات جمعی را مشخص می‌سازد.
- **شکستن مدلهای ذهنی:** اسیر چارچوبهای خاصی نشدن و شستن چشمها و جور دیگر دیدن است.
- **داشتن نگرش سیستمی:** مجموعه‌ای از اجزا که تشکیل یک کل را می‌دهند، با هم در تعامل هستند، با هم حرکت می‌کنند، و هدف مشترک دارند.

۲۹. وقتی سازمان یادگیرنده شدید، به آن اکتفا نکنید؛ شما باید یک سازمان تندآموز داشته باشید

سازمان تندآموز، سازمان یادگیرنده‌ای است که سریعتر از رقبا یاد می‌گیرد. امروزه دیگر نمی‌توان سازمان را فقط با گذشته‌ی خودش مقایسه کرد. ممکن است شما از سال گذشته بهتر شده باشید، اما اگر سرعت بهتر شدن دیگران بیشتر از شما باشد، آنها از شما جلو خواهند زد. پس افزون بر مقایسه‌ی خود با خود، به مقایسه‌ی خود با دیگران هم بپردازید تا از قافله‌ی رقابت عقب نمانید.

۳۰. برای آموزش تمامی کارکنان، از در نگهبانی تا بالاترین رده‌ی سازمانی، سرمایه‌گذاری کنید

در یکی از بنگاههای اقتصادی اروپا شاهد بودم که هزینه‌های آموزش کارکنان را در

1. Peter Senge

سرفصلِ داراییها ثبت کرده بودند و استدلال ایشان این بود که دارایی خـود را از مـنابع مالی به منابع فکری تبدیل کرده‌اند و این نوعی سرمایه‌گذاری است، و نه هزینه.

اگر ایمان بیاوریم که مسئولیت بازاریابی در عصر رقابتی پرچالش امروز بـه‌عهده‌ی تمام کارکنان است، پس تمام آنها هم باید متناسب با سطح سازمانی‌شان آموزش ببینند. این آموزشها علاوه بر مهارتهای فنی، به مهارتهای ادراکی و ارتباطی نیز مربوط می‌شود که ثمره‌ی آن بازاریابی بهتر خواهد بود.

۳۱. «آموزش» ابزار یادگیری است، پس به یادگیری بیندیشید

«یادگیری»، آموزشی است که مـنجر بـه تـغییر رفتار بـشود. ضـعف عـمده‌ی سیستم آموزشی بسیاری از دانشگاههای ایران این است که فراگیران فقط آمـوزش مـی‌بینند و بیشتر دید مدرک‌گرایی دارند و کمتر به آنها چگونگی به‌کارگیری نکات آمـوزش داده شده آموخته می‌شود. توفیق زمانی حاصل می‌شود که با دید عملیاتی آموزش داده شود و مهارت به‌کار بستن آنها نیز به فراگیران تعلیم داده شود.

۳۲. برای ارتقای بهره‌وری آموزش، از تکنیک آموزش آبشاری استفاده کنید

از فردی که در سمینار آمـوزش بازاریابی فروش و... شرکت کـرده است، بـخواهیـد تا خلاصه و نکات کلیدی مباحث آموزش را در جلسه‌ای به سایر کارکنان انتقال دهد. این اقدام چند نکته‌ی مثبت دارد:

الف. فرد با دقت بیشتری در سمینارهای آموزشی شرکت می‌کند.

ب. به هنگام انتقال به سایر کارکنان، مطالب به‌نحو بهتری برای خودش هم تفهیم می‌شود.

ج. سایرین نیز از دستاوردهای سمینارها بهره‌مند می‌شوند.

د. قدرت سخنوری کارکنان و همچنین اعتماد به نفس آنها افزایش می‌یابد.

و. مطالب متناسب با مسائل و مثالهای شرکت خودتان مورد بحث قرار می‌گیرند.

ز. در هزینه‌ها نیز صرفه‌جویی می‌شود.

۳۳. حافظه‌ی سازمانی را جایگزین حافظه‌ی فردی کنید

یکی از مسائل شرکتهای ایرانی این است که با رفتن یک فرد از سازمان، تجربیات او نیز

از دست می‌رود. نیروها را آموزش دهید تا دست به قلم باشند، گزارش‌نویسی جزء وظایف مهم نیروهاست. اگر گزارشهای اثربخش که همراه با پیشنهادات هستند، در دستورکار نیروها باشد، حافظه‌ی سازمانی شکل می‌گیرد و آثار آن نیز در بهره‌وری بنگاه اقتصادی نمایان می‌شود.

۳۴. به‌جای نگرانی برای فرار مغزها، نگران فرار فکرها باشید

چند سالی است که در کشور ما فرار مغزها به دغدغه‌ی مسئولان و اندیشمندان تبدیل شده است. اما آن دانشمندی که در کشورهای توسعه‌یافته در تولید علم قدم بر می‌دارد و ثمرات آن را با برگزاری سمینارهایی در داخل ایران به دیگران ارزانی می‌دارد و هر زمانی که از ایشان دعوت شده است با جان و دل لبیک گفته، فرار نکرده است. عصر ارتباطات و وجود اینترنت، فاصله‌ها را کم می‌کند، پس بیش از نگرانی برای فرار مغزها، نگران فرار فکرها باشید. چقدر کارشناس و متخصص می‌شناسید که فقط در محل کار، حضور فیزیکی دارند، اما فکر و ذکرشان جای دیگر است؟! آنها دلبستگی به کار ندارند، و در واقع فکرشان فرار کرده است. این موارد را بشناسید، آسیب‌شناسی کنید، علتها را بیابید و برای آنها چاره‌اندیشی کنید.

۳۵. بازاریابی علم بهره‌بردار است

بعضی از علوم نظیر ریاضی و فیزیک از دسته‌ی علوم تولیدکننده هستند، اما علومی چون مدیریت و بازاریابی در زمره‌ی علوم بهره‌بردار هستند و از دستاوردهای سایر علوم استفاده می‌کنند. مهم این است که بنگاه اقتصادی بتواند در مقایسه با رقبا در دستیابی و رضایت‌سازی برای مشتریان در دوره‌ی زمانی بلندمدت موفق باشد. پس یک بازاریاب موفق، حیطه‌ی بررسی خود را وسیعتر کرده و از دستاوردهای علومی چون روانشناسی، رفتار سازمانی، آمار، کامپیوتر، و... استفاده می‌کند.

۳۶. از مشاوران مجرب و کارآزموده استفاده کنید

اگر فردی بخواهد مطب پزشکی دائر کند، از او مدارک مربوط را می‌خواهند و اگر فردی هم ادعای وکالت کند باید بتواند با مدرک، صلاحیت وکالت خویش را ثابت کند. اما

متأسفانه به دلیل جوان بودن علم بازاریابی در ایران، با افراد مدعی ولی فاقد صلاحیتهای لازم به عنوان مشاور بازاریابی روبه‌رو می‌شویم که این افراد دشواریهای فراوانی بـرای بنگاههای اقتصادی فراهم کرده، قداست حرفه‌ی مشاوره را لکه‌دار می‌کنند.

بهره‌گیری از مشاور در رشته‌های مختلف نظیر حقوق، مـالی، بـازاریابی، و... یک ضرورت انکارناپذیر است. به گفته‌ی بوذرجمهر حکیم، «همه چیز را هـمگان دانند»؛ قرار نیست مدیر اجرایی عصر حاضر از تمام علوم بهره‌ی کافی بـرده بـاشد. وظیفه‌ی مدیر، تصمیم‌گیری است و برای تصمیم‌گیری اثربخش و اصولی، رعایت نظر مشاوران خبره و حرفه‌ای و اهل فـن، مـوجب کـاهش ریسک تـصمیم‌گیری اشتباه و در نـتیجه، صرفه‌جویی در هزینه‌های سازمان می‌شود. با بررسی کامل در خصوص سوابق علمی و تجربی افراد، از مشاوران صاحب صلاحیت بهره بگیرید.

۳۷. تصمیم‌گیری بدون اطلاعات از رقبا، همچون راه رفتن در تاریکی با چشم بسته است

دلیل اساسی شکل‌گیری علم مارکتینگ، «رقابت» است. در بازارهای انحصاری نیازی به علم بازاریابی نبود. وقتی مشتریها جلوی بنگاه صف کشیده‌اند و برای خرید التماس می‌کنند، نیازی به بازاریابی نیست. اما در شرایط دشوار رقابتی که مشتریان، قدرت چانه‌زنی‌شان افزایش پیدا کرده است و حق انتخاب دارند و از بین شما و رقبا، کسی را انتخاب می‌کنند که نفع بیشتری به آنها برساند، غافل شدن از اقدامات رقبا به هیچ عنوان جایز نیست.

۳۸. رابطه‌ی بازاریابی، رابطه‌ی خدمت و پاداش است

وقتی بپذیریم که مشتری رئیس است، پس ما خادمان درگاه ایشان هستیم. طبیعی است جناب ارباب، خادمی را انتخاب کند که از هر حیث شایسته‌تر باشد. بنابراین، اگر خدمت بهتر و بیشتری به ایشان ارائه کردیم، در مقابل آن می‌توان انتظار پاداش داشت. در غیر این‌صورت از حیطه‌ی خادمان حذف می‌شویم. مشتریان به خادمان صادق، وفادار، و درستکار نیاز دارند. مشتریان، امروزه خواهان عرضه‌ی فراورده (کالا/ خدمت) باکیفیت برتر، خدمات بیشتر، سرعت بالاتر، همخوان، و متناسب با نیازهای خـود و بـا قیمت مناسب‌تر، همراه با تضمین کارآمد هستند. بنابراین بنگاهها باید بررسی کنند که در ضمن سودآوری، کدامیک از خواستهای گوناگون مشتریان را می‌توانند برآورده سازند.

۳۹. قدرت انعطاف‌پذیری سازمان را در مقابل تغییرات محیطی بالا ببرید

امروزه دیگر بزرگی شرکتها آنها را در حاشیه‌ی امن قرار نمی‌دهد و کوچکی هم به‌تنهایی مشکلی را حل نمی‌کند. آن چیزی که شرکتها را پایدار نگه می‌دارد، چابکی است. بنگاههای اقتصادی موفق، تغییرات محیطی را زیر نظر دارند و متناسب با شرایط در هماهنگ شدن با محیط تلاش می‌کنند. همان‌طور که قبلاً هم گفتیم، شرکتها برای بقا و سودآوری چاره‌ای ندارند جز اینکه موج‌ساز یا موج‌سوار باشند، در غیر این‌صورت، موج آنها را همراه خود خواهد برد.

۴۰. قواعد اقتصاد باز (رقابتی) را بپذیرید و به آنها عمل کنید

جهانی شدن دیگر یک اختیار نیست بلکه، یک الزام است. دوران اقتصاد دستوری یا اقتصاد بایدها و نبایدها گذشته است. دیگر کسی نمی‌تواند برای بازار تعیین تکلیف کند. تمام تکالیفی که از خارج بازار می‌آیند، عمر کوتاهی دارند. جریان آزاد کالا، اطلاعات، و... در سراسر جهان آشکار و مشهود است. به جای سرمایه‌گذاری برای مقابله با واقعیتهای عصر جدید، بهتر است به فلسفه‌ی حضور بیندیشیم و برای حضور موفق در جهانِ کسب‌وکار، سرمایه‌گذاری کنیم و قد قابلیتهایمان را بلند کنیم. جهانی شدن اتفاق افتاده است؛ اگر تا دیروز با چند شرکت داخلی رقابت می‌کردید، حالا باید با شرکتهای متعدد خارجی با قابلیتهای بالا رقابت کنید و این معادله همچنان پابرجاست و روزبه‌روز بر شدت رقابت به دلیل حضور بیشتر شرکتهای خارجی افزوده می‌شود. حضور در بازارهای جهانی از اختیار شما خارج شده است. همین که مجبور هستید با رقبای خارجی در بازار خودتان درگیر شوید؛ یعنی شما وارد بازارهای جهانی شده‌اید، اما ورود اگر با انتخاب شما نباشد خطرناک است، پس برای حضور شایسته برنامه‌ریزی کنید.

۴۱. آمادگی‌تان را برای حضور در عرصه‌ی کسب‌وکار جهانی بالا ببرید

پس از عضویت قطعی ایران در سازمان تجارت جهانی[1] که به هر حال عملی خواهد

1. World Trade Organization (WTO)

شد ـ در سال ۱۳۸۴ مذاکرات الحاق بین نـمایندگان ایـران و سـازمان تـجارت جهانی (WTO) شروع شده است ـ شرکتهای ایرانی به سه دسته تقسیم می‌شوند:

الف. شرکتهایی که همین الآن هم هیچ مشکلی ندارند و آمادگی لازم را برای شرایط جدید دارند و حتی عضو نبودن ایران تا به‌حال به زیان ایشان بوده است؛ چون در مقابل اجحافی که در صحنه‌ی کسب‌وکار جـهانی بـه آنـها مـی‌شد، امکـان شکایت در سازمان تجارت جهانی وجود نداشت.

ب. شرکتهایی که با عضویت ایران در سازمان تجارت جهانی دچار تنش و مشکل می‌شوند. این شرکتها اگر از فرصت باقیمانده استفاده کنند و بـا بـهره‌گیری از مدیران قدبلند (شایسته‌سالاری) در رفع نواقص و افزایش نـقاط قـوت تـلاش کنند، آنها هم به شرایط مناسب می‌رسند.

ج. شرکتهایی که دچار مشکلات جدی می‌شوند و چاره‌ای جز واگذاری و فروش سهام خود به سایر بنگاههای اقتصادی یا شراکت با آنها را نـدارند و در غیر این‌صورت نابود می‌شوند.

شایسته‌ی یادآوری است سرنوشت بنگاههای اقتصادی بیش از آنکه با مـحیط ارتـباط داشته باشد، به تصمیمهای مدیران آنها بستگی دارد. دوران نق زدن گذشته است، زمان رقابت علمی است. دیگر نباید انتظار داشت که مشتریان، هزینه‌ی کم‌سوادی و بالا بودن قیمت تـمام‌شده، ضـایعات فـراوان و کیفیت پـایین مـحصولات شـرکت را بدهند؛ در دهکده‌ی جهانی، هر کس حق دارد محصول مورد نیاز خود را از شرکتی بـخرد کـه بـا کیفیت بالاتر و قیمت پایینتر به ایشان بفروشد. سرعت تغییرات بسیار زیاد است، آینده با حال خیلی نزدیک شده است. بنگاه اقتصادی شما جـزء کـدامیک از ایـن سـه دسـته شرکتهاست؟ حرکت کنید؛ چشمها را باید شست، جور دیگر باید دید.

هیچ‌وقت درجه‌ی باز شدن اقتصاد جهانی به اندازه‌ی حال حاضر نبوده است. اقتصاد ایران تابعی از اقتصاد جهان است. برای تعامل و ارتباط با جهان چاره‌ای جز پـذیرفتن قوانین اقتصادی حاکم بر جهان نداریم وگرنه طرد می‌شویم.

۴۲. رقابت را انکار نکنید، با آگاهی آن را در آغوش بگیرید

«رقابت» باعث افزایش کیفیت، کاهش قیمت برای مشتری، افزایش سرعت خدمات‌رسانی،

افزایش مشتری‌نوازی، و... می‌شود که در نهایت به نفع همه است. اما شرکتها چون باید برای رقابت هزینه کنند، از آن دل خوشی ندارند. اما به هر حال رقابت یک واقعیت است. خودتان را برای پذیرش آگاهانه‌ی آن آماده سازید.

۴۳. رقابت نیز باید حد و مرز داشته باشد

کشورهای توسعه‌یافته چون مدتی طولانی بازارهای رقابتی را تجربه کرده‌اند، قوانین متناسب با بازارهای رقابتی را نیز وضع کرده‌اند. هر چند رسالت سازمان تجارت جهانی گسترش فضای رقابتی سالم در تمام دنیاست، اما حکومتها نیز با وضع قوانین در حفظ بستر رقابتی و مقابله با انحصار تلاش می‌کنند. برای مثال، در بازارهای سالم حرکتهایی چون تبلیغات گمراه‌کننده (دروغین)، دامپینگ[1] (زیر قیمت تمام‌شده فروختن)، تثبیت قیمت (تبانی بین چند تولیدکننده‌ی بزرگ در تغییر قیمت محصولات)، و... چون همگی در جهت گسترش انحصار هستند، جرم بوده و ممنوع است. رقابت در بازار ایران در حال شکل گرفتن است، بنابراین تغییر قوانین و وضع قوانین جدید کسب‌وکار بسیار ضروری است. لازم به‌ذکر است که در مذاکرات الحاق ایران به سازمان تجارت جهانی بسیاری از قوانین که در مجموع رژیم تجاری ایران را تشکیل می‌دهند، مورد بازنگری و اصلاح قرار خواهند گرفت.

۴۴. مواظب تله‌ی هوشمندی خودتان باشید

یکی از دامها برای انسانهای باهوش این است که چون خیلی سریع به جواب مسأله می‌رسند، ممکن است متوقف شوند و به گزینه‌های دیگری برای حل مسأله نیندیشند، در صورتی‌که لزوماً اولین راه‌حل، بهترین راه‌حل نیست. از این‌رو در رویارویی با هر مسأله‌ای، ابتدا گزینه‌های مختلف راه‌حل را گردآوری کنید، سپس با بررسی و امتیازدهی، گزینه‌ی مناسب را انتخاب کنید. در ضمن از مشورت صاحبان فکر و اندیشه و تجربه غافل نشوید.

---

1. Dumping

۴۵. تقلید جایز نیست اما الگوبرداری آگاهانه[1] یک ضرورت است

اگر همان کاری را که رقیب کرده است شما هم انجام دهید، در دید مشتریان عمل رقیب را تأیید کرده‌اید. باید متفاوت باشید. شما می‌توانید با الگو گرفتن از رقبای مختلف و حتی الگو گرفتن از صنایع دیگر، برتریهای هر یک از آنها را بشناسید و طرحی متفاوت در اندازید. حیطه‌ی بررسیهایتان را گسترش دهید. در مواجهه با هر عاملی، دنبال یادگیری باشید و ذهنتان را برای جرقه زدن آماده سازید.

۴۶. رؤیاباف باشید

رؤیا با خیال تفاوت دارد. رؤیا از ذهنهای خلاق بیرون می‌آید. تمام اختراعات بشری ابتدا یک رؤیا در ذهن یک انسان رؤیاباف بوده‌اند، رؤیاهایتان را پرورش دهید تا به یک «ایده» تبدیل شود و سپس این ایده را بارور سازید تا به یک اختراع برسید و با کمک سایرین آن را آزمون کنید و با آگاهی پیاده سازید. برای عملی ساختن هر رؤیا یا ایده، بلافاصله با یک مانع متوقف نشوید. موانع را به‌عنوان یک مرحله از مراحل رسیدن به هدف ببینید. موانع همچون سنگهایی هستند که در مسیر پیشرفت شما قرار دارند. بعضی ازمواقع باید سنگ را از سر راه برداشت، اما بعضی مواقع هم موانع، ارزش درگیر شدن را ندارند، وقت خودتان را با این نوع موانع (نظیر برخورد با انسانهای منفی‌نگر) صرف نکنید؛ مانع را دور بزنید و به مسیر پیشرفت‌تان ادامه دهید.

حرکت کنید اما در مسیر حرکت علاوه بر توجه به جلو و بهره بردن از زیباییهای اطراف مسیر، به چاله‌های مسیر و موانع دیگر هم توجه کنید. اما مهمتر از آن این است که گاهی مسیرهای میان‌بُر مناسبتر هستند. چه کسی گفته است که برای رسیدن به هدف فقط یک مسیر وجود دارد؟ در حرکت به‌سوی هدف بیش از سرعت به فکر راه میان‌بُر باشید. (این یکی از فرمانهای پنجگانه، از کتاب «پنج فرمان تفکر استراتژیک» است[2]).

---

1. Benchmarking

۲. برای اطلاع بیشتر رجوع شود به: غفاریان، وفا؛ کیانی، غلامرضا؛ پنج فرمان تفکر استراتژیک. تهران: انتشارات فرا، ۱۳۸۴.

۴۷. نوآوری از ویژگیهای سازمانهای موفق است

پیتر دراکر[1]، آموزگار بزرگ مدیریت در قرن معاصر، می‌گوید: مدیران تنها دو نقش اساسی دارند: بازاریابی و نوآوری. بازاریابی به منظور جلب رضایت مشتریان امروز، و نوآوری به منظور تأمین رضایت مشتریان فردا.

بازاریابی و نوآوری در ارتباط تنگاتنگ با یکدیگر هستند. بلانچارد[2]، اندیشمند بزرگ حوزه‌ی مدیریت، نیز اعتقاد دارد برای اینکه سازمانها به مرحله‌ی نزول در چرخه‌ی عمر سازمانی نرسند، باید نیروهایشان را به دو دسته تقسیم کنند؛ یک دسته نیروهای حاضر و در صحنه که دائماً در حال بهبود فراورده‌های موجود هستند، و یک دسته نیروهای آینده‌نگر که در حال نوآوری برای ارائه‌ی محصولات آینده هستند. مهم این است که این تفکر در سطح سازمان وجود داشته باشد. توصیه می‌کنم کتاب «نزدیک به خطر، جهانی شدن در فرصت باقی‌مانده»[3]، نوشته‌ی بلانچارد و همکاران ایشان را بخوانید تا این موارد کاملاً روشن شود.

به هر حال «بیش از پاسخگویی به نیازهای کشف‌شده، به‌دنبال کشف نیازهای پاسخگویی‌نشده باشیم». این همان یافتن تقاضای پنهان و پاسخ به آن است که با نوآوری فرصت جدیدی برای بنگاههای متفاوت ایجاد می‌کند.

آکیو موریتا[4]، مؤسس و بنیانگذار شرکت سونی، می‌گوید:

«برنامه‌ی ما این است که مصرف‌کننده را با کالاها و محصولات جدید هدایت کنیم تا اینکه از آنها بپرسیم چه می‌خواهند.

مردم نمی‌دانند چه چیزی مقدور است، ولی ما می‌دانیم. راجع به محصول فکر می‌کنیم، بعد بازاریابی می‌کنیم و سپس از طریق آگاه کردن مردم، محصول را می‌فروشیم.» طبیعی است این سیاست شرکتهای رهبر بازار یا شماره یک است. این شرکتها بودجه‌ی بسیار زیادی را برای نوآوری هزینه می‌کنند، ولی در کنار آن، قدرت

---

1. Peter Drucker
2. Kenneth H. Blanchard

۳. بلانچارد، کنث. و همکاران؛ نزدیک شدن به خطر (جهانی‌شدن در فرصت باقی‌مانده)؛ ترجمه‌ی منوچهر سلطانی، تهران: شرکت چاپ و نشر بازرگانی، ۱۳۷۷.

4. Akio Morita

ریسک و تحمل شکست بالایی را هم دارند. اما سایر شرکتها بهتر است استراتژی چریکی داشته باشند، یعنی شماره یک را تعقیب کنند، اطلاعات آنها را به‌دست آورند، الگوبرداری آگاهانه بکنند و به‌موقع تصمیم بگیرند. این شرکتها هم می‌توانند با موج‌سواری و هماهنگ شدن با موج تغییرات و کم کردن فاصله با شرکتهای شماره یک، بقا داشته باشند و در مواقع لزوم نیز نوآوری کنند.

۴۸. پازل‌ساز باشید

اگر تمام اجزای یک پازل به‌نحو درست درکنار هم قرار نگیرند، تصویر زیبای پازل مشخص نخواهد شد. برای موفقیت کسب‌وکار، تمام اجزای سازمانی باید درست عمل کنند. مشتری‌گرایی را از درون شرکت شروع کنید. تمام واحدهای سازمانی، مشتری یکدیگر هستند. اگر مشکلی در سازمان به‌وجود آید، این مشکل همه است. وظیفه‌ی مهم مدیریت ارشد، ایجاد و بسط نگرش سیستمی است: تمام اجزای سازمان را درکنار هم چیدن و بین آنها هماهنگی ایجاد کردن.

نگرش سیستمی، کار تیمی و روحیه‌ی خانواده‌ی کاری، فقط در الفاظ و روی کاغذ نباید باشد، این‌ضرورت انکارناپذیر است. هر عاملی راکه مانعی در این نگرش ایجاد می‌کند، شناسایی کنید و با چاره‌اندیشی هوشمندانه آن را برطرف کنید. پازل شما در مقابل پازلهای رقبا باید بهترین پازل از دید مشتری باشد. در این مسیر همگی با هم‌گام بردارید.

۴۹. در مطالعه‌ی علوم انسانی خودتان را اسیر تعاریف انتزاعی کلمات نکنید

کلمات یکسان در شاخه‌های مختلف علوم انسانی تعاریف متفاوتی دارند:

- برای مثال تعریف «بازار» در علم اقتصاد عبارت است از محلی که در آن عرضه و تقاضا صورت می‌گیرد. در صورتی‌که در علم مارکتینگ، بازار عبارت است از مجموعه‌ی مشتریان که تقاضا را سبب می‌شوند؛ خواه این مشتریان، مشتریان بالقوه یا بالفعل باشند و خواه مشتریان شرکت، یا شرکتهای رقیب باشند.
- مثالی دیگر تعریف صنعت است، در بعضی از شاخه‌ها، صنعت را به ساخت و تولید معنی کرده‌اند، در صورتی‌که در علم مارکتینگ، «صنعت» ترجمه‌ی Industry است و مجموعه شرکتهایی را شامل می‌شود که در یک بازار مشخص، کالا یا خدمتی را می‌فروشند؛ حال منشأ تولید این محصول هرکجا باشد.

به همین دلیل است که نگارنده توصیه می‌کند به تعریف کلمات در حوزه‌ی علمی که در حال مطالعه‌ی آن هستید، اشراف داشته باشید و مهمتر از آن اینکه به مفهوم و نتیجه، نظر داشته باشید.

۵۰. در مطالعه‌ی علوم انسانی خودتان را اسیر اعداد نکنید

در علوم ریاضی و فیزیک و سایر علوم پایه، برای ارزیابی و سنجش، خط‌کشهای مشخصی وجود دارد، برای مثال سی سانتیمتر در تمام دنیا سی سانتیمتر است. اما در بازاریابی و سایر علوم انسانی نمی‌توان همیشه اعداد مشخصی را به‌کار برد. برای مثال در بعضی از منابع نوشته‌اند که یک مشتری ناراضی، نارضایتی خویش را به ۹ نفر اعلام می‌کند، در بعضی از منابع عدد ۱۰ و حتی ۱۱ و بیشتر را هم نوشته‌اند. تمام این اعداد می‌تواند صحیح باشد؛ چون هر کدام نتیجه‌ی تحقیق یک محقق در گوشه‌ای از این جهان پهناور و در مقطع مشخصی از زمان است و نمی‌توان یک حکم واحد و یک عدد مشخص را برای تمام بازارها با فرهنگهای مختلف و موقعیتهای خرید مختلف و زمانهای مختلف مدنظر داشت.

مهم این است که از این اعداد برای رساندن مفهوم استفاده شود. این را به یاد داشته باشید که در بازاریابی ما یک نقطه نداریم بلکه، همیشه یک طیف مدنظرتان باشد.

۵۱. به کل شبکه‌ی ارزش‌آفرینی توجه کنید

منظور از شبکه‌ی ارزش‌آفرینی، کل زنجیره‌ی عرضه است که از تأمین‌کنندگان قطعات، مواد، ملزومات، و خدمات مورد نیاز بنگاه اقتصادی شروع می‌شود و تمام عوامل شرکت را در برمی‌گیرد و به شبکه‌های توزیع (عمده‌فروشی، بنکدار، خرده‌فروشی، و یا نمایندگی و شعبه) می‌رسد تا مورد قبول مشتری[1] واقع شود و عملیات خرید صورت گیرد و پس از مصرف محصول از سوی مصرف‌کننده‌ی نهایی[2] و در صورت تأمین رضایت ایشان، مجدداً سفارش صورت بگیرد و این زنجیره فعال بماند.

می‌توانیم به جرأت ادعا کنیم که امروزه رقابت از سطح شرکتها خارج شده و به کل

---

1. Customer   2. Consumer

زنجیره‌ی فوق تسرّی یافته است و این زنجیره‌های مختلف هستند کـه بـا هـم رقـابت می‌کنند و مسئولیت هر زنجیره‌ای با بنگاه اقتصادی تولیدکننده‌ی محصول است؛ چون هر ایراد و اشکالی در تأمین‌کنندگان و واسطه‌ها در نهایت به اسم شرکتهای تولیدکننده تمام می‌شود و محصول آنها با مشکلات فراوان در بازار روبه‌رو خواهد شد. اگر در هر یک از اجزای زنجیره‌ی فوق با نوآوری و مدیریت اثربخش و کنترل صحیح بتوانیم یک منفعت و ارزش برای مشتری اضافه کنیم، نهایتاً وجهه‌ی شرکت در نزد او بالا خواهـد رفت. به همین دلیل است که به زنجیره‌ی عرضه، زنجیره‌ی ارزش‌آفرینی می‌گویند. بازاریابی رابطه‌مند و تعامل دوجانبه، بین تمام حلقه‌های زنجیره‌ی ارزش‌آفرینی باید تسرّی یابد.

۵۲. برای اداره‌ی سازمانها فقط داشتن شمّ مدیریت کفایت نمی‌کند؛ باید علم مدیریت را هم فراگرفت

مدیریت عبارت است از علم و هنر برنامه‌ریزی، سازماندهی، هـدایت و رهـبری، و نظارت و کنترل روی منابع مختلف سازمانی با عنایت به قوانین و محدودیتهای رسیدن به هدف یا هدفهای از پیش تعیین شده. داشتن شمّ مدیریت شرط اولیه است، اما مدیران دارای شم، با بهره‌گیری از تکنیکهای علم مدیریت بهتر می‌توانند سازمانها را اداره کنند؛ بخصوص اینکه در دنیای رقابتی، سازمانها نیز پیچیده‌تر مـی‌شوند و عـلم مـدیریت، جایگاه رفیعتری نسبت به گذشته پیدا کرده است.

۵۳. برنامه‌ریز باشید

برنامه‌ریزی عبارت از پیش‌بینی تمامی اقدامات و عملیات برای رسیدن به هدف است. با مشورت و جستجو نسبت به پیش‌بینی‌های لازم اقدام کنید. به حافظه‌ی خودتان اعتماد نکنید؛ مطالب حافظه فرار هستند. مطالب را روی کاغذ بیاورید، نکات مهم را بلافاصله یادداشت کنید تا در فرصت مناسب نسبت به پردازش آنها اقدام کنید. ارزش یک خط نوشته، از ارزش یک انبار حافظه بیشتر است.

۵۴. سازمان‌ده باشید

سازماندهی یعنی تقسیم کار بین دوایر مختلف سازمانی، و تفکیک وظایف بین افرادی

که در هر دایره‌ی سازمانی کار می‌کنند. وظایف و نقشها و مسئولیتهای افراد را مشخص کنید، اما به آنها گوشزد کنید که در مواقع لزوم با نگرش تیمی و خانواده‌ی کاری به سایرین کمک کنند. امروزه سازمانها به سمت چارت سازمانی ساده پیش می‌روند و می‌کوشند از سطوح سازمانی بکاهند و به‌سرعت گردش اطلاعات و لزوم برقراری ارتباط با مافوق بیفزایند. در کتابها و منابع مختلف علوم انسانی، انواع چارت سازمانی توضیح داده شده‌اند ولی بهتر است برای طراحی ساختار سازمان مناسب، با مشاوران منابع انسانی مجرب مشورت کنید تا با نگرش اقتضایی، بهترین سازماندهی را داشته باشید.

۵۵. هادی و رهبر باشید

هدایت کارکنان یکی از وظایف مدیران قوی است. کارکنان، مدیری را می‌پسندند که در مواقع لزوم بتوانند به دانش و بینش او تکیه کنند. مدیران ارشد باید مهارت ادراکی بالاتری داشته باشند. آنها نظرات کارکنان را می‌شنوند، از منابع مختلف بهره می‌گیرند، اما نقش مربیگری و راهنمایی برای کارکنان را به‌موقع ایفا می‌کنند. شایسته است مدیر عصر امروزی، رهبر کارکنان خود باشد. رهبری یعنی توانایی نفوذ کردن در دلها. رهبر، قدرت خودش را از دل پیروان خویش می‌گیرد و کارکنان را «خودپلیس» بار می‌آورد. اما رئیس، قدرت خویش را از حکم اداری یا مقام سازمانی می‌گیرد و کارکنان را «دگرپلیس» بار می‌آورد. کارکنانی که از سوی دیگران مراقبت می‌شوند، با جان و دل برای سازمان کار نمی‌کنند و شبیه ماشین خواهند بود. اما انسان ماشین نیست؛ او روح و احساس و عاطفه دارد. پس رئیس نباشید، رهبر باشید. سرنوشت رهبران موفق سازمانهای معروف جهان را مطالعه کنید، در احوالات آنها جستجو کنید، و با نگرش توصیفی نسبت به ارتقای مهارتهای خویش و الگوبرداری از آنها تلاش کنید.

۵۶. تمام افراد بشر نیاز به کنترل دارند؛ کنترل یعنی اصلاح کردن و بازگرداندن به مسیر صحیح. شما هم باید نیروهای سازمانی را کنترل کنید

نظارت و کنترل نیز جزء اصول لاینفک مدیریت است. تفویض اختیار و به‌کارگیری فنون رهبری، نافی وظایف نظارتی و اصلاحی نیست. تمام افراد بشر ممکن است اشتباه کنند؛

شما با مشاهده‌ی رفتار و عملکرد کارکنان، با دریافت گزارشهای روزانه، هفتگی، ماهیانه و... عملاً می‌توانید نیروها را کنترل کنید و در صورت نیاز به اصلاح، موارد مربوط را به آنها یادآور شوید. برای کنترل صحیح، همواره چهار سؤال اساسی را مطرح کنید؛ اولین سؤال این است که «چه باید می‌شد»؟

منظور این است که برنامه چه بوده و پیش‌بینی مبتنی بر رسیدن به هدفها چه نکاتی را در برداشته است. پس از آن به سؤال دوم بپردازید که عبارت است از اینکه «چه شده است» یعنی در مرحله‌ی عمل چه اتفاقی افتاده و چه نتایجی حاصل شده است. حال نوبت سؤال سوم است که بسیار اساسی است و متأسفانه در بیشتر سازمانهای ایرانی مورد بی‌توجهی قرار می‌گیرد و این سؤال به چرایی و علت‌یابی انحراف عملکرد از برنامه می‌پردازد؛ یعنی اینکه «چرا عملکرد، مشابه برنامه نشده است» نگارنده بارها شاهد بوده است که متأسفانه مدیران به‌جای علت‌یابی به مقصریابی می‌پردازند. نگرش مقصریابی، کارکنان را مسئولیت‌گریز بار می‌آورد. اما نگرش علت‌یابی، کارکنان را مسئولیت‌پذیر بار می‌آورد و با پیدا کردن دلایل انحراف، به چاره‌اندیشی علمی می‌پردازد. نگرش مقصریابی به ظاهر، مسأله را حل می‌کند، اما متأسفانه مسأله همچنان باقی است و آثار زیانبار خود را در جای دیگری نشان می‌دهد.

پس از مشخص کردن دلایل، به سؤال چهارم بپردازید که می‌گوید «حال چه باید کرد»؟ این سؤال جنبه‌ی اصلاحی و بازگرداندن به مسیر اصلی را در دل خود دارد. طبیعی است وقتی آسیب‌شناسی (سؤال سوم) خوب صورت گرفته باشد، درمان ساده می‌شود و نسخه‌ی پیچیده شده از اثربخشی بالایی برخوردار خواهد بود. اما اگر به‌جای آسیب‌شناسی و علت‌یابی درد، به مسکّنها روی آورید، ریشه‌ی بیماری شناسایی نخواهد شد؛ تب به ظاهر قطع می‌شود، اما بیماری همچنان در جای خود باقی می‌ماند.

۵۷. هماهنگ‌کننده باشید

مدیر مدبر با برگزاری جلسات با برنامه و هدف نسبت به برقراری رابطه بین قسمتهای مختلف اقدام می‌کند، دلایل ناهماهنگی را در درون سازمان پیدا کرده و نسبت به رفع آنها تلاش می‌کند. مدیر موفق، هدف از برگزاری جلسات و سایر فعالیتهای هماهنگ‌ساز

را برای نیروها تشریح می‌کند تا با مدیریت زمان، نسبت به ایجاد و بسط روحیه‌ی هماهنگی در تمامی قسمتها برای رسیدن به هدفهای سازمانی تلاش کند.

یادتان باشد مشتری، کل سازمان را ارزیابی می‌کند، پس وجود روحیه‌ی هماهنگی و همدلی در تمام سازمان لازم است و مسئولیت برقراری آن با مدیریت است.

۵۸. از تمام منابع سازمان به‌نحو احسن استفاده کنید

منابع سازمانی عبارتند از: منابع انسانی که مهمترین و ارزشمندترین منابع هستند؛ چرا که وظیفه‌ی تولید فکر و اندیشه، و ارائه‌ی پیشنهادهای سازنده و تصمیم‌سازی با این دسته از منابع است و همچنین وظیفه‌ی اجرای درست و منظم تصمیمهای اتخاذ شده از سوی مدیریت ارشد را نیز منابع انسانی به‌عهده دارند. بعد از منابع انسانی، سایر منابع سازمانی عبارتند از: منابع مالی فیزیکی (تجهیزات و ماشین‌آلات و ساختمانهای اداری و کارخانه و...) و اطلاعات که جزء منابع ارزشمند سازمان محسوب می‌شوند.

۵۹. به قوانین و محدودیتهای بازار هدف توجه داشته باشید

هر یک از محیطهای کلان بازارهای هدف، قوانین و محدودیتهای خاص خودشان را دارند. قوانین را از مراجع مختلف راحت‌تر می‌توان به‌دست آورد، اما مشکل بیشتر در شناخت عرف و سنت است که لازم است آنها را بشناسید و خودتان را با آن موارد هماهنگ کنید. به‌هرحال، عرف و سنت، قوانین نانوشته‌ی اجتماع هستند که بی‌توجهی به آنها شرکتها را دچار مشکلات فراوان می‌کند. اصول هر جامعه‌ای برای خودشان محترم است؛ پس اگر می‌خواهید مقبول آنان باشید، باید به این اصول احترام بگذارید.

۶۰. هدفمند حرکت کنید

تمام اصول مدیریت روی منابع پیاده می‌شوند تا سازمان را به هدف یا هدفهای از پیش تعیین شده برسانند.

اگر ندانید به کجا می‌خواهید بروید، پس فرقی نمی‌کند که از کدام مسیر بروید، پس در ابتدا و قبل از هر اقدامی لازم است مقصد یا هدف را تعیین کنید؛ شما باید هدفهای

سازمانی را به دو دسته‌ی آرمانها و هدفهای کمی تقسیم‌بندی کنید. آرمانها و رسالت سازمانی به‌صورت کیفی بیان می‌شوند، اما هدفهای مقطعی باید با عدد و رقم مطرح شود تا قابلیت اندازه‌گیری داشته باشند.

برای آنکه بتوانید سازمان را در مسیر خود به‌صورت پیوسته ممیزی کنید، هدفهایتان را درست تنظیم کنید. هدف نباید بیش از حد رؤیایی و یا بیش از حد کوچک باشد.

۶۱. بردبار باشید

متأسفانه خصلت عجول بودن در بسیاری از مدیران ایرانی وجـود دارد و بیـشتر دنبال نسخه‌ی شفا هستند، در صورتی‌که جا افتادن در بازار نیاز به صبر و حوصله دارد. سرعت بیش از حد، مانع از دیدن عیوب می‌شود. باید از رقبا سریع‌تر حرکت کرد ولی به‌شرطی که با دید باز و صبر و حوصله، مراحل کار طی شود. شرکتهایی که دارای برند[1] معروف هستند، قطعاً این موفقیت را یک‌شبه به‌دست نیاورده‌اند.

۶۲. بازی فوتبال را با دقت نگاه کنید

یک تیم فوتبال قوی که از نـعمت داشتـن مربی فـهیم و آگاه بـرخـوردار است، دارای سازمانی منظم بوده، دروازه‌بان، نیروهای دفاع، هافبکها و فوروارد هر یک در کار خود متخصص‌اند ولی در مواقع لزوم به کمک یکدیگر می‌آیند. آنها در فکر حمله هستند، ولی هیچ‌گاه از پشت سر هم غافل نمی‌شوند تا مبادا فرصتی نـصیب رقیب بشود کـه جبران‌ناپذیر باشد. پس هم باید به جلو نگاه کرد، هـم پشت سـر را مـدنظر داشت و به‌عبارتی تمام صحنه‌ی کسب‌وکار را باید باهم دید.

بدیهی است نیروهای فروش که فوروارد و تـمام‌کننده و بـه‌ثمررساننده‌ی زحمات مابقی هستند، زمانی می‌توانند در کار خویش موفق باشند که توپ خوبی برای آنها بیاید و سایرین با پاس به‌موقع و شناخت فرصتها و حفاظت از دروازه‌ی خـودی، زمینه‌ساز رسیدن به گل شوند. بازی بسکتبال نیز چنین خصوصیاتی دارد.

در بازاریابی، گل همان معامله‌ی خوب با دید بلندمدت و رابطه‌ی برد/ برد است.

---

1. brand

۶۳. کتابهای حوزه‌ی روانشناسی را مطالعه کنید

علم بازاریابی جزء علوم بهره‌بردار است و از دستاوردهای سایر علوم از جمله علم روانشناسی نیز استفاده می‌کند. بدیهی است نیروهای مختلف سازمانی، روحیات مختلف دارند؛ مشتریان نیز چنین هستند. تسلط به حوزه‌ی روانشناسی سبب می‌شود برقراری ارتباط با انسانهای مختلف در شرایط مختلف راحت صورت گیرد. برای مثال، در پاداش دادن به کارکنان به‌صورت یکسان و یک شیوه عمل کردن نتیجه‌ی مثبتی ندارد بلکه، پاداش باید با توجه به شناخت روحیه‌ی افراد و خواست آنان انجام شود. برخورد با مشتریان گوناگون نظیر مشتریان معترض، مشتریان عجول، و... نیز شیوه‌های مختلف برخورد را می‌طلبد.

خوشبختانه در چند سال اخیر کتابهای مختلفی در زمینه‌های تعالی انسان و شناخت روحیات انسان به بازار آمده است؛ از آنها استفاده کنید و تسلط خویش را نسبت به حوزه‌ی روانشناسی بالا ببرید. قطعاً یک بازاریاب شایسته باید با حوزه‌ی روانشناسی نیز آشنایی کافی داشته باشد.

۶۴. معلم باشید

یک بازاریاب قد بلند عصر رقابتی (منظور فردی است که با ویژگیهای شایسته‌سالاری انتخاب شده است)، از تعلیم دیگران و انتقال دانسته‌های خویش به همکاران نگرانی ندارد. فقط انسانهای ناآگاه، فوت کوزه‌گری را برای خودشان نگه می‌دارند.

ولی اگر شما دائماً در حال یادگیری باشید، پس نگرانی از بالنده کردن سایر اعضا ندارید. از طرفی توفیق در شرایط پیچیده‌ی رقابتی، نیاز به تیم قدرتمند و آگاه دارد. هرچه آگاهی دارید به دیگران منتقل کنید و در کسب آگاهیهای تازه تلاش کنید. کاری کنید که همیشه در مسیر ارتقا و یادگیری قدم بردارید و دیگران به شما عنوان زیبا و رفیع «معلم» را بدهند.

۶۵. جسور باشید

کسب اطلاعات و شناخت بازار هدف و مشورت گرفتن از افراد صاحبنظر، از ضروریات

کار است. اما ریسک‌پذیری آگاهانه هم جزئی از ویژگیهای مدیران بازاریابی شرایط امروز است. اگر هر قدر کتاب «چگونه فوتبالیست بهتری بشویم» را بخوانید، تا زمانی که به داخل زمین نروید، فوتبالیست نمی‌شوید. سایر ورزشها هم همین‌طور است و علم بازاریابی نیز از این قاعده مستثنی نیست.

یک بازاریاب باید شم و قدرت ریسک‌پذیری را در مواقع لزوم داشته باشد. اگر از قبل، تمام موارد روشن و واضح بودند که دیگر کسب‌وکار نیاز به انسانهای خوش‌فکر و جسور نداشت؛ داغی بازار رقابتی، نیاز به انسانهای ریسک‌پذیر در مواقع لزوم را بیشتر نمایان می‌سازد.

۶۶. بازارباب باشید

باب میل بازار تولید کنید؛ آن چیزی را تولید کنید که مشتری می‌خواهد. دیگر دورانی را که ابتدا تولید صورت می‌گرفت و سپس برای آن دنبال مشتری بودید، فراموش کنید. متأسفانه بسیاری از مدیران، رنگ بسته‌بندی، تبلیغات، و حتی نوع تولید را متناسب با ذائقه، سلیقه، و میل خودشان انتخاب می‌کنند، درحالی‌که ملاک، خواست مشتری است. هر زمانی خواستید تمام محصولات خودتان را خودتان بخرید، بر اساس سلیقه‌ی خویش عمل کنید.

بازارباب بودن لازمه‌ی موفقیت است. چه بسا محصولات فراوانی که به‌دلیل عدم تناسب با خواست مشتری و سنخیت نداشتن با میل ایشان سرنوشتی جز شکست نداشته‌اند.

۶۷. چریک باشید

همیشه «رهبران بازار» را زیر نظر داشته باشید. رهبران بازار، شرکتهایی هستند که بیشترین سهم بازار را دارند و در ارائه‌ی محصولات جدید پیشگام‌اند؛ نگذارید فاصله‌ی بنگاه شما با آنها زیاد شود.

چریک همیشه دشمن را زیر نظر دارد و در فرصت مناسب (مثلاً در یک تنگه)، به او حمله می‌کند، شما هم باید رهبران بازار را زیر نظر داشته باشید و در فرصت مناسب با الگوبرداری آگاهانه و اضافه کردن خلاقیت خویش، نسبت به عرضه‌ی محصول متناسب با شرایط بازار اقدام کنید.

۶۸. عقاب صفت پرواز کنید

عقاب در حین اوج گرفتن و در ارتفاع بودن، تمام منطقه‌ی زیر پای خویش را زیر نظر دارد و در موقع مناسب، طعمه را شکار می‌کند. مدیر آگاه بنگاه اقتصادی نیز که سازمان خویش را برای دست و پنجه نرم کردن با رقبا آماده کرده است، صحنه‌ی کسب‌وکار را زیر نظر می‌گیرد و اجازه نمی‌دهد موردی از نظر او و همکارانش پنهان بماند. پس مهارت‌های ادراکی خویش را گسترش دهید و با حضور در بازار و دریافت اطلاعات، حوزه‌ی دید خویش را وسیع‌تر کنید تا در موقع مناسب مشتری را به‌دست آورید و سهم بازار را افزایش دهید.

۶۹. مشوق باشید

مُچ همکاران خویش را در هنگام انجام دادن کار خوب بگیرید، نه اینکه همانند چلچله‌ی دریایی فقط در مواقع بحران بر سر آنها بریزید. تنبیه لازم است اما تشویق نیز جای خویش را دارد.

مدیران حرفه‌ای، تشویق را دو برابر تنبیه به‌کار می‌گیرند. شیوه‌های تشویق بسیار فراوانند و همیشه پاداش مادی برای کارکنان اثربخش نیستند. خیلی از مواقع، قدرشناسی کلامی، تأثیر بیشتری دارد. با تشویق بجا، در ایجاد انگیزه و ارتقای روحیه‌ی کارکنان تلاش کنید. به دل‌افزار بپردازید تا کارکنان که وظیفه‌ی اساسی تولید رضایت در مشتری را دارند، در کارشان با دلگرمی عمل کنند.

۷۰. بازیگر حرفه‌ای باشید

یک روز از یکی از هنرپیشه‌های تلویزیون و سینما سؤال کردم: شما چطور می‌توانید هم نقش منفی و هم نقش مثبت را به‌خوبی ایفا کنید؟ پاسخ زیبایی داد: اگر قرار باشد من نقش یک حمال را بازی کنم، ابتدا با جان و دل باور می‌کنم که یک حمال هستم، و سپس در آن شرایط بازی می‌کنم، این رمز موفقیت من است.

در بازاریابی هم همین اصل صادق است. یک بازاریاب حرفه‌ای همانند آن هنرپیشه باید با جان و دل باور کند که خادم مشتری است؛ یک خادم خوب با تمام وجود در

رضایت ارباب خویش که همان مشتری است تلاش می‌کند. یادتان باشد مشتری، ارباب‌رجوع است؛ یعنی بزرگی که به ما مراجعه کرده یا ما به او مراجعه کرده‌ایم. مواظب باشید اسباب رضایت آن بزرگ را فراهم کنید. روزی یکی از دانشجویان سؤال کرد حد ناز کشیدن مشتریان تاکجاست؟ پاسخ دادم: تا جایی‌که یک رقیب دیگر ناز او را بیشتر از شما نکشد. این ادبیاتِ بازار رقابتی است. مشتری از بین خادمان متعدد خویش، خادم شایسته‌تر را انتخاب می‌کند. باور کنیم که خادم هستیم و در رضایت ارباب خویش، نهایت تلاش را به‌کار بندیم تا مستحق پاداش بیشتری باشیم.

۷۱. سخنور باشید

یکی از ویژگیهای مهم بازاریابان و فروشندگان محبوب و حرفه‌ای، تسلط به سخنوری است. سخنوری نیز اکتسابی است. باید اعتماد به نفس را در خویش برای صحبت کردن در جمع، بخصوص در حالت ایستاده بالا ببرید. کتابهای مختلفی در این زمینه به بازار آمده است؛ از آنها استفاده کنید، به صدای ضبط شده‌ی خودتان گوش بدهید و عیوب سخنرانی خود را بیابید و در رفع آنها بکوشید. سخنرانی را از محافل کوچکتر نظیر جمع خانوادگی شروع کنید و از نزدیکان و دوستان بخواهید اشکالات سخنرانی شما را بازگو کنند. هر قدر گنجینه‌ی لغات بیشتری داشته باشید، سخنرانی بهتری خواهید داشت؛ پس حوزه‌ی مطالعه‌ی خویش را وسیع کنید، کلمات را با آهنگ مناسب ادا کنید، خیلی کش‌دار یا خیلی سریع صحبت نکنید. آثار کلام خویش را در چهره‌ی دیگران ارزیابی کنید، اگر بازخورد خوبی نگرفتید، دلسرد نشوید؛ باید بیشتر تمرین کنید. تمام سخنرانان بزرگ نیز از محافل کوچک شروع کرده‌اند.

۷۲. به وضعیت فعلی بنگاه اقتصادی دلخوش نکنید بلکه، رشد را جزء هدفهای دائم بنگاه قرار دهید

اگر بنگاهها علاقه‌مند به جلب نیروهای انسانی هوشمند، آفرینش فرصتهای تعالی شغلی، خشنودی سهامداران، و رقابت مؤثرتر هستند، به رشد و برتری نیاز دارند. برای بنگاههای پیشتاز، رشد، تنها یک انگیزه‌ی مهم مالی نیست بلکه، بخش ویژه‌ای از فرهنگ سازمانی است. ولی باید هوشیار بود که تنها رشد کردن آن هم به هر قیمتی نباید

هدف قرار گیرد. هدف شرکت باید رشد سودآور باشد.

واحد بازاریابی با شناسایی، ارزیابی، و گزینش فرصتها در بازار، و ارائه‌ی استراتژی برای برجسته شدن و برتری در بازار هدف، مسئولیت مستقیم رشد درآمد سودآور را به‌عهده دارد. تمام بنگاههای اقتصادی در جهان حداقل سه هدف مشترک دارند که عبارت است از: «اصل بقا»، به‌طوری که تمام آنها مدت فعالیت را در اساسنامه، نامحدود ذکر کرده‌اند؛ «اصل رشد»، به معنای علاقه‌مندی به پیشرفت؛ و نهایتاً «اصل سود»، که هدف اساسی برای ایجاد هر بنگاه اقتصادی است. بنگاههای اقتصادی که از نعمت حضور مدیران اندیشمند در رأس سازمان برخوردارند، به رابطه‌ی برنده/ برنده بین بنگاه و مشتری، و در نتیجه سود بلندمدت می‌اندیشند و بدیهی است اسیر شدن در دام سود کوتاه‌مدت با به‌کارگیری شیوه‌ی برنده/ بازنده در فضای رقابتی، دوام چندانی ندارد.

۷۳. مفهوم بازاریابی را همواره مورد نظر داشته باشید

مفهوم بازاریابی به این معنی است که یک شرکت باید نیازها و خواستهای یک بازار هدف کاملاً تعریف شده و مشخص را بررسی کند و پس از پژوهش و به‌دست آوردن اطلاعات لازم، نسبت به تأمین رضایت مطلوب مشتریان به‌نحو مؤثرتر و کاراتر از رقبا اقدام کند، به‌طوری که در بلندمدت برای شرکت سودآور باشد. همان‌طور که از مفهوم فوق بر می‌آید، نقطه‌ی شروع عملیات بازاریابی، خود بازار است.

بازاریابی یک بنگاه اقتصادی باید با شناخت کامل مشتریان از ابعاد مختلف فرهنگی، اقتصادی، و... نسبت به ارائه‌ی اطلاعات سودمند به واحدهای تولید، در تولید محصولِ (کالا/ خدمت) باب میل مشتری اقدام کند. این محصول باید نسبت به رقبا بتواند ارزش بیشتری را به مشتری عرضه کند تا مورد پسند آنان قرار گیرد. محصول مناسب با قیمت مناسب، باید با توزیع مناسب و ترویج مناسب در دسترس مشتری قرار گیرد. شرکتها باید با بهره‌گیری از تکنیکهای فروشندگی حرفه‌ای در کسب توافق مشتری تلاش کنند. سپس مدیریت فروش با اداره‌ی فروش مؤثر و مهندسی فروش، نکات قوت و ضعف را بیابد و در افزایش بهره‌وری تلاش کند. خدمات پس از فروش با پیگیریهای مؤثر ارتباط با مشتریان نسبت به افزایش رضایت مشتری و رفع نارضایتیهاگام بردارد، و تمام واحدهای دیگر به واحد بازاریابی کمک کنند تا مشتری از هر لحاظ راضی باشد؛ به‌نحوی که تمام

این عملیات منجر به خرید بعدی او بشود. یادتان باشد «فروش» به ظاهر پایان یک معامله است، اما در حقیقت شروع یک ارتباط بلندمدت با مشتری است. بنابراین فروش، توزیع خدمات، تحقیقات بازاریابی، و... همگی فعالیتهای زیرمجموعه‌ی بازاریابی هستند.

۷۴. پندار نیک، گفتار نیک، و کردار نیک را سرلوحه‌ی فعالیتهای خود قرار دهید

در سالهای خردسالی در کتابهای درسی می‌خواندیم که زرتشت گفت: پندار نیک، گفتار نیک، و کردار نیک داشته باشید تا رستگار شوید. این فقط حرف زرتشت نیست بلکه، کلام تمام انبیای الهی است که هر یک به زبانی آن را بیان کرده‌اند.

برای بقا در فضای رقابتی باید پذیرفت و با جان و دل باور کرد که مشتری، رئیس است؛ چون او حق انتخاب دارد و اوست که تصمیم می‌گیرد از چه کسی بخرد. باید لحن مؤدبانه‌تری با مشتریان داشت و جلوی آنها زانوی ادب زمین زد و کرداری متناسب با شأن ایشان داشت تا آنها هم با انتخاب ما اجازه‌ی تداوم حیات سازمان را بدهند.

وقت آن رسیده است که باور کنیم بازارهای بهشتی دیروز، جایشان را به بازارهای جهنمی عرصه‌ی رقابتی داده‌اند. وقت آن رسیده باور کنیم جای رؤسا عوض شده است؛ رؤسای دیروز (شرکتها)، به خادمان امروز تبدیل شده‌اند. اگر این باور و اعتقاد در تمام کارکنان زنجیره‌ی ارزش‌آفرینی جا نیفتد و تمام اعضای سازمان از نگهبان تا بالاترین رده‌ی سازمانی مفهوم واقعی آن را درک نکنند و به آن عمل نکنند، آینده‌ی تاریکی در انتظار آنان است. پس لازم است حرفه‌ای شویم، حرفه‌ای بیندیشیم، حرفه‌ای بگوییم، حرفه‌ای بنویسیم و حرفه‌ای عمل کنیم تا بقا داشته باشیم. بازار رقابتی با کسی تعارف ندارد؛ باید کاری کنیم تا مشتریان به حواریون ما تبدیل شوند و در سخت‌ترین شرایط نیز ما را تنها نگذارند و این امکانپذیر نیست مگر با اقدام شایسته و بایسته‌ی مورد قبول ارباب‌رجوع.

۷۵. شاهین ترازو باشید

نقش شاهین ترازو ایجاد تعادل بین دو کفه‌ی آن است. همین نقش را شما باید بین مشتریان و بنگاه اقتصادی خویش ایفا کنید. فروشندگان عصر رقابتی دو رئیس دارند؛

یک رئیس مافوق آنان است که در درون شرکت قرار گرفته است و دیگری مشتری است که در بازار قرار دارد. با به‌کارگیری سیاست برد دو طرفه، هر دو رئیس راضی خواهند بود، اما سیاست برد و باخت، محکوم به فنا و کوتاه‌مدت است. بدین‌رو فروشندگان همواره باید دید بلندمدت داشته باشند و این سیاست را در کردار خود نشان دهند. یادمان باشد روز به روز سطح آگاهی مشتریان بالا می‌رود، چون از سویی با پدیده‌ی انفجار اطلاعات و انفجار ارتباطات روبه‌رویند و از سویی خود رقبا برای نشان دادن برتری خودشان با شمردن وجوه تمایز محصولات و شرکت خویش، سطح آگاهی و توقع مشتری را بالا می‌برند. پس بیش از آنکه می‌گویید، عمل کنید. صدای رفتار از صدای گفتار بلندتر است؛ با رفتارتان نشان دهید که مشتری‌گرا هستید و از طرفی منافع شرکت خویش را هم مدنظر داشته باشید.

۷۶. همدلی از همزبانی بهتر است، با مشتریان همدل باشید

سمپاتی[1] یعنی همدردی کردن با دیگران، اما مناسبتر از سمپاتی، همدلی[2] است و مفهوم آن این است که خودتان را به‌جای طرف مقابل قرار دهید و از زاویه‌ی دید ایشان به مسائل نگاه کنید. از خودتان بپرسید اگر شما مشتری بودید، دوست داشتید از کدام شرکت و از کدام فروشنده، محصول مورد نیاز خویش را بخرید؛ به‌عبارتی ویژگیهای یک فروشنده‌ی مناسب عصر رقابتی را تجسم کنید و خودتان را مطابق آن شکل دهید. این یکی از تکنیکهای مؤثری است که من در کلاسها و سمینارها به‌کار می‌گیرم. برای مثال هنگامی که برای منشی‌ها تدریس می‌کنم، در جلسه‌ی اول از ایشان می‌خواهم که چشمهایشان را ببندند و تصور کنند که رئیس سازمان خویش هستند و به این فکر کنند که دوست دارند که منشی‌های آنها چه ویژگیهایی داشته باشند و مهارتها و توانمندیهایشان، و طرز گفتار و عملکردشان چگونه باشد؟... سپس از آنها می‌خواهم که همان تصورات را بر روی کاغذ بیاورند. در مرحله‌ی بعدی از آنها می‌خواهم که به‌صورت صادقانه، خودشان را با همان ویژگیها مقایسه کنند و میزان انحراف را مشخص سازند و آنگاه همگی با هم ویژگیهای یک منشی شایسته را مورد بررسی قرار می‌دهیم و نکات علمی

---

1. Sympathy 2. Empathy

برای بهبود عملکرد به آنها آموزش داده می‌شود. این تکنیک در کلاس مدیران فروش، مدیران بازاریابی، و... نیز عیناً به‌کار می‌رود. اما مهمتر این است که خودمان را در مقام مشتری تصور کنیم و انتظارات خویش را از فروشنده و سازمان او بیان کنیم و آنگاه خودمان را متناسب با ویژگیهای یک فروشنده‌ی عالی مجهز سازیم.

۷۷. افزایش بهره‌وری جزء هدفهای دائم بنگاه اقتصادی باشد

بهره‌وری جمع اثربخشی و کارآیی است. اثربخشی یعنی انجام کار درست؛ یعنی قبل از هر کاری به درستی و غلط بودن آن توجه شود. پس باید انتخاب امور با بررسی و شناخت دقیق باشد. اما کارآیی یعنی انجام درست کار، یعنی اجرا باید با دقت باشد.

چه بسا سازمانها یا افرادی که در یکی از این دو مورد نقص دارند، یعنی یا انتخاب ایشان در فعالیتها و بازارها صحیح نیست و یا اینکه در اجرا، مشکلات قابل‌توجهی دارند. در هر دوی این موارد، بهره‌وری بالا نخواهد بود. زمانی یک فعالیت بهره‌ور است که انتخاب و اجرا یعنی اثربخشی و کارآیی هر دو صحیح باشند.

۷۸. به یازده کلید افزایش بهره‌وری شخصی از دیدگاه برایان تریسی توجه کنید

- هدفهای شفاف داشته باشید، آنها را بنویسید.
- یک طرح و نقشه‌ی عملیاتی شفاف بنویسید.
- اولویتهایتان را مشخص کنید.
- بر روی هدفهایتان متمرکز شوید و آشفتگیها را حذف کنید.
- روز کاری خود را طولانیتر کنید، ولی اوقات تعطیلی را افزایش دهید.
- در هر کاری که انجام می‌دهید، سختکوش و پر تلاش باشید.
- سرعت عمل داشته باشید.
- هوشمندانه‌تر کار کنید.
- کارتان را با مهارتهایتان هماهنگ کنید.
- کارهای مهمّتان را دسته‌بندی کنید.
- گامهای اضافی را حذف کنید.

۷۹. به سطوح مختلف بازاریابی از دیدگاه صاحبنظران برجسته توجه کنید

از نقطه‌نظر فیلیپ کاتلر، پیتر دراکر و سرجیو زیمن، بازاریابی شامل چند سطح است:

از نظر فیلیپ کاتلر، پدر بازاریابی نوین:

۱. **بازاریابی واکنشی**[1]: به دستور مشتری واکنش نشان دهید و هر چه می‌خواهد اجرا کنید.

۲. **بازاریابی پیش‌بینی**[2]: پیش‌بینی کنید که مشتری در آینده چه خواهد خواست.

۳. **بازاریابی خواست‌آفرینی**: ابتدا کالا را تولید کنید و بعد مردم را متقاعد کنید که شما این کالا را احتیاج دارید. این روش، خیلی از مواقع جواب نمی‌دهد و شرکت ورشکست می‌شود؛ چون مردم (مشتری) می‌گویند ما این را نمی‌خواهیم.

از نظر پیتر دراکر، بزرگ آموزگار مدیریت در قرن حاضر:

پیتر دراکر معتقد است دو مورد اول نظریه‌ی کاتلر مربوط به بازاریابی است، اما مورد آخر نوآوری است. و می‌گوید از آنجا که هدف نهایی کسب‌وکار، ایجاد و نگهداری مشتری است، بنابراین دو نوع فعالیت بیشتر مطرح نیست: «مارکتینگ» و «نوآوری».

از نظر سرجیو زیمن، مدیر پیشین بازاریابی کوکاکولا:

۱. **آگاهی**: یعنی شناسایی و شناساندن، آگاهی دادن و آگاهی گرفتن.

۲. **ارائه‌ی دلیل به مشتری**: نشان دادن برتری محصول شرکت به مشتری. اگر محصولات شرکتها همه با هم شبیه باشند، پس مشتری چگونه تصمیم بگیرد؟ شرکت شما باید تفاوت داشته باشد و این تفاوت برای مشتری ارزش داشته باشد.

۳. **مراحل پایانی یا خاتمه‌ی فروش**: همه‌ی کارها را ممکن است انجام دهید، اما اگر تکنیکهای خاتمه‌ی فروش را درست به‌کار نگیرید، در واقع کاری انجام نشده است.

---

1. Reactive marketing 2. Anticipated Marketing

این سه صاحب‌نظر، در واقع یک حرف را می‌زنند اما به نقل‌های مختلف؛ و دقیقاً بر این اساس است که می‌گویند در علوم انسانی خودتان را اسیر نظریه نباید بکنید. آنچه مهم است، مفهوم و نتیجه است.

۸۰. کمتر قول بده، بیشتر عمل کن

این گفته‌ی پیتر دراکر را باید با آب طلا نوشت: کمتر قول بده، بیشتر عمل کن.

آیا بنگاه اقتصادی شما مصداق عبارت فوق است یا عکس آن عمل می‌کند. آن چیزی که در بلندمدت، مشتری را حفظ می‌کند، عمل صادقانه است نه وعده‌های زیبای بدون واقعیت.

فصل دوم

▼

مشتری‌نوازی

با ارائه‌ی ۴۰ توصیه‌ی کاربردی

۱. به رابطه‌ی برد/ برد بیندیشید. رابطه‌ی برد و باخت عمر کوتاهی خواهد داشت

هر مبادله و معامله‌ای که در آن به برد دوطرفه توجه شده باشد، می‌تواند بلندمدت باشد. اما روابطی که در آن به برد شرکت و باخت مشتری فکر شده باشد، کوتاه‌مدت خواهد بود. هزینه‌ی جذب یک مشتری جدید ۵ تا ۱۰ برابر هزینه‌ی نگهداری مشتری قبلی خواهد بود. وقتی بخواهید مشتری جدیدی را جذب کنید، ناچار به برگزاری نمایشگاه، تبلیغات، و... خواهید بود؛ اما نگهداری مشتری، با رضایت حاصل از کیفیت صورت می‌گیرد.

۲. دید بلندمدت داشته باشید

با مشتریانتان ازدواج دائم کنید. هزینه‌ی ازدواجهای موقت بسیار بیشتر است. ارزش طول عمر مشتری را محاسبه کنید. این را بدانید که یک مشتری می‌تواند با خریدهای مکرر خود، پول زیادی را به بنگاه شما بیاورد. فقط به رقم یک معامله توجه نکنید.

۳. مشتریان را به عنوان زنجیره‌ی بی‌پایان ببینید

هر مشتری در پشت سرخود زنجیره‌ای را تشکیل داده که از نظر ما نامرئی است و آن زنجیره‌ی مشتریان دیگری هستند که با تبلیغ مثبت مشتری اول، به بنگاه ما مراجعه می‌کنند و یا با تبلیغ منفی وی به ما مراجعه نخواهند کرد. در تحقیقات صورت گرفته در غرب گفته می‌شود یک مشتری راضی، نتایج رضایت خود را به ۵ نفر اعلام می‌کند و

یک مشتری ناراضی، نارضایتی خویش را حداقل به ۱۱ نفر می‌گوید. نگارنده با توجه به شناختی که از بازار ایران دارد، این اعداد را خیلی بیشتر از اینها می‌داند و دلیل آن سهولت برقراری ارتباط دوطرفه بین ایرانیان است که نظیر آن را در صف نانوایی و داخل تاکسی می‌بینیم. بدین‌رو این ارتباط راحت می‌تواند فرصتی برای شرکتهای موفق و یا تهدیدی برای شرکتهایی باشد که مشتریان ناراضی پرورده‌اند.

۴. مشتری هدف اساسی کسب‌وکار است؛ این را هرگز فراموش نکنید

هر فعالیتی که باعث آزردگی خاطر مشتری می‌شود، حذف کنید. مشتری‌نوازی یکی از اصول دنیای کسب‌وکار است. اگر شما ناز مشتری را نکشید، رقیب این کار را می‌کند. با حفظ سودآوری، برای رضایت مشتری تلاش کنید، چرا که بقای سازمان به‌خاطر الطاف اوست.

۵. در شرایط جدید، بازار دیگر یک محل نیست بلکه، مجموعه‌ی مشتریان است

در تعریف سنتی، «بازار» را محل عرضه و تقاضا می‌دانستند. در صورتی‌که با گسترش ارتباطات، امکان دادوستد در یک لحظه در گوشه‌ای از جهان پهناور با گوشه‌ی دیگر آن فراهم شده است. پس «بازار»، مجموعه‌ی مشتریان است؛ چه مشتری ما باشد یا مشتری رقبا، بالفعل باشد یا بالقوه، بازار تمام آن مشتریان را شامل می‌شود. همان‌طورکه شما در فکر افزایش سهم بازار و افزایش تعداد مشتریان هستید، رقبا هم چنین تصمیمی دارند، در این شرایط، شرکتی موفق می‌شود که قابلیت بیشتری داشته باشد. بازار هدف خودتان را مشخص کنید و با آمادگی لازم در دستیابی به آن با بهره‌گیری از اصول علمی گام بردارید.

۶. مشتریانتان را گروگان نگیرید؛ گروگان همیشه مترصد فرار است

اگر هنوز در حاشیه‌ی، امن هستید و داغی بازار رقابتی را حس نکرده‌اید، بدانید که در زمانی نه چندان دور شما هم وارد عرصه‌ی رقابت می‌شوید. هیچ بنگاهی در امنیت دائم و بازارهای مطمئن قرار ندارد، حتی صنایعی چون برق نیز رقابتی می‌شوند.

خودتان و کسب‌وکارتان را ممیزی کنید؛ از زاویه دید مشتری به شرکت خـود نگـاه کنید؛ تا فرصت هست، نواقص خدمت‌رسانی مطلوب را برطرف سازید. کاری کنید که مشتری به‌عنوان وکیل مدافع شما در بازار عمل کند و زمانی این اتفاق حاصل می‌شود که او نه تنها از شما راضی بلکه، خشنود باشد و فراتر از رضایت مشتری با مشتری رفتار کرده باشید.

۷. چنانچه مدیر ارشد هستید، وظیفه‌ی ارتباط با مشتریان ویژه را خودتان به‌عهده بگیرید

طبق قانون پارتو[1]، ۸۰٪ سـود شـرکت را ۲۰٪ مشـتریان تأمین مـی‌کنند. بـه این ۲۰٪ مشتریان بزرگ و عالی، «مشتریان ویژه» می‌گویند. این مشتریان آنقدر برای سازمان مهم هستند که ضرورت دارد مدیریت ارشد، شخصاً با آنها ارتباط داشته باشد و امورات آنها را پیگیری کند، و در افزایش رضایت آنها تلاش شایسته‌ای به‌عمل آورد. مدیران فهیم و مجرب امروزی، کاری می‌کنند که مشتریان، حواریون شرکت بشوند تا آنها در مـقابل پیشنهادهای سایر شرکتها، همچون گذشته به شرکت آنها رجوع کنند.

۸. «صدای مشتری[2]» را بشنوید

صدای مشتری را بشنوید؛ برای شنیدن صدای مشتری هزینه کنید و وقت بگذارید، با مشتریان جلسه بگذارید، با آنها گفتگو کـنید، پس از فـروش بـا آنها تـماس بگـیرید و نقطه‌نظراتشان را جویا شوید.

اگر شما صدای مشتریانتان را نشنوید، رقیب صدای آنها را می‌شنود و طبیعی است او به صدای ایشان پاسخ می‌دهد و در نتیجه مورد انتخاب مشتریان قرار می‌گیرد. وقت گذاشتن در بازاریابی برای ارتباط بیشتر با مشتریان بسیار مهم است. ذوق و سلیقه خیلی سریع عوض می‌شود، باید از آنها آگاه بـاشید. خیلی از مـواقع مشتریان نـمی‌توانند خواسته‌هایشان را به شرکت بگویند، بنگاه در تماس بـا آنها بـاید خواسته‌هایشان را استنباط کرده و درست پیاده کند.

---

1. Pareto   2. Voice of Customer

۹. یکی از راههای مناسب شنیدن صدای مشتری، اجرای پروژه‌ی «اندازه‌گیری رضایت مشتری[1]» است

شرکتهای بزرگ و معتبر حداقل هر شش ماه یکبار، اندازه‌گیری رضایت مشتری را انجام می‌دهند، چون آنها می‌دانند که نظرات مشتریان هم مانند سایر چیزها دستخوش تغییر است. بنابراین، مطلع شدن از نظرات آنها یک فرایند مستمر است و با یکبار نظرسنجی نمی‌توان برای یک عمر تصمیم‌گیری کرد.

اندازه‌گیری رضایت مشتری، حداقل دو مزیت عمده برای سازمان دارد که عبارتند از: مشخص شدن درصد نارضایتی مشتریان، و همچنین مشخص شدن علت یا علل نارضایتی آنها. در چنین صورتی است که مدیران شرکتها می‌توانند راهکارهای اصلاح و بهبود در پیش گیرند و از سعی و خطا خودداری کنند.

۱۰. قبل از سنجش اندازه‌گیری رضایت مشتری، «اندازه‌گیری رضایت کـارکنان[2]» را بسنجید

باید پذیرفت که کـارکنان راضـی مشـتریان راضـی مـی‌آفرینند. انسـانها را نـمی‌توان بـا شیوه‌های دگرپلیسی اداره کرد؛ باید نوع ارتباط بین مدیران و کارکنان طوری باشد که هر یک پلیس خود باشد و این امکانپذیر نیست، مگر با ایجاد و گسترش جوّ همدلی در سازمان. اندازه‌گیری رضایت کارکنان باید به‌نحوی صورت گیرد که کارکنان به راحتی نظرات خود را بیان کنند و پیشنهادهای خویش را به‌منظور ارتقای بهره‌وری سازمان ارائه کنند.

۱۱. به صدای مشتریان رقباگوش دهید؛ این یک راه مؤثر برای فرصت‌یابی است

به سراغ مشتریان رقبا بروید و به حرفهای آنها گوش دهید. هر زمانی که آنها در مـورد محصولات رقبا و نحوه‌ی ارتباط ایشان کلمات «حیف»، «اگر»، «ای کاش» را به‌کار بردند، فرصت جدیدی برای شما ایجاد می‌شود تا با رفع آن عامل بتوانید در بـه‌دست آوردن مشتریان جدید فعالیت کنید.

دنیای کسب‌وکار، شلوغ و پرچالش اسـت. از هر فـرصتی بـاید اسـتفاده کـرد تـا بـه

---

1. Customer Satisfaction Measurement (CSM)
2. Personal Satisfaction Measurement (PSM)

مشتریان اثبات کرد که خرید از ما به نفع آنها است، اما باید این ادعا را در مرحله‌ی عمل ثابت کرد. مشتریان امروزی آگاه و هشیار هستند. اطلاع داشتن از اقدامات رقبا بسیار مهم است، چه بسا مطلع شدن از برنامه‌ها و اقدامات آنها دشوار باشد، اما چاره‌ای نیست، باید اطلاعات را کسب کرد.

۱۲. اولین قسمتی که در شناساندن درست بنگاه اقتصادی شما به مشتریان مطرح است، نیروهای میز پذیرش هستند

منظور از نیروهای میز پذیرش، تمام افرادی هستند که در اولین تماس حضوری یا غیرحضوری، مشتری با آنها روبه‌رو می‌شود. برای مثال نگهبانها یا نیروهای انتظامات، منشی‌ها و مسئولان دفاتر مدیران، نیروهای روابط‌عمومی و نیروهای فروش همگی نیروهای میز پذیرش هستند. چه بسیار شرکتهایی که با هزینه‌های بسیار زیاد، توجه مشتریان را به شرکت و محصول خود جلب می‌کنند، اما متأسفانه چون نیروهای نامناسب یا آموزش‌نادیده‌ای را در قسمت میز پذیرش قرار داده‌اند، مشتریان با برخورد اشتباه آنان، عطای معامله کردن با شرکت را به لقایش بخشیده‌اند، و به این ترتیب تمام هزینه‌های جلب مشتری بی‌ثمر می‌ماند.

نیروهای میز پذیرش تابلوی شرکت هستند و در نزد ارباب‌رجوع، نشان‌دهنده‌ی نحوه‌ی مدیریت شرکت به‌شمار می‌آیند. این نیروها اولین برخورد و آخرین برخورد مشتریان با شرکت را شکل می‌دهند که طبق بررسیهای روانشناسی، ماندگاری این دو برخورد در حافظه‌ی انسان بیشتر از سایر برخوردها خواهد بود. در انتخاب نیروهای میز پذیرش با خصوصیات برونگرایی و شادابی و روابط‌عمومی بالا، و سپس آموزش تکنیکهای برخورد با ارباب‌رجوع سرمایه‌گذاری کنید و از قراردادن انسانهای درونگرا، گوشه‌گیر و اخمو در میز پذیرش جداً خودداری کنید.

۱۳. دومین عاملی که در شناساندن شرکت به بازار بسیار مهم است، برند آن است

«برند» را در فارسی به نام و نشان تجاری ترجمه کرده‌اند (البته در بعضی از ترجمه‌ها هم واژه‌ی «انگ» را به‌کار برده‌اند که به نظر نگارنده واژه‌ی مناسبی نیست)، اما برند معنای

بسیار وسیع‌تری از نام و نشان تجاری دارد.

برند هر چیزی است که نشان‌دهنده‌ی شرکت باشد و یادآور شرکت و هویت آن در ذهن مخاطب باشد. لوگو یا آرم، آهنگ، شعار، رنگ، و... همگی جزئی از برند شرکت محسوب می‌شوند. در دنیایی که روزبه‌روز بر تعداد محصولات مختلف از شرکتهای مختلف افزوده می‌شود، مهمترین سلاح شرکتها برای حضور و تداوم بقا در بازارهای جهانی، داشتن یک برند موفق است و دیگر سرمایه‌گذاری صِرف روی کارخانه، و فناوری، ضامن تداوم سوددهی آنها در بلندمدت نیست.

یک برند خوب می‌تواند شرکت را قادر به مقابله با شرایط دشوار و رکود حاکم بر بازار کند. ایجاد یک برند قوی، فعالیتی تاکتیکی نیست بلکه، فعالیتی استراتژیک برای شرکت محسوب می‌شود. برای شرکتهایی که در پی ارضای نیازهای مشتریان و در عین حال کسب برتری در بازار رقابتی هستند، ایجاد یک برند در صورتی که نزد مشتریان شناخته شده باشد، نه تنها این هدفها را محقق می‌سازد بلکه، امکان بقای شرکت را در طول زمان نیز محقق می‌سازد؛ چرا که برای برند هیچ محدودیتی به‌لحاظ عمر مفید وجود ندارد. در سرمایه‌گذاری روی برند شرکت و برند محصولات شرکت، از راههای اصولی کوتاهی نکنید. اگر شما برند قوی داشته باشید، همین برند می‌تواند برای شرکت سودآوری داشته باشد؛ بدون اینکه تولید آن محصول را شرکت شما صورت انجام دهد.

امروزه خیلی از شرکتهای دارای برندهای معروف، بسیاری از محصولاتشان در کارخانه‌هایی تولید می‌شود که به آنها تعلق ندارد و پس از چسباندن برچسب با برند معروف، به بازار عرضه می‌شود. البته قابل ذکر است که شرکت صاحب برند به هیچ وجه نباید از نظارت کامل کیفی غافل بماند؛ چون در این صورت برند آن پس از مدتی زیر سؤال می‌رود. دیگر زمانی که مردم به مغازه مراجعه کنند و درخواست مایع ظرفشویی، پودر لباسشویی، و... بدون برند خاصی بکنند، تقریباً به‌سر آمده است. امروزه مردم وقتی به مغازه مراجعه می‌کنند درخواست محصول خاصی با برند خاصی را می‌کنند و بسیاری از آنها در صورت عدم موجودی آن برند از مغازه خارج می‌شوند و در مغازه‌ای دیگر برند مورد نظر خویش را جستجو می‌کنند. به جهت اهمیت بالای برند است که در چارت سازمانی شرکتهای معتبر جهانی، پستی با عنوان «مدیر برند» دیده شده است. این مدیران دو وظیفه‌ی اساسی به‌عهده دارند:

الف. **حفاظت از حقوق برند شرکت خودشان در مقابل سوءاستفاده‌ی سایرین** : که در این مواقع با پیگیری‌های حقوقی در احقاق حق شرکت تلاش می‌کنند. بدیهی است زمانی می‌توان در مراجع قضایی ادعایی را ثابت کرد کـه آن ادعـا مـنبع قانونی داشته باشد. به همین دلیل است که توصیه می‌شود نام و نشان تجاری، شعار، لوگو، و... تمام چیزهایی را که نشان‌دهنده‌ی برند شماست حتماً هنگام ثبت شرکت، ثبت کنید.

ب. **زیر نظر داشتن برند سایر شرکتها و استفاده‌ی به‌موقع با مسیرهای قانونی از برند آنها**: چه بسا شرکتهایی که به بازار خارجی راه یافتند، متوجه شده‌اند که یک شرکت خارجی، برند آنها را قبلاً به ثبت رسانده است.

در فصل نام تجاری- فصل چهاردهم - به این مبحث به صورت گسترده پرداخته شده است.

۱۴. سومین چیزی که در شناساندن شرکت به بازار مطرح است، محصولات شرکت (کالاها و خدمات) است

بسیاری از شرکتها به اشتباه تصور می‌کنند آن چیزی را که باید در اولین تماس به مشتری معرفی کنند، محصولات آنهاست. اما همان‌طور که قبلاً نیز مطرح شد، پیش از معرفی محصول باید افراد ارائه‌کننده‌ی محصول (میز پذیرش) در دل مشتری جا بگیرند. اگر مشتری از کسی که محصول را به ایشان عرضه می‌کند خوشش نیاید، بعید است که در بـازار رقـابتی نسبت بـه خـرید از او اقدام کند؛ چـون بـلافاصله رقبای دیگری در خدمت‌گذاری شایسته به مشتری آماده هستند. بعد از مرحله‌ی نیروهای میز پذیرش، مشتری بررسی می‌کند که این محصول را از چه شرکتی (با چه برندی) بخرد و سپس به خود محصول می‌رسد.

نکته‌ی حائز اهمیت در معرفی محصول این است که شرکتها اغلب تصور مـی‌کنند مشتری محصول را می‌خرد. از این‌رو در معرفی ویژگیهای محصول صحبت مـی‌کنند؛ مثلاً می‌گویند این محصول، فلان ماده‌ی شیمیایی را دارد یا در ساخت آن از فلان فلز استفاده شده است. غافل از اینکه در بیشتر موارد اینها برای مشتری خیلی قابل فهم و حائز اهمیت نیستند. حقیقت این است که مشتریان، دید منافع دارند و آن چیزی که باید به مشتری گفته شود منافعی است که آن محصول پس از خرید برای مشتری به ارمغان

می‌آورد. بنابراین بهتر است به مشتری گفته شود این محصول که فلان ماده‌ی شیمیایی را دارد، نفعش برای شما این است که به پوست شما آسیبی نمی‌رساند، یا این محصول که از فلان فلز ساخته شده است باعث می‌شود احتمال زنگ‌زدگی آن از بین برود و دوام آن دو برابر شود.

۱۵. مهمترین عاملی که در تداوم خرید از شرکت مؤثر است، رضایت مصرف‌کننده‌ی نهایی است

مشتری[1] کسی است که عمل خرید را انجام می‌دهد. حال می‌تواند خود مصرف‌کننده[2] هم باشد یا فقط به‌عنوان خریدار برای دیگری خریده باشد. اما در هر صورت، این رضایت مصرف‌کننده‌ی نهایی است که در فرستادن ایشان به بازار خرید، نقش اساسی داشته است. بنابراین، رضایت مصرف‌کننده‌ی نهایی و رضایت مشتری در تداوم حضور شرکت در بازار مهمترین عامل است.

۱۶. پس از رضایت مصرف‌کننده‌ی نهایی و مشتری، رضایت سایر عوامل دخیل در کسب‌وکار هم مهم است

- جامعه رفاه می‌خواهد و جوامع عصر رقابتی اجازه نمی‌دهند شرکتها به بهانه‌ی جلب رضایت مشتری به رفاه جامعه صدمه بزنند. از این‌رو با وضع قوانین، شرکتها را مجبور می‌کنند از تولید محصولاتی که موجب هرگونه آلودگی برای جامعه بشود، خودداری کنند و هزینه‌های تولید آلودگی و رفع آنها را نیز بپردازند.
- پس از جامعه، شرکتها و بنگاههای اقتصادی هم رضایت می‌خواهند و هدف اساسی از شکل‌گیری یک بنگاه اقتصادی کسب سود است. اگر شرکتی سود نبرد بقا نخواهد داشت. اما مهم این است که شرکتها و بنگاههای اقتصادی، کسب سود را در فضای تعاملی برد/ برد تعقیب کنند نه اینکه دنبال سود کوتاه‌مدت با رابطه‌ی برد/باخت باشند. طبیعی است که این‌چنین رابطه‌ای دوام زیادی نخواهد داشت.
- اما کارکنان، تأمین‌کنندگان، و واسطه‌ها هم خواسته‌های متعددی دارند که باید به

1. Customer
2. Consumer

آنها رسیدگی شود، در صورت عدم رضایت آنها، رابطه‌ی مناسبی بین شرکت و مشتریان برقرار نمی‌شود.

پس رضایت تمام عوامل مؤثر در کسب‌وکار، از اولین عامل یعنی تأمین‌کننده، تا آخرین عامل یعنی مصرف‌کننده، مهم است و باید حاصل شود. به همین دلیل است که به کل این عوامل، زنجیره‌ی ارزش‌آفرینی گفته می‌شود؛ یعنی اگر هر جای این زنجیره را بهبود بخشیم، در نهایت موجب افزایش ارزش در نزد مشتری شده‌ایم.

امروزه به جرأت می‌توان ادعا کرد که رقابت از سطح شرکت خارج شده و به سطح شبکه‌ها یا زنجیره‌ی ارزش‌آفرینی رسیده است و این زنجیره‌ها هستند که با هم رقابت می‌کنند نه فقط شرکتها. پس در ایجاد زنجیره‌های ارزش‌آفرینی قدرتمند تلاش کنید و بدانید از نظر مشتریان، این زنجیره همان شرکتها هستند. مسئولیت هرگونه قصور تأمین‌کنندگان، کارکنان، و واسطه‌ها با شرکت است که نظارت و کنترل دقیق نداشته است.

۱۷. نیاز مشتریان را بشناسید و به طرز متفاوتی از دیگران به نیاز آنها پاسخ دهید

«نیاز» احساس محرومیتی است که از نداشتن چیزی به انسان دست می‌دهد. نیازها در ادوار مختلف ثابت هستند. برای مثال نیاز به جابه‌جایی، ارتباطات، پرستیژ، رفع عطش، دید بهتر، و... پس سؤال مهمی که بنگاههای اقتصادی باید از خودشان بپرسند این است که ما واقعاً چه نیازی از مشتریهایمان را برطرف می‌کنیم؟ برای مثال، شرکت تولیدکننده‌ی بنزین باید بگوید من نیاز به انرژی را برای مشتری خویش برطرف می‌کنم یا شرکت تولیدکننده‌ی گوشی تلفن همراه باید بگوید، نیاز به ارتباطات را در مشتری برطرف می‌کنم. نیازها فطری هستند، پس ماندگارند، آن چیزی که به مرور زمان و در اثر فناوری دستخوش تغییر شود، خواستهای بشری است.

۱۸. در هر دوره‌ای از زمان، به‌روشی بهتر و مؤثرتر از رقبا نسبت به تأمین خواست مشتری اقدام کنید

نتیجه‌ی خواست، لذتی است که در مشتری پس از برآورده شدن نیازش به وجود می‌آید؛ به‌عبارتی خواست، شکل برآورده کردن نیاز است. آن چیزی که به صورت کالا یا خدمت به مشتری ارائه می‌شود، خواست است.

شرکتها باید از خودشان سؤال کنند «ما در حال حاضر نیاز مشتریمان را به چه شکلی (خواست) برطرف می‌کنیم؟» و مهمتر از آن این سؤال است که شرکتهای نوآور و کارآفرین مرتباً از خودشان می‌پرسند «ما نیاز مشتریمان را به چه شکل دیگری (خواست جدیدی) می‌توانیم برطرف کنیم؟» خواستها در گذر زمان و با ارتقای فناوری مرتباً در حال تغییر و تکامل هستند. برای مثال، نیاز ارتباطی بشر با وسایل مختلفی نظیر نامه، تلگراف، تلفن، تلفن همراه، پست الکترونیکی، چت، و... برطرف شده است، اما هر یک از این وسیله‌ها در دوران خاصی کاربرد بیشتری داشته‌اند.

۱۹. نیاز و خواست مشتری را تبدیل به تقاضا کنید

تقاضا همان نیاز و خواستی است که مشتری را به حرکت به سمت شما وادار می‌کند. به عبارتی تقاضا، نیاز و خواستی است که با قدرت خرید پشتیبانی بشود. شما باید بتوانید مشتری را علاقه‌مند به متقاضی شدن از بنگاه اقتصادی خویش کنید. مشتری که آمادگی خرید، میل به‌خرید، و توانایی خرید را داشته باشد، درصورت متقاعد شدن به اینکه بنگاه اقتصادی شما نسبت به رقبا می‌تواند ارزش بیشتری را به او ارائه کند، تقاضای خویش را از شما خواهد داشت.

۲۰. برای متقاضی کردن مشتری یکی از ابزارهای مهم، تسلط به تکنیکهای خاتمه‌ی فروش است

وقتی که مشتری سؤالی در خصوص نحوه‌ی حمل محصول می‌پرسد، منظور این است که خود محصول را پسندیده است، یا وقتی خانمی در مغازه‌ی پارچه‌فروشی از قابلیت آب‌رفتن پارچه سؤال می‌کند، منظور این است که طرح و رنگ و سایر مشخصات پارچه را پسندیده است.

یک فروشنده‌ی حرفه‌ای با شنیدن این قبیل سؤالات و همچنین توجه به تُن صدای مشتری، نحوه‌ی نشستن او، حالت چهره، و... می‌تواند به آمادگی و تمایل مشتری به خرید پی ببرد. در این صورت فروشنده‌ی حرفه‌ای با بهره‌گیری از تکنیکهای خاتمه‌ی فروش به‌موقع، نسبت به اتمام معامله و گرفتن سفارش اقدام خواهد کرد.

۲۱. هیچ چیز جای کیفیت را نمی‌گیرد؛ پس روی آن سرمایه‌گذاری کنید

«کیفیت» عبارت است از میزان انطباق انتظارات قبل از خرید مشتری، با فایده‌ی دریافت شده‌ی او پس از خرید. به عبارت صحیحتر، کیفیت عبارت است از کِیف مشتری که از کالا یا خدمت، و همچنین نحوه‌ی ارتباط با ایشان حاصل شده است. اگر توانستید با عرضه‌ی محصول با کیفیت و ارتباطات با کیفیت، کِیف مشتری را افزایش دهید، او نیز کیف خود را برای شما خواهد گشود.

چون انتظارات مشتریان متفاوت است، از این‌رو برداشتهای آنان از کیفیت هم بسیار متفاوت خواهد بود.

کیفیت محصول ارائه شده، کیفیت بنگاه اقتصادی را نزد مشتری مشخص می‌کند. امروزه افزون بر کیفیت محصول، کیفیت ارتباط با مشتری نیز حائز اهمیت است. فناوری سبب می‌شود که شباهت محصولات یک رده از تولید به هم زیاد بشود، اما چون ارتباط و خدمت‌رسانی به انسانها برمی‌گردد، این قسمت از کیفیت، تفاوت بین بنگاهها را بیشتر نمایان می‌سازد.

علم بازاریابی برای این نیامده است که محصول با کیفیت پایین را به مردم عرضه کند و آنها را گول بزند؛ بازاریابی نوین تأکید خاصی روی بهبود مستمر کیفیت دارد. ممکن است سؤال شود اگر کیفیت محصول بالا باشد، دیگر چه نیازی به بازاریابی است؛ چون عطری است که خود می‌بوید. این گفته در بازارهای قدیمی که سطح بازار کوچک بود، صحیح و درست بود. اما در بازارهای عصر جدید به دلیل گستردگی سطح بازار و تعدد فراوان رقبا، باید هم عطر خود ببوید و هم عطار بگوید.

۲۲. مسئول کیفیت نیز تمام کارکنان سازمان هستند، این وظیفه‌ی مهم را بـه کـارکنان گوشزد کنید

امروزه در کیفیت، مفاهیم فراوانی به‌کار گرفته می‌شوند نظیر مدیریت کیفیت فراگیر[1]، کنترل کیفیت سراسری شرکت[2]، و تضمین کیفیت جامع[3]. اینها همگی نشان‌دهنده‌ی اهمیت کیفیت هستند. به همین دلیل است که در کنار واژه‌ی کنترل کیفیت که به انتهای

1. Total Quality Management (TQM)
2. Company Wide Quality Control (CWQC)
3. Total Quality Assurance (TQA)

خط تولید مربوط می‌شود، امروزه از واژه‌ی تضمین کیفیت که به کل خط مربوط می‌شود نیز استفاده می‌کنند، و مهم‌تر از آن این است که کیفیت را فقط از سطح محصول خارج می‌کنند و در تمام فرایندها و ارتباطات درون سازمان و بیرون سازمان جستجو می‌کنند و به آن بها می‌دهند.

۲۳. رضایت، نتیجه‌ی کیفیت است. رضایت مشتریان خود را بسنجید

کیفیت را بر حسب رضایت مشتری تعریف می‌کنند؛ رضایت مشتری با کیفیت محصول و خدمات، رابطه‌ای تنگاتنگ دارد. کیفیت محصول بر عملکرد آن اثری مستقیم دارد، بنابراین موجب افزایش رضایت مشتری می‌شود.

۲۴. به درجات رضایت مشتریان توجه کنید

اگر میزان انتظارات قبل از خرید مشتری با فایده‌هایی که پس از خرید نصیب او شـده است برابر باشد، می‌توان گفت که مشتری راضی شده است.

طبق تحقیقات، یک مشتری راضی رضایت خویش را حدوداً به ۵ نفر اعلام می‌کند، یعنی او تلاش خاصی برای اعلام رضایت خود نمی‌کند؛ چون همان چیزی را که تصور می‌کرد، اتفاق افتاده است. اما اگر مورد سؤال قرار بگیرد، اظهار رضایت می‌کند. اما اگر میزان انتظارات مشتری از میزان فایده‌های دریافت شده بیشتر باشد و به عبارتی رضایت او تأمین نشده باشد و انتظارات پاسخ داده نشده داشته باشد، به او مشتری ناراضی می‌گویند؛ این مشتری، نارضایتی خود را حداقل به ۱۵ نفر اعلام می‌کند. هر چند نگارنده معتقد است با توجه به سهولت برقراری ارتباط بین ایرانیان این عدد بسیار بیشتر بوده است و در بعضی از موارد خصوصاً در بازارهای مصرفی این عدد بیش از هزار نفر را هم شامل می‌شود.

ولی اگر میزان فایده‌هایی که شما به مشتری با محصول خود و با برخورد مناسب خویش ارائه می‌کنید بیش از سطح انتظارات او باشد، به آن مشتری، مشتری خشنود یا مشعوف گفته می‌شود. در این حالت میزان وفاداری او به شرکت بسیار زیاد شده و تبلیغ‌کننده‌ی مجانی شرکت خواهد شد، و حتی به عنوان وکیل مدافع شرکت در بازار اقدام می‌کند. امروزه تأکید بازاریابان این است که مشتری راضی پروردن مهم نیست؛ شما باید مشتریان خشنود داشته باشید تا حواریون شرکت باشند و در معرفی شرکت به دیگران تلاش کنند.

۲۵. مواظب خرابکاران باشید

«مشتریان ناراضی» احساس می‌کنند که به شخصیت آنها و شعورشان بی‌احترامی شده است، از این‌رو در صدد جبران و انتقام‌جویی می‌افتند؛ به همین دلیل به آنها خرابکار گفته می‌شود.

تحقیقات نشان داده است که حداکثر ٪۵ مشتریان ناراضی، نارضایتی خویش را به شرکت اعلام می‌کنند و بیش از ٪۹۵ آنها حتی بدون اعلام نارضایتی، با شما و شرکت شما قطع رابطه خواهند کرد. اینها ناامید از برخورد مناسب شرکتها هستند و صدمه و زیان خود را با تبلیغات منفی به شرکت می‌زنند. در این خصوص باید با مدیریت اعتراض مشتریان، نسبت به بازگرداندن مشتریان معترضی که به شرکت مراجعه کرده‌اند، تلاش کنید. این بحث را با حدود بیست گام در کتاب «مدیریت فروش و فروش حضوری با نگرش بازار ایران[1]» به‌صورت مشروح آورده‌ام؛ برای آگاهی بیشتر به آن کتاب مراجعه کنید.

۲۶. نباید طوری عمل کنید که در مقابل برند شرکت، مشتریانتان را بی‌تفاوت بار بیاورید

مشتری بی‌تفاوت کسی است که داخل مغازه می‌شود و درخواست کنسرو ماهی می‌کند، بدون اینکه از برند خاصی اسم ببرد؛ یا به‌صورت کلی درخواست مایع ظرفشویی می‌کند. این قبیل مشتریان را باید به مشتریان وفادار تبدیل کنید؛ یعنی اینکه پس از مراجعه، اگر با عدم وجود محصول بنگاه شما روبه‌رو شد، از مغازه بیرون برود و در جای دیگری محصول تولیدی شما را جستجو کند. بدیهی است این اقدامات به عملکرد شرکت مرتبط خواهد بود.

۲۷. هر چند دردناک است، اما باید بخشی از مشتریان را کنار بگذارید

هدف هر بنگاه اقتصادی سود است، با این شرط که سود را در فضای ارتباطی برد/برد جستجو کنید و به ارتباط بلندمدت با مشتری بیندیشید. بدیهی است رابطه‌ی برد/باخت کوتاه‌مدت بوده و محکوم به فناست. اما اگر برای شرکت ثابت شد که یک مشتری هیچ‌وقت برای شرکت منفعت نخواهد داشت و همیشه میزان زیان او بیش از منافعی

---

۱. درگی، پرویز؛ مدیریت فروش و فروش حضوری با نگرش بازار ایران؛ انتشارات رسا، چاپ ششم ۱۳۸۷.

است که به شرکت ارائه می‌کند، باید او را جزء فهرست سیاه نوشت و با ظرافت او را کنار گذاشت. قطعاً تعداد این قبیل مشتریان، حداکثر از ۵٪ بیشتر نخواهد بود، اما حتماً لازم است در سنجش خویش دقت کنید تا مبادا مشتریان خوب را جزء این دسته قرار دهید.

۲۸. با مشتریان خود تعامل داشته باشید

امروزه دوران «بازاریابی دادوستدی[1]» به سر آمده است. این نوع از بازاریابی، مناسب بازارهای انحصاری بوده، در حالی که امروزه نیاز به «بازاریابی رابطه‌مند[2]» است؛ یعنی اینکه شرکتها و مشتریان به‌صورت پیوسته با یکدیگر تعامل دارند. در هر ارتباطی، شرکت، مشتری را بیشتر می‌شناسد و از طرفی فرصت ایجاد می‌شود تا خودش و وجوه تمایزش نسبت به رقبا را به مشتری بیشتر بشناساند.

۲۹. هدفهای نظام بازاریابی را همواره مدنظر داشته باشید

در منابع مختلف، هدفهای نظام بازاریابی را شامل «به حداکثر رساندن مصرف»، «به حداکثر رساندن رضایت مشتری»، «به حداکثر رساندن حق انتخاب»، و «به حداکثر رساندن کیفیت زندگی» عنوان کرده‌اند. اما مهمترین هدفهای نظام بازاریابی که دربرگیرنده‌ی تمام موارد فوق نیز هست، «به حداکثر رساندن فرایند مدیریت تقاضا» است که خود شامل سه عامل جذب مشتری، نگهداری مشتری، و رشد دادن مشتری است. جذب مشتری با دادن وعده به او صورت می‌گیرد. وقتی که تبلیغات انجام می‌دهید، سمینار برگزار می‌کنید، و... در حقیقت به مشتری وعده می‌دهید که در صورت خرید از بنگاه شما به هدفهای خویش دست می‌یابد.

اما مشتری پس از یک یا دو بار خرید، در صورتی‌که تحقق وعده‌های بنگاه شما را نبیند، دیگر به وعده‌هایتان گوش نمی‌کند؛ پس نگهداری مشتری با رضایت حاصل از دریافت و مصرف محصول تحقق می‌یابد. در این حالت با هزینه‌ای بسیار کمتر از هزینه‌های جذب می‌توانید او را وفادار به شرکت نگه دارید تا خریدهای بعدی را نیز از بنگاه اقتصادی شما داشته باشد.

اما رشد دادن مشتری عبارت از ارائه‌ی خدمات یا کالاهای دیگری غیر از محصول

1. Transaction Marketing 2. Relationship Marketing

اصلی به مشتری است که به آن «افزایش سهم بیشتر از سبد خرید مشتری» می‌گویند. برای مثال در جهان، بانکها به سمتی حرکت می‌کنند تا افزون بر خدمات معمول نظام بانکداری، خدمات دیگری نظیر بیمه را نیز به مشتریان عرضه کنند.

۳۰. کلید موفقیت سازمان علاوه بر جلب رضایت مشتری، وفـادارسـازی آنـها است و مشتری می‌خواهد این را در عمل ببیند

- موفقیت هر سازمان وابسته بـه تـوانـایـیهای آن سـازمان بـرای جـلـب رضـایت و وفادارسازی مشتری است. زمانی یک بنگاه اقتصادی در مارکتینگ موفق است که افزون بر فلسفه یا طرز نگرش و تفکر، دیگر کارکردها و عملیات شرکت نیز در همان راستا باشد. «مارکتینگ» شامل نگرش و عملکرد است. پس بیش از آنکه ادعا می‌کنید، عمل کنید.

- امروزه دیگر رضایتمندی مشتریان کافی نیست و سازمانها نباید به رضایتمندی مشتریانشان دل خوش کنند؛ آنها باید مطمئن شوند که مشتریان رضایتمندشان، وفادار هم هستند. در این حالت در بلندمدت، منافعی حـاصـل مـی‌شـود کـه در نتیجه، سهم بازار و سودآوری شرکتها افزایش می‌یابد.

- تحقیقات نشان می‌دهد که ۶۵ تا ۸۵ درصد از کسانی که بیان کرده‌اند راضی یا حتی خیلی راضی‌اند، به دلایل دیگر بـرای خـریـد مـجدد مـحصولات مـراجعه نکرده‌اند و ۴۰ درصد این افراد همزمان از محصولات رقبا استفاده می‌کرده‌اند. معنی این گفته آن است که رضایتمندی مشتریان مهم نیست بـلکه، آنـچه مـهم است نارضایتی آنها است. رضایت و نارضایتی مشتری تنها حـاصـل و نـتیجه‌ی ارزیابی وی از خرید و مصرف گذشته‌اش است.

- هزینه‌هایی که شرکتها در درون و بیرون سازمان برای ایجاد و گسترش رضایت مشتریان صرف می‌کنند، در بلندمدت و از طریق مشتریانی که وفادار شده‌انـد، پاسخ داده می‌شود.

- ریچهلد و ساسر[1] در تحقیقات خود نشان داده‌اند که ۵ درصد کاهش در تعداد مشتریان، باعث از دست رفتن ۸۵ درصد سود بانکها و ۵۰ درصد سود شرکتهای

---

1. Richeld & Sasser

بیمه می‌شود و در عین حال ۵ درصد افزایش در میزان نگهداری مشتریان، باعث افزایش ۲۵ تا ۱۲۵ درصدی سودآوری بانکها و ۷۵ درصدی سودآوری صنایع دیگر می‌شود.

- مطالعات دیگر نشان داده‌اند کسانی که گزینه‌ی «کاملاً راضی» را انتخاب کرده‌اند، نسبت به کسانی که گزینه‌ی «راضی هستم» را انتخاب کرده‌اند، ۶ بار بیشتر برای خرید مجدد اقدام کرده‌اند، و ۴۲ درصد بیشتر از سایرین وفادارند. البته باید توجه داشت نتایجی که از روش اندازه‌گیری رفتار حاصل می‌شود، نمی‌توانند به‌طور کامل مبین میزان وفاداری مشتری باشند؛ چرا که گرایش‌ها، هـدف‌ها، و استراتژی‌های فردی نیز در این میزان مؤثرند.

- وفاداری عبارت است از وجود یک نگرش مثبت به یک موجود (مارک، خدمت، مغازه یا فروشنده) و رفتار حمایتگرایانه از آن.

  وفاداری به یک تعهد قوی برای خرید مجدد یک محصول یا یک خدمت برتر در آینده اطلاق می‌شود؛ به صورتی که همان مارک یا محصول بـه‌رغم تأثیر و تلاشهای بازاریابی بالقوه‌ی رقبا، خریداری شود.

- ایجاد وفاداری در مشتریان، مفهومی است که به لحاظ اینکه مشتریان وفادار به صورت مؤلفه‌ی اصلی موفقیت سازمانی درآمده‌اند، مورد توجه بیش از پیش کسب‌وکارهای امروزی قرار گرفته است. مشتریان وفادار، میزان بیشتری خـرید می‌کنند، پول بیشتری می‌پردازند، و تبلیغات بیشتری مـی‌کنند. بـه‌همین عـلت، سـازمانهای امـروزی در صـدد شـناسایی و مـدیریت روشهای مؤثر ایـجاد وفاداری‌اند که به آنها «برنامه‌های وفاداری» گفته می‌شود.

وفاداری با سه عنصر زیر همراه است:

۱. «عنصر رفتاری مشتری» که همان تکرار عمل خرید است. در این دیدگاه، سه معیار (نسبت خرید، توالی خرید، و احتمال آن) مطرح می‌شود.

۲. «عنصر نگرشی مشتری» که همان تعهد و اطمینان مشتری است. این دیدگاه، ساختارهای دانشی، احساسی، و ذهنی مشتریان را به هم مرتبط می‌کند.

۳. «عنصر در دسترس بودن گزینه‌های زیاد برای انتخاب و انجام عمل خرید».

- وفاداری زمانی اتفاق می‌افتد که مشتریان قویاً احساس کنند سازمان مورد نظر به بهترین وجه ممکن می‌تواند نیازهای آنها را برطرف کند؛ به‌طوری کـه رقیبان سازمان از مجموعه‌ی ملاحظات مشتریان خارج شده، و بـه خـریـد از سـازمان به‌طور انحصاری اقدام کنند.

گریفین[1]، نویسنده‌ی کتاب «رفتار سازمانی»، قوانین وفاداری مشتری را به‌شرح زیـر یـادآور می‌شود:

- ابتدا در کارکنان سازمان، ایجاد وفاداری کنید.
- قانون پارتو (۸۰/۲۰) را اعمال کنید.
- مراحل ایجاد وفاداری را بشناسید، و اطمینان حاصل کنید مشتریان در این مرحله حرکت می‌کنند.
- ابتدا خدمت کنید، سپس کالایی را بفروشید.
- شکایت مشتریان را به‌طور جدی دنبال کنید.
- پاسخگویی را تقویت کنید.
- تعریف مشتریان را از ارزش بشناسید.
- مشتریان از دست رفته را بازگردانید.
- از مسیرهای متعددی برای خدمت به مشتریان استفاده کنید.
- به اعضای خط تماس با مشتریان، مهارتهای اجرایی را بیاموزید.
- با شرکای مسیرهای توزیع خود همکاری کنید.
- داده‌های خود را در یک پایگاه داده‌ی متمرکز، ذخیره کنید.

صاحبنظران بازاریابی مزایای زیادی را برای وفاداری برشمرده‌اند که برخی از بـارزتـرین آنها عبارتند از:

- ❖ کاهش هزینه‌های جذب مشتریان جدید
- ❖ کاهش حساسیت مشتریان نسبت به تغییرات قیمتها

---

1. Griffin

- منافع حاصل از ارزش طول عمر مشتری
- عملکرد مثبت از طریق افزایش قدرت پیش‌بینی
- افزایش موانع برای ورود رقبای جدید
- بهره‌مندی از صرفه‌جوییهای اقتصادی برای مشتریان و شرکتها
- کاهش مراجعات مشتریان برای ارزیابی شرکتها و هزینه‌های مرتبط
- افزایش میزان تبلیغات دهان به دهان برای شرکت
- افزایش درآمد سازمان

۳۱. رفتار گروههای خریدار و مصرف‌کنندگان نهایی را جداگانه مطالعه کنید

لازم است مطالعه‌ی رفتار مشتری و مصرف‌کننده‌ی نهایی به‌صورت جداگانه مدنظر باشد، اما نکته‌ی مهم این است که رفتار مشتری (خریدار) از رفتار مصرف‌کننده‌ی نهایی نشأت می‌گیرد؛ یعنی اگر فرزند شما، شیرخشک را قبول نکند یا همسرتان از رنگ و بو و کیفیت مایع ظرفشویی رضایت نداشته باشد، شما در دفعات بعدی آن محصولات را نمی‌خرید.

در بازارهای تجاری هم تمام این موارد صدق می‌کند؛ درست است که مأمور خرید یا گروه خرید نسبت به خرید کامپیوتر برای یک سازمان یا دستگاه خاصی تصمیم می‌گیرند، اما اگر کاربران نهایی رضایت نداشته باشند، خرید آن محصولات تکرار نمی‌شود. به همین جهت است که مطالعه‌کنندگان بازار باید نسبت به مطالعه‌ی رفتار هر یک از گروههای خریدار و مصرف‌کنندگان نهایی به‌صورت جداگانه اقدام کنند.

۳۲. عوامل واسطه نیز مشتریان شما هستند، مطالعه‌ی رفتار ایشان نیز حائز اهمیت است

بعضی از افراد تصور می‌کنند که واسطه‌ها همیشه نقش واسطه‌گری دارند و از مطالعه‌ی رفتار آنها به عنوان مشتری (خریدار) غافل می‌شوند. در صورتی‌که اگر مغازه‌داران نسبت به خرید محصولات از شما اقدام نکنند (نقش مشتری)، در آن صورت محصول در داخل قفسه‌ی ایشان وجود نخواهد داشت و به رؤیت مصرف‌کننده‌ی نهایی نیز نخواهد رسید تا خریدی صورت گیرد.

تأکید می‌کنیم در سنجش رضایت مشتریان نیز ابتدا مشتریان را به گروههای مختلف نظیر مصرف‌کنندگان نهایی، خریداران (مشتریان)، و عوامل واسطه (نظیر مغازه‌داران،

نمایندگیها، و شعب) تقسیم کنید و هر گروه را به‌صورت جداگانه مورد سنجش قرار دهید و از ترکیب نظرهای آنها نیز خودداری کنید؛ چون امیال و خواست آنها در تمام موارد همسو و یکسان نیست.

۳۳. به مفهوم واژه‌ی «ارباب‌رجوع» بیشتر توجه کنید

ارباب‌رجوع یعنی ارباب یا بزرگ و ولی‌نعمتی که به ما مراجعه کرده است. متأسفانه در سالهای گذشته به‌دلیل زندگی در فضای کسب‌وکار انحصاری، این واژه‌ی پرمحتوا اهمیت خود را از دست داده است و به‌صورت مکرر شاهد برخوردهای نامناسب با ارباب‌رجوع هستیم. به‌راستی اگر کارکنان ادارات ثبت احوال، بانکها، فروشندگان اتومبیل، و... با جان و دل احساس و باور می‌کردند که حقوق ایشان را ارباب‌رجوع آنها می‌دهد، باز هم شاهد رفتارهای بعضاً نامناسب ایشان با مراجعه‌کنندگان بودیم؟!

یکی از مدیران موفق تأکید می‌کند که کارکنان سازمان نباید از مافوق خود خواهش کنند که اجازه‌ی ادامه‌ی کار را در آن سازمان به آنها بدهد بلکه، باید از مشتریان این خواهش را داشته باشند. نگارنده واژه‌ی «التماس علمی» را در این گونه موارد به‌کار می‌برد؛ یعنی با رعایت ادب و احترام و تکریم ارباب‌رجوع و در قالب خدمت‌رسانی عالی و ارائه‌ی محصولِ از هر لحاظ با کیفیت، عملاً از ایشان می‌خواهیم که با اعلام رضایتشان موجبات بقای ما و کسب‌وکارمان را فراهم سازند.

ارباب‌رجوع جوهره‌ی حیاتبخش سازمان است. ای‌کاش مفهوم این واژه هر چه سریعتر برای تمام سازمانهای ایرانی خصوصاً سازمانهای دولتی جا بیفتد تا شاهد رفتار بهتری با مردمی باشیم که ولی‌نعمت ما هستند تا مردم هرگز تصور نکنند گروگان هستند. هر چند که گروگان همیشه در فکر فرار است، اما عرصه‌ی رقابت، راه فرار را برای آنها فراهم می‌سازد.

ضمن احترام به تمام خادمان واقعی از خودمان سؤال کنیم چرا به محض اینکه شرکتهای دولتی نیز مجاز به استفاده از حسابرسی خصوصی (علاوه بر سازمان حسابرسی) شدند، سیل مراجعه به بخش خصوصی حسابرسی زیاد شد؟ چرا رشد بعضی از بانکهای خصوصی با قدمت کمتر از ۵ سال با بعضی از بانکهای دولتی با قدمت بیش از ۴۰ سال برابری می‌کند؟

وقت آن است که سازمانهای ما زودتر بیدار شوند. برای مردم، دولتی بودن و

خصوصی بودن مهم نیست بلکه، خدمات‌رسانی مطلوب همراه با تبسم و احترام برای آنان مهم است. بدیهی است هر کس با آنها رفتار بهتری داشته باشد و محصول مناسب در زمان مناسب و با قیمت مناسبتر ارائه کند، مورد استقبال قرار می‌گیرد. هیچ مدیر کسب‌وکاری در آینده‌ی اقتصادی ایران نمی‌تواند ادعا کند که نیاز به تغییر رفتار نداریم چون بازار ما تضمین شده است. چه کسی تصور می‌کرد خدمات مربوط به راهنمایی و رانندگی روزی وارد عرصه‌ی رقابت شود؟ اطمینان دارم در چند سال آینده حتی آب و برق دولتی نیز وارد عرصه‌ی رقابت می‌شود و روزی می‌رسد که مشتریان ایرانی، فروشنده‌ی برق خود را نیز انتخاب خواهند کرد. پس رقابت جدی است و حضور در عرصه‌ی رقابت نیاز به ادبیات خاص بازارهای رقابتی دارد. جاده‌ها پیچیده‌اند، اگر شما که در هر کسب‌وکاری هستید متناسب با پیچ جاده نپیچید، به ته دره خواهید رفت. بدیهی است نقش مدیران در این فضای جدید، بسیار حیاتی است و همچنان که پیشتر گفته شد، کلید بهبود، تغییر تفکر مدیران ارشد سازمانهاست.

۳۴. پیگیر دستورات مشتری باشید

فروش به ظاهر پایان یک معامله است، اما در حقیقت شروع یک تعهد و شروع یک ارتباط بلندمدت با مشتری است. از این‌رو پس از فروش با پیگیری به‌موقع برای رسیدن محصول به دست مشتری، پیگیر افزایش رضایت ایشان با خدمات پس از فروش مطلوب نیز باشید تا این پیگیری منجر به خرید بعدی شود. از دادن مشتری به قسمتهای دیگر خودداری کنید، او شما را می‌شناسد که محصول را به او فروخته‌اید. وظیفه‌ی ارتباط با سایر قسمتها را باید فروشندگان شخصاً به‌عهده گیرند و از سردرگمی مشتری در درون سازمان خود جلوگیری کنند. بدیهی است مشتریان نیز رفتار فروشندگان را در سفارشهای بعدی ملاک ارزیابی و عمل قرار خواهند داد.

۳۵. به خدماتی که مشتریان از فروشندگان انتظار دارند توجه کنید

مشتریان امروزه خواهان عرضه‌ی فراورده (کالا/ خدمت) باکیفیت برتر، خدمات بیشتر، سرعت بالاتر، و تناسب عملکرد شرکتها و فروشندگان با نیازهای آنها همراه با قیمت متناسبتر و تضمین کارآمد هستند. بنابراین بنگاهها باید بررسی کنند که در ضمن

سودآوری، کدامیک از خواستهای گوناگون مشتریان را می‌توانند برآورده سازند. خواستهای مشتریان عبارتند از:

* حرفه‌ای بودن
* داشتن دانش محصول و بازار
* داشتن اطلاعات کافی در مورد مشتریان
* حفظ رابطه‌ی بلندمدت
* تمایل به در نظر گرفتن علائق مشتری، در اولویت اول از طرف فروشنده
* علاقه‌ی بی‌ریا (خالصانه)
* صداقت و پایبندی به مشتری
* کارایی، سرعت، و توجه به جزئیات مورد توجه مشتری
* امکان اتکا و اطمینان به فروشنده
* ساختار عادلانه و روشن قیمت
* عدم وجود رویه‌های محدودکننده و نامعقول
* عدم تغییر ناگهانی در خطوط محصول یا هزینه
* اشتیاق به حل اختلاف، به‌صورت مسالمت‌آمیز و حرفه‌ای از طرف فروشنده
* ارائه‌ی خدمات پس از فروش، حین فروش، و قبل از فروش
* ضمانت (گارانتی) معنی‌دار و واقعی
* و...

۳۶. ارتباطات به مراتب وسیع‌تر از کلماتی است که ما از آن استفاده می‌کنیم. به این مهم توجه داشته باشید

تحقیقات بیانگر آن است که هنگام صحبت با دیگران، ٪۵۵ تأثیری که مصاحبه‌کننده بر طرف مقابل می‌گذارد از طریق زبان بدن یعنی حالت بدن، ژستها، و تماس چشمی و ٪۳۸ ناشی از لحن صداست و در این میان، محتوای کلام تنها ٪۷ مؤثر است.

در واقع به جای مطلب و محتوای کلام، طرز بیان است که روی تأثیر و معنای سخن اثر تعیین‌کننده دارد.

۳۷. با به کارگیری نکات زیر بر مؤثر بودن ارتباطات بیفزائید

* گفتگوی ملایم و جاری و پرهیز از عصبانیت
* سازگاری جسم و کلمات (با تطبیق دادن زبان بدن و لحن کلام می‌توان به‌سرعت با هر کسی که بخواهیم به شرایط ارتباط مؤثر برسیم)
* نمایش حالات جسمانی و ژستی هماهنگ و مشابه مخاطب (تغییر دست و سر، هماهنگی در تنفس)
* برقراری تماس چشمی
* هماوایی با صدا (لحن، سرعت، بلندی و کوتاهی و آهنگ کلام).

۳۸. مشتریان را بی‌مورد در انتظار نگذارید و در صورت غیرقابل‌اجتناب بودن، موضوع را برای ایشان تشریح کنید. در زمان انتظار، پذیرایی شایسته‌ای از ایشـان صـورت گیرد. به اصول روانشناسی زمان انتظار توجه کنید

اصل اول: زمانی که افراد بدون انجام کاری سپری می‌کنند، طولانی‌تر از زمانی که مشغول به‌کاری هستند به‌نظر می‌رسد. (۱/۵ تا ۷ برابر کندتر)

اصل دوم: زمان انتظار پیش از دریافت، طولانی مدت‌تر از زمان حین ارائه‌ی خدمت به‌نظر می‌رسد.

اصل سوم: نگرانی و اضطراب باعث می‌شود زمان انتظار طولانی‌تر به نظر برسد.

اصل چهارم: انتظارهای نامشخص و نامعلوم نسبت به انتظارهای معلوم و محدود طولانی‌تر است.

اصل پنجم: انتظارهایی که دلیل آنها بیان نشده باشد، نسبت به انتظارهایی که دلیل آنها بیان شده، طولانی‌تر هستند.

اصل ششم: انتظارهای ناعادلانه طولانی‌تر از انتظارهای عادلانه است.

اصل هفتم: هرچه خدمت ارزشمندتر باشد، افراد مدت طولانی‌تری به‌انتظار می‌مانند.

اصل هشتم: انتظار در حالت تنهایی، طولانی‌تر از انتظارهای دسته جمعی است.

اصل نهم: انتظار در شرایط نامطلوب فیزیکی، طولانی‌تر از انتظارهایی است

که فرد در شرایط راحت قرار داشته باشد.

اصل دهم: انتظاری که برای یک خدمت ناشناخته باشد، طولانیتر از انتظاری است که برای یک خدمت شناخته‌شده باشد.

۳۹. به هفت دستور طلایی دومینک توربین که برای جلب رضایت مشتریان وفادار به‌کار می‌روند توجه کنید و آنها را به‌کار گیرید

دستور اول = تعیین و تدوین مأموریت شرکت در راستای تأمین منابع و خواسته‌های مشتری

دستور دوم = درگیر ساختن و متعهد کردن مدیریت ارشد در پیشبرد کارها

دستور سوم = گزینش کارکنان مناسب

دستور چهارم = آموزش و بازآموزش کارکنان

دستور پنج = رایج ساختن استانداردهای کیفی و ارزیابی دائمی میزان عقیده‌ها

دستور ششم = استفاده از فناوری به‌روز برای دستیابی به رضایت مشتری

دستور هفتم = خلاقیت برای حرکت به فراسوی انتظارات مشتری

۴۰. کبکی، آر. بوت نیز دوازده قدم در فرایند تبدیل صحبت به عمل را در جلب وفاداری مشتری به‌شرح زیر بیان می‌کند

قدم اول: آنچه را که می‌خواهید، در جملات ساده و دقیق بیان کنید.

قدم دوم: آنچه را که قول داده‌اید، انجام دهید.

قدم سوم: افراد با نفوذ (تأثیرگذاران) را قانع کنید تا قهرمان شوید.

قدم چهارم: کارکنان را به آنچه که مهم است با زبان خودشان و با نقل داستان مرتبط سازید.

قدم پنجم: تمامی نظرگاههای بهبود نسبت به آنچه را که مدنظر مشتری است به آزمایش بگذارید.

قدم ششم: فقط بازخوردهایی را بخواهید که قصد دارید از آنها

در عمل استفاده کنید.

قدم هفتم: اول محدوده‌ها را مشخص کنید، سپس کـارها را بـه دیگران بسپارید.

قدم هشتم: با محدوده‌ی کاربردی کوچکتر شروع کنید و سپس حیطه‌ی عملیاتی راگسترش دهید.

قدم نهم: کسـانی کـه کـار را در حـد و مـرزهای عـالی انـجام می‌دهند، بشناسید و به آنها پاداش دهید.

قدم دهم: اشـتباهاتی را کـه بـه دلایـل درست اتـفاق مـی‌افتند بپذیرید.

قدم یازدهم: افراد شکاک و منفعل را قسمتی از راه‌حل تلقی کنید.

قدم دوازدهم: گذشت را به خاطر بیاورید و از آن درس بگیرید.

فصل سوم

اهمیت و چگونگی تحقیقات بازاریابی با ارائه‌ی ۲۵ توصیه‌ی کاربردی

۱. هزینه‌ی تصمیم‌گیری در دوران رقابتی عصر حاضر، بدون داشتن اطلاعات مــدون و مناسب بسیار بالاست. پس به تحقیقات بازاریابی خیلی اهمیت بدهید

- طبق تعریف فیلیپ کاتلر، پدر بازاریابی مــدرن، تـحقیقات بــازاریـابی از جــمله ابزارهای شناخت، بررسی‌کننده، و پیشنهاددهنده‌ی راهکارهای اجــرایـی بـرای محیط بیرونی سازمان است. تحقیقات بازاریابی از طریق جستجوی نظام‌مند و با استفاده از روشهای عینی، برای شناسایی و حل مسائل بازاریابی، به جمع‌آوری و تــجزیه‌وتحلیل اطلاعات مـی‌پردازد و بـه‌منظور رفع مشکـلات و ارائـه‌ی یک استراتژی سازمانی کوشش می‌کند.

- تحقیقات بازاریابی، کوششی روشمند و عینی برای شناخت محصولات فراوان، مخاطبان و محیط بازار سازمان، به منظور کاهش بی‌اطمینانی و به حداقل رساندن مخاطرات است.

- تحقیقات بازاریابی تلاشی است برای کمک به تصمیم‌گیری مدیران بازاریابی، اما جایگزین آن نمی‌شود. این مـدیران بــازاریـابی هستند کـه تـصمیمات نـهایی را می‌گیرند.

- تحقیقات بازاریابی، با شناخت رفتار اقتصادی، سیاسی، اجـتماعی، فـرهنگی و روانشناختی، با انسان سروکار دارد. بنابراین فعالیتی مغزافزاری، خلاق، و در عین حـال کـاربردی است کـه روی بـه‌سوی یـافتن راه‌حلهایی عـملی بـرای مسائل بازاریابی و شناخت فرصتها دارد.

- تحقیقات بازاریابی، فرایندی زمان‌بر و هزینه‌بر است؛ اما اگر به دقت انجام شده

باشد و نتایج به درستی اجرا شـود، مـنافع آن بـهمراتب بـیش از هـزینهی آن، و صرفهجویی در وقت شرکتها در اثر اجرای نـتایج آن، بـه مـراتب بـیش از زمـان صرفشده خواهد بود.

- تحقیقات بازاریابی، طبق تعریف جامعهی بازاریابی امریکا، اقدامی است که بدان وسیله از مـجرای اطلاعات، رابـطهی بـین مـصرفکننده، مشتری، و مـردم بـا بازاریاب تعیین میشود. برای شناسایی و تعیین فرصتها و مسألههای بازاریابی، از اطلاعات بهدست آمده میتوان عملیات بازاریابی را ایجاد، پالایش، و ارزیـابی کرد، بدان وسیله بر عملکرد بازاریابی نظارت داشت و درک بهتری از بازاریابی (به عنوان یک فرایند) پدید آورد.

- در تحقیقات بازاریابی، اطلاعات لازم مـربوط بـه مسألهها مشـخص مـیشود. روشهای جمعآوری اطلاعات تـعیین، و فرایند جـمعآوری دادهها مشخص مـیشود و تـحت نظارت مـدیریت قرار مـیگیرد. نتیجهی تـجزیهوتحلیل و دستاوردها و کاربردها به آگاهی دیگران رسانده میشوند.

۲. کارکنان و بویژه مدیران بازاریابی، باید از مسائل و روشهای تـحقیقات بـازاریـابی شناخت و دانش کافی داشته باشند؛ آنچه باید مدیران بازاریابی از مسائل و روشهای تحقیقات بازاریابی بدانند، شامل موارد زیر است:

- چه زمانی به تحقیقات بازاریابی نیاز است؟
- چگونه با پژوهشگران بازاریابی همکاری کنند؟
- چگونه از نتایج بهدست آمده در تصمیمگیریها و برنامهریزیها استفاده کنند؟
- و...

۳. اطلاعات بهخودیخود هیچ ارزشی ندارند، ارزش آنها در نحوهی استفاده از آنها است

- زمانی بود که مدیران در کویر اطلاعاتی قرار داشتند؛ یـعنی اطـلاعات بـهروز و دقیق، در اختیار ایشان نبود.
- زمانی هم فرا رسیده است که مدیران به واسطهی توسعهی شبکهها، در اقیانوس اطلاعاتی غرق میشوند.

- پس بـایـد حـد بـهینه‌ی اطلاعات را بـه‌دست آورد. شرکتها نیاز بـه گردآوری اطلاعات سودمند دارند؛ اما ممکن است به دو کار اشتباه دست بزنند که عبارتند از: گردآوری حجم بسیار زیاد یا بسیار کم از داده‌ها.
- مدیران باید از اطلاعات در تصمیم‌گیریها استفاده کنند، نه اینکه بر اساس حدس و گمان خویش یا فقط با تکیه بر تجربه و دانش و شم عمل کنند، زیرا هر یک از اینها اهمیت خودشان را دارند.

۴. به ابزارهای چهارگانه‌ی تصمیم‌گیری بها دهید

ابزارهای چهارگانه تصمیم‌گیری عبارتند از:

- دانش، تجربه، شم، اطلاعات.
- دانش عبارت است از مجموعه علومی که در یک فرد جـمع شـده است. بـرای مدیریت بازاریابی، دانش فرد مدیر باید ترکیبی از علوم بازاریابی، آمار، کامپیوتر، جامعه‌شناسی، و... باشد.
- تجربه، با سابقه‌ی کار متفاوت است و در حقیقت تجربه، بخش مفید سابقه‌ی کار است.
- شم همان ذات فرد است. برای مثال برای مدیریت یک سازمان، فرد مدیر اگر فاقد ذات مدیریت باشد با مشکل روبه‌رو خواهد شد.
- به صورت کلی انسانها را می‌توان به دو دسته‌ی برونگرا و درونگرا تقسیم کـرد. بعضی از فعالیتها نظیر بـازاریابی، فـروش، و روابط‌عمومی، نیاز بـه انسـانهای برونگرا دارد. اما بعضی از فعالیتها نظیر علوم آزمایشگاهی و حسابداری نیاز به انسانهای درونگرا دارد.
- پس درونگرایی و برونگرایی انسانها را باید شناخت و متناسب بـا ذات آنها در سمتهای مختلف مرتبط، از ایشان استفاده کرد.

۵. به دلایل استفاده از تحقیقات بازاریابی توجه کنید

❖ استفاده از اطلاعات حاصل از تحقیق برای تنظیم یا تجدید استراتژیهای بازاریابی
❖ شناسایی فرصتها و نیازهای بازار و مصرف‌کنندگان

❖ تنظیم برنامه یا اصلاح آمیخته‌ی بازاریابی (محصول، قیمت، توزیع، ترویج، و...)

❖ برآورد تقاضای بازار

❖ پیش‌بینی فروش شرکت

❖ جلوگیری از صرف هـزینه‌های اضـافی نـاشی از کـمبود اطـلاعات (اسـتفاده‌ی بهینه‌تر از وقت و پول)

❖ کمک به مدیران برای تصمیم‌گیریها بر مبنای واقعیات نه حدسیات و بالا بـردن کیفیت اطلاعات

❖ آگاهی از نقش و آثار تبلیغات

❖ شناخت قوتها و ضعفهای شرکتهای رقیب

❖ استفاده از تحقیقات بازاریابی برای ارتباط بهتر با مشتری

❖ استفاده از تحقیقات برای تعلیمات و تبلیغات سازمانها

❖ یافتن ایده‌های جدید و به‌روز بودن در شرایط محیطی

❖ افزایش میزان رضایت مشتریان

❖ کاهش ریسک

❖ بهبود نتایج

❖ عقب نماندن از رقبا

❖ شناخت مزیت رقابتی

❖ شناخت جایگاه شرکت در صنعت

❖ و...

۶. شما باید یک «سیستم اطلاعات بازاریابی[1]» مناسب داشته باشید

● تحقیقات بازاریابی، بخشی از نظام اطلاعات بـازاریابی است؛ نـظامی کـه هـر شرکت، مؤسسه، سازمان، و یا وزارتخانه‌ای باید دارا باشد.

● یک سیستم اطلاعات بـازاریابی از افـراد، ابـزار، و رویـه‌ها تشکیل مـی‌شود و مـی‌توان بـدان وسـیله، اطلاعات مـورد نـیاز را بـه صـورتی دقیق و در هـنگام

---

1. Marketing Information System (MIS)

جمع‌آوری، طبقه‌بندی، تجزیه‌وتحلیل، و توزیع کرد.

• بازاریابها می‌توانند بر آن اساس تصمیمات لازم را بگیرند. سیستم اطلاعات بازاریابی به مدیران کمک می‌کند تا نیازهای اطلاعاتی خویش را ارزیابی کنند، آنها را بهبود بخشند، و در بین افراد ذی‌ربط توزیع کنند.

۷. اولین و ساده‌ترین منبع جمع‌آوری اطلاعات برای مدیران بازاریابی، پرونده‌های داخلی شرکت است

نگارنده، پرونده‌های داخلی هر بنگاه اقتصادی را به دو دسته‌ی کلی پرونده‌های بی‌جان و پرونده‌های جاندار تقسیم می‌کند. منظور از پرونده‌های بی‌جان تمام فایلهای موجود در شرکت است که متأسفانه در بیشتر مواقع، کمتر به طرز شایسته‌ای مورد استفاده قرار می‌گیرند. اما مهمتر از اینها پرونده‌های جاندار یعنی منابع انسانی شاغل در شرکت‌اند که هر یک در زندگی روزانه در معرض تعامل اطلاعات فراوان هستند.

مدیران ارشد سازمان باید در نهادینه کردن فرهنگ سازمانی برای بی‌تفاوت نبودن کارکنان در هنگام روبه‌رو شدن با اطلاعات تلاش کنند و با آموزشهای مؤثر و همچنین به‌کارگیری شیوه‌های انگیزه‌ساز، فضایی را به‌وجود آورند که کارکنان به محض دریافت یا مشاهده‌ی اطلاعات مفید، در اسرع وقت آن اطلاعات را به سازمان منتقل کنند.

کارکنان، چشم و گوش شرکت‌اند و مدیریت مغز آن. چشم، وظیفه‌ی دیدن و گوش، وظیفه‌ی شنیدن را بـرعهده دارد. هـمچنانکه مـغز هـم وظیفه‌ی تـجزیه‌وتحلیل و تصمیم‌گیری را داراست. بدیهی است باید با ایجاد یک شبکه‌ی عصبی (سیستم رفت و برگشت اطلاعات و تصمیمات) بین چشم و گوش ومغز، در ارتقای اثربخشی این فرایند تلاش شود. شایسته است مدیران ارشد از نظرات کارکنان در اتخاذ تصمیمها استفاده کنند. باید پذیرفت که هر سری یک فکری دارد؛ چه بسا آن فکر ارزشمند باشد.

۸. منبع بعدی جمع‌آوری اطلاعات، کسب «خبرهای بازاریابی[1]» است

❖ کسب خبرهای بازاریابی یا بازاریابی بر مبنای گردآوری اطلاعات محرمانه، یعنی

---

1. Marketing Intelligence

اینکه به صورت منظم، اطلاعاتی درباره‌ی شرکتهای رقیب و رویدادهای محیط بازاریابی جمع‌آوری و تجزیه‌وتحلیل شود.

❖ جمع‌آوری اطلاعات و اخبار محرمانه از شرکتهای رقیب می‌تواند از طرق زیر صورت گیرد:

✓ گرفتن اطلاعات از کارکنان و اعضای شرکت

✓ گرفتن اطلاعات هنگام مصاحبه با کارکنان شرکتهای رقیب

✓ گرفتن اطلاعات از کسانی که با شرکتهای رقیب طرف معامله هستند نـظیر تأمین‌کنندگان، واسطه‌ها، و...

✓ گرفتن اطلاعات از طریق مشاهده‌ی عملیات شرکتهای رقیب در بـازار و یـا تجزیه‌وتحلیل شواهد فیزیکی

✓ ورود به اینترنت و استفاده از پایگاه اطلاعاتی

✓ کسب اطـلاعات از شرکتهای رقیب از طریق عقد قرارداد بـا شـرکتهای تحقیقات بازاریابی به‌منظور اجرای پروژه‌های مطالعات بازار

✓ کسب خبر از طریق مـجله‌ها، نشریات، سخنرانیها، آگهیهای تـبلیغاتی، گزارشهای خبری، روزنامه‌ها، رسانه‌های صوتی و تصویری

✓ سایر روشهای ابداعی که به ذهن شما می‌رسد و یا از دیگران الگو می‌گیرید.

۹. استفاده از پرونده‌های داخلی شرکت و کسب خبرهای محرمانه باید به‌عنوان مـنابع همیشگی و مرتب شناخته شده و مورد استفاده قرار گیرند. امـا اجـرای پـروژه‌های تحقیقات بازاریابی در مواقع خاص صورت می‌گیرند

❖ زمانی سراغ اجرای یک پروژه‌ی تحقیقات بازاریابی بـروید کـه مسأله‌ای داشتـه باشید که از طریق دو منبع ذکر شده‌ی قبلی نتوان به‌صورت نظام‌مند بـه پـاسخ جامع رسید. برای مثال، برای تست بازار یک محصول جدید یا اجرای پروژه‌ی اندازه‌گیری رضایت مشتریان و... .

به هر حال این را بدانید که تحقیقات بازاریابی روی شرایط یا مشکلات خاصی مـتمرکز مـی‌شود و یکی از ابزارهـای مـهم تـصمیم‌گیری است، پس مستلزم جمع‌آوری اطلاعات است.

۱۰. در هنگام عقد قرارداد با اشخاص حقیقی یا حقوقی مدعی برای اجرای پروژه‌های تحقیقات بازاریابی دقت کنید

- متأسفانه در ایران بسیارند افراد حقیقی یا شرکتهای مدعی اجرای پروژه‌های تحقیقات بازاریابی که فاقد صلاحیت علمی لازم هستند. این حق مشتری است که در خصوص سوابق علمی و عملیاتی آنها بررسی کند. نمی‌دانم چگونه یک دندانپزشک یا پزشک عمومی و یا لیسانس تاریخ می‌تواند بدون طی دوره‌های سنگین تحقیقات بازاریابی و کار عملی، محقق بازاریابی بشود؛ اتفاقی که در ایران شاهد آنیم.
- بیشتر قراردادهای مربوط به تحقیق در بازار با عجله بسته می‌شود و بازاریابها در این مورد به‌اندازه لازم نمی‌اندیشند. امکان دارد هدفها مبهم و گنگ باشند، بدین‌رو در مشخص کردن و روشن‌سازی هدفها تلاش کنید.
- ممکن است استانداردهای عملی از قبل تعیین نشده باشد و کاربرد مورد انتظار و نتیجه‌های مهم، از قبل به‌درستی تعیین نشده باشد.

۱۱. تصور نکنید که خودتان به راحتی می‌توانید محقق بازاریابی بشوید؛ برای اینکه عضو تیم تحقیقات بازاریابی بشوید، توصیه‌های زیر را به‌کار گیرید

- دوره‌های مربوط به بازاریابی و تحقیقات بازاریابی را هرچه بیشتر بگذرانید و برای انتخاب مراکز آموزشی دقت کنید.
- با گذراندن دوره‌های آموزشی معتبر، با علم آمار و کامپیوتر به‌اندازه‌ی کافی آشنا شوید.
- دوره‌هایی را در ارتباط با روانشناسی و مطالعه‌ی رفتار مشتریان بگذرانید.
- مهارتهای مربوط به برقراری ارتباط به روش شفاهی یا کتبی را به‌دست آورید.
- به‌گونه‌ای خلاق فکر کنید، خلاقیت و عقل سلیم، برگ برنده‌ی ارتقای شغلی در تحقیقات بازار است.
- کار عملی را از پایینترین رده‌های تیم تحقیقاتی، نظیر پرسشگری شروع کنید و پس از چند دوره تجربه، مرحله‌ی بالاتر را تجربه کنید.

- شیوه‌های مختلف جمع‌آوری اطلاعات را در عمل تجربه کنید و از خبرگان تحقیق در حین اجرا کمک بگیرید و همیشه از روشهای علمی استفاده کنید.
- به سیستمهای گزارش‌نویسی تسلط کافی پیدا کنید. تهیه‌ی گزارش نهایی، توزیع درست اطلاعات جمع‌آوری شده و ارتباطات اثربخش، از نکات مهم هستند.
- ارزش و بهای تمام‌شده‌ی اطلاعات را در نظر بگیرید.
- اصول اخلاقی را در اجرای پروژه‌های تحقیقات بازاریابی رعایت کنید.
- استفاده از دستاوردها و جامه‌ی عمل پوشاندن به آنها حائز اهمیت است.

۱۲. چه بخواهید خودتان (در صورت کسب صلاحیت لازم علمی و تجربی) یک پروژه‌ی تحقیقات بازاریابی را اجرا کنید یا از محققان صاحب صلاحیت استفاده کنید، با مراحل پروژه‌ی تحقیقات آشنا شوید. این مراحل عبارتند از:

- تعریف مسأله و هدف یا هدفهای تحقیق
- مطالعه‌ی نحوه‌ی رویکرد به مسأله
- ارائه‌ی طرح تحقیق برای جمع‌آوری اطلاعات
- عملیات میدانی و اجرای طرح تحقیق یا آزمایش فرضیه‌ها (جمع‌آوری، آماده‌سازی و تجزیه‌وتحلیل داده‌ها)
- تفسیر و گزارش دستاوردها
- تهیه‌ی گزارش نهایی و تهیه‌ی خلاصه‌ی گزارش

۱۳. یکی از نکات مهم در مدیریت بازاریابی بنگاه اقتصادی، آگاهی مدیران از مسأله‌های پیش رو در هر زمان و موقعیت است

- تعریف صحیح از مسأله، از شروط اساسی یافتن راه‌حل است. اگر مسأله نادرست تعریف شده باشد، حتی اگر تمام اقدامات اجرایی صحیح باشند نیز در حقیقت عملیات اجرایی برای رسیدن به مسأله نادرست خواهند بود. و در این هنگام، وقت و پول شرکت به هدر خواهد رفت و فرصتها در اختیار رقبا قرار می‌گیرند.
- اغلب مشکلترین گام در فرایند تحقیق، شناسایی مسأله، و هدفهای تحقیق است. تعریف مسأله، تعریف وضعیت کلی‌ترین مشکل و مشخص کردن اجزای آن است.

❖ در پروژه‌های تحقیقات بازاریابی شرکتها، بسیاری از موارد، تعریف مسأله چند هفته یا حتی چند ماه زمان می‌برد. نباید در این مرحله عجله کرد و لازم است مدیر بازاریابی و مدیر تحقیق به توافق برسند که واقعاً مسأله‌ی مورد نظر را کشف کرده‌اند.

اغلب محققان، مسأله‌ی مدیران را به مسأله‌ی تحقیق تبدیل می‌کنند و پس از یافتن پاسخ برای مسأله‌ی محقق، آنگاه به پاسخ مسأله‌ی مدیر بازاریابی می‌رسند.

❖ عواملی که در شناسایی زمینه‌ی محیطی مسأله مورد توجه قرار می‌گیرند عبارتند از:

✓ اطلاعات قبلی و پیش‌بینی‌ها

✓ منابع و محدودیتها

✓ هدفها

✓ رفتار مشتریان

✓ عوامل سیاسی محیط کسب‌وکار

✓ عوامل اقتصادی محیط کسب‌وکار

✓ مهارتهای بازاریابی و مرتبط با فناوری

۱۴. برای رسیدن به تعریف درستی از مسأله، اقدامات زیر را انجام دهید

❖ اطلاعات قبلی را تجزیه‌وتحلیل کنید؛ با این اقدام با هزینه‌ی کمتر و زمان کوتاه‌تر، به تعریف صحیح‌تری از مسأله می‌رسید و از دوباره‌کاریها جلوگیری می‌شود.

❖ با تصمیم‌گیران (مدیران شرکت) مذاکره کنید. از آنها سؤال کنید چطور به این مسأله رسیدند و تاکنون چه اقداماتی انجام داده‌اند و اقدامات پیشنهادی آنها چیست؟ همچنین در خصوص روشهای تصمیم‌گیری آنها پرسش کنید و فرهنگ سازمانی را در اتخاذ تصمیمها جستجو کنید. برای مثال، آیا تصمیمها عمدتاً با کسب نظر مدیران میانی و کارشناسان صورت می‌گیرد یا آنها در ارائه‌ی پیشنهادات نقشی ندارند؟

❖ محقق باید دنبال علتها باشد نه آنکه فقط به معلولها توجه کند، در حالی‌که معمولاً مدیران بیشتر متوجه معلولها هستند.

❖ باید بین مدیران و محققان یک جوّ صمیمی برای همکاری مشترک و صمیمانه و صادقانه برقرار باشد و از هرگونه پنهان‌کاری و بی‌اعتمادی خـودداری شـود تـا دستیابی به نتایج تحقیق امکان‌پذیر گردد.

❖ با خبرگان صنعت مذاکره کنید. اغلب وقت گرفتن از ایشان دشوار است، اما وقتی پای صحبت آنها می‌نشینید، به دلیل تجربه فراوانی که دارند، نکات ارزشمندی را به شما یادآور می‌شوند. با خبرگان صنعت به صورت مصاحبه‌های باز مذاکـره کنید و اجازه بدهید که آنها صحبت کنند و سعی نکنید که شما مذاکره را هدایت کنید. البته طرح سؤالات درست و در جای مناسب و به‌نحو درست ضروری است.

۱۵. بهره‌وری یک تحقیق باید بالا باشد، پس در مؤثر بودن و کارا بودن تحقیق تلاش کنید

یک تعریف مناسب از بهره‌وری عبارت از جمع اثربخشی و کـارایی است. اثربخشی یعنی انجام کار درست و به عبارتی به مرحله‌ی تصمیم‌گیری اشاره دارد. اما کارایی یعنی انجام درست کار و به مرحله‌ی اجرا اشاره می‌کند.

اگر تحقیق مؤثر باشد، منجر به کسب اطلاعات مناسبی خواهد شد و اگر کارا باشد با حداقل منابع به هدف‌ها مورد نظر دست می‌یابد. رویکرد مؤثر و کارا به مسأله‌ی ناشی از یک یا چند مورد از عوامل مانند: چارچوب نظری تحقیق، مدل‌های تجزیه‌وتحلیل (نظیر مدل‌های گفتاری، نموداری، ریاضی)، پرسش‌های تحقیق، فرضیه‌ها (پاسخ‌های احتمالی به مسأله‌ی تحقیق)، و سایر شاخص‌ها و ویژگی‌های اثرگذار بر طرح تحقیق (نـظیر طراحی مناسب پرسشنامه) است.

همان‌طور که ملاحظه می‌کنید هر کجای کار که اشکال داشته باشد، تأثیر خود را بر کل فرایند می‌گذارد. پس قبول کنید که تحقیق بازاریابی یک کار علمی است که باید بـا رهبری و هدایت افراد محقق، صاحب صلاحیت، و اجرای صحیح با تیم آموزش‌دیده صورت گیرد.

۱۶. قبل از هر اقدامی برای نوشتن طرح تحقیق یا مطالعه‌ی طرح تحقیق ارائه شده به شما، با تفاوت‌های تحقیقات اکتشافی، توصیفی، و علّی (تجربی) آشنا شوید

❖ **تحقیق اکتشافی**: این تحقیق معمولاً به عنوان پایه‌ی دو تحقیق دیگر عمل می‌کند

و هدف آن کشف و کسب آگاهی از مسأله یا موقعیت مورد نظر است. بنابراین به گردآوری اطلاعات مقدماتی و اولیه برای تعریف دقیقتر موضوع و شناخت ابعاد کار می‌پردازد.

محقق در این مرحله، سوابق اطلاعات گذشته را بررسی می‌کند، با خبرگان صنعت مذاکره می‌کند، و مطالعات موردی انجام می‌دهد. در این مرحله، نیاز به کمّی کردن نتایج نیست، تعداد نمونه‌های مورد بررسی زیاد نیست، و معمولاً از روشهای مصاحبه‌ی عمیق و گروه تمرکز استفاده می‌شود. پس عمدتاً روش تحقیق، کیفی است.

- **تحقیق توصیفی (تشریحی):** برای تشریح یک وضعیت، موقعیت یا ویژگیهای گروه مورد نظر مانند مشتریان و رقیبان مدنظر قرار می‌گیرد. تحقیقات توصیفی نیازمند تصویر روشنی از سؤالاتی است که با چه کسی (WHO)، چه چیزی (What)، چه‌وقت (When)، کجا (Where)، چرا (Why)، و به چه طریق (Way) شروع می‌شوند. در تحقیقات توصیفی از روشهای ساختاریافته برای گردآوری اطلاعات استفاده می‌شود و نیاز به فعالیتهای آماری است. پس نوع تحقیقات، کمّی است.
- **تحقیق عِلّی (تجربی یا سببی):** از این نوع تحقیق برای به دست آوردن شواهدی مبنی بر وجود رابطه‌ی علت و معلولی بین متغیرها استفاده می‌شود.

این نوع تحقیق دارای فرضیه است. در این تحقیق، عامل اصلی را که تغییر آن بر عامل یا عوامل دیگر اثر می‌گذارد، «متغیر مستقل»، و عامل یا عوامل دیگر را که با منبع متغیر مستقل تغییر می‌کنند، «متغیر وابسته» می‌نامند. در این نوع تحقیق نیز، از روشهای آماری استفاده می‌شود. بنابراین از نوع تحقیقات کمی است.

۱۷. طرح یا برنامه‌ی تحقیق باید مکتوب و دارای ساختار منظم باشد

یک برنامه‌ی تحقیق جامع و مناسب، شامل قسمتهای زیر است:

- مشکلات و هدفهای تحقیق تعریف شده است.
- مخاطبان (کسانی که تحقیق برای ارائه به آنها انجام می‌گیرند)، مشخص شده‌اند.
- اطلاعات مورد نظر با توجه به محدودیتها و منابع شرح داده شده‌اند.
- روشهای تحقیق (مشاهده، پیش‌بینی، یا میدانی و تجربی) مشخص شده‌اند.

- ❖ موارد مربوط به نمونه‌گیری (واحد نمونه، اندازه‌ی نمونه، و رویه‌ی نمونه‌گیری) توضیح داده شده است.
- ❖ ابزارهای تحقیق (نظیر پرسشنامه، وسایل مکانیکی و...) مشخص شده‌اند.
- ❖ چگونگی نظارت بر عملیات اجرای تحقیق مشخص شده است.
- ❖ سؤالات مناسب انتخاب شده‌اند.
- ❖ بودجه‌بندی لازم صورت گرفته است.
- ❖ نحوه‌ی ارائه‌ی گزارش تحقیقات مشخص شده‌اند.

۱۸.اطلاعات باید مرتبط با موضوع تحقیق، دقیق، به‌روز و بیطرفانه باشند؛ اعم از اینکه اطلاعات ثانویه یا اطلاعات اولیه باشند

- ❖ اطلاعات ثانویه عبارت است از هر نوع اطلاعاتی که قبلاً از سوی اشخاص یا سازمانهای دیگری جمع‌آوری شده‌اند که محقق می‌تواند به آنها دسترسی داشته باشد و بخشی از نیاز اطلاعاتی محقق را بر آورده می‌سازد.

عقل حکم می‌کند که قبل از اقدام به جمع‌آوری اطلاعات اولیه، به سراغ اطلاعات ثانویه برویم؛ چون هم ارزانتر هستند و هم سرعت جمع‌آوری اطلاعات زیاد خواهد بود. اما باید مواظب باشید که این اطلاعات، کهنه و غیرقابل‌استفاده نباشند و منبع جمع‌آوری آنها معتبر باشد. محقق برای کسب اطلاعات ثانویه به پایان‌نامه‌ی دانشجویان، بانکها، مرکز آمار، وزارتخانه‌های مرتبط، و... مراجعه می‌کند.

- ❖ اطلاعات اولیه عبارت است از اطلاعاتی که برای نخستین بار و برای رفع نیاز سازمان در مورد موضوع خاصی گردآوری می‌شود.

در جمع‌آوری این اطلاعات از شیوه‌ها و ابزارهایی نظیر مشاهده، مصاحبه، پرسشنامه، گروه متمرکز، و ... استفاده می‌شود. بدیهی است ارزش اطلاعات اولیه در صورت رعایت اصول تحقیق علمی بسیار بالا بوده، اما میزان زمان و پولی که برای جمع‌آوری این اطلاعات صرف می‌شود، به مراتب پرهزینه‌تر از جمع‌آوری اطلاعات ثانویه است.

روشهای عمده‌ی کسب اطلاعات اولیه عبارتند از:

✓ مصاحبه (رودررو، تلفنی، اینترنتی)

✓ نـظرسنجی (پسـتی، تـلفنی، پست الکـترونیک، تـلفن بـا کـمک کـامپیوتر، وبسایت، و...)

✓ آزمایشهایی که در سالن یا سایت مرکزی انجام شود

✓ گروههای متمرکز (برای اجرای طرحهای بسیج اندیشهها)

✓ پانلها (گروههای ثابت که به صورت مرتب و در مقاطع زمـانی مـعین مورد پرسشگری قرار میگیرند)

✓ خریداران ناشناس

✓ کنترل فروشگاهها

✓ مشاهده (راهی ساده و مناسب است اما باید هدفمند باشد و با کمک افراد خبره صورت گیرد)

✓ دفاتر یادداشت (که به افراد داده میشود تا رفتارهای مدنظر را ثبت کنند)

۱۹. طراحی یک پرسشنامهی خوب، فعالیتی علمی، زمانبر، و پیچیده است؛ با اصول آن آشنا شوید

❖ «پـرسشنامه» مـجموعهای سـاختاریافته از سؤالات، بـرای کسب اطـلاعات از پاسخگویان است. پرسشنامه باید پاسخگو را به همکاری برانگیزد، او را درگیر کند، و جوابهای دقیق و کامل تهیه کند. مشخصات یک پرسشنامهی خوب:

✓ بیطرف باشد.

✓ روشن باشد.

✓ به آسانی درک شود.

✓ تا حد ممکن کوتاه باشد.

✓ فقط برای جمعآوری اطلاعات مورد نیاز در نظر گرفته شده باشد.

✓ حاوی سؤالات اهانتآمیز نباشد.

✓ جای کافی برای پاسخ سؤالات تشریحی (باز) داشته باشد.

✓ تعداد گزینههای سؤالات بسته مناسب باشد.

✓ دارای طرح جذابی باشد.

✓ اندازه و طول آن مناسب باشد.

- ✓ میزان توضیحات کافی باشد.
- ✓ تعداد سؤالات به‌اندازه باشد.
- ✓ نوع سؤالات مناسب باشد.
- ✓ انشای سؤالات و پرسشنامه درست باشد.
- ✓ ترتیب سؤالات و چیدن آنها مناسب باشد.

لازم به‌ذکر است نوع هدف تحقیق، نحوه‌ی جمع‌آوری اطلاعات، افراد نمونه، و... در طراحی پرسشنامه دخالت مستقیم دارند.

۲۰. اگر جمعیت مورد بررسی کوچک باشد، نیازی به نمونه‌گیری نیست، اما اگر جمعیت بزرگ باشد، به دلیل محدودیت در منابع، چاره‌ای جز نمونه‌گیری ندارید

- ❖ اگر جمعیت کوچک باشد، به‌جای نمونه‌گیری از آمارگیری استفاده می‌کنیم.
- ❖ نمونه عبارت است از بخشی از جمعیت انتخاب شده که نماینده‌ی کل جامعه است. نمونه باید بَیِّن باشد، یعنی به‌نحوی انتخاب شده باشد که نماینده‌ی مناسبی برای جمعیت مورد نظر باشد.
- ❖ در طراحی نمونه‌گیری لازم است به سه پرسش پاسخ داده شود که عبارتند از:
  - واحد نمونه چیست؟ (چه کسی باید مورد تحقیق قرارگیرد). برای مثال، در جوامع توسعه‌یافته برای تحقیق در مورد کت و شلوار آقایان، به نظر شما واحد نمونه، آقایان هستند یا همسران آنها؟
  - اندازه‌ی نمونه چقدر باید باشد؟ (چه تعداد افراد باید مورد تحقیق قرارگیرند)
  - رویه‌ی نمونه‌گیری چیست؟ (احتمالی یا غیراحتمالی که هر یک به چند مورد تقسیم می‌شوند).

نمونه‌گیری مستلزم پاسخ به سؤالات زیر است:

- آیا باید نمونه‌ای انتخاب شود؟
- اگر نمونه‌ای باید انتخاب شود، چه فرایندی باید دنبال شود؟
- چه نمونه‌ای باید انتخاب شود؟
- آیا هدف، بررسی کمّی است یا کیفی؟

- اندازه‌ی نمونه چقدر است؟
- سطح دقت مورد نیاز چقدر است؟
- برای کنترل خطاها، چه می‌توان کرد؟
- محدودیتهای زمانی، هزینه، و... تا چه حد است؟ آیا می‌توان میزان و نوع داده‌های کمّی لازم را به دست آورد؟

به نکات مهم زیر در تعیین چارچوب نمونه‌گیری دقت کنید:

- هر شخص یا واحد، فقط یک بار ذکر شود.
- موردی از قلم نیفتد.
- همه‌ی جمعیتهای برگزیده را در بر بگیرد.
- جدید و دقیق باشد.
- به آسانی قابل دسترسی باشد.

۲۱. در انتخاب افراد و آموزش آنها برای اجرای عملیات تحقیق دقت کنید؛ پرهزینه‌ترین مرحله‌ی تحقیق، اجرای آن است که باید پرسشگران برای مصاحبه با افراد نمونه به آنها مراجعه کنند یا پرسشنامه‌ها از طرق مختلف به افراد نمونه رسانده شده و دریافت‌کنندگان پرسشنامه ترغیب شوند که پرسشنامه را تکمیل کنند و به تیم تحقیق بازگردانند

- عملیات میدانی، مستلزم انتخاب، آموزش، و سرپرستی افرادی است که کار جمع‌آوری داده‌ها را انجام می‌دهند. اعتبار عملیات میدانی و ارزیابی کارکنان آن، قسمتی از فرایند عملیات میدانی است. در انتخاب افراد به ویژگیهای شخصیتی و آموزش‌پذیری ایشان، مقبولیت اجتماعی آنها و همچنین خصوصیات مشترک بین مصاحبه‌گران و پاسخگویان دقت کنید.
- پس از جمع‌آوری اطلاعات، پژوهشگر در گام بعدی به تحقیق بازاریابی جامه‌ی عمل می‌پوشاند که شامل مراحل جمع‌آوری داده‌ها، پردازش آنها، و تجزیه‌وتحلیل داده‌هاست.

بهتر است پژوهشگر از همکاری متخصصان آمار و سایر مشاوران مرتبط با نوع تحقیق، به‌منظور ارتقای اثربخشی آن در تمام مراحل تحقیق بهره بگیرد.

۲۲. محقق باید دستاوردهای تحقیق را به مدیریت ارائه کند تا در تصمیمهای مدیر مورد استفاده قرار گیرند. بنابراین باید پژوهشگر و مدیر، دستاوردهای تحقیق را تفسیر و نتیجه‌گیری کنند

- برای تجزیه‌وتحلیل مناسب، فعالیتهای زیر را اجرا کنید:
  ❖ هدفهای پروژه را به‌خوبی بشناسید.
  ❖ دقت داشته باشید.
  ❖ هدفمند باشید.
  ❖ از مهارت آماده‌کردن داده‌ها برخوردار باشید یا از متخصص مربوط استفاده کنید.
  ❖ بتوانید تجزیه‌وتحلیل کنید.
  ❖ دارای مهارت تهیه‌ی گزارش کتبی باشید.
- گزارشها محصول قابل لمس تلاشهای انجام شـده در جـریان تـحقیق هسـتند. تصمیم‌گیری مدیریت تحت تأثیر گزارش و نحوه‌ی ارائه‌ی آن انجام می‌شود. نکته‌ی مهم دیگر این است که تصمیم مدیریت در به‌کارگیری مجدد تحقیقات، و یا استفاده‌ی دوباره از محققان به‌طور مستقیم تحت تأثیر استفاده از گزارش نهایی است. پس لازم است با اصول تهیه‌ی یک گزارش جامع و فرایند آن آشنا شوید. چارچوب بیشتر گزارشهای تحقیقاتی شامل موارد زیر است:
  ❖ صفحه‌ی عنوان
  ❖ نامه‌ی ارسال گزارش
  ❖ نامه‌ی اجازه‌ی اجرای تحقیق
  ❖ فهرست گزارش
  ❖ فهرست جدولها
  ❖ فهرست پیوستها
  ❖ فهرست مستندها
  ❖ خلاصه‌ی گزارش (یافته‌های عمده، نتایج، و توصیه‌ها)
  ❖ تعریف مسأله (سابقه‌ی موضوع، هدف اصلی، و هدفهای ویژه)
  ❖ نحوه‌ی رویکرد به مسأله
  ❖ طرح تحقیق (نوع تحقیق، اطلاعات مورد نیاز جمع‌آوری داده‌هـا از مـنابع

دیگـر، تکنیکهای مقیاس‌بندی تهیه‌ی پرسشنامه و آزمـون اولیـه‌ی آن و تکنیکهای نمونه‌گیری عملیات میدانی)
❖ تجزیه‌وتحلیل داده‌ها (متدولوژی طرح تجزیه‌وتحلیل داده‌ها)
❖ نتایج
❖ محدودیتها
❖ نتایج نهایی و توصیه‌ها
❖ مستندات (پـرسشنامه‌ها و فـرمها، خـروجیهای بـرنامه‌های آمـاری و سـایر فهرستها)

۲۳. منظور از روانی جریان اطلاعات در یک بنگاه اقتصادی یـا هـر سـازمان دیگـری، دسترسی تمام افراد درونی بـه تـمام اطـلاعات نـیست؛ لازم است اطـلاعات را طبقه‌بندی کنید

● در مرحله‌ی توزیع اطلاعات، آنها را به سه دسته تقسیم کنید:
❖ **اطلاعات استراتژیک:** منظور اطلاعات بسیار مهم است که فـقط در اختیار مدیران ارشد سازمان قرار می‌گیرد.
❖ **اطلاعات مهم:** این اطلاعات در اختیار مدیران میانی و کارشناسان ارشد قرار داده می‌شود.
❖ **اطلاعات رومیزی:** منظور اطلاعاتی است که سازمانها در سایت خـودشان قرار می‌دهند یا در سمینارها بـه دیگران ارائـه مـی‌کنند و یـا در کاتالوگها و نشریات به چاپ می‌رسانند.
● پس اطلاعات باید در زمان مناسب (به‌موقع) و بین مدیران مرتبط توزیع شود.

۲۴. در اجرای فرایند تحقیقات بازاریابی و تهیه‌ی گزارش، استانداردهـای اخـلاقی را رعایت کنید. برای مثال می‌توان به موارد زیر اشاره داشت:
❖ محفوظ ماندن هویت پاسخ‌دهندگان
❖ صداقت در تفسیرها
❖ سوءاستفاده نکردن از روشهای تحقیقات بازاریابی

- تغییرندادن داده‌ها
- حفظ حرمت پاسخ‌دهندگان
- پذیرفتن اشتباهات و محدودیتها
- نپوشاندن جامه‌ی بررسیهای بازاریابی بر آگهیهای بازرگانی
- پرهیز از سرقت افکار و مطالب دیگران

۲۵. چون شما یک انسان یادگیرنده هستید، پس به فرایند تحقیقات بازاریابی نیز به عنوان یک فرصت یادگیری نگاه کنید و همواره عملیات خویش را مورد ممیزی و مهندسی قرار دهید

برای آموختن از پژوهش، سؤالات زیر را از اشخاص ذی‌ربط بپرسید:

- چه کارهایی را به‌نحو مطلوب انجام داده‌ایم؟
- چه کارهایی موفق نبوده است؟
- چه جنبه‌هایی را می‌توان بهبود بخشید؟
- آیا کارهایی بوده است که می‌توانستیم سریعتر، ارزانتر، و کارآمدتر انجام دهیم؟
- کیفیت گزارشها، تعهد حفظ ناشناس ماندن پاسخ‌دهندگان و کیفیت پرسشنامه‌ها چگونه بوده است؟
- آیا نتایجی که به‌دست آورده‌ایم، کامل، دقیق، بدون تعصب و پیشداوری بوده و به‌روشنی ارائه شده است؟
- پروژه‌های تحقیقات بازاریابی خود را در آینده به چه روشهای دیگری می‌توان بهبود بخشید؟

فصل چهارم

جایگاه و اهمیت ارزش
در نظام بازاریابی بنگاه اقتصادی

این فصل با همین عنوان در نشریه‌ی تدبیر، شماره‌ی ۱۶۶ منتشر شده است.

چکیده

در این بخش با شمردن خصوصیاتی از عصر حاضر، به تعریف ارزش و اهمیت آن برای بقا و توفیق بنگاه‌های اقتصادی پرداخته شده است. همچنین ضمن تشریح عوامل تشکیل‌دهنده‌ی ارزش که شامل مقایسه بین هزینه‌های مالی، زمان، انرژی، و هزینه‌ی روانی از سویی، و فایده‌های چهارگانه‌ی اصلی، جانبی، ارتباطات، و تصویر ذهنی از سوی دیگر است، سیستم ارائه‌ی ارزش‌آفرینی معرفی شده و رابطه‌ی بین استراتژی اثربخش و ارزش و اهمیت مزیت رقابتی و شایستگیهای ممتاز بیان شده است. در پایان با نتیجه‌گیری بر مبنای اینکه در عصر رقابتی، شرکتها باید بتوانند ارزش بیشتری (نسبت به رقبا) به مشتریان خود ارائه کنند تا مورد انتخاب ایشان قرار بگیرند، جمع‌بندی شده است.

مقدمه

عصر حاضر با خصوصیات و ویژگیهایی همچون فراوانی عرضه، گسترش رقابت، تحولات فناوری، جهانی شدن، و... همراه است که بعضی از ثمرات آن برای مشتریان، انفجار انتخاب، افزایش قدرت چانه‌زنی، و دستیابی به ارزش بیشتر است.

در ارتباط تعاملی، بین «صنعت» به معنای مجموعه‌ای از رقبا که در یک بازار هدف تعریف شده‌ی مشخص با هم رقابت می‌کنند و «بازار» به معنای مجموعه‌ای از مشتریان بالفعل و بالقوه‌ی بنگاه‌های اقتصادی، آن چیزی که به ظاهر دادوستد می‌شود، کالا یا خدمتی است که بنگاه به مشتریان خود می‌دهد و در مقابل، پول یا شبه‌پول (و در

مؤسسات غیرانتفاعی، «مابه‌ازا» نظیر اجر معنوی) می‌گیرد. اما در حقیقت مشتریان کالا یا خدمت نمی‌خرند بلکه، آنها ارزش را از بنگاههای اقتصادی دریافت می‌کنند.

ارزش چیست؟

ارزش ملاک انتخاب مشتری است و مقایسه‌ای است که مشتریان بین هزینه‌های پرداختی در مقابل فایده‌های دریافتی قائل می‌شوند (شکل ۱).

شکل ۱. مقایسه بین هزینه‌ها و فایده‌ها

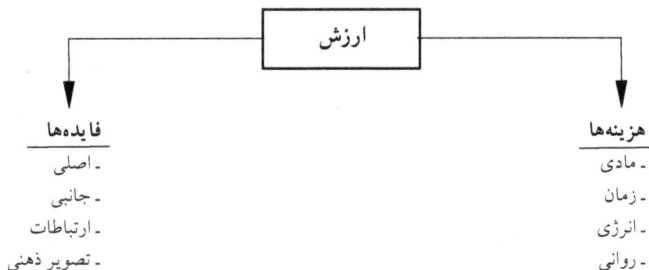

هزینه‌ها
- مادی
- زمان
- انرژی
- روانی
فایده‌ها
- اصلی
- جانبی
- ارتباطات
- تصویر ذهنی

- در دنیای رقابتی امروز، شرکتهایی موفق هستند که بتوانند ارزشهای بیشتری برای مشتریان به وجود آورند و بنا به گفته‌ی سرجیو زیمن، مدیر پیشین بازاریابی کوکاکولا، بتوانند دلایل بیشتری برای مشتریان ارائه کنند تا بتوانند آنها را ترغیب به خرید و ایجاد رابطه‌ی بلندمدت با شرکت کنند.
- مشتریان امروزه خواهان عرضه‌ی فراورده (کالا/ خدمت) باکیفیت برتر، خدمات بیشتر، سرعت بالاتر، همخوان و متناسب با نیازهای خود، و با قیمت مناسبتر و تضمین کارآمد هستند. از این‌رو بنگاهها باید بررسی کنند که در ضمن سودآوری، کدامیک از خواستهای گوناگون مشتریان را می‌توانند برآورده سازند.
- شرکتهایی که فلسفه‌ی بازاریابی را پذیرفته‌اند، یعنی مشتری و جامعه را مدنظر دارند و محور عملیات قرار داده‌اند، در تلاش برای به وجود آوردن و افزایش

مداوم ارزش برای مشتری هستند. عوامل متعددی در ارتقای ارزش مؤثرند مثل کیفیت، خدمات، سرعت، و...

یکی از عوامل بودجه‌ای در تولیدات محصول، رضایت مشتری است که با ارزش دریافتی از سوی مشتری ارتباط دارد.

مشتریان، ارزشهایی را که از شرکتهای مختلف می‌توانند دریافت کنند با هم مقایسه کرده و شرکتی را انتخاب می‌کنند که بنا به نظر آنها، ارزش بیشتری را به ایشان ارائه کند.

شاید به ظاهر، مشتریان نتوانند فرایند مقایسه‌ای فوق را بر زبان بیاورند، اما حتماً این مقایسه در ذهن آنها صورت می‌گیرد و وقتی که تصمیم به خرید از محصول خاص شرکت خاصی یا مغازه‌ی خاصی می‌گیرند، در حقیقت به این نتیجه رسیده‌اند که ارزش آن محصول نسبت به سایر محصولات موجود بالاتر است.

هزینه‌ها

همان‌طور که در شکل شماره‌ی ۱ مشاهده می‌شود، مشتریان برای خرید محصول که می‌تواند کالا یا خدمت یا ترکیبی از آن دو باشد، چهار نوع هزینه را متحمل می‌شوند که عبارتند از:

- **هزینه‌ی مالی:** منظور مقدار پول یا شبه‌پول (کالا یا خدمتی که در مقابل خرید کالا یا خدمت دیگر ارائه می‌شود) است که مشتری می‌پردازد.
- **هزینه‌ی زمان:** وقتی است که از مشتری برای خرید گرفته می‌شود. امروزه خیلی از مشتریان حاضرند هزینه‌ی مالی بیشتری را بپردازند و در مقابل، هزینه‌ی زمان آنها کم بشود و این دلیلی است بر این گفته‌ی قدیمی که «وقت طلاست». البته در بعضی از مواقع، ارزش وقت از طلا هم بیشتر است.
- **هزینه‌ی انرژی:** منظور میزان سختی و دشواری است که مشتریان برای خرید و به‌دست آوردن محصول متحمل می‌شوند.
- **هزینه‌ی روانی:** تمام مواردی چون شک، دودلی، نگرانی، و اضطراب، جزء هزینه‌های روانی محسوب می‌شوند.

نکته: یکی از راههای افزایش ارزش نزد مشتریان این است که تمام روندها و فعالیتهای ارائه‌ی محصول به مشتریان را مورد ارزیابی دقیق قرار دهند و بدیهی است کم کردن هر

یک از هزینه‌ها موجب افزایش ارزش دریافتی نزد مشتری خواهد شد.

بیشتر بنگاه‌های اقتصادی تصورشان بر این است که برای افزایش ارزش فقط بـایـد هزینه‌ی مالی را کاهش دهند، در صورتی‌که سایر هزینه‌ها هم در جای خودشان اهمیت بسیار زیادی دارد و در بعضی از موارد حتی از هزینه‌ی مالی هم مهم‌تر است.

لازم است شرکتها تمام فعالیتهای موجود را مورد ارزیابی دقیق قرار دهند و برای آنها استانداردهایی تهیه کنند تا قابلیت سنجش و اندازه‌گیری هر یک از عملیات امکان‌پذیر شود.

منافع

مشتریان در مقابل پرداخت هزینه‌های چهارگانه، چهار نوع فایده دریافت می‌کنند کـه عبارتند از:

- **فایده‌ی اصلی:** همان چیزی است که دلیل اصلی مشتری را برای خـریـد شـامـل می‌شود. برای مثال، مشتریان دلیل اصلیشان از خرید عینک، دید بـهتر است و همین‌طور دلیل اصلیشان از خرید پالتوی زمستانه، گرم شدن است و...
در اثر سرعت تحولات فناوری و گسترش ارتباطات و امکان الگوبرداری، میزان شباهت کالاها به یکدیگر هر روز بیشتر می‌شود و از این نظر، فاصله‌ی بین رقبا در طبقه‌ی خاصی از مشتریان هر روز کمتر می‌شود.

- **فایده‌های جانبی:** منظور سایر منافع و فوایدی است کـه بـه هـمراه خـریـد یک محصول نصیب مشتری می‌شود. بـرای مثال بـا خـرید عینک، مشتری مـنافع دیگری نظیر نشکن بودن شیشه، سبکی، زیبایی، و... و با خرید پالتوی زمستانه، منافع دیگری همچون راحتی، شیک بودن، و... را تعقیب می‌کند.
یکی از مهمترین فایده‌های جانبی که امروزه برای مشتریان حائز اهمیت است، خدمات حمایتی است که نصیب مشتری شود، و مـنظور از آن، خـدمات قبل، حین، و پس از فروش است.
به همین دلیل است که شرکتها در فکر افزایش ضمانت و مدتِ زمانی پشتیبانی از محصولات خود در نزد مشتریان هستند.

- **ارتباطات:** در هر فرایند ارتباطی، دو طرف قرار دارند. در ارتباطات بـازار، یک

طرف شرکتها و طرف دیگر مشتریان هستند. شرکتها موقعی که بخواهند با مشتریان ارتباط برقرار کنند، این فرایند را با بهره‌گیری از ابزارهای ترویج همچون تبلیغات، روابط‌عمومی، پیشبرد فروش، فروش شخصی، و بازاریابی مستقیم انجام می‌دهند. البته خود محصول هم با بسته‌بندی، رنگ، و... در برقراری ارتباط از سوی شرکت با مشتری نقش دارد.

اما مشتریان امروزه خواهان نوعی دیگر از ارتباطات هستند؛ یعنی فرصتی که خودشان بتوانند با شرکت تماس بگیرند و مشکلات و اعتراضات و پیشنهادشان را بیان کنند. به همین دلیل است که شرکتهای موفق در برقراری این ارتباط نیز سرمایه‌گذاری می‌کنند؛ نظیر ایجاد واحد ارتباط با مشتریان، سنجش اندازه‌گیری رضایت مشتریان[1]، برقراری سیستم تلفن رایگان برای تماس مشتری، و... در دنیای پیچیده‌ی رقابتی از هر فرصتی برای برقراری ارتباط دوسویه باید استفاده کرد. اگر می‌خواهید با مشتریانتان رابطه‌ی بلندمدت داشته باشید، باید به سراغ آنها بروید، و از آنها بخواهید با شما تماس بگیرند و صدای آنها را بشنوید. نشنیدن صدای مشتری، هزینه‌های زیادی را به شرکت تحمیل خواهد کرد. نظیر از دست دادن مشتریان، پرورش مشتریان ناراضی و خرابکار، و کاهش سهم بازار، و...

– **تصویر ذهنی:** برداشت ذهنی یا تصویر ذهنی، برداشتی است که مشتری از شرکت و محصول شما دارد. طبیعی است هر قدر این برداشت مثبت باشد، باعث پرورش مشتریان خشنود و راضی و به‌وجو‌دآوردن مُبلّغان مجانی برای شرکت می‌شود؛ در صورتی که برداشت منفی باشد، مشتریان ناراضی به‌وجود خواهند آمد که افزون بر قطع رابطه با شرکت، به عنوان مُبلغ منفی هم عمل خواهند کرد.

• یکی از عواملی که تصویر ذهنی مشتری را ایجاد می‌کند، تجربه‌ی شخصی او از خرید قبلی از شرکت است. بدیهی است اگر این تجربه مثبت باشد، تصویر ذهنی مثبت، و اگر منفی باشد، تصویر ذهنی منفی در ذهن مشتری شکل

---

1. Customer Satisfaction Measurement (CSM)

می‌گیرد. تصویر مثبت او را تشویق به ادامه‌ی ارتباط با شرکت می‌کند و تصویر منفی او را از خرید بعدی باز می‌دارد. تصویر مثبت را مشتری به دیگران منتقل می‌سازد و سبب تبلیغ مثبت برای شرکت می‌شود، در حالی که تصویر منفی را نیز به دیگران منتقل می‌سازد و از جذب آنها جلوگیری می‌کند.

- عامل دیگر در تصویرسازی ذهنی مشتریان، خرید یا تجربه‌ی دیگران است. منظور از دیگران، نزدیکان مشتری است. بدیهی است انسانها هر قدر هزینه‌ای که برای خرید می‌پردازند بیشتر باشد، قبل از خرید حیطه‌ی بررسی را وسیع‌تر می‌کنند و با دریافت اطلاعات بیشتر از نزدیکان خود می‌کوشند از تجربیات آنها استفاده کنند.

- اما یکی از مهم‌ترین عوامل در تصویرسازی ذهنی مشتریان، تبلیغات شرکتها است. متأسفانه هنوز هم خیلی از بنگاههای اقتصادی، تبلیغ را به عنوان وسیله‌ی اغواکننده‌ی مشتری تلقی می‌کنند و قبل از سرمایه‌گذاری روی کیفیت محصول و کیفیت ارتباط نیروهای شرکت با مشتریان، با تبلیغات گمراه‌کننده و غیرواقعی سعی در جذب مشتری دارند.

- این نوع جذب مشتری بدون پشتوانه است؛ چون زمانی که مشتری انتظارات به‌وجود آمده از تبلیغ را با فایده‌های دریافت شده مقایسه کند، ناگزیر تصویر منفی در ذهن او شکل می‌گیرد.

لازم است شرکتهای ایرانی به این باور جدی برسند که تبلیغ، وسیله‌ی آگاهی‌دهنده و اطلاع‌رسانی است و تبلیغ اثربخش و اصولی که با کیفیت مناسب محصول همراه باشد، یک ضرورت است؛ اما تبلیغات گمراه‌کننده در نهایت باعث زیان شرکتها می‌شود و مشتریان آنها را نسبت به شرکت بدبین می‌کند.

انتظارات مشتری

مشتری قبل از خرید محصول، انتظاراتی دارد که بر مبنای تصویر ذهنی او شکل گرفته‌اند؛ تصویر ذهنی را تجربه‌ی قبلی مشتری از خرید، تجربه‌ی کسانی که با مشتری نزدیک هستند (همکاران، بستگان، دوستان...)، و تبلیغات شرکت شکل می‌دهند.

اگر میزان انتظارات قبل از خرید، با فایده‌ای که نصیب مشتری می‌شود برابر شد،

مشتری راضی است و در این صورت، رضایت خود را به پنج نفر اعلام می‌کند. اگر میزان انتظارات، کمتر از فایده‌ی کسب شده باشد، مشتری بـه درجـه‌ی خشـنودی و شـعف می‌رسد. در این حالت، مشتری علاوه بر اینکه به شرکت وفادار می‌شود، مُبلّغ مجانی شرکت هم خواهد شد. اما اگر میزان انتظار بیشتر از فایده باشد، مشتری ناراضی است و در چنین حالتی، حداقل نارضایتی خود را به ۱۱ نفر اعلام می‌کند. نکته‌ی جـالب ایـن است که اگر نارضایتی مشتری از سوی بنگاه درست مـدیریت و پاسخگویی شـود و بتوانیم مشتری ناراضی را به مشتری راضی تبدیل کنیم، درجه‌ی وفاداری او به شـرکت بیش از مشتریانی خواهد بود که از ابتدا راضی بوده‌اند.

از آنجا که برداشتها تنها از سوی مشتری اظهار می‌شوند، شرکت نباید به انکار آنها بپردازد. حتی هنگامی که به‌طور آشکـار، اعتراضـات مشتری نـادرست‌انـد، بـایستی برداشتها را شرح دهید و جنبه‌های گوناگون آنها را برای مشتری مشخص کنید.

نکته: راه دیگر برای افزایش ارزش در نزد مشتری افزون بر کاهش هزینه‌ها، افزایش فایده‌ها در نزد ایشان است. منافع مشتریان را بهسازی کنید، آنها را گسترش دهید، و تجربه‌های تازه را به ایشان ارائه کنید. پس لازم است از این نظر هم فرایندهای ارائه‌ی محصول به مشتری مورد بازنگری قرار گیرد و با خلاقیت و هم‌اندیشی در افزایش ارزش برای مشتریان تلاش کنیم. مشتری هنگامی ارزش را احساس می‌کند که منافع حاصل از کالا یا خدمات، بیشتر از هزینه‌ی به‌دست‌آوردن و به‌کارگیری آن باشد؛ معادله بر این پایه استوار است.

سیستم ارائه‌ی ارزش به مشتری

این سیستم، ماشینی است که شرکت را در جهت مطلوب هدایت می‌کند. اگر مشتری را مرکز تمام فعالیتها و هدفهای شرکت بدانیم، اقماری دور آن را می‌گیرند که مجموعه‌ی قواعد و احساساتی هستند که شاید نوشته شده نباشند، اما بر اساس فلسفه و نگرش حاکم بر شرکت در سراسر بدنه‌ی آن استوار هستند (شکل ۲).

تمام اجزای یک شرکت باید به عنوان یک سیستم مشتری‌گرا عمل کنند تا بتوانند خدمات بیشتری به مشتری ارائه دهند و در مقابل پاداش بیشتری هم بگیرند. نقص در هر قسمت از سیستم، سبب لطمه زدن به نظام ارائه‌ی خدمت مطلوب به مشتری می‌شود و مشتری در مقابلِ سیستم قضاوت می‌کند، و نه تک‌تک اجزای آن.

شکل ۲. سیستم ارائه‌ی ارزش به مشتری

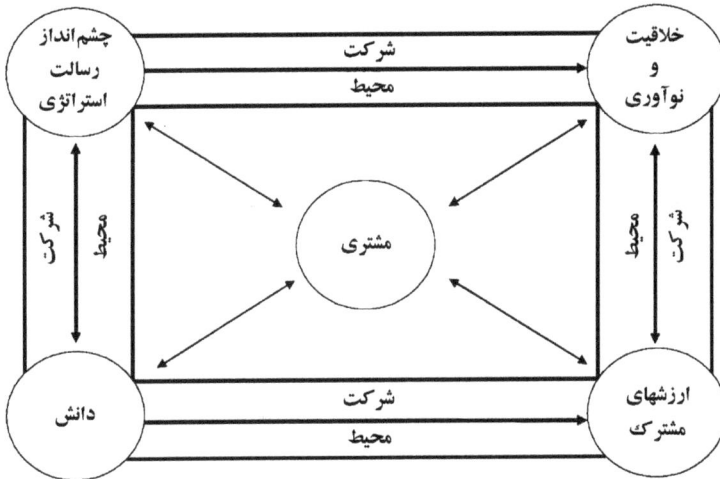

شرکتها در مقابل ارائه‌ی ارزش به بازار، پاداش خویش را به‌صورت پول، شبه پول و یا مابه‌ازا دریافت می‌کنند

- شبه‌پول هر چیزی است که پول نباشد ولی قابلیت تبدیل شدن به پول را داشته باشد. در دنیای قدیم نقش شبه‌پول خیلی مهم بود ولی با به‌وجود آمدن ارزهای قوی (نظیر دلار و یورو) نقش شبه‌پول کمرنگ شد. هر چند در چند سال گذشته به‌دلیل مشکل شدن فروش، شرکتهای خریدار در مقابل لطفی که به شـرکتهای فروشنده می‌کنند در فکر این هستند که آنها می‌توانند چه نیازها و خواستهایی از فروشندگان را تأمین کنند تا با معامله‌ی پایاپای، خرید و فروش دوطرفه صورت گیرد.

- «مابه‌ازا» اصطلاحی است که برای خدمات مؤسسات غیرانتفاعی به‌کار می‌رود مثلاً کسی که مدرسه‌ای می‌سازد، در مقابل هزینه‌های خویش و ارائه‌ی محصول، اجر معنوی دریافت می‌دارد.

برای ادامه‌ی ارتباط مستمر و ثمربخش بین شرکت و بازار، دریافت اطلاعات صحیح و به‌موقع حائز اهمیت است

- یکی از مهمترین ابزارهای تصمیم‌گیری مدیران، اطلاعات است. مدیران برای تصمیم‌گیری اصولی نیاز به کسب اطلاعات از بازار (مشتریان) و محیط زندگی آنها دارند. این اطلاعات جنبه‌های مختلفی دارد، برای مثال اطلاعات در خصوص فرهنگ مشتری، قدرت خریدار، تعداد مشتریان، و... به عبارتی اطلاعات محیط کلان و محیط خرد شرکت، امکان تصمیم‌گیری صحیح را افزایش می‌دهد.
- اطلاعات بعدی، اطلاعات رقباست. هر چند رقبا خود جزئی از محیط خرد هستند، اما به دلیل اهمیت آنها معمولاً جداگانه مورد توجه و بررسی قرار می‌گیرند.
- سپس اطلاعات محیط سراسری شرکت یا همان داخل شرکت مطرح می‌شود. بازاریابان برای اقدامات به‌موقع، باید اطلاعات تمام قسمتهای مرتبط را به‌موقع دریافت کنند و با برگزاری جلسات و سایر جنبه‌های ارتباطی، در دریافت اطلاعات تلاش کنند.
- لازم به‌ذکر است اطلاعات به‌خودی‌خود هیچ ارزشی ندارند و ارزش آنها در نحوه‌ی استفاده از آنها است. به همین دلیل است که در تصمیم‌گیری که مهمترین وظیفه‌ی مدیران است، افزون بر اطلاعات، به ابزارهای دیگری همچون دانش، تجربه، و شم نیاز است که در نکات بعدی به آنها پرداخته می‌شود.

مجموعه‌ی صنعت را زیر نظر داشته باشید

از یکی از بنگاههای اقتصادی ایران سؤال کردم شما چند رقیب دارید؟ آنها جواب دادند ما اصلاً رقیب نداریم، در صورتی‌که محصولات بنگاههای خارجی با حضور نمایندگان فعال آنها در بازار ایران به‌خوبی عرضه می‌شد. پس پاسخ نگارنده به آن بنگاه ایرانی این بود که خودتان را گول نزنید، شما باید مجموعه‌ی صنعت را زیر نظر داشته باشید. «صنعت» عبارت است از مجموعه‌ی بنگاههای اقتصادی که در یک بازار تعریف‌شده و

مشخص با هم در حال رقابت هستند. مهم نیست که منشأ تولید آنها کجاست؛ آنچه مهم است این است که آنها با بنگاه شما برای گرفتن مشتری در رقابت هستند. پس تمام شرکتهایی که در داخل، محصول خود را تولید می‌کنند یا از خارج از کشور محصولات خود را به بازار ایران عرضه می‌کنند، جزء صنعت آن بنگاه محسوب می‌شوند.

ارزش و استراتژی اثربخش

کارکرد اصلی استراتژی، خلق مزیت رقابتی و ارتقای جایگاه سازمان در محیط رقابتی است. مزیت رقابتی عاملی است که سبب ترجیح سازمان بر رقیب، از سوی مشتری می‌شود.

استراتژی اثربخش باید بتواند برای شرکت مزیت رقابتی (شایستگیهای متمایزکننده) و برای مشتریان، ارزش بیشتری نسبت به رقبا بیافریند.

شایستگیهای متمایزکننده، عواملی هستند که برای مشتری ارزش می‌آفرینند و دستیابی به آنها برای رقیب به‌سادگی امکانپذیر نیست.

برای دستیابی به مزیت رقابتی باید زودتر از رقیب، ارزش را از دید مشتری شناخت و بهتر از رقیب به آن پاسخ داد.

در شرایطی که عوامل مزیت‌ساز رقابتی دائم در تغییر هستند، تنها مزیت رقابتی پایدار، توانایی تشخیص مستمر این عوامل است.

علاوه بر برنامه‌ریزی استراتژیک، تفکر استراتژیک داشته باشید. تفکر استراتژیک برای مدیران، چشم‌انداز می‌آفریند، ارزشهای کلیدی سازمان را شکل می‌دهد، و الگوی ذهنی می‌سازد.

موفقیت یک بنگاه در گروی شناخت قواعد کسب‌وکار است. قواعدی که چگونگی خلق ارزش برای مشتری را نشان دهد.

پنج فرمان برای تفکر استراتژیک که در کتاب ارزشمندی با همین نام به قلم دکتر وفا غفاریان و دکتر غلامرضا کیانی مطرح شده‌اند، راههای مناسبی برای ارزش‌آفرینی هستند؛ آنها را به‌کار گیرید.

فرمان اول ــــــ◄ بیش از اطلاع‌گیری، به دنبال یادگیری از محیط باشید.

فرمان دوم ــــــ◄ بیش از پاسخگویی به نیازهای کشف شده، به دنبال کشف نیازهای پاسخگویی نشده باشید.

فرمان سوم ◄──── بیش از هدفهای میانی، چشم به اهداف نهایی داشته باشید.

فرمان چهارم ◄──── بیش از قابلیت‌سازی بـرای تـولید، بـه دنبال قـابلیت‌سازی بـرای رقابت باشید.

فرمان پنجم ◄──── در حرکت به‌سوی هـدف، بیش از سـرعت، بـه‌دنبال راه میان‌بر باشید.

نتیجه‌گیری

رقابت به‌شدت در حال افزایش است و حیطه‌ی آن از سطوح ملی بـه سـطوح جـهانی گسترش یافته است. مشتریان حق انتخاب و قدرت چانه‌زنی بیشتری از گذشته یافته‌اند و این معادله همچنان به نفع آنها حرکت می‌کند. شرکتها برای بقا و توفیق، ناگزیر از ارائه‌ی ارزش بیشتری به مشتریان نسبت به رقبا هستند.

ارزش، مقایسه‌ی بین هزینه‌ها و فایده‌هایی است که نصیب مشتری می‌شود. ارزش، ملاک انتخاب مشتری است؛ با به‌کارگیری استراتژی اثربخش و بـررسی فـرایـندها و فعالیتها، در ارائه‌ی مزیت رقابتی و ارزش بیشتر به مشتریان تلاش کنید.

فصل پنجم

مدیریت تقاضا

این فصل با همین عنوان در نشریه‌ی
تدبیر شماره‌ی ۱۶۳ منتشر شده است.

چکیده

در این بخش ضمن ارائه‌ی تعریفی از تقاضا و مدیریت تقاضا، به تشریح تقاضاهای هشتگانه و ارائه‌ی پیشنهاداتی در هنگام روبه‌رو شدن با هر یک از آن‌ها در راستای مدیریت تقاضا یا مدیریت بازاریابی به‌منظور نیل به هدفهای شرکت پرداخته شده است. همچنین مدیریت بازاریابی در مدیریت هر یک از این تقاضاها نشان داده شده و با نتیجه‌گیری، مطالب جمع‌بندی شده است.

مقدمه

یکی از تعاریف نسبتاً جامعی که در خصوص واژه‌ی مدیریت به‌کار رفته است، مدیریت را علم و هنر، برنامه‌ریزی (پیش‌بینی)، سازماندهی (تقسیم کار)، هدایت و رهبری (راهنمایی کردن و توانایی نفوذ در دلها)، نظارت و کنترل (ناظر بودن و اصلاح کردن اشتباهات) و ایجاد هماهنگی (به‌وجود آوردن نگرش سیستمی) بین تمام اجزای سازمان و منابع مختلف آن (انسانی، مادی، فیزیکی) برای نیل به هدفهای از پیش تعیین شده با توجه به قوانین و عرف جامعه، می‌داند.

اگر این تعریف را کنار هر واژه‌ی دیگری بگذاریم، می‌توانیم از آن استفاده کنیم. برای مثال: مدیریت تولید، مدیریت مالی، مدیریت فروش و مدیریت بازاریابی؛ به شرط آنکه واژه‌ی دوم را هم به درستی تعریف کنیم. این مقاله، مدیریت تقاضا یا مدیریت بازاریابی را مورد بررسی قرار می‌دهد.

مفهوم بازاریابی به این معنی است که یک شرکت باید نیازها و خواستهای یک بازار

هدف کاملاً تعریف شده را بررسی کند و آنگاه نسبت به تأمین رضایت مطلوب مشتریان به‌نحو مؤثرتر و کاراتر از رقبا اقدام نماید؛ و به عبارتی ارزش بیشتری به مشتریان ارائه کند. برای ارائه‌ی ارزش بیشتر به مشتریان باید بهتر و سریعتر از رقبا عمل کرد تا مورد انتخاب مشتری قرار گرفت. اما تمام عملیات فوق در یک بنگاه اقتصادی، زمانی برای شرکت ارزشمند است که در بلندمدت سودآوری داشته باشد.

با توجه به تعریف واژه‌ی مدیریت و همچنین مفهوم بازاریابی، می‌توان مدیریت بازاریابی را به این صورت تعریف کرد:

تجزیه‌وتحلیل، برنامه‌ریزی، اجرا و کنترل برنامه‌هایی برای ایجاد، ارائه، و حفظ فرایند دادوستدهای سودآور با خریداران مورد نظر، به منظور دستیابی به اهداف سازمانها.

همان‌طور که ملاحظه می‌شود، تعریف فوق ترکیبی از تعریف دو واژه‌ی مدیریت و بازاریابی است. یعنی اجرای وظیفه‌های مشخص به منظور انجام دادن دادوستدهای مطلوب با بازارهای مورد نظر. بازاریابی و مدیریت بازار، علم شناخت نیازها و رفع آنها از طریق فرایند مبادله‌ی منابع است.

در واقع بازاریابی شامل تمامی عملیاتی است که از خلق ایده تا تولید، توزیع، و حتی خدمات پس از فروش را در بر می‌گیرد، و با سنجش رضایت مشتری و رفع عیوب کار، به معاملات بعدی با مشتری می‌اندیشد.

بنابراین مدیریت بازاریابی شامل اداره کردن تقاضاست، که آن هم به نوبه‌ی خود دربرگیرنده‌ی مدیریت حفظ رابطه با مشتری است. پس وظیفه‌ی مدیر بازاریابی این است که با توجه به وضعیت و موقعیت سازمان، سطح مناسبی از تقاضا را برای سازمان برقرار سازد؛ به بیانی دیگر مدیریت بازاریابی عبارت از مدیریت فرایند تقاضاست که طی آن تجزیه‌وتحلیل فرصتها، برنامه‌ریزی، به‌کارگیری، اجرا، و کنترل برنامه‌ها با هدف ایجاد و حفظ مبادلات مطلوب بازارهای هدف برای نیل به هدفهای سازمانی صورت می‌گیرد.

پس سه واژه‌ی مدیریت بازاریابی[1]، مدیریت تقاضا[2] و مدیریت روابط مشتریان که آن را به‌صورت خلاصه با سی.آر.ام[3] می‌نامند، همگی مترادف بوده و هدف آنها مدیریت کردن مشتریان و تقاضای آنها است؛ به‌نحوی که از مشتری بالقوه به مشتری بالفعل تبدیل

1. Marketing Management 2. Demand Management
3. Customer Relationship Management (CRM)

شوند و با برقراری رابطه‌ی بلندمدت بین آنها و شرکت، یک رابطه‌ی عمیق دوستی و همکاری با هدف برد دوطرفه ایجاد شود تا علاوه بر اینکه خودشان مشتری خشنود و وفادار شرکت می‌شوند به عنوان مُبلّغ مجانی برای شرکت عمل کنند.

تقاضا چیست؟

تقاضا همان نیاز و خواست است، موقعی که با قدرت خرید پشتیبانی می‌شود. نیاز، احساس محرومیتی است که از نداشتن چیزی به انسان دست می‌دهد. اما خواست، احساس لذتی است که به واسطه‌ی کالا یا خدمت به‌وجود می‌آید؛ اما برای رسیدن به آن احساس لذت، مشتری باید متقاضی خرید محصول از شرکت بشود. انجام این فرایند، بخش مهم عملیات یک شرکت است که بتواند با بهره‌گیری از ابزارهای مختلف ترویج[^1] شامل تبلیغات، روابط‌عمومی، فروش شخصی، پیشبرد فروش و بازاریابی مستقیم، و همچنین کارکرد خود محصول، مشتری را متقاضی شرکت کند. همچنین پس از فروش به ایشان که با به‌کارگیری تکنیکهای خاتمه‌ی فروش و بهره‌گیری از علم روانشناسی صورت می‌گیرد، ارتباط با آنان را ادامه دهد، و با پیگیریهای لازم و اثربخش، و خدمات پس از فروش و سنجش رضایت مشتری، در بالا بردن درجات رضایت ایشان از شرکت تلاش کند و آنها را به مشتریان وفادار تبدیل نماید.

انواع تقاضا

اقسام مختلف تقاضا را به هشت دسته تقسیم می‌کنند که عبارتند از: تقاضای منفی، نبودن تقاضا، تقاضای پنهان، تقاضای تنزلی، تقاضای فصلی، تقاضای کامل، تقاضای بیش از حد، و تقاضای ناسالم.

اگر بپذیریم که در جهان همه چیز بجز خود تغییر، مشمول تغییر هستند، نکته‌ی حائز اهمیت در اقسام تقاضا این است که تقاضاهای مختلف هم، در اثر مرور زمان از سوی مشتریان تغییر می‌کنند و وظیفه‌ی مدیریت بازاریابی شرکت، مدیریت این تقاضا برای نیل به هدفهای شرکت است. به جدول شماره ۱ در صفحه‌ی بعد توجه کنید:

[^1]: Promotion

جدول ۱ . انواع تقاضا و وظایف اساسی بازاریابی

نوع تقاضا	وظیفه‌ی بازاریابی	نام رسمی
تقاضای منفی	تبدیل تقاضا	بازاریابی تبدیلی
نبودن تقاضا	ایجاد تقاضا	بازاریابی ترغیبی
تقاضای پنهان	پرورش تقاضا	بازاریابی پرورشی
تقاضای تنزلی	احیا و تجدید تقاضا	بازاریابی احیایی
تقاضای فصلی	تعدیل تقاضا	بازاریابی تعدیلی
تقاضای کامل	حفظ تقاضا	بازاریابی محافظتی
تقاضای بیش از حد	تضعیف تقاضا	بازاریابی محافظتی
تقاضای ناسالم	تخریب تقاضا	بازاریابی مقابله‌ای

مدیریت تقاضا

۱. **تقاضای منفی:** این نوع تقاضا زمانی وجود دارد که برای یک محصول، متقاضی نباشد و بدتر از آن علیه آن محصول، تخریب تقاضا هم صورت گیرد. شاید بتوان نوع برخوردی را که در شهرهای کوچک و روستاها، زمانی که روغن نباتی به بازار عرضه شده بود، در مقایسه با روغن حیوانی مثال زد. در حالی که امروزه تقاضا برای روغن نباتی عوض شده است. تقاضای منفی را بیشتر می‌توان در بازارهای سیاسی مشاهده کرد.

وظیفه‌ی مدیر بازاریابی در برخورد با چنین تقاضایی، تبدیل تقاضا یا بازاریابی تبدیلی است و نقش بازاریابان و تسلط ایشان در چگونگی معرفی محصول و همچنین بهره‌گیری از تبلیغ آگاهی‌دهنده، برای نشان دادن وجوه تمایز محصول ضروری است.

۲. **نبودن تقاضا:** معنی این نوع تقاضا این است که برای محصول متقاضی نیست، البته مدیریت کردن این تقاضا از تقاضای منفی راحت‌تر است. مدیریت بازاریابی در برخورد با این نوع تقاضا ابتدا باید موضوع را به‌صورت دقیق و با نگرش علمی و کسب اطلاعات لازم از بازار، مورد بررسی و آسیب‌شناسی قرار دهد. شاید محصول متناسب با فرهنگ و سلیقه و میل مشتریان بازار هدف نباشد، در این صورت باید اقدامات اصلاحی صورت گیرد.

اما در بیشتر مواقع اگر محصول دارای ویژگیهای بارز و وجوه تمایز باشد (در حالی که مشتریان از این خصوصیات آگاهی ندارند) باید با بهره‌گیری از ترویج و تبلیغات اثربخش

و با صرف هزینه‌های لازم و به‌نحو صحیح نسبت به آگاه کردن مردم و ایجاد تقاضا برای مشتریان اقدام کرد، تا با کسب اطلاعات، مشتریان برای خرید محصول ترغیب شوند.

۳. تقاضای پنهان: در بعضی از موارد، مشتریان تقاضایی دارند اما چون تا به‌حال هیچ یک از شرکتها به آن تقاضا توجه نکرده‌اند، این تقاضا به‌صورت نهفته و پنهان مانده است؛ اما به محض اینکه شرکتی محصولی را برای پاسخ به این تقاضا ارائه می‌کند، شاهد این هستیم تنها با هزینه‌ی تبلیغات بسیار اندک، مشتریان برای خرید آن محصول علاقه‌مندی نشان می‌دهند. به مثالهای زیر در طی سالیان گذشته در بازار ایران توجه کنید:

- تقاضا برای روزنامه‌ی رنگی که روزنامه‌ی همشهری به آن پاسخ داده.
- تقاضا برای تخم‌مرغ دارای تاریخ انقضای مصرف که شرکت تلاونگ به آن پاسخ داد.
- تقاضا برای آب معدنی که شرکت آب معدنی دماوند به آن پاسخ داد.

مدیریت بازاریابی شرکت در برخورد با تقاضای پنهان آن را کشف می‌کند و با عرضه‌ی محصول مناسب، این تقاضا را پرورش، و به آن پاسخ می‌دهد. یکی از توصیه‌های پنجگانه در کتاب بسیار ارزشمند پنج فرمان تفکر استراتژیک[1] این است که:

«به‌جای پاسخ به نیازهای کشف شده در فکر کشف نیازهای پاسخ داده نشده باشید.» این توصیه می‌تواند مبنای کارآفرینی و خلق محصولات جدید باشد، به آن فکر کنید و آن را به کار بندید.

بدیهی است پرداختن به این نوع تقاضا، نیاز به انسانهایی دارد که چشمها را شسته‌اند و جور دیگری می‌بینند و به هیچ‌وجه راضی نمی‌شوند و همواره به این می‌اندیشند که دیگر چه کار جدیدی می‌توان کرد و طبیعی است که جهان را انسانهای عصیانگر و ناراضی می‌سازند. کسانی که به وضع موجود رضایت دارند، به آن عادت کرده‌اند؛ به همین دلیل، حرکتی هم در جهت تغییر آن نمی‌کنند.

۴. تقاضای تنزلی: منظور این است که میزان تقاضا برای محصول شرکت رو به کاهش و تنزل است. در این حالت، مدیریت بازاریابی باید در جستجوی پاسخ به این سؤال باشد که در صفحه‌ی بعد آمده است:

---

۱. پنج فرمان تفکر استراتژیک اثر وفا غفاریان، غلامرضا کیانی. انتشارات فرا.

«آیا تقاضا برای این رده از فراورده تنزل یافته است یا فقط برای برند (نـام و نشـان تجاری) شرکت ما کاهش یافته است؟»

منظور از ردهی فراورده این است که کلاً برای این محصول فارغ از اینکه چه برند و نامی داشته باشد، متقاضیان رو به کاهش هستند و به عبارتی چرخهی عمر این رده از فراورده رو به افول است. برای مثال تقاضا برای تلهموش در سالهای گذشته یـا تـقاضا برای اورهد در طی چند سال اخیر در بازار ایران.

اگر حالت فوق پیش آمده باشد، دلیل آن این است که عمر فناوری این محصول رو به انتهاست و محصولات جدید با کارکردهای بهتر و ارائهی ارزش مطلوبتر (بـرای مشتریان) به بازار آمده و از آنجایی که مشتریان، فوائد حاصل از محصول را میخرند نه خود محصول را ـ چون محصولات جدید همان فایده را بهصورت بیشتر و اثربخشتر و با قیمت مناسبتر به ایشان ارائه میکنند ـ بنابراین محصول قدیمی را کنار گذاشتهاند.

در اینجا مدیریت بازاریابی باید بداند که علاقهمندی و وابستگی به محصولی که عمر آن تمام شده است، جز ورشکستگی ثمرهای ندارد. بهتر است هر چه سریعتر نسبت به حذف محصول و تصمیمگیری برای انعطافپذیری و هماهنگ شدن با بازار اقدام کنید و در آینده منتظر نشوید تا تغییرات بازار را به این نحو مطلع شوید بلکه، با هشیاری کامل بهجای اینکه اسیر موجها شوید، باید بتوانید خودتان موجساز باشید یا حداقل اینکه در زمان مناسب بر موجهای بازار سوار شوید.

اگر مشتریان فقط برند تولیدی شرکت شما را نمیخرند امـا خـواهـان مـحصولات مشابه رقبا هستند، معنی آن این است که یک جایی از عملیات و محصول تولیدی شما مشکل دارد. در این حالت پیشنهاد جدی این است که به سراغ مشتریان بروید و با شنیدن صدای ایشان[1] و ارزیابی نظرات آنها[2]، موضوع را مورد آسیبشناسی و علتیابی جدی قرار دهید.

خوشبختانه امروزه با بهرهگیری از مشاوران بـازاریـابی مـجرب مـیتوان افـزون بـر شناسایی ایراد که در یکی از اجزای آمیزهی بازاریابی (محصول، قیمت، توزیع و ترویج و...) یا در چند تا از آنها میتواند باشد، درصد نارضایتی مشتریان را به صـورت کـمّی

---

1. Voise of Customer (VOC)

2. Customer Satisfaction Measurement (CSM)

اندازه‌گیری کرد. بدیهی است وقتی آسیب‌شناسی دقیق از معضل پیش آمـده صـورت گرفت، درمان در بیشتر موارد کار ساده‌ای است. نگارنده معتقد است ۸۰٪ دشواری کار در آسیب‌شناسی و ۲۰٪ در درمان است. اما اگر علت به صورت صحیح تشخیص داده نشده باشد، تجویز آنتی‌بیوتیکهای مکرر شاید تب را برای مدت کوتاهی قطع کند؛ اما قطعاً بیماری را درمان نخواهد کرد.

مدیران و مشاوران حرفه‌ای باید با بررسی دقیق و ارائه‌ی نسخه‌ی مناسب که خاص آن شرکت است در بازاریابی احیایی تلاش کنند.

۵. تقاضای فصلی: برای بعضی از محصولات در فصل خاصی تـقاضا هست و در فصل دیگری متقاضی وجود ندارد، مدیریت بازاریابی در چنین مـواردی بـا بـررسی ویژگیها و خصوصیات بازار و محصول می‌تواند یکی از توصیه‌های زیر را به‌کار گیرد:

الف. تقاضا برای محصول را از حالت فصلی خارج کنید و با به‌کارگیری بازاریابی تعدیلی تقاضا را برای طول سال متعادل سازید. به مثالهای زیر توجه کنید.

یکی از برندهای معروف بستنی با به‌کارگیری شیوه‌های بازاریابی توانسته است در طـول فـصول سـرد سال نیز برای بستنی‌های تـولیدی خـود متقاضیان قابل‌توجهی داشته باشد. این در حالی است که در فصول سرد تقریباً اکثریت تولیدکنندگان بستنی، تولید خود را متوقف می‌کنند. این شرکت همچنان با درک دقیق از تقاضای فصلی به تولید ادامه می‌دهد و بازار را در طول سال مدیریت می‌کند.

یکی از شهربازی‌ها توانست با سرپوشیده کردن محوطه‌ی شهربازی خـود و به‌کارگیری تبلیغات مناسب، تقاضا برای شهربازی را به تمام طول سال تبدیل کند.

ب. در بعضی از محصولات، امکان بازاریابی تعدیلی وجود ندارد؛ برای مـثال تـقاضا برای کولر یا بخاری.

پیشنهادی که در این موارد به شرکتها ارائه می‌شود این است که دو کالای متضاد را تولید کنند تا فقط در نیمه‌ای از سال مشتری نداشته باشند بلکه، در هر یک از دو نیمه‌ی سال برای محصولی از شرکت متقاضی وجود داشته باشد.

ایرادی که نگارنده در سالیان گذشته در بازار ایران در به‌کارگیری این تـوصیه

شاهد بوده است این است که شرکتها در مـواردی فـرامـوش کـرده‌انـد کـه در نامگذاری محصول جدید باید دقت کنند، به‌نحوی که نام محصول باید با محتوا و کارکرد آن تناسب داشته باشد. در غیر این‌صورت با مشکلات عدم فروش و ناتوانی در جذب مشتری روبه‌رو می‌شوند.

اگر نام شرکت قابل تعمیم به محصول جدید نیست باید نام شایسته و درخور آن انتخاب کرد. همچنانکه شورولت نوا، در تمام دنیا بـه عـنوان اتـومبیل خـوبی شناخته شده بود، اما در اسپانیا موفق نبود؛ چون در فرهنگ لغت اسپانیایی نوا، مترادف «کُند و متوقف‌شده» است. انتخاب نام محصول یک فرایند پیچیده و علمی است که با مشورت صاحبان مشورت باید صورت پذیرد.

ج. پیشنهاد سوم این است که محصول دومنظوره تولید کرد.

برای مثال فن‌کوئل در زمستان بخاری و در تابستان کولر است. با این توجه که باید هر دو کارکرد دستگاه عالی باشد تا بتواند در جذب و نگهداری مشتریان بـه‌نحو شـایسته عمل کند.

۶.تقاضای کامل: هنگامی که میزان مجموع عرضه‌ی شرکت با مجموع تقاضا برابر است، به آن تقاضای کامل می‌گویند. در این حالت مدیریت بازاریابی با حفظ تقاضا و به‌کارگیری بازاریابی محافظتی، در حفظ وضع موجود می‌کوشد تا در آینده با افزایش ظرفیت تولید در بالا بردن تقاضا نیز فعالیت کند. اما این سیاست، در طولانی‌مدت مؤثر نمی‌افتد، چون رقبای باهوش با به‌کارگیری شیوه‌های بازاریابی نوین، از اقصانقاط دنیا به آن بازار هجوم می‌آورند و این معادله را برهم می‌زنند.

در بعضی از بازارها هم تقاضای کامل در مـجموعه‌ی صـنعت مـورد بـررسی قـرار می‌گیرد. صنعت عبارت است از مجموعه رقبایی که در یک بازار هـدف تـعریف‌شده وجود دارند. در سالهای گذشته در موارد زیادی در بازار ایران شاهد این بوده‌ایم که بازار محصول خاصی در دست چند عرضه‌کننده قرار داشته است و آنها با هماهنگی یکدیگر و تقسیم بازار به شیوه‌های مختلف، و اتخاذ تصمیم جـمعی در تـمام مـوارد، در حـفظ تقاضای کامل تلاش کرده‌اند، البته در کشورهای تـوسعه‌یافته ایـن حـرکت یک تـخلف محسوب می‌شود و پیگرد قانونی دارد و دلیل آن این است که عرضه‌کنندگان با تبانی یکدیگر در جهت ضرر مصرف‌کنندگان تصمیم گرفته‌اند، در حالی که آنها باید با یکدیگر

رقابت می‌کردند تا هر یک که شایسته‌تر بود و می‌توانست ارزش بیشتری را به مشتریان ارائه، و با آنها ارتباط بهتری برقرار کند، در جذب مشتری موفق شود.

در چنین حالتی مدعی‌العموم از سوی حکومتها ناظر بازار است و با متخلفان برخورد قانونی می‌کند. چون در سالیان گذشته بازارهای ایران عمدتاً در حالت انحصاری بوده‌اند، با باز شدن دریچه‌ی رقابت و حرکت به سمت بازارهای رقابتی، لزوم تغییر در قوانین، متناسب با اقتصاد باز، احساس می‌شود.

۷. تقاضای بیش از حد: هر چند در مواجهه با تقاضای بیش از حد توصیه می‌شود که تبلیغات را متوقف کنید و بازاریابی تضعیفی را به‌کار گیرید تا بعداً بتوانید در فرصت مناسب و با گسترش ظرفیت تولید، خودتان به تقاضای اضافه پاسخ دهید، اما با پدیده‌ی جهانی شدن و گسترش ارتباطات و سرعت انتقال اطلاعات، دیگر وجود تقاضای بیش از حد در بازارهای سالم و رقابتی نیز امکان‌پذیر نخواهد بود و در صورت به‌وجود آمدن هم، عمر کوتاهی خواهد داشت.

طبق یک اصل اقتصادی، سرمایه همانند آب روان عمل می‌کند؛ به‌طوری که وقتی آب در روی زمین به حرکت درآید، ابتدا چاله‌ها را پر می‌کند. سرمایه هم در حرکت در بازار ابتدا چاله‌های بازار یعنی بازارهای جذاب‌تر را هدف قرار می‌دهد، با این تفاوت که سرمایه‌ی هوشمند وارد هر چاله‌ای نمی‌شود. اگر چاله‌ای سوراخ باشد یعنی ریسک سرمایه‌گذاری بالاست و سرمایه نباید به آن وارد شود. بنابراین برای جذب سرمایه‌گذاری خارجی افزون بر عضویت در سازمان تجارت جهانی باید با اصلاح قوانین در بالا بردن ضریب امنیت برای سرمایه‌گذاری تلاش کرد. در آن حالت سرمایه‌گذاران خارجی برای سرمایه‌گذاری در چنین بازارهایی با یکدیگر رقابت خواهند کرد.

۸. تقاضای ناسالم: بعضی از محصولات با قوانین و عرف یک بازار و کشور همخوانی ندارند، هر چند که ممکن است در کشورهای دیگر همین محصولات مجاز باشند. در چنین حالتی متولیان امر که عمدتاً حکومتها و گروههای غیردولتی (NGO) هستند، سعی در آگاهی دادن به مردم و تخریب تقاضا برای این محصولات را دارند. باید یادآور شد که این حرکت هم بخشی از عملیات علم مارکتینگ است و به این حالت بازارکاهی گفته می‌شود؛ یعنی افراد صاحب صلاحیت با شناسایی محیط کلان، محیط

خرد، تولیدکنندگان این محصولات، آمیزه‌ی بـازاریـابی و مشـتریان آنـها و شـناساندن عرضه‌کنندگان و ماهیت آنها و محصولاتشان، و شمردن معایب و مضار آنها به مردم در جهت بازاریابی مقابله‌ای اقدام می‌کنند. طبیعی است فقط برخـوردهای قـهری در ایـن موارد پاسخ نمی‌دهد بلکه، لازم است با بهره‌گیری از متخصصان بازاریابی و رشته‌های مرتبط در جهت تخریب این تقاضا اقدام کرد.

نتیجه‌گیری

تقاضا همان نیاز و خواست است. موقعی که با قدرت خرید از سوی مشتریان پشتیبانی می‌شود، شرکتها باید بتوانند با بهره‌گیری از شیوه‌های مختلف بازاریـابی در مـدیریت تقاضا یا همان مدیریت بازاریابی و مدیریت روابط با مشتریان تلاش کنند.

انواع تقاضا به هشت دسته تقسیم می‌شوند، هر چند هر یک از این تقاضاها می‌توانند در مقطعی از زمان وجود داشته باشند و برای همیشه ثابت نیستند؛ امـا ایـن وظـیفه‌ی مدیریت بازاریـابی است کـه با تـصمیم‌گیری صـحیح و بـا کسب اطـلاعات از بـازار و محصولات و رقبا، و اجرای دقیق تصمیمها به‌نحو اثربخش، در مـدیریت تـقاضا مـوفق شود.

فصل ششم

لزوم تدوین بیانیه‌ی مأموریت
بنگاههای اقتصادی
و
اعتقاد به آن در عصر رقابت

این فصل با همین عنوان در نشـریه‌ی عصر تبلیغات و بازاریابی شـماره‌ی ۸ منتشر شده است.

چکیده

بیانیه‌ی مأموریت، بیان‌کننده‌ی زمینه‌های فعالیت بنگاههای اقتصادی و دید و نگرش آنها نسبت به بازار و محیط کسب‌وکار در چارچوب ارزشهای مـربوط است. در ایـن مـقاله ضمن تشریح رسالت سازمانی یا بیانیه‌ی مأموریت، به طرح پرسشهای اساسی مؤثر در کسب‌وکار و عوامل سه‌گانه‌ی مؤثر در تدوین بیانیه‌ی مأموریت پرداخته شده است و با شمردن مشخصات یک بیانیه‌ی مأموریت مطلوب و اثربخش، و نمونه‌هایی از بـیانیه‌ی مأموریت شرکتهای معروف جهانی، نتیجه‌گیری و جمع‌بندی شده است.

مقدمه

بیانیه‌ی مأموریت یا رسالت[1]، منعکس‌کننده‌ی ارزشهای بنگاه و چارچوبی است که در داخل آن کارکنان و واحدهای بنگاه برنامه‌ریزی می‌کنند.

بیانیه‌ی مأموریت، موجودیت هر شرکت برای انجام دادن کاری است و به عـبارتی شرکتها برای دستیابی به یک مأموریت تأسیس می‌شوند.

مأموریت تجارتی باید شامل گروههای مشتری، نیازهای مشتری، و فناوریهایی باشد که سازمان نیاز دارد. برای تنظیم اهداف سازمان، صورت وضعیتی روشن از مأموریت سازمان، یکی از مهمترین پیش‌نیازهاست.

---

1. Mission

بیانیه‌ی مأموریت چیست و چگونه تدوین می‌شود؟

بیانیه‌ی مأموریت، بیان‌کننده‌ی این است که ما در چه زمینه‌هایی فعالیت می‌کنیم، نسبت به مشتریان چه دیدی داریم، و فلسفه‌ی ما چیست؟

بر این اساس مدیران شرکتها با پاسخ به پرسشهای زیر مواجه می‌شوند:

- نوع کار و فعالیت ما چیست؟
- مشتری ما چه کسی است؟
- ارزش مورد نظر مشتریان چیست؟
- کسب‌وکار و فعالیت ما چه خواهد بود؟
- چه نوع فعالیتی را باید انجام دهیم؟

این پرسشهای ساده، از جمله مشکلترین پرسشهایی است که شرکت باید در صدد یافتن پاسخهایی برای آنها برآید. شرکتهای موفق همواره چنین پرسشهایی را مطرح می‌کنند و می‌کوشند به صورتی دقیق به آنها پاسخ دهند.

بیانیه‌ی مأموریت معمولاً خیلی کلی است و منظورها را راجع به فلسفه‌ی شرکت، چارچوب فعالیت شرکت، و جهتی را که شرکت می‌خواهد پیش برود نشان می‌دهد، ولی اغلب وارد جزئیات نمی‌شود.

بیانیه‌ی مأموریت باید پیچیده نباشد، ازاین‌رو کوتاه نوشتن و کوتاه بیان کردن آن کار آسانی نیست، چون همه چیز را می‌خواهیم در چند جمله بگوییم. مدیریت نباید مأموریت سازمان را بسیار محدود و یا بسیار وسیع و گسترده تعریف کند.

بیانیه‌ی مأموریت بیشتر به‌صورت کیفی بیان می‌شود و معمولاً در آن آمار و ارقام نمی‌گذارند. در حالی که در تدوین اهداف باید مقاصد را به‌صورت کمّی و با عدد و رقم مشخص کرد.

بیانیه‌ی مأموریت یک تابلوست که دو رو دارد. یک طرف آن برای محیط سازمان و تمام کسانی است که از بیرون به شرکت می‌نگرند و روی دیگر آن برای درون شرکت. یعنی کارکنان و مدیران با نگاه روزانه به تابلویی که بیانیه‌ی مأموریت در آن نوشته شده و به دیوار شرکت آویخته شده است، به‌یاد بیاورند که زیر چه چتری فعالیت می‌کنند.

بیانیه‌ی مأموریت بر حسب تغییرات محیطی و سازمانی می‌تواند عوض شود ولی در هر دوره‌ای باید معرف سازمان باشد.

عوامل مؤثر در تدوین بیانیه‌ی مأموریت

عوامل سه‌گانه‌ی زیر در شکل‌گیری بیانیه‌ی مأموریت شرکتها نقش دارند:

الف. ارزشهای سهامداران: که منظورهای بلندمدت سرمایه‌گذاری را مشخص می‌کند.

ب. ارزشهای شخصی مجریان اصلی (مدیران): که چشم‌انداز[1] یا نیت استراتژیک شرکت را مشخص می‌کند.

ج. شرایط سایر ذینفعان

شکل ۱ . عوامل مؤثر در بیانیه‌ی مأموریت بنگاه اقتصادی

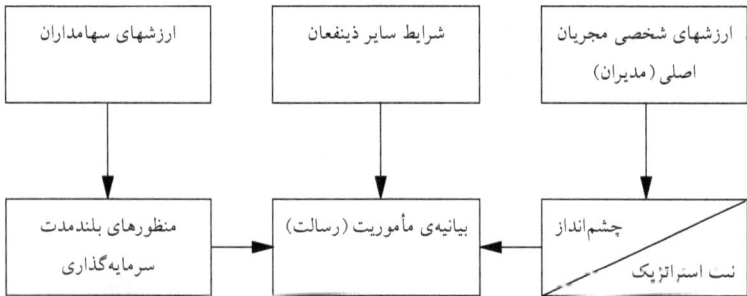

ارزشهای سهامداران

سهامداران بنگاه اقتصادی از شرکت سود می‌خواهند. نظر اینها بسیار مهم است که شرکت در چه جهتی پیش برود و سرمایه‌گذاری کند.

نقش سهامداران در تحمیل نظراتشان به‌شرکت، با عنایت به‌سرمایه‌گذاری آنها مهم‌است. امروزه بیشتر سهامداران شرکتهای بین‌المللی، سازمانها هستند.

---

1. Vision

یکی از مشکلاتی که بازار بورس ایجاد می‌کند، گرفتن انعطاف‌پذیری از شرکتها بـه دلیل تغییر سهامداران است.

سرمایه‌گذاران متفاوت، تقاضاهای متفاوت دارند.

ارزشهای شخصی مجریان اصلی(مدیران)

● مجموعه ارزشهای مجریان اصلی(مدیران)، عملاً چشم‌انـداز و افـق شـرکت را تعیین مـی‌کند و بـرای مـوفقیت یک شـرکت اهـمیت بـالایی دارد. ایـن ارزشها مستقیماً روی جهت شرکت و آرزوی آن برای آینده، تأثیر می‌گذارد.

● چشم‌انداز، تصویری از آنچه را که آینده‌ی سازمان مشابه آن بایـد باشـد، ارائـه می‌دهد. همچنین مفهوم جهت‌داری به سازمان می‌دهد و اینکه بنگاه باید چگونه باشد را ترسیم می‌کند.

● ارزشهای مشخص مدیران بنگاه، تأثیر زیـادی روی تـعیین اسـتراتـژی، سـاختار سازمانی، و نوع محصولاتی دارد که بـه بـازار مـی‌دهند؛ چـون آنها در شـرکت تصمیم‌گیر هستند.

● چون ما قبل از هر چیز با انسانها و طرز تفکر آنها کار داریم، بنابراین مجریان را می‌توان متولیان فرهنگ سازمان دانست؛ به همین دلیل است کـه گـفته مـی‌شود کلید بهبود، تغییر تفکر مدیران ارشد است.

● چشم‌انداز باید صریح و روشن باشد تا بـتوانیم فـرایند اسـتراتـژی(بـه مـعنای مجموعه‌ی تصمیمات و اقدامات و عملیاتی که بـرای رسیدن به چشـم‌انـداز، بـا توجه به مشتریان، رقبا، و فرصتها باید اتخاذ و اجرا شوند) را پیش ببریم.

شرایط سایر ذینفعان

سایر ذینفعان افرادی هستند کـه از سـازمان تـوقعات ویـژه‌ای دارنـد نـظیر کـارکنان، تأمین‌کنندگان، واسطه‌ها و از همه مهمتر مشتریان.

ـ کارکنان:

کارکنان را ضمن اینکه جزء خانواده‌ی شرکت به‌شمار می‌آورند، از آن رو که مستقیماً بر

شرکت تأثیرگذارند، جزء محیط خرد هم محسوب می‌کنند.

بی‌دلیل نیست که امروزه با قاطعیت گفته می‌شود که کارکنان راضی، مشتریان راضی می‌آفرینند. پس نظرات کارکنان و هم‌دلی و تعهد آن‌ها نسبت به بیانیه‌ی مأموریت، حائزاهمیت است.

سرجیو زیمن، مدیر پیشین بازاریابی کوکاکولا، می‌گوید: اول مطمئن شوید که همه‌ی کارکنان سازمان شما راهبرد، مقصد، و هدفهای کسب‌وکارتان را درک کرده‌اند، سپس بگذارید کار خود را انجام دهند.

ـ تأمین‌کنندگان:

تأمین‌کنندگان کسانی هستند که مواد اولیه، قطعات، و ملزومات و خدماتی را که قبل از فرایند تولید و از بیرون شرکت تأمین می‌شود، در اختیار بنگاه اقتصادی قرار می‌دهند. بنابراین میزان آگاهی آن‌ها از شرایط کسب‌وکار رقابتی و نقش آن‌ها در تأمین نیازمندیها به‌نحو شایسته و در زمان مناسب، تأثیرگذار است. ضمن اینکه به شرکتها توصیه می‌شود از کار کردن با یک تأمین‌کننده‌ی صِرف پرهیز نمایند و در انتخاب تأمین‌کنندگان شایسته تلاش کنند، از سویی دیگر، دید و نگرش تأمین‌کنندگان در مسیر چشم‌انداز و بیانیه‌ی مأموریت مهم است.

ـ واسطه‌ها:

تمام کسانی که بین شرکت و مشتریان قرار می‌گیرند و به عبارتی کمک می‌کنند که شرکتها به مشتریان برسند را واسطه گویند که از آن جمله عبارتند از: عمده‌فروشها، بنکداران، خرده‌فروشان، نمایندگیها، شعب، و حتی مشاوران بازاریابی و تبلیغاتی.

چون در مسیر توسعه، به‌صورت پیوسته از سطح تخصص کاسته شده و به عمق آن افزوده می‌شود، بدین‌رو تمام عوامل واسطه‌ای نیز باید خودشان را به علوم مورد نیاز برای کسب‌وکارشان مسلط کنند و دائماً در گسترش آن‌ها بکوشند؛ در این راستا دیگر شرکتها نمی‌توانند تمام کارها را خودشان انجام دهند و نیاز به واسطه‌های دانشگر بیش از گذشته احساس می‌شود. به همین دلیل است که به واسطه‌های واجد شرایط، یاوران شرکت گفته می‌شود. پس نقش واسطه‌ها و نظرات آن‌ها نیز در تدوین بیانیه‌ی مأموریت مؤثر، حائز اهمیت است.

ـ مشتریان:

مهمترین رکن از ارکان ذینفعان مشتریان هستند که اساس هر کسب‌وکاری به‌شمار می‌آیند. مشتریان جوهره‌ی حیاتبخش سازمانها در فضای کسب‌وکار رقابتی هستند و نظرات آنها در چگونگی شکل‌گیری بیانیه‌ی مأموریت بسیار مهم است. به‌همین‌دلیل است که تأکید می‌شود بیانیه‌ی مأموریت خوب، باید با توجه به نیاز و طرز فکر بازار (مشتریان) نوشته شود.

طبق سنت، شرکتها فعالیتهای خود را بر حسب نوع محصول تعریف می‌کنند (برای مثال: ما سازنده‌ی مبل هستیم) یا بر حسب نوع فناوری بیان می‌کنند (مثلاً: ما یک شرکت شیمیایی هستیم)؛ ولی بیانیه‌ی مأموریت باید با توجه به بازار بیان شود.

با گذشت زمان محصول و فناوری منسوخ می‌شوند، ولی نیازهای اساسی بازار دوام همیشگی دارند، آنگاه که مأموریت شرکت بر اساس بازار تعریف شود، به مسأله‌ی نیازهای اساسی مشتریان توجه می‌شود.

به عبارتی شرکتها دید محصول دارند، در حالی‌که مشتریان دید منافع دارند. به‌واقع می‌توان گفت که مشتریان، محصول نمی‌خرند بلکه، منافع حاصل از محصولات را می‌خرند. چه بسیار محصولاتی را می‌شناسیم که در گذشته‌ی نزدیک خریداری شدند (نظیر اورهد) ولی اکنون بدون مشتری مانده‌اند؟ نیازها ثابت هستند ولی خواسته‌ها (که شکل برآوردن نیازها باشند) در اثر عوامل متعددی چون فرهنگ، فناوری، درآمد، موقعیت، و... تغییر می‌کنند. پس لازم است شرکتها در بیانیه‌ی مأموریت خود به نیازها بپردازند که دائمی هستند، نه خواستها که دائماً تغییر می‌کنند.

مشخصات یک بیانیه‌ی مأموریت مطلوب

- با توجه به نیاز و طرز فکر بازار (مشتریان) نوشته شود.
- واقع‌بینانه باشد (ولی تاحدی جنبه‌ی رؤیایی داشته باشد).
- مشخص باشد (در محدوده‌ی کار بنگاه باشد).
- متناسب با شرایط محیط بنگاه باشد.
- به مهارتها و قابلیتهای ممتاز و مشخص بنگاه اشاره شود.
- انگیزه‌بخش باشد.
- دقیق باشد.

شکل ۲ . تدوین بیانیه‌ی مأموریت با توجه به دید بازار (مشتریان)

شرکت	تعریف مأموریت بر حسب محصول	تعریف مأموریت برحسب بازار
رِولون	ما لوازم آرایش تولید می‌کنیم	ما شیوه‌ی زیستن و ابزار وجود ارائه می‌کنیم. موفقیتها و موقعیت، خاطره‌ها، امیدها و رؤیاها.
دیسنی	ما تفریحگاه را اداره می‌کنیم	ما سرگرمی و تفریح برای مردم فراهم می‌آوریم. مکانی برای امریکاییها و شیوه‌ی مرسوم آنها.
وال‌مارت	ما فروشگاه زنجیره‌ای (خرده‌فروشی) اداره می‌کنیم	ما محصولات و خدماتی را عرضه می‌کنیم که ارائه‌دهنده‌ی ارزش برای طبقه‌ی متوسط امریکایی است.
زیراکس	ما دستگاه اداری، دورنویس و تکثیر (کپی) می‌سازیم	ما به سازمانها کمک می‌کنیم تا با بررسی، حفظ اسناد، بازیافت، اصلاح، توزیع، انتشار، و چاپ اسناد بتوانند فعالتر شوند.
اُ. اِم. اسکات	ما بذرگیاه و کود شیمیایی می‌سازیم	باغها و چمنهای شما را سرسبز نگاه می‌داریم.
هُوم دی‌پو	ما وسایلی می‌فروشیم که برای تعمیرات مورد نیاز است	ما با راهنمایی و ارائه‌ی راه‌حلهای کاری می‌کوشیم تا صاحبخانه‌ها بتوانند تعمیرات خانگی خود را انجام دهند.

منبع: اصول بازاریابی؛ فیلیپ کاتلر و گری آرمسترانگ.

نمونه‌هایی از بیانیه‌ی مأموریت شرکتهای معروف:

۱. شرکت کامپیوتری دِل:

می‌خواهیم با عرضه‌ی بهترین تجربه به مشتریانی که در بازارها به آنها خدمت می‌کنیم، موفقترین شرکت کامپیوتری در جهان شویم.

۲. شرکت مک دونالدز:

چشم‌انداز ما آن است که بهترین رستوران خدمات سریع در جهان شویم. معنی این جمله افتتاح و اداره‌ی رستورانهای بزرگ و عرضه‌ی «کیفیت»، «خدمات»، «نظافت» و «ارزش» استثنایی است.

۳. شرکت جانسون اند جانسون:

اولین مسئولیت ما در مقابل مشتریانمان، دومین مسئولیت در قبال کارکنانمان، سومین مسئولیت در مورد جامعه، و چهارمین مسؤلیت در مقابل سهامدارانمان است.

۴. شرکت ای تی اند تی (شرکت مخابراتی):

ما هدفمان این است (آرزو داریم) که مهمترین شرکت بشویم و باارزش باشیم و بیش از هر شرکت دیگری در دنیا مورد تحسین قرار بگیریم. هدف ما این است که زندگی مشتریان خود را غنی کنیم و فعالیت بازرگانی آنها را از طریق ارائه‌ی محصول به بازار و خدمات ارتباطی و نیز افزایش ارزش سهام موفق کنیم.

بیانیه‌ی مأموریت شرکت HERRENKNECHT

۱. موفقیت شرکت ما بر پایه‌ی کیفیت و استاندارد بالای محصولات ما استوار است. ما در آینده می‌خواهیم به خلاقیت بالقوه و همچنین رشد و توسعه‌ی تحقیقات بازارگرا تأکید کنیم.

۲. موفقیت بازار ما بر مبنای اعتماد مشتریان به ما، و هدف ما پشتیبانی بیشتر از طریق ارائه‌ی خدمات پس از فروش همه‌جانبه در زمینه‌ی فناوری حفاری مکانیکی است.

   از ارتباط مستحکم و قابل اطمینان سهامداران و تأمین‌کنندگان سپاسگزاریم و برنامه‌مان این است که این روابط را مستحکم‌تر کنیم. آنها ساختار یکپارچه‌ی مستحکمی را برای موفقیت درون‌سازمانی این شرکت پدید می‌آورند.

۳. مدیریت ما به این واقعیت اذعان دارد که تغییر مستمر یکی از تلاشهای اصلی مدیریت شرکت باشد؛ افزون بر آن، بهینه‌سازی فرایند ارزش افزوده، پایانی ندارد.

۴. به تجربه، انعطاف، انگیزه، و وفاداری کارکنان خود ارج می‌نهیم. انگیزه‌ی نو و استراتژیهای تعهد، جزء لاینفک توسعه‌ی منابع انسانی ما است.

۵. شایستگی ما در تحقق پروژه‌ها و تولید، وابسته به تأمین و ایجاد زیرساخت برای تجهیز، حفاظت محیط زیست، و مدیریت منابع است. ما مستمراً تلاش می‌کنیم

تا کسب‌وکار خود را بین‌المللی سازیم تا تضمین کنیم که انسانها می‌توانند در سطح جهانی مجهز بمانند.

رسالت شرکت جنرال الکتریک

همه‌ی ما... همیشه با درستی شکست‌ناپذیر...

- با شوق و هیجان توجه خود را به پیشبرد کامیابی مشتری متمرکز ساخته‌ایم.
- کیفیت شش سیگما را بر پا می‌داریم... و اطمینان می‌یابیم که مشتری همواره نخستین بهره‌مند آن است... و آن را برای شتاب بخشیدن به رشد به کار می‌گیریم.
- بر برتری‌جوئی اصرار می‌ورزیم و دیوانسالاری را برنمی‌تابیم.
- به شیوه‌ای بی‌مرز عمل می‌کنیم... همواره در جستجو و در به‌کارگیری بهترین اندیشه‌ها بدون توجه به سرچشمه‌ی آنها هستیم.
- به سرمایه‌ی فکری جهانی و کسانی که آن را فراهم می‌آورند ارج می‌گذاریم... برای بیشینه‌سازی این سرمایه، گروههای گوناگون بر پا می‌داریم.
- دگرگونی را برای فرصتهای رشدی که فراهم می‌آورد می‌پذیریم... برای نمونه دیجیتالی شدن.
- آرزوی بلند، روشن، ساده، و مشتری‌مدار می‌آفرینیم... و پیوسته اجرای آن را تازه می‌گردانیم.
- فضایی برای گسترش، هیجان غیررسمی بودن، و اعتماد می‌آفرینیم... بهبود را پاداش می‌دهیم... و دستاوردها را جشن می‌گیریم.
- چهار ایی (4E) رهبری جنرال الکتریک را با شوقی فراگیر به نمایش می‌گذاریم:
  - ✓ کارمایه‌ی شخصی برای خوشامد گفتن و همگامی کردن با شتاب دگرگونی...
  - ✓ توانایی آفریدن فضایی که به دیگران کارمایه می‌بخشد...
  - ✓ بُرّندگی در گرفتن تصمیمهای دشوار...
  - ✓ و توانایی اجرایی سازگار و پیوسته.

نتیجه‌گیری

اگر ندانیم به کجا می‌خواهیم برویم و ندانیم چگـونه مـی‌خواهـیم بـرویم، پس فـرقی نمی‌کند که چه کاری می‌کنیم. بیانیه‌ی مأموریت با مشخص کردن ارزشها و چـارچـوبها برای تمامی عوامل دخیل در یک کسب‌وکار، مفهوم جهت‌داری به فعالیتها می‌دهد و از سردرگمی کارکنان جلوگیری می‌کند. از طرفی بیانیه‌ی مأموریت به مـحیط سـازمانها و تمام کسانی که از بیرون به یک بنگاه اقتصادی می‌نگرند، آرمـانهای شـرکت را نـمایان می‌کند. سهامداران، مدیران، و سایر ذینفعان همگی در چگونگی تدوین و شکل‌گیری بیانیه‌ی مأموریت مطلوب و اثربخش نقش دارند. پس لازم است نـظرات آنـها را جـویا شوید، سپس به تدوین بیانیه‌ی مأموریت بپردازید و تمام کارکنان را در راستای اجـرای صحیح آن آموزش داده و متعهد کنید.

فصل هفتم

▼

هرم بازاریابی

(فلسفه ـ استراتژی ـ تاکتیک)

با ارائه‌ی ۳۵ توصیه‌ی کاربردی

۱. بازاریابی را می‌توان هرمی دانست که در قسمت بالایی آن فلسفه‌های بازاریابی، در قسمت میانی استراتژی بازاریابی، و در قاعده‌ی هرم تاکتیکهای بازاریابی قرار دارند

منظور از فلسفه‌ی بازاریابی بنگاه اقتصادی، طرز تفکر آن بنگاه در خصوص بازار است. برای مثال آیا بازار را یک محل عبور می‌داند یا می‌خواهد یک رابطه‌ی تعاملی بلندمدت با بازار داشته باشد. پس فلسفه‌ی بازاریابی، همان طرز تفکر و نگرش بنگاه اقتصادی نسبت به بازار است که منشأ استراتژی و تاکتیکهاست.

استراتژی بازاریابی یا بازاریابی استراتژیک، عبارت است از مجموعه تصمیمات، اقدامات، و عملیاتی که ژنرالهای (مدیران ارشد) بنگاه اقتصادی با توجه به در نظر داشتن مشتریان، رقبا، و همچنین درک فرصتها و مشاهده‌ی آنها، برای رسیدن به اهداف از پیش تعیین شده اعمال می‌کنند.

اما تاکتیک یا هنر جنگاوری سربازان، شامل اقداماتی است که نیروهای عملیاتی شرکت انجام می‌دهند تا به مشتری اثبات کنند که خرید از ایشان به نفع اوست. تاکتیکها نقش مهمی دارند؛ چون تنها قسمتی که برای مشتری قابل درک و مشاهده است همین تاکتیکهاست که عبارتند از: محصول، قیمت، توزیع، ترویج، و...

هر قدر از فلسفه و استراتژی برای مشتری حرف بزنید، برای او ارزش ندارد؛ چون او در مرحله‌ی عمل، تاکتیکها را مشاهده می‌کند. برای شرکت تمام هرم مهم است؛ چون منشأ همه چیز یک فکر مؤثر است که از فلسفه ناشی می‌شود و سپس باید تصمیم اثربخش (استراتژی) اتخاذ شود تا نهایتاً تاکتیکهای مؤثر هر بازار پیاده شوند.

۲. دوران فلسفه‌ی تولید به سر رسیده است، پس چنین دیدگاهی نداشته باشید

فلسفه‌ی تولید عبارت از نوعی دیدگاه یا نگرش بود که در بازارهای انحصاری کاربرد داشت. در این حالت مشتریان در جلوی شرکتها صف می‌کشیدند و به همین دلیل بنگاههای اقتصادی نه به بهبود فکر می‌کردند و نه هدف نوآوری داشتند.

بهبود، تلاش برای بهتر کردن همان محصول است؛ اما نوآوری، تفکر و خلق محصول جدید است. بدیهی است بهبود و نوآوری بـرای شـرکتها هـزینه دارنـد، و شـرکتها در بازارهای انحصاری دلیلـی بـرای هـزینه کـردن بـرای آنها نمی‌دیدند. در ایـن فلسفه، ضـعیفترین نیروهـای سـازمانی را در قسمت فـروش بـه‌کار می‌گرفتند و قـویترین و خوش‌فکرترین نیروها در قسمتهای مهندسی و تولید به‌کار گرفته می‌شدند. در این طرز تفکر، مهمترین دغدغه‌ی شرکتها، تأمین به‌موقع مواد اولیه برای تولید بود.

در بازار ایران هنوز شرکتهای بسیاری هستند که با فلسفه‌ی تولید فعالیت می‌کنند، اما این نوع نگرش عمر چندانی نخواهد داشت. بنگاهها باید سریعتر طرز تفکرشان را اصلاح کنند و متناسب با زمان تغییر کنند، در غیر این صورت سرنوشت اسفناکی خواهند داشت.

۳. فلسفه‌ی کالا نیز گول‌زننده است؛ خودتان را اسیر این طرز تفکر نکنید

فلسفه‌ی کالا عبارت از حالتی است که بنگاه اقتصادی به بهبود فکر کرده و در آن راستا اقدام می‌کند، اما متأسفانه به نوآوری نمی‌اندیشد. از این رو به‌صورت ناگهانی با کالاهای جانشین تازه‌واردی روبه‌رو می‌شود که رقبای هوشمند و فرصت‌یاب به بازار عرضه می‌کنند و همان نیاز مشتری را با خواست جدید و به طرز مناسبتر و بعضاً با هزینه‌ی کمتر پاسخ می‌دهند. با این اقدام، شرکتهای اسیر شده در فلسفه‌ی کالا دچار عدم پذیرش محصول در نزد مشتریان می‌شوند و تقاضای تنزلی برای تولیداتشان اتفاق می‌افتد و از صحنه خارج می‌شوند.

به مثالهای زیر توجه کنید:

- ارائه‌ی پروجکشن به جای اورهد
- ارائه‌ی ظروف آرکوپال و چینی به جای ملامین
- عرضه‌ی قهوه‌جوش و چای‌ساز به جای سماور
- و...

۴. فلسفه‌ی فروش نیز دید بلندمدت ندارد، پس مناسب بازارهای رقابتی نیست

فلسفه‌ی فروش در دو حالت کاربرد دارد. یک حالت بازارهای عبوری است نظیر بازار شهرهای زیارتی. در این بازارها، مشتریان به‌صورت مداوم عوض می‌شوند؛ ایجاد و گسترش رابطه‌ی بلندمدت با مشتری از نظر دارندگان این فلسفه بی‌معناست. پس انتظار نداشته باشید از این نوع بازارها خرید خوبی داشته باشید.

اما حالت دیگر که دوران آن هم به سر آمده، زمانی بود که بازاریابی را مساوی تبلیغات می‌دانستند و حتی دلیل می‌آوردند که امریکاییها اگر ۱۰ دلار داشته باشند، یک دلار را خرج تولید و ۹ دلار مابقی را خرج تبلیغات می‌کنند. در آن حالت استفاده از تبلیغ به عنوان ابزار گول‌زدن مشتری بود، در حالی که در حال حاضر در تمام کشورهای توسعه‌یافته، تبلیغ به عنوان وسیله‌ی آگاهی دادن و اطلاع‌رسانی مطلوب محسوب می‌شود و تأکید جدی بر ارتقای کیفیت محصول و کیفیت ارتباط است. اما همین محصول با کیفیت بهتر نسبت به رقبا، در همان طبقه‌ی تعریف شده‌ی مشتری نیز، نیاز به اطلاع‌رسانی دارد؛ چون در بازارهای شلوغ صدای کسی شنیده می‌شود که بلندتر داد می‌زند و در زمان و مکان مناسب، صدای خویش را به گوش مخاطب می‌رساند و محصول خویش را در معرض دید مشتری هدف قرار می‌دهد.

امروزه باید دانست که تبلیغات لازم است، اما به تنهایی نمی‌تواند جایگزین استراتژی اثربخش و تاکتیکهای باب میل بازار هدف، نظیر محصول با کیفیت مطلوب، بسته‌بندی زیبا، ضمانت معنی‌دار، قیمت مناسب، توزیع شایسته، و... بشود.

بازاریابی رشته‌ای نیست که با به‌کارگیری آن مردم را متقاعد کنید چیزی را بخرند که واقعاً به آن نیاز ندارند. بازاریابی، تبلیغات، فروش، و... ایجاد یک تصویر نیست بلکه، اینها جزء فعالیتهای بازاریابی هستند.

هدف بازاریابی ایجاد یک فرصت درازمدت است؛ پس گول‌زدن کوتاه‌مدت هدف بازاریابی نیست.

۵. در فضای رقابتی، فلسفه‌ی بازاریابی اهمیت یافت

در فلسفه‌ی بازاریابی، محور تمام عملیات، مشتری و رضایت اوست. بدین ترتیب

شرکتها در کسب رضایت مطلوب مشتریان با حفظ سودآوری خویش تلاش می‌کنند، رقبا را زیر نظر دارند، و با علم و آگاهی از ایشان تصمیم می‌گیرند. این دیدگاه، مشتری را رئیس می‌پندارد و بنگاه اقتصادی را خادم او می‌داند.

۶. فلسفه‌ی بازاریابی با تمام ویژگیهای مثبت، یک چیز را کم داشت و آن عدم توجه بر منافع جامعه بود، از این رو فلسفه‌ی بازاریابی اجتماعی جایگزین آن شد که در حال حاضر فلسفه‌ی حاکم بر بنگاههای اقتصادی بازارهای رقابتی است

فلسفه‌ی بازاریابی اجتماعی، تمام موارد فلسفه‌ی بازاریابی را در بر دارد؛ یعنی مشتری را اصل و اساس بقای کسب‌وکار می‌داند و کسب رضایت او را در فضای بلندمدت واجب می‌شمارد؛ اما چون شرکتها از رفاه جامعه غافل شده بودند و با اعتراض مردم خصوصاً سازمانهای غیردولتی روبه‌رو شدند، فلسفه‌ی بازاریابی اجتماعی به وجود آمد که افزون بر توجه به مشتری، به جامعه نیز توجه دارد و مراقبت می‌کند تا بنگاه به رفاه جامعه صدمه نزند و در صورت عدم رعایت آن، عواقب مربوط را بپذیرد.

در این نوع دیدگاه بود که تحت فشار سازمانهای غیردولتی و در نتیجه سازمانهای نظارتی نظیر محیط زیست، تولید اتومبیلهایی چون پاترول و پیکان متوقف شد و بنگاههای تولیدکننده‌ی سیمان موظف به نصب فیلتر در دودکشهای خود شدند؛ همچنین شرکتهای تولیدکننده‌ی مواد شیمیایی و کشتارگاههای دام، ناچار به تصفیه‌ی فاضلاب شرکت خود هستند و...

پس در این فلسفه یک مثلث ایجاد می‌شود که در یک رأس آن جامعه قرار دارد که می‌خواهد رفاه آن حفظ شود و شرکتها حق ندارند برای مردم، آلودگی ایجاد کنند. این آلودگیها حیطه‌ای بسیار وسیع دارند که از آلودگیهای زیست‌محیطی شروع می‌شود و تا آلودگیهای فکری را در بر می‌گیرد.

در یک رأس مثلث، مشتری قرار دارد که می‌خواهد خواستهایش ارضا شود، اما در رأس سوم، شرکت قرار دارد که سود می‌خواهد و برای دستیابی به سود تشکیل شده است.

فلسفه‌ی بازاریابی اجتماعی، منافع هر سه طرف را مورد توجه دارد. پس این فلسفه مورد قبول شرکتها، مشتریان، و جامعه است و شرکتها ناچارند آن را با تمام هزینه‌هایش قبول داشته باشند و اجرا کنند، در غیر این صورت با محدودیتهای بیشمار و حتی توقف تولید روبه‌رو خواهند شد.

۷. ماهیت استراتژی، تشخیص فرصتهای اصلی و تمرکز منابع به‌منظور تحقق منافع نهفته در آنها است؛ به این اصل مهم توجه داشته باشید

- استراتژی، برنامه‌ی کلی سازمان با هدف فعالیت به‌منظور دستیابی به هدفهای کلیدی است.
- استراتژی، برنامه‌ی راهنما و یا مجموعه‌ای از فعالیتهای آینده و مسیر حرکت از نقطه‌ای به نقطه دیگر است. همچنین الگویی رفتاری است که در بلندمدت ثابت باقی می‌ماند.
- استراتژی به معنای خلق یک موقعیت ارزشمند و بی‌نظیر از طریق آمیخته شدن در مجموعه‌ای از فعالیتهاست. جوهره‌ی موضع‌یابی استراتژیک، انتخاب فعالیتهای متمایز از رقباست.
- استراتژی مجموعه‌ای از تعهدات و فعالیتهای یکپارچه و هماهنگ است که به منظور بهره‌برداری از شایستگیهای محوری و دستیابی به مزیت رقابتی طراحی می‌شود.
- هر سازمان، بر اساس یک نظریه‌ی کسب‌وکار فعالیت می‌کند. استراتژی، این نظریه‌ی کسب‌وکار سازمان را به عملکرد تبدیل می‌کند. هدف استراتژی آن است که سازمان را برای دستیابی به نتایج مطلوب خود در محیطی غیرقابل‌پیش‌بینی توانمند سازد؛ زیرا استراتژی این امکان را به سازمان می‌دهد که به شیوه‌ای هدفمند، نسبت به آینده خوشبین باشد.
- استراتژی، موضعگیری شرکتهاست در ارتباط با محیط پیرامونشان؛ به‌نحوی که برای آنها موفقیت ایجاد کند و آنها را از اتفاقات غیرمترقبه مصون دارد. استراتژی، ریسک را کم می‌کند و احتمال شکست را کاهش می‌دهد.
- در تفکر استراتژیک، کشف فرصتها و بهره‌گیری از آنها یک اصل مهم است. این ویژگی به مفهوم استقبال از تجارب و موضوعات جدید است و سازمان را برای اتخاذ استراتژیهای تازه با هدف دستیابی به فرصتهای جدید آماده می‌سازد.
- تفکر استراتژیک، برای درک فرصتهای جدید به صدای ناموزون افراد عاصی (انسانهایی که همیشه در فکر بهبود و نوآوری هستند و هیچ‌وقت به وضع موجود رضایت نمی‌دهند) در سازمان گوش می‌سپارد و توان درک شرایط مناسب برای

تغییر استراتژی را داراست.

- درون‌مایه‌ی اصلی استراتژی، فرصتها هستند و بدون دستیابی به فرصتهای استراتژیک، منافع استراتژیک در کار نخواهد بود.
- استراتژی یک برنامه نیست بلکه، یک طرز نگرش است که اساس آن بر تشخیص فرصتهای اصلی و محقق ساختن منافع نهفته در آن قرار دارد.

۸. هدف نهایی استراتژی، دستیابی به منافع نهفته در فرصتهاست؛ بنابراین اولین قدم در این راه درک فرصتهاست

فرصت بالقوه برای همه وجود دارد؛ اما فرصت بالفعل بر حسب قابلیتهای تکمیل عوامل منفعت، تنها به افراد و سازمانهای خاصی تعلق می‌گیرد.

فرصتها صرفاً زاییده‌ی عوامل محیطی نیستند و قابلیتها (عوامل داخلی بنگاه) نیز در شکل‌گیری آنها نقش مؤثری دارند.

قابلیتهای کلیدی[1]، توانمندیهایی هستند که در موفقیت کسب‌وکار نقش اساسی دارند اما دستیابی به آنها به‌سهولت امکانپذیر نباشد. قابلیتهای کلیدی، اساس مزیتهای رقابتی سازمانها در بهره‌گیری از فرصتها به شمار می‌آیند. برای دستیابی به منافع نهفته در فرصتها، لازم است قابلیتهای کلیدی بنگاه خویش را پیدا کنید.

قابلیتهای کلیدی، وجوه تمایز و مزیت رقابتی بنگاه شما نسبت به رقبا هستند.

۹. به فرصتهای بازاریابی توجه داشته باشید

فرصت در بازاریابی عبارت است از وجود محیط و منطقه‌ای از نیاز و خواست مردم، که به یک شرکت امکان می‌دهد تا با برآوردن آن نیازها، سودمندانه فعالیت کنند.

میزان جالب بودن هر فرصت به چند عامل وابسته است که عبارتند از:

- شمار خریداران احتمالی
- قدرت خرید آنها
- شدت علاقه‌مندی و خواست این گروه
- و مانند اینها.

1. Core Competencies

- هنگامی یک فرصت بازاریابی وجود دارد که گروهی در اندازه و شمار مناسب، نیازی برآوردهنشده داشته باشند.
- بنگاه اقتصادی شما در حال حاضر فقط به مشتریان بالفعل پاسخ میدهد که نیاز برآوردهشده دارند، اما مشتریان بالفعل که نیاز برآوردهنشده دارند، و همچنین تمام مشتریان بالقوه که نیازهایی دارند، منبع فرصت هستند.
- بـرای بـررسی فرصتهای نـوین بـازاریـابی، رشتهی جـدیدی بـهنام عـلم آیندهشناسی[1] مورد استفاده قرار میگیرد.

در این علم، مطالعات تاریخی، مطالعات روند پیشرفت پروژهها، روشهای آماری، و تفکر استراتژیک، برای دستیابی به هدفهای بازاریابی صورت میگیرند.

۱۰. اگر واحد بازاریابی بنگاه اقتصادی شما توان یافتن و دیدن فرصتها را نداشته باشد، باید آن را دگرگون کنید

بازاریابی را مدیریت تغییر مینامند. بازاریابی هنرِ یافتن، پروردن، و سود بردن از فرصتهاست. پس نیروهای بازاریابی باید با آموزش مرتب و بهرهمندی از خلاقیت، بهصورت پیوسته در فکر کشف و به فعلیت رساندن فرصتها باشند که جوهرهی اصلی استراتژی است. در غیر اینصورت باید آن واحد را دگرگون کرد و افرادی کارآمد را در آن بهکار گرفت.

دوران فروشیابی به سر رسیده است، اکنون دوران بازاریابی است که از تحقیق قبل از تولید شروع میشود و تا سنجش رضایت پس از مصرف، ادامه مییابد و مجدداً این چرخه تکرار میشود و در هر چرخش، تکامل آن نسبت به قبل باید بیشتر شود.

۱۱. برای درک فرصتها و بهرهمندی از آنها، قابلیتهای انسانی سازمان حائز اهمیت است

دیگر همه چیز به قابلیتهای انسانی بازمیگردد و این انسان است که باید فرصتهای استراتژیک را شناسایی کند، گلوگاههای کار را تشخیص دهد، و با اتخاذ یک راهکار مناسب، استراتژی تحولآفرینی را خلق کند.

- پس فقط در مورد فرصتها صحبت نکنید؛ وقتی که آمادهی بهرهبرداری از فرصتها شدید، موفقیت رخ میدهد.

---

1. Futurology

- سالهای پیشرو، برای شرکتهایی بهترین است که یاد میگیرند تا رؤیاهای خود را با دانش متعادل کنند؛ آینده به آنهایی تعلق دارد که فرصتهای بالقوهی گستردهتر را مشتاقانه میپذیرند، واقعیتهای منابع محدودتر را تشخیص میدهند، و راهحلهای جدیدی را پیدا میکنند که به آنها اجازه میدهد تا با کمترین امکانات، بیشترین کارها را انجام دهند.

- اگر استراتژی و اولویتبندی شفاف باشد، در این صورت افراد میتوانند بیآنکه با دیگران اصطکاک داشته باشند، تصمیم بگیرند. باید تیم مدیریتی توانمندی داشته باشید؛ تیمی که متشکل از کسانی باشد که اهل عمل هستند و کمتر شعار میدهند.

- برای آنکه دید درستی نسبت به یک شرکت داشته باشید، باید با مدیران شرکت ملاقات کنید، کارخانجات و مراکز فنی را از نزدیک ببینید، و درک درستی نسبت به احساس کارکنان داشته باشید تا فرصتها را بیابید و برای بهرهمندی از آنها برنامهریزی و اقدام کنید.

- زمان حاضر مانند هر زمان دیگری بهترین موقعیت است، اگر بدانیم با آن چه کارهایی را انجام دهیم.

- و نهایتاً برای ابداع و تحقق هر چیز، «ایده»ای مناسب لازم است. اما وجود هیچ ایدهای به تنهایی کافی نیست؛ ابتکاراتی که در راستای گسترش حرفهی خود یا کوتاه شدن جریانات یک کار به ذهنمان میرسد، تنها در صورت عملی شدن دارای ارزش و اعتبار است.

۱۲. به منابع اصلی شرکت در زمینهی یافتن فرصتها و اندیشههای نو توجه کنید

این منابع عبارتند از:

- **مشتریان:** آنها را به عنوان زنجیرهای بیپایان ببینید که میتوانند افزون بر وفاداری خویش، با آوردن مشتریان جدید، فرصتهای جدیدی را برای بنگاه شما بهوجود آورند. بدینرو از آنها برای کشف فرصتهای جدید سؤال کنید و به نظراتشان بیندیشید.

- **تأمینکنندگان:** فرصت بیشتر برای تولیدکننده، مترادف فرصت بیشتر برای تأمینکننده است. در انتخاب تأمینکنندگان با بینش و طرز فکر متناسب با بازارهای امروزی دقت کنید و از نظرات آنها بهرهمند شوید.

● **واسطه‌ها:** واسطه‌های واجد شرایط، یاوران شرکت هستند. واسطه‌ها یکی از بهترین منابع فرصت‌یابی هستند. از آنها برای دستیابی به فرصتهای جدید کمک بخواهید. آنها آنقدر به‌کار خودشان مشغول هستند که کمتر به فکر ارائه‌ی نقطه‌نظرات خویش به بنگاه اقتصادی می‌افتند. شما باید به سراغ آنان بروید و به نظرات مناسب ارزش بدهید و به صاحبان اندیشه‌های مؤثر پاداش مناسبی بدهید.

● افراد و مراکز نفوذ نیز منبع فرصت هستند.

اینها عبارتند از:

ـ استادان دانشگاه و مشاوران بازاریابی

ـ مراکز تحقیقاتی

ـ و...

۱۳. شرکتها باید سازمان درونی خودشان را تجهیز کنند تا بتوانند به فرصتهای نویدبخش بیشتری دست یابند

برخی از این اقدامات عبارتند از:

● برگزیدن فردی ارشد و موجه به عنوان «مدیر اندیشه‌ها» و ایجاد کمیته‌ای متشکل از تخصص‌های مختلف برای دریافت نظرات کارکنان، بررسی و ارزیابی پیشنهادات، و تقدیر از صاحبان اندیشه‌های ارزنده.

● بهره‌گیری از روش چالش اندیشه‌ها یا توفان مغزی، به‌نحو درست و اصولی.

● سامان دادن واحد تحقیق و توسعه؛ به‌نحوی که با واحد بازاریابی ارتباط تنگاتنگ داشته باشد و متناسب با نظرات و دیدگاههای بیرونی، به تحقیق و توسعه بپردازد.

● ایجاد و بسط نگرش سیستمی در سراسر سازمان، برای نیل به هدفهای آن.

۱۴. «مدیریت تقاضا[1]» به معنی اثرگذاری بر سطح، زمانبندی و ترکیب تقاضا برای هدفهای شرکت است که با «تجزیه‌وتحلیل شکاف[2]» می‌توان آن را مورد بررسی قرار داد

● بررسی شکاف، در فعالیتهای رقبا، فعالیتهای خودمان، یا محصولات موجود در

---

1. Demand Management   2. Gap Analysis

بازار صورت می‌گیرد. تجزیه‌وتحلیل شکاف در حقیقت تجزیه‌وتحلیل فرصتهای رشد است و به عبارتی فرصت‌یابی است. به این منظور از الگوی بسط داده شده‌ی «انسوف»، استفاده می‌کنیم[1].

۱۵. محیط اطراف انسانها و سازمانها آکنده از فرصتهای استراتژیک است، اما فقط عده‌ی معدودی به آن پی می‌برند؛ شما باید جزء آن عده‌ی معدود باشید

- هر روز هزاران سیب در اطراف ما از درخت فرو می‌افتد، ولی آنچه وجود ندارد، دیدگاه نیوتونی است. پس اولین لازمه‌ی فرصت‌یابی، حساسیت ذهن است. فرصتهای نهفته در پدیده‌ها از آن کسانی است که در جستجوی آن باشند.

- خود را در معرض پدیده‌ها قرار دهید، ذهن را نسبت به موضوع حساس کنید و نسبت به موضوع غنی سازید. یک ذهن غنی بدون حساسیت، خود بزرگترین مانع برای درک فرصتهاست.

- فرصت جایی، همین دوروبرهاست، فرصت جایی است که پر از خالی است.

۱۶. به صورت مداوم نگرش استراتژیک داشته باشید، تا از فرصتها بهره‌مند شوید

- نگرش استراتژیک نوعی از نگرش است که همواره به سه کلمه‌ی مشتری (که هدف است)، رقیب (که مانع رسیدن به هدف است)، و فرصت (که منفعت بالقوه است) توجه دارد. تداوم این نگرش به عوامل زیر نیاز دارد:

❖ **هشیاری**: ایجاد هشیاری نسبت به موضوع در تمام حالات وجود داشته باشد.

❖ **اقدام**: برای ساختن موقعیت خوب بیش از آنکه می‌گویید، عمل کنید.

❖ **مهارت**: در پایان هر هفته، از عملکرد بنگاه ارزیابی به‌عمل آورید و با اصلاح اشتباهات، در جهت هدفها حرکت کنید و پیگیری مداوم داشته باشید.

۱۷. تداوم در بازاریابی بسیار مهم است

بازاریابی یک فرایند مدیریتی ـ اجتماعی است. از این رو باید به صورت پیوسته ادامه

---

۱. برای اطلاع جامع از الگوی انسوف به کتاب مدیریت فروش و فروش حضوری، چاپ ششم، اثر پرویز درگی، انتشارات رسا مراجعه کنید.

داشته باشد و نباید قطع شود. مثلاً ترویج شرکت و محصولات آن از طریق تبلیغات، روابط‌عمومی، و... را نباید قطع کرد و مهم است که جزء فعالیت دائم شرکت باشد. بازاریابی فعالیتی هزینه‌بر و زمان‌بر است.

۱۸. برای سنجش میزان موفقیت بنگاه اقتصادی خویش در عملیات بازاریابی، شاخصهای مناسبی را تعیین کنید. در تشریح این موضوع، برای مثال از سؤالات زیر استفاده کنید:

- شما راجع به‌مشتریان و نیازهای آنها به‌طور مستمر چه‌اطلاعاتی جمع‌آوری می‌کنید؟
- می‌توانید فکر کنید که به تناسب نیاز مشتری، محصولات خودتان را تغییراتی بدهید؟
- آیا کارکنان شرکت به‌نحوی تربیت شده‌اند که بتوانند نماینده‌ی خوبی برای شرکت شما باشند؟
- آیا با مشتریان خویش پس از اینکه خرید انجام شد، تماس می‌گیرید تا بدانید چه اندازه راضی بوده‌اند؟
- شما چگونه مشتری ناراضی را به مشتری راضی تبدیل می‌کنید؟ آیا برنامه‌ای دارید؟
- کسی که مسئول بازاریابی است، در چه حد مدیریتی است؟
- به‌طور کلی تصمیمهای بلندمدت را تا چه اندازه و عمقی بر اساس درک نیازهای مشتری اتخاذ می‌کنید؟
- آیا تماس گرفتن با شرکت شما برای مشتریان آسان است؟
- آیا ارائه‌ی خدمات شما سریع است؟
- قولهایی که به مشتری می‌دهید، تا چه حد معقول است؟
- آیا اطلاعات درستی از زمان تحویل، آموزش، عملکرد محصول، و... به مشتری می‌دهید؟
- آیا برای فعالیتهایتان استاندارد تعیین کرده‌اید؟
- آیا به استانداردها نائل شده‌اید؟
- میزان پیگیری درون شرکت در چه حدی است؟
- آیا تصمیمها فردی است یا گروهی؟

- در بروز مشکلات، دنبال مشکل می‌گردید یا دنبال مقصر؟
- آیا نگرش سیستمی در درون شرکت وجود دارد؟
- و...

۱۹. در مدیریت استراتژیک بازاریابی، به امور مالی به عنوان اقتصاد مدیریت نگاه کنید نه محل کم کردن هزینه‌ها

- گزارشهای دوره‌ای در زمینه‌ی سودآوری فراورده‌ها، بخشهای بازار، مناطق جغرافیایی، اندازه‌ی سفارشها، شبکه‌های پخش، و مشتریان خاص را تهیه کنید.
- معنی کنترل، کاهش هزینه نیست بلکه، درست استفاده کردن از منابع مالی است. پس هزینه‌های بازاریابی را بشناسید و از آنها پشتیبانی کنید. برای مثال، تبلیغاتِ ذهنیت‌ساز، در وفاداری و نگهداری درازمدت مشتریان مؤثر است. پس تبلیغاتِ اثربخش را قطع نکنید.
- برنامه‌های اعطای اعتبار را با نیاز مشتریان هماهنگ کنید.
- در بررسی و شناسایی اعتبار مشتریان، سریع اقدام و تصمیم‌گیری کنید.

۲۰. در مدیریت استراتژیک بازاریابی، خصوصیات اقتصاد نـوین را بشنـاسید و بـرای بهره‌برداری صحیح از آن برنامه‌ریزی و اقدام کنید. برخی از این خصوصیات عبارتند از:

- قدرت خریدار خیلی افزایش پیدا کرده است.
- تنوع در خدمات و محصولات به‌طرز عجیبی افزایش یافته است.
- امروزه در مورد هر چیزی اطلاعات زیادی وجود دارد.
- آسایش و راحتی برای تماس گرفتن و سفارش دادن خیلی زیاد شده است.
- امکان خریداران برای مقایسه‌ی خدمات یا محصولات خیلی افزایش یافته است.
- وب‌سایتها افزون بر ارائه‌ی اطلاعات، به عنوان شبکه‌ی توزیع هم عمل می‌کنند.
- شرکتها می‌توانند اطلاعات غنی‌تری در مورد بازارها، خریداران، امکانات و رقبا به دست آورند.
- ارتباط دوجانبه از راه دور با مشتری به راحتی امکانپذیر است.

✴ قبلاً کارها درون شرکتها انجام می‌گرفت، اکنون بیشتر نیازها از بیرون تأمین می‌شود.

✴ در گذشته معیار پیشرفت، شخصی بود. در اقتصاد نوین، دیگران را هدف پیشرفت می‌گذارند.

✴ در اقتصاد نوین، کار شبکه‌ای افزایش یافته است.

✴ در گذشته، کارها وظیفه‌ای انجام می‌گرفتند، اکنون کار فرایندی با تیمهای چندمنظوره مطرح است.

✴ قبلاً تمرکز بر بازارهای داخلی بود، اکنون تمرکز بر بازارهای داخلی و خارجی است.

✴ در گذشته فراورده (کالا/ خدمت) محور بود، اکنون مشتری و بازار، همراه با جامعه، محور هستند.

✴ در گذشته تولید فراورده‌ی استاندارد مطرح بود، اکنون تولید مناسب، همخوان با نیاز مشتری مطرح است.

✴ قبلاً به خود فراورده توجه می‌شد، اکنون به زنجیره‌ی ارزش‌آفرینی توجه می‌شود.

✴ قبلاً تولید برای بازار انبوه صورت می‌گرفت، حال تولید برای بازار هدف صورت می‌گیرد.

✴ در گذشته از یک امتیاز پایدار رقابتی پیروی می‌شد، اکنون سرمایه‌گذاری در پی امتیازهای نو صورت می‌گیرد.

✴ قبلاً طراحی فراورده با کندی صورت می‌گرفت، در اقتصاد نوین با به کارگیری فناوری، چرخه‌ی عرضه‌ی فراورده کوتاه شده است.

✴ در گذشته با تأمین‌کنندگان فراوان کار می‌شد، اکنون کار با چند تأمین‌کننده‌ی برگزیده‌ی محدود مطرح شده است.

✴ قبلاً مدیریت از بالا بود. در اقتصاد نوین، مدیریت از بالا، پایین، و لایه‌های درونی مطرح است.

✴ قبلاً به بازارهای موجود توجه می‌شد، اکنون به بازارهای آشکار و پنهان توجه می‌شود.

✴ در گذشته شاخص موفقیت، سهم بازار محصول بود. اکنون شاخص موفقیت سهم از تعداد مشتری است.

٭ قبلاً تلاش برای پیدا کردن مشتریان بیشتر برای محصولات بـود. اکـنون تـلاش برای پیدا کردن محصولات بیشتر برای مشتریان است.

٭ قبلاً محصولات را مدیریت می‌کردند، در اقتصاد نوین، مدیریت مشتریان مطرح است.

٭ قبلاً مدیران، مسئول فروش فصلی محصولات بودند، در اقتصاد نوین، مـدیران مسئول پاسخگویی به رشد ارزشهای مورد انتظار مشتریان هستند.

٭ در گذشته ارتباط بین واحدهای سازمانی کم بود، اکنون ارتباط بـین واحـدهای سازمانی به صورت یکپارچه است.

٭ رابطه‌ی مشتری با شرکت در گذشته کوتاه‌مدت بود. اکنون رابطه‌ی مشتری بـا شرکت بلندمدت و تعاملی است.

٭ در اقتصاد نوین با بهره‌گیری از فناوری می‌توان آگهیها یـا فیلمهای تـبلیغاتی را مستقیماً برای مشتریان خاص ارسال کرد.

٭ در اقتصاد نوین، اینترنت به‌عنوان یک شبکه‌ی ارتباطی برای خرید، آموزش، و... مورد استفاده قرار می‌گیرد.

٭ اقتصاد نوین امکان کاهش هزینه‌ها را فراهم ساخته است.

٭ و...

۲۱. در شرکتهای مادر¹ تصمیمهای خیلی کلان گرفته می‌شود. اگر شما یک شرکت مادر را اداره می‌کنید، با این تصمیمها آشنا شوید

استراتژی شرکتهای مادر، استراتژی کلان است. یعنی شرکتها بیشتر تصمیم می‌گیرند که در کدام کسب‌وکار وارد شوند یا از کدام کسب‌وکار خارج شوند، نظیر تصمیم جک ولش، مـدیرعامل صاحب‌آوازه‌ی جنرال الکتریک، بـرای فروش کارخانه‌ی تـولیدکننده‌ی تجهیزات تهویه‌ی مطبوع و خرید کانال تلویزیونی.

در بعضی از مواقع به دلایلی شرکتها تصمیم می‌گیرند با شرکت دیگری شریک شوند و کسب‌وکار جدیدی ایجاد کنند؛ نظیر تصمیم بنز و کرایسلر و تشکیل بنز کرایسلر، یـا

---

1. Holding Company

تصمیم شرکتهای بوش و زیمنس و تشکیل شرکت بی‌اس‌اچ[1]. از این قبیل مثالها در داخل کشور هم مشاهده می‌شود.

۲۲. واحدهای کسب‌وکار استراتژیک[2] را تـعیین کـنید و بـرای هـر یک، اسـتراتـژیها و تاکتیکهای متناسب تدوین و اجرا کنید

واحدهای کسب‌وکار استراتژیک عبارت است از هر چیزی که بتوان آن را به‌صورت مجزا از سایر عوامل، مورد ارزیابی، بررسی، و تصمیم‌گیری قرار داد. واحدهای کسب‌وکار استراتژیک می‌توانند شرکتهای زیرمجموعه‌ی یک شرکت مادر، کارخانجات مختلف یک شرکت، شعبه‌های مختلف یک شرکت، و یا حتی محصولات مختلف یک شرکت باشند.

این کافی نیست که سود یا زیان شرکت به‌صورت کـلی مـحاسبه شـود بـلکه، بـاید عملکرد و نتیجه‌ی هر یک از واحدهای کسب‌وکار استراتژیک بـه‌صورت مـجزا مـورد ارزیابی و تصمیم‌گیری قرار گیرد. شاید در آن موقع متوجه شوید که اگر یک محصول زیانده را از چرخه‌ی تولیدات شرکت خارج کنید، در مجموع به نفع شـرکت است. در صورت عدم ارزیابیهای جداگانه ممکن است زیان یک محصول در سود سایرین پنهان شود و مورد توجه قرار نگیرد.

۲۳. به سؤالات اساسی که در استراتژی کسب‌وکار[3] هر شرکت مـطرح مـی‌شود، تـوجه داشته باشید

در استراتژی کسب‌وکار هر بنگاه اقتصادی، در فضای رقابتی، سه سؤال اساسی مـطرح است که عبارتند از:

- ما کجا هستیم؟ (منظور شناخت جایگاه شرکت در صنعت مورد نظر از نظر رتبه و سهم بازار است)
- به کجا می‌خواهیم برویم؟ (منظور شناخت رسالت و چشم‌انداز شرکت است)
- چگونه می‌خواهیم برویم؟ (منظور تدوین تاکتیکها و ابزارهای رسیدن به هدفها است).

---

۱. BSH (برگرفته شده از دو اسم بوش و زیمنس)

2. Strategic Business Unit   3. Business Strategy

۲۴. افزون بر تدوین استراتژی کسب و کار، هر یک از واحدهای درون شرکت نظیر امور مالی، بازاریابی، تولید، و... نیز باید دارای استراتژی مشخص باشند که به آن استراتژی عملیاتی[1] می‌گویند

استراتژیهای دوایر مختلف شرکت که استراتژیهای عملیاتی هستند، باید افزون بر هماهنگی با یکدیگر، در راستای استراتژی کسب‌وکار باشند و از تدوین استراتژیهای پراکنده و ناهمگون پرهیز کنند. بدیهی است نقش مدیریت ارشد شرکت که مسئولیت اصلی تدوین استراتژی شرکت را بر عهده دارد، در هماهنگ‌سازی استراتژیهای عملیاتی حائز اهمیت است.

۲۵. به تفاوتهای بین استراتژیها و تاکتیکها واقف باشید

استراتژی، راه رسیدن به هدف است و تصمیمهای اثربخشی است که مدیران ارشد شرکت با توجه به در نظر گرفتن سه کلمه‌ی «مشتریان»، «رقبا»، و «فرصتها» اتخاذ می‌کنند. اما تاکتیکها ابزارهای بازاریابی برای تحقق هدفها هستند؛ به عبارتی تاکتیکها همان آمیزه‌ی بازاریابی، شامل محصول، قیمت، توزیع، ترویج و... است.

بعضی از تفاوتهای استراتژیها و تاکتیکها عبارتند از:

* استراتژی درازمدت است، و تاکتیک کوتاه‌مدت.
* اهمیت تصمیمهای استراتژیک بیشتر از تصمیمهای تاکتیکی است.
* تصمیمهای استراتژیک را مدیریت ارشد سازمان اتخاذ می‌کند.
* تصمیمهای استراتژیک خیلی مشخص نیستند و با مقدار زیادی ریسک و عدم اطمینان همراه‌اند، اما تصمیمات تاکتیکی مشخص‌تر، نسبت تکرار آنها بیشتر، با ریسک کمتر، و رسیدن به آنها آسانتر است.
* استراتژی معمولاً به مقدار زیادی اطلاعات احتیاج دارد که عمدتاً مربوط به آینده است و نوع اطلاعات هم ذهنی است. اما تصمیمهای تاکتیکی معمولاً به داخل بنگاه مربوط می‌شوند و ما می‌توانیم با تحقیقات بازاریابی به آنها برسیم.

---

1. Operation Strategy

✵ از نظر جزئیات، تصمیمهای استراتژیک وسیع و کلی هستند، اما تصمیمهای تاکتیکی محدود و مشخص‌اند.

✵ ارزیابی تصمیمهای استراتژیک به مراتب دشوارتر از تصمیمهای تاکتیکی است.

۲۶. مفهوم استراتژی بازاریابی برای بنگاههای اقتصادی مختلف، متفاوت است. به این تفاوتها توجه کنید و با شناخت کافی نسبت به تدوین استراتژی بنگاه اقتصادی خودتان عمل کنید

بعضی از دلایل تفاوت در استراتژی بازاریابی بنگاهها عبارتند از:

✵ بنگاهها در بازارهای مختلف فعالیت می‌کنند (تنوع بازارها و ماهیت آنها)
✵ نوع محصولات و خدمات بنگاهها متنوع است
✵ فناوری مورد استفاده‌ی بنگاهها متنوع است
✵ پیشرفت روشهای برنامه‌ریزی آنها یکسان نیست
✵ نوع افراد و قابلیتهای آنها در برنامه‌ریزی متفاوت است
✵ ارزشهای حاکم بر بنگاههای اقتصادی متنوع است
✵ محیط فعالیتها متفاوت است
✵ میزان و ماهیت رقابت در فضای کسب‌وکار بنگاهها متفاوت است
✵ بین ذینفعان شرکتها تنوع زیادی است

۲۷. ارزشها، هدفها، و شروطی که مدیران، سهامداران، و سایر ذینفعان بـرای شـرکت دارند، تعیین‌کننده است:

■ نگرشی که مجریان (مدیران) دارند تا حد زیادی برای آینده‌ی شرکت تعیین‌کننده است.

■ ارزشهای شخصی مدیران بنگاه، تأثیر زیادی در تعیین استراتژی، سـاختار سازمانی، و نوع محصولاتی دارد که به بازار می‌دهند.

■ چون ما قبل از هر چیز با انسانها و طرز فکر آنها سروکار داریم، از این رو مجریان را می‌توان متولیان فرهنگ سازمان دانست. یادآور می‌شود از سـه گـروه فـوق ـ مدیران، سهامداران، و سایر ذینفعان ـ نقش مدیران (مجریان) از اهمیت بیشتری برخوردار است.

- مجموعه‌ی ارزشهای مجریان اصلی، عملاً چشم‌انداز و افق شرکت را تعیین می‌کند و برای موفقیت یک شرکت اهمیت بالایی دارد. ارزشهای آنها مستقیماً روی جهت شرکت و آرزوی آن برای آینده تأثیر می‌گذارد.
  - چشم‌انداز باید صریح و روشن باشد تا شما بتوانید فرایند استراتژی را پیش ببرید.
- سهامداران از شرکت سود می‌خواهند. نظر آنها بسیار مهم است که شرکت به کدامین سو برود و سرمایه‌گذاری کند.
- نقش سهامداران در تحمیل نظراتشان به شرکت با توجه به سرمایه‌گذاری آنها مهم است.
- سرمایه‌گذاران متفاوت، تقاضاهای مختلف دارند.
- سایر ذینفعان، افرادی هستند که از سازمان توقعات ویژه‌ای دارند؛ نظیر کارمندان، مشتریان، عرضه‌کنندگان، و... که باید به ارزشهای آنها نیز توجه داشت.

۲۸. تدوین بیانیه‌ی مأموریت (رسالت و آرمان) بنگاههای اقتصادی در عصر رقابتی یک ضرورت است. با شناخت ارزشهای گروههای تأثیرگذار و تعیین چشم‌انداز شرکت، در تهیه‌ی یک بیانیه‌ی مأموریت اثربخش اقدام کنید

- بیانیه‌ی مأموریت، بیان‌کننده‌ی زمینه‌های فعالیت بنگاههای اقتصادی، و دید و نگرش آنها نسبت به بازار و محیط کسب‌وکار در چارچوب ارزشهای مربوط است.
- بیانیه‌ی مأموریت بیان‌کننده‌ی این است که شما در چه زمینه‌هایی فعالیت می‌کنید، نسبت به مشتریان چه دیدی دارید، و فلسفه‌ی بنگاه اقتصادی شما چیست؟
- بیانیه‌ی مأموریت تابلویی است که دو رو دارد. یک طرف آن برای محیط بیرونی سازمان و تمام کسانی که از بیرون به شرکت می‌نگرند، و روی دیگر آن برای درون شرکت است. یعنی کارکنان ومدیران با نگاه روزانه به تابلویی که در آن بیانیه‌ی مأموریت نوشته شده و به دیوار شرکت آویخته شده است، به یاد بیاورند که زیر چه چتری فعالیت می‌کنند.

- بیانیه‌ی مأموریت بر حسب تغییرات محیطی و سازمانی می‌تواند عوض شود اما در هر دوره‌ای باید معرف سازمان باشد.
- فصل ششم درباره‌ی لزوم تدوین بیانیه‌ی مأموریت بنگاههای اقتصادی و اعتقاد به آن در عصر رقابت را از صفحه‌ی ۱۳۳ تا ۱۴۴ مطالعه کنید.

۲۹. برای سنجش موفقیت یک شرکت در صنعت، علاوه بر مقایسه با رقبا به عوامل دیگری نیز باید توجه داشته باشید

- نیروهای پنجگانه‌ی مدل پورتر[1] وضعیت بنگاه را مشخص می‌کنند. این نیروها عبارتند از:
  - صنعت (مجموعه‌ی بنگاه اقتصادی شما و سایر رقبا)
  - کالاهای جانشین (تهدید کالاهای جانشین)
  - تأمین‌کنندگان (قدرت تأمین‌کنندگان)
  - تازه‌واردهای بالقوه (تهدید تحرک)
  - خریداران (قدرت چانه‌زنی مشتری)
- در مجموع، این عوامل نگرشهای صنعت را بیان می‌کنند و می‌توانند تحلیلهای استدلالی بنگاه را شکل دهند. سودآوری بنگاه در اثر فشار این نیروها مشخص می‌شود.
- در صنایع مختلف، میزان قدرتی که نیروهای پنجگانه دارند، متفاوت است. وقتی می‌گوییم ساختار یک صنعت، یعنی این نیروها چطور در آن صنعت عمل می‌کنند. مدل پورتر فرصتهای موجود را در صنعت نشان می‌دهد.

۳۰. برای طرح برنامه‌ریزی استراتژی واقع‌بینانه، باید درک بهتری از رقبا داشته باشید

بهترین راه برای برنامه‌ریزی استراتژی واقع‌بینانه، جمع‌آوری اطلاعات در مورد رقباست. برای مثال پاسخ سؤالات زیر اهمیت بسیار زیادی دارد:

---

۱. برای اطلاع بیشتر درباره‌ی مدل مایکل پورتر، به کتاب استراتژی رقابتی، ترجمه‌ی جهانگیر مجیدی و عباس مهرپویا، انتشارات رسا مراجعه کنید.

- استراتژی رقبا چیست؟
- تاکتیکهای آنها چیست؟
- نحوه‌ی رقابت آنها با بنگاه شما چگونه است؟
- قابلیتهای رقبا و نقاط ضعف آنها در کجاست؟
- هدفهای آنها برای آینده چیست؟
- چه اطلاعات و برداشتی از وضعیت خودشان در این صنعت و در ارتباط با شما دارند؟
- آیا اقدامهای رقبا بیشتر جنبه‌ی کوتاه‌مدت دارد، یا فعالیتهای آنها با نگرش بلندمدت است؟
- راههای پیروز شدن رقبا چیست؟
- و...

۳۱. به چرخه‌ی محصولات مختلف شرکت توجه داشته باشید. چرخه‌ی عمر هر محصول حداقل چهار مرحله دارد که عبارتند از

- مرحله‌ی تولد: مرحله‌ای که محصول تازه به بازار آمده است.
- مرحله‌ی رشد: مرحله‌ای که محصول در حال معرفی شدن و شناخته شدن از سوی مشتریان است.
- مرحله‌ی بلوغ: مرحله‌ای که محصول جای خود را در بازار پیدا کرده است.
- مرحله‌ی نزول: مرحله‌ای که محصول کمتر مورد توجه مشتریان است و مقبولیت گذشته را ندارد.

۳۲. ماتریس سهم رشد گروه مشاوران بوستون را برای محصولات مختلف شرکت رسم کنید

- این ماتریس بر اساس دو فاکتور سهم نسبی بازار، و نرخ رشد بازار تشکیل می‌شود و شامل چهار قسمت به‌شرح زیر است:

نرخ رشد بازار

	پایین	بالا
بالا	علامت سؤال	ستاره
پایین	سگ	گاو شیرده

سهم نسبی بازار

❖ علامت سؤال در حقیقت همان مرحله‌ی معرفی محصول است.

❖ علامت ستاره مرحله‌ای است که نرخ رشد بازار و سهم نسبی بازار هر دو بالا است. یعنی محصول، شبیه ستاره‌ی در حال درخشیدن است و پله‌های ترقی را طی می‌کند. این مرحله همان مرحله‌ی رشد در چرخه‌ی عمر محصول است.

❖ علامت گاو شیرده مرحله‌ای است که سهم نسبی بازار محصول بالاست، اما نرخ رشد آن پایین آمده است. منظور از پایین آمدن نرخ رشد این است که سرعت رشد قبلی را ندارد ولی همچنان سهم بازار بالایی دارد. این مرحله همان دوران بلوغ در چرخه‌ی عمر محصول است.

❖ علامت سگ زمانی است که نرخ رشد بازار و سهم نسبی بازار محصول، هر دو پایین آمده است و محصول مورد توجه مشتریان نیست. در این مرحله که همان دوران نزول چرخه‌ی عمر محصول است، شرکتها باید خودشان با برنامه‌ی منظم نسبت به حذف محصول از بازار اقدام کنند. اگر شرکت، محصول خود را که به مرحله‌ی سگ رسیده است از بازار حذف نکند، رقبا آن محصول را با ارائه‌ی محصولات مناسبتر از بازار حذف می‌کنند.

۳۳. تاکتیکهای بازاریابی، دیدگاه بنگاه اقتصادی برای تأثیرگذاری مطلوبتر و مؤثرتر بر مشتریان‌اند، اما این تاکتیکها زمانی کارا و مؤثر خواهند بود که مبتنی بر دیدگاه مشتریان نیز باشند، پس قبل از طراحی ۴پی[1] از ۴سی[2] مشتریان آگاه شوید

۴سی عبارتند از:

1. 4P (Product, Price, Place, Promotion)

2. 4C

* ارزش مشتری[1]
* هزینه‌ی مشتری[2]
* آسودگی در خرید[3]
* ارتباطات[4]

❖ منظور از ارزش مشتری این است که مشتری چه چیزی را از محصول می‌خواهد. در حقیقت، مشتریان در خرید محصولات، منافع حاصل از آنها را می‌خرند نه خود محصولات را. از این رو لازم است از ارزش مورد توجه مشتریان، قبل از تولید محصول مطلع بود.

❖ منظور از هزینه‌ی مشتری، قدرت خرید اوست؛ به عبارتی اگر محصول از تمام موارد و شرایط، مورد پسند مشتری باشد ولی او قدرت خرید محصول را نداشته باشد، عملاً شرکت در فروش ناموفق خواهد بود. پس محصولی به فروش می‌رود که مشتری توان خرید آن را داشته باشد.

❖ منظور از آسودگی در خرید این است که مشتری می‌خواهد محصول را در مقصد مورد نظر تحویل بگیرد یا اینکه محصول را در کارخانه یا محل فروش تحویل خواهد گرفت؟ برای مثال کشتیرانی جمهوری اسلامی ایران خدمتی ارائه می‌کند که طبق آن از درکارخانه‌ی مبدأ، محصول را تحویل می‌گیرد، و به بندر مقصد می‌رساند و تخلیه و حمل تا مقصد نهایی را هم انجام می‌دهد. یا شکل ساده‌ی آن در بازارهای مصرفی، تحویل اجناس درخواستی خانوار از سوپر مارکتها و میوه‌فروشیها درِ منزل است. به هر حال این مشتری است که میزان آسودگی و خرید را تعیین می‌کند.

❖ برای داشتن ترویج مناسب در ذهن مخاطبان هدف، از ابزارهایی نظیر تبلیغات، روابط‌عمومی، پیشبرد فروش، فروش حضوری، بازاریابی مستقیم استفاده می‌شود. اما زمانی این ابزارها پاسخ مناسب را خواهند داد که هرگونه برقراری ارتباط با مخاطب، با شناخت کامل قبلی از خصوصیات ایشان نظیر فرهنگ، شخصیت، ویژگیها، و... همراه باشد.

---

1. Customer Value 2. Customer Cost 3. Convenience 4. Communication

۳۴. فلسفه و استراتژی بسیار مهم هستند، اما آن چیزی که به چشم مشتری می‌آید و در متقاعدسازی او مؤثر است، تاکتیک‌ها هستند

شما باید بتوانید فلسفه‌ی بازاریابی اجتماعی و استراتژی اثربخش بنگاه خـودتان را بـا به‌کارگیری تاکتیک‌های مؤثر و متناسب با بازارهای هدف به مشتریان نشان دهید.

❖ هر قدر از فلسفه و استراتژی برای مشتری صحبت کنید، برای او فایده‌ای ندارد. مشتری چیزی را که در عمل می‌بیند باور می‌کند. پس تمام افکار و تـصمیم‌های مدیران ارشد باید خودشان را در محصول، قیمت، توزیع، ترویج و... به مشتریان نشان دهند. در غیر این صورت، مشتری متقاعد نمی‌شود و خریدی هم صورت نخواهد گرفت.

۳۵. برای تبدیل فلسفه و استراتژی به تاکتیک‌های مؤثر، فرمول گام‌های بنیادین فرایـند بازاریابی را به کار گیرید. این فرمول به صورت زیر است

R → STP → MM → I → C

* پژوهش [1] (R)
* تقسیم‌بندی کردن [2] (S)
* تعیین بازار هدف [3] (T)
* موقعیت‌یابی کردن [4] (P)
* آمیزه‌ی بازاریابی [5] (MM)
* اجرا کردن [6] (I)
* کنترل [7] (C)

❖ مقدمه‌ی هر فعالیتی در عملیات بازاریابی، شناخت دقیق از مشتریان، رقبا، محیط درونی و محیط بیرونی سازمان است و این مهم با پـژوهش وتـحقیق برای به دست آوردن اطلاعات صورت می‌گیرد.

❖ چون بازارها با هم متفاوت هستند و نمی‌توان برای تمام بازارها نسخه‌ی واحد

---

1. Research   2. Segmentation   3. Targeting   4. Positioning

5. Marketing Mix   6. Implementation   7. Control

پیچید، پس تقسیم‌بندی کردن یک بازار ناهمگن به چند بـازارچـه‌ی هـمگن ضروری است.

❖ چون منابع و توان بنگاههای اقتصادی محدود است، بدین‌رو شرکتها، بخش یا بخشهایی را برای فعالیت انتخاب می‌کنند که برای آنها بـازدهی بیشتری داشته باشد.

❖ شرکتها باید بتوانند خودشان و محصولاتشان را در ذهن مشتری جای دهند؛ به‌طوری که در مقایسه با رقبا، آنها مورد انتخاب قرار گیرند.

❖ آمیزه‌ی بازاریابی هر یک از بازارهای هدف باید متناسب با آن بازار باشد.

❖ آمیزه‌ی بازاریابی در هر یک از بازارهای هدف باید اجرا شوند. اجرا کـردن عملیات بازاریابی، یعنی فرایندی که بر پایه‌ی آن اسـتراتـژیها و بـرنامه‌های بازاریابی جنبه‌ی عملی به خود می‌گیرند تا بدان‌وسیله هدفهای استراتـژیک بازاریابی، تأمین شوند. مرحله‌ی اجرا شامل کارهای روزانه و ماهانه می‌شود که می‌توان به صورتی اثربخش، برنامه‌ی بازاریابی را طی آن به مرحله‌ی اجرا درآورد. در حالی که در برنامه‌ریزی بازاریابی بـه مسأله‌ی «چـه و چـرایـی» فعالیتهای بازاریابی توجه می‌شود، در مرحله‌ی اجرا به مسأله‌هایی مانند «چه کسی، کجا، در چه زمانی، و چگونه» می‌پردازند.

❖ در نهایت، تمام عملیات نیاز به سیستم کنترل و اصلاح عملکرد دارد.

فصل هشتم

رفتار خریدار در بازارهای مصرفی و تجاری با ارائه‌ی ۲۵ توصیه‌ی کاربردی

۱. به تفاوتهای بین گروههای مختلف مصرف‌کنندگان توجه داشته باشید

وجود گروههای متفاوت مصرف‌کننده که بازارهای مختلف یک محصول را شکل می‌دهند، بیانگر تفاوتهایی گسترده است. چنین به نظر می‌رسد در این بازارها، وجوه اشتراکِ اندکی موجود باشد. در نظام اقتصادی آزاد، مردم با توجه به قدرت خرید خود، حق انتخاب و خرید کالاها را دارند. مصرف‌کننده، حاکم بازار محسوب می‌شود و اراده، تصمیم، سلیقه و علاقه، ملاک انتخاب او محسوب می‌شوند.

بازاریابی موفق با درک چرایی و چگونگی رفتار مصرف‌کنندگان آغاز می‌شود. رفتار مصرف‌کننده شامل فرایندهای روانی و اجتماعی گوناگونی است که قبل و بعد از فعالیتهای مربوط به خرید و مصرف را شامل می‌شود. رفتار مصرف‌کننده به عنوان مطالعه‌ی واحدهای خرید و فرایندهای مبادله تعریف می‌شود که شامل اکتساب، مصرف، و کنارگذاری محصول، و تجارب و ایده‌ها باشد.

بنابراین درک کامل مصرف‌کننده برای برنامه‌ریزی، جوانب مختلف بازاریابی، از اهمیتی حیاتی برخوردار است. به موارد زیر توجه کنید:

الف. اساس مدیریت بازاریابی باید بر اساس تحلیل رفتار مصرف‌کننده باشد، این موضوع به مدیران در موارد زیر کمک می‌کند:

- ✔ طراحی آمیزه‌ی بازاریابی
- ✔ بخش‌بندی بازار
- ✔ موقعیت‌یابی محصول
- ✔ بهسازی تحلیل محیطی
- ✔ توسعه‌ی مطالعات تحقیق بازار

که عدم رضایت ناشی از چه عواملی است. آیا ناشی از نامناسب بودن محصول و فراورده است و یا در اثر بالا بردن توقعات مشتری است (گاهی مبالغه در تبلیغات یا فروش حضوری، توقعات زیادی را به‌وجود می‌آورد).

شرکتهای موفق اغلب پس از فروش، با استفاده از آگهیها و یا از طرق دیگر و به‌صورت غیرمستقیم، سعی می‌کنند خریداران را متقاعد و مطمئن سازند که انتخاب درستی انجام داده‌اند. باید توجه داشت که مشتریان راضی، منبع سود شرکت هستند شرکتهایی که نمی‌توانند مشتریان خود را راضی نگه دارند، در درازمدت در بازار باقی نخواهند ماند. افزودن ارزش با ارائه‌ی خدمات جانبی به مشتریان از طریق انعطاف‌پذیری، در نظر نگرفتن برخی از اشتباهات، برخورد مناسب با مشتریان، ارائه‌ی اطلاعات مفید و در نظر گرفتن راحتی، سهولت، و آسایش بیشتر مشتری امکانپذیر است.

۴. عوامل مؤثر بر فرایند تصمیم‌گیری خرید مصرف‌کننده را می‌توان به چهار دسته‌ی «عوامل فرهنگی، اجتماعی، و گروهی»، «عوامل روانی و فردی»، «عوامل موقعیتی»، و «عوامل آمیخته‌ی بازاریابی» تقسیم‌بندی کرد. برای توفیق، توجه به تمام آنها ضروری است

- ✓ عوامل فرهنگی، اجتماعی و گروهی شامل: فرهنگ، طبقه‌ی اجتماعی گروههای مرجع، خانواده، و همخانگی.
- ✓ عوامل روانی و فردی شامل: انگیزه، ادراک، یادگیری، شخصیت، خودپنداری، سبک زندگی، و باورها.
- ✓ عوامل موقعیتی شامل: موقع خرید، مکان خرید، دلیل خرید، و شرایط خرید.
- ✓ عوامل مربوط به آمیخته‌ی بازاریابی شامل: محصول، قیمت، توزیع، ترویج، و ... است.

۵. همان‌طور که قبلاً هم یادآوری شد، فرهنگ یکی از مهمترین عوامل شکل‌دهنده‌ی رفتار و خواسته‌های فرد به شمار می‌رود

فیلیپ کاتلر و گری آرمسترانگ، مؤلفان کتاب پرآوازه‌ی اصول بازاریابی، می‌گویند: رفتار بشر عمدتاً یادگرفتنی است. یک بچه هنگام رشد در یک جامعه، ارزشهای بنیادین،

ب. رفتار مصرف‌کننده باید نقش مهمی در ایجاد سیاست‌گذاری عمومی داشته باشد.

پ. مطالعه‌ی رفتار مصرف‌کننده باعث می‌شود که فرد به مصرف‌کننده‌ی مؤثرتری تبدیل شود.

ت. مطالعه‌ی رفتار مصرف‌کننده در مورد رفتار مصرفی انسان، شناخت ارائه می‌دهد.

ث. مطالعه‌ی رفتار مصرف‌کننده سه نوع اطلاعات فراهم می‌سازد:

✓ جهت‌گیری مصرف‌کننده

✓ واقعیات مربوط به رفتار انسانی

✓ نظریاتی که فرایند تفکر را هدایت می‌کنند.

۲. در تشریح رفتار مصرف‌کننده و همچنین بازارهای سازمانی، نقش جعبه‌ی سیاه ایشان حائز اهمیت است

فرایندی که یک فرد از طریق آن تصمیم‌گیری می‌کند، مدل «جعبه‌ی سیاه» نامیده می‌شود. یک جعبه‌ی سیاه شامل عملکردهایی غیرقابل‌مشاهده است. در این جعبه‌ی سیاه، داده‌ها یا محرک‌هایی وارد می‌شوند؛ نظیر آگهی‌های تجاری، مطالعات مصرف‌کننده، نظرات اطرافیان، و... سپس داخل جعبه‌ی سیاه، پردازش صورت می‌گیرد و خروجی آن به‌صورت رفتار خرید مصرف‌کننده انعکاس می‌یابد. آگاهی شرکت‌ها از فرایند تصمیم‌گیری مصرف‌کننده که همان جعبه‌ی سیاه ایشان است، میزان احتمال موفقیت آن‌ها را افزایش می‌دهد و از هزینه‌های غیرضروری می‌کاهد.

۳. فرایند تصمیم‌گیری خرید مصرف‌کننده را مورد مطالعه و شناسایی قرار دهید و در تصمیم‌ها به آن توجه کافی داشته باشید

رفتار مصرف‌کننده در واقع مجموعه‌ی اقداماتی است که می‌توان آن را به صورت فرایند تصمیم‌گیری خرید مورد بررسی قرار داد.

مشتری و مصرف‌کننده برای تصمیم‌گیری به‌منظور خرید کالا یا خدمات، مراحلی را طی می‌کنند که این فرایند شامل پنج مرحله است:

تشخیص
مسأله
جستجوی
اطلاعات
ارزیابی
راه‌حلها
تصمیم
خرید
رفتار بعد
از خرید

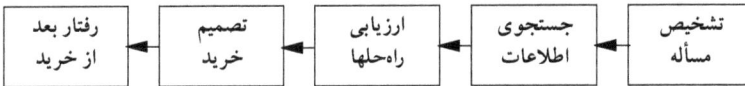

باید دقت داشت که در بررسی فرایند تصمیم‌گیری خرید مصرف‌کننده، یکی از نکات اساسی، دقت و توجه به عامل تقاضا (خواسته و تمایل + قدرت خرید) است.

الف) تشخیص مسأله (نیاز):

اولین گام، تصمیم خرید است که از تفاوت میان وضعیت مطلوب و وضعیت موجود به‌وجود می‌آید. بازاریابی در این مرحله نوعی علم و مهارت تحریک نیازهاست که باید از سوی فروشنده صورت گیرد.

ب) جستجوی اطلاعات:

پس از شناخت نیاز، مصرف‌کننده به‌دنبال جمع‌آوری اطلاعات برمی‌آید. وی ممکن است به تجربیات قبلی خود و یا به منابع دیگر مراجعه کند. ضرورت بازاریابی در این مرحله، وجود اطلاعات جذاب، مناسب، و مفید و دسترسی آسان مصرف‌کننده به این اطلاعات است.

پ) ارزیابی راه‌حلها:

مصرف‌کننده با توجه به معیارهای خرید خود، در مورد انتخابهای مختلف به قضاوت می‌نشیند و هر یک از راه‌حلها را ارزیابی می‌کند.

ت) تصمیم خرید:

با بررسی راه‌حلهای مختلف، بالاخره تصمیم به خرید (انتخاب) گرفته می‌شود. در مرحله‌ی تصمیم‌گیری، یکی از نکات اساسی، قدرت و مهارت مدیریت در مذاکره و خرید و فروش است. به عبارتی، هر اندازه بازاریابان، ظرافت و هنر فروشندگی بیشتری داشته باشند، در این مرحله موفقتر عمل خواهند کرد. مدیریت فروش و فروشندگی، هنر ترغیب، تشویق، بویژه متقاعد ساختن خریدار در این مرحله است. تمامی تلاش بازاریابان در همین مرحله از قوه به فعل در می‌آید.

ث) رفتار پس از خرید:

پس از خرید محصول، مشتری آن را با انتظارات و توقعات خود مقایسه می‌کند. او ممکن است راضی و یا ناراضی باشد؛ اگر ناراضی باشد، بازاریاب باید بررسی کند

برداشتها، خواسته‌ها و رفتارهای متفاوتی را از افراد فامیل و سایر مبادی اصول فرهنگی و تربیتی می‌آموزد.

احمد روستا و همکاران ایشان عقیده دارند که فرهنگ عبارت است از مـجموعه نمادها، نهادها و روشها در یک جامعه که از نسلی به نسل دیگر منتقل می‌شود و تعیین و تنظیم‌کننده‌ی رفتار انسانهاست. این نمادها ممکن است ناملموس (مانند: تلقیات، باورها، ارزشها، و زبان) و یا ملموس (مانند: ابزار، مسکن، محصولات و کارهای هنری) باشد.

برای بررسی و مطالعه‌ی دقیقتر، فرهنگ را به چندین خرده‌فرهنگ تقسیم کرده‌اند. کاتلر و آرمسترانگ، دو صاحبنظر برجسته‌ی بازاریابی، خرده‌فرهنگ را چنین تعریف کرده‌اند:

هر فرهنگ خود از چندین خرده‌فرهنگ یا گروههایی از مردم تشکیل مـی‌شود کـه دارای نظامهای ارزشی مشترکی هستند. این نظامها خود بـر پایـه‌ی عـادات و رسوم و تجربیات زندگی مشترک استوارند.

گـروههای مـلی، گـروههای مـذهبی، گـروههای نـژادی و مـناطق جـغرافیایی، خرده‌فرهنگهای شاخصی با روشهای زندگی مخصوص به خود تشکیل می‌دهند.

با توجه به مطالب ذکر شده، بازاریاب لازم است با الگوهای رفتاری و فـرهنگی- اجتماعی مشتریان و مصرف‌کنندگان بازارهای مختلف آشنا باشد و بتواند بیش از رقبا محصولاتی مناسب و مطلوب برای هر یک از گروههای خاص فرهنگی فراهم آورد.

۶. به طبقه‌بندی اجتماعی مشتریان بازارهای هدف توجه کنید

در مورد طبقه‌ی اجتماعی گفته‌اند که عبارت است از رده‌بندیهایی که درون یک جامعه بر اساس تفاوت اعضای آن جامعه صورت می‌گیرد. و نیز گفته‌اند که هر جامعه‌ای تـقریباً دارای شکلی از ساختار طبقه‌ی اجتماعی است.

طبقات اجتماعی از قسمتهای منظم و نسبتاً پایداری در یک جامعه تشکیل شده‌اند که اعضای آن دارای ارزشها، علائق، و رفتار مشابه و مشترکی هستند. برای تعیین طبقات اجتماعی عواملی هـمچون شـغل، درآمـد، میزان تـحصیلات، سطح دارایـی، و سـایر متغیرها در نظر گرفته می‌شوند.

۷. گروههای مرجع، خانواده و همخانگی، رفتار خریداران را تحت تأثیر قرار می‌دهند

انسان موجودی اجتماعی است و رفتار یک فرد تحت تأثیر گروههای کوچک بسیاری

قرار می‌گیرد. گروههایی که دارای تأثیر مستقیم بر شخص هستند، و نیز آنهایی که شخص متعلق به آنهاست، گروههای عضویت نام دارند. یکی از مهمترین گروهها، گروه یا گروههای مرجعی هستند که در رفتار اشخاص تأثیر دارند. در تأثیر این گروهها گفته‌اند که به‌صورت مستقیم یا غیرمستقیم در شکل دادن به رفتار و عقاید یک شخص مؤثرند. مردم غالباً تحت تأثیر گروههای مرجعی قرار می‌گیرند که به آن تعلق ندارند.

در تعریف گروههای مرجع گفته‌اند:

کسانی هستند که به‌نحوی بر ارزشها، تلقّیات و رفتار دیگران اثر می‌گذارند. تأثیر گروه مرجع نسبت به کالاهای مختلف یکسان نیست، هر چه که جلوه‌ی کالای مصرفی عمومی‌تر و تجملی‌تر باشد، تأثیر گروه مرجع نیز بیشتر است.

به عقیده‌ی برخی از محققان، مهمترین گروهی که بر رفتار یک فرد تأثیر می‌گذارد، خانواده‌ی اوست. در یک تقسیم‌بندی، خانواده‌ی فرد را به دو قسمت تفکیک می‌کنند: والدین خریدار و فامیل که الگوهای او را تشکیل می‌دهند. مسائل ارزشی اشخاص تحت تأثیر شدید والدین اوست. حتی اگر با هم قطع‌رابطه کرده باشند. ولی رفتار روزمره‌ی خریدار بیشتر تحت تأثیر فامیل تکوینی اوست. فامیل تکوینی از همسر و فرزندان خریدار تشکیل می‌شود.

به نظر می‌رسد که در مجموع افرادی که ساعات زیادی را به‌طور غیرارادی با هم به سر می‌برند تأثیر فراوانی بر هم دارند. خانواده و کسانی که به‌نحوی در یک جا با هم زندگی می‌کنند، در تصمیم‌گیری خرید بسیاری از محصولات مؤثرند.

هر چه جلوه‌ی کالای مصرفی عمومی‌تر و تجملی‌تر باشد، تأثیر گروههای مرجع نیز بیشتر است. در بازار ایران با توجه به جوان بودن بخش عمده‌ی جمعیت، نقش هنرپیشه‌ها و بازیکنان تیمهای ورزشی خصوصاً فوتبالیستها، در تأثیرگذاری بر رفتار جوانان پسر و دختر مشهود است. به همین دلیل است که در سالهای اخیر از این گروههای مرجع در تبلیغات محصولاتی نظیر اتومبیل، گوشی تلفن همراه، و... بیشتر استفاده می‌شود. به‌تازگی محدودیتهایی برای اینگونه تبلیغات قائل شده‌اند و وزارت ارشاد دستور جلوگیری از اینگونه تبلیغات را داده است. مهمترین گروهی که بر رفتار یک فرد تأثیر می‌گذارد، خانواده‌ی اوست. مسائل ارزشی فرد (نظیر نماز خواندن) تحت تأثیر والدین است، اما رفتارهای روزمره‌ی خریدار (نظیر تیپ ظاهری) بیشتر تحت تأثیر

فامیل تکوینی (همسر و فرزندان) قرار دارد. البته باید اذعان داشت که در بازار مصرفی ایران، نقش فرزندان روزبه‌روز بیشتر می‌شود.

۸. انگیزش یکی از مهم‌ترین عوامل روانی و فردی خریداران در تصمیم‌گیری خرید آنها است

انگیزش، محرکه‌ای است که برای هدایت فرد از شدت کافی برخوردار باشد. در هـرم مازلو به این امر اشاره شده است که نیازهای انسان دارای سلسله مراتبی است و تا زمانی که نیازهای مرتبه‌ی پایین‌تر برآورده نشود، فرد در صدد ارضای نیازهای مرتبه‌ی بـالاتر برنمی‌آید.

مازلو ترتیب اهمیت نیازها را به‌شرح زیر بر اساس اولویت اول تا انتها آورده است که با برآورده شدن هر یک، فرد به نیاز بعدی توجه می‌کند. این نیازها به‌شرح زیرند:

❖ نیازهای فیزیولوژیک (گرسنگی و تشنگی)
❖ نیازهای ایمنی (امنیت حمایت)
❖ نیازهای اجتماعی (احساس تعلق و عشق)
❖ نیازهای احترام (عزت نفس، شناخت، و منزلت)
❖ نیازهای تحقق خود (تکامل‌گرایی و خودشکوفایی)

البته شنیده شده که مازلو در اواخر عمر خویش و در نامه‌هایی که به همسرش نـوشته است، از نیاز سطح بالاتری به نام نیاز معنوی نیز نام برده است.

● دیوید مک‌کلند [1] یک سلسله تحقیقات مهم حول این عقیده انجام داده است که چهار نیاز اکتسابی بنیادی شامل: «نیاز به موقعیت»، «پیوندجویی»، «قدرت» و «یکتایی»، در مردم ایجاد انگیزه می‌کنند. به کمک چهار نیاز فـوق، مـدیران می‌توانند انگیزه‌های غالب بازار هدف را از طریق تحقیق در بازار ارزیابی کنند و موضوعات تبلیغاتی خود را برای فعال کردن انگیزه‌ی مورد نظر بسط دهند که آن نیز به نوبه‌ی خود، نگرش‌ها، باورها، و رفتارها را تحت تأثیر قرار خواهد داد.

● از دیگر نظرات عمومی انگیزش می‌توان به شرطی شدن کلاسیک (نظیر پاسخ به

---

1. David McClelland

موسیقی آرام با ماندن بیشتر در رستوران یا فروشگاهها) و شرطی شدن کُنشگر (نظیر تکرار خرید یا عدم تکرار به دلیل رضایت یا نارضایتی) اشاره کرد.

نوریاکی کانو[1] درجات رضایتمندی مشتری را بر اساس سه سطح از نیازهاکه عبارتند از: نیازهای پایه، نیازهای عملکردی، و نیازهای انگیزشی تقسیم کرده است.

- **نیازهای پایه (تلویحی):** این نیازها جزء ابتدایی‌ترین نیازهای مشتری است و در صورت برآورده نشدن، مشتری ناراحت می‌شود. برای مثال مشتری انتظار دارد کنسروی که خریداری کرده، عاری از جسم خارجی باشد.
- **نیازهای عملکردی (تصریحی):** در صورت عدم برآورده‌سازی، مشتری ناراحت می‌شود، اما در صورت برآورده‌سازی، مشتری خوشحال خواهد شد. برای مثال یافتن کالای دلخواه در فروشگاه محل.
- **نیازهای انگیزشی:** در صورت عدم برآورده شدن، مشتری بی‌تفاوت است و انتظاری از بابت آن ندارد، اما در صورت برآورده شدن، مشتری خیلی خوشحال می‌شود. برای مثال تحویل کالای دلخواه مشتری در منزل او بدون دریافت وجه برای حمل‌ونقل و تحویل. لازم به ذکر است در اثر مرور زمان و با توجه به اینکه رقبا نیز این رفتارها را نشان خواهند داد، نیازهای انگیزشی به نیازهای عملکردی و آنها هم به نیازهای پایه تبدیل می‌شوند و این روند همچنان ادامه دارد.

۹. ادراک خریداران در تصمیم‌گیری خرید آنها حائز اهمیت است

ادراک، فرایندی است که در آن فرد از طریق گزینش، سازماندهی، و تفسیر اطلاعات، تصویری بامعنا از جهان خلق می‌کند.

دو نفر با دارا بودن انگیزش مشابه و در شرایطی یکسان، نحوه‌ی عمل کاملاً متفاوتی دارند.

انسانها به دلیل وجود سه فرایند شناختی، «توجه انتخابی»، «تحریف انتخابی»، و «حفظ و نگاهداری انتخابی»، ار محرکهای مشابه، برداشتهای متفاوتی دارند.

1. Noriaki Kano

۱۰. یادگیری، عامل دیگری از مجموعه‌ی عوامل روانی و فردی خریداران است

یادگیری عبارت است از تغییرات رفتاری حاصل از مشاهدات و تجربیات افراد. یادگیری از دو طریق حاصل می‌شود: «تکرار تجربه» و «تفکر». یادگیری حاصل از تکرار تجربه را «یادگیری رفتاری»، و یادگیری حاصل از تفکر را «یادگیری شناختی ـ ادراکی» می‌گویند.

یادگیری در اثر تأثیر متقابل تمایلات، محرکها، اوضاع و احوال، واکنشها و عـامل تقویت تحقق می‌یابد.

۱۱. شخصیت یکی از مهمترین عوامل روانی و فردی است

فروید، روانشناس برجسته، عقیده داشت شخصیت آدمی شامل سه قسمت است: نهاد، من، و من برتر.

نهاد شامل محرکهای غریزی و ضدّاجتماعی است. من برتر، وجدان انسانهاست که استانداردهای اصول اخلاق را می‌پذیرد و غریزه‌ها را به سوی کانالهای قابل قبول سوق می‌دهد. من، ضمیر آگاه و منطقی انسانهاست که موازنه‌ای بین غریزه‌های نهی شده‌ی نهاد و رفتار اخلاقی من برتر به وجود می‌آورد.

بر این مبنا، شخصیت عبارت است از الگویی از خصایص فردی که بـر واکنشهای رفتاری او اثر می‌گذارد و یا مجموعه‌ای از خصوصیات روانی مـنحصربه‌فرد کـه بـه واکنشهای نسبتاً پایدار و دائمی یک فرد نسبت به محیط خود می‌انجامد.

شخصیت می‌تواند در تجزیه‌وتحلیل رفتار مصرف‌کننده برای انتخاب و خرید اغلب کالاها و مارکهای خاص مفید واقع شود. البته باید در نظر داشت کـه اگرچـه مـی‌تـوان بازتاب شخصیت افراد را در انتخاب نوع پوشاک و لباس، اتومبیل، و حتی رستورانها و محلهایی که غذا می‌خورند مشاهده کرد، ولی در پیش‌بینی رفتار نـاشی از خصایص شخصیتی چندان موفق نیستیم.

مفهوم شخصیت چهار مشخصه‌ی اصلی دارد:

الف. برای اینکه رفتار یک فرد به عنوان خصوصیات شخصیتی او در نظر گرفته شود، باید دارای تداوم زمانی باشد.

ب. رفتارهای بخصوصی باید فرد را از دیگران متمایز کند. یک ویژگی شخصیتی نمی‌تواند در میان تمام مصرف‌کنندگان مشترک باشد.

پ. محققان قادر نیستند دقیقاً رفتار یک فرد را در یک موقعیت خاص طبق یک سنجه‌ی شخصیتی پیش‌بینی کنند.

ت. در حوزه‌ی شخصیت، متغیر تعدیل‌کننده، تفاوت فردی است که با موقعیت یا نوع پیام مبادله‌شده تعامل می‌کند.

۱۲. خودپنداری یا خودانگاره‌ی خریدار، در تصمیم خریدار نقش دارد

برخی خودپنداری یا تصور شخص را به عنوان موضوعی نسبتاً مستقل از شخصیت بررسی می‌کنند، اما برخی آن را از مفاهیم وابسته به شخصیت می‌دانند. آنها در این دیدگاه از طریق معلول، به بررسی علت می‌پردازند و می‌گویند واقعیت این است که دارایی‌های مردم بیانگر هویت آنان است. به عبارت دیگر «ما هر چه داریم، همان هستیم». از این رو برای پی بردن به رفتار مصرف‌کننده، بازاریاب باید نخست نسبت به رابطه‌ی بین تصور شخصی و دارایی‌های مصرف‌کننده، آگاهی‌های لازم را به‌دست آورد. همچنین گفته می‌شود:

«خودپنداری عبارت است از نحوه‌ی نگرش انسان نسبت به خود و تصویری که فکر می‌کند دیگران از او دارند».

با توجه به مطالب گفته شده، تئوری تصور شخصی در پیش‌بینی واکنشهای مصرف‌کننده نسبت به تصویر ذهنی از مارک کالا، موفقیتی ابهام‌آمیز داشته است. یک یافته‌ی مهم این است که افراد بیش از یک خودانگاره دارند. انواع مختلف خودانگاره عبارتند از:

✓ **خود واقعی:** چگونگی نحوه‌ی ادراک واقعی شخص از خودش است.
✓ **خود ایده‌آل:** روشی که شخص دوست دارد خودش را ادراک کند.
✓ **خود اجتماعی:** شخص فکر می‌کند چگونه او را ادراک می‌کنند.
✓ **خود موردانتظار:** تصویری از خود، جایی بین خود واقعی و خود ایده‌آل.
✓ **خود موقعیتی:** خودانگاره‌ی فرد در یک موقعیت بخصوص.
✓ **خود گسترده‌شده:** خودانگاره‌ی فرد که شامل تأثیر دارایی‌های شخصی بر خودانگاره است.

✓ **خودهای ممکنه:** آن چیزی که شخص دوست دارد بشود، می‌توانـد بشـود، یـا می‌ترسد بشود.

✓ **خود اتصالی:** محدوده‌ای که شخص خود را در قالب ارتباط با دیگر گـروه‌هـا و افراد تعریف می‌کند.

۱۳. سبک زندگی خریداران، رفتار خرید ایشان را تحت تأثیر قرار می‌دهد

سبک زندگی عبارت است از روش و شکل زندگی، که نشان می‌دهد افراد چگونه منابع و وقتشان را صرف می‌کنند (فعالیتهایشان)، چه چیزهایی را مهم می‌دانند (منافع و علائق آنها)، و در مورد خود و جهان اطراف چگونه می‌اندیشند (عقایدشان).

سبک زندگی یک الگوی زندگی فردی است کـه در فـعالیتها، دلبستگیها و افکـار شخصی بیان می‌شود. سبک زندگی چیزی بیش از شخصیت یا طبقه‌ی اجتماعی شخص است و شامل الگوی کامل عمل و عکس‌العمل فـرد در جـهان اسـت. بـه هـمین دلیـل، تجزیه‌وتحلیل سبک زندگی افراد در بازاریابی بسیار مهم است و از آن در تـقسیم‌بندی بازار و تعیین بازار هدف و معرفی محصولات جدید استفاده می‌شود. شیوه‌های زندگی به‌وسیله‌ی اندازه‌گیری فعالیتها، علائق و عقاید[1] مصرف‌کننده تعیین می‌شود که به این عمل، «تحقیق روانشناختی» گفته می‌شود.

هدفهای این تحقیق معمولاً طبیعت کاربردی دارند، یعنی محققان از این تحقیق برای توصیف یک بخش از مصرف‌کننده استفاده می‌کنند تا به یک سازمان کمک کنند که به مشتریان بیشتری دسترسی داشته باشد و آنها را بهتر بفهمد.

۱۴. تلقّیات و برداشتهای خریداران نیز جزء عوامل روانی و فردی ایشان است

تلقّیات و باورها در رفتار خرید مصرف‌کنندگان تأثیر دارد. بنابراین، شناخت آنها بـرای تأثیرگذاری بر روی خریداران مهم است.

طرز تلقی افراد را چنین تعریف کرده اند: واکنش، تفکر، و رفتار مثبت یا منفی افراد نسبت به اشیا و پدیده‌ها که عبارتند از: محصولات، مردم، شرکتها و چیزهایی که مردم نسبت به آنها نظر، عقیده، و نگرش دارند. ویژگیها، خصوصیات یا مختصات یک پدیده،

---

1. Activities, Interests and Opinions

در نهایت منافع و پیامدهای مثبتی را شامل می‌شود که پدیده‌ها برای مصرف‌کننده به همراه می‌آورد.

یک باور، عبارت از یک عقیده‌ی توصیفی است که یک فرد نسبت به چیزی دارد. مطالعات متعدد نشان داده است که بین تلقی مصرف‌کنندگان و رفتار خرید آنها، ارتباط نزدیکی وجود دارد و به همین دلیل بازاریابان باید از نحوه‌ی شکل‌گیری طرز تلقی و برداشت خریداران آگاه باشند، چون امکان دارد که باورهای مصرف‌کننده نسبت به ویژگیهای یک محصول با واقعیت منطبق نباشد. برای مثال اثر هاله‌ای ممکن است سبب سوءبرداشت از ویژگیهای محصول در بازار باشد.

اثر هاله‌ای زمانی اتفاق می‌افتد که مصرف‌کننده به‌خاطر خوب یا بد بودن یک خصوصیت محصول، فرض کند که خصوصیت دیگر آن محصول نیز همان‌طور خوب یا بد است. تغییر در یک عقیده ممکن است مستلزم انجام تعدیلات دشواری در سایر عقاید باشد. از این رو یک شرکت معمولاً بهتر است به جای تغییر عقاید فعلی، تلاش کند کالاهایی در چارچوب عقاید رایج عرضه کند.

۱۵. با توجه به تأثیر عوامل موقعیتی در فرایند تصمیم‌گیری خرید، بازاریابان باید آنها را به دقت مورد بررسی و ارزیابی قرار دهند تا بتوانند آمیخته‌ی بازاریابی مناسب آنها را فراهم و عرضه کنند

بسیاری از اوقات، موقعیت خرید، در فرایند تصمیم خرید تأثیر می‌گذارد. آثار موقعیت خرید بر روی فرایند تصمیم خرید عبارتند از: نقش خرید، عوامل احاطه‌کننده‌ی اجتماعی، عوامل احاطه‌کننده‌ی فیزیکی، آثار مربوط به زمان، و حالت و شرایط خریدار. برای مثال ممکن است یک مشتری که قصد خرید محصولی را نداشته است، در موقعیت حراج همان محصول، تصمیم به خرید بگیرد.

۱۶. افزون بر عوامل فرهنگی، اجتماعی، و گروهی، عوامل روانی، فردی، و موقعیتی همه‌ی خریداران، تحت تأثیر عناصر گوناگون آمیخته‌ی بازاریابی‌اند و تصمیم‌گیری آنها وابسته به نوع محصول و ویژگیهای آن، شیوه‌های قیمت‌گذاری و روشهای پرداخت، امکانات و تسهیلات توزیع، و روشهای ترویج و شناساندن شرکتهاست

ترکیب عناصر بازاریابی (آمیخته‌ی بازاریابی) یکی از مفاهیم اساسی بازاریابی نوین

است و آن را می‌توان به این صورت تعریف کرد: عناصر بازاریابی عبارتند از مجموعه‌ای از متغیرهای بازاریابی قابل کنترل که شرکت آنها را در بازار هدف و برای ایجاد واکنش مورد نیاز خود ترکیب می‌کند. این ترکیب شامل عواملی است که بتواند تقاضا را تحت تأثیر قرار دهد. این عوامل که به ۴پی (4P) معروفند شامل محصول، قیمت، تـوزیـع، و ترویج هستند که در شکل زیر همراه با اجزای تابع هر یک نشان داده شده‌اند.

پروفسور جروم مک‌کارتی، در سالهای آغازین دهه‌ی ۱۹۶۰ یک آمیخته (آمیزه‌ی) بازاریابی مرکب از چهار عامل عمده فراورده، قیمت، پخش، و ترویج را پیشنهاد کرد. هر یک از عاملها چندین فعالیت را در بردارند. به‌تازگی پیشنهادهای گسترده‌تری هم شده است که از همان چهار عامل پیشین ناشی مـی‌شوند. بـعضی‌ها آمیزه‌ی بازاریابی را متشکل از پنج پی (5P)، شش پی (6P)، هشت پی (8P) و حتی شانزده پی (16P) می‌دانند.

شکل ۱. آمیزه‌ی بازاریابی

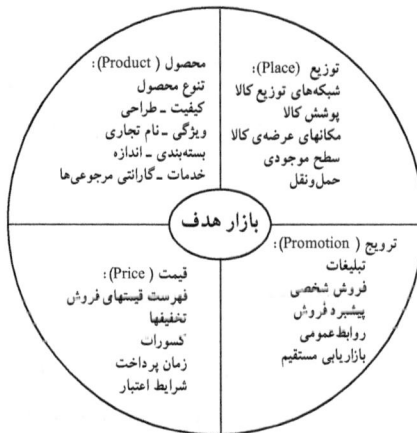

لازم به‌ذکر است در دنیای پیچیده‌ی رقابتی امروز، ارائه‌ی یک نسخه‌ی واحد برای تمام شرکتها منطقی به‌نظر نمی‌رسد؛ به عبارتی نمی‌توان یک آمیزه‌ی بازاریابی برای تمام بنگاههای اقتصادی و در تمام صنایع معرفی کرد. به همین دلیل، در این کتاب، فصلی با عنوان «چگونگی طراحی آمیزه‌ی بازاریابی بنگاه اقتصادی» ارائه شده است که چگونگی طراحی و اجرای آمیزه‌ی بازاریابی مناسب برای هر بنگاه اقتصادی را معرفی می‌کند.

۱۷. در مطالعه‌ی رفتار مصرف‌کنندگان، به طبقه‌بندی زمان پذیرش مـحصولات جـدید توجه کنید و متناسب با مختصات بازار عمل کنید

❖ رفتار خریدار مصرف‌کننده، رفتاری است که مـصرف‌کننده‌ی نـهایی بـه هـنگام خرید دارد (یعنی افراد در خانوارهـایی کـه کـالاها و خـدمات را بـرای مـصرف شخصی خریداری می‌کنند). همه‌ی این مصرف‌کنندگان نهایی در مجموع، بازار مصرف را به‌وجود می‌آورند.

❖ پس از برآورد تقاضا برای یک محصول در بازار هدف، با بهره‌گیری از تحقیقات بازاریابی و نظر متخصصان بازاریابی، نسبت به پیش‌بینی فروش اقدام کنید و این پیش‌بینی را به مقاطع زمانی (با شناخت از روند بازار در ماههای مختلف) تقسیم کنید.

❖ برای جا انداختن یک محصول جـدید در بـازار، ابتدا بـاید سـراغ ۲/۵ درصـد مصرف‌کنندگان بـروید. بـه ایـنها نـوجویان یا نـوآوران مـی‌گویند و عبارتند از مصرف‌کنندگانی که همیشه می‌خواهند با دیگران متفاوت بـاشند. مـعمولاً ایـن گروه از ریسک‌پذیری بالاتری برخوردار هستند، مشکلات مـالی نـدارنـد، و هزینه‌ی متفاوت بودن خویش را با خرید محصولات جدید مـی‌پردازنـد. بـرای تأثیرگذاری بر ایشان باید افزون بر ترویج متناسب، با خصوصیات رفتاری ایشان از طریق گروههای تأثیرگذار بر آنها وارد عمل شوید.

❖ بعد از اینکه نوجویان محصول جدید را خریداری کردند، گروه دوم در طبقه‌بندی زمان پذیرش محصولات جدید (یا منحنی پراکنش نوآوری) کـه حـدوداً ۱۳/۵ درصد بازار هدف را شامل می‌شوند، نسبت به خرید اقدام می‌کنند. به این گروه زودپذیرنده‌ها گفته می‌شود. اینها نوجو نیستند، اما از نوجویان تقلید می‌کنند. تا زمانی که نوجویان برای خرید مـحصول اقدام نکرده‌انـد، زودپذیرنده‌ها نـیز انگیزه‌ای ندارند؛ اما به محض خرید آنان، اینها نیز از آنها تقلید می‌کنند. هر زمانی که این دو گروه از خریداران، مشتری محصول جدید شوند، شرکت می‌تواند به درستی ادعا کند که محصول او و در بازار جای خود را یافته است؛ چون پس از این ۱۶ درصد، گروه بعدی اقدام به خرید می‌کنند.

❖ گروه سوم را اکثریت اولیه می‌گویند که حدود ۳۴ درصـد از مـصرف‌کنندگان را شامل می‌شوند که حجم خرید ایشان به دلیل بالا بودن درصدشان زیاد است.

❖ گـروه چـهارم نیز اکثریت ثانویه نـامیده شـده‌انـد کـه حـدوداً ۳۴ درصـد از مصرف‌کنندگان را شامل می‌شوند.

❖ گروه آخر که حدود ۱۶ درصد از بازار را تشکیل می‌دهند، پذیرندگان رده‌ی آخر یا کندپذیرندگان هستند. نگارنده در بازار ایران بـرای ایـن دسـته دو دلیـل یـافته است :

✓ کسانی که مشکل مالی دارند و در هنگام ارزان شدن کالا به‌دلیل نزدیک بودن به مرحله‌ی خروج از بازار (مرحله‌ی سگ ماتریس بوستون) خرید می‌کنند.

✓ ملاحظه‌کاران و بدبینان که مشکل مالی نـدارنـد، امـا مـی‌خواهـند هـزینه‌ی تجربه‌ی آنها را دیگران بدهند. از این رو اینان صبر می‌کنند تا کارکرد محصول را در هنگام مصرف خریداران دیگر مشاهده کنند و سپس تصمیم به خرید یا عدم خرید می‌گیرند.

لازم به‌ذکر است ویـژگیهای مـحصول بـر میزان پـذیرش آن در بـازار مـؤثر است و عواملی چون مزیت نسبی محصول نسبت به محصول قبلی در بازار، میزان سازگاری آن با ارزشها و تجربیات مشتریان، درجه‌ی مشکل بـودن در هنگام استفاده یا سهولت کاربری آن، امکان دستیابی و خرید محصول برای مشتری و قابلیت ارتباط مشتری با محصول، همگی در میزان پذیرش نـقش دارند.

نکته‌ی حائز اهمیت این است که بازاریابان و مدیران بنگاههای اقتصادی باید در بازارهای مختلف با توجه به بررسیهای بازار و شناخت دقیق از مشتریان، در منطبق‌سازی محصول با آن بازار اقدام کنند و از تولید انبوه، و یکسان عمل کردن در فعالیتهایی چون قیمت‌گذاری، ترویج، و توزیع خودداری کنند؛ بـه همین دلیل است که امروزه می‌گویند «جهانی فکر کنید، منطقه‌ای عمل کنید»؛ منظور این است که فکرتان برای تسخیر بـازارهـای جهانی بـاشد، امـا نـوع عملیات در هر منطقه‌ای باید با اختصاصات و ویژگیهای همان منطقه صورت گیرد تا با موفقیت همراه باشد.

۱۸. به عوامل مؤثر بر سرعت پذیرش محصولات جدید نیز توجه کنید

سرعت پذیرش محصول جدید به ۵ ویژگی زیر وابسته است:

- **مزیت نسبی نوآوری**: محصول جدید نسبت به محصولات موجود چـه مـزیتی برای مخاطبان دارد.
- **سازگاری نوآوری**: درجهی همسویی و هماهنگی با ویژگیهای فرهنگی مخاطبان در چه حد است.
- **پیچیدگی نوآوری**: به درجهی سادگی استفاده از مـحصول جـدید اشـاره دارد. محصولات با فناوری و دستورالعملهای پیچیده، از جانب مشتریان عام چـندان مورد استقبال قرار نمیگیرد.
- **بخشپذیری (میسربودن)**: به سادگی آزمایش و استفاده از محصول جدید اشاره دارد. اگر بتوان محصول را با استفاده از تسهیلات خرید و یا به سادگی از طریق اجاره آن را استفاده کرد، سرعت پذیرش افزایش مییابد.
- **سرایتپذیری (قابلیت ارتباط)**: اگر فرد بتواند به سادگی، نتیجهی اسـتفاده از محصول را مشاهده کند و یـا بـرای دیگران بـهروشنی تـوضیح دهـد، پـذیرش سریعتر رخ میدهد.

۱۹. ویژگیهای بازارهای سازمانی(صنعتی، واسطه، و دولتی) را بشناسید و در فروش به آن سازمانها به این ویژگیها توجه داشته باشید

بازارهای سازمانی نسبت به بازارهای مصرفکننده، تفاوتهایی بهشرح زیر دارند:

- تعداد خریدار کم، و حجم خرید هر یک زیاد است.
- از نظر جغرافیایی معمولاً پراکندگی کمتری داشته و متمرکزترند.
- تقاضای انتقالی(مشتق) دارند؛ به این معنا که از تقاضا برای کالای دیگری تأثیر میپذیرند. برای مثال تقاضا برای چرم در بازار، به تقاضای مصرفکنندگان بـرای کفش و کیف وابسته است.
- فاقد کشش هستند و در کوتاهمدت، خیلی تحت تأثیر تغییرات قیمت نیستند.
- نوسانات بیشتری دارند. برای مثال درصد کمی تغییر در تـقاضا بـرای کـفش در

بازار، منجر به درصد بیشتری تغییر در تقاضا برای چرم می‌شود.

- فرایند تصمیم‌گیری و خرید در این بازارها طولانی‌تر است.
- معیارهای خرید تخصصی‌تر و دقیق‌تر است.

۲۰. عوامل مؤثر بر رفتار خریدار سازمانی را بشناسید. این عوامل به چهار دسته تقسیم می‌شوند

✓ **عوامل محیطی** : شامل وضعیت سیاسی، قانونی، اقتصادی، و رقابتی، سطح تقاضای اولیه، میزان تغییرات فناوری، هزینه‌ی تهیه‌ی پول، و شرایط عرضه

✓ **عوامل سازمانی** : شامل هدفها، سیاستها، رویه‌ها، ساختار سازمانی، و سیستمها

✓ **عوامل درون‌گروهی** : شامل مقام و موقعیت سازمانی، قدرت نفوذ و تأثیرگذاری، توانایی متقاعد کردن، تبلیغ، و تشویق

✓ **عوامل فردی** : شامل تحصیلات، سن، شخصیت، شغل، و ریسک‌پذیری

۲۱. فرایند خرید سازمانی را بشناسید و در مذاکرات تجاری با شناخت از آنها عمل کنید

✴ **تشخیص مسأله**: معمولاً تشخیص مسأله به‌وسیله‌ی یک‌محرک درونی (نظیر خرابی ماشین‌آلات و...) یا یک محرک بیرونی (نظیر آگهیهای تبلیغاتی و...) صورت می‌گیرد.

✴ **شرح عمومی نیاز**: آگاهی از مشخصات کلی محصول و مقدار مورد نظر

✴ **شرح ویژگیهای محصول مورد نیاز**: شناخت مشخصات فنی محصول

✴ **جستجو برای یافتن عرضه‌کنندگان**: یافتن عرضه‌کنندگان واجد شرایط

✴ **گردآوری پیشنهادها و بررسی آنها**: این پیشنهادها می‌تواند به‌صورت کتبی یا شفاهی باشد.

بنابراین بازاریابها باید اطلاعات جامعی در خصوص چگونگی ارائه‌ی پیشنهاد داشته باشند، به‌طوری که قابل توجه مشتری قرار گیرد. برای مثال، تحقیقات لازم برای آگاهی از خواست و ویژگیهای مشتری و نحوه‌ی نگارش و ارائه‌ی پیشنهاد در اینجا حائز اهمیت است.

در مذاکرات شفاهی، چگونگی طرح سؤالات نیز اهمیت فوق‌العاده‌ای دارد.

بهرام رنجبریان در کتاب «بازاریابی و مدیریت بازار»، نمونه‌ای از این سؤالات را که به‌صورت نامناسب و مناسب آمده‌اند، آورده است. به این سؤالات توجه کنید:

الف. **سؤال نامناسب:** شرکت شما به چه کاری اشتغال دارد؟
بدترین پرسشها در مورد اطلاعاتی خواهد بود که دانسته فرض شده است. زیرا عرضه‌کننده باید در مورد سابقه‌ی کار خریدار بررسی اولیه را انجام داده باشد.
پرسش صحیح: چه جنبه‌های ارزشی اضافی را در محصول خواهانید؟
برای بعضی خریداران، انتقال درست و به‌موقع محصول و فراهم بودن خدمات پس از فروش، عوامل مهمتری به حساب می‌آیند.

ب. **سؤال نامناسب:** آیا ما می‌توانیم کار شما را به نوعی جبران کنیم؟
مسائل اخلاقی برای بسیاری از مدیران اهمیت فراوانی دارد. از این رو پیشنهاد هدیه دادن موجب تزلزل رابطه خواهد شد.
پرسش صحیح: چگونه می‌توانیم در بهبود محصول شما نقش داشته باشیم؟
شاید خدمات تحقیق و توسعه و یا خدمات دیگر مورد توجه بسیاری از مدیران باشد.

پ. **سؤال نامناسب:** آیا تصمیم خرید را خودتان می‌گیرید؟
این پرسش موجب احساس تردید در موقعیت شخص مراجع می‌شود.
پرسش صحیح: اگر علاقه‌مند به خرید محصول ما هستید، ممکن است بپرسیم که تصمیم دارید چگونه از آن استفاده کنید؟
عرضه‌کننده باید در مورد تناسب کالا و یا خدمات خود با نوع کار خریدار از خود علاقه‌مندی نشان دهد.

ت. **سؤال نامناسب:** در مقطع کنونی، خریدهای خود را از چه شرکتی انجام می‌دهید؟
این پرسش موجب چنین احساسی می‌شود که عرضه‌کننده به جای اینکه محصول شرکت خود را معرفی کند، سعی بر از میدان خارج کردن رقبا دارد.
پرسش مناسب: چگونه ما می‌توانیم بر ارزشهای محصول شما بیفزاییم؟
بسیاری از مدیران پاسخ می‌دهند که مشتری در جستجوی ارزش افزوده است.

* **انتخاب تأمین‌کننده یا عرضه‌کننده:** انتخاب عرضه‌کننده واجد شرایط از بین سایرین
* **سفارش خرید:** شامل مشخصات فنی، حجم مورد نیاز، زمان تحویل، سیاست برگشت محموله‌های ناسالم، ضمانت‌نامه و...

❊ **ارزیابی عملکرد عرضه‌کننده**: در این مرحله معیارهای متفاوتی به‌کار گرفته می‌شود و نتیجه‌ی آن ادامه، تعدیل، و یا عدم ادامه‌ی قرارداد خواهد بود.

۲۲. در مطالعه‌ی رفتار خریدار سازمانی معمولاً سه حالت زیر مشاهده می‌شود

✓ خرید پیاپی

✓ خرید مجدد و تعدیل‌شده، یا تغییر دادن محصول در شرایط جدید

✓ کار جدید یعنی خرید محصول یا خدمت برای نخستین بار

بدیهی است هر قدر شناخت دو طرف از یکدیگر بیشتر باشد و رابطه‌ی مناسبی برقرار شده باشد و همچنین ارزش محصول کمتر باشد، خرید مستقیم یا پیاپی بیشتر صورت می‌گیرد و هر اندازه به سمت کار جدید پیش برویم، میزان بررسیها و نوع عملیات و پیچیدگی آنها بیشتر می‌شود.

۲۳. اگر تصمیم دارید در بازارهای بین‌المللی فعالیت کنید این را بدانید که آگاهی شما از رفتار مصرف‌کننده‌ی ایرانی، قابل تعمیم دادن به آن بازارها نیست

بازاریابها باید به میزان یا درجه‌ای که مردم کشورهای مختلف محصولات آنها را خواهند پذیرفت، توجه کنند و برنامه‌های بازاریابی خود را به‌گونه‌ای تدوین کنند که مناسب فرهنگها و نیازهای مشتریان بازارهای مختلف باشد. در این راستا به دو موضوع «میزان استاندارد کردن»، یعنی عرضه‌ی محصول بدون ایجاد تغییراتی در آن بازارها و «میزان منطبق ساختن»، یعنی تغییرات لازم در محصولات و شیوه‌های عرضه و ترویج و قیمت‌گذاری در آنها متناسب با خواست مشتریان بازارهای هدف جدید توجه کنید.

۲۴. با گسترش اینترنت، نقش آن در خریدهای تجاری رو به‌گسترش است؛ با بهره‌گیری از اینترنت، سطح بازی افزایش می‌یابد

مزایای استفاده از اینترنت عبارتند از:

❊ سهیم شدن در اطلاعات بازاریابی

❊ فروش کالا/ خدمات

❊ آمادگی برای حمایت از مصرف‌کننده

٭ نگهداری و توسعه‌ی ارتباط با مصرف‌کننده

٭ کاهش هزینه‌ی معامله

٭ کم شدن زمان بین سفارش تا تحویل

٭ افزایش بهره‌وری در سیستم خرید

٭ افزایش سطح بازی بـه مـعنای ارتباط بـا تـعداد بیشتری از مـصرف‌کنندگان و عرضه‌کنندگان

۲۵. رفتار خریداران نیز نظیر تمام واقعیتهای دیگر کسب‌وکار دستخوش تغییر است. این تغییرات را زیر نظر داشته باشید و قدرت انعطاف‌پذیری سازمان را متناسب با آنها افزایش دهید

جک ولش، مدیر اسطوره‌ای قرن بیست‌ویکم، می‌گوید: اگر سرعت تغییر بیرون سازمان بیشتر از سرعت تغییر درون سازمان باشد، عاقبت کار افتضاح است.

مهمترین ویژگی کـه بـرای مـوفقیت در قرن جـاری نیاز خـواهید داشت، ویـژگی انعطاف‌پذیری است. آینده متعلق به سازمانهایی نیست که ثروت مادی بیشتری از رقبای خویش دارند بلکه، متعلق به سازمانهایی است که از رقبای خویش بیشتر می‌دانند؛ این دانایی و قدرت انعطاف‌پذیری متناسب با تغییرات بازار، خصوصاً تغییرات رفتاری مـا است که قدرت‌آفرین خواهد بود.

فصل نهم

▼

تقسیم‌بندی بازار

چکیده

رقابت در سطح بازارهای جهانی در حال افزایش است و فعالیتهای بازاریابی نیز روز به روز تخصصی‌تر می‌شود. دیگر امکان فعالیت یکسان در تمام بخشهای بازار وجود ندارد. بنابراین، تقسیم‌بندی بازار به عنوان یکی از ارکان اساسی بازاریابی استراتژیک مطرح می‌شود تا پس از آن شرکتها نسبت به انتخاب بازار یا بازارهای هدف اقدام کنند و آمیزه‌ی بازاریابی هر یک از بازارهای هدف را تدوین و اجرا کنند.

در این فصل ضمن اشاره به مراحل طرح‌ریزی استراتژیک، مراحل طرح‌ریزی بازاریابی معرفی شده‌اند و با معرفی اس‌تی‌پی[1] به عنوان قلب بازاریابی استراتژیک، به اهمیت و تعریف تقسیم‌بندی بازار پرداخته شده است و تقسیم‌بندی بازار به عنوان فرایند شکستن یک بازار ناهمگن و نامتجانس به چند بازارچه‌ی همگن و متجانس که مشتریان مشابه را در خود جای داده است، معرفی می‌شود؛ به عبارتی تقسیم‌بندی بازار تلاش برای افزایش دقت در هدفگیری یک شرکت را نشان می‌دهد.

در ادامه نیز مزایای تقسیم‌بندی بازار و مدلهای فرایند تقسیم‌بندی از دیدگاه صاحبنظران مختلف معرفی شده‌اند و همچنین سطوح تقسیم‌بندی بازار و الزامات تقسیم‌بندی آورده شده است.

سرانجام، مبانی تقسیم‌بندی بازار در بازارهای مصرفی و صنعتی معرفی شده‌اند و تأکید شده است که در دنیای واقعی معمولاً از مبناهای متعددی برای تقسیم‌بندی

---

1. Segmentation, Targeting, Positioning (STP)

استفاده می‌شود. در انتها، تقسیم‌بندی بازار در سطح بازارهای بین‌المللی مورد بررسی قرار گرفته است.

مقدمه

به گفته‌ی پیتر دراکر، آموزگار برجسته‌ی مدیریت در قرن حاضر، بازاریـابی سـاختار و پایه‌ی اصلی و کلیدی کسب‌وکار است. بازاریابی به اندازه‌ای مـهم و اسـاسی است کـه می‌توان آن را به عنوان یک کار و بخش جدا در نظر گرفت. بازاریابی کـل سـازمان و کسب‌وکار است که از دیدگاه نتایج نهایی به آن نگریسته می‌شود و آن دیدگاه مشتری است. برای نیل به اهداف سازمان، طرح‌ریزی بازاریابی اسـتراتژیک یک امر مـهم و ضروری است. برنامه‌ریزی استراتژیک یار قدیمی و آشـنای نظامیان مـوفق و مـدیران کمپانیهای بزرگ موفق است و شامل سه واژه‌ی شناخته‌شده است که می‌توانند دارای کاربرد مهم، جادویی، و کاملاً عملی در طرح‌ریزی شما بـاشند. این سـه واژه اسـاس فرمول طرح‌ریزی استراتژیک هستند که با سه حرف S-O-S نشان داده می‌شوند.

S = Situation = موقعیت (جایگاه کنونی ما در صنعت چیست؟)

O = Objective = هدف (ما به کجا می‌رویم؟)

S = Strategy = استراتژی (راه حصول ما به این مقصد چگونه است؟)

این ایده‌ی اساسی طرح‌ریزی، خود به تنهایی ابزار قدرتمندی در اختیار شما قرار می‌دهد.

پس از شناخت موقعیت بنگاه اقتصادی که از طریق سیستم اطلاعات بازاریـابی به‌دست می‌آید، و تدوین هدفهای مشخص و تدوین‌شده‌ی بنگاه، نوبت به طرح‌ریزی بازاریابی استراتژیک می‌رسد که خود شامل پنج مرحله است:

۱. تجزیه‌وتحلیل فرصتهای بازار

۲. تحقیق و انتخاب بازار هدف

۳. طراحی استراتژی بازاریابی

۴. طرح‌ریزی برنامه‌ی بازاریابی

۵. سازماندهی، پیاده‌سازی، و کنترل تلاشهای بازاریابی

جوهره‌ی اصلی استراتژی، کشف و به فعلیت رساندن فرصتهاست. فرصت، منفعت

بالقوه است. دموستن ۱، خطیب بزرگ یونانی، می‌گوید: گـاه فـرصتهای کـوچک آغـاز کارهای بزرگ است. وظیفه‌ی اصلی تصمیم‌گیرندگان، فرصت‌یابی است. با بهره‌گیری از قابلیتها و توانمندیهای سازمان و کشف فرصتها باید بتوان ارزش بیشتری را نسبت به رقبا به مشتریان ارائه کرد. سازمان شما باید قابلیتهای برقراری را برای دستیابی به مزیتهای رقابتی مستمر تدوین کند.

سازمان برای انتخاب بازار هدف که بتوانـد فـرصتهای بیشتری را نـصیب آن کـند، ناگزیر از تقسیم‌بندی بازار است. یک ضرب‌المثل اسپانیایی می‌گوید: برای گاوباز بودن، اول باید یاد بگیرید که یک گاو باشید. درک رفتارهای خـرید در بـازار هـدف یکـی از وظایف مهم تصمیم‌گیرندگان بازاریابی است.

چه شما بخواهید در بازارهای مصرفی فعالیت کنید یا در بـازارهـای صـنعتی، نیاز دارید که فرایند تقسیم‌بندی بازار را انجام دهید. قلب بازاریابی استراتـژیک را می‌تـوان اس‌تی‌پی دانست که شامل تقسیم‌بندی بازار، تعیین بازار هـدف، و تـثبیت مـوقعیت در بازار هدفِ تعیین‌شده است.

در این قسمت به اهمیت و چگونگی تقسیم‌بندی بازار بـه عـنوان یک گـام مـهم در طرح‌ریزی بازاریابی استراتژیک پرداخته می‌شود.

تقسیم‌بندی بازار

تقسیم‌بندی بازار یکی از مـهمترین مـفاهیم در بـازاریـابی است. در واقـع دلیـل اصـلی مطالعه‌ی رفتار مصرف‌کننده و خریدار سازمانی، ایجاد مبنایی برای تـقسیم‌بندی مـؤثر است و بخش مهمی از تحقیقات بازاریابی به تقسیم‌بندی اختصاص دارد. از نـقطه‌نظر یک مدیر بازاریابی، انتخاب بازار هدف مناسب، برای اجرای برنامه‌های بازاریابی موفق بسیار حائز اهمیت است.

منطق و استدلال تقسیم‌بندی بازار بسیار ساده است و بر مبنای این اصل است که یک قلم محصول به‌ندرت می‌تواند به تنهایی پاسخگوی خواست تمام مشتریان باشد. عمدتاً خواستها و تمایلات مصرف‌کننده‌ها در مورد محصول و خدمات، تنوع فراوانی دارد. اگر

---

۱. Demosthenes

این تفاوتها در خواستها و احتیاجات انسان نبود، کار بازاریابان آسانتر می‌شد. تقسیم‌بندی بازار، پاسخی به خواستهای گوناگون مشتریان و استفاده‌ی بهینه از منابع شرکتهاست. قسمتهای مختلف بازار معمولاً از گروههای قابل تشخیص و بزرگی در داخل بازار تشکیل می‌شوند.

در واقع یکی از کمکهای نظام بازاریابی به جامعه‌ی بازرگانی، طرح و تفسیر مفهوم تقسیم بازار است. شالوده‌ی این مفهوم بر آن استوار است که کل بازار متشکل از گروههای متفاوتی از مشتریان است و اعضای هر گروه، نیازها، سبک خرید، و واکنشهای یکسانی نسبت به متغیرهای یک عرضه دارند. این گروه بخشی از آن بازار نامیده می‌شود و هر بخشی از بازار، در پی ترکیبی از مزیتهای خاص به‌وجود آمده است.

سازمانهایی که در بازارهای مصرفی و تجاری، محصولات یا خدماتی را عرضه می‌کنند، خوب می‌دانند که نمی‌توانند نظر همه‌ی خریداران را در این بازارها به خود جلب کنند و نیز این را هم می‌دانند که نمی‌توان برای همه‌ی خریداران از یک شیوه‌ی بازاریابی استفاده کرد. خریداران بسیار زیاد و پراکنده، و دارای خواستهای مختلف هستند که به هنگام خرید از روشهای مختلف استفاده می‌کنند. مدیر یک آژانس تبلیغاتی گفته است: برای کالاهایی که همه آن را کمی دوست دارند، بازاری وجود نخواهد داشت؛ بازار فقط برای کالایی وجود خواهد داشت که یک نفر آن را زیاد دوست داشته باشد.

شرکتها هم با توجه به تواناییهای متفاوت خود می‌کوشند به بخشهایی از این بازارها، خدمات و محصولات عرضه کنند.

طرح این مفهوم جهشی بود از یک طرز تفکر تولیدگرا که می‌خواستند محصولات کم و بیش استاندارد را با یک برنامه‌ی یکسان به گروه انبوهی از بازار عرضه کنند، نه طرز تفکر بازارگرا که محصولات مختلف متناسب با خواست بازارچه‌های مختلف را عرضه می‌کند.

باید پذیرفت هیچ روش یکسانی وجود ندارد که قادر به رضایت تمامی مشتریان در بازار باشد.

به همین دلیل است که امروزه شرکتها از شیوه‌ی بازاریابی انبوه دست برداشته‌اند و به بازاریابی مبتنی بر بازار هدف توجه می‌کنند. چون این شیوه بهتر می‌تواند شرکتها را یاری دهد تا از فرصتهای بازاریابی خود استفاده کنند.

تقسیم‌بندی بازار عبارت است از فرایند شکستن یک بازار ناهمگن به چند بازارچه‌ی

همگن؛ در واقع تقسیم‌بندی بازار سبب می‌شود تا تولیدکننده برای عرضه‌ی محصول خود فعالیتهای گوناگونی انجام دهد و مثلاً از تبلیغات مناسب برای ترغیب و متقاعد کردن خریداران مورد نظر به‌نحو مطلوب استفاده کند.

به‌طور کلی منظور از تقسیم‌بندی بازار، طبقه‌بندی مشتریان است تا با جلب رضایت آنها، هدفهای سازمانی بهتر اجرا شود. در تقسیم‌بندی بازار، در هر بخش خریداران مشابه قرار می‌گیرند تا شرکت بر اساس دانش، تواناییها و مهارتها بتواند در آن بخش فعالیت کند که انتخاب می‌کند.

حتی شرکتهایی که در تمام قسمتهای یک بازار فعالیت می‌کنند نیز ناگزیر از بخش‌بندی هستند؛ چون مختصات و خصوصیات هر بخش متفاوت است.

راهبرد تقسیم‌بندی بازار، تعیین گروهی از مشتریان با نیازها و خواستهای مشابه است که معمولاً نسبت به یک ترکیب بازاریابی مفروض (آمیزه‌ی بازاریابی) عکس‌العمل یکسانی نشان می‌دهند و این ترکیب بهترین آمیخته‌ی بازاریابی برای این گروه است.

از این رو لازم است برنامه‌ریز بازار وظایف زیر را انجام دهد:

۱. یافتن بهترین روش تقسیم بازار مورد نظر
۲. انتخاب بخش یا بخشهایی از بازار که شرکت می‌تواند به‌نحو سودآوری در آن باقی بماند.
۳. مطالعه‌ی نیازها و خواستهای بخش انتخاب‌شده‌ی بازار
۴. شناخت بیشتر نسبت به شرایط خاص افراد و شرکتها در آن بخش بازار
۵. توسعه‌ی یک آمیخته‌ی بازاریابی خاص برای هر بخش از بازار

مزایای تقسیم‌بندی بازار

۱. شناخت بهتر خواستهای مشتریان و عرضه‌ی محصولات مورد تمایل هر بازار، و رضایت بیشتر خریداران به دلیل توجه مؤثر
۲. شناساندن بهتر شرکت و محصولات آن به مشتریان، با به‌کارگیری ابزارهای ترویج مناسب در هر بخش از بازار
۳. بازاریابی بهره‌ورتر با استفاده از منابع محدود بنگاههای اقتصادی و در نتیجه رضایت بیشتر شرکتها

۴. انتخاب بهترین شبکه‌های توزیع، متناسب با هر بخش از بازار

۵. قیمت‌گذاری متناسب با محصولات اختصاصی هر بخش از بازار

۶. در بازاریابی بخش‌بندی‌شده اگر تعداد رقبایی که به یک بخش از بازار توجه دارند معدود باشد، ممکن است شرکت با تعداد کمتری رقیب روبه‌رو شود.

شکل شماره‌ی ۱ مدل فرایند تقسیم‌بندی بازار را از نظر پال پیتر و جامز دونلی [1] نشـان می‌دهد.

شکل ۱ . مدل فرایند تقسیم‌بندی بازار

ترسیم وضعیت فعلی شرکت

ترسیم نیازها و خواستهای مشتریان

تقسیم‌بندی بازار بر اساس ابعاد

تعیین جایگاه محصول

اتخاذ استراتژی تقسیم

طراحی استراتژی آمیزه‌ی بازاریابی

1. Pal Peter & James Donley

در شکل شماره‌ی ۲ نیز مراحل تقسیم‌بندی بازار، تعیین بازار هدف، و تـعیین جـایگاه (موقعیت) از نظر فیلیپ کاتلر، پدر بازاریابی نوین، نشان داده شده است.

شکل ۲ . مراحل تقسیم‌بندی (بخش‌بندی) بازار، تعیین بازار هدف، و تعیین جایگاه

تعیین جایگاه بازار	۶. ارائـــه‌ی آمـــیزه‌ی بازاریابی برای هر یک از بخش‌های بازار
	۵. تعیین جایگاه برای هر یک از بخش‌های بازار
تعیین بازار مورد نظر	۴. گـزینش بـخش(یـا بخش‌های) مورد نظر
	۳. ارائــه‌ی مـعیارهایی بـرای تـعیین مـیزان جذابیت بخش‌های بازار
تقسیم‌بندی بازار	۲. ارائـه‌ی تـصویری از بخش‌های حاصل
	۱. شناسایی مبانی بـرای تقسیم‌بندی بازار

مالکوم مک‌دونالد و یان دان بار، استادان دانشکده‌ی مدیریت دانشگاه کرانفیلد، نیز تقسیم‌بندی بازار را در هفت مرحله مطرح می‌کنند که در شکل شماره‌ی ۳ نشان داده شده است.

شکل ۳ . مراحل تقسیم‌بندی بازار از دیدگاه مالکوم مک دونالد و یان دان بار

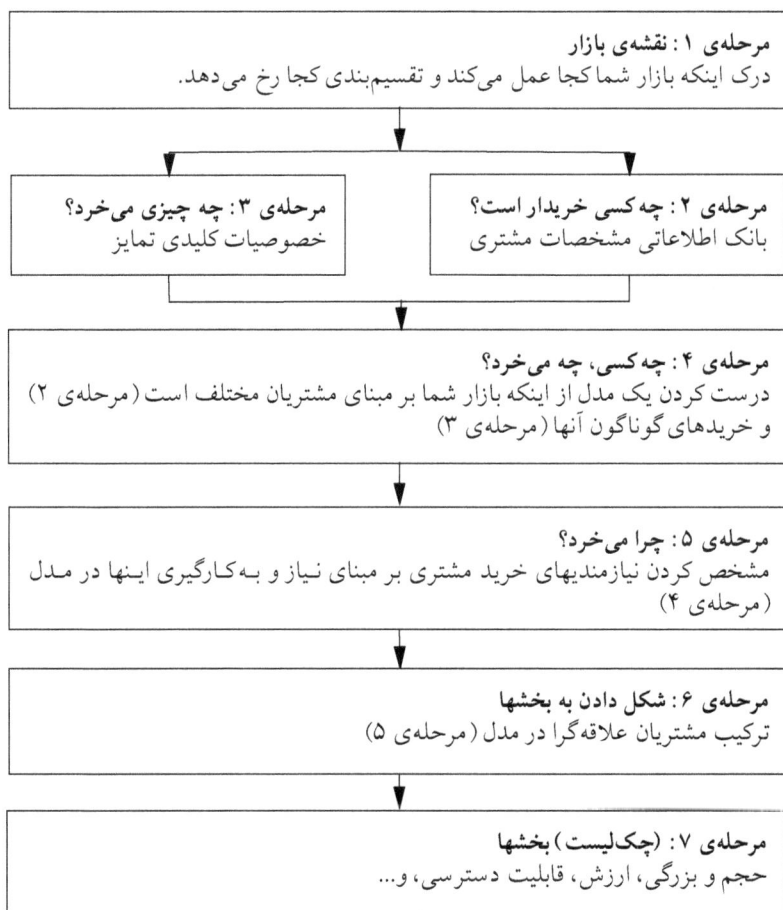

مرحله‌ی ۱ : نقشه‌ی بازار
درک اینکه بازار شما کجا عمل می‌کند و تقسیم‌بندی کجا رخ می‌دهد.
مرحله‌ی ۲ : چه کسی خریدار است؟
بانک اطلاعاتی مشخصات مشتری
مرحله‌ی ۳ : چه چیزی می‌خرد؟
خصوصیات کلیدی تمایز
مرحله‌ی ۴ : چه کسی، چه می‌خرد؟
درست کردن یک مدل از اینکه بازار شما بر مبنای مشتریان مختلف است (مرحله‌ی ۲) و خریدهای گوناگون آنها (مرحله‌ی ۳)
مرحله‌ی ۵ : چرا می‌خرد؟
مشخص کردن نیازمندیهای خرید مشتری بر مبنای نیاز و به‌کارگیری اینها در مدل (مرحله‌ی ۴)
مرحله‌ی ۶ : شکل دادن به بخشها
ترکیب مشتریان علاقه‌گرا در مدل (مرحله‌ی ۵)
مرحله‌ی ۷ : (چک‌لیست) بخشها
حجم و بزرگی، ارزش، قابلیت دسترسی، و...

تقسیم‌بندی پیشین و تقسیم‌بندی پسین

پال پیتر و جامز دونلی معتقدند در تقسیم‌بندی پیشین، مدیر بازاریابی تصمیم می‌گیرد تقسیم‌بندی را پیش از انجام هر گونه کارهای تحقیقات بازاریابی انجام دهد.

به عنوان مثال، مدیر بازاریابی تصمیم می‌گیرد که بازار باید بر اساس میزان مصرف مردم (هیچ، اندک، زیاد) تقسیم‌بندی شود.

در تقسیم‌بندی پسین، بازار بر مبنای یافته‌های تحقیقات بازاریابی به بخشهایی تقسیم می‌شوند. مثلاً مردمی که با آنها در مورد رفتارها، حالتها یا میزان خواص ویژه‌ای در مورد یک محصول مصاحبه شده است و طبق پاسخهایی که داده‌اند، طبقه‌بندی شده‌اند.

از نظر آنان هر دوی این دیدگاهها دارای ارزش هستند و اینکه از کدام استفاده شود، به میزان شناخت یک شرکت از بازار یک محصول خاص بستگی دارد. در تقسیم‌بندی پیشین، تجربه‌ی مدیر اهمیت بالایی دارد و اگر محصول جدید باشد، دیدگاه تقسیم‌بندی پسین اهمیت می‌یابد. چه از تقسیم‌بندی پیشین استفاده شود یا پسین، لازم است به ابعاد مناسب تقسیم‌بندی توجه کرد.

البته آن‌طور که از مطالعات سایر صاحبنظران بازاریابی برمی‌آید، بیشتر صاحبنظران تقسیم‌بندی پسین را که بر مبنای مطالعات بازار صورت گرفته است، مورد توجه قرارداده‌اند؛ آنها اذعان کرده‌اند که بازو و ابزار تقسیم‌بندی بازار، سیستم اطلاع‌رسانی و تحقیقات بازاریابی است و با تقسیم بازار، دستیابی به هدف بازارگردانی (مدیریت بازار) که شناسایی، شناساندن، و رضایت است، سریعتر و بهتر صورت می‌گیرد.

فیلیپ کاتلر، صاحبنظر برجسته‌ی بازاریابی، صراحتاً اعلام می‌دارد بعد از جمع‌آوری اطلاعات، تقسیم‌بندی بازار اهمیت زیادی دارد و در فرمول گامهای بنیادین فرایند بازاریابی، تقسیم‌بندی بازار را بعد از مرحله‌ی تحقیق و پژوهش می‌آورد. وی می‌گوید: یک روش سه مرحله‌ای که مؤسسات تحقیقات بازاریابی مورد استفاده قرار می‌دهند، عبارت است از:

۱. **مرحله‌ی بررسی:** در این مرحله، پژوهشگر برای دستیابی به آگاهیهایی در زمینه‌ی انگیزش، عقیده، و رفتار مصرفی، مصاحبه‌های گروهی و اکتشافی انجام می‌دهد.

۲. **مرحله‌ی تـجزیه‌وتحلیل:** در ایـن مـرحـله، پـژوهشگر بـرای از میان بـرداشتـن متغیرهای بسیار مرتبط، تجزیه‌وتحلیل انجام می‌دهد.

۳. **مرحله‌ی شرح وصف:** هر یک از قسمتها بر حسب عـقاید، رفتار، مشـخصات جمعیت‌شناختی، روانشناختی و رسانه‌شناختی توصیف می‌شوند.

الزامات تقسیم‌بندی اثربخش

تقسیم‌بندی، فرصتهای بخشهایی از بازار را آشکار می‌کند که عملکردهای شما با آنها مواجه خواهند شد. سازمان شما در بخش‌بندی بازار عوامل زیر را باید مورد توجه قرار دهد:

٭ **هدفهای سازمانی و منابع:** بخشهای بازار باید مـتناسب بـا هـدفهای سـازمان و منابع محدود آن باشند.

٭ **قابلیت اندازه‌گیری:** بخشهای بازار از نظر اندازه و قدرت خرید باید قابل سنجش باشند.

٭ **قابل دسترس بودن:** بخشها باید به‌طور اثربخش قابل سنجش باشند.

٭ **قابل توجه بودن:** بخشها به اندازه‌ی کافی بزرگ باشند یا قابل توجه باشند.

٭ **قابلیت افتراق:** بخشها باید به برنامه‌ها و عوامل آمیزه‌ی بازاریابی مختلف شرکت واکنشهای مختلف نشان بدهند (با هم تداخل نکنند).

٭ **قابل اجرا بودن:** بخشهای اثربخش را باید به گونه‌ای طرحریزی کرد که مناسب بخشهای مورد نظر باشد.

سطوح تقسیم‌بندی بازار

در شکل شماره‌ی ۴، سطوح تقسیم‌بندی بازار از دیـدگاه فیلیپ کـاتلر، بـرجسته‌ترین بازاریاب قرن، نشان داده شده است:

شکل ۴ . سطوح تقسیم‌بندی بازار از دید فیلیپ کاتلر

بازاریابی انبوه
بعضی از محصولات برای همه‌ی مشتریان (بازار بدون تقسیم‌بندی)

بازاریابی بخش‌بندی شده
محصولات مختلف برای یک بخش یا تعدادی از بخشها

بازاریابی مبتنی بر بخشهای ویژه‌ای از بازار
محصولات مختلف برای زیرمجموعه‌های بخشهای بازار

بازاریابی خرد
عرضه‌ی محصولات باب سلیقه‌ی افراد و محلهای خاص

بازاریابی محلی
عرضه‌ی محصولات با نام و نشان
تجاری خاص و ترویج خاص برای
مشتریان محلی

بازاریابی فردی
عرضه‌ی محصولات متناسب با نیازها
و سلیقه‌های تک‌تک مشتریان

در شرایط جدید، بازاریابی بین طیفی قرار می‌گیرد که یک سر آن بازاریابی انبوه است و سر دیگر آن بازاریابی انبوه سفارشی قرار دارد؛ هر چه تولید انبوه جای خود را به تولید انبوه سفارشی بدهد، اهمیت بخش‌بندی بیشتر نمایان می‌شود.

در دنیای قدیم و قبل از انقلاب صنعتی، تمام تولیدات بر اساس سفارش صورت می‌گرفت، اما پس از قرن هجدهم و اختراع ماشین، استانداردسازی یا سری‌سازی

صورت گرفت. در این نوع تولید، سرعت و میزان تولیدات افزایش یـافت؛ امـا امکـان انطباق با خواستهای خاص مشتریان وجود نداشت تا اینکه فناوری، شیوهی تولید انبوه سفارشی را به بازار معرفی کرد که بر مبنای آن در کنار تولیدات انبوه، مشتریان می‌توانند تا حد زیادی بر مبنای میل و خواست خویش، قطعات و مواد اولیه را انتخاب کنند تا پس از در کنار هم قرار گرفتن آنها، محصول باب میل مشتری عرضه شود.

سفارشی‌سازی انبوه عبارت است از قابلیت فراهم‌سازی کالا با طراحی خـاص بـه صورت انبوه، و برقرار ساختن ارتباط برای تأمین نیازهای هر یک از مشتریان. تولیدات انبوه سفارشی از سـویی سـفارشی اسـت، چـون بـر مبنای سـفارش مشـتری سـاخته می‌شوند؛ اما از سوی دیگر انبوه است، چون محدودیتهای تولید سفارشی را ندارد.

پس از بخش‌بندی بازار آیا باید شرکتها در یک بخش از بـازار کـار کـنند(بـازاریابی یک‌بخشی) و یا چند بخش را انتخاب کنند؟ در شکل شماره‌ی ۵، پال پیتر و جامز دونلی تفاوتهای استراتژی بازاریابی را برای بازاریابی انبوه، بازاریابی یک‌بخشی، و بـازاریـابی چندبخشی نشان داده‌اند.

شکل ۵. تفاوتهای استراتژی بازاریابی در بازاریابی انبوه، تک‌بخشی، و چندبخشی.

تفاوتهای استراتژی بازاریابی برای سه بخش			
عناصر استراتژی	**بازاریابی انبوه**	**تقسیم‌بندی تک‌بخشی بازار**	**تقسیم‌بندی چندبخشی بازار**
تعریف بازار	طیف وسیع مشتریان	یک‌گروه تعریف‌شده از مصرف‌کنندگان	دویاچندگروه‌تعریف‌شده از مصرف‌کنندگان
استراتژی محصول	تعداد محدودی از محصولات تحت یک نام تجاری برای انواع بسیار مشتریان	یک‌نام تجاری ساخته‌شده برای یک گروه مصرف‌کننده	یک نام تجاری مشخص برای هر گروه از مشتریان
استراتژی قیمت‌گذاری	یک طیف قیمت‌گذاری برای عموم	یک طیف قیمت برای گروه مشتریان	یک طیف مشخص قیمت برای هر گروه
استراتژی توزیع	تمام خروجیهای ممکن	تمام خروجیهای مناسب	تمام خروجیهای مناسب که برای هر گروه متفاوت است
استراتژی ترویج	رسانه‌ی گروهی	تمام رسانه‌های مناسب	تمام رسانه‌های مناسب که برای هر گروه فرق می‌کند
تأکید بر استراتژی	درخواست برای انواع گوناگون مشتریان از طریق یک برنامه‌ی بازاریابی یکسان وسیع	درخواست برای گروه مشتریان از طریق یک برنامه‌ی بازاریابی کاملاً خاص اما یکسان	درخواست برای دو یا چند استراتژی جمعی تقسیم‌بندی بازار، از طریق طرحهای بازاریابی تهیه شده برای هر بخش

مزیتهای بازاریابی یک‌بخشی عبارتند از:
- سهولت شناسایی و رابطه با مشتریان
- سهولت شناسایی رقبا
- سهولت انتخاب تأمین‌کنندگان برگزیده

اما بازاریابی یک‌بخشی معایبی هم دارد که عبارتند از:
- خطر زیاد شدن رقبا
- خطر تغییر سلیقه‌ی مشتریان

در مقابل انتخاب یک بخش از بازار، بازاریابی چندبخشی قرار می‌گیرد کـه شــامل مـزیتهایی به‌شرح زیر است:
- امکان کار در بخشهای مختلف بر حسب شرایط
- رهیافت تولید به مقیاس اقتصادی و کاهش هزینه‌ها
- دارا بودن امتیاز رقابتی

گوشه‌های ویژه‌ی بازار

بعضی از شرکتها نیز به دسته‌های کوچکتری از مشتریان می‌پردازند که نیازهای مشخص یا ترکیبی یگانه و بی‌مانند از نیازها را دارند.

مزیتهای این انتخاب عبارتند از:
- امکان شناسایی و رابطه با مشتریان افزایش می‌یابد.
- رقابت کمتر است.
- درآمد بالاتر است.
- اما معایب آن نظیر بازاریابی یک‌بخشی است.

بررسیهای صورت گرفته درباره‌ی دلایل موفقیت قهرمانان گوشه‌های ویژه‌ی بازار به موارد زیر تأکید دارد

- اینان به مشتریان، سخت پایبند هستند و کار عالی، خدمات مسئولانه، و تحویل به‌هنگام ارائه می‌کنند.
- مدیریت ارشد شرکت، پیوسته با مشتریان در تماس مستقیم است.
- پیوسته بر نوآوری و بالا بردن ارزشهای مشتری‌پسند تلاش می‌کنند.

یاخته‌های بازار

شرکتها ممکن است بخواهند گروههای بسیار کوچکتر از مشتریان را هم شناسایی کرده و در سیاستهای بازاریابی خود به آنها توجه ویژه کنند. چنین گروههایی را می‌توان یاخته‌های بازار نامید.

در این نوع بازاریابی نمی‌توان از پدیده‌ی صرفه‌جویی در مقیاس استفاده کرد، بنابراین هزینه‌ی بازاریابی بیشتر می‌شود و مسائل تدارکات و رساندن محصول به دست مشتری هم دشوارتر خواهد بود. البته با پیشرفت فناوری، این امکان وجود دارد که نقاط قوت این نوع بازاریابی بتواند کاستیهای آن را جبران کند.

بازاریابی مشتریان ویژه

این نوع بازاریابی، مدیریت بازار در سطح یک مشتری است که می‌تواند بر اساس بازاریابی دلخواه فرد یا بازاریابی دلخواه انبوه باشد که به آن بازاریابی در سطح خرد هم می‌گویند و مقصود از آن تدوین برنامه‌های بازاریابی و عرضه‌ی محصولات به گونه‌ای است که باب سلیقه‌ی افراد و ساکنان محلهای خاص می‌شود.

بازاریابی خرد شامل بازاریابی محلی و بازاریابی فردی یا تک‌به‌تک می‌شود. حرکتی که در جهت بازاریابی فردی انجام شده است، بازتاب روندی است که آن را «خودبازاریابی مصرف‌کننده» می‌نامند.

در حالی‌که روند گفتگوی دو جانبه گسترش می‌یابد و تبلیغات یک‌طرفه قدرت خود را از دست می‌دهد، اهمیت روش مبتنی بر خودبازاریابی روزبه‌روز افزونتر می‌شود؛ زیرا مشتریان می‌خواهند از طریق محصولاتی که می‌خرند، موجودیت خود را ابراز کنند.

بازاریابی دلخواه فرد یا بازاریابی تک‌به‌تک

بازاریابی تک‌به‌تک، مدیریت ارتباط با مشتری، مدیریت ارتباطات شرکت، صحبت با مشتری، بازاریابی در لحظه(آنی)، مدیریت ارتباطات و بازاریابی ارتباطی، همگی اسامی مشابهی هستند که بر مفهوم «ایجاد و مدیریت بر رابطه‌ی فردی با تک‌تک مشتریان» تکیه دارند.

در بازاریابی تک‌به‌تک، به‌جای نمونه‌برداری از مشتریان با کمک سه نوع از انواع فناوری کامپیوتر یعنی پایگاه داده‌ها، تعامل، و تولید انبوه سفارشی، می‌توان رابطه‌ای را برقرار ساخت که بر مبنای آن ادعا کرد مشتری را کاملاً شناخته‌ایم، زیرا اطلاعات وی در پایگاه داده‌های فروشنده قرار دارد و بنابراین قادر به جوابگویی نیازهای وی هستیم. این تعامل، سرآغاز یک سلسله تعاملات متوالی است تا بتواند زمینه‌ی ارتباطات غنی را در آینده پی‌ریزی کند.

فرایند اجرای برنامه‌ی بازاریابی تک به تک

۱. مشتری خود را بشناسید.
۲. مشتریان خود را متمایز کنید.
۳. با مشتریان خود تعامل داشته باشید.
۴. بعضی از رفتارهای سازمان خود را با مشتری تطبیق دهید.

در اجرای مراحل چهارگانه مزبور ضروری است که شرکتها، فلسفه‌های خود را بازنگری کنند، نگرشهای مدیران و کارکنان خود را تغییر دهند، و حتی فرهنگ سازمانی خود را مجدداً سازماندهی کنند. برای اجرای مفهوم تک‌به‌تک، ضروری است که شرکتها کل کسب‌وکار خود را از دیدگاه مشتری مورد بازنگری قرار دهند.

مبانی تقسیم‌بندی بازار در بازارهای مصرفی

بررسی منابع مختلف نشان می‌دهد که بازارهای مصرفی می‌توانند بر اساس خصوصیات و رفتارهای عملیاتی مختلف تقسیم‌بندی شوند که از جمله می‌توان به عوامل جغرافیایی، روانشناختی، جمعیت‌شناختی، رفتاری و روش زندگی، عملکردی،

خریداری (نظیر حجم خرید)، شخصی، قسمتهای برتری، موقعیتی یا مناسبتی و منافع مشترک اشاره کرد. هر چند تمام عوامل فوق در چهار دسته‌ی زیر قابل جمع شدن هستند:

الف. عوامل جغرافیایی: ناحیه، شهری یا روستایی، اندازه‌ی شهر، وسعت منطقه، تراکم بازار، شرایط جوی.

ب. **متغیرهای جمعیتی:** سن، جنسیت، نژاد، تعداد افراد خانواده یا چرخه‌ی حیات خانواده، طبقه‌بندی اجتماعی، شغل، تحصیلات، درآمد، مذهب، محل تولد و سکونت، نسل، ملیت.

ج. **متغیرهای رفتاری:** مقدار و تعداد مصرف، کاربرد نهایی، انتظارات وفاداری به محصول، حساسیت قیمت، نوع عادات، فرصتهای مناسب (موقعیتها)، نگرش، دانش و معلومات، مرحله‌ی آمادگی خریدار.

د. **متغیرهای روانشناختی:** صفات فردی و شخصیتی، محرکها، شیوه‌ی زندگی، حساسیت نسبت به عوامل بازاریابی

○ عوامل جمعیتی مدتها بهترین مبنا برای تقسیم بازار بوده است. یکی از دلایل آن این است که نیازهای مشتری و یا سرعت مصرف، بیشتر با متغیرهای جمعیت‌شناختی ارتباط دارد.

○ دلیل دیگر این است که این متغیرها راحت‌تر از متغیرهای دیگر قابل اندازه‌گیری هستند.

○ تقسیم‌بندی بازار بر اساس گروههای سنی، حاوی اطلاعات مفیدی برای مدیران خواهد بود. برای مثال این تقسیم‌بندی مشخص می‌سازد که چه درصدی از کل بازار را نوباوگان، کودکان، نوجوانان، و جوانان تشکیل می‌دهند.

○ طبقه‌ی کودکان که بین ۵ تا ۱۳ سال را تشکیل می‌دهند، سه نوع تأثیر در برنامه‌های بازاریابی دارند:

۱. ایشان می‌توانند بر تصمیمهای والدین خود تأثیر بگذارند.

۲. والدین بخش عمده‌ای از درآمد خود را صرف آنها می‌کنند.

۳. این گروه، خود نیز خریداران خوبی هستند.

○ نوجوانان ۱۳ تا ۲۰ سال، بخش مهمی از بازار را تشکیل می‌دهند که به‌سختی می‌توان به آن دست یافت؛ زیرا بسیار متفاوت هستند و بسته به فرهنگ و آداب و رسوم خود دارای علائق متنوعی هستند. با تمام اینها رفتار مصرفی این گروه سنی بین کشورهای مختلف شباهتهای زیادی با یکدیگر دارند و اغلب علاقه‌مند به مد، موسیقی، و سبک زندگی خاص خود هستند.

○ مصرف‌کنندگان جوان ممکن است هنوز خود را با هنجارهای فرهنگی موجود هماهنگ نکرده و در واقع با آنها مخالف نیز باشند.

این حقیقت به علاوه‌ی نیازهای جهانی، علائق، و آمال مشترک موجب شده است تا بتوان به این بخش بازار، با برنامه‌ی بازاریابی نسبتاً یکسان دسترسی پیدا کرد. انقلاب ارتباطات راه دور جهانی مانند ماهواره، یکی از نیروهای حساس و مهم در ظهور و تقویت این بخش از بازار است.

○ افراد مسن که ترکیب سنی آنها ۵۰ سال به بالاست، بیشتر خریداران کالاهای زینتی و گران‌قیمت خانه هستند.

○ با تمام این اوصاف باید اذعان داشت که سن نمی‌تواند شاخص مناسبی برای تعیین چرخه‌ی زندگی، میزان سلامت، وضع خانوادگی فرد، نوع نیاز و قدرت خریدار باشد.

○ چرخه‌ی حیات خانواده شامل مراحل زیر است:

۱. مرحله‌ی تجرد
۲. زوجهای جوان بدون فرزند
۳. خانواده‌ی کامل شماره‌ی ۱ شامل زوجهای جوان با فرزندان خردسال
۴. خانواده‌ی کامل شماره‌ی ۲ شامل زوجهای میانسال با فرزندان وابسته
۵. آشیانه‌ی خالی: زوجهای مسن که فرزندانشان با آنها زندگی نمی‌کنند
۶. افراد مسن مجردی که هنوز مشغول به کارند یا بازنشسته شده‌اند.

تقسیم‌بندی بازارهای صنعتی

عوامل مؤثر در تقسیم‌بندی این بازارها بدین شرح هستند:

- نوع صنعت
- اندازه‌ی شرکت
- مناطق جغرافیایی
- شیوه‌ی خرید
- منافعی که در پی آن هستند

- میزان وفاداری
- نرخ مصرف
- طبقه‌ی اجتماعی مصرف‌کننده
- و...

کاتلر، متغیرهای اصلی قسمت‌بندی بازارهای تجاری را در جدول زیر نشان داده است:

جدول ۱. متغیرهای تقسیم‌بندی بازارهای تجاری

جمعیت‌شناختی:

۱- **صنعت:** به کدام یک از صنایع باید خدمت کنیم؟

۲- **اندازه‌ی شرکت:** به شرکتهایی در چه اندازه، خدمت کنیم؟

۳- **محل اسکان:** به کدام مناطق جغرافیایی خدمت رسانیم؟

متغیرهای عملیاتی:

۴- **فناوری:** به کدام فناوریهای مربوط به مشتری توجه بیشتری کنیم؟

۵- **وضعیت استفاده‌کننده/ غیراستفاده‌کننده:** آیا به افراد پرمصرف، با مصرف متوسط یا کم‌مصرف، یا به کسانی که اصلاً از محصول استفاده نمی‌کنند (غیراستفاده‌کنندگان) خدمت کنیم؟

۶- **قابلیتهای مشتری:** آیا به مشتریانی که به خدمات زیادی نیاز دارند یا آنهایی که خدمات کمتری نیاز دارند، خدمت کنیم؟

شیوه‌های خرید:

۷- **سازمان خرید:** آیا به شرکتهایی خدمت کنیم که دارای سازمان خرید متمرکز هستند یا آنهایی که از شیوه‌ی خرید غیرمتمرکز پیروی می‌کنند؟

۸- **ساختار قدرت:** آیا به شرکتهایی خدمت کنیم که بیشتر گرایش مهندسی دارند یا گرایش مالی و غیره؟

۹- **ماهیت روابط موجود:** آیا به شرکتهایی خدمت کنیم که با آنها هم‌اکنون روابط مستحکمی داریم یا به‌سادگی به‌دنبال شرکتهایی برویم که جزء مهمترینها هستند؟

۱۰- **سیاستهای عمومی خرید:** آیا به دنبال شرکتهایی برویم که به دنبال کرایه یا اجاره هستند؟ یا آنهایی که در پی انعقاد قراردادهای خدماتی‌اند؟ یا شرکتهایی که خریدار سیستمی هستند؟ یا خواهان ارائه‌ی پیشنهاد؟

۱۱- **معیارهای خرید:** آیا به دنبال شرکتهایی باشیم که کیفیت، خدمات، یا قیمت فروش را دنبال می‌کنند؟

عوامل وضعیتی:

۱۲- **فوریت:** آیا به شرکتهایی توجه کنیم که به تحویل سریع و آنی نیاز دارند یا خدمات؟

۱۳- **کاربرد خاص:** آیا به موارد استفاده‌ی خاص از محصول خود توجه کنیم یا به چندمنظوره بودن آن؟

۱۴- **اندازه‌ی سفارش:** به سفارشهای بزرگ یا کوچک توجه کنیم؟

خصوصیات فردی:

۱۵- **شباهت خریدار - فروشنده:** آیا به شرکتهایی خدمت برسانیم که از نظر کارکنان و ارزشها همانند خود ما هستند؟

۱۶- **عقیده نسبت به مخاطره:** آیا به مشتریانی خدمت برسانیم که مخاطره‌پذیرند یا آنهایی که از ریسک اجتناب می‌کنند؟

۱۷- **وفاداری:** آیا به شرکتهایی خدمت کنیم که نسبت به فروشندگان خود وفاداری زیاد نشان می‌دهند؟

✓ برای طبقه‌بندی یک بازار، هیچ راه منحصربه‌فردی وجود ندارد. یک بازاریاب باید بکوشد متغیرهای متفاوتی را که توان بازار را بر آن اساس طبقه‌بندی می‌کنند شناسایی، و برای ساختار بازار، بهترین راه را شناسایی کند.

استفاده از مبناهای متعدد برای تقسیم‌بندی بازار

به‌ندرت امکان دارد که بازاریابها برای بررسی بخشهای گوناگون بازار به مطالعه‌ی یک یا چند متغیر اکتفا کنند بلکه، آنها برای شناسایی گروهها و بازارهای کوچک مورد هدف، از مبانی متعدد در تقسیم‌بندی بازار استفاده می‌کنند.

تــقسیم‌بندی بــازار بــر مــبنای بــخشهای جغرافیایی ـ جمعیت‌شناسی، یکی از شناخته‌ترین روشهایی است که شرکتها در تقسیم‌بندی بازار از متغیرهای متعدد استفاده می‌کنند.

این نوع تقسیم‌بندی باعث می‌شود بتوان تقاضاها را به صورتی دقیقتر مشخص کرد، بازارهای مورد هدف را انتخاب، و در تبلیغ و ترویج از پیامهای خاصی استفاده کرد.

بیشتر شرکتها با استفاده از یک مبنا، بازار خود را تقسیم‌بندی مــی‌کنند و سپس با استفاده از مبناهای دیگر، این بازارها را گسترش می‌دهند.

تقسیم‌بندی بازارهای بین‌المللی

تقسیم‌بندی در بازار خارج دو مرحله دارد؛ نخست شرکتها باید تقسیم‌بندی کشورها را انجام دهند و پس از انتخاب کشورهای هدف، تقسیم‌بندی بازارهای داخل آن کشورها را مشخص کنند.

عوامل متعددی در تقسیم‌بندی کشورها برای انتخاب بازار هدف مهم هستند مانند:

○ **عوامل فرهنگی:** نظیر مسائل اجتماعی، مکتبهای اجتماعی، میزان پذیرش کالای خارجی، سواد و آموزش، زبان گویا و زبان غیرگویا، مـذهب، آداب و رسوم، ارزشها، باورها، نگرش مادی، زیباشناسی، موقعیت، دید مردم نسبت به زمان، میزان فضا، اهمیت به سلامت و بهداشت، هدیه دادن، روانشناسی رنگها، روش زندگی، وعده‌های غذا خوردن، سلیقه و ذائقه، میزان صراحت، اخلاق، و...

○ **عوامل اقتصادی:** نظیر تورم، درآمد سرانه، قدرت خرید، تولید ناخالص داخلی، تولید ناخالص ملی، درجه‌ی بازبودن اقتصاد، محدودیت ارز، مالیات، تـعرفه‌ی واردات، درجه‌ی ریسک‌پذیری، حمایتها و سیاستهای سرمایه‌گذاری، مـوانع تجاری غیرتعرفه‌ای، و...

○ **عوامل جمعیت‌شناسی:** نظیر میزان‌جمعیت، ترکیب جمعیت، تناسب زن و مرد، و...

○ **عوامل سیاسی:** نظیر عضویت در سازمانهای جـهانی، ریسک سـیاسی، ریسک منطقه‌ای، وضعیت قانونگذاری، ثبات قوانین، سیاستهای دولت مانند تعرفه‌های گمرکی، ثبات قوانین، حمایت دولتها، و...

○ **عـوامـل فـناوری:** نظیر دید حکومت نسبت به فناوری، جذابیت فـناوری، میزان تغییرپذیری، میزان و موقعیت محل مراکز آموزشی، زیرساختها، و...

○ **عوامل جغرافیایی:** نظیر آب و هوا، شبکه‌ی راهها

○ **عوامل مربوط به بازار:** نظیر حجم بازار، وضعیت بازار از نظر کیفیت مـحصول مورد نیاز، بازار بالقوه، تفاوتهای بازار (چه تغییراتی باید در محصول داده شود)، ویژگیهای محصولات شرکت در همخوانی با خواست بازارها، میزان رقابت در بازارها

○ **عوامل مربوط به شرکت و صنعت:** نظیر تأمین‌کنندگان، تسلط نیروهای شرکت، قدرت شبکه‌ی توزیع، و...

○ تقسیم‌بندی بازارهای جهانی بر اساس عوامل فوق سبب می‌شود تا مجموعه‌ای از کشورها را در گروههای خاصی قرار دهیم، ولی بـرخـی از شـرکتها از روش دیگری استفاده می‌کنند که آن را تقسیم‌بندی «هم‌نیاز»، «متجانس»، یا «همگون» می‌نامند. با استفاده از این روش، آنها مصرف‌کنندگانی را که دارای نیازها و رفتارهای مشابه هستند اما احتمالاً درکشورهای مختلف قراردارند، در یک گروه قرار می‌دهند.

نظیر:

مرسدس بنز ← طبقه‌ی مرفه دنیا

پپسی ← نوجوانان جهان

پال پیتر و جامز دونـلی، مبناهای تـقسیم‌بندی مفید بـرای مصرف‌کننده و بـازارهـای خریداران سازمانی را در بازارهای بین‌المللی در جدول شماره‌ی ۲ نشان داده‌اند:

جدول ۲. مبناهای تقسیم‌بندی مفید برای مصرف‌کننده و بازارهای خریداران سازمانی

مبنای تقسیم‌بندی	مثال‌هایی از تقسیمات بازار
جغرافیایی:	
قاره‌ها	افریقا، آسیا، اروپا، امریکای شمالی، امریکای جنوبی
مناطق جهانی	آسیای جنوب‌شرقی، مدیترانه
کشورها	چین، کانادا، فرانسه، ایالات متحده، برزیل
مناطق کشورها	شمال‌شرقی اقیانوس آرام، آتلانتیک میانی، غرب میانی
شهر، روستا	زیر ۵ هزار نفر تا ۱۹/۹۹۹ نفر، ۲۰هزار تا ۴۹/۹۹۹ نفر، ۵۰ هزار نفر به بالا
تراکم جمعیت	شهری، نیمه شهری، روستایی
آب و هوا	گرمسیر، مرطوب، سرد
آماری:	
سن	زیر ۶ سال، ۶ تا ۱۲ سال، ۱۳ تا ۱۹ سال، ۲۰ تا ۲۹ سال، ۳۰ تا ۳۹ سال، ۴۰ تا ۴۹ سال، ۵۰ سال به بالا
جنسیت	زن، مرد
اندازه‌ی خانواده	۱ تا ۲ نفر، ۳ تا ۴ نفر، بیش از ۴ نفر
چرخه‌ی عمر خانواده	مجرد، متأهل جوان، متأهل بچه‌دار، تنها
درآمد	زیر ۱۰ هزار دلار در سال، ۱۰ تا ۱۹/۹۹۹ هزار دلار، ۲۰ تا ۲۹ هزار دلار، ۳۰ تا ۳۹ هزار دلار، ۴۰ تا ۴۹ هزار دلار، بالای ۵۰ هزار دلار
تحصیلات	تحصیلات ابتدایی یا کمتر، دبیرستان، دیپلم، فارغ‌التحصیل دانشگاه، مشاغل دانشگاهی، مدرک دانشگاهی
وضعیت تأهل	مجرد، متأهل، مطلقه، بیوه
اجتماعی:	
فرهنگ	امریکایی، اسپانیایی، افریقایی، آسیایی، اروپایی
خرده‌فرهنگ	
مذهب	یهودی، کاتولیک، مسلمان، مورمون، بودایی
نژاد	اروپایی‌امریکایی، آسیایی‌امریکایی، افریقایی‌امریکایی، اسپانیایی‌امریکایی
ملیت	فرانسوی، مالزیایی، استرالیایی، کانادایی، ژاپنی
طبقه‌ی اجتماعی	بالا، متوسط، کارگر، پایین

ادامه در صفحه‌ی بعد

مبنای تقسیم‌بندی	مثالهایی از تقسیمات بازار
عقاید و احساسات:	
دانش	کارشناس، مبتدی
درگیری	زیاد، متوسط، کم
تمایل	مثبت، بی‌تفاوت، منفی
منفعت‌خواهی	راحتی، اقتصادی بودن، پرستیژ
خلاقیت	خلاق، سازگاری سریع، پیشتاز اولیه، پیشتاز ثانویه، کند، ناسازگار
مرحله‌ی آمادگی	ناآگاه، آگاه، علاقه‌مند، مشتاق
ریسک‌پذیری	بالا، متوسط، ضعیف
رفتار:	
استفاده از رسانه	روزنامه، مجله، تلویزیون، اینترنت
استفاده از وسایل ارتباط‌جمعی خاص	ورزشی، زندگی
شیوه‌ی پرداخت	نقد، حواله، کارت اعتباری، حواله‌ی پستی، چک
وضعیت وفاداری	هیچ، اندکی، کاملاً
میزان مصرف	کم، متوسط، زیاد
وضعیت مصرف‌کننده	هیچ، مصرف‌کننده‌ی قبلی، مصرف‌کننده‌ی فعلی، مصرف‌کننده‌ی بالقوه
وضعیت مصرف	کار، خانه، تعطیلات، سفر
دیدگاههای مرکب:	
روان‌نگاری	مطیع، ستیزه‌جو، جنگجو
فرد/ وضعیت	دانشجویان برای ناهار
ژئودموگرافیک	ایلات کارگرنشین شهرها و شهرهای دانشجویی
بازارهای خرید سازمانی:	
وفاداری به تأمین‌کنندگان	مثالهایی از تقسیمات بازار
اندازه‌ی شرکت	محصول را فقط از یک، دو، سه، چهار تأمین‌کننده می‌خرد
حجم خرید	کوچک، متوسط، بزرگ از لحاظ صنعت
درخواست برای محصول	تولید، نگهداری، اجزای محصول
نوع سازمان	تولیدکننده، بازیافت‌کننده، نماینده‌ی دولت، بیمارستان
محل	محدوده‌ی فروش شمال، جنوب، شرق، غرب
وضعیت خرید	مشتری جدید، خرید فصلی، خرید کلی، خرید نمی‌کند
اهمیت تمایل	قیمت، خدمت، اعتماد به تأمین

همان‌طور که یک محصول دارای چرخه‌ی عمر است و پس از مراحل تولد و معرفی، و رشد و بلوغ، نهایتاً به مرحله‌ی نزول می‌رسد و همان‌طور که یک سازمان و حتی یک تبلیغ نیز دارای چرخه‌ی عمر است، قسمت‌بندی بازار نیز دارای تغییر است. پس قسمت‌بندی بازار باید به‌طور دوره‌ای مورد بررسی مجدد قرار گیرد و متناسب با زمان و شرایط، تقسیم‌بندی جدید صورت گیرد و سپس عملیات بعدی که عبارتند از تعیین بازار یا بازارهای هدف و موقعیت‌یابی در آن بازارها، انجام شود.

نتیجه‌گیری

خواستها و احتیاجات متفاوت مشتریان در بازارهای مختلف و گسترش رقابت، لزوم تخصصی‌تر شدن فعالیت بازاریابی بنگاههای اقتصادی را افزایش داده است. دیگر نمی‌توان برای تمام بازارها نسخه‌ی واحد و محصول یکسان با شیوه‌ی تبلیغات مشابه و روشهای توزیع و قیمت‌گذاری واحد ارائه کرد. به‌همین دلیل تقسیم‌بندی بازار به عنوان فرایند شکستن یک بازار ناهمگن به بازارچه‌های همگن اهمیت می‌یابد.

پس از تحقیقات بازاریابی، تقسیم‌بندی بازار به عنوان پیش‌زمینه‌ی تعیین بازار هدف مطرح می‌شود.

تقسیم‌بندی بازار در بازارهای مصرفی، صنعتی یا تجاری و بازارهای بین‌المللی کاربرد دارد و به عنوان یک رکن از ارکان بازاریابی استراتژیک مطرح شده است.

با تقسیم‌بندی بازار، ضمن سهولت کارها، رضایت بنگاههای اقتصادی و رضایت مشتریان و مصرف‌کنندگان افزایش می‌یابد و با افزایش بهره‌وری، بنگاهها می‌توانند از منابع محدود خویش استفاده‌ی مطلوبتری ببرند و در ایجاد، و توسعه‌ی رابطه‌ی برد/برد بین شرکت و مشتریان گام بردارند.

فصل دهم

▼

تعیین بازار هدف در بازارهای
داخلی و بین‌المللی و شیوه‌های
نفوذ به بازارهای بین‌المللی

بخشی از مطالب این فصل در نشریه‌ی عصر تبلیغات و بازاریابی شماره‌ی ۴، با عنوان «رعایت قواعد لازم برای صادرات موفق با تکیه بر تحقیقات بازاریابی» منتشر شده است.

چکیده

پس از تقسیم‌بندی بازار، شرکت می‌تواند فرصتهای موجود را در بخشهای مختلف بازار شناسایی کند. پس از آن، شرکت باید بخشهای مختلف را مورد ارزیابی قرار دهد و مشخص کند کدامیک را باید مورد هدف قرار دهد.

در این بخش ضمن تعریفی از بازار هدف، چگونگی ارزیابی بخشها و انتخاب بازار یا بازارهای هدف معرفی می‌شود و استراتژیهای مربوط مورد بررسی قرار می‌گیرد، سپس ماتریس انتخاب بازار هدف خصوصاً در بازارهای بین‌المللی معرفی می‌شود. در پایان، شیوه‌های مختلف نفوذ به بازارهای بین‌المللی معرفی شده‌اند.

مقدمه

بازار هدف عبارت است از مجموعه‌ای از خریداران که دارای نیازها یا ویژگیهای مشترک هستند و شرکت می‌تواند درباره‌ی تأمین این نیازها تصمیم‌هایی بگیرد؛ به عبارت دیگر، بازار هدف بخشی از کل بازار است که دارای خصوصیات مشترک‌اند (بازارچه‌هایی که پس از تقسیم‌بندی بازار تشکیل می‌شوند) و شرکت نیز توان و آمادگی رقابت کردن در آن بازار را دارد. بنابراین آن بخش را به عنوان محل فعالیت بنگاه اقتصادی انتخاب می‌کند.

ارزیابی بخشهای بازار

عوامل زیر در ارزیابی بخشهای بازار مؤثر هستند:

الف. اندازه و رشد بازار: شرکت باید در مورد میزان فروش کنونی، نرخ رشد، و

سودآوری مورد نظر برای بخشهای مختلف بـازار، دادههـایی را جـمعآوری و تجزیهوتحلیل کند.

ب. جذابیت بازار از نظر ساختار: عوامل قابل توجه عبارتند از: رقابت، کـالاهای جانشین، قدرت چانهزنی مشتریان، قدرت عرضهکنندگان و تازهواردها.

ج. منابع و هدفهای شرکت: نظیر مهارتهای شرکت و منابع شرکت.

نکته: شرکت تنها باید وارد بخشهایی از بازار بشود که بتواند نسبت به شرکتهای رقیب، ارزشهای بیشتری به مشتریان ارائه کند و از نظر رقابت برتری داشته باشد.

استراتژیهای پوشش بازار

برای انتخاب بازار هدف، سه استراتـژی یکسـان (یکنـواخت)، تـفکیکی (مـتمایز)، و تمرکزی (متمرکز) مورد توجه است.

استراتژی بازاریابی یکسان (یکنواخت):

در این استراتژی، بازاریاب به بخش خاصی از بازار توجه ندارد بلکه، ویژگیهای مشتریان بالقوه در کل بازار را مورد توجه قرار میدهد و محصولات خود را با توجه به این ویژگیها تولید و به کل بازار روانه میکند.

در این استراتژی، شرکت کسب سهم کوچکی از یک بازار بزرگ را مورد نظر دارد. با انتخاب این استراتژی، شرکت تلاش میکند هزینههای تولید مـحصولات و هـمچنین هزینههای تبلیغات و ترفیع را کاهش دهد. به دلیل عدم تمرکز بـر هـمهی ابـعاد نیاز و خواستهی مشتریان، این استراتژی در جلب رضایت مشتریان چندان موفق نیست. این استراتژی در بازارهای رقابتی نیز مورد استقبال قرار نـمیگیرد. شرکتها اغلب هـنگام ارائهی محصول جدید از استراتژی یکسان استفاده میکنند.

استراتژی بازاریابی تفکیکی (متمایز):

در این استراتژی، شرکت یک یا چند بخش و گاهی همهی بخشهای بازار را انتخاب، و آمیختهی بازاریابی خـود را برای هر بخش بهطور جداگانه طراحی میکند؛ بدیهی است که هزینههای تولید و بازاریابی در این حـالت افـزایش مـییابد و البته احتمال جلب رضایت مشتریان بخشهای مختلف بازار نیز افزایش مییابد.

استراتژی بازاریابی تمرکزی:

در این استراتژی، شرکت معمولاً یک بخش کوچک از بازار را انتخاب، و تلاش می‌کند سهم بزرگی از آن بخش را به خود اختصاص دهد. شرکتهای با منابع محدود، بویژه هنگام تأسیس شرکت، از این استراتژی استفاده می‌کنند.

در استفاده از این استراتژی از آنجا که عدم موفقیت در بخش انتخابی منجر به عدم موفقیت شرکت می‌شود، ریسک استفاده از این استراتژی زیاد است. از مزیتهای استراتژی بازاریابی تمرکزی آن است که ویژگیها، نیازها، و خواسته‌های مشتریان بالقوه به‌خوبی شناخته می‌شود و امکان موفقیت در جلب رضایت مشتریان، بویژه در صورت کم بودن تعداد رقبا، زیاد می‌شود.

واکنشهای اجتماعی تعیین بازار هدف

- تعیین بازار هدف هوشمندانه، به شرکتها و مشتریان به صورت مشابه کمک می‌کند.
- تعیین بازار هدف در بعضی از مواقع موجب بحث و جدلها و نگرانیهایی در شرکت می‌شود.
- تعیین بازار هدف می‌تواند معایب و مضاری داشته باشد.
- اینترنت به‌صورت لجام‌گسیخته به مرزها حمله می‌کند و به‌صورت عملی این فرایند قابل کنترل و بازگرداندن به گذشته نیست. از این رو شرکتها ناچارند واقعیت اینترنت را بپذیرند تا با به‌کارگیری فلسفه‌ی حضور در اینترنت، بتوانند از مزایای آن استفاده کنند، ضمن اینکه با بهره‌گیری از نظر متخصصان، مواظب معایب و تهدیدات آن نیز باشند.
- چون جذابیت بازارها محدود است و نرخ برگشت سرمایه در بازارهای مختلف متفاوت است، بنابراین تعیین بازار هدف یک ضرورت است.
- چون مشتریان، کیفیت را در ارتباط با تخصص می‌دانند، پس برای آنان نیز مهم است که بدانند رشته‌ی کاری شما چیست.
- جذابیت بازارهای هدف با به‌کارگیری مدلهایی چون تجزیه‌وتحلیل رقابتی پورتر و TOWS (SWOT سابق) امکانپذیر است.

معیارهای مهم در جذابیت بازار

معیارهای زیر در جذابیت بازار مهم هستند. این معیارها در بازارهای داخلی و بین‌المللی کاربرد دارند:

* اندازه‌ی بازار (حجم بازار)
* میزان رشد اقتصادی بازار هدف در بلندمدت و کوتاه‌مدت
* میزان رشد مصرف محصول مربوطه در بلندمدت و کوتاه‌مدت
* میزان رقابت در بازار هدف
* دوام بنگاه اقتصادی در بازار هدف
* هزینه‌ی رساندن محصول به بازار هدف و در دسترس مشتری قرار دادن
* سودآوری در حال و آینده
* قابل دسترس بودن بازار
* تصورات سازمانی بازار هدف از بنگاه اقتصادی و کشور مبدأ
* دلایل استراتژیک بنگاه اقتصادی
* توانایی منابع داخلی

قابلیتهای یک شرکت در ورود به بازارهای بین‌المللی

* مهارتهای لازم برای توفیق در بازار هدف
* منابع لازم برای فعالیتهای بازاریابی در بازار هدف
* امکان انطباق متناسب با خواست مشتریان بازار هدف
* مزیت رقابتی برای متقاعد کردن مشتریان در مقابل مزیتهای رقبا

ماتریس تعیین بازار هدف

با در نظر گرفتن سه عامل مهم زیر، ماتریس تعیین بازار هدف تشکیل می‌شود:

الف. توان رقابتی: منظور قدرت بنگاه اقتصادی و مزیتهای رقابتی آن برای مقابله با رقبا در بازار هدف است. بدیهی است هر قدر تعداد رقبا کمتر یا قدرت آنها پایینتر باشد، توان رقابتی بنگاه اقتصادی شما بالاتر خواهد بود.

ب. **جذابیت بازار:** در نظر گرفتن معیارهای مهم که در قسمت مربوط (صفحه‌ی قبل) به آنها اشاره شد.

ج. **ریسک:** در نظر گرفتن مخاطرات حضور در بازار، نظیر احتمال از بین رفتن سرمایه یا خطرات ناشی از تهدیدات دولت و...

با در نظر گرفتن سه عامل فوق، ماتریس زیر تشکیل می‌شود:

ماتریس رابطه‌ی بین جذابیت بازار و قابلیتهای شرکت با اضافه شدن عامل ریسک

ریسک	توان رقابتی	جذابیت بازار: پایین	متوسط	بالا
بالا	بالا			
	متوسط			
	پایین			
پایین	بالا			
	متوسط			
	پایین			

- در هر یک از خانه‌های فوق، نام یک بازار هدف نوشته می‌شود، بدیهی است تعیین اینکه هر بازار در کدام خانه باشد از تحقیقات بازاریابی و بررسیهای مربوطه عملی خواهد بود و جداً باید از حدس و گمان پرهیز کرد.
- هر یک از خانه‌های فوق را که در نظر بگیرید، عامل جذابیت بازار، ریسک، و توان رقابتی قابل مطالعه خواهند بود و بر آن اساس، مدیران تصمیمهای عدم حضور یا حضور در آن بازار و نوع حضور در بازار را نیز اتخاذ می‌کنند.
- منظور از نوع حضور در بازارهای بین‌المللی، شیوه‌های نفوذ در آن بازارهاست.

تصمیم‌گیری درباره‌ی شیوه‌ی ورود به بازار بین‌المللی

بنگاه اقتصادی پس از اینکه بازاری از یک کشور دیگر را به عنوان بازار هدف خویش

انتخاب کرد، باید بهترین روش را برای ورود به آن کشور انتخاب کند.

استراتژیهایی چون صادرات، سرمایه‌گذاری مشترک، و سرمایه‌گذاری مستقیم، از مسیرهایی است که شرکت با گام برداشتن در آنها می‌تواند وارد بازارهای بین‌المللی شود.

این خط‌مشی‌ها به ترتیب آورده می‌شوند و آغاز هر یک از آنها مستلزم قبول ریسک بیشتری است، اما سودآوری بالقوه‌ی بیشتری را نیز به همراه دارد. ضمن آنکه تعهد بنگاه اقتصادی نسبت به آن بازار نیز افزایش خواهد یافت.

صادرات

صادرات، ساده‌ترین راه برای ورود به یک بازار بین‌المللی است. ممکن است شرکت گاهی به صورت انفعالی یا غیرفعال، مازاد تولید خود را به کشور دیگری صادر کند و یا نقشی فعال بر عهده گیرد و دامنه‌ی صادرات خود را به یک بازار خاص بکشاند. در هر دو شیوه، شرکت، کالاها را در کشور خود تولید می‌کند و برای صدور به بازار خارجی در محصولات تغییراتی ایجاد کرده و یا با همان کیفیت آن را صادر می‌کند. اما معمولاً صادرات، مستلزم حداقل تغییراتی است که یک شرکت در خط محصولات، سازمان شرکت، سرمایه‌گذاری، یا رسالت شرکت می‌دهد.

اصولاً شرکتها، صادرات را با صادرات غیرمستقیم آغاز می‌کنند؛ یعنی از طریق واسطه‌های بازاریابی مستقل جهانی، اقدام به صدور کالا می‌کنند. صادرات غیرمستقیم کالا، نیاز به سرمایه‌گذاری کمتری دارد، زیرا شرکت در این حالت نیاز به تماس خارجی یا وجود فروشندگان در خارج از کشور ندارد.

همچنین صادرات غیرمستقیم، ریسک کمتری هم دارد؛ زیرا تحت این شرایط شرکت نیازی به تماس خارجی یا وجود فروشندگان در خارج ندارد و واسطه‌های بازاریابی بین‌المللی نظیر بازرگانان محلی یا نمایندگیها، مؤسسات تعاونی و شرکتهای تخصصی صادرات هستند که خود، اطلاعات و دانش لازم را برای ایجاد ارتباط ارائه می‌کنند. اینگونه شرکت فروشنده دچار لغزشها و خطاهای کمتری نیز می‌شود.

در صورتی که شرکت فروشنده، خود اقدام به صادرات مستقیم کالا کند، ناگزیر است که امور مربوط به صدور کالا را نیز عهده‌دار شود. در این استراتژی، میزان

سرمایه‌گذاری و ریسک بیشتری وجود دارد، ولی به همین نسبت بازده بالقوه هم افزایش می‌یابد. یک شرکت برای صادرات مستقیم کالا، راههای متعددی پیش‌رو دارد. شرکت می‌تواند یک واحد صادرات ایجاد کند که فعالیتهای صادراتی را انجام دهد، یا یک شعبه‌ی فروش در خارج ایجاد کند که امور مربوط به فروش، توزیع، و فعالیتهای ترفیعی و تشویقی را برای افزایش فروش انجام دهد.

شعبه‌ی فروش شرکت در خارج، این امکان را به وجود می‌آورد که حضور بیشتری در بازار مربوطه داشته باشد و کنترل بیشتری در برنامه‌ها اعمال کند. شعبه‌ی فروش، بیشتر نقش نمایشگاه و مراکز ارائه‌ی خدمات به مشتریان را نیز به‌عهده دارد. همچنین شرکت می‌تواند در زمانهای مشخص، فروشندگان محلی را به خارج بفرستد تا آنها فرصتهایی را برای فعالیت شرکت شناسایی کنند. سرانجام اینکه، شرکت می‌تواند از طریق توزیع‌کنندگان مستقر در شرکتهای دیگر که کالاهای شرکت را می‌خرند، یا از طریق نمایندگیهای مستقر در خارج که از طرف شرکت کالاها را می‌فروشند، اقدام به صدور کالا کند.

در خـصـوص تـوفیق صـادرات، وظایفی بـه‌عهده‌ی دولت، مجلس، و بـنگاههای اقتصادی است که در این قسمت به بعضی از این موارد اشاره می‌شود:

وظایف دولت

۱. ارتباط نزدیک و هماهنگی کامل بین تمام دستگاههای دولتی که به‌نحوی در امر صادرات دخیل هستند تا تصمیمها و فعالیتهای آنها سبب خنثی شدن سیاستهای یکدیگر نشود؛ به عبارتی در خانواده‌ی دولت، لزوم نگرش سیستمی کـه بـا ویژگیهای جامع‌نگری و کل‌نگری همراه باشد، ضروری است.

    در این زمینه می‌توان به ارتباط بین وزارتخانه‌هایی کـه مـتولی بـخش صنعت و کشاورزی هستند با وزارت بازرگانی و بانک مرکزی اشاره کرد.

۲. تسهیل در قوانین و حذف تشریفات زائد، و همچنین ایجاد فضای حقوقی مناسب برای صادرکنندگان. طبیعی است در این قسمت، هـماهنگی و هـمکاری قـوای مقننه و قضائیه نیز ضروری است.

۳. تعیین سیاست استراتژیک تجاری مشخص برای صادرات.

۴. تأمین زیرساختهای لازم نظیر تجهیز بنادر و...

۵. تعیین رابطهای تجاری سفارتخانه‌های ایران از بین افراد متخصص و خبره و اهل فن تا بتوانند اطلاعات لازم و صحیح را در اسرع وقت در اختیار صادرکنندگان قرار دهند.

۶. سرمایه‌گذاری دولت برای جمع‌آوری اطلاعات ثانویه برای حضور صادرکنندگان در بازارهای خارجی. طبیعی است کامل بودن و به‌روز بودن این اطلاعات از اهمیت خاصی برخوردار است.

۷. ایجاد زمینه‌ی مناسب برای سرمایه‌گذاری خارجی در ایران و مشارکت تولیدکنندگان ایرانی و ارائه‌ی کالاهای حاصله در بازارهای خارجی. در این صورت ضمن جلب سرمایه و گام برداشتن در جهت حل مشکل اشتغال با بهره‌گیری از فناوری روز بنگاه‌های خارجی، میزان کیفیت کالای تولید شده بیشتر می‌شود و توفیق در رقابت، در مقایسه با کالای سایر کشورها افزایش می‌یابد.

۸. سرمایه‌گذاری در خصوص وسایل ارتباطی، نظیر توسعه‌ی خطوط مخابراتی و حل مشکلات برای بهره‌گیری از اینترنت.

۹. زمینه‌سازی برای حضور تولیدکنندگان ایرانی در نمایشگاه‌های تخصصی خارج از کشور و اهمیت بیشتر در برگزاری نمایشگاه‌های کاملاً تخصصی در ایران با حضور شرکت‌های خارجی به‌منظور بهره‌گیری تولیدکنندگان ایرانی از دانش آنها.

۱۰. پیگیری جدی عضویت قطعی ایران در سازمان تجارت جهانی، و آماده‌سازی برای بهره‌مندی از فرصت‌های آن در هنگام زمان مذاکرات الحاق.

وظایف مجلس

۱. افزایش توان علمی نمایندگان مجلس برای شناخت محیط تجارت خارجی و بازیگران اصلی آنها و روندهای جاری.

۲. ارتباط با تولیدکنندگان و صادرکنندگان، و شناخت مسائل و معضلات و تلاش برای حل آنها با تصویب قوانین کارآمد.

۳. ارتباط و هماهنگی با دولت و نظارت به‌منظور اجرای کامل و دقیق قوانین.

۴. توسعه‌ی ارتباط با مراکز دانشگاهی و علمی جهت به‌روز بودن اطلاعات و استفاده از آنها در تصویب قوانین.

نکات مهم برای یک شرکت در ارتباط با صادرات

۱. مهارتهایتان را افزایش دهید؛ چون شما باید بدانید که مشتری اصلی شما کیست و روی نیازهای او متمرکز شوید و برنامه داشته باشید. این مطلب خیلی مهم است. برای مثال اگر در کشوری، بیشتر مردم به زبان انگلیسی آشنایی نداشته باشند ارائه‌ی بروشور به زبان محلی یک ضرورت است. یا روش تاریخ‌نویسی متناسب با قواعد آن کشور مهم است. دوره‌های آموزش بازاریابی و صادرات و اصول و فنون مذاکره را بگذرانید. به زبان انگلیسی مسلط باشید و از مشاوران خبره استفاده کنید.

۲. برای بهبود دادن، یا تنوع دادن، یا تطبیق دادن محصول با خواست مشتری، به بازخوردی که از مشتریان می‌گیرید توجه کنید.

۳. منابع اطلاعاتی بسیار مهم است. راجع به بازار و رقبا خبرها را جمع‌آوری و تجزیه‌وتحلیل کنید تا ریسک تصمیم‌گیری غلط کم شود.

۴. در خصوص فرهنگ بازارهای هدف آشنایی بیشتری پیدا کنید و به مذهب آنها بسیار احترام بگذارید.

۵. با مشتریان، تعامل ایجاد کنید تا اطلاعات بیشتری داشته باشید و اطلاعات را در پایگاه داده‌هایتان ثبت و ضبط کنید و از آنها استفاده کنید. اصول بازاریابی تک‌به‌تک را رعایت کنید.

۶. در تمام فرایند و سیستمها، کیفیت مدنظر باشد.

۷. استراتژی درازمدت داشته باشید.

۸. نسبت به صادرات متعهد باشید و نگرش سیستمی را در خصوص مشتری‌گرایی در تمام شرکت پیاده کنید.

۹. هزینه‌های صادرات را به‌صورت سرمایه‌گذاری نگاه کنید. برنامه‌ی صحیح و صبر و تحمل هزینه‌ها برای بهره‌برداری درازمدت لازم است.

۱۰. در انتخاب نماینده‌ی شایسته دقت کنید و با نمایندگان، ارتباط مستمر برقرار سازید.

همکاری مشترک

همکاری مشترک، دومین راه برای ورود به یک بازار جهانی است. یعنی شرکت با

شرکتهای خارجی یک مشارکت تشکیل می‌دهد تا کالا یا خـدماتی را بـه بازارهـای خارجی عرضه کند. همکاری مشترک با صادرات متفاوت است، زیرا شرکت در کشور میزبان، برای فروش یا عرضه‌ی محصول مشارکت خواهد داشت.

تفاوت این روش با سرمایه‌گذاری مستقیم این است که شرکت در کشور خارجی یک سازمان تشکیل می‌دهد.

برای همکاری مشترک، چهار روش «دادن پروانه یـا هـمکاری مشترک از طریق واگذاری امتیازی خاص»، «قرارداد تولید»، «قرارداد همکاری در مدیریت»، و «همکاری به صورت مالکیت مشترک» وجود دارد.

دادن پروانه یا همکاری مشترک از طریق واگذاری امتیازی خاص: یکی از راههای ساده برای شرکت تولیدی برای ورود به بازار جهانی این است که بـه شـرکتهای دیگـر پروانه یا مجوز[1] دهد. شرکت در بازار جهانی، طبق قرارداد، بـه یک شـرکت پروانـه‌ی تولید، علامت تجاری، حق انحصاری، اسرار تجاری، و سایر موارد را می‌دهد و در ازای این پروانه، مبلغی ثابت به عنوان حق امتیاز دریافت می‌کند. شرکتی که پروانه‌ی تولید دریافت کرده است، حق استفاده از فرایند تولید، علامت تجاری، حق اختراع، اسرار تجاری، و سایر موارد ارزشمند را از شرکت تولیدکننده خریداری می‌کند و با کـمترین ریسک، از مزایای ورود به یک بازار خارجی بهره‌مند مـی‌شود. هـمچنین مـی‌توانـد از مزایای ناشی از داشتن تخصص تولید و استفاده از یک نام و نشان تجاری شناخته‌شده بهره‌مند شود، بدون اینکه ناگزیر به آغاز کارها از ابتدا باشد.

دادن پروانه، نقاط ضعف بالقوه‌ای هم دارد؛ شرکتی که پروانه داده است، کنترل چندان زیادی بر امکانات تولیدی شرکت گیرنده‌ی پروانه در مقایسه با حالتی که تشکیلات تولید را خودش دائر می‌کند، ندارد. همچنین اگر شرکت گیرنده‌ی پروانه، به موفقیتهایی در زمینه‌ی تولید دست پیدا کند، شرکت اصلی این سودها را از دست می‌دهد و زمانی که قرارداد پایان می‌یابد، تازه متوجه می‌شود که یک رقیب برای خود به وجود آورده است.

---

1. Licensing

مزایای مجوز یا پروانه:

مفید برای شرکتهایی که:

+ حاضر به ریسک منابع مالی نیستند.
+ از سرمایه‌ی لازم برای ایجاد امکانات تولیدی در خارج از کشور برخوردار نیستند.
+ پول درآوردن از فناوری که در حال از رده خارج شدن است.
+ گرفتن دستمزد بابت فرستادن کارشناسان.
+ یک راه آزمون بازار است (برای تصمیمهای ورود دیگر).
+ استفاده از نفوذ شرکت گیرنده در بازار.

معایب مجوز یا پروانه:

✓ عدم کنترل بر تولید و بازاریابی (احتمالاً).
✓ از دست دادن برتری و مزیت فناوری (احتمالاً).
✓ ایجاد رقیب برای آینده (شرکت خریدار امتیاز).

حق‌الامتیاز[1] بین‌المللی

مشابه پروانه است ولی به حوزه‌ی خدمات مربوط می‌شود و برای استفاده کردن از برند شرکت امتیازدهنده می‌باشد (نظیر هیلتون ـ مک دونالد). به‌عبارتی ارائه‌ی فناوری در مدیریت است نه در دانش فنی.

در این حالت، امتیازدهندگان همه چیز را آموزش می‌دهند و کنترل می‌کنند.

مزایا برای امتیازگیرنده:

* استفاده از برند معروف
* استفاده از نتایج دیگران
* استفاده از کارشناسان آنها برای آموزش
* گرفتن دانش فنی برای تولیدات به‌نام خودش

---

1. Franchising

معایب برای امتیازگیرنده:

٭ توقف نوآوری در صورت هشیار نبودن (این روش باید وسیله باشد نه هدف)

مزایا برای امتیازدهنده:

٭ حضور در سطح جهانی بدون هزینه‌ی زیاد

٭ ارائه‌ی محصولات متناسب با بازارهای خاص

معایب برای امتیازدهنده:

٭ مشکلات کنترل کیفی برای حفظ نام تجاری

● **قرارداد تولید:** قرارداد تولید، راه دیگری است که به موجب آن شرکت در کشور خارجی با یک شرکت تولیدکننده، برای تولید، عرضه‌ی کالاها، و خدمات خود قراردادی را امضا می‌کند.

فروشگاه زنجیره‌ای سیرز[1]، برای گشایش فروشگاههایی در مکزیک و اسپانیا، از روش بستن قرارداد استفاده کرد؛ زیرا شرکت توانسته بود تولیدکنندگان محلی واجد شرایط را، برای تولید و عرضه‌ی محصولات خود در آن کشورها شناسایی کند. نقاط ضعف روش بستن قرارداد برای تولید این است که شرکت اصلی نمی‌تواند هیچ نوع کنترلی بر فرایند تولید و سود و زیان حاصل از آن داشته باشد. مزایای روش مزبور این است که شرکت می‌تواند با سرعت بیشتری کارها را آغاز کند، ریسک کمتری بپذیرد، و نیز در سالهای بعد این فرصت را خواهد داشت که با طرف مقابل، قرارداد مشارکت خصوصی تشکیل دهد یا اینکه واحد تولیدی محلی را خریداری کند.

● **قرارداد همکاری در مدیریت:** در اجرای روش مبتنی بر قرارداد همکاری در مدیریت، شرکت اطلاعات مدیریتی را به یک شرکت در خارج می‌فرستد و

---

1. Sears Stores

شرکت خارجی سرمایه‌ی لازم را تأمین می‌کند. در اجرای این روش، شرکت فقط اقدام به صدور خدمات مدیریتی (و نه محصولات) می‌کند. برای مثال، شرکت زنجیره‌ای میهمان‌پذیر هیلتون، برای ایجاد میهمان‌پذیرهایی در سراسر دنیا از این روش استفاده می‌کند.

قرارداد همکاری در مدیریت، دارای ریسک بسیار کمتری برای ورود به بازارهای خارجی است و شرکت‌ها می‌توانند بدین وسیله وارد بازارهای جهانی شوند و از همان آغاز کار، به درآمدهایی دست یابند. اگر شرکت این بند را در قرارداد بگنجاند که حق داشته باشد در زمان آینده سهامی از شرکت را خریداری کند، روش مزبور جذابیت بیشتری خواهد داشت. ولی اگر وضع به گونه‌ای است که شرکت می‌تواند از استعدادها و تواناییهای کمیاب مدیریت به شیوه‌ی بهتری استفاده کند و یا اینکه از طریق خرید صددرصد سهام شرکت و به‌عهده گرفتن تمام امور به سودهای بیشتری دست یابد، قرارداد مبتنی بر مدیریت نمی‌تواند چندان معقول باشد. همچنین این نوع قرارداد اجازه نمی‌دهد که شرکت اصلی در یک دوره‌ی زمانی، در کشور دیگر فعالیت مستقل داشته باشد و واحدهای متعلق به خود را ایجاد کند.

همکاری به صورت مالکیت مشترک که به دو صورت سرمایه‌گذاری مشترک[1] و اتحاد استراتژیک[2] مطرح است

۱. همکاری به صورت سرمایه‌گذاری مشترک (J.V):

منظور شراکتی است که بین شرکت پیشرفته از یک کشور با شرکت یا شرکتهایی از کشورهای در حال توسعه صورت می‌گیرد.

J.V، مالکیت مشترک بین دو یا چند بنگاه است که از نظر داراییها، ریسک، و سود با هم شریک می‌شوند. در J.V، شرکت پیشرفته آورده‌هایی همچون دانش، فناوری، و بخشی از سرمایه را همراه دارد، اما شرکت دیگر آورده‌هایی چون ارتباطات محلی، نیروی کار و بخشی از سرمایه را می‌آورد. این نوع شراکت اگر بلندمدت باشد، جزء سرمایه‌گذاری، و اگر کوتاه‌مدت باشد، جزء همکاری محسوب می‌شود.

---

1. Joint Venture (J.V)   2. Strategic Alliance

مزایای J.V برای شرکت پیشرفته:

٭ سهیم شدن در ریسک بازار

٭ کاهش ریسک سیاسی و تبعیض

٭ دسترسی به دانش بازار محلی

٭ دسترسی به شبکه‌ی بازاریابی

٭ تقسیم سرمایه‌گذاری بین طرفین

٭ دسترسی به تأمین‌کنندگان

٭ مزایای مالیاتی

محدودیتهای J.V برای شرکت پیشرفته:

٭ محدودیت در سودآوری

٭ از دست دادن کنترل که باعث به‌وجود آمدن اختلافهایی در موارد زیر می‌شود (احتمالاً):

ـ تقسیم سود سهام

ـ هدفهای بازاریابی

ـ هدفهای تولید

ـ هدفهای مالی

ـ هدفهای پرسنلی

ـ هدفهای تأمین‌کنندگان

ـ هزینه‌ها و تلاشهای تحقیق و بهبود

مزایای J.V از نظر کشور پذیرنده:

٭ ایجاد سرمایه‌گذاری

٭ وارد کردن فناوری و مدیریت

٭ ایجاد رقابت در داخل

٭ کارآفرینی

٭ اثر مثبت روی تراز پرداختها

٭ اشتغال

معایب J.V از نظر کشور پذیرنده:

✳ وابستگی به فناوری یک شرکت بخصوص

✳ تحت تأثیر قرارگرفتن برنامه‌ریزی اقتصادی کشور

✳ آثار فرهنگی

✳ مداخله‌ی شرکتهای چندملیتی در نظام حکومتی کشورها

۲. همکاری به صورت مالکیت مشترک از نوع اتحاد استراتژیک:

در این حالت هر دو شرکت از کشورهای پیشرفته هستند و به‌دلیل استفاده از دانش تخصصی و کاهش دادن هزینه‌های تحقیق و توسعه، و همچنین بهره‌مندی از شبکه‌ی توزیع یکدیگر و مهمتر از همه، افزایش قدرت برای توان رقابت در مقابل رقبای قدرتمند، این نوع شراکت صورت می‌گیرد.

شرکتها با این نوع شراکت، ضریب ماندگاریشان را در بازار بی‌رحم رقابت افزایش می‌دهند.

سرمایه‌گذاری مستقیم

سرمایه‌گذاری مستقیم باعث می‌شود شرکتی در یک بازار بین‌المللی، به سنگین‌ترین سرمایه‌گذاری و بیشترین درگیری دست بزند و مقصود از آن، یک واحد مونتاژ یا ایجاد تشکیلات تولیدی در یک کشور خارجی است.

اگر شرکتی در صادرات تجربه‌ی کافی کسب کند و بازار خارجی به اندازه‌ی کافی بزرگ باشد، راه‌اندازی و تأسیس تشکیلات تولید در خارج، دارای مزیتهای زیادی است. وجود نیروی کار یا مواد اولیه‌ی ارزانتر، تشویق دولت خارجی بر سرمایه‌گذاری و صرفه‌جویی در هزینه‌ی حمل و نقل، باعث می‌شود که شرکت هزینه‌های کمتری متحمل شود. همچنین به دلیل ایجاد اشتغال برای مردم، تصویر ذهنی مطلوب و مثبتی از خود ایجاد می‌کند. شرکت همچنین می‌تواند با مقامهای دولتی، مشتریان، عرضه‌کنندگان مواد اولیه‌ی محلی، و توزیع‌کنندگان، رابطه‌ی بهتر و عمیقتری به وجود آورد و محصولات خود را متناسب با بازار

محلی ارائه کند. از طرف دیگر، شرکت می‌تواند با کنترل کامل سرمایه‌گذاریهای خود و تدوین سیاستهای تولید و بازاریابی، به هدفهای بلندمدت دست یابد.

نقطه‌ضعف عمده‌ی سرمایه‌گذاری مستقیم این است که شرکت را با ریسکهای زیادی روبه‌رو می‌کند؛ نمونه‌ی آن هم محدودیت خروج ارز، کاهش نرخ برابری ارز یا کاهش ارزش واحد پول کشور میزبان، کاهش سطح تقاضا، تغییر حکومت، و... است. البته در بعضی از موارد، شرکت برای فعالیت در کشور میزبان، چاره‌ای جز قبول این ریسکها نخواهد داشت.

بعضی از انواع دیگر شیوه‌های ورود به بازارهای بین‌المللی که با عنوان شیوه‌های فرعی مطرح هستند به‌شرح زیر است:

۱. قرارداد پروژه‌ای[1]:

قرارداد برای طرحریزی، ساختن، مقاطعه‌کاری تا جایی که آماده شود، و سپس تحویل دادن.

مزایا:

- یک راه درآمد بالا برای دانش فنی و فناوری است.
- جایگزین کالا برای سرمایه‌گذاری است.

معایب:

- احتمالاً در درازمدت در آن کشورها بازار نخواهید داشت.
- ایجاد رقبای احتمالی

۲. قرارداد مدیریت[2]:

رویه‌ای است که در قرارداد جداگانه‌ای، مسائل مدیریت را عهده‌دار می‌شوند و در مقابل کارمزد می‌گیرند.

معمولاً پروژه‌ای را که خارجیها ساخته‌اند در یک قرارداد جداگانه اداره می‌کنند.

۳. قرارداد تولید[3]:

طرح و مشخصات را می‌دهید و می‌خواهید که برای شما بسازند.

مثال: یک شرکت سوئدی با استفاده از نام تجاری و اعتبار خود در کشورهای پرتقال، کره جنوبی، چین، مصر، هنگ کنگ، و ویتنام (به ترتیب) لباس زیر تولید کرده است.

1. Turnkey Contract
2. Management Contract
3. Manufacturing Contract

۴. توافق همکاری صنعتی[1]:

شامل یک یا چند موافقتنامه از قبیل: مجوز دادن، پروژه‌ای، قرارداد مـدیریت، و... بـا ویژگی خاصی که با تجارت همراه است.

نکته: کدام روش ورود به بازار در سطح بین‌المللی ایده‌آل است؟

هیچ روش ایده‌آلی وجود ندارد بلکه، به اقتضای محصول و قابلیتهای شرکت و شرایط حاکم بر بازار، انتخاب صورت می‌گیرد. از جمله موارد مطرح در سرمایه‌گذاری خارجی نسبت به مسائل محیط بازار داخلی به موارد متعددی می‌توان اشاره کرد:

* هزینه‌ها (دستمزد، حمل‌ونقل، و...)
* مالیات
* مقررات ارزی
* دریافت اعتبار (وام، و...)
* مسائل مربوط به نیروی انسانی (تعداد، مهارتها، قوانین، اتحادیه‌ها، اجازه‌ی کار، و...)
* مسائل سیاسی
* مسائل حقوقی

نتیجه‌گیری

با توجه به تخصصی شدن کسب‌وکارها، و همچنین افزایش قدرت انـتخاب مشـتریان، شرکتها مجبور هستند بازارهای هدف خودشان را انتخاب کنند. البته محدودیت منـابع بنگاههای اقتصادی را نیز باید به عوامل مزبور افزود.

چون امکان ارائه‌ی محصول به تمام بخشها میسر نیست، بنابراین پس از تقسیم‌بندی بازار، تعیین بازار هدف، ضرورتی انکارناپذیر است، در این بخش، اصول و قواعد تعیین بازار هدف و استراتژیهای مربوطه معرفی، و شیوه‌های اصلی و فرعی نفوذ به بازارهای بین‌المللی نیز مطرح شدند.

---

1. Industrial Cooperation Agreement

فصل یازدهم

موضع‌یابی در بازار هدف
با ارائه‌ی وجوه تمایز

چکیده

بنگاههای اقتصادی پس از تقسیم‌بندی بازار و تعیین بازار هـدف، بـایـد بـتواننـد اعـتبار خودشان و محصولاتشان را در ذهن مشتریان موضع‌یابی کنند تا مـورد تـوجه و پسـند مشتری قرار گیرند.

در این فصل ضمن تعریفی از موضع‌یابی و مقایسه‌ی آن با تصویر ذهنی مشتریان، اهمیت و چگونگی موضع‌یابی اثربخش از دیدگاه صاحبنظران مختلف مـورد بـررسـی قرار می‌گیرد.

مقدمه

موضع‌یابی به مفهوم گشودن راهی برای ورود و نقش بستن در ذهن مصرف‌کننده است. در موضع‌یابی، شرکت تلاش می‌کند تا نام تجاری خود را از رقبا بـه‌صورت واضـح و روشن متمایز سازد و شکاف میان نیاز مصرف‌کننده و محصولات و خدمات ارائه شده را از سوی رقبا پر کند.

موضع‌یابی یکی از مفیدترین شیوه‌ها در بحث نگرش نسبت به نامهای تجاری است، تا حدی که جان میلر و دیوید مور، مؤلفان کتاب ارزشمند «کسب‌وکار نامهای تجاری»، عنوان کرده‌اند واژه‌های موضع‌یابی و مدیریت نامهای تجاری اغلب به عنوان واژه‌های مترادف شناخته می‌شوند.

معمولاً زمانی که افراد در مورد مدیریت نامهای تجاری سخن می‌گویند، بر تمایز نام تجاری مورد نظر از سایر نامهای تجاری تأکید می‌کنند.

شناسایی و بارز کردن وجوه تمایز

برتریهای محصولتان نسبت به رقبا را بشناسید. همچنین بـرتریهای شـرکت خـودتان را نسبت به شرکتهای رقیب بدانید. این برتریها، وجوه تمایز و دلایلی هستند که در متقاعد کردن مشتریان مؤثرند. وجوه تمایز، مزیتهای رقابتی شما هستند. یکی از بهترین هدایایی که شما به رقبای خود می‌توانید بدهید این است که از خودنمایی کردن در ارائه‌ی وجوه تمایز خودتان بهراسید (اما شما برای هدیه دادن به رقبا نیامده‌اید).

با ارائه‌ی صحیح وجوه تمایز می‌توانید موقعیت یا جایگاه مناسبی در ذهن مشتریان داشته باشید. تصویر ذهنی برداشتی است که مشتری از شرکت و محصول شما دارد، اما موقعیت، برداشتی است که شرکت می‌خواهد مشتریان در مورد آن داشته بـاشند. بـه عبارتی موقعیت، موضع بـازار اسـتراتـژیک شرکت است و بیانگر شیوه‌ای است کـه مصرف‌کنندگان درباره‌ی ویژگیهای مهم یک محصول می‌اندیشند. یعنی جایگاهی که آن محصول در ذهن مصرف‌کنندگان، در مقایسه با محصولات رقبا دارد.

بازاریابان باید برای تعیین جایگاه مـحصول در ذهـن مـصرف‌کنندگان، بـرنامه‌هایی تنظیم کنند و طبق آن برترین مزیتهای رقابتی را برشمارند و تلاش کنند تا ضمن تلقین آن به ایشان، آمیزه‌ی بازاریابی طرح‌ریزی کنند که بـتوانـد نیاز مشتریان را پـاسخ دهـد و متناسب با فرایند خرید ایشان باشد. همچنین با ارائه‌ی ارزش برتر، جایگاه خود را نزد آنها تثبیت کنند، در این صورت، محصول از مزیت رقابتی برخوردار می‌شود.

وقتی از موضع خاصی در بازار صحبت می‌شود، منظور فعالیتهایی است که متفاوت از دیگران است یا همان فعالیتهایی است که به صورت متفاوتی (متمایز) انجام می‌دهید. شما باید متفاوت از دیگران باشید نـه اینکه یکی از درختهای جـنگل بـاشید. بـه دیدگاههای صاحبنظران در زمینه‌ی تمایز (گزینش جای فراورده) توجه کنید:

ـ گزینش جای فراورده از دیـدگاه مـایکل پـورتر[1]، یکی از سیاستگذاران انـجمن مدیریت استراتژیک (در کتاب استراتژی رقابتی):

پورتر معتقد است، شرکتها باید یکی از سه استراتژی را انتخاب کنند:

---

1. Michael Porter

الف. استراتژی تمایز: خودتان را از دیگران متمایز کنید و این را به مشتری اثبات کنید نظیر: متمایز شدن در کیفیت، توزیع، و...

ب. استراتژی رهبری هزینه: متمایز بودن از نظر پایینترین قیمت.

ج. استراتژی تمرکز: فقط در یک بخش از بازار کار کردن نه در تمام بازار. این استراتژی می‌تواند به دلیل محدود بودن امکانات، متخصص بودن در آن بخش، خریداری مشتریان از بنگاه شما و یا به‌خاطر امتیازی باشد که می دهید.

مری ـ ک ـ فاستر و راس مک‌ناتون، در کتاب «مبانی تحقیقات بازاریابی»، افزون بر سه استراتژی فوق، استراتژیهای سه‌گانه‌ی زیر را مطرح می‌کنند:

- **استراتژی پشتیبان:** این راهبرد شامل ایجاد یک قلمرو دقیق تولیدی بازار است که می‌کوشد به‌شدت از آن محافظت کند. ویژگیهای این راهبرد عبارتند از:
  طراحی متمرکز، سیستمهای کنترل مرکزی، و یک ساختار عملکردی با درجه بالایی از رسمیت[1] و کارایی هزینه.
- **استراتژی انتظارات:** این راهبرد، شامل بررسی مداوم محیط برای دستیابی به فرصتهایی مثل بازار، محصول، یا خدمات جدید است. در نتیجه شرکت به عدم تمرکز زیاد، قابلیت انعطاف، و رسمیت کمتر گرایش دارد. این شرکتها به تحقیق و توسعه و فناوری قابل انعطاف تأکید می‌کنند.
- **استراتژی تجزیه‌وتحلیل‌کننده:** این روش دو راهبرد مختلف را دنبال می‌کند. حفظ قلمرو تولید سنتی بازار در برابر جستجوی فرصتهای جدید. بنابراین بخش سنتی به‌شدت متمرکز است، در حالی که بخش جستجوی فرصتهای جدید به‌شدت غیرمتمرکز است.

گزینش جای فراورده در بازار از نظر دکتر مایکل تریسی و دکتر فرد ویرزما، مؤلفان کتاب راهکارهای پیشتازان بازار:

این دو صاحبنظر برجسته‌ی بازاریابی، راهکارهای سه‌گانه‌ی زیر را مطرح می‌کنند:

فراورده برتر (فقط یک فراورده نسبت به رقبا می‌تواند برترین باشد. نظیر اتومبیل بنز)، عملکرد عالی (فراورده برتر نیست ولی عملکرد محصول عالی است)، و

1. formalization

مشتری‌نوازی (درحمایت از مشتری و خدمت به او بهترین بودن) و توصیه می‌کند:

- در یکی از راهکارهای ارزش‌آفرین بهترین شوید.
- در دو راهکار دیگر تا اندازه‌ی مناسبی خوب باشید.
- در نگهداری و بهسازی راهکار برگزیده همواره بکوشید تا میدان به رقیبان واگذار نشود.
- همواره در مورد راهکار دیگر، خود را آماده‌تر کنید؛ زیرا رقیبان پیوسته انتظار مشتریان را بالاتر می‌برند.

تئودور لویت، می‌گوید:

- در دنیای امروز، کیفیت یک امر مفروض و مسلّم است و موجب تمایز نمی‌شود.
- شناختن و دوست داشتن مشتریان نیز یک فرض است و مزیت رقابتی ایجاد نمی‌کند. امروزه همه‌ی نامهای تجاری مجبورند برای پیشرفت کردن بیشتر کار کنند. آنها به‌طور مداوم برای ارضای نیازهای مصرف‌کنندگان سهم بیشتری می‌پردازند.
- مصرف‌کننده هنوز حاکم است و به‌نظر نمی‌رسد این معادله در آتیه‌ی نـزدیک تغییر کند.

اما فیلیپ کاتلر، شهیرترین بازاریاب مدرن در عصر حاضر، راهکارهای پیروزی در بازار را در کتاب «کاتلر در مدیریت بازار» به‌شرح زیر مطرح می‌کند:

- پیروزی در سایه‌ی کیفیت.
- پیروزی در سایه‌ی خدمات بهتر.
- پیروزی در سایه‌ی قیمتهای پایین.
- پیروزی در سایه‌ی داشتن سهم بزرگی از بازار.
- پیروزی در سایه‌ی مناسب و همخوان شدن با مشتری.
- پیروزی در سایه‌ی بهسازی پیوسته‌ی فراورده.
- پیروزی در سایه‌ی نوآوری.
- پیروزی در سایه‌ی ورود به بازار.
- پیروزی در سایه‌ی فراتر رفتن از انتظار مشتری.

جک تروت که پدر تمایز نامیده می‌شود، در کتاب «تمایز یا نابودی»، مواردی را به‌شرح زیر مطرح می‌کند:

– بعضی از موارد نمی‌توانند به عنوان وجوه تمایز مطرح باشند نظیر: احساسی بودن تبلیغات بدون ارائه‌ی دلیل بخردانه.

– قیمت به‌ندرت می‌تواند یک ایده‌ی متمایزکننده باشد.

– عرض خط (تولید چند قلم محصول متفاوت)، راهی شدیداً دشوار برای متمایز کردن است.

– موارد زیادی می‌توانند به‌عنوان وجوه تمایز مطرح باشند؛ نظیر: اولین بودن، مالکیت بر یک خصوصیت، رهبری (در فروش، فناوری، یا عملکرد)، میراث (مکانی، خانوادگی، و...)

– تخصص بازار، ترجیح، نحوه‌ی ساخت فراورده، آخرین بودن، چشمگیر بودن، رشد، توسعه، و متفاوت بودن.

جک تروت، یک فرایند چهار مرحله‌ای ساده را به‌سوی تمایز مطرح می‌کند که عبارتند از:

٭ در زمینه‌ی فعالیت خود معنی‌دار باشید (خودپنداری داشته باشید)

٭ ایده‌ی متمایزکننده بیابید (متفاوت باشید)

٭ اعتبار داشته باشید (دلیل داشته باشید و آن را اثبات کنید)

٭ موارد قضاوت خود را به اطلاع دیگران برسانید.

و نهایتاً سرجیو زیمن، مدیر ارشد سابق بازاریابی کوکا کولا، در کتاب «پایان عصر بازاریابی سنتی» می‌گوید:

– برای ساختن موقعیت خوب، بیش از آنچه می‌گویید عمل کنید.

– انتظارات و آنچه می‌توانید به آن عمل کنید را آگاهانه تعریف کنید.

– گفت و شنود بازار را کنترل کنید و قوانین بازی را شما تعیین کنید.

– هر زمان که ممکن است، عرصه را بر رقیب چنان تنگ کنید که تنها با یک صفت یا کیفیت شناخته شود و هم‌زمان با آن صفت، محصول و نام تجاری خود را گسترش دهید.

- نام تجاری باید یک راهبرد در موقعیت‌گذاری داشته باشد و تمامی آنچه اجرا می‌شود و به نوعی با آن نام تجاری مرتبط است، باید بیانگر آن باشد.
- یکی از مهم‌ترین مباحث بازاریابی و فروش در شرایط کسب‌وکار نوین، مبحث موقعیت‌یابی است که با شناسایی وجوه تمایز و معرفی شایسته‌ی آنها به مشتریان معنا می‌یابد و مسئولیت اصلی این مهم، به‌عهده‌ی مدیریت ارشد سازمان است. اما تمام کارکنان بخصوص فروشندگان، باید در معرفی وجوه تمایز به بازار به‌خوبی عمل کنند و اگر فاصله و شکافی بین تصویر ذهنی و برداشت مشتری با موقعیت مدنظر شرکت مشاهده کردند، مراتب را سریعاً به شرکت گزارش دهند. وظیفه‌ی مدیران شرکت است که با بررسی علمی، هر چه سریع‌تر دلیل این شکاف را پیدا کنند و نسبت به رفع آن بکوشند. در غیر این صورت، روزبه‌روز فاصله‌ی مشتریان با شرکت بیشتر می‌شود و سهم بازار کاهش می‌یابد. شکاف بین تصویر ذهنی و موقعیت مورد نظر شرکت می‌تواند در یک یا چند مورد از موارد زیر باشد که باید مورد بررسی قرار گیرند:
  - محصول (کیفیت، بسته‌بندی، رنگ، و...)
  - قیمت (فهرست بها، تخفیف‌ها، و...)
  - توزیع (شبکه‌ی توزیع، حمل‌ونقل، و...)
  - ترویج (تبلیغات، فروش شخصی، و...)

تفاوت یا تمایز زمانی ارزشمند است که این معیارها را داشته باشد:

* اهمیت نزد مشتریان
* سودآوری برای مشتریان
* استطاعت و توانایی خرید آن از سوی مشتریان
* در صورت امکان، تقلیدناپذیر از سوی رقبا
* توان برقراری ارتباط اثربخش با مخاطبان هدف
* حفظ برتری (پیروز ماندن)
* متمایز بودن (تفاوت یا قبلاً توسط دیگران معرفی نشده باشد و یا شرکت به‌نحو شاخص‌تر و برجسته‌تری از آن استفاده کند).

ارزیابی مزیتهای بالقوه‌ی رقابتی نسبت به شرکت رقیب:

این ارزیابی بر اساس جدول مقایسه‌ای زیر قابل توضیح است. در این جدول، بنگاه اقتصادی با بنگاه رقیب مورد ارزیابی قرار گرفته‌اند.

ارزیابی مزیتهای بالقوه‌ی رقابتی نسبت به شرکت رقیب

مزیتها	وضع شرکت	وضع رقیب	اهمیت بهبود وضع (زیاد، متوسط، کم)	توان مالی (زیاد، متوسط، کم)	توانایی رقیب در بهبود وضع (زیاد، متوسط، کم)	توصیه‌ی عملی
فناوری	۸	۸	کم	کم	متوسط	در همان وضع بمان
هزینه	۶	۸	زیاد	متوسط	متوسط	منتظر باش
کیفیت	۸	۶	کم	کم	زیاد	منتظر باش
ارائه‌ی خدمت	۴	۳	زیاد	زیاد	کم	سرمایه‌گذاری بکن

نتیجه‌گیری

همانندی در دنیای رقابتی ایجاد ارزش نمی‌کند. چنانچه مقلد و دنباله‌رو باشید، کاری از پیش نخواهید برد؛ خودتان باشید تا در همین لحظه به کمال غایی خویش دست یابید. تقلید از دیگران جایز نیست، اما الگوبرداری آگاهانه و خلاقیت و نوآوری، برای یافتن وجوه تمایز اقدامی شایسته است.

بنگاههای اقتصادی باید وجوه تمایز خودشان را پیدا کنند، در حفظ آن بکوشند، متناسب با شرایط خودشان را سازگار کنند، و متفاوت باشند، تا مورد رؤیت و انتخاب مشتریان قرار گیرند و در این ارتباط، نقش نیروهای فروش حائز اهمیت است.

فصل دوازدهم

چگونگی طراحی آمیزه‌ی بازاریابی بنگاه اقتصادی

این فصل با همین عنوان در نشریه‌ی تدبیر شماره‌ی ۱۶۱ منتشر شده است.

چکیده

این فصل به اهمیت آمیزه‌ی بازاریابی به عنوان ابزار و تاکتیک مؤثر بنگاه اقتصادی در تحت تأثیر قرار دادن مشتریان، و توفیق در کسب‌وکار پرداخته است. سپس جایگاه آمیزه‌ی بازاریابی در نظام بازاریابی شرکت مورد بررسی قرار می‌گیرد. همچنین بعضی نظرات استادان و متخصصان بازاریابی و نیز برخی انتقادات مهم به آمیزه‌ی بازاریابی سنتی ۴پی (4p) مطرح می‌شود و با تأکید بر نگرش استراتژیک در فضای کسب‌وکار رقابتی، و ارائه‌ی مثالهایی از لزوم تفاوت در آمیزه‌ی بازاریابی بنگاههای اقتصادی، الگویی برای چگونگی طراحی آمیزه‌ی بازاریابی ارائه می‌شود.

مقدمه

پس از تدوین فلسفه‌ی بازاریابی و استراتژی بازاریابی رقابتی، آمیزه‌ی بازاریابی برای پاسخگویی به نیازها و خواستهای مشتریان بازار هدف تعیین می‌شود.

افزون بر عوامل فرهنگی، اجتماعی، و گروهی، عوامل روانی و فردی و عوامل موقعیتی همه‌ی خریداران، تحت تأثیر عناصر گوناگون آمیخته‌ی بازاریابی‌اند و تصمیم‌گیری آنها وابسته به نوع محصول و ویژگیهای آن، شیوه‌های قیمت‌گذاری و روشهای پرداخت، امکانات و تسهیلات توزیع، و روشهای ترغیبی و ترفیعی شرکتهاست.

آمیزه‌ی بازاریابی، مجموعه‌ای از ابزارهای قابل کنترل بازاریابی است که شرکت، آنها را درهم می‌آمیزد تا پاسخگوی بازار مورد هدف باشد. آمیزه‌ی بازاریابی دربرگیرنده‌ی همه‌ی کارهایی است که شرکت می‌تواند انجام دهد تا بر میزان تقاضا (برای

محصولاتش) اثر بگذارد. آیا آمیزه‌ی بازاریابی بنگاههای اقتصادی شبیه هـم هسـتند و امروزه می‌توان ادعا کرد که منظور از آمیزه‌ی بازاریابی ۴پی (4p) ، ۵پی (5p)، یا ۱۳پی (13p) و... است؟

آمیزه‌ی بازاریابی

مقصود از آمیزه‌ی بازاریابی یا ترکیب بازار، این است که باید مشخص کرد چگونه باید این عوامل را در هم آمیخت.

معمولاً اینها را به چهار گونه‌ی اصلی طبقه‌بندی مـی‌کنند کـه عبارتنـد از مـحصول، توزیع، قیمت، و ترویج.

استراتژی بازاریابی یعنی تنظیم و اجرای آمیزه‌ی بازاریابی. ابزار کار و تـاکـتیکها در بازاریابی، آمیزه‌ی بازاریابی است.

آمیزه‌ی بازاریابی، آمیخته‌ی بازاریابی، تـرکیب بـازاریـابی، ابزارهـای بـازاریـابی و تاکتیکهای بازاریابی، همگی واژه‌هایی هستند که برای ترجمه‌ی Marketing Mix بـه کـار رفته‌اند. منظور از آمیزه، آمیخته یا ترکیب این است که بین این اجزا بـایـد یـک نـگرش سیستمی و هماهنگ برقرار باشد تا بتوانند در متقاعدکردن مشتریان مـؤثر بـاشند. بـه عبارتی محصول مناسب با قیمت مناسب از نظر مشتریان، با توزیع مناسب و به‌کارگیری شیوه‌های ارتباطی مناسب، همگی بـا هـم عـمل مـی‌کنند و اگر هـر یک از ایـن اجزا ناهماهنگ با سایرین باشد، نتیجه‌ی آن کـاهش اثـربخشی و کـارایی مـجموعه بـوده و شرکت را از دستیابی به اهداف باز می‌دارد. اما منظور از تاکتیک یا ابـزار آن است کـه وسیله و ابزار شرکتها برای رقابت در بازار و توفیق بیشتر نسبت به رقبا هـمین عـوامـل هستند.

■ جروم مک کارتی در اوایل دهه‌ی ۱۹۶۰، آمیزه‌ی بازاریابی را با چهار متغیر شناخته شده به عنوان چهارپی (4p) طبقه‌بندی کرد که عبارت بودند از: محصول[1]، قیمت[2] تـوزیع یـا مکـان[3] و تـرویج[4]، کـه هـر یک از ایـن ابزارهـای بـازاریـابی دارای زیرمجموعه‌هایی هستند.

---

1. Product   2. Price   3. Place
4. Promotion

- وقتی از محصول صحبت می‌کنیم، یعنی ترکیبی از کالاها و خدمات که شرکت به بازار مورد نظر ارائه می‌کند. این زیرمجموعه‌ها عبارتند از: گوناگونی محصول، کیفیت طراحی، ویژگیها، نام و نشان تجاری، بسته‌بندی، اندازه، خدمات، تضمینها، پشتیبانی، برگشت کالا، و...
- وقتی از قیمت صحبت می‌کنیم، یعنی مقدار پولی که مشتری باید برای یک محصول بپردازد. زیرمجموعه‌های آن عبارتند از: فهرست قیمتها، تخفیفها، مساعدتهای ویژه، دوره‌ی پرداخت، شرایط اعتباری، و...
- وقتی از توزیع صحبت می‌کنیم، یعنی فعالیتهایی که شرکت انجام می‌دهد تا محصول را در دسترس مصرف‌کنندگان مورد نظر قرار دهد. زیرمجموعه‌های آن عبارتند از: شبکه‌های توزیع (عمده‌فروش، بنکدار، خرده‌فروشی، نمایندگی، شعب)، میزان پوشش، ترکیب و جور بودن محصول، میزان موجودی، ترابری، تدارکات، و...
- وقتی از ترویج صحبت می‌کنیم، یعنی فعالیتهایی که شرکت انجام می‌دهد تا بتواند در مورد ارزش و مطلوبیتهای محصول، اطلاعات خوبی به خریداران بدهد؛ به‌طوری که آنها از بین محصولات موجود در صنعت، محصول ارائه‌شده‌ی بنگاه ما را بخرند. زیرمجموعه‌های آن عبارتند از: تبلیغات، روابط‌عمومی، پیشبرد فروش، فروش شخصی و بازاریابی مستقیم.
- البته در طی سالیان مختلف پس از ارائه‌ی نظر مک‌کارتی، استادان و صاحبنظران بازاریابی، نظرات مختلفی در مورد آمیزه‌ی بازاریابی ارائه کردند که برای مثال بعضی ۵پی، ۶پی، ۸پی و حتی ۱۳پی و... را به‌عنوان آمیزه‌ی بازاریابی بنگاههای اقتصادی معرفی کرده‌اند. این افراد عقیده دارند که آمیخته‌ی چهار عامل بازار، پاره‌ای از فعالیتها را از نظر دور داشته است.

فیلیپ کاتلر معتقد است اینکه شمار و عاملهای مشخص آمیزه‌ی بازاریابی، چهار، شش، و یا ده تا انگاشته شوند، چندان مهم نیست؛ نکته‌ی مهم وجود چارچوبی است که بازاریابی بتواند فعالیتها و راهبرد خود را پیرامون آن سامان دهد.

- ■ به‌عقیده‌ی کاتلر، نیاز به‌افزودن دو عامل دیگر با عنوان پی (p) به‌آمیزه‌ی بازاریابی

وجود دارد که می‌توان از سیاست[1] و باور همگانی[2] (آرای عمومی) یاد کرد. به عقیده‌ی نگارنده، این دو عامل بخصوص در بازار ایران بسیار مهم و حائز اهمیت هستند. چون بخش عمده‌ی اقتصاد ایران را اقتصاد دولتی تشکیل می‌دهد، و هر قدر میزان دخالت دولت در حوزه‌ی اقتصاد بیشتر باشد، اقتصاد آن کشور به سمت اقتصاد بسته یا اقتصاد بایدها و نبایدها حرکت می‌کند، در صورتی که هر قدر فضای اقتصادی رقابتی و باز باشد، اقتصاد «هست‌ها» و «نیست‌ها» شکل خواهد گرفت و این دلایل لزوم توجه بنگاه‌های اقتصادی به عامل سیاست را نشان می‌دهند.

از طرفی با توجه به فرهنگ ارتباطی گسترده بین مردم، و سهولت باز کردن باب گفتگو با یکدیگر که نمونه‌های آن را در صف نانوایی و اتوبوس و... مشاهده می‌کنیم، فضا برای انتقال اخبار، شایعات، نظرات، و دیدگاه‌ها مهیا شده و سرعت پخش آنها در جامعه‌ی ایران بسیار بالاست، از این رو در محیط کسب‌وکار ایران عامل باور همگانی نیز حائز اهمیت است.

● اما انتقاد مهمی که به آمیزه‌ی بازاریابی گرفته می‌شود این است که ۴پی تنها از دیدگاه فروشندگان فراورده‌ها (بنگاه‌های اقتصادی) است و شاید دیدگاه خریداران در مورد آنچه به ایشان عرضه و پیشنهاد می‌شود، متفاوت از دیدگاه عرضه‌کنندگان باشد. بنابراین بهتر است که عنوانها را با رویکرد به خواست و نظر مشتریان تنظیم کنیم. که به آن ۴سی گفته می‌شود که عبارتند از:

- ارزش مشتری[3]
- هزینه مشتری[4]
- آسودگی[5]
- ارتباط[6]

مدیریت بازار و بازاریابان بهتر است که ابتدا به دیدگاه‌های مشتریان (۴سی) بیندیشند و سپس دیدگاه خود یعنی ۴پی را تنظیم کنند.

---

1. Politics   2. Public opinion   3. Customer Value

4. Cost to the Customer   5. Convenience   6. Communication

به عبارتی شرکتها باید بر اساس ارزش مدنظر مشتری، محصول خـود را طراحـی کنند، سپس با توجه به شناخت از قدرت خرید مشتری و ارزشی کـه مـحصول بـرای مشتریان در مقایسه با محصولات رقبا دارد، آن را تولید و قیمت‌گذاری کنند. (در قیمت‌گذاری محصولات، دیگر روش سنتی «محاسبه‌ی قیمت تمام شـده بـه اضـافه‌ی سود مورد توجه شرکت» کاربرد ندارد؛ این روش، متناسب بازارهای انحصاری بود. در بازارهای رقابتی افزون بر محاسبه‌ی قیمت تولید و توزیع، لازم است در قیمت‌گذاری، به قیمت محصولات رقبا و همچنین ارزش مدنظر مشتری برای مـحصول تـوجه داشت). همچنین بر اساس میزان آسودگی در خرید که مشتری تـمایل دارد، شـیوه‌های تـوزیع تعیین و اجرا می‌شوند. برای مثال، افراد پرمشغله و با درآمد بالا، تمایل دارند کالاهای مصرفی آنها در منزل تحویل شود، ولی افراد کم‌درآمد به منظور کاهش هزینه‌ها، تمایل دارند خودشان به محل عرضه مراجعه کنند.

و نهایتاً بر مبنای نوع ارتباطات مدنظر مشتریان، ابـزارهـای مـختلف تـرویج شـامل تـبلیغات، روابـط‌عمومی، پـیشبرد فـروش، فـروش شـخصی، و بـازاریابـی مستقیم، سیاستگذاری و اجرا می‌شوند.

◼ یک نکته‌ی اساسی و مهم در بازاریابی این است که بدانیم در چه مواقعی بـه‌صورت کلی و در چه مواقعی بـه‌صورت خاص درباره‌ی یک محصول صحبت می‌کنیم، و بین این دو تفکیک قائل شویم.

البته برای ریسک کمتر بـهتر است خـودمان را بـا مـحصول ربـط دهـیم؛ یـعنی چـه محصول بخصوص در چه بازار بخصوصی ارائه شـود. به این نوع از استراتژی پوشش بازار، «بازاریابی متمایز» می‌گویند و منظور این است که اگر شرکت مثلاً در سه بازار هدف فعالیت می‌کند، بهتر است متناسب با شناخت از ویژگیهای هر بازار، آمیزه‌های بازاریابی متفاوتی برای هر یک از آنها طراحی و اجرا کند. البته بعضی از شرکتها توان ارائه‌ی آمیزه‌های بازاریابی چندگانه را ندارند. در این صورت توصیه می‌شود به یک بخش از بازار اکتفا کنند و در آن بخش متخصص شوند و نوع بازاریابی مـتمرکز را انتخاب کنند.

ولی به هر حال تقریباً بیشتر صاحب‌نظران بازاریابی، با استراتژی بازاریابی یکنواخت

که طی آن شرکت برای تمامی بخشهای بازار، فـارغ از تـفاوتـهای آنـها، فـقط یک نـوع آمیزه‌ی بازاریابی طراحی می‌کند، موافق نیستند.

■ بازاریابی یک طرز تفکر و نگرش است که در شرکت حاکم می‌شود. وظیفه‌ی اصلی مسـئول بـازاریـابی شـرکت، مـدیریت تـغییر اسـت. امـروزه بـازارهـا خـیلی سـریع دستخوش تغییر می‌شوند. به همین جهت مباحث استراتژی و نگرش اسـتراتـژیک، در نظام بازاریابی بنگاههای اقتصادی جایگاه ویژه‌ای دارند. حـتی امـروزه در کنـار برنامه‌ریزی استراتژیک، از تفکر استراتژیک استفاده می‌شود و با بهره‌گیری از آن و شناخت دقیق و توجه دائم به سـه عـامل مشـتریان، رقبـا، و فـرصتها، راهکـارهای استراتژیک برای پیروزی در صحنه‌ی رقابت طراحی می‌شوند. مشاهده می‌شود که دیگر نمی‌توان برای تمام بنگاههای اقتصادی یک نسخه‌ی واحد پیچید و ادعا کرد که آمیزه‌ی بازاریابی شامل ۴پی، ۵پی، ۶پی، ۱۰ پی، و... است.

آمیزه‌ی بازاریابی بنگاههای اقتصادی مختلف متناسب بـا شـرایط بـازار، صـنعت، و... متفاوت است. دیگر دوران شاه‌کلیدها به سر آمده است؛ باید دسته کلیدها را کامل کرد و متناسب با هر قفل با بهره‌گیری از دانش، تجربه، اطلاعات، و شم، کلید مناسب آن را انتخاب کرد و به‌کار گرفت.

در دنیای امروز چه بسا یک جزء از زیرمجموعه‌های ۴پی آنقدر مهم باشد که خود به‌عنوان یک عامل مستقل و مهم مطرح شود. به مثالهای زیر توجه کنید:

- یک شرکت تولیدکننده‌ی لوازم آرایش، آمیزه‌ی بازاریابی خود را چنین می‌شمارد:

- محصول	- فروش شخصی	- نمایندگیها
- بسته‌بندی	- روابط‌عمومی و عمومی‌سازی	
- قیمت	- توزیع فیزیکی	
- ترویج	- تبلیغات	

- یک شرکت تولیدکننده‌ی لوازم خانگی، آمیزه‌ی بازاریابی خود را شـامل مـوارد زیر می‌داند:

| - محصول | - ترویج | - توزیع |
| - قیمت | | |

‐ یک شرکت قطعه‌سازی در صنعت اتـومبیل، آمیزه‌ی بـازاریـابی خـود را چنین معرفی می‌کند:

- محصول   - توزیع به‌هنگام
-کیفیت   - فروش
- قیمت

آمیزه‌ی بازاریابی بنگاه اقتصادی شما چیست؟

برای طراحی آمیزه‌ی بازاریابی بنگاه اقتصادی، به توصیه‌های زیر توجه کنید:

۱. با تحقیقات بازاریابی، عوامل مدنظر مشتریان یعنی ۴سی را در بازار هـدف از راههای مشاهده، اطلاعات ثانویه، و اطلاعات اولیه مورد شناسایی قرار دهید.

۲. با تحقیقات بازاریابی، اطلاعات مربوط به رقبا و محصولات آنها را گردآوری و پردازش کنید.

۳. با به‌کارگیری مبانی تقسیم‌بندی صحیح، بازار را به بخشهای همگن تقسیم کنید.

۴. بر مبنای جذابیت هر بخش از بازار، نقاط قوت شرکت نسبت به رقبا در بخشهای مختلف، و در نظر گرفتن عـامل ریسک، بـازار یـا بـازارهـای هـدف خـودتان را مشخص کنید.

۵. عوامل زیرمجموعه‌ی ۴پی را متناسب با شناخت از بازار و دیدگاههای مشتریان کامل کنید.

۶. به دو عامل سیاست و باور همگانی (بخصوص در بازار ایران) توجه کنید. پس به ۶پی بیندیشید.

۷. به هر یک از عوامل زیرمجموعه‌ی ۶پی، با بهره‌گیری از نظرات خبرگان صنعت و مشاوران بازاریابی و با تکیه بر تحقیقات به‌عمل آمده، بین صفر تا چهار امتیاز بدهید.

    ‐ منظور از عدد صفر یعنی اینکه این عامل نامرتبط است.

    ‐ منظور از عدد یک یعنی اینکه این عامل غیرمهم است.

    ‐ منظور از عدد دو یعنی اینکه این عامل قابل توجه است.

    ‐ منظور از عدد سه یعنی اینکه این عامل مهم است.

    ‐ منظور از عدد چهار یعنی اینکه این عامل ضروری است.

۸. به عوامل ضروری و مهم توجه ویژه کنید. اینها آمیزه‌ی بازاریابی بنگاه شما را نشان می‌دهند. سعی کنید در آنها متمایز از رقبا باشید تا میدان به رقبا واگذار نشود.

– به عوامل قابل توجه هم گوشه‌چشمی داشته باشید و در بهبود آنها بکوشید؛ به‌طوری‌که از رقبا عقب نمانید. رقبا پیوسته انتظارات مشتریان را بالا می‌برند.

۹. با سازماندهی مناسب منابع، آمیزه‌ی بازاریابی را در بخشهای تعیین‌شده‌ی بازار اجرا کنید.

۱۰. در تمام مراحل، دید کنترل و اصلاحی داشته باشید و به یاد داشته باشید که آمیزه‌های بازاریابی نیز مثل تمام عوامل دیگر در اثر مرور زمان باید تغییر کنند و متناسب با شرایط، انعطاف‌پذیری لازم را داشته باشند.

مشخصات یک آمیزه‌ی بازاریابی مؤثر

– منطبق با نیازهای مشتری باشد.
– بتواند برای ما یک مزیت رقابتی ایجاد کند.
– ترکیب آن خوب باشد.
– منعکس‌کننده‌ی صحیح منابع موجود در شرکت باشد (جزء مقدورات ما باشد).

تجزیه‌وتحلیل آمیزه‌ی بازاریابی

– باید بررسی کنیم آیا اقدام روی هر یک از عوامل آمیزه‌ی بازاریابی، روی فروش تأثیر می‌گذارد یا خیر؟
– در بعضی از مواقع، تأثیر بعضی از عوامل کم یا زیاد می‌شود. بررسی کنید در چنین حالاتی تصمیم صحیح چیست؟
– آمیزه‌ی بازاریابی برای ما یک چارچوب ایجاد می‌کند که بدانیم چگونه از منابع استفاده‌ی مطلوب‌تری ببریم.
– آمیزه‌ی بازاریابی می‌تواند در تقسیم وظایف و مسئولیتهای داخل بنگاه کمک کند.
– آمیزه‌ی بازاریابی می‌تواند وسیله‌ای برای کشش‌پذیری باشد.

- همچنین آمیزه‌ی بازاریابی می‌تواند به برقراری و توسعه‌ی ارتباطات داخل بنگاه هم کمک کند.

- بهتر است برای آمیزه‌ی بازاریابی و اجزای زیرمجموعه‌ی آنها، برای هر سال یک رکورد نگه داریم که چقدر خرج کرده‌ایم. این اطلاعات برای تصمیم‌های بعدی کاربرد دارند.

- تجارب شرکتها برای آینده راهگشا است. پس این تجارب را مستند کنید نه اینکه فقط در ذهن افراد باشد که با رفتن آنها تجارب هم بروند و مجبور باشیم از اول شروع کنیم.

نتیجه‌گیری

برای دستیابی به مشتریان به‌نحو بهتر و مؤثرتر از رقبا، باید ابزارها و تاکتیکهای مناسب داشت. چون بازارها متفاوت هستند و صنعتها تفاوتهای بسیار زیادی با یکدیگر دارند، از این رو ابزارها نیز متفاوت می‌شوند. دیگر نمی‌توان برای تمام بنگاههای اقتصادی، نسخه‌ی واحد پیچید. دوران شاه‌کلید به‌سرآمده است؛ برای توفیق در هر بازار متناسب با نوع صنعت و توان و قابلیتهای بنگاه اقتصادی، باید آمیزه‌ی بازاریابی یا تاکتیکهای خاص آن را طراحی و اجرا کرد.

فصل سیزدهم

مدیریت محصول

با ارائه‌ی ۱۵ توصیه‌ی کاربردی

۱. محصول را فراتر از کالا در نظر بگیرید

- طبق تعریف فیلیپ کاتلر، پدر بازاریابی نـوین، هـر چیزی کـه بـه‌منظور تـوجه، اکتساب، کاربرد، یا مصرف بتوان به بازار عرضه کرد و بتواند نیاز یا خواستی را ارضا کند، محصول نامیده می‌شود.

- محصول چیزی بیش از کالاهای قابل لمس است. به بیانی رساتر، محصول شامل اشیای فیزیکی، خـدمات، رویـدادهـا، اشـخاص، مکـانها، سـازمانها، ایـده، یـا آمیزه‌ای از اینهاست.

۲. به سطوح مختلف محصول توجه کنید و در ارتقای رضایت مشتریان در هر یک از این سطوح تلاش کنید. این سطوح شامل هسته، بدنه، و پوسته‌ی محصول هستند

- منظور از هسته‌ی محصول، همان دلیل اصلی است که مشتری را به خرید وادار می‌کند؛ به عبارتی مشتری نیازی دارد که می‌خواهد پاسخ بگیرد. هسته، فایده‌ی اساسی است که نصیب مشتری خواهد شد؛ به همین دلیل به هسته، محصول اصلی گفته می‌شود.

- بدنه، قسمت قابل احساس و رؤیت مشتری است و مواردی چون سطح کیفیت، بسته‌بندی، نام تجاری، ویژگی، و طرح را شامل می‌شود.

- پوسته، سایر مواردی است که محصول را پشتیبانی می‌کند. نظیر تحویل و اعتبار، نصب و خدمات پس از فروش.

۳. به طبقه‌بندی محصولات مصرفی توجه کنید و استراتژیهایتان را متناسب با هر طبقه تدوین و اجرا کنید

محصولات مصرفی در چهار طبقه قرار می‌گیرند:

الف. محصولات متداول: این محصولات به‌صورت تکراری و سریع خریداری می‌شوند. قیمت آنها نسبت به سایر طبقات محصول پایین است. ترویج گسترده دارند؛ چون مخاطبان هدف آنها از قشرهای مختلف جامعه هستند و پوشش رسانه‌ای فراوانی برای ارتباط با آنان لازم است. توزیع این محصولات گسترده است. برای مثال، مواد شوینده، خوراکیها، و... جزء این طبقه قرار می‌گیرند.

ب. محصولات مغازه‌ای: محصولاتی نظیر لوازم خانگی و مبلمان جزء این دسته از محصولات هستند. همان‌طور که مشخص است، خرید اینها غیرتکراری است، مـوقعیت ابـتیاع و تـهیه‌ی آنـها کـمتر است، و بـه فـراوانی مغازه‌هایی نظیر سوپرمارکت نیستند. قیمت این محصولات نسبت بـه مـحصولات مـتداول بـه مراتب بالاتر است.

پ. محصولات ویژه: محصولات لوکس جزء این طبقه هستند. چون قیمت آنها از سایر طبقات گرانتر است، بنابراین تعداد مراکز عرضه‌ی آنها کم است و بـرای خرید نیاز بـه تـلاش بیشتری است. نکته‌ی مـهم در مـورد این مـحصولات، ویژگیهای منحصربه‌فرد بودن آنهاست که مشتریان خاصی را به سمت آنها جلب می‌کند. مشتریان این قبیل محصولات می‌دانند که قسمت قابل توجهی از پول آنها صرف این می‌شود که نام و نشان تجاری خاصی را می‌خرند؛ اما بـا تـمام اینها، این کار را انجام می‌دهند.

ت. محصولات ناخواسته: فروش این طبقه از محصولات از سایر طبقات سخت‌تر است نظیر فروش بیمه‌ی عمر. بعضی اعتقاد دارند هیچ چیزی دردناکتر از این نیست که در پایان یک روز کاری سخت، یک فروشنده‌ی بیمه‌ی عـمر سمج درخواست ملاقات با شما را داشته باشد. همان‌طور کـه از اسم این طبقه برمی‌آید، این محصولات مورد خواست مشتری نیست هر چند ممکن است منافعی را برای او داشته باشد. در اینجا کار بازاریاب سخت‌تر می‌شود؛ چون

باید بتواند با جلب تـوجه و عـلاقه‌ی مشـتری، او را بـرای شـنیدن حـرفهایش متقاعد کند و سپس با معرفی و آگاهی دادن، او را متمایل بـه خـرید کـند. در فروش این قبیل محصولات، نقش فروشنده حائز اهمیت خاصی است و باید با تبلیغات مناسب، فروشنده مورد پشتیبانی قرار گیرد.

۴. اگر بنگاه اقتصادی شما عرضه‌کننده‌ی مـحصولات صـنعتی است، بـه طـبقه‌بندی محصولات صنعتی توجه کرده و استراتژیهایتان را متناسب با هر طبقه تدوین و اجرا کنید

این محصولات در سه طبقه قرار می‌گیرند:

- مواد و قطعات
- اقلام سرمایه‌ای
- ملزومات و خدمات

برای مثال یک دستگاه فکس را در نظر بگیرید؛ خود دسـتگاه جـزء اقـلام سـرمایه‌ای است، اما قطعات آن جزء مواد و قطعات است. جـوهر و کـاغذ و پشـتیبانی نیز جـزء ملزومات و خدمات هستند.

۵. افزون بر محصولات مصرفی و محصولات صنعتی، برای سایر موارد قابل عرضه به بازار نیز طبقه‌بندی وجود دارد. به این طبقات توجه کنید

طبقه‌بندی سایر موارد قابل عرضه به بازار:

- فعالیتهایی که سازمانها برای ایجاد، نگهداری (حفظ)، یا عوض کردن نگرش و شکل دادن رفتار مصرف‌کننده‌ی مورد هدف انجام می‌دهند.
- سازمانهای انتفاعی و غیرانتفاعی (هر دو) بازاریابی سازمانی می‌کنند.
- **بازاریابی شـخصی:** سیاستمداران، هـنرمندان، پـزشکان و وکـلا، بـه گـونه‌ای بازاریابی شخصی می‌کنند.
- **بازاریابی مکان:** برای مثال مـی‌توان از بـازاریابی بـرای مـحلهای کسب‌وکار و توریسم نام برد.
- **فکر سازنده (ایده):** بازاریابی افکار اجتماعی، بهداشت عمومی، منابع طبیعی،

محیط زیست، و نیز مبارزه در زمینه‌های دیگری مانند کنترل جـمعیت، حـقوق بشر، برابری نژادها را می‌توان نام برد.

۶. تصمیم‌گیری در برابر هر قلم محصول در پنج سطح مطرح است. به این سطوح توجه کنید

❖ **ویژگیهای محصول شامل:** کیفیت (سطح و ثبات آن)، وجوه تمایز، طرح، و سبک محصول است. در قسمتهای مختلف کتاب به ابعاد گوناگون ویژگیهای محصول اشاره شده است.

❖ **تعیین نام و نشان تجاری:** در قسمت نام تجاری در فصل ۱۴، تـوضیحات لازم آورده شده است.

❖ **بسته‌بندی**

❖ **برچسب زدن**

در قسمت ارتباط مناسب با مشتریان از طریق بسته‌بندی و رنگ مناسب در فصل ۱۵، به مباحث بسته‌بندی و برچسب زدن پرداخته شده است.

❖ **خدمات حمایتی:** در قسمت بازاریابی خدمات به این مبحث اشاره شده است.

۷. تصمیم‌گیری درباره‌ی آمیزه‌ی محصول بسیار مهم است و باید با بررسیهای همه‌جانبه صورت گیرد

● آمیزه‌ی محصول شامل عرض خط، طول خط، و عمق خط محصول است.

● عرض خط محصول، عبارت از افزودن محصولات جدید به سبد مـحصولات شرکت است. برای مثال، یک شرکت تولیدکننده‌ی یـخچال تصمیم بگیرد که تلویزیون تولید کند.

● طول خط محصول، عبارت از تولید محصولاتی است که بـا مـحصولات قبلی رابطه‌ی تنگاتنگ دارد. برای مثال، شرکت تولیدکننده‌ی یخچال، مدلهای دیگری از یخچال را به سبد محصولاتش اضافه کند.

● عمق خط محـصول، عبارت از کل نـوع کـالاهایی است که یک شـرکت عـرضه می‌کند. برای مثال، اگر شرکتی سه نوع یخچال، و چهار نـوع تـلویزیون عـرضه می‌کند، عمق خط آن هفت است.

۸. در صورتی که می‌خواهید تصمیم به عرضه‌ی محصول جدید بگیرید، به نکات زیر توجه کنید

موفقیت محصول جدید بستگی به موارد زیر دارد:

۱. برتری منحصربه‌فرد (کیفیت، مورد کاربرد، ویژگیهای تازه)

۲. تعریف درستی از محصول (شناسایی دقیق بازار مورد هدف، ویژگیهای محصول، و مزایای حاصل از اقدام)

۳. حمایت مدیریت ارشد و نگرش سیستمی در سازمان

- به‌طور کلی برای اینکه محصول جدیدی موفق شود، شرکت تولیدکننده یا عرضه‌کننده باید مشتریان بازارها و شرکتهای رقیب را شناسایی و درک کند و محصولی به مشتریان عرضه کند که از نظر مشتریان (نسبت به محصولات رقیب) ارزنده‌تر باشد.

۹. فرایند عرضه‌ی محصولات جدید، مشمول گامهایی است که باید رعایت شود

کاتلر این گامها را در هشت مرحله عنوان کرده که عبارتند از:

✓ **گام اول:** خلق فکر سازنده

- شرکت می‌تواند فکر اولیه برای تولید محصول جدید را از منابع داخلی کسب کند. شرکت می‌تواند از طریق دائر کردن واحد تحقیق و توسعه، به فکرهای (ایده‌های) جدید دست یابد.
- ایجاد توفان مغزی در دانشمندان، مهندسان، مسئولان امور تولید، مدیران اجرایی، و... راه خوبی برای خلق ایده‌ی جدید است. همچنین موارد زیر می‌توانند منابع ایده‌ی جدید باشند:
  - ✶ مشتریان
  - ✶ رقبا
  - ✶ توزیع‌کنندگان و فروشندگان
  - ✶ تأمین‌کنندگان و...

✓ **گام دوم:** بررسی پیشنهادها

- منظور از بررسی پیشنهادها، عملیات ارزیابی آنها و کنارگذاشتن پیشنهادهای ضعیف و انتخاب پیشنهادهای خوب است. پیشنهادهای خوب باید با توجه به موارد زیر ارائه شده باشند:
  - ⁎ گستره‌ی بازار
  - ⁎ قیمت محصول
  - ⁎ دوره‌ی زمانی مورد نیاز برای تولید
  - ⁎ بهای تمام‌شده
  - ⁎ نرخ بازده

✓ **گام سوم:** ارائه‌ی طرح و آزمودن آن

- **طـرح مـحصول:** یک شرح تـفصیلی از فکـر سازنده است کـه از دیدگاه مصرف‌کننده ارائه می‌شود.
- **تصویر ذهنی از محصول:** شیوه‌ای است که مصرف‌کننده، یک قلم محصول واقعی یا بالقوه را به تصور درمی‌آورد.
- **آزمودن طرح محصول:** آزمودن طرح محصول جدید با توجه به دیدگاههای مصرف‌کنندگان مورد هدف

✓ **گام چهارم:** تدوین استراتژی بازاریابی

- بیانیه‌ی استراتژی بازاریابی از سه بخش تشکیل می‌شود:
- **۱. توصیف موارد زیر در نخستین بخش:**
  - ⁎ بازار مورد هدف
  - ⁎ تعیین جایگاه محصول (طبق برنامه) در بازار
  - ⁎ فروش و سهم بازار
  - ⁎ میزان سود مورد نظر برای چند سال نخست

۲. **توصیف موارد مربوط به سال اول:**
 * قیمت تعیین شده برای محصول
 * سیستم توزیع
 * بودجه‌ی بازاریابی

۳. **توصیف موارد بلندمدت:**
 * فروش
 * سود مورد نظر
 * استراتژی آمیزه‌ی بازاریابی

✓ **گام پنجم:** تجزیه‌وتحلیل تجاری
 ● مقصود این است که فروش، هزینه‌ها، و سودهای پیش‌بینی‌شده بـرای یک محصول جدید، مورد بررسی قرار گیرد و مشخص شـود کـه آیـا هـدفهای بلندمدت شرکت تأمین خواهد شد یا خیر؟

✓ **گام ششم:** تولید محصول
 ● در این مرحله، واحـد تـحقیق و تـوسعه یـا مـهندسی، طـرح مـحصول را بـه مرحله‌ی اجرا درمی‌آورد و محصولی قابل لمس ارائه می‌کند.
 ● مرحله‌ی تولید مستلزم سرمایه‌گذاری سنگین است.
 ● در این مرحله مشخص می‌شود که آیا می‌توان یک نظر، اندیشه، یا پیشنهاد را به صورت محصولی قابل‌عرضه برای بازار درآورد یا خیر؟
 ● نخستین نمونه‌ی محصول باید از نظر کارکردی و روانشناسی دارای ویژگیهای مورد نظر باشد.

✓ **گام هفتم:** آزمودن بازار
 ● این مرحله باعث می‌شود که بازاریاب پیش از اینکه هزینه‌های تولید کامل را عهده‌دار شود، از بازار بالقوه‌ی محصول به‌خوبی آگاه شود. در ایـن مـرحله محصول و برنامه‌ی بازاریابی مورد آزمایش قرار می‌گیرند.

میزان بودجه ← | عواملی که ممکن است شرکتها در آزمون بازار مورد توجه قرار دهند | ← محصول
بسته‌بندی ← | | ← جایگاه
تعیین نام و نشان تجاری ← | | ← تبلیغات
قیمت‌گذاری ← | | ← توزیع

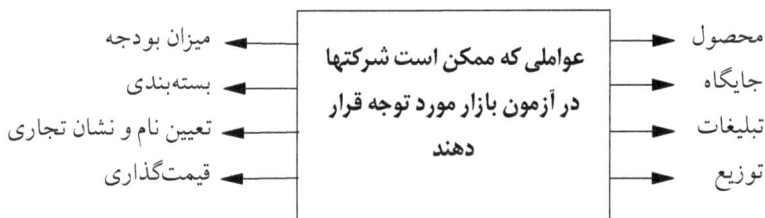

* **آزمودن محصول در بازار استاندارد:**

وارد کردن محصول به چند شهر، تبلیغات، تحقیقات پیمایشی، سنجش نتایج، تصمیم‌گیری برای بازار بزرگتر.

* **آزمودن محصول در بازار کنترل شده:**

عرضه‌ی محصول در تعدادی فروشگاه بزرگ مشخص که قابلیت آزمودن مشتریان و محصول را داشته باشند.

* **آزمودن محصول در بازارهای شبیه‌سازی شده:**

دادن پولی به خریداران برای خرید از فروشگاه مورد نظر و سنجش رفتار خرید او.

✓ **گام هشتم:** عرضه‌ی محصول جدید

● برای عرضه‌ی محصول جدید به بازار، شرکتها باید:

* در مورد زمان عرضه، نیک بیندیشند
* در مورد مکان عرضه، نیک بیندیشند

۱۰. به ویژگیهای چرخه‌ی عمر محصول در هر یک از مراحل توجه کنید

ویژگیها	معرفی	رشد	اشباع	سیر قهقرایی
فروش	فروش اندک	فروش به‌سرعت افزایش می‌یابد	فروش به نقطه‌ی اوج می‌رسد	فروش کاهش می‌یابد
هزینه	هزینه برای مشتری بالاست	هزینه برای مشتری در سطح متوسط است	هزینه برای مشتری اندک است	هزینه‌ی هر مشتری کاهش می‌یابد
سود	منفی	سود افزایش می‌یابد	سود بالاست	سود رو به‌کاهش می‌رود
شرکتهای رقیب	اندک	عده‌ی آنها افزایش می‌یابد	شرکتها به‌تدریج صحنه‌ی رقابت را ترک می‌کنند	به‌سرعت کاهش می‌یابد

۱۱. به هدفهای بازاریابی در هر یک از مراحل چرخه‌ی عمر محصول توجه کنید

هدفهای بازاریابی	معرفی	رشد	اشباع	سیر قهقرایی
هدفها	آگاه کردن مردم از محصول و آزمودن بازار	به‌حداکثر رساندن سهم بازار	به‌حداکثر رساندن سود و دفاع از سهم بازار	کاهش دادن هزینه‌ها و ارائه‌ی انگیزه‌ای نام و نشان تجاری

۱۲. به استراتژیهای آمیزهی بازاریابی در هر یک از مراحل چرخهی عمر محصول توجه کنید

استراتژی	معرفی	رشد	اشباع	سیر قهقرایی
محصول	عرضهی یک محصول اصلی	گسترش دادن محصول و تضمین ارائـهی خدمات	متنوع ساختن محصول و نام و نشان تجاری	از دور خارج کردن اقلام کم‌طرفدار
قیمت	افزودن درصدی به بهای تمام‌شده	تعیین قیمت با هدف رسوخ در بازار	تعیین قیمت با هدف رویارویی با بهترین رقیبان	کاهش دادن قیمت
توزیع	انجام بهترین سیستم توزیع امکان‌پذیر	توزیع در سطح گسترده	گسترده‌ترکردن سیستم توزیع	حفظ برخی از شبکه‌های توزیع و حذف بقیه
تبلیغ	دادن آگاهی به نخستین پذیرندگان واسطه‌ها	آگاه ساختن عموم مردم	تأکید بر ویژگیهای ممتاز محصول	کاهش دادن هزینه‌ها و حفظ سودسپرده‌ها
ترویج و گسترش	ترویج در سطح بسیارگسترده برای اطمینان یافتن از نتیجهی آزمونهای محصول	کم‌کردن سهم بازار با هدف تأمین تقاضای موجود	افزایش سود با هدف تقویت محصول (نام و نشان تجاری شناخته‌شده)	رساندن هزینه‌ها به پایینترین حدممکن

۱۳. اگر تصمیم گرفتید محصولی را که به مرحلهی نزول در چرخهی عمر رسیده است در بازار جدیدی وارد کنید، استراتژی هر یک از مراحل چرخهی عمر محصول را مـورد توجه قرار دهید و رعایت کنید

استراتژیهای بازاریابی در این حالت عبارت است از:

۱ مرحلهی معرفی

- قیمت بالا تعیین نکنید؛ چون هزینهی تحقیق و توسعه ندارید و هدف نفـوذ کردن در بازار است.

- برای ترویج، از ابتدا وسیع عمل کنید.
- سیاست محصول را با تنوع محصول، مدیریت کنید.
- **توزیع:** شبکه‌های توزیع حاکم در بازار را بشناسید و تصمیم‌گیری‌تان با توجه به هدف‌های کنترلی شرکت و نوع بازارها باشد.

مرحله‌ی معرفی در این بازار نسبت به بازار اول دارای دوره‌ی زمانی کوتاه‌تر، و شیب منحنی به سمت بالا سریع‌تر است.

۲- مرحله‌ی رشد:

- **قیمت‌گذاری:** بر اساس شرایط تعیین شود (افزایش یا کاهش).
- **ترویج:** گسترده باشد.
- **محصول:** تغییر در شیوه‌ی ارائه‌ی محصول (بسته‌بندی جدید، رنگ جدید، و...) صورت گیرد.
- **توزیع:** تا حدی شبکه‌ی توزیع را گسترش دهید.

مرحله‌ی رشد در این بازار نسبت بـه بـازار اول دارای سرعت بیشتر در زمـان کوتاه‌تر است.

۳- مرحله‌ی اشباع:

- **قیمت:** به دلیل سیاستِ داشتنِ سهم بازار بالا، می‌توانید قیمت‌ها را تـا حـد قابل‌توجهی پایین بیاورید.
- **ترویج:** نقش آن خیلی کم می‌شود.
- **محصول:** لازم نیست فعالیت جدیدی در محصولات (تغییر و تنوع) صورت گیرد.
- **توزیع:** شبکه‌ی توزیع را زیاد گسترش ندهید.

مرحله‌ی اشباع در این بازار نسبت به بازار اول بسیار کوتاه‌تر است.

۴- مرحله‌ی سیر قهقرایی:

- **قیمت:** حداقل قیمت
- **ترویج:** فعالیتی ندارد
- **محصول:** خروج از بازار یا انتقال به کشورهای عقب‌افتاده‌تر
- **توزیع:** آخرین اقدامات و توقف

مرحله‌ی سیر قهقرایی در این بازار نسبت به بازار اول سریع‌تر است، چون بازارها از هم اطلاع پیدا می‌کنند و کالاهای جانشین زیاد می‌شود و سهم بازار به‌سرعت کاهش می‌یابد.

۱۴. به چالشهای موجود در تکوین و تولید کالای جدید دقت کنید

- با توجه به رقابت شدید امروزی، شرکتهایی که نسبت به تولید کالاهای جـدید اقدام نمی‌کنند، خود را با مخاطرات زیادی درگیر می‌کنند. کـالاهای فعلی و موجود این شرکتها به دلایل زیادی آسیب‌پذیرند. مهمترین این دلایل عبارتند از: تغییر نیازها و سلیقه‌های مصرفی، فناوریهای جدید، کوتاه‌تر شدن عمر کالا، و افزایش رقابت داخلی و بین‌المللی.

- در عین حال تکوین، تولید، و عرضه‌ی کالای جدید نیز کار پرمخاطره‌ای است. نرخ شکست کالاهای بسته‌بندی‌شده‌ی جدید (که بیشتر آنها گسـترش خـطوط تولید محسوب می‌شوند) حدود ۸۰ درصد است.

مهمترین دلایل شکست کالاهای جدید عبارتند از:

* یک مدیر اجرایی سطح بالا ممکن است به‌رغم یافته‌های مـنفی حـاصل از تحقیقات بازار، باز هم بر پیشبرد ایده‌ی مورد علاقه‌ی خود اصرار ورزد.
* ایده بسیار خوب است، اما حجم بازار بیش از اندازه برآورده شده است.
* کالای واقعی آن‌طور که باید و شاید طراحی نشده است.
* شاید کالای جدید از جایگاه درست و مـطلوبی در بـازار بـرخوردار نشـده است. شاید به‌درستی درباره‌ی آن تبلیغات انجام نمی‌شود، یا اینکه قیمت آن گران تعیین شده است.
* هزینه‌های تکوین و تولید بالاتر از حد انتظار است.
* واکنش رقبا شدیدتر از آن بوده که انتظار می‌رفت.

افزون بر این، چندین عامل دیگر هم وجود دارند که مانع تکوین و تولید کالای جدید می‌شوند. این عوامل عبارتند از:

* فقدان ایده‌های کالای جدید مهم در زمینه‌های خاص (نظیر فولاد).
* بازارهای قطعه‌قطعه‌شده.
* محدودیتها و فشارهای اجتماعی و دولتی (نظیر فراورده‌های شیمیایی و تـولید اتومبیل).

❋ پرهزینه بودن فرایند تکوین و تولید کالای جدید.

❋ کمبود سرمایه.

❋ زمان تکوین و تولید سریع.

❋ دوره‌ی عمر کوتاه‌تر کالا.

۱۵. چون دوره‌ی بلوغ کالا (گاو شیرده) قسمت درآمدزای عمر کالاست، اگر بتوانید این دوره را با استراتژی‌های تنوع گسترش دهید و یا حتی کالای مطرود و روبـه‌زوال را مجدداً احیا کنید، کار ارزنده‌ای کرده‌اید

● خط‌مشی‌های احیای کالای بالغ بسیار متنوع‌اند. دوباره مـعرفی کـردن کـالاهای مطرود یا کالاهایی که به سرعت در حال زوال هستند، مستلزم حضور مدیرانی است که نحوه‌ی تـعیین و شـناسایی فرصت دادن عـمر دوبـاره بـه یک کـالا را بیاموزند. با توسل به اقدامـات پـنجگانه‌ی زیـر، مسـائل و مشکـلات بـالقوه در زمینه‌ی تجدید حیات کالا به حداقل ممکن کاهش می‌یابد و شانس موفقیت کالا در این زمینه افزایش پیدا می‌کند.

❋ دلائل مطرود شدن یا زوال کالا را بیابید.

❋ بررسی کنید که آیا عوامل مـحیط کـلان (سیاسی، اقتصادی، اجـتماعی، و فناوری) از خط‌مشی تجدید حیات کالا پشتیبانی می‌کنند.

❋ بررسی کنید نام کالا چه ارتباطی با مصرف‌کنندگان برقرار می‌سازد.

❋ بررسی کنید آیا آزمون بازار قابل دسترسی وجود دارد. در این آزمون بالقوه‌ی بازار، باید نقاط قوت و ضعف رقبا را هم ارزیابی کنید.

❋ امکانات مختلف ایجاد فایده برای مشتریان را بررسی کنید.

فصل چهاردهم

نام تجاری

چکیده

در این بخش ضمن ارائه‌ی تعریفی از نام تجاری، سطوح مختلف معنای یک نام تجاری معرفی می‌شود، سپس به اهمیت نام تجاری و ویژگیهای یک نام تجاری مناسب و استراتژی آن به عنوان منشأ ارزش‌آفرینی در کسب‌وکار پرداخته می‌شود. سپس برنامه‌ریزی استراتژیک نام تجاری مورد بررسی قرار گرفته، و ضمن نشان دادن چگونگی ارتقای یک نام تجاری، انواع رویکردهای مدیریت نام تجاری معرفی می‌شوند. در ادامه روشهای سنجش ارزش مالی نام تجاری و بعضی از اصول لازم برای تثبیت نام تجاری آورده شده است. این بخش با ارائه‌ی توصیه‌هایی برای توفیق مدیریت نام تجاری و نتیجه‌گیری به انتها رسیده است.

مقدمه

شاید بتوان به جرأت گفت که بارزترین مهارت حرفه‌ای بازاریابان، قابلیت و توانایی آنها در ایجاد، حفظ، مراقبت، و ارتقای نام تجاری است. بازاریابان اعتقاد دارند که تعیین نام تجاری، هنر و بنیان بازاریابی است.

نام تجاری چیست؟

انجمن بازاریابی امریکا نام تجاری را چنین تعریف می‌کند:

- یک نام تجاری، یک نام، اصطلاح، علامت، نشان یا طرح، و یا ترکیبی از اینهاست که برای شناسایی کالاها یا خدمات یک شرکت یا گروهی از شرکتها، و متمایز

کردن این کالاها یا خدمات از کالاها یا خدمات رقبا به کار می‌رود.

- نام تجاری نشانگر ویژگیهای ملموس و ناملموسی است که مصرف‌کننده بـرای یک محصول (کالا/ خدمت) قائل است. البته با توجه به رشد فراگیر ایـنترنت، بسیاری از نامهای تجاری ظهور کرده‌انـد کـه فـاقد ویـژگیهای ملموس هستند. می‌توان استدلال کرد که برندهایی همچون آمازون و یاهو، تنها در دنیای مجازی وجود دارند. به علاوه، مفهوم ایجاد نامهای تـجاری را دیگـر نـمی‌توان تنها به خدمات و کـالاها مـحدود دانست. ستارگان سینما، سیاستمداران، و مـدیران شرکتها نیز دریافته‌اند که پیروزی در آن است کـه خـودشان را در قـالب نامهای تجاری به دنیا معرفی کنند.

- نام تجاری نام و یا نهادی است که سـازمان آن را بـا هـدف ارزش‌آفرینی بـرای ذینفعان خود به کار می‌برد.

- طبق تعریف گراندر ولوی، نام تجاری نمادی پیچیده است که دامنه‌ی متنوعی از ایده‌ها و ویژگیها را در بر می‌گیرد. نام تجاری نه تنها با استفاده از آهنگ خود (و معنی و مفهوم لغوی) بلکه، مهمتر از آن با استفاده از هر عاملی که در طول زمان به‌نحوی با آن در آمیخته است و در جامعه به صورت هویتی اجتماعی و شناخته‌شده نمود یافته، با مشتری سخن می‌گوید.

- ال رایز و لورا رایز، نویسندگان کتاب «۲۲ قانون ثابت برای تثبیت نـام تـجاری»، می‌گویند:

قدرت یک نام تجاری، با میزان نفوذ آن در عمل خرید یک مخاطب معین می‌شود. اما نامی تجاری که بر روی بسته‌بندی کالا قرار گرفته است، با نامی تجاری که در ذهن افراد تثبیت شده متفاوت است.

- بالور معتقد است نامهای تجاری در ذهن افراد شکـل مـی‌گیرند. هـمان‌طور کـه پرندگان از تکه‌های کوچک چوب برای خود لانه می‌سازند، ما هم از کوچکترین تعاملات و خاطره‌هایمان از یک نام تجاری، تصویری از آن در ذهن خود می‌سازیم.

سطوح مختلف معنای یک نام تجاری

یک نام تجاری می‌تواند تا شش معنای مختلف زیر را در بر داشته باشد:

ویژگیها: اولین چیزی که نام تجاری در ذهن تداعی می‌کند، ویژگیهای خاص است. بنابراین با شنیدن مثلاً نام مرسدس بنز، این ویژگیها به ذهن متبادر می‌شود: قیمت بالا، ساخت خوب، مهندسی عالی، دوام‌پذیری، حیثیت و اعتبار، قیمت دست دوم بالا، سرعت، و غیره. در حالی‌که ممکن است شرکت مرسدس بنز فقط چند مورد از این ویژگیها را در تبلیغات خود به‌کار برده باشد.

مزایا: یک نام تجاری چیزی بیش از مجموعه‌ای از ویژگیهاست. مشتریان، خریدار ویژگی نیستند بلکه، به دنبال مزیتها هستند. ویژگیها باید به مزیتهای عملیاتی یا عاطفی تبدیل شوند. ویژگی دوام‌پذیری به مزیت عملیاتی «من مجبور نخواهم بود هر چند سال یک بار اتومبیلی نو بخرم» تبدیل می‌شود. ویژگی ارزشمندی هم مزیت عاطفی «اتومبیل کمک می‌کند من احساس کنم مهم و پسندیده هستم» را به دنبال دارد. ویژگی ساخت خوب هم ممکن است به مزیت عملیاتی و عاطفی «در صورت بروز حادثه به من آسیبی وارد نمی‌شود» تبدیل شود.

فواید: نام تجاری همچنین درباره‌ی فوایدی هم که تولیدکننده ارائه می‌کند مطالبی گفتنی دارد. بدین ترتیب، مرسدس نماد عملکرد خوب، ایمنی، حیثیت و اعتبار، و نظایر آن است. بازاریاب نام تجاری، باید گروههای خاصی از خریداران اتومبیل را که به دنبال این فواید هستند شناسایی و بررسی کند.

فرهنگ: نام تجاری ممکن است نشانگر فرهنگ خاصی باشد. اتومبیل مرسدس بیانگر فرهنگ آلمان است؛ یعنی نظم، کارآمدی، و کیفیت برتر.

شخصیت: نام تجاری همچنین می‌تواند شخصیت خاصی را در ذهن مجسم کند.

استفاده‌کننده: نام تجاری، نوع مصرف‌کننده یا استفاده‌کننده‌ی کالا را مشخص می‌سازد. چنانچه یک منشی بیست ساله را ببینیم که اتومبیل مرسدس سوار شده است، شگفت‌زده خواهیم شد؛ چرا که انتظار داریم مدیر سطح بالایی با سن ۵۵ سال را پشت فرمان این اتومبیل مشاهده کنیم. استفاده‌کنندگان از کالا کسانی خواهند بود که برای ارزش، فرهنگ، و شخصیت کالا، احترام قائل می‌شوند.

چرا نامهای تجاری مهم هستند؟

برای بیشتر شرکتها، نامهای تجاری، اولین عامل رقابتی و ارزشمندترین دارایی

استراتژیک محسوب می‌شوند. بدون نامهای تجاری ما مجبور بودیم در دنیایی زندگی کنیم که محصولات تنها طبق قانون عرضه و تقاضا و بر اساس قیمتشان عرضه می‌شدند.

- ایجاد نامهای تجاری به شرکتها این امکان را می‌دهد که فعالانه بر بُعد تقاضای فعالیتشان تأثیر بگذارند و مشتریان را ترغیب کنند تا تصمیم خرید خود را بر اساس عوامل دیگری بجز عامل قیمت اتخاذ کنند.
- وجود نام تجاری سبب می‌شود مصرف‌کنندگان ساده‌تر و راحت‌تر و با آگاهی بیشتر، سفارشهای خود را بدهند و پیگیری این سفارشات هم در صورت بروز مشکل، راحت‌تر انجام می‌شود.
- می‌توان گفت که نامهای تجاری به زندگی ما غنا بخشیده‌اند. در جهانی که نیازهای اصلی ما برآورده شده‌اند، نامهای تجاری در تشخیص هویت فردی به ما کمک می‌کنند.
- وجود نام تجاری و نشان تجاری یک شرکت بر روی یک کالا، از ویژگیهای منحصربه‌فرد آن کالا مراقبت قانونی به‌عمل می‌آورد. در غیر این‌صورت، رقبا به راحتی از آن ویژگی تقلید خواهند کرد. دیوید اگیلوی، نویسنده‌ی کتاب «رازهای تبلیغات»، معتقد است: خلق یک نام تجاری به نبوغ، ایمان، و پشتکار نیاز دارد.

ویژگیهای یک نام تجاری مناسب

ویژگیهای یک نام تجاری مناسب را می‌توان در موارد زیر خلاصه کرد:

۱. نام تجاری باید مزایای محصول را توصیف کند.
۲. نام تجاری باید گیرا، رسا، و گویا باشد و در یادها بماند.
۳. نام تجاری محصول باید مناسب با فعالیت شرکت یا تصویر ذهنی از محصول باشد.
۴. نام تجاری محصول نباید محدودیت قانونی داشته باشد.

- ضمن اینکه در بازاریابی بین‌المللی و بحث صادرات، توجه به این نکته ضروری است که نام تجاری محصول مغایر با برخی اصول اخلاقی نباشد و یا حتی معنی نامناسبی در زبان کشوری که قصد صادرات به آن را داریم، نداشته باشد.

نام تجاری می‌تواند به انواع مختلفی تقسیم شود

* نام تجاری پیشرو که معمولاً قیمتی بیش از سایر کالاهای مشابه دارد.

* نام تجاری اقتصادی که برای بازارهایی که کشش قیمتی بالایی دارنـد، طـراحـی شده است.

* نام تجاری رقابتی که برای بازارهایی با رقابت شدید طراحی می‌شود.

استراتژی نام تجاری چیست؟

استراتژی نام تجاری، همان استراتژی کسب‌وکار است که در پی پاسخ به‌سؤالات زیر است:

* مشتریان ما چه کسانی هستند؟

* محصولات یا خدماتی که ما به مشتریان خود ارائه می‌دهیم، چیست؟

* چگونه می‌توانیم در زمینه‌ی محصولات و خدمات خود در عرصه‌ی رقابت از رقبای خود پیشی بگیریم؟

* ما به مـنظور ارائـه‌ی مـحصولات یا خـدمات خـود بـه چـه مـنابع و قابلیتهایی نیازمندیم؟

● نام تجاری باید به اصل سازماندهی کسب‌وکار تبدیل شود و تمامی تلاشهای سازمان را در پس هدف ارائه‌ی خدمات به مشتریان به جریان اندازد. این همان نقش استراتژی نام تجاری است؛ ارزش‌آفرینی در کسب‌وکار، از طریق انطباق تمامی فعالیتهای خود با محصولات یا خدماتی که به مشتریان ارائه می‌شود.

● استراتژی نام تجاری افزون بر ارائه‌ی مسیر و جهت روشن برای آغاز عملیات، نشان می‌دهد که چه فعالیتهایی نباید انجام شوند. مایکل پورتر، یادآوری می‌کند: جوهره‌ی استراتژی آن است که آنچه را انجام نمی‌دهیم، انتخاب کنیم.

● همچنین هویت نـام تـجاری نباید وعـده‌ی چیزی را بـدهد کـه اسـتراتـژی نمی‌تواند ارائه دهد یا نخواهد داد.

● با توجه به مطالب فوق می‌توان نتیجه گرفت که استراتژی نام تجاری فراتر از بازاریابی یا ارتباطات یا اثربخشی و موضع‌یابی است. استراتژی نام تـجاری همان استراتژی کسب‌وکار است.

- مدیریت نام تجاری در پارادایم رهبری نام تجاری، پیش از آنکه تاکتیکی و واکنشی باشد، استراتژیک و عینی است.

نامهای تجاری منشأ ارزش‌آفرینی در کسب‌وکار هستند؛ چون:

* در ایجاد و حفظ سهم بازار و سودآوری به کسب‌وکار یاری می‌رسانند.
* رقبای بالقوه را از ورود به عرصه‌ی بازار منصرف می‌کنند.
* با استفاده از توسعه‌ی خط محصول، گزینه‌های رشد را برای کسب‌وکارها فراهم می‌سازند.
* با ورود به بازارهای بین‌المللی، امکان دستیابی به درآمدهای بیشتر را فراهم می‌آورند.
* با جذب مستعدترین نیروها و حفظ آنها در بلندمدت، قادر به خلق مزیت رقابتی هستند.
* نامهای تجاری برتر، سطح قیمتی را که خریدار مایل به پرداخت است، افزایش می‌دهند.
* نامهای تجاری کسب‌وکارها را قادر می‌سازند در ازای کالاها و خدمات خود، مبالغ بیشتری را از مصرف‌کننده درخواست کنند.
* اغلب به شرکتها کمک می‌کنند تا در شرایط عدم اطمینان و پرمخاطره، عملکرد خود را حفظ کنند.
* مشتریان خود را به سطوح بالاتر تکرار خرید هدایت می‌کنند.
* قادرند با ایجاد حس اعتماد و اطمینان در میان مشتریان خود، از حجم فروش و قیمتهای بالاتری در بازار برخوردار شوند.
* می‌توانند منجر به خلق ایده‌های جدید در مورد محصولات و خدمات شرکت شوند.

برنامه‌ریزی استراتژیک نامهای تجاری

نام تجاری در بلندمدت با چالشهای عمده‌ای روبه‌رو است و به‌طور خلاصه این چالشها عبارتند از:

✦ **تولد:** معرفی نام تجاری برای اولین بار. این مرحله می‌تواند به صورت ورود نام تجاری جدید به بازار شکل بگیرد و یا به صورت معرفی محصول کاملاً جدید و شکل‌گیری همزمان بازار نوین باشد.

✦ **چالش (به مبارزه کشیدن):** جانشینی نام تجاری جدید به‌جای نام تجاری حاکم بر بازار. رهبران بازار اغلب از مزیت جایگاه مستحکم در بازار برخوردارند و راندن آنها از این جایگاه، نیاز به بهره‌مندی از برنامه‌ی دقیق و هوشمندانه‌ی بازاریابی دارد.

✦ **حفظ:** دفاع از جایگاه نام تجاری در بازار. نامهای تجاری قدرتمند، نیاز به استفاده از استراتژیهایی نظیر ایجاد موانع ورود رقبا به عرصه‌ی کسب‌وکار، کسب وفاداری و حفظ مشتریان فعلی، و یا توسعه‌ی نام تجاری به حوزه‌های جدید برای حفظ قدرت و موقعیت برتر خود در بازار دارند.

✦ **تجدید حیات:** دمیدن روح تازگی به نام تجاری. نامهای تجاری با گذشت زمان، خواسته یا ناخواسته، تازگی و جذابیت خود را از دست می‌دهند و استراتژیهایی نظیر تولد مجدد و یا موضع‌یابی مجدد نام تجاری، می‌توانند به آنها تازگی دوباره بخشد.

✦ **نامگذاری مجدد:** تغییر نام تجاری برای کالا، خدمت، یا شرکت. گاهی اوقات ممکن است کسب‌وکارها در جستجوی تغییرات کلی در مسیرهای حرکت خود باشند. در چنین مواردی، نام تجاری قبلی با مفهوم جدید نام تجاری بی‌ارتباط است و گاهی حتی مانعی برای موفقیت به شمار می‌آید. در چنین مواقعی ایجاد این استراتژی برای سازمان لازم است. مزیت مجدد نام تجاری در موارد زیر نیز کاربرد دارد:

* به عنوان ابزار کنترل هزینه
* به منظور تشریح ساختار سازمانی
* به عنوان واکنشی در برابر بحرانهای سازمان

✦ **اکتساب:** ادغام و ترکیب نام تجاری کسب شده در سبد نامهای تجاری سازمان. زمانی که شرکتی اقدام به کسب و خریداری نامهای تجاری می‌کند، اغلب با موانع عمده‌ای روبه‌رو است.

چگونه باید یک نام تجاری را ارتقا داد؟

از یک نام تجاری باید به دقت مراقبت کرد تا ارزش ویژه‌ی آن مستهلک نشود. این امر مستلزم آن است که در طول زمان همواره:

٭ در جهت حفظ و اعتلای آگاهی نسبت به آن تلاش کرد.

٭ برداشت ذهنی نسبت به کیفیت و عملکرد آن را ارتقا داد.

٭ تداعی مثبت نسبت به یک نام تجاری به وجود آورد.

٭ در بخش تحقیق و توسعه[1] به سرمایه‌گذاری دائمی پرداخت.

٭ تبلیغات ماهرانه‌ای را به راه انداخت.

٭ خدمات فوق‌العاده‌ای به مشتریان و واسطه‌ها ارائه کرد.

شرکت پراکتر اند گمبل اعتقاد دارد اگر نامهای تجاری، خـوب اداره و سـرپرستی شوند، دیگر تابع قاعده‌ی دوره‌ی عمر نام تجاری کالا نخواهند بود.

بعضی از تحلیلگران بر این باورند که عمر نامهای تجاری به‌مراتب بیش از محصولات و امکانات تولیدی شرکتهاست. آنها نامهای تجاری را جزء داراییهای بادوام و همیشگی یک شرکت می‌دانند.

هر نام تجاری قدرتمندی نشانگر تعدادی از مشتریان وفادار است.

ارزش ویژه‌ی مشتری، زمینه‌ساز ارزش ویژه‌ی یک نام تجاری است.

تأکید صحیح برنامه‌های بازاریابی، بر بسط فایده‌ی دوره‌ی عمر مشتری وفادار است. این تأکید با استفاده از مدیریت نام تجاری به عنوان ابزار عمده‌ی بازاریابی صورت می‌گیرد.

انواع رویکردهای مدیریت نام تجاری

مدیریت نام تجاری، مکانیسمی برای تشویق مشتریان بـه مـنظور انـتخاب مـحصولات شرکت است و به شرکت این توانایی را می‌دهد تا محصولاتش را در بازار متمایز کند. در این قسمت با رویکردهای معمول مدیریت نام تجاری آشنا می‌شوید و همچنین مثالهایی از صنعت اتومبیل‌سازی برای هریک آورده می‌شود.

---

1. Research and Development (R&D)

رویکرد مدل رسمی: تولیدکنندگان بزرگی همچون جنرال موتورز، فورد، و نیسان که دارای چندین خط تولید هستند، معمولاً از رویکردی که «مدل رسمی» نامیده می‌شود، استفاده می‌کنند. این مدل بر پایه‌ی «درخواست زمان‌سنجی‌شده» استوار است؛ به این معنا که عرضه‌ی محصولات متنوع با برندهای منحصربه‌فرد به بازار، بر اساس نیاز بازار و کنترل فعالیتهای بازاریابی صورت می‌گیرد. یعنی برای هر محصول با برند خاص، یک تیم مدیریت برند تشکیل می‌شود و این تیمها برای جلوگیری و اجتناب از همپوشانی و دوباره‌کاریها، فعالیتهای بازاریابی را کنترل و متناسب با جوّ بازار، محصولات را عرضه می‌کنند. با این کار، هم بازار کنترل می‌شود، و هم فعالیتهای بازاریابی هر محصول، منحصر به آن می‌شود. در این شرکتها برای پشتیبانی صحیح از تمامی محصولات و برندها، ساختاری ایجاد می‌شود که تیمهای مدیریت برند بتوانند با یکدیگر تعامل داشته باشند تا سرمایه‌های ذهنی افراد و برنامه‌ها و عملیات به اشتراک گذاشته شود.

رویکرد مدل جانمایی‌شده: رویکرد دوم، «مدل جانمایی‌شده» نامیده می‌شود. این رویکرد درون‌سازمانی است و تیم توسعه‌ی محصول تلاش می‌کند که محصولات را مطابق با ویژگیهای تعریف‌شده برای آن طراحی کند. در واقع، در این رویکرد استراتژیهای سازمان از طریق محصولات، تعریف و تبیین می‌شود.

این رویکرد در شرکتهایی مثل ولوو، بی.ام. و، و کرایسلر پیاده شده است. در این شرکتها برندها به‌صورت هوشمندانه‌ای مدیریت می‌شود. عملکرد این شرکتها، آنها را شرکتهایی محصول‌محور معرفی می‌کند. تفکر آنها بر پایه‌ی داشتن محصولاتی با طرح برجسته، عملکرد خوب، و ایمنی استوار است. در واقع، برای آنها مدیریت برند چیزی نیست جز ابزاری برای رقابت.

رویکرد مدل تجربی: رویکرد سوم «مدل تجربی» است. در واقع، این مدل تطبیق بهترین کارکرد مدیریت برند با عناصر یک شرکت است. این مدل چیزی شبیه مدیریت اقتضایی است، یعنی استراتژیهایی به کار گرفته می‌شود که به بهترین شکل با ویژگیهای سازمان متناسب است. تویوتا اتومبیل‌سازی است که از این مدل استفاده می‌کند. شرکتهایی که از این مدل بهره می‌برند، ابتدا تئوریهای نام تجاری، استراتژیها، و تاکتیکهای آن را یاد می‌گیرند و سپس با آزمون و خطا، این عناصر را اجرا می‌کنند. انگیزه‌ی آنان برای اجرای این آزمون و خطاها، به آگاهی آنها در مورد نفوذ تدریجی تفکر مدیریت نام تجاری در صنعت اتومبیل‌سازی برمی‌گردد.

معمولاً این نوع شرکتها صرفاً تاکتیکهایی را انتخاب می‌کنند که برای شرکتشان مفید است و استراتژیهایشان را با توجه به تجربیات دیگران برمی‌گزینند و از موفقیتها و شکستهای سایرین درس می‌گیرند.

قابل ذکر است که سیستم مدیریت نام تجاری باید همراه با هدفهای شرکت و به‌منظور نیل به ترجیحات مشتری برای محصولات شرکت ارتقا یابد.

درک ارزش نام تجاری

به‌طورکلی برای سنجش ارزش مالی نام تجاری، پنج رویکرد وجود دارد که در زیر به معرفی و شرح آنها پرداخته می‌شود:

۱. ارزیابی تاریخی: این رویکرد به حجم سرمایه‌گذاری صورت‌گرفته بر روی یک نام تجاری در طول زمان متمرکز می‌شود.

۲. ارزیابی بر اساس برتری قیمت: برتری قیمت به معنای تفاوت کالای بهره‌مند از نام تجاری برتر، نسبت به کالای مشابه اما ناشناخته است. بنیان این روشِ ارزیابی این است: «مزیت اصلی نام تجاری برای محصول، افزایش قیمت آن است».

بر اساس این رویکرد، ارزش نام تجاری بدین صورت محاسبه می‌شود:

حجم فروش × برتری قیمت = ارزش نام تجاری

۳. ارزیابی بر اساس درآمد حاصل از اکتساب و خریداری نام تجاری: اگر شرکتی مالکیت نام تجاری را در اختیار ندارد و مجبور به خرید و کسب مجوز استفاده از نام تجاری شرکت دیگری باشد، مجبور است بیشترین سهم خود را در ازای استفاده از نام تجاری به آن شرکت پرداخت کند. در مقابل، شرکتی که مالکیت و امتیاز استفاده از نام تجاری را در اختیار دارد، نیاز به پرداخت این هزینه‌ها ندارد و همین مسأله، تفاوت ارزش نام تجاری برای شرکت است.

۴. ارزیابی بر اساس قیمت بازار: شاید بهترین شیوه‌ی سنجش ارزش محصول، این باشد که به قیمتی که خریدار حاضر به پرداخت آن است (قیمت بازار) توجه کنیم، شیوه‌ی دیگر، توجه به قیمتی است که شرکتهای مختلف در زمان ادغام یا خرید نام تجاری، حاضر به پرداخت آن هستند.

۵. ارزیابی بر اساس درآمدهای آینده: این شیوه، معروفترین روش سنجش قدرت نام تجاری بر اساس عملکرد مالی است و بیش از سایر روشها مورد استفاده قرار می‌گیرد. پیشگامان اتخاذ این رویکرد، دو شرکت برند فایننانس[1] و اینتربرند[2] هستند. در ادامه به بررسی رویکرد این دو شرکت می‌پردازیم و کاربردهای شیوه‌ی مورد استفاده‌ی آنها را شناسایی می‌کنیم. در این بحث، درک پایه و اساس نظری و مفهومی رویکرد، مورد توجه است.

رویکرد درآمدهای آتی در ارزیابی نامهای تجاری، بر اساس گرایش بازارهای مالی به ارزیابی شرکتها ایجاد شده، و ارزش سهام شرکتها به عنوان ارزش بازار آنها در بازار مالی تلقی می‌شود. نسبت میان ارزش بازار و خالص درآمدهای شرکت به مفهوم نسبت P/E نسبت درآمدهای قیمتی هر سهم شناخته می‌شود. این نسبت به سه شیوه‌ی زیر محاسبه می‌شود:

$$\text{نسبت درآمدهای حاصل از قیمت هر سهم (P/E)} = \frac{\text{سرمایه‌گذاری بازار}}{\text{درآمد خالص}}$$

به همین صورت:

$$\text{ضریب نام تجاری} = \frac{\text{میزان سودآوری نام تجاری}}{\text{ارزش نام تجاری}}$$

بنابراین:

$$\text{ارزش نام تجاری} = \text{ضریب نام تجاری} \times \text{سودآوری نام تجاری}$$

نسبت P/E در بازارهای مالی، به عنوان شاخصی برای ارزیابی سهام شرکت مورد استفاده قرار می‌گیرد. به عنوان مثال، اگر یک شرکت مهندسی در دوره‌ی یک ساله، موفق به دستیابی به درآمد خالص معادل ۱۰۰ میلیون ریال شود و میانگین نسبت P/E شرکت در این بخش از صنعت عدد ۸ باشد، ارزش بازار این شرکت، رقمی در حدود ۸۰۰ میلیون ریال است (با این فرض که عملکرد شرکت در حد میانگین صنعت خود باشد). در بحث ارزیابی نامهای تجاری نیز رویکرد مشابهی وجود دارد؛ ارزش نام تجاری برابر است با ارزش درآمدهایی که این نام تجاری در آینده خلق می‌کند. به منظور سنجش تقریبی ارزش نام تجاری در آینده، نیاز داریم که:

1. Brand Finance
2. Interbrand

۱. حجم فروش شرکت را مورد توجه قرار دهیم.

۲. حجم فروشی را که به خاطر خوشنامی نام تجاری نبوده است را در نظر بگیریم و از حجم فروش کلی کسر کنیم.

دستیابی به نامهای تجاری قدرتمند:

چهار عامل زیر بر قدرت نامهای تجاری تأثیرگذار هستند:

٭ **احساس تعلق و نزدیکی:** این نام تجاری متعلق به من است.

٭ **چالشگری:** نامی تجاری که قواعد و رفتارهای سنتی و رایج را به چالش کشانده است و موجی از تغییر را در جامعه ایجاد کند.

٭ **شهرت:** معروفترین نام تجاری در یک ردهی محصول.

٭ **قیمت:** نامی تجاری که ارزش مناسبی در ازای پول به مصرف‌کننده ارائه می‌دهد.

قوانین تثبیت نام تجاری:

ال رایز و لورا رایز، مؤلفان کتاب «۲۲ قانون ثابت برای تثبیت نام تجاری»، این قوانین را در کتاب خود به‌شرح زیر آورده‌اند:

۱. **قانون گسترش (توسعه):** قدرت یک نام تجاری، نسبت معکوس با گسترش آن دارد. منظور این است که زمانی که نام تجاری خود را بر روی کالاهای متعددی می‌گذارید، این نام قدرت و نفوذ خود را از دست می‌دهد.

۲. **قانون اختصار:** زمانی که دامنه‌ی تمرکز خود را محدود می‌سازید، بر قدرت نام تجاری خود می‌افزایید.

۳. **قانون معروفیت:** تولد یک نام تجاری از طریق معروفیت و شهرت آن شکل می‌گیرد و نه از طریق تبلیغات. این قانون بر تأثیر روابط‌عمومی تأکید دارد.

۴. **قانون تبلیغات:** هر نام تجاری پس از تولد، به تبلیغات نیازمند است تا سالم و ماندگار شود. بودجه‌ی تبلیغاتی شما، به مثابه بودجه‌ی دفاعی یک مملکت است. پولهای هنگفتی که شما برای تبلیغات هزینه می‌کنید، چیزی برایتان به ارمغان نمی‌آورد جز آنکه مانع غلبه‌ی رقیبان شما در بازار خواهد شد.

۵. **قانون واژه:** برای تملک ذهن مصرف‌کننده و تثبیت واژه‌ای در آن، یک نام تجاری باید به کوششی وصف‌ناپذیر بپردازد. واژه‌ها کلید خلق نام تجاری‌اند.

۶. **قانون اعتبار:** رکن اصلی موفقیت یک نام تجاری، در ادعای اصالت آن است. پیشگام بودن، مستقیم‌ترین راه ممکن برای تثبیت اعتبار یک نام تجاری است. اگر نام تجاری شما از جمله‌ی پیشگامان نباشد، بهترین راهکار شما، خلق یک طبقه‌بندی جدید است که در آن ادعای پیشگامی کنید.

۷. **قانون کیفیت:** کیفیت مهم است، اما نام تجاری با کیفیت ساخته نمی‌شود.

۸. **قانون طبقه‌بندی:** یک نام تجاری پیشگام، بایستی طبقه‌بندی کالای خود را ارتقا بخشد و نه نام تجاری کالا را. سهم به‌حق یک نام تجاری پیشگام، هرگز بیش از ۵۰ درصد نیست و بازار همواره پذیرای نامهای دوم و سوم و... است. یک پیشگام به جای جنگیدن با نامهای تجاری رقیب، بایستی با طبقه‌بندی رقیب به جدال برخیزد.

۹. **قانون نام:** در درازمدت، مارک تجاری چیزی جز نام نیست.

۱۰. **قانون افزایش خطوط ضمیمه:** ساده‌ترین راه نابودی یک نام تجاری، عرضه‌ی انواع و اقسام کالاها و خدمات با آن نام تجاری است.

۱۱. **قانون تبعیت:** برای خلق یک طبقه‌بندی نو، یک نام تجاری باید از سایر اسامی تجاری نیز استقبال کند.

۱۲. **قانون اسم عام (ژنریک):** یکی از سریعترین راههای عدم موفقیت، استفاده از اسامی عام برای نام تجاری است.

۱۳. **قانون کمپانی:** نام تجاری، یک نام تجاری است و کمپانی یک کمپانی؛ این دو با یکدیگر تفاوت دارند.

۱۴. **قانون زیرزنجیره‌ها:** آنچه را که یک نام تجاری می‌سازد، زیرزنجیره‌ها می‌توانند به‌راحتی نابود سازند.

۱۵. **قانون هم‌خانوادگی:** زمان و مکان مناسبی هم برای ارائه‌ی نام تجاری دوم وجود دارد. راهکار ارائه‌ی نام تجاری دوم، مناسب همه‌ی بنگاههای اقتصادی نیست. اگر این عمل با عدم مهارت انجام گیرد، نام تجاری بعدی می‌تواند به نابودی نام تجاری اصلی منجر شود و منابع را به هدر دهد. مدیریت شرکت بایستی در

انتخاب راهکاری برای آغاز تجارت هم‌خانواده، اصول زیـر را بـویژه در ذهـن بسپارد:

- بر روی یک زمینه‌ی تولیدی واحد تمرکز کنید.
- برای هر یک از محصولات خود، خصوصیات ویژه‌ای را تدارک ببینید.
- تمایزهای محکمی را در میان محصولات مختلف خود بنا نهید.
- نامهای تجاری متفاوت و نه مشابه خلق کنید.
- تنها زمانی به ارائه‌ی یک محصول هم‌خانواده بپردازید که قدرت خـلق یک طبقه‌بندی جدید را دارید.
- تا آنجا که ممکن است، کنترل تجارت هم‌خانواده‌ی بنگاه اقتصادی خود را به دست گیرید.

۱۶. قانون شکل: یک آرم (نشانه) تجاری باید به گونه‌ای طراحی شده باشد که هر دو چشم بیننده را به خود جلب کند. از آنجایی کـه چشـمان هـر مشـتری در کنار یکدیگر قرار گرفته‌اند، شکل مطلوب آرم تجاری بایستی افقی باشد؛ بـه‌طور تقریبی دارای دو و یک‌چهارم واحد عرض و یک واحد ارتفاع.

۱۷. قانون رنگ: یک نام تجاری باید رنگ متضاد رقیب اصلی خود را انتخاب کند.

۱۸. قانون حد و مرز: هیچ مانعی بر سر راه یک نام تجاری جهانی وجود ندارد. یک نام تجاری نباید با هیچ حد و مرزی روبه‌رو شود. عبور از مرزها بـه ارزش نـام تجاری می‌افزاید.

۱۹. قانون ثبات: یک نام تجاری یک‌شبه ساخته نمی‌شود. موفقیت در چندین دهـه ارزیابی می‌شود و نه در طی سالها.

۲۰. قانون تغییر: نامهای تجاری قابل‌تغییرند، اما به‌ندرت و در کمـال دقت. اگر در صدد تغییر نام تجاری خود هستید، تمرکز بنگاه خـود را از روی هـدف (ذهـن مصرف‌کننده) منحرف نسازید.

۲۱. قانون فناپذیری: هیچ نام تجاری همیشگی نیسـت، اغلـب، اوقات قتل از روی ترحم، بهترین راه‌حل است.

۲۲. قانون یکتایی: مهمترین بُعد یک نام تجاری، ثابت‌قدم بودن آن است. نام تجاری،

یک ایده‌ی واحد و یا مفهومی است که در ذهن مخاطب تثبیت می‌شود. پس ویژگی تک و منحصربه‌فرد بودن آن است که به یک نام تجاری کمک می‌کند تا مهم‌ترین فعالیت خود را در اجتماع به انجام برساند.

توصیه‌هایی برای توفیق مدیریت نام تجاری:

✓ دنیای آینده، دنیای نام‌های تجاری است. خیلی از مواقع، مشتریان تفاوتی در محصولات نمی‌بینند، اما آن چیزی که آنان را متقاعد می‌کند، نام تجاری محصول است. پس برندسازی را جزء وظایف استراتژیک و مهم سازمان بدانید.

✓ ایجاد مهندسی نام تجاری جامع، جزء وظایف مهم سازمان باشد.

✓ ایجاد یک استراتژی نام تجاری برای نام‌های کلیدی، شامل برانگیختن نام تجاری همگام با موقعیتی که نام را متمایز می‌سازد و از سوی مشتریان تشدید می‌شود، جزء اقدامات اساسی‌تان باشد.

✓ ایجاد برنامه‌های موضع‌یابی نام تجاری به همراه یک سیستم برای ردیابی نتایج، از ضروریات است.

✓ سعی کنید محصولات و کالاهایی را که به مشتریان عرضه می‌کنید، بهتر از رقبایتان متمایز کرده باشید.

✓ طرح نام تجاری خود را بر اساس منافع احساسی و کاربردی بنا بگذارید که معتقدید کالاها و خدمات شما به مشتریانتان ارائه می‌کند.

✓ از شیوه‌های پیشرفته‌ی تقسیم‌بندی مشتریان استفاده کنید تا از الگوی بازاریابی «یکی برای همه»، به سوی الگوی «یکی برای یکی» حرکت کنید.

✓ یک نام تجاری باید تضمین کند که عناصر مختلف نام تجاری شما، به دقت مورد توجه مشتریان قرار گرفته‌اند.

✓ برای افزایش آگاهی مشتریان خود، از موفق‌ترین نام‌های تجاری در اینترنت استفاده کنید.

✓ بر روی تمام ابعاد و جنبه‌های سازمان خود کار کنید؛ از رفتار کارکنان گرفته تا دارایی‌های غیرمنقول. این امر منعکس‌کننده‌ی ارزش نام تجاری شرکت شماست و باعث تقویت آن می‌شود. ما شاهد تغییر جهت از مدل کلاسیک بازاریابی نام

تجاری که در آن نام تجاری را موضوعی می‌دیدند که بخش بازاریابی انجام می‌داد، به سوی مدلی مستقیم هستیم که در آن روی نقش تمام کارکنان به‌عنوان برندسازان تأکید بیشتری می‌شود.

✓ مهمترین عامل در تأثیرگذاری روی سرنوشت نام تجاری، نظارت دقیق مدیران است؛ ضعف مدیریت در شکست نام تجاری در درجه‌ی اول تأثیر قرار دارد.

نتیجه‌گیری

سالها پیش، دنیای نامهای تجاری تنها مورد توجه مدیران ارشد بود، در حالی که امروزه این نگرش تغییر یافته و توجه به خلق و توسعه‌ی نامهای تجاری ارزشمند، اولویت اول تمامی کسب‌وکارهاست.

بسیاری از شرکتها و سازمانهای کوچک و بزرگ فعال در عرصه‌های گوناگون بازار، استراتژی نام تجاری را به عنوان جوهره‌ی اصلی استراتژی کسب‌وکار خود بنا نهاده‌اند و بر آن تکیه می‌کنند. نامهای تجاری با ارائه‌ی هدفی روشن و دست‌نیافتنی، و یکپارچه ساختن منافع تمامی ذینفعان در جهت‌گیریهای بازار، سازمان را قادر می‌سازند تا به دو پرسش اصلی پیش روی تمامی کسب‌وکارها پاسخ دهد:

۱. مشتریان ما چه کسانی هستند؟

۲. ما چه محصولات و خدماتی می‌توانیم به آنها ارائه دهیم؟

نامهای تجاری، صرفاً ابزاری کلیدی در مدیریت به شمار می‌آیند و به خودی خود هدف نهایی سازمان نیستند. دستیابی به قدرت نام تجاری یک هدف نیست بلکه، استراتژی مؤثری در جهت دستیابی به عملکرد برتر است.

نام تجاری برتر، احساس هدفمندی را در میان مشتریان، کارکنان، تأمین‌کنندگان و سهامداران سازمان می‌آفریند و فقط زمانی که تمامی ذینفعان در راستای دستیابی به هدفها به یکپارچگی و هم‌صدایی دست‌یابند، ارزش‌آفرینی کسب‌وکار آغاز می‌شود، و این دستاورد کسب‌وکار نامهای تجاری است.

فصل پانزدهم

ارتباط مؤثر با مشتریان از طریق بسته‌بندی و رنگ مناسب

این فصل با همین عنوان در نشریه‌ی دانش تبلیغات شماره‌های ۱۸ و ۱۹ منتشر شده است.

چکیده

در این فصل ضمن تعریفی از ارتباطات و اهمیت آن در نیل به هدفهای بازاریابی در فضای رقابتی، به اهمیت بسته‌بندی و کارکردهای مختلف آن اشاره شده است.

بسته‌بندی افزون بر وظیفه‌ی سالم نگه داشتن محصول، با بهره‌گیری از جنبه‌های مختلف ارتباطی نظیر رنگ، مواد، اندازه، و... در ایجاد و گسترش ارتباطات اثربخش با مشتریان و نهایتاً جلب و نگهداری آنها در رسیدن به هدفهای بنگاههای اقتصادی نظیر فروش بیشتر و رضایت مشتریان عمل می‌کند. در این فصل به مطالب فوق پرداخته شده است.

مقدمه

در شرایط رقابتی فقط بالا بودن کیفیت برای جلب مشتری کفایت نمی‌کند؛ چون تعداد رقبای داخلی و خارجی همواره در حال افزایش است. امروز دیگر نمی‌توان گفت «عطر آن است که خود ببوید، نه آنکه عطار بگوید» بلکه، باید گفت «عطر آن است که خود ببوید و عطار نیز بگوید». هر قدر عرضه بیشتر می‌شود، قدرت چانه‌زنی و حق انتخاب مشتری هم بالا می‌رود و در این شرایط باید تمام کارکردهای محصول و تلاشهای ارتباطی شرکت، عالی عمل کند تا بتوانید به مشتریان اثبات کنید که خرید از شرکت شما در نهایت به نفعشان است. یکی از جنبه‌های ارتباطی، بسته‌بندی است.

ارتباطات

- ارتباطات را می‌توان جریانی دانست که طی آن دو نفر یا تعداد بیشتری، به تبادل

افکار، نظریات، احساسات، و عقاید می‌پردازند. شرکتها از طریق به کـار بـردن پیامهایی سعی می‌کنند رفتار دیگران را به‌نحوی تغییر دهند یا در آنها نفوذ کنند و از این راه موجب تحقق اهداف سازمانی شوند.

- ارتباط یعنی فرایند انتقال و درک اطلاعات، عقاید، و احساسات از فرستنده بـه گیرنده، به منظور ایجاد و تغییر دانشها، نگرشها، یا رفتار آشکار او.

- شرکتها با فرایند ارتباطات می‌خواهنـد کـه بـر مـحیط خـود اثـر بگذارنـد. اگر ارتباطات بین بنگاههای اقتصادی و مشتریان مؤثر باشد و به فرایند شناسایی و شناساندن اثربخش منجر شود، تعاملِ شکل گرفته ادامه خواهد داشت. به همین دلیل است که ارتباطات را مدیریت فرایند خرید مشتری در بلندمدت نامیده‌اند.

- برهمین اساس بازاریابان به مرحلـه‌های پیـش از خـرید، زمان خـرید، و پس از مصرف توجه می‌کنند، اما باید تـوجه داشت چـون مشتریان مـتفاوت هستند، بنابراین ارتباطات اثربخش در بخشهای مختلف بازار باید متفاوت باشد.

دو سؤال اساسی مبحث ارتباطات

چون فرایند ارتباطات بین دو رکن اساسی ارتباط یعنی «فـرستنده» و «گیرنده» بـرقرار می‌شود، به‌منظور استمرار این فرایند و بهره‌گیری مطلوب هر دو سوی ارتباط، دو سؤال زیر مطرح می‌شوند:

۱. شرکتها چگونه پیام خودشان را به مشتری برسانند؟

۲. مشتریان چگونه پیام خودشان را به شرکتها برسانند؟

چون معمولاً شرکتها زمانی به برقراری ارتباط بـا مشتری می‌انـدیشند کـه بـخواهنـد اطلاعاتی را به مشتری بدهند (آگاهی دادن)، برای مثال هنگام معرفی محصول جدید یا آگاه ساختن مشتری از تغییرات صورت گرفته در محصول قبلی این ارتباط را بـرقرار می‌کنند، بنابراین برای رسیدن به این منظورها از ابزارهای پنجگانه‌ی ترویج که عبارتند از تبلیغات، فروش شخصی، روابط‌عمومی، پیشبرد فروش، و بازاریابی مسـتقیم اسـتفاده می‌کننـد امـا مشكـلات مشـتریان در فـرایند ارتباطات، زمـانی بیشتر اسـت کـه آنهـا می‌خواهند صدایشان را به گوش شرکت فروشنده برسانند. برای مثال زمانی که مشتری محصولی را خریده اما ناراضی است، یا هنگامی که مشتری پیشنهادی بـرای شرکت

مربوط دارد ولی مسیر ارائهی آن پیشنهاد را نـمی‌شناسد. بـه هـمین دلیل است کـه در سالهای اخیر بنگاههای اقتصادی برای شنیدن صدای مشتری سرمایه‌گذاری می‌کنند؛ چون آنها می‌دانند که اگر صدای مشتریانشان را نشنوند، رقبا صدای آنها را خواهند شنید و قاعدتاً آنها هم به صدای مشتری پاسخ خواهند گفت. بعضی از اقدامـات بـنگاههای اقتصادی برای شنیدن صدای مشتریان عبارتند از:

- ایجاد واحـد ارتبـاط بـا مشـتری بـا حضور کـارکنان خـوش‌برخـورد، پیگیر، و آموزش‌دیده.
- بـازنگری در کـارکرد واحـدهـای روابـط‌عمومی و تـجهیز آنـها بـه ابـزارهـای سخت‌افزاری و نرم‌افزاری مناسب برای گسترش ارتباط.
- اجرای پروژه‌های مدوّن و مرتب اندازه‌گیری رضایت مشتری و پیگیری در جهت رفع نارساییهای عنوان شده از سوی مشتریان و ارتقای میزان رضایت و خشنودی ایشان.
- مراجعهی حضوری مدیران ارشد و مدیران میانی به مشتریان.
- دعوت از مشتریان برای حضور در شرکت و شنیدن نظرات آنها همراه با پذیرایی مناسب.
- برقراری سیستم اثربخش مدیریت ارتباط با مشتریان[1] بـا اسـتفاده از ابـزارهـای فناوری ارتباطات و اطلاعات.
- استفاده از هر ابزار مناسب دیگر برای شنیدن صدای مشتریان.

سایر ابزارهای ارتباطی

- افزون بر ابزارهای پنجگانهی ترویج که نام بـرده شـدند، مـی‌تـوان بـه‌وسیله‌های ارتباطی دیگر نظیر محل فروشگاه یا دفترفروش شرکت، قیمت محصول و خود محصول اشاره داشت.
- طرح، شکل، برند (نام و نشان تجاری)، بسته‌بندی، و... نیز ابعاد مختلف محصول هستند که هر یک می‌توانند در ایجاد و گسترش ارتباطات مناسب مؤثر باشند. در این فصل به موضوع بسته‌بندی پرداخته می‌شود.

---

1. Customer Relationship Management

بسته‌بندی

احمد روستا و همکاران، برای بسته‌بندی این تعریف را آورده‌اند: هرگونه ظرف یا بسته‌ای که محصول در آن برای فروش به بازار عرضه می‌شود، یا به‌وسیله‌ی آن اطلاعات لازم در مورد محصول به مصرف‌کنندگان منتقل می‌شود. بعضی در تعریف بسته‌بندی نکات دیگری را مورد توجه قرار داده‌اند و چنین آورده‌اند: بسته‌بندی به معنی ظرف، محافظ، یا سیستمی است که سلامت کالای مورد نظر را در فاصله‌ی تولید تا مصرف حفظ کند و آن را از ضربات، صدمات، لرزش و فشار، و ارتعاش مصون نگه دارد. از طرف دیگر، بسته‌بندی سیستمی است که ارتباط بین تولیدکننده و توزیع‌کننده را از یک سو، و تولیدکننده و مصرف‌کننده را از سویی دیگر فراهم می‌سازد.

کاتلر و آرمسترانگ، مؤلفان کتاب ارزشمند «اصول بازاریابی»، تعریفی ساده از بسته‌بندی ارائه می‌دهند: بسته‌بندی، فعالیتهایی را در بر می‌گیرد که هدف از آن، طراحی و تولید ظرف یا لفاف برای یک کالاست. ولی ساده‌ترین تعریف را ایرج بهرامی، ارائه کرده است: «به‌طور اعم چیزی است که کالا در آن قرار داده می‌شود»؛ به عبارت دیگر، شکل ظاهری کالاست. وی در اهمیت بسته‌بندی چنین می‌گوید: «بسته‌بندی یکی از مؤثرترین عوامل در پیشرفت فروش کالاست و کسانی که تصور می‌کنند مصرف‌کننده اعتنایی به ظاهر جنس ندارد، فاقد شعور بازاریابی هستند».

ایشان هفده مورد در رعایت بسته‌بندی آورده است؛ اما منبع دیگری تا ۳۰ مورد را به‌شرح زیر ذکر کرده است:

۱. ابعاد و اندازه‌ی متناسب داشته باشد.
۲. مقدار متعارفی از کالای مصرفی را در حد کفایت در خود جای دهد.
۳. نوع جنس ماده‌ی اولیه‌ی سازنده‌ی بسته، از سلامت برخوردار باشد.
۴. ایمنی کالا را حفظ کند.
۵. باعث تغییرات فیزیکی و شیمیایی نشود.
۶. استفاده و به کار بردن بسته، خالی از اشکال باشد.
۷. انهدام بسته‌ی خالی به راحتی صورت پذیرد.
۸. دارای علائم ایمنی و اطلاعات بازرگانی باشد.
۹. دارای اطلاعات ساخت و تولید باشد.

۱۰. رنگها و طرحهای جاذب و نافذ داشته باشد.

۱۱. رنگ بسته مبین و تداعی‌کننده‌ی ماهیت و کیفیت کالا باشد.

۱۲. وضعیت ظاهری بسته ترغیب‌کننده و یادآور نیاز باشد.

۱۳. در عین بی‌زبانی، گویا و دعوت‌کننده به خرید باشد.

۱۴. اطلاع‌رسانی به قصد متقاعد کردن مصرف‌کننده بـه خـرید آن در حـد اعـلا و ظرافت باشد.

۱۵. به کمک آن بتوان تحقیقات بازاریابی انجام داد.

۱۶. به کمک آن بتوان روشهای فروش را مکانیزه کرد.

۱۷. بار فرهنگی داشته باشد.

۱۸. بسته‌ی خالی به عنوان عامل یادآور، ایفای نقش کند.

۱۹. با برخورداری از نظافت، سلامت کالای درون خود را القا کند.

۲۰. کالای مظروف خود را به بهترین وجه معرفی کند.

۲۱. برای بیننده ایجاد اعتماد کند.

۲۲. به ارزش ذاتی کالا بیفزاید.

۲۳. دارای تعادل پایدار باشد و به آسانی واژگون نشود.

۲۴. محلی برای نصب برچسب قیمت روی آن در نظر گرفته شود.

۲۵. ضربه و فشار را به داخل بسته منتقل نکند.

۲۶. شکل ظاهری آن قابل استفاده‌ی تبلیغاتی باشد.

۲۷. تاریخ ساخت، تاریخ انقضا، شماره‌ی پروانه ساخت و شماره‌ی پروانه‌ی بهداشتی (در صورت لزوم) روی بسته قید شود.

۲۸. فرمول و مواد متشکله (در صورت لزوم) روی بسته قید شود.

۲۹. نشانی و تلفن تولیدکننده در کشور خارجی روی آن قید شود.

۳۰. دستورالعمل مصرف را دارا یا حاوی باشد.

● همان‌طور که از مطالب فوق استنباط می‌شود، تصمیمات مربوط بـه بسته‌بندی در گذشته بر اساس حفظ و نگهداری محصول گرفته می‌شد ولی امروزه بسته‌بندی یک وسیله‌ی ترویج[1] است و بسیاری از وظایف فـروش نظیر جلب تـوجـه مشتری و

---

1. Promotion

برقراری ارتباط اولیه را انجام می‌دهد.

- امروز بنگاههای اقتصادی از هر وسیله‌ای برای برقراری ارتباط و جلب توجه مشتری استفاده می‌کنند. برای مثال، وقتی که برای گرفتن کارت پرواز به فرودگاه مراجعه می‌کنید، با تبلیغات بنگاههای مختلف در پشت کارت پرواز مواجه می‌شوید. زمانی که اتومبیل خود را از کارواش تحویل می‌گیرید، کاغذ بزرگی را می‌بینید که برای جمع‌آوری آب در زیر پای راننده انداخته‌اند، ولی بر روی آن تبلیغات یک شرکت خودنمایی می‌کند. مثالهای دیگر نظیر بیلبوردها، دیوارنویسی‌ها، و... که جای خود را دارند. در این شرایط، بنگاههای اقتصادی به این فکر افتاده‌اند که چرا از بسته‌بندی به عنوان یک وسیله‌ی جلب توجه و ارتباط با مشتری استفاده نکنند؛ به همین دلیل بود که کارکردهای جدید بسته‌بندی مطرح شد.
- طبق تحقیقات به‌عمل آمده، معمولاً یک خریدار در فروشگاههای بزرگ نظیر شهروند و رفاه، در هر دقیقه از برابر ۳۰۰ قلم جنس عبور می‌کند و جالبتر اینکه ۵۳ درصد این خریدها به صورت آنی، لحظه‌ای، و بدون انگیزه و تفکر قبلی صورت می‌گیرد؛ به همین دلیل است که بسته‌بندی را «بازرگانی پنج ثانیه‌ای» نامیده‌اند.
- یک بسته‌بندی نوآورانه می‌تواند برای مصرف‌کنندگان فایده و برای تولیدکنندگان سودآوری همراه داشته باشد.

تصمیمهای مربوط به عرضه‌ی بسته‌بندی خوب برای محصولات جدید:

- نخست شرکت باید مفهوم بسته‌بندی را به وجود آورد. یعنی اینکه این نوع بسته‌بندی برای چه محصولاتی مناسب است و چه نقشی را ایفا می‌کند؟
- آیا هدف یا مفهوم بسته‌بندی مزبور این است که محصول را محفوظ نگه دارد؟ برای توزیع و مصرف، روش جدیدی ارائه کند، یا مقصود و هدف دیگری دارد؟ برای مثال یکی از بنگاههای اقتصادی تولید کمک فنر، محصولات عرضه شده به بازار قطعات یدکی را در سطح شهرها در بسته‌بندیهای مکعب مستطیل شکل مقوایی و با طرح و رنگ زیبا ارائه می‌کند، اما همین محصولات را برای استفاده در بنگاههای تولید اتومبیل، بدون بسته‌بندی و به صورت چیده شده در جعبه‌های چوبی (۱۰۰تایی) به اتومبیل‌سازی تحویل می‌دهد و پس از برداشتن کمک فنرها، جعبه‌های چوبی برای

استفاده‌ی مجدد به کارخانه‌ی تولید کمک فنر بازگردانده می‌شوند. این اقدام، افزون بر صرفه‌جویی برای تولیدکننده‌ی کمک فنر، با استقبال اتومبیل‌سازها هم مواجه شده است، چون آنها هم نیروی کارگری را که باید کمک فنرها را از جعبه‌های مقوایی قبلی خارج می‌کرد، صرفه‌جویی کرده‌اند و همچنین زباله‌های تولیدی قبلی (جعبه‌های مقوایی) نیز برای حمل به خارج از اتومبیل‌سازی نیاز به هزینه داشتند که این مورد هم حذف شده است.

- شرکتها باید در مورد عواملی مانند: اندازه، بسته‌بندی، و شکل مواد مورد استفاده در بسته‌بندی، محتوا، نام و نشان تجاری، و بخصوص رنگ آن تصمیمهای ویژه‌ای بگیرند.
- تمام عوامل فوق می‌توانند موقعیت یا جایگاه[1] مناسب برای شرکت و محصولات آن در ذهن مشتریان ایجاد کنند، به‌نحوی که مشتری از بین محصولات شرکتهای مختلف، محصول مورد توجه بنگاه اقتصادی شما را انتخاب کند. اما نکته‌ی اساسی این است که باید بین تمام عوامل فوق و سایر اجزای آمیزه‌ی بازاریابی[2] نظیر قیمت، توزیع، و... هماهنگی لازم برقرار باشد.
- هر قدر جوامع توسعه‌یافته‌تر می‌شوند و میزان آگاهی مردم بالا می‌رود، حساسیت آنها نسبت به عوامل محیطی و منافع جمعی هم افزایش می‌یابد. پس در بسته‌بندی افزون بر هدفهای شرکت و خواستهای آنی مشتری، باید به منافع جامعه هم توجه کرد. شرکتها باید به این مهم نیز توجه داشته باشند و در بسته‌بندی از موادی استفاده کنند که در طبیعت به‌سادگی تجزیه می‌شوند. در دنیای توسعه‌یافته، شرکتهای سبز (بنگاههایی که محصولات و بسته‌بندی آنها برای محیط زیست زیان‌آور نباشد) بیشتر مورد استقبال مشتریان قرار می‌گیرند. به همین دلیل است که از بین دیدگاههای مختلف حاکم برنظام بازاریابی شرکتها، به‌تدریج فلسفه‌ی بازاریابی اجتماعی که علاوه بر محورعملیات قرار دادن مشتریان، به منافع جامعه نیز توجه دارند، بیشتر مورد استقبال قرار گرفته است.
- لازم است بین ابعاد مختلف بسته‌بندی نظیر جنس مواد به‌کار رفته، اندازه، و شکل آن با محتوای بسته‌بندی هماهنگی و همخوانی باشد و توجه داشت که وجود هر گونه

1. Positioning
2. Marketing Mix

تناقض نظیر بسته‌بندی ضعیف و نامناسب برای محصولات گرانقیمت یا بسته‌بندی بزرگ برای محصولات کم‌حجم، و... با بازخورد منفی مشتریان مواجه می‌شود. برای مثال یکی از تولیدکنندگان تنقلات، حجم کم مواد غذایی خویش را در بسته‌بندی به مراتب بزرگتر به بازار عرضه می‌کرد و بخشی از بسته با هوا پر می‌شد. این وضعیت در ذهن مشتریان مترادف نداشتن صداقت و قصد و غرض برای گول‌زدن مشتری بود و نتیجه‌ی آن عدم استقبال مشتریان در خریدهای بعدی از آن شرکت بود.

- شرکتها بـرای محصولات خـویش بـا بسته‌بندیهای متفاوت، نامهای مختلفی می‌گذارند. نام می‌تواند دارای خصوصیتهایی نظیر سودمندی، متمایز بـودن، دارای معنای زیبا، نشان‌دهنده‌ی ویژگی یا شخصیت، و... باشد. قبل از ارائه‌ی محصول به بازار، نام آن را در بازار هدف مورد سنجش و بررسی قرار دهید تا معنای بد یا نامطلوبی نداشته باشد و نشان‌دهنده‌ی جنبه‌ی مثبت و زیبا باشد. حتماً نام تأییدشده را به ثبت برسانید تا پس از جا افتادن آن، بتوانید از طرق قانونی از سوءاستفاده‌ی دیگران از نام محصول خودتان جلوگیری کنید.

- برچسب نیز بخشی از بسته‌بندی و عامل مؤثر در ترویج و ارتباط است. برچسب طیفی از تکه‌های کوچک کاغذ چسبیده به کالا، تا نمودارهای بسیار پیچیده را شامل می‌شود که بخشی از بسته‌بندی کالا هستند. برچسب چندین کار انجام می‌دهد؛ مثلاً می‌تواند معرف محصول با نام و نشان تجاری خاص بـاشد. امکان دارد بیانگر درجه‌ی محصول بـاشد و همچنین مـی‌تواند خصوصیات و ویـژگیهای مختلف محصول نظیر تاریخ تولید، تاریخ انقضا، محل تولید، و... را بیان کند. افزون بر تمام کارکردهای فوق، برچسب می‌تواند به عنوان نوعی تبلیغ عمل کند و بـا شکل و نمودارهای جالب و چشمگیر در جلب توجه مشتریان نقش‌آفرینی کند.

اهمیت رنگ در بسته‌بندی

- در بازار پر رقابت و مصرفی جامعه‌ی امروزی، استفاده‌ی بجا از رنگها به همان اندازه می‌تواند در بالا بردن فروش و ارائه‌ی محصول مؤثر باشد که استفاده‌ی نادرست از آن باعث تخریب و عدم موفقیت می‌شود. این موفقیت فقط با داشتن دانش و شناخت درست از آثار رنگ بر روان انسان صورت می‌گیرد.

روانشناسان می‌گویند رنگ می‌تواند تا ۶۰ درصد در پذیرش یا انتخاب محصول مؤثر باشد. رنگهای زیادی با داشتن پیامهای بین‌المللی و عملکرد متعدد نمادین، از اخطارکننده‌ها گرفته تا فراورده‌های تولیدی، در همه‌ی دنیا شناخته شده‌اند که مشخص‌ترین مثال از این موارد، علائم راهنمایی و رانندگی است: قرمز برای توقف، سبز برای حرکت.

- هر رنگی دارای قدرت تأثیرگذاری ویژه‌ای است. بعضی از واکنشهای انسانها نسبت به رنگها به صورت رفتارهای اکتسابی، و برخی دیگر به صورت پاسخهای فیزیولوژیکی نمود پیدا می‌کنند. درک کردن بهتر رنگها می‌تواند در زندگی روزمرّه و یا شغلی تأثیر فراوانی بگذارد و محاسن زیادی به ارمغان بیاورد.

- متأسفانه در ایران به موضوع رنگ و روانشناسی رنگها اهمیت لازم داده نشده است. در کشورهای توسعه‌یافته، به دلیل گسترش رقابت، از ابزارهای مختلف تأثیرگذاری برمشتریان از جمله رنگ در جای مناسب استفاده می‌شود. امروزه لازم است قبل از تصمیم‌گیری برای بسته‌بندی و رنگ آن، با اجرای پروژه‌های تحقیقات بازاریابی از میزان تأثیرگذاری رنگها بر روی مشتریان برای محصول خاص آگاه شد و با بهره‌گیری از مشاوران متخصص، رنگهای مناسب را برگزید.

- رنگ در واقع حاوی اخبار و اطلاعات زیادی نیز هست و از این جهت برای کسانی که در کار ارتباط بصری هستند، واجد اهمیت است. همه‌ی ما به تأثیر و معنای خاصی که از رنگ سبزه‌زار، آسمان، گلها، زمین، دریا، و غیره حاصل می‌شود واقفیم. معانی دیگری نیز از رنگها تداعی می‌شوند که حالت نمادین دارند؛ مثل رنگ قرمز، سبز، یا آبی. مثلاً قرمز دارای معناهایی است که در محیط زیست یافت نمی‌شود نظیر: خطر، فوریت یک امر، انقلاب، مبارزه و عصبانیت. شاید به دلیل همین معنای رمزی است که در میدانهای گاوبازی پارچه‌ی قرمز رنگی در مقابل گاو وحشی تکان می‌دهند. در حالی که می‌دانیم گاو نسبت به رنگها هیچ گونه حساسیتی ندارد و در واقع کوررنگ است و قرمز در این مورد فقط برای تماشاچیان آن معنای خاصی دارد. رنگ قرمز دارای معانی نمادین یا رمزی دیگری نیز هست، عشق، گرما، زندگی و شاید صدها معنای دیگر. هر رنگ دارای معانی بسیاری است که برخی از آنها از راه تداعی با یک چیز طبیعی و برخی دیگر از طریق رمزی دارای آن معنا شده‌اند.

● یکی از تولیدکنندگان رادیاتور اتومبیل برای طراحی غرفه‌ی بنگاه اقتصادی خویش در نمایشگاه از رنگ قرمز استفاده کرده بود، در حالی که ما می‌دانیم این رنگ در ضمیر ناخودآگاه بازدیدکنندگان، تداعی‌کننده‌ی گرماست؛ از این رو به ایشان گفتم پیامی که این غرفه به بازدیدکننده می‌دهد این است که رادیاتور ما اتومبیل شما را جوش می‌آورد. در حالی که شرکتهای آگاه در نمایشگاههای تجاری بین‌المللی در چنین صنایعی، به صورت عمدی درجه‌ی حرارت غرفه را کاهش می‌دهند تا مخاطب با ورود به غرفه احساس سرما کند و ضمیر ناخودآگاه او تعبیر خنکی داشته باشد و به علاوه در طراحی چنین غرفه‌هایی از رنگهای خنک نظیر آبی استفاده می‌کنند.

باید یادآور شد که متأسفانه بسیاری از مدیران بنگاههای اقتصادی برای طرح و رنگ بسته‌بندی، نوع تیزر تلویزیونی یا پوستر تبلیغاتی و کاتالوگ که برای ترویج محصولات شرکت به کار می‌رود، چیزی را سفارش می‌دهند که خودشان می‌پسندند. این در حالی است که آنها خریداران محصول نیستند. شما حق دارید چیزی را تولید کنید و سفارش دهید که خودتان دوست دارید، اما مشتری هم حق دارد محصولی را بخرد که خودش می‌پسندد. پس کاری کنید که باب میل مشتری باشد تا کسب‌وکارتان بقا داشته باشد و توسعه یابد.

رنگها از نظر داندیس[1]، از سه نظر قابل بررسی و تحقیق هستند

۱. **از نظر نوع رنگ یا کروما**[2]: تعداد رنگها از نظر نوع، از صدها نیز تجاوز می‌کند. رنگهای مربوط به یک گروه یا خانواده، دارای خاصیتهای مشابه‌اند. در میان رنگهای بی‌شمار، سه رنگ را به عنوان رنگ اصلی می‌توان معرفی کرد:

✓ **رنگ زرد**: رنگی که بیشتر از همه به نور و گرما نزدیک است.

✓ **رنگ قرمز**: تحرک وحالت عاطفی بیش ازهمه در رنگ قرمز مشاهده می‌شود.

✓ **رنگ آبی**: دارای حالتی ملایم و بی‌حرکت است.

(لازم به ذکر است دکتر لوشر، رنگ سبز را نیز جزء رنگهای اصلی می‌شمارد).

---

1. Dandis   2. Chroma

۲. **میزان اشباع**[1]: منظور میزان خلوص نسبی آن است. وجود خاکستری یا سیاه رقیق شده، باعث کاهش خلوص رنگ می‌شود. اصطلاحاً به حالت ناخالصی در رنگها، لفظ چرک اطلاق می‌شود. رنگهای چرک در مقایسه با رنگ اشباع‌شده، دارای درخشش و وضوح کمتری هستند. ولی رنگهای اشباع‌شده یا خالص، بسیار ساده و جذابند.

۳. **میزان درخشندگی:** این ویژگی مربوط به جنبه‌ی غیررنگی رنگ است. میزان وجود یا فقدان درخشندگی رنگ، هیچ‌گونه تأثیری در تاریک ـ روشنی آن ندارد. تاریک ـ روشنی یا رنگ نمایه همیشه ثابت است، بی‌توجه به آنکه رنگ در آن با چه درخششی جلوه کند.

• رنگ، مهمترین عنصر بصری از نظر بار احساسی و عاطفی است، بنابراین دارای نیروی ویژه‌ای در انتقال اخبار بصری است. رنگ نه تنها دارای معانی عام مورد قبول همگان است، بلکه، دارای معانی رمزی نیز هست. مضافاً اینکه افراد هر یک به فراخور نوع شخصیت خود دارای سلیقه‌های شخصی در انتخاب رنگ هستند. اما به‌رغم تمام اهمیتی که برای رنگ قائل شده‌اند، نحوه‌ی انتخاب آن به‌ندرت همراه با تجزیه وتحلیل درست و حساب‌شده انجام می‌گیرد. به هر حال، خواه درباره‌ی آن درست فکر شده باشد و خواه نه، وقتی رنگ انتخاب می‌شود، معانی بسیار زیادی همراه با آن منتقل خواهد شد.

• استفاده‌ی چشمگیر از رنگ، به همراه رقابت فزاینده بین تولیدکنندگانی که فروش خود را افزایش می‌دهند، منجر به توسعه‌ی زیادی در زمینه‌ی روانشناسی رنگ شده است. رنگهای طبیعت روی ما اثر می‌گذارند و این تأثیر در ما به قدری است که در روح و جان ما اثر می‌گذارد. رنگهایی هم وجود دارند که یا مورد علاقه‌ی ما هستند و یا نیستند. بر این اساس، تولیدکننده باید بررسی کند تا مطمئن شود که ما تولید او را به تولید سایر رقیبان ترجیح می‌دهیم.

---

1. Saturation

رنگ در بسته‌بندی کالا

بر اساس تحقیق یک روانشناس امریکایی که در دهه‌ی ۶۰ و ۷۰ قرن بیستم صورت گرفت، انتخاب رنگ می‌تواند خریداران یک کالا را به‌شدت مورد تأثیر قرار دهد. وی با بسته‌بندی یک نوع مشخص از قهوه در چهار ظرف به رنگ‌های زرد، قهوه‌ای، آبی، و صورتی به این نتیجه رسید که ظرف زرد مورد استقبال تعداد بسیار اندکی از مشتریان قرار گرفت، در حالی که بسته‌های قهوه‌ای‌رنگ به سرعت فروخته شد و مردم تمایلی به خرید بسته‌های آبی‌رنگ نشان ندادند. این در حالی بود که بسته‌های صورتی‌رنگ قهوه نیز تا حد بسیار زیادی مورد استقبال قرار گرفت.

مردم بر این باورند که انواع شیرینی، نان، شکلات، و قهوه در بسته‌های صورتی‌رنگ رایحه‌ی دل‌انگیزتری دارند و می‌توان در کمال اختیار و با میل خود، پول بیشتری بابت این کالاها پرداخت کرد. همچنین بسته‌بندی لوازم آرایشی و بهداشتی در بسته‌های صورتی رنگ باعث می‌شود تا این محصولات نیز با استقبال و افزایش فروش روبه‌رو شوند.

- هر رنگ یک نوع طعم را القا می‌کند و باعث تحریک بخشی از ذائقه می‌شود. برای مثال رنگ زرد، ترش مزه، نارنجی، ترش و شیرین، و رنگ قرمز، تـندمزه است. رنگ آبی طعم شیرین دارد. سبز، گس و تلخ، و بنفش کـمی تـلخ‌مزه است.حال در نظر بگیرید فردی برای بسته‌بندی محصول شکر خود، رنگ سبز را به جای آبی انتخاب کند. پس مطمئناً فروش این محصول بسیار کاهش خواهد یافت. در دنیای مـحصولات غـذایی، اسـتفاده از رنگ مـناسب در بسته‌بندی متناسب با طعم کالا، در افزایش فروش آن کالا بسیار مؤثر خواهد بود.

اهمیت رنگ‌ها و نمادها در بازاریابی

طراحان بسته‌بندی مهمترین عامل تعیین‌کننده‌ی فروش یا عدم فروش یک مـحصول را رنگ بسته‌بندی و نماد و نشانه‌ی به‌کار گرفته شده در آن می‌دانند. وقتی محصول تولیدی در داخل کشوری تولید و نیز مصرف می‌شود، طراحان معمولاً در طراحی بسته‌بندی و رنگ‌های اسـتفاده شـده در آن کـمتر اشـتباه مـی‌کنند، ولی در طراحـی بسته‌بندی

فراورده‌هایی که قرار است در کشورهای دیگر مصرف شود، باید تمامی جوانب نـظیر باورها و سلیقه‌های مصرف‌کنندگان را در نظر گرفت.

در فرهنگهای مختلف، رنگها و نمادها، معنای متفاوتی دارند و به دلیل اهمیتی که در بازاریابی دارند، باید در استفاده از آنها دقت شود. ممکن است رنگ و یا نمادی در یک کشور دارای مفهوم خوبی باشد، اما در فرهنگ یا کشور دیگر این مهم برعکس باشد. به‌طور نمونه، رنگ ارغوانی که در فرهنگ غرب نشانه‌ی عظمت و شکوه است در چین نشانه‌ی بدیمنی و بداقبالی است. هـمچنین در ایـران رنگ مشکـی نشانه‌ی عـزا و در هندوستان رنگ سفید نشانه‌ی عزاست. فیل در فرهنگهای شرقی نشانه‌ی قدرت است. استفاده از این نماد در طراحی بسته‌هایی در تایوان بـاعث افـزایش فروش مـحصول می‌شود، حال آنکه در تایلند استفاده از این نماد، مشکلات بازاریابی محصول را به دنبال خواهد داشت. از این رو بی‌توجهی به اهمیت رنگها و نمادها در بـازاریابی مـی‌تواند مخاطره‌های اقتصادی زیادی را بر صنعت تحمیل کند.

در دهه‌ی ۱۹۹۰ یکی از تولیدکنندگان غذاهای دریـایی در اروپـا، بـا عـدم فـروش محصول خود در بازار چین روبه‌رو شد. کارشناسان این شرکت پس از بررسیهای لازم متوجه شدند که رنگ استفاده شده در بسته‌بندی (که رنگ سبز بود) مورد علاقه‌ی مردم چین نیست و در بسته‌بندی غذاها نباید از آن استفاده شود. با طراحی مجدد بسته‌بندی محصول یاد شده این مشکل رفع شد. در سال ۱۹۹۵ کنسرو ماهی تن یکی از شرکتهای امریکایی در ژاپن به فروش نرفت؛ پس از بررسیهای لازم مشخص شد عکس ماهی تن موجود در برچسب قوطی طوری طراحی شده بود که نزد مردم ژاپن مفهوم بدی داشت. در این برچسب، جهت حرکت ماهی تن به سمت پایین طراحی شده بود و در ژاپن اگر بینی ماهی به سمت پایین باشد، نشانه‌ی مرده است. تولیدکننده‌ی محصول یادشده، پس از اصلاح عکس ماهی شاهد فروش محصول در ژاپن بود.

روانشناسی رنگها و مفهوم آنها در فرهنگهای مختلف

طبقه‌بندی رنگها

به‌طور کلی رنگها به سه دسته‌ی اصلی تقسیم می‌شوند: رنگهای خنثی، گرم، و سرد، که هر یک در بیننده تأثیر متفاوتی دارد.

★ **رنگهای خنثی:** سفید، خاکستری، بژ، قهوهای، سیاه.

رنگهای خنثی آنهایی هستند که در طیف رنگی وجود ندارند و از ترکیب رنگهای دیگر به وجود میآیند و میتوانند اثرهای مثبت یا منفی داشته باشند. سفید در واقع یک رنگ نیست بلکه، عدم حضور رنگ به شمار میرود.

★ **رنگهای گرم:** نارنجی، زرد، سبز چمنی، ارغوانی، قرمز.

رنگهای گرم محرک سیستم عصبی هستند و احساسات را تشدید میکنند. این دسته از رنگها بهوضوح قابل دیدن هستند و باعث جلب توجه میشوند. مردم کشورهای گرمسیری به رنگهای گرم علاقه دارند.

★ **رنگهای سرد:** آبی، بنفش، فیروزهای، سبز، سبز مایل به آبی.

رنگهای سرد، رنگهای ملایمی هستند که اثرهای آرامبخشی دارند. مردم کشورهای سردسیری به رنگهای سرد علاقه دارند.

معنی و مفهوم رنگها

● از قدیم رنگها دارای مفاهیم شناختهشدهای بودهاند. در پیش و پس از اسلام رنگ سبز نشان بنیهاشم بود و بعدها نشان علویان شد؛ چرا که این رنگ را نشانهی معصومیت میانگاشتند. عباسیان رنگ سیاه را نشانهی وقار میدانستند و از این رو لباس سیاه میپوشیدند. بعدها سبز و سیاه نشانهی سادات و علمای شیعه شد.

از زمانهای دور، سفید نشانهی صلح، و سرخ نشانهی خونخواهی و انقلابیگری بوده است و هنوز هم این رنگها مفهوم خود را در بسیاری از کشورهای جهان حفظ کردهاند.

● رنگها بر عادتهای خرید مردم نیز تأثیر میگذارند. قرمز متمایل به نارنجی، سیاه و آبی سیر، خریداران را به خود جذب میکنند. صورتی، آبی متمایل به خاکستری، آبی روشن و آبی تیره، خریداران ثروتمند را به خود جلب میکنند. صورتی کمرنگ، و آبی آسمانی، افراد آرام و مطیع را به خود جذب میکنند. در اینجا با معنی و مفهوم رنگها و نیز تأثیر آنها در حالتها، فعالیتها و احساس انسان و بستهبندی غذاها آشنا خواهید شد.

رنگ قرمز

❋ قرمز نشانه‌ی عشق، خطر، نیرو، و نشاط است. قرمز نـماد و نشانـه‌ی امیـد بـه زندگی، اشتیاق به فعالیت، شجاعت، اراده‌ی قـوی و آرزوهـای بـزرگ، گـرمی، قدرت، جنگ، هیجان، تظاهر، آتش، خون، هوای نفس، خشم و بـرانگیختگی است. این رنگ انرژی‌دهنده و محرک بسیار نیرومندی است. با دیدن رنگ قرمز تپش قلب و فشار خون افزایش می‌یابد. رنگ قرمز چند حس را توأمان تحریک می‌کند. کودکان اغلب به رنگ قرمز علاقه دارند. قرمز دارای قابلیت رؤیت بالایی است و همواره توجه بیننده را به خود جلب می‌کند.

در چین رنگ قرمز نشانه‌ی جشن و خوشبختی است و در بسیاری از مـراسم فرهنگی از آن استفاده می‌شود. در این کشور، قرمز رنگ خلوص و پاکی است. در بسیاری از پرچم‌های کشورها این رنگ دیده می‌شود. در غرب، قرمز نشانه‌ی خوش‌اقبالی است.

❋ قرمز در کنار سایر رنگ‌ها معنای مـتفاوتی دارد. در امریکا، قـرمز و سبز نشـان کریسمس است. در بسیاری از فرهنگ‌های شرقی، قرمز در کنار سفید به معنای خوشحالی است. در امریکا چنانچه قرمز در کنار صورتی قرار گیرد، دلالت بـر روز عشق‌ورزی دارد. در سنگاپور، رنگ قرمز به معنی موفقیت و خوشحالی است.

❋ رنگ قرمز بـرای نـمایشگاه‌های اتـومبیل، مکـان‌های فـروش حیوانـات اهلـی، ساندویچ و پیتزا فرو شیها و رستوران‌ها رنگ خوب، و مناسبی است.

بهتـر است در رستوران‌های بزرگ از این رنگ به همراه رنگ‌های آرامش‌بخش نظیر سبز و سفید استفاده شود، اما استفاده از این رنگ در مراکز درمانی و بیمارستان‌ها توصیه نمی‌شود؛ چون تداعی‌کننده‌ی رنگ خون است.

رنگ نارنجی

❋ نارنجی نشانه‌ی طراوت و شادی، گرمی، اشتیاق، و علاقه‌ی زیاد و جدیت در کار است. این رنگ دستگاه عصبی را تحریک می‌کند و موجب شفافیت و روشـنی ذهن می‌شود و محرک اشتهاست. رنگ نـارنجی، حافظه را تـحریک مـی‌کند و

جریان اکسیژن‌رسانی به مغز را افزایش می‌دهد. این رنگ اثر شدیدی در جذاب کردن و فروش محصولات غذایی دارد. رنگ نارنجی همچنین بیانگر کیفیت عالی محصول است.

جوانان بیشتر از سایر گروههای جامعه به این رنگ توجه می‌کنند.

٭ در مذهب پروتستان به رنگ نارنجی توجه می‌شود. این رنگ در هند و مکزیک رنگ موردعلاقه‌ی مردم است. در امریکا کالاهای ارزان‌قیمت بـه رنگ نـارنجی هستند. در بعضی از فرهنگهای شرقی، نارنجی نشانه‌ی تـجمل و نـیز نـعمت و برکت است. رنگ لباس روحانیون بودایی نیز نارنجی است.

رنگ سبز

رنگ سبز چون در طبیعت زیاد دیده می‌شود، نشانه‌ی باروری، تازگی، ایمنی، و کامیابی است. رنگ سبز نماد زندگی، جوانی، پول، نوگرایی، پشتکار، غرور، عزم استوار، امید، و قدرت است. در فراورده‌های کشاورزی، رنگ سبز بسته‌بندی، دلالت برطبیعی بودن و ارگانیک بودن آن است.

سبز در امریکا به معنی ثروت است. از این رو بسیاری از شرکتهای بزرگ مواد غذایی این کشور از رنگ سبز در بسته‌بندیها و برچسبهای محصولات خود استفاده می‌کنند.

در چـین، رنگ سـبز دلالت بـر فـریبکاری و تـقلب دارد. از ایـن رو در طراحی بسته‌بندیهایی که راهی این کشور خواهند شد، باید از این رنگ پرهیز کرد.

تحقیقات انجام شده در فرانسه حاکی از آن است که رنگ سبز، رنگ مناسبی برای بسته‌بندی در این کشور نیست. در بعضی از کشورهای گرمسیری، رنگ سبز نشانه‌ی خطر است. در کشورهای اسلامی، رنگ سبز نشانه‌ی اسلام است و فراورده‌هایی که در طراحی بسته‌بندی آنها از رنگ سبز استفاده شده باشد، با اقبال عمومی مواجه می‌شوند.

در مسیحیت، رنگ سبز به معنای امید و شادی است. در امریکا این رنگ به معنای ایمنی، سازگاری با محیط زیست و نشان کریسمس (همراه با قرمز) است. در مالزی این رنگ به معنای طول عمر است. سبز رنگی است که انسان را آرام می‌کند، درد را کاهش می‌دهد و احساس امنیت ایجاد مـی‌کند. رنگ سـبز نشانه‌ی حـرکت روبه‌جلو است، همچنانکه در چراغ راهنمایی و رانندگی این معنا دیده می‌شود.

رنگ سیاه

سیاه نشانه‌ی قدرت، مرموز بودن، رسمی بودن، و وقار است. در بسیاری از فرهنگها رنگ سیاه نشانه‌ی نفی زندگی، بی‌علاقگی، بدبینی، ناباوری، سوگواری، و عزاداری است.

سیاه رنگ تحجّر است. این رنگ انتخاب خوبی برای فروشگاههای موسیقی، حقوقدانان، حسابداران، فروشگاههای لوازم الکترونیکی، و لاستیک‌فروشیهاست.

رنگ سفید

سفید نشانه‌ی تقوا، بیگناهی، تازگی، صلح، پاکی، کمال، معنویت، و سادگی است. ایرانیان باستان عقیده داشتند که فرشتگان، لباس سفید بر تن دارند. از این رو این رنگ مورد علاقه‌ی ایرانیان است. رنگ سفید برای هندوها، رنگ عزا و سوگواری است. در چین، رنگ سفید به معنی مرگ است. در برزیل این رنگ نشانه‌ی جلال و شکوه است. درکشورهای عربی از رنگ سفید در بسته‌بندی مواد غذایی باید اجتناب شود. در امریکا رنگ سفید نشانه‌ی پاکی و خلوص است. در ایران رنگ سفید انتخابی خوب برای فروشگاههای وسایل عروسی و ازدواج است، همچنین برای امکانات پزشکی، دندانپزشکی، آشپزخانه‌ها، نانواییها، موزه‌ها، اماکن تاریخی، فروشگاههای وسایل بهداشتی، خشکشوییها و خدمات بهداشتی مناسب است.

رنگ آبی

رنگ آبی در طبیعت زیاد دیده می‌شود، از این رو نشانه‌ی آرامش و پاکی است. آبی در انسان احساس آرامش، راحتی، و آسودگی ایجاد می‌کند. رنگ آبی نشانه‌ی رضایت‌خاطر و حسن رابطه با دوستان و نزدیکان است و همچنین نشانه‌ی زیبایی، عقل، صداقت، و اعتماد است. رنگ آبی اشتهای انسان را کم می‌کند. از این‌رو در رستورانها از این رنگ نباید استفاده شود. رنگ آبی ضربان قلب را کم می‌کند و دمای بدن را کاهش می‌دهد. این رنگ چون به‌طور طبیعی در مواد غذایی وجود ندارد، چنانچه در بسته‌بندی مواد غذایی آورده شود، جذابیت محصول را کم می‌کند. در امریکا رنگ آبی محبوبیت

زیادی دارد و نشانه‌ی صداقت و امانت است. از این رو در نماد همه بانکهای امریکا از رنگ آبی استفاده می‌شود. در چین، رنگ آبی نشانه‌ی ابدیت است. برای یهودیها این رنگ مقدس است. در کشورهای عربی، رنگ آبی به معنی ایمنی و محافظت است. در کلمبیا، رنگ بیشتر صابونها آبی است. در کشورهای مسیحی، رنگ آبی مفهوم صلح و بهشت را همراه دارد. در هنگ‌کنگ، رنگ آبی مورد علاقه‌ی مردم نیست و نباید از آن در طراحی بسته‌بندی غذاها استفاده کرد. رنگ آبی به مردم کمک می‌کند که مشکلات خود را با اعتماد به نفس حل کنند.

استفاده از رنگ آبی در وسایل کاهش‌دهنده‌ی وزن مناسب است. این رنگ نشانه‌ی وقار، و رنگ مورد علاقه‌ی خانمها و آقایان است. آبی مناسب شرکتهای مسافرتی، شرکتهای آب، دفتر پزشکان، داروخانه‌ها و متصدیان و فروشندگان لوازم پزشکی، هتلها، روانشناسان، و بسته‌بندی لوازم کاهش وزن است.

رنگ زرد

رنگ زرد، اعصاب را تقویت می‌کند، ذهن را به تحریک وامی‌دارد. زرد، اعصاب حرکتی را فعال و در عضلات انرژی تولید می‌کند. زرد در بیشتر کشورها مفهوم خوشحالی و مطلوب بودن را دارد. زرد، رنگی مناسب برای نمایش تابناکی و درخشندگی، خوشحالی، خوشرویی، سرزندگی، راحتی و خوش‌بینی در آگهیهاست. این رنگ قابلیت رؤیت بالایی دارد. نشانه‌ی هدایت و روشنی، نور، تحرک، پیشرفت و آغاز فعالیت است. زرد مناسب استفاده در صنایع آموزشی است. همچنین زرد، رنگ احتیاط است.

در آسیا، رنگ زرد نشانه‌ی تقدس و پرهیزکاری است. در کشورهای مسیحی، زرد، نشانه‌ی نور خورشید و دانایی است. در مالزی که جمعیت آن مخلوطی از مالاییها، هندیها، و چینی‌هاست، رنگ زرد دلالت بر خاندان پادشاهی دارد و طلایی نشانه‌ی عمر زیاد است. در سنگاپور از رنگ زرد در طراحی بسته‌بندی غذاها نباید بهره گرفت. کاربرد بیش از حد زرد در بسته‌بندی، مصرف‌کننده را از محصول دور می‌کند.

رنگ ارغوانی

ارغوانی نشانه‌ی تشریفات و شکوه است. در بعضی از کشورهای غربی این رنگ

نشانه‌ی دلتنگی برای میهن است. رنگ ارغوانی بیشتر مورد توجه کودکان بـخصوص دختربچه‌هاست. اگر چه این رنگ در بعضی از کشورها دلالت بر سوگواری و مرگ نیز دارد، ولی در بسیاری از فرهنگها نشانه‌ی نجابت و شرافت است. این رنگ چون کمتر در طبیعت دیده می‌شود، استفاده از آن در طراحی بسته‌بندی غـذاهـای دریـایـی بـایـد بـا احتیاط انجام شود. لئوناردو داوینچی، نقاش برجسته‌ی ایتالیایی، مـعتقد بـود کـه رنگ ارغوانی می‌تواند قدرت تفکر انسان را تا ۱۰ برابر افزایش دهد. این رنگ، قدرت تخیل را در کودکان افزایش می‌دهد. در کشورهای مسیحی، رنگ ارغوانی به معنای ثروت و توانگری است.در چین رنگ ارغوانی یک رنگ بدیُمن و بداقبال است.

رنگ قهوه‌ای

قهوه‌ای نشانه‌ی راحتی و اعتماد است. در امریکا استفاده از این رنگ در طراحی بسته‌بندی مـواد غـذایـی و دریـایـی بـا مـوفقیت هـمراه است. وجـود رنگ قـهوه‌ای در بسته‌بندی مواد غذایی در کلمبیا، باعث کاهش فروش محصول می‌شود. در کشورهای غربی، قهوه‌ای نشانه‌ی فروتنی است.

قهوه‌ای نماد چوب، قهوه، و محصولات برآمده از زمین است. قهوه‌ای رنگ اعتماد، سختی، خانواده‌دوستی، احتیاج به امنیت و آسایش، قدرت، بلوغ، و راحتی است. رنگ مـناسبی بـرای آهـن‌فروشیها، قـهوه‌خانه‌ها، فـروشگاههای صـنعتی، غـذافـروشیها، فروشگاههای پوشاک مردانه، کابینت‌فروشیها، ساعت‌فروشیها و نجاریهاست.

رنگ خاکستری

رنگ خاکستری نشانه‌ی فساد و تباهی است. از این رنگ در طراحی بسته‌بندی مـواد غذایی و دریایی باید پرهیزکرد. این رنگ معنای گوشه‌گیری، بی‌تفاوتی، بی‌میلی و عدم فعالیت را دارد.

رنگ بنفش

این رنگ در بسیاری از فرهنگها به معنی رنج و همدردی است. استفاده از این رنگ در طراحی بسته‌بندی مواد غذایی و دریایی تـوصیه نـمی‌شود. بـعضی نیز رنگ بـنفش را نشانه‌ی روحیه لطیف و زیباپسندی می‌دانند.

رنگهای مورد علاقه در فرهنگ کشورها

در ژاپن، رنگهای طلایی، سفید، ارغوانی، نقرهای، و صورتی دلالت بر خوشبختی و کیفیت خوب محصول دارد.

در پاکستان، رنگهای سبز و نارنجی مورد علاقهی مردم است و استفاده از این رنگ در طراحی بستهبندی مواد غذایی و دریایی توصیه می‌شود.

در ایران رنگهای سفید، سبز و قرمز که رنگهای پرچم ملی است در طراحی بستهبندی مواد غذایی ارجحیت دارند.

در سنگاپور، رنگهای قرمز، قرمز و نارنجی، و قرمز و سفید دلالت بر موفقیت و خوشبختی دارد.

در انگلستان و فرانسه، رنگهای سفید، قرمز، و ارغوانی مورد علاقهی مردم است.

در آلمان و بلژیک، رنگهای زرد و قرمز، و در دانمارک و کانادا و اتریش، رنگهای سفید و قرمز ارجحیت دارند.

در فنلاند و یونان، رنگهای سفید و بنفش، و در نروژ و هلند، رنگهای سفید، قرمز و بنفش مورد علاقهی مردم هستند.

در ایرلند، رنگهای سفید، سبز، و نارنجی، و در اسپانیا رنگهای زرد و قهوهای مورد توجه مردم قرار دارند.

مردم روسیه به رنگهای سفید، آبی آسمانی، و نارنجی توجه می‌کنند.

سؤالات مطرح در ممیزی بستهبندی

پاسخ به سؤالات زیر که از سوی پروفسور آوبری ویلسون[1]، نویسندهی کتاب «ممیزی بازاریابی»، مطرح شده است، می‌توانند به بنگاههای اقتصادی در بهینه‌سازی بستهبندی کمک کنند:

۱. آیا از هزینه‌های بستهبندی تحلیلی در دست داریم؟

۲. آیا مواد و طراحی بستهبندی به گونه‌ای است که کالاها را در برابر خسارات

---

1. Aubery Wilson

حمل‌ونقل و جابه‌جایی، دله‌دزدی، رطوبت، گرما، ناخنک زدن، و دیگر خطرها، به بهترین صورت محافظت کند؟

۳. آیا مواد و ابزار بسته‌بندی را نابود کرده یا برای استفاده‌ی مجدد بر می‌گردانند؟

۴. آیا تغییر روش بسته‌بندی می‌تواند به سود ما یا مشتری باشد؟

۵. کالایی را که از جعبه‌ها بیرون می‌آورند، چگونه انبار می‌کنند؟

۶. آیا می‌توان بسته‌بندی را به گونه‌ای تغییر داد که محل مورد نیاز در انبار را هر چه کمتر اشغال کند؟

۷. از بسته‌بندی چگونه استفاده می‌شود (برای مثال، تا پایان در جعبه می‌ماند یا از آغاز تماماً از بسته خارج می‌شود)؟

۸. میانگین هر بار برداشت از بسته چقدر (چند تا) است؟

۹. آیا قرار دادن پیمانه‌ای برای برداشتن از کالا در بسته‌بندی، امتیاز به حساب خواهد آمد؟

۱۰. آیا ظرف بسته‌بندی را پس از مصرف کالا، جداگانه هم مورد استفاده قرار می‌دهند؟ آیا می‌توان طراحی را به این منظور تغییر داد؟

۱۱. آیا در طراحی، تهیه‌ی مواد اولیه و انتخاب اندازه‌ی بسته‌بندی، دیدگاه و نیازهای مشتری در نظر گرفته می‌شود؟

۱۲. آیا در خصوص حمل و جابه‌جایی، بر روی بسته‌ها دستورها و اخطارهای روشن و قابل‌فهم نوشته شده است؟

۱۳. میانگین زمان نگهداری بسته‌ها در انبار چقدر است؟

۱۴. آیا از روی بسته می‌توان به مشخصات محتوا از جمله: شمار حجم، اعتبار زمان نگهداری، و... به آسانی پی برد؟

۱۵. بسته و مشخصات آن را از چه فاصله‌ای باید شناخت؟

۱۶. آیا درون و بیرون بسته‌بندی حاوی پیامهای ترویجی است؟

البته می‌توان سؤالات دیگری را به مجموعه‌ی سؤالات فوق اضافه کرد. از جمله:

ـ آیا مصرف‌کنندگان نهایی از کیفیت بسته‌بندی رضایت دارند؟

ـ آیا بیشتر مصرف‌کنندگان، رنگ بسته‌بندی را می‌پسندند؟

ـ آیا رنگ بسته‌بندی در بازار هدف معنای ناجوری ندارد؟

ـ آیا بین محتوای بسته‌بندی، با رنگ آن هماهنگی معنایی وجود دارد؟

آزمونهای بسته‌بندی

فیلیپ کاتلر، پرآوازه‌ترین صاحبنظر بازاریابی مدرن، آزمونهای بسته‌بندی را بـه چهـار دسته تقسیم‌بندی کرده است که عبارتند از:

✓ **آزمون مهندسی:** با هدف اطمینان از مقاومت بسته‌بندی تـحت شـرایـط عـادی صورت می‌گیرد.

✓ **آزمون بصری:** برای اطمینان از خوانا بودن نوشته‌ها و هماهنگی رنگها بـا هـم صورت می‌پذیرد.

✓ **آزمونهای واسطه:** با این هدف انجام می‌شوند که اطمینان حاصل شود بسته‌بندی از نظر واسطه‌ها جالب و جذاب است و آنها در برخورد با آن مشکلی نخواهند داشت.

✓ **آزمونهای مصرف‌کننده:** با این هدف انجام می‌شوند که اطمینان حـاصل شـود عکس‌العمل مصرف‌کننده نسبت به بسته‌بندی مثبت و مساعد است.

نتیجه‌گیری

در دنیای رقابتی، بنگاههای اقتصادی از جنبه‌های مختلف و ابزارهای گـونـاگـون بـرای برقراری ارتباط دوجانبه و تعاملی با مشتریان استفاده می‌کنند تا افزون بر جذب مشتری بتوانند در نگهداری ایشان و افزایش سهم شرکت درسبد خرید مشتری مـوفق بـاشنـد. یکی از این وسیله‌ها، بسته‌بندی همراه با ویژگیهای آن خصوصاً رنگ آن است که علاوه بر حفظ و گسترش کارکرد قدیمی خویش یعنی حفاظت از کالا و سالم نگه‌داشتن آن، در ایجاد و برقراری ارتباط با مشتری نیز مؤثر است.

بسته‌بندی بخشی از محصول است که به همراه سایر عوامل آمیزه‌ی بازاریابی نظیر قیمت و توزیع، به کمک ابزارهای پنجگانه‌ی آمیزه‌ی ارتباطات و ترویج یعنی تبلیغات، پیشبرد فروش، فروش شخصی، روابط‌عمومی و بازاریابی مستقیم می‌آید.

در بازاریابی نوین تمام عوامل باید به صورت یکپارچه عمل کنند تـا بـا هـم‌افـزایـی یکدیگر بنگاههای اقتصادی را به هدفهای از پیش تعیین شده برسانند. در این فصل به جنبه‌های مختلف بسته‌بندی برای ارتباط اثربخش نظیر مواد، نام و نشان تجاری، رنگ، و... پرداخته شد.

فصل شانزدهم

بازاریابی خدمت

و

خدمات حمایتی

با ارائه‌ی ۱۵ توصیه‌ی کاربردی

۱. فروش خدمت از فروش کالا بسیار سخت‌تر است

- حقیقت این است که امروزه بیشتر کسب‌وکارها با وجود آنکه وزن کـالا یـا وزن خدمت در شکل‌دهی آن محصول متفاوت است محصول را توأم مـی‌فروشند؛ برای مثال، در مسافرت هوایی شما خدمت می‌خرید، اما برای غذایی که بـا آن پذیرایی مـی‌شوید نـیز اظهـارنظر مـی‌کنید. یـا در خـرید اتـومبیل از شـرکتهای اتومبیل‌سازی ظاهراً کالا می‌خرید، اما برای ضمانت‌نامه و خدمات پس از فروش آن جستجو می‌کنید و سپس تصمیم می‌گیرید.

آن چیزی که در دنیای حال و آینده بیشتر محل تنوع و در نتیجه جذابیت خواهد بود، خود خدمت است. فناوری باعث می‌شود که کالاهای شرکتهای مـختلف، رفته‌رفته شبیه هم شوند (در سطوح کیفیتهای مختلف، شباهت کـالاها در هـر سطح به هم نزدیک می‌شود) اما آن چیزی کـه تفاوت خواهد داشت، خـدمات است؛ چون به شرایط مختلف بستگی دارد. به دلایل زیر فروش خدمت از فروش کالا سخت‌تر است:

الف. خدمت ملموس نیست، ولی کالا ملموس است. کالا را قبل از خرید می‌توان مشاهده کرد، لمس کرد، مورد آزمایش قرار داد، و سپس تصمیم‌گیری کرد؛ اما خدمت فقط پس از خرید و تجربه کردن آن قابل ارزیابی است.

ب. نقش فروشنده‌ی خدمت از خود خدمت جدا نیست. چرا مطب یکی از پزشکان، نسبت به همکلاسیهای خود که تحت نظر استادان، دانشگـاه، و بیمارستان یکسان آموزش دیده‌انـد شلوغتر است؟ یـا چرا یک درس

مشخص وقتی از سوی استادان مختلف ارائه می‌شود، استقبالهای متفاوتی را از سوی دانشجویان به همراه دارد؟ و... تمام اینها دلایلی هستند مبنی بر اینکه نقش فروشنده‌ی خدمت از خود خدمت جدا نیست. ما می‌توانیم نقش فروشنده‌ی کالا را از کالا جدا کنیم؛ ولی در خدمت این امکانپذیر نیست.

ج. **زمان، مکان، و شرایط در فروش خدمت نقش مستقیم دارند.** برای مثال، اگر یک کلاس آموزشی در ساعات نامناسب روز و در محیط پر سر و صدا برگزار شود، بازدهی کمتری خواهد داشت.

د. **خدمت، قابلیت ذخیره‌سازی ندارد.** و به عبارتی تولید و فروش آن همزمان است، در صورتی‌که کالا را می‌توان تولید، انبار، و سپس در زمانی دیگر به فروش رسانید.

ذ. **خریداران خدمت در تولید خدمت نقش مستقیم دارند.** برای مثال، توضیحات جامع یک بیمار به پزشک خویش، وی را در شناسایی سریعتر بیماری کمک می‌کند. یا حضور به‌موقع و فعال دانشجویان در کلاس درس، بازدهی کلاس را افزایش می‌دهد و در ارتقای انگیزه‌ی مدرس مؤثر خواهد بود.

۲. با توجه به افزایش شباهت در کیفیت کالاهای بنگاههای اقتصادی مختلف که به دلیل ارتقای فناوری صورت می‌گیرد، نقش خدمات رو به افزایش است. به این مهم توجه داشته باشید و نیروهای شایسته‌ای را برای ارائه‌ی خدمات بگمارید

● در عصری که محصولات به صورت فزاینده‌ای همگن شده‌اند، کیفیت خدمات یکی از مهمترین منابع تمایز و منحصربه‌فرد بودن است. خدمات مطلوب جوهره‌ی فعالیت مشتری‌گرایانه است. تئودور لویت[1]، می‌گوید: چیزی به نام صنایع خدماتی وجود ندارد. فقط صنایعی وجود دارد که اجزای خدماتی آن بیشتر یا کمتر از سایر صنایع دیگر است. همه‌ی مردم در خدمات مشغول فعالیت هستند. همچنین نیکولاس مورای باتلر[2] نیز گفته است شرکتهایی موفق می‌شوند که برای عرضه‌ی خدمات برنامه‌ریزی می‌کنند و شرکتهایی که برای سود

---

1. Theodore Levitt   2. Nicholas M. Butler

برنامه‌ریزی می‌کنند، با شکست روبه‌رو می‌شوند.

بدیهی است منظور باتلر توجه به سود کوتاه‌مدت است و البته شرکتهایی که به سـود بلندمدت می‌اندیشند، می‌دانند که مشتری‌نوازی و خدمات شایسته، مسیر رسیدن بـه هدف نهایی است.

۳. به ۳اف (3F) بازاریابی خدمات توجه کنید

- سرعت   Fast
- انعطاف‌پذیری   Flexible
- دوستانه بودن   Friendly

۴. به انواع رویارویی ارباب‌رجوع دقت داشته باشید

ارباب‌رجوع در سه زمینه با سازمان ارتباط و تماس دارد:

- **رویارویی عینی:** که با کالاها و اسناد سازمان (نظیر صورتحساب، و...) صورت می‌گیرد.
- **رویارویی کاری:** نظیر تحویل فراورده و سرعت در انجام امور.
- **رویارویی ارتباطی:** منظور تماس با کارکنان و نحوه‌ی ارتباط است.

۵. به صورت غیرمستقیم، نحوه‌ی ارائه‌ی خدمات کارکنان سازمان به مشتریان را مورد بررسی قرار دهید

بررسی غیرمستقیم از نحوه‌ی ارائه‌ی خدمات کارکنان شرکت

- شما می‌توانید خودتان را به‌جای مشتری بگذارید و کیفیت خدمات سازمان خود را بررسی کنید.
- به دوستان خویش بگویید به شرکت شما تلفن بزنند و سؤالاتی را از آنها بپرسند. یا به یکی از فروشگاه‌های شما بروند و سعی کنند تـا مـحصولی را بـخرند. بـه کارکنان شما در مورد مرجوع کردن یک محصول یا شکایت در مورد آن تلفن کنند و ببینید که آنها چگونه با او برخورد می‌کنند.
- شما احتمالاً از نتیجه‌ی این بررسی بسیار ناراحت خواهید شد.

۶. برای تضمین خدمات، نکات زیر را رعایت کنید

برای اینکه راهبرد تضمین خدمات، سودمند و کارآمد از آب درآید، رعایت پاره‌ای استانداردها ضروری است:

- **باید استثنایی باشد:** چیزی که چشم مشتری را بگیرد و عزم شما را نشان دهد. اگر خدمات شما نارسا باشد، بی‌درنگ رفع نقص خواهید کرد.
- **باید با معنا و مفهوم باشد.**
- **ادعا آسان و ساده باشد:** نیازی به رسید، داوری، کاغذبازی، و وکیل نباشد.
- **تضمین خدمات باید بدون شرط و استثنا باشد:** پانویس، اما و اگر، نوشته‌های کمرنگ در پشت تضمین‌نامه، یا استثنا کردن مواردی از کارکرد فراورده، در کار نباشد.

۷. ارباب‌رجوع باید ارزش را احساس کند؛ برای این منظور به نکات زیر توجه کنید

- احساس ارزش خوب از سوی ارباب‌رجوع، در گرو عرضه‌ی منافع شایسته در چارچوبی مناسب با در نظر گرفتن منافع مالی و غیرمالی به هنگام خرید و به‌کارگیری فراورده است.
- ارباب‌رجوع هنگامی ارزش را احساس می‌کند که منافع حاصل از کالا یا خدمات، بیشتر از هزینه‌ی به‌دست آوردن و به‌کارگیری آن باشد. معادله بر این پایه استوار است.

۸. برای توفیق در بازاریابی خدمات، به زنجیره‌ی سود و خدمت بها دهید

- وجود کارکنان مولد و راهنما، موجب ارائه‌ی خدمات باارزش بیشتری به مشتریان می‌شود و نتیجه‌ی آن افزایش رضایت و وفاداری مشتریان است که در این صورت سازمان رشد کرده و تعداد مشتریان آن بیشتر می‌شود و سود بیشتری نصیب سازمان و کارکنان آن شود. و تمام اینها بستگی دارد به اینکه بین تمامی کارکنان، تعهد برای مشتری‌نوازی وجود داشته باشد و مشتری‌نوازی را در درون سازمان و بین خودشان نیز اجراکنند. سازمانی می‌تواند به مشتریان بیرونی،

خوب خدمت کند که ابتدا فرهنگ مشتری‌مداری را در درون سازمان حاکم کرده باشد و این چرخه همچنان ادامه دارد.

۹. به نقش مکان و سایر موارد جنبی در افزایش بهره‌وری بازاریابی خدمات توجه کنید

- به یاد داشته باشید که عوامل گوناگون همچون واژه‌ها، رنگها، مواد، صوت، بو، پشتیبانی، و جنس کالاها و نوع خدمات، بر درک و برداشت مشتری از فراورده‌ی شما تأثیر فراوان دارد. در نزد مشتری همه چیز باید عالی باشد.

۱۰. خدمات پس از فروش را عالی انجام دهید؛ اما اگر بتوانید حیطه‌ی خدمات را گسترش دهید و قبل و حین فروش نیز خدمات داشته باشید، آنگاه در تمام حالات از مشتری حمایت کرده‌اید و خدمات حمایتی را انجام داده‌اید

- در عصری که شدت رقابت روزبه‌روز افزایش می‌یابد، لزوم به‌کارگیری شیوه‌هایی برای خدمات حمایتی اهمیت بیشتری یافته است. به این بیندیشید که چگونه می‌توانید قبل و حین فروش هم خدماتی ارزشمندتر از رقبا به مشتریان ارائه کنید.

- یک شرکت باید محصول و خدمات حمایتی را به گونه‌ای طرح‌ریزی کند که نیازهای مشتریان مورد هدف، به شیوه‌های سودآور تأمین شود. گام نخست این است که هر چند وقت یکبار، درباره‌ی ارزش خدماتی که به مشتریان ارائه می‌شود از آنان نظرخواهی کنید و در صدد دستیابی به دیدگاههای جدیدی برای عرضه‌ی خدمات تازه باشید.

۱۱. برای افزایش توانایی ارائه‌ی خدمات مؤثر به مشتریان، مراحل زیر را رعایت کنید

مرحله‌ی اول: انتظارات مشتریان را درک کنید.

اولین و آخرین معیار رضایت مشتری، میزان برآورده کردن انتظارات ایشان است.

مرحله‌ی دوم: برای مشتریان اولویت برقرار کنید.

مشتریان را متمایز کنید و ضمن رعایت احترام به مشتریان عالی که

بیشترین سود را به شرکت می‌رسانند، خدمات بیشتر و بهتری ارائه کنید.

مرحله‌ی سوم: هدفهای خدمت را تعریف کنید.

خودتان را از رقبا متمایز کنید و با زبان ساده و در عمل، هدفها را به مشتریان تفهیم کنید.

مرحله‌ی چهارم: در تمام سطوح سازمان، تعهد به ارائه‌ی خدمات را ایجاد کنید.

خدمت‌رسانی به مشتریان نظیر کیفیت، مسئولیت مشترک تمام کارکنان است و هر کس باید در افزایش رضایت مشتریان به‌نحو عالی تلاش کند.

مرحله‌ی پنجم: انتظارات مطلوب در مشتریان ایجاد کنید.

مرحله‌ی ششم: ساختاری بنیادی برای ارائه‌ی خدمات ایجاد کنید.

مرحله‌ی هفتم: کارکنان را پرورش دهید.

گزینش مناسب، آموزش متناسب و پیوسته، حمایت و قدردانی، و پرداخت متناسب با عملکرد.

مرحله‌ی هشتم: رضایت مشتریان را اندازه‌گیری کنید.

مرحله‌ی نهم: در جستجوی شکایت‌کنندگان برآیید.

نکته: برای اطلاعات بیشتر در خصوص مدیریت اعتراضات مشتریان، به قسمت مربوطه در کتاب «مدیریت فروش و فروش حضوری با نگرش بازار ایران»، تألیف پرویز درگی مراجعه کنید.

۱۲. به استراتژیهای زیر در بازاریابی خدمات توجه کنید

الف. مدیریت بر خدمات متمایز:

- شیوه‌ی ارائه‌ی خدمت نسبت به شرکت رقیب متمایز باشد و تصویری متفاوت در ذهن مشتری به وجود آورد.

ب. مدیریت بر کیفیت خدمات:

- به کارکنان خط مقدم، تفویض اختیار کنید تا لازم نباشد برای هر تصمیمی به مقام مافوق مراجعه کنند.

- همواره نگران مشتری باشید و در ارتقای کیفیت خدمات تلاش کنید.
- برای خدمات سازمان خویش به مشتریان، استانداردهای بالایی را تعیین کنید.

پ. مدیریت بر بهره‌وری خدمات:

- کارکنان کنونی را برای ارائه‌ی خدمات برتر آموزش دهید و ضمن آموزشهای عمیق در شروع خدمت، از آموزشهای حین خدمت نیز غافل نشوید.
- در صورت لزوم، کارکنانی شایسته را به مجموعه‌ی کارکنان قبلی اضافه کنید.
- بعضی از مشتریان به دلیل محدودیتهایی چون منابع مالی، درخواست دارند کیفیت خدمات کاهش یابد و با دریافت کمتری به آنان خدمت ارائه شود. می‌توانید این دسته از مشتریان را متمایز کنید و متناسب با خواست ایشان و قدرت خریدشان به آنها خدمت کنید. به هر حال این دسته از مشتریان نیز به شرکت، سود می‌رسانند. هر چند سود آن کمتر است، اما چون تعداد این مشتریان نیز زیاد است، می‌توانند منبع سود کلی خوبی برای شرکت باشند. به هر حال این اقدامات بستگی به استراتژیهای شرکت و تصمیمهای مدیران ارشد دارد.
- از قدرت فناوری برای ارتقای کیفیت و سرعت خدمات استفاده کنید.

۱۳. آزمونهای چهارده‌گانه‌ی زیر را برای دستیابی به خدمات بهینه به‌عمل آورید:

آزمون ۱. پایبندی به تعهدات در ارائه‌ی خدمات:

تمرینهای شخصی در زمینه‌ی پایبندی قول و وعده به مشتریان:

- آیا به هر طریق به وعده‌های خود به مشتریان عمل می‌کنید؟
- آیا شما در جریان قولهایی قرار دارید که افراد تحت نظر شما مطرح می‌کنند، و اینکه آیا آنها در عمل به قولهای خود پایدارند؟
- آیا شما واقف به تأثیر قولهایتان به افراد هستید و در پایبندی به اجرای آنها مصممید؟
- به خاطر داشته باشید: وعده‌های بیشتر به مشتریان، موجب ایجاد مسئولیت بیشتر در حفظ آنها می‌شود و در نهایت در صورت عملی شدن، مبین ارائه‌ی خدمات بهتر خواهد بود و در صورت عملی نشدن، منجر به از دست دادن آنها خواهد شد.

آزمون ۲. تعیین حداکثر ۵ ثانیه برای پاسخ به زنگ تلفن:
تمرینهای شخصی در زمینه‌ی پاسخ ۵ ثانیه‌ای به زنگ تلفن:

- هر از چند گاهی، از بیرون تماس بگیرید و مدیر شرکت (که خودتان هستید) را بخواهید، چنانچه پاسخ به زنگ تلفن از جانب کارکنان شما بیش از ۵ ثانیه است، نسبت به ترمیم، بهبود، و رفع نارسایی اقدام کنید.

- به خاطر داشته باشید: تلفن اغلب اولین و آخرین نقطه‌ی تماس یک مشتری با کار شماست. تداوم و تأخیر در پاسخگویی، عملکرد شما را در استفاده از زمان زیر سؤال می‌برد.

آزمون ۳. پاسخ به مکاتبات و درخواستها طی دو روز:
تمرینهای شخصی در زمینه‌ی پاسخ به مکاتبات:

- جلسه‌ای با تمامی کارکنان با موضوع «مکاتبات در هفته‌ی گذشته بـا مشتریان» داشته باشید.

- به اتفاق کارکنان و با دید مثبت، مسائلی نظیر سرعت پاسخ، روش پاسخ، و کیفیت پاسخ را نقد کنید.

- به خاطر داشته بـاشید: پاسخهای کـوتاه، مـختصر و مـفید، هـمراه بـا احترام، خوشایند همگان است.

آزمون ۴. تعیین حداکثر ۵ دقیقه زمان انتظار برای پاسخگویی:
تمرینهای شخصی در زمینه‌ی زمان انتظار ۵ دقیقه‌ای:

- زمانهایی را که مشتریان منتظر دریافت خدمات هستند بسنجید و مشخص کنید آیا واقعاً با این حد انتظار راضی هستند! آیا این چیزی است که شما واقعاً برای مشتریان خود می‌خواهید؟

- توجه داشته باشید که این آزمایش برای کارکنان نیز قابل اجراست؛ به عنوان مثال صف کارکنان در غذاخوری، صندوق، درمانگاه، و سایر نقاط سازمان.

- اگر شما صف انتظار دارید، آنها را زمـانبندی کـرده و طـرحی بـرای زمـانهای

مختلف در روز ایجاد کنید، سپس ببینید چقدر با آزمایش ۵ دقیقه‌ای زمان انتظار فاصله دارید؟

- به‌خاطر داشته باشید: تزریق منابع عظیم برای کاهش زمانهای انتظار، لزوماً مورد نیاز نیست و روش مطلوب در مواردی به تفکر بهینه در استفاده از منابع موجود نیاز دارد.

آزمون ۵. نگرش مثبت کارکنان:
تمرینهای شخصی در زمینه‌ی نگرش مثبت کارکنان:

- نگرش کارکنان خود را در مقابل مشتریان چگونه ارزیابی و اندازه‌گیری می‌کنید؟
- از عکس‌العمل مشتریان نسبت به کارکنان خود تا چه اندازه آگاه هستید؟
- شرایط را برای تصحیح نگرشهای موجود چگونه ارزیابی می‌کنید؟
- چرا «صمیمانه‌محوری» را برای مشتریان ایجاد نمی‌کنید؟
- به خاطر داشته باشید: نگرش مثبت باید از جانب شما باشد.

آزمون ۶. ارتباطات پیشگیرانه:
تمرینهای شخصی در زمینه‌ی اقدامات پیشگیرانه:

- سوابق ارائه‌ی خدمات را مرور کنید و مواردی را که در آن کوتاهی و نقصان وجود داشته است، مدنظر قرار دهید.
- با مشتریان خود زمانی که مشکل ارائه‌ی خدمات مطرح است، صحبت کنید. آیا آنها از سطح ارتباط و تماس راضی هستند.
- مکاتبات با مشتریان خود را دوباره بخوانید و عملکرد را ارزیابی کنید.
- به خاطر داشته باشید: زمانی که مشتری عکس‌العمل نشان می‌دهد، دیگر خیلی دیر شده است، بنابراین چنانچه ابتدا شما موضوع را مطرح و بعد از آن اقدام کنید، نتیجه‌ی خیلی بهتری حاصل می‌شود.

آزمون ۷. صداقت و شفافیت:
تمرینهای شخصی در زمینه‌ی صداقت و شفافیت:

- با خود صادق باشید.

- تا چه حد اطلاعاتی که برای مشتری جنبه‌ی حیاتی دارند، پنهان کرده‌اید؟
- به خاطر داشته باشید: وقتی شما حقیقت را پنهان می‌کنید، مشتری در نهایت آن را کشف خواهد کرد.

آزمون ۸. سیستمهای قابل اطمینان و معتبر:

تمرینهای شخصی در زمینه‌ی سیستمهای معتبر و قابل اطمینان:

- از دوستان و نزدیکان بخواهید که سیستمهای خدمات‌رسانی به مشتری را در سازمان آزمایش کنند.
- از کارکنان و مشتریان در زمینه‌ی سیستمها بازخورد بگیرید.
- به‌خاطر داشته باشید: یک سیستم ناکارآمد چیزی جز یک مدیریت ناکارآمد نیست.

آزمون ۹. جبران سریع نواقص:

تمرینهای شخصی در زمینه‌ی جبران سریع نواقص:

- فهرستی از مشکلات موجود در ارائه‌ی خدمات به مشتری را اعم از مهم و کم‌اهمیت فراهم کنید که طی هفته یا دو هفته‌ی گذشته وجود داشته است. چنانچه شما نمی‌توانید آن را انجام دهید، مشتری‌مدار نیستید.
- تاکنون اتفاق افتاده است که یک مشکل کم‌اهمیت برای شما، یک مشکل بزرگ برای مشتری باشد؟
- به خاطر داشته باشید: در ارائه‌ی خدمات به مشتری، مشکلات به صورت جزئی وجود ندارد.

آزمون ۱۰. حضور ذهن کارکنان:

تمرینهای شخصی در زمینه‌ی حضور ذهن کارکنان:

- به‌طور مستمر، امتحانی ساده برای افراد سازمان برگزار کنید و به برندگان جایزه بدهید.
- از افراد خود بخواهید شما را امتحان کنند.

- به خاطر داشته باشید: تنها راهی که مشتریان شما بتوانند درک کنند که شما بهترین هستید، زمانی است که کارکنان شما نسبت به جریانها و مسائل آگاهی داشته باشند.

آزمون ۱۱. حق و اختیار افراد خط مقدم:
تمرینهای شخصی در زمینهی اختیار افراد خط مقدم:

- به تمام وجوه مشترک مشتری با واحد خود از دید انتقادی نگاه کنید و تصمیمهایی را که کارکنان میتوانند در مواجهه با مشتری اتخاذ کنند، دوباره امتحان کنید.
- بررسی کنید که افراد خط مقدم شما اطلاعات کافی برای تهیهی پاسخهای حساس دارند و نیاز به مراجعه به سایر نقاط برای کسب اطلاعات اساسی و بنیادی ندارند.
- آیا واقعاً به تصمیمهایی که افراد خط مقدم میگیرند، اطمینان دارید؟ در صورت منفی بودن پاسخ، برای برقراری جلسات اضطراری اقدام کنید. بیاعتمادی به افراد خود موجب بروز نارضایتی در مشتریان، و از دست دادن دادوستد میشود.
- به خاطر داشته باشید: هر آنچه شما در اختیار داشته باشید، افراد شما هم میتوانند داشته باشند.

آزمون ۱۲. اضافات جزئی:
تمرینهای شخصی در زمینهی اضافات جزئی:

- افراد خود را جمع کنید و صد مورد موفقیت برای اضافات جزئی را مطرح و سپس در طول چهار هفته به آن موارد عمل کنید.
- به خاطر داشته باشید: اضافات جزئی افزون بر ارائهی خدمات یا کالا، هزینهی کمی در بر دارند، ولی سود زیادی ایجاد میکنند.

چند مورد از اضافات جزئی:

- مشتریان را به اسم خطاب کنید.

- همکاران در هنگام کار، اسم خود را به مشتری اعلام کنند.
- نصب علامت شناسایی
- تعیین یک فرد برای رفع مشکل صف انتظار.
- ارسال هدیه‌های موردی برای مشتریان دائمی.
- تماس تلفنی با مشتری بعد از خرید یا دریافت خدمات.
- تماس تلفنی برای احوال‌پرسی با مشتری.
- لبخند زدن.
- گوش دادن به صحبت مشتری.
- مکاتبه‌ی موردی با مشتری دائمی.
- دعوت از مشتری کلیدی در مراسم خاص.
- اقدام لازم برای قرار گرفتن مدیریت ارشد در خط مقدم کاری.
- تأمین تسهیلات برای افراد نابینا.
- تأمین امکانات برای سایر افراد معلول.
- برخورد صمیمانه در مکاتبات.
- رفتار دوستانه‌تر.
- حضور در محل کار چند دقیقه قبل از شروع کار.

آزمون ۱۳. توجه به‌شرح مطالب و امور:
تمرینهای شخصی در زمینه‌ی توجه به‌شرح مطالب و امور:

- با افراد خود درباره‌ی اهمیت انجام درست جزئیات امور، تا جایی که در ارتباط با مشتری است، صحبت کنید.
- مجموعه‌ای از استانداردهای تفصیلی را برای ابعاد مختلف ارائه‌ی خدمات به مشتری ایجاد کنید. در این ارتباط، نیاز به ایجاد سیاستگذاری مکتوب و رسمی نیست و یادداشت‌برداری به منظور استفاده در بحثهای آتی کفایت می‌کند.
- نتایج را با افراد مرور کنید و نسبت به اقدامات بعدی تصمیم بگیرید.
- به خاطر داشته باشید: توجه به‌شرح امور، آزمایشی نهایی در رویه‌ی حفظ و نگهداری مشتری است.

آزمون ۱۴. ظاهر آراسته و بدون عیب:

تمرینهای شخصی در زمینه‌ی ظاهر خوب و آراسته:

- درباره‌ی تیپ ظاهری خود و افراد سازمان در منظر مشتریان چگونه می‌اندیشید؟
- آیا در حفظ و نگهداری بالاترین استانداردهای تیپ ظاهری، از روال معمول خود خارج می‌شوید؟
- آیا برای بهبود تیپ ظاهری در دید مشتری قدمی برمی‌دارید؟
- به خاطر داشته باشید: سازمانهایی که کارکنانشان با ظاهری آراسته و بدون عیب در تمامی وجوه کارشان حضور می‌یابند، سازمانهای موفقی هستند.

۱۴.   تصمیم بگیرید چه خدماتی را رایگان انجام داده، و کدام یک را بفروشید

- فیلیپ کاتلر در کتاب «ده اشتباه نابخشودنی در بازاریابی» تأکید می‌کند کـه در آمیخته‌ی خدمات یک شرکت (نصب، آموزش، ارسال)، از دو حالت زیر بـاید پرهیز کرد:

۱. زمانی که شرکت، خدماتی رایگان ارائه می‌دهد و مشتریان ارزشی بـرای آن قائل نیستند یا حتی از آن استفاده نمی‌کنند. زیرا در این حالت، شرکت در حال هدر دادن منابع و سرمایه‌های خود برای ارائه‌ی خدماتی است کـه مشتری ارزشی برای آن قائل نیست.

۲. زمانی که شرکت خدماتی رایگان ارائه می‌دهد و مشتریان به دلیـل ارزش و اهمیت آن خدمت، تمایل دارند بابت دریافت آن پول پرداخت کنند، راه‌حل مناسب این است که شرکت، بخشهای مختلف ارائه‌ی خدمات به مشتریان ایجاد کند تا مشتریان، برخی از خدمات را به رایگان، و برخی دیگر را به ازای پرداخت بهای آن دریافت کنند.

۱۵. برای اینکه از شکست برنامه‌های بهسازی خدمات جلوگیری کنید، برنامه‌ی ارائه‌ی هر خدمت را در چارچوب فرایند کلی شرکت، یکپارچه کنید و به آنها اولویت دهید

پروفسور جاکوب هوروتیز[1]، در کتاب «هفت راز موفقیت در استراتژی خدمات» این

---

1. Jacques Horovitz

راهبرد را به چرخی شبیه کرده است که ۱۲ پره دارد و همگی در استوار کردن و به پیش
راندن راهبرد خدمات مؤثرند. این دوازده پره به ترتیب عبارتند از:

الف. شناخت مشتریان:

- تعداد آنها
- میزان خشنودی ایشان
- میزان وفاداری ایشان
- و...

ب. ارزیابی جایگاه:

- با ارزیابی جایگاه هدفها و پیوند دادن رضایت مشتریان با سودآوری است که
پیشرفت سازمان آغاز می‌شود.

- ارزیابی جایگاه موضوعها به سازمان کمک می‌کند تا برنامه‌ریزی
سرمایه‌گذاریها را به بهترین وجه پیاده سازد و با جلب خشنودی مشتریان، از
مقاومتهای ناخواسته‌ی آنان جلوگیری کند.

پ. تمرکز بر هدفهای رو به گسترش:

- گزینش هدفهای عالی در مشتری‌مداری، مدیران را به یافتن راه‌حلهای تازه و
راههای تازه می‌کشاند.

ت. گزینش اهداف درست:

- با بزرگ شدن شرکتها، نیروهای جدیدی به آن اضافه می‌شوند. مواظب باشید
ایشان نیز هدفها و انگیزه‌های بنیانگذاران را داشته باشند و مشتری‌نوازی در
سرلوحه‌ی امورشان باشد.

ث. درگیر شدن و پیگیری:

- کارکنان واحد خدمات مشتری، باید از تمام مراحل و فرایندهای ارتباط
مشتری با شرکت مطلع باشند. درگیری این گروه در بهسازی روابط و در پی
آن بهسازی فراورده‌ها با توجه به خواست مشتریان بسیار مؤثر است.

ج. برقراری ارتباط:

- برای ارتقای ارتباطات درون‌سازمانی و برون‌سازمانی، برنامه‌ی جدی داشته
باشید و به صورت مرتب، اجرای برنامه‌ها مورد نظارت مدیران باشد.

چ. پیروزیهای فوری:

- پیروزیهای کوچک و زودگذر که بدون تشریفات گسترده به‌دست می‌آیند، جنبه‌ی تأثیری فوری دارند. اینها زمینه را برای آغاز سفری دور و دراز به سوی پیروزی نهایی آماده می‌کنند و با کشف نواقص، مدیران می‌توانند اقدامات بعدی را اصلاح کنند. برای مثال، اجرای برنامه‌های نمونه و کوچک در ارائه‌ی محصول، اجرای برنامه یا عرضه‌ی فراورده در یک جغرافیای کوچک، اجرای برنامه در یک واحد سازمانی و یا تمرکز بر یک گروه خاص از مشتریان.

ح. سازماندهی در خدمت مشتری:

- بسیاری از بنگاههای اقتصادی به این نتیجه رسیده‌اند که باید ساختارهای سنتی که بر مبنای محصول، منطقه‌ی جغرافیایی یا عملی ویژه، بنا شده است را به ساختار سازماندهی در خدمت مشتری تغییر دهند.

خ. اندازه‌گیری پیامدها:

- اندازه‌گیری به شناسایی مشکلات و راه‌حلها می‌انجامد، بدین رو باید با هدف شناخت نیازهای مشتریان، میزان خشنودی آنان و نیز چگونگی رضایتمندی کارکنان نیز صورت پذیرد. خشنودی کارکنان با خشنودی مشتریان موازی پیش می‌روند.

- اگر دفعات اندازه‌گیری اندک باشد و در میان آنها فاصله‌ی زیادی بیفتد، علل و معلولها را به‌خوبی و روشنی نشان نخواهد داد و در پیشبرد سازمان بی‌تأثیر می‌مانند.

د. پیوند پاداشها با عملکرد:

- پاداشها را باید در همه‌ی سطوح (حتی مدیران ارشد) با نتیجه‌ی عملکرد کارکنان پیوند زد. اگر همه‌ی مسیرها را به رضایتمندی مشتریان و کارکنان هدایت کنید، انگیزه‌ی خدمت در سراسر سازمان به‌وجود می‌آید و تقویت می‌شود.

ذ. برنامه‌ریزی مناسب:

- برنامه‌ی خشنودی مشتریان، خشنودی کارکنان یا مانند اینها، تا زمانی که در چارچوب برنامه‌ی کلی و بودجه‌بندی سازمان جا نگیرند، نتیجه نخواهند داد و تنها در حد یک برنامه باقی می‌مانند.

- خشنودی مشتریان همانند هر موضوع مهم دیگر، بـاید بـخشی از بـرنامه‌ی سـراسـری سـازمان، تـصمیم‌گیریهای راهـبردی، و تـخصیص بـودجه بـاشد بنابراین:
- هدفها باید روشن و ویژه باشند.
- برنامه‌ی اقدامهای معین تنظیم شوند.
- مسئولیت مدیران و مجریان مشخص شود.
- موانع اندازه‌گیری و ارزیابی پیشرفتها شناسایی شوند (زمان، ابزار، هدفها).
- بودجه‌ی لازم اختصاص یابد.

ر. پیگیری:

- بسیاری از برنامه‌های خشنودسازی مشتریان به دلیل پیگیری نشدن در شکل و سطح مناسب، فراموش و نابود شده‌اند. سؤالاتـی از ایـن دسـت را بـاید پیوسته مطرح کرد:
- وضعیت چگونه است؟
- چه پیشرفتهایی به‌دست آورده‌ایم؟
- اولویتهای دور آینده (فصل، سال، و...) کدامند؟
- چه انتظارهایی داریم؟
- پیگیری در چه وضعیتی است؟

فصل هفدهم

▼

قیمت‌گذاری

چکیده

قیمت‌گذاری مناسب، در کنار سایر عوامل تشکیل‌دهنده‌ی آمیزه‌ی بازاریابی در جذب، نگهداری، و رشد دادن مشتریان تأثیرگذار است. در این فصل، جایگاه قیمت‌گذاری در نظام بازاریابی شرکت معرفی می‌شود و پس از تعریفی از قیمت و اهمیت آن، به فرایند قیمت‌گذاری می‌پردازیم و با معرفی انواع هزینه‌ها و عوامل خارجی و داخلی مؤثر بـر تصمیم‌های قیمت‌گذاری، به معرفی انواع سیاست‌های قیمت‌گذاری از دیـدگاه بـعضی از صاحب‌نظران بازاریابی اشاره شده، همچنین به مسأله‌هـای مـدیریت در هـنگام شرایط مختلف قیمت‌گذاری پرداخته شده است. در ادامه، مزایا و مضار اقداماتی چون افزایش و کاهش قیمت، و اقدامات شرکت‌ها در هنگام به‌کارگیری آن‌ها معرفی شده‌اند. همچنین مواردی همچون جنگ قیمت‌ها، متداول‌ترین اشتباهات در قیمت‌گذاری، گزینه‌های پیش روی شرکت‌ها در موقع کاهش قیمت، رقبا، و چـالش‌های جـدید پیش روی مـدیران در تصمیم‌های قیمت‌گذاری آمده است و این فصل با بیست نکته جمع‌بندی و نتیجه‌گیری شده است.

مقدمه

قیمت‌گذاری یکی از اجزای مهم تـاکتیک‌های بـازاریابی در پیاده‌سازی اسـتراتـژی‌های بازاریابی بنگاه‌های اقتصادی است. مدیران کسب‌وکارها با به‌کارگیری روش‌های مختلف قیمت‌گذاری و تعدیل قیمت‌ها در شرایط گوناگونِ متأثر از محیط کلان و محیط خرد کـه شرکتِ آن‌ها را احاطه کرده است، تلاش می‌کنند افزون بر بقا، به رشد و توسعه‌ی بنگاه

بپردازند تا در پایان سال مالی بتوانند به سود مناسبی دست یابند. البته تمام اینها لازم است، اما کافی نیست؛ چون در فضای کسب‌وکار رقابتی افزون بر ارزیابی خود با خود، یعنی مقایسه‌ی عملکرد سود و زیان شرکت در پایان هر سال مالی با سال قبل از آن، باید شرکت را در مقایسه با رقبا نیز مورد بررسی قرارداد. به عبارتی درکنار ارزیابی مالی باید ارزیابی بازاریابی نیز ملاک سنجش توفیق یا ناکامی بنگاههای اقتصادی قرارگیرد. در این ارزیابی، سهم بازار از شرکت و رتبه‌ی آن در صنعت مربوط در پایان هر سال با سال قبل از آن مقایسه می‌شود.

در مسابقه‌ی دو، رسیدن به خط پایان ارزشمند است، اما مهمتر از آن زودتر از دیگران رسیدن است که شرکتهای برنده را از سایرین متمایز می‌سازد. بدیهی است قیمت‌گذاری به تنهایی نمی‌تواند ملاک موفقیت یا ناکامی شرکتها باشد؛ به عبارتی در شرایط کسب‌وکار عصر حاضر، یک عامل باعث موفقیت نمی‌شود، همان‌طور که یک عامل باعث شکست هم نخواهد بود. پس قیمت‌گذاری درکنار سایر اجزای آمیزه‌ی بازاریابی نظیر محصول مناسب، ترویج مناسب، و توزیع مناسب می‌تواند در رسیدن شرکتها به سرمنزل مقصود مؤثر باشد. در این مقاله به اهمیت و نقش قیمت و روشهای مختلف قیمت‌گذاری پرداخته می‌شود.

جایگاه قیمت‌گذاری در نظام بازاریابی شرکت

بنگاههای اقتصادی پس از تعیین فلسفه یا طرز نگرش به بازار، و مشخص کردن استراتژیهای بازاریابی، به فکر پیاده‌سازی استراتژیها توسط تاکتیکها می‌افتند. همان‌طور که در مقالات قبلی نگارنده تأکید شده است، آن چیزی که به رؤیت مشتری می‌رسد و ملاک ارزیابی و انتخاب او در ارائه‌ی ارزش بیشتر به ایشان است، تاکتیکها یا آمیزه‌ی بازاریابی متشکل از محصول، توزیع، ترویج، قیمت، و... هستند. پس برای تبدیل فلسفه و استراتژی مناسب به تاکتیکهای مؤثر (از دیدگاه مشتری)، از فرمول گامهای بنیادین فرایند بازاریابی استفاده می‌کنیم؛ در این فرمول تأکید می‌شود که باید تمام تصمیمهای مهم شرکت بر پایه‌ی اطلاعات به‌دست آمده از تحقیقات بازاریابی اصولی باشد، سپس شرکتها با اطلاعات مناسب در اختیار، با بصیرت نسبت به تقسیم‌بندی بازار و تعیین بازار یا بازارهای هدف می‌پردازند و چگونگی موقعیت‌یابی یا جایگاه‌سازی کردن شرکت و

محصولات آن در بازار را مشخص می‌سازند. پس از این مراحل، آمیزه‌ی بازاریابی هـر بخش از بازار هدف تعیین می‌شود و متناسب با ویژگیهای آن بازار مشخص و پیاده‌سازی خواهد شد و در مراحل اجرا، با کنترل صحیح نسبت به رفع عیوب و نـواقص اقـدام می‌شود.

قیمت چیست؟

★ قیمت برابر است با هم‌ارزشهایی کـه مصرف‌کننده در ازای بهره‌مند شـدن از مزایای حاصل از داشتن یک قلم محصول (کالا/ خدمت) از دست می‌دهد.

★ از دیدگاه تاریخی، قیمت عامل مهمی بـوده است کـه بـر انتخاب خـریدار اثر می‌گذارد.

★ قیمت، انعطاف‌پذیرترین عامل در آمیزه‌ی بازاریابی است و به دلیل تأثیر محیطی بسیار پویاست. برای مثال اگر شما اکنون تصمیم بگیرید محصول بنگاه خویش را عوض کنید، این تصمیم بلافاصله قابل اجرا نیست و شاید نیاز به چند ماه کـار داشته باشد. همین‌طور است تصمیم‌گیری برای تـغییرات در شیوه‌های تـرویج (فروش، تبلیغات، و...) یا شیوه‌های توزیع که هر یک نیاز بـه زمـانی قـابل‌قبول دارند. اما از هر لحظه‌ای که تصمیم بگیرید قیمت محصولات را تغییر دهید، این تصمیم بلافاصله قابل اجرا خواهد بود.

★ و نهایتاً اینکه قیمت درآمدزاست، اما سایر عوامل آمیزه‌ی بـازاریـابی، هـزینه‌زا هستند. به عبارتی قیمت تنها عنصر آمیخته‌ی بـازاریـابی است کـه مـستقیماً بـر درآمدهای بودجه‌ای اثر می‌گذارد؛ یعنی محصول، توزیع، و ترویج یا هر عامل دیگری که آمیزه‌ی بازاریـابی شرکت شما را تشکیل دهـد، هـزینه دارد، امـا قیمت‌گذاری تنها عامل درآمدزاست.

اهمیت قیمت

کریستوفرنی، از مؤسسه‌ی جوران، می‌گوید: در بیش از هـفتاد درصـد کسب‌وکارهای مورد مطالعه، قیمت ویژگی اول یا دوم بود که مشتریان از آن کمترین رضایت را داشتند؛ با این حال در میان مشتریانی که شرکت را ترک می‌کنند، در هیچ مـوردی بیش از ۱۰

درصد از آنها با قیمت کمتر برای برگشت برانگیخته نشده‌اند.

اظهارات کریستوفرنی نشان می‌دهد که با توسعه‌یافتگی جوامع، افـزون بـر قیمت، مشتریان خواسته‌های دیگری هم دارند که از جمله‌ی مهمترین آنها کیفیت مـحصول و کیفیت برخورد است. با وجود این، در بازار، بیشتر مشتریان قیمت مـنطقی را بـهترین عامل در خرید می‌دانند و در بازارهای صنعتی عموماً قیمت به نسبت کیفیت در درجه‌ی دوم اهمیت قراردارد. از این رو می‌توان گفت تعیین و تغییر سیاستهای قیمت‌گذاری نقش بسیار مهمی در میزان سود بنگاهها دارد.

فرایند قیمت‌گذاری

فرایند قیمت‌گذاری شامل مراحل زیر است:

+ تحلیل وضعیت بازار
+ شناسایی موانع و محدودیتهای قیمت‌گذاری
+ تعیین هدفهای قیمت‌گذاری
+ تحلیل توانمندی سود
+ تعیین سطوح قیمت اولیه
+ تعدیل و مدیریت قیمتها

در شکل شماره‌ی ۱ فرایند قیمت‌گذاری بر اساس مطالعات بازار نشـان داده شـده است.

شکل ۱. فرایند قیمت‌گذاری

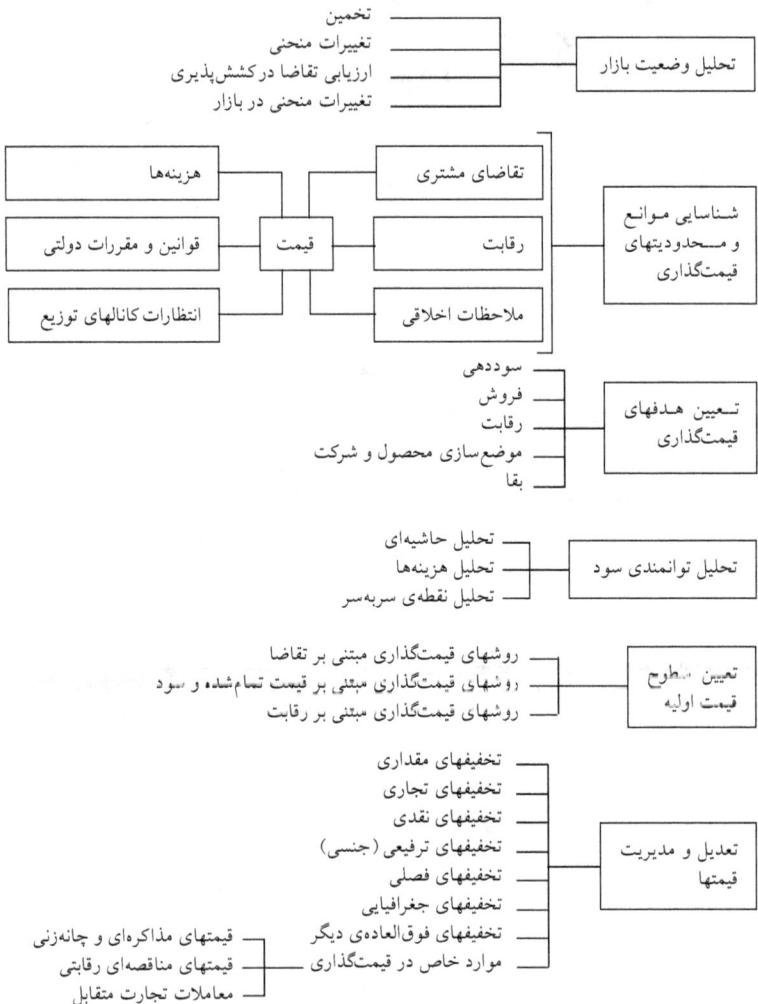

تخمین
تغییرات منحنی
ارزیابی تقاضا درکشش‌پذیری
تغییرات منحنی در بازار

تحلیل وضعیت بازار

هزینه‌ها — تقاضای مشتری
قوانین و مقررات دولتی — قیمت — رقابت
انتظارات کانالهای توزیع — ملاحظات اخلاقی

شناسایی موانع و محدودیتهای قیمت‌گذاری

سوددهی
فروش
رقابت
موضع‌سازی محصول و شرکت
بقا

تعیین هدفهای قیمت‌گذاری

تحلیل حاشیه‌ای
تحلیل هزینه‌ها
تحلیل نقطه‌ی سربه‌سر

تحلیل توانمندی سود

روشهای قیمت‌گذاری مبتنی بر تقاضا
روشهای قیمت‌گذاری مبتنی بر قیمت تمام‌شده و سود
روشهای قیمت‌گذاری مبتنی بر رقابت

تعیین سطوح قیمت اولیه

تخفیفهای مقداری
تخفیفهای تجاری
تخفیفهای نقدی
تخفیفهای ترفیعی (جنسی)
تخفیفهای فصلی
تخفیفهای جغرافیایی
تخفیفهای فوق‌العاده‌ی دیگر

تعدیل و مدیریت قیمتها

قیمتهای مذاکره‌ای و چانه‌زنی
قیمتهای مناقصه‌ای رقابتی — موارد خاص در قیمت‌گذاری
معاملات تجارت متقابل

● تصمیم‌گیری برای قیمت، نظیر تمام تصمیمهای دیگر، افزون بر وجود اطلاعات به‌روز از بازار، نیاز به دانش، تجربه، و شمّ فرد یا افراد تـصمیم‌گیرنده دارد. از این‌رو مهارتهای فردی، ابتکار، قضاوت و ارزیابی درست در تـعیین قیمتهای مناسب که بتواند علاوه بر فروش محصول نسبت به رقبا قویتر عمل کند، مهم‌اند. پس قیمت‌گذاری اصولی به‌نحوی است که دارای ویژگیهای زیر باشد:

◆ ارزشمند باشد
◆ رقابت‌پذیر باشد
◆ زمانگرا باشد.
◆ شرایط‌محور باشد.

انواع هزینه‌های مؤثر در تصمیمهای قیمت‌گذاری

✳ **هزینه‌های ثابت**: که به آنها هزینه‌های سربار هم می‌گویند عبارتند از هزینه‌هایی که با تغییر تولید و فروش تغییر نمی‌کنند. نظیر هزینه‌ی اجاره‌ی مـحل، حـقوق مدیران، و...

✳ **هزینه‌های متغیر**: هزینه‌هایی هستند که به صورت مستقیم با میزان تولید تـغییر می‌کنند نظیر هزینه‌ی مواد خام.

✳ **هزینه‌ی کل**: مجموع هزینه‌های ثابت و متغیر یک مجموعه از محصولات تولیدی را می‌گویند.

انواع هزینه‌های مؤثر در تصمیمهای قیمت‌گذاری در شکل شماره‌ی ۲ نشان داده شده است.

شکل ۲ . انواع هزینه‌های مؤثر در تصمیمات قیمت‌گذاری

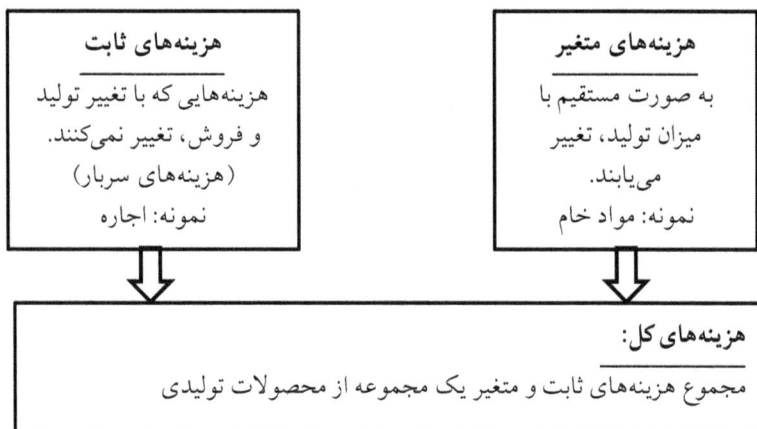

هزینه‌های ثابت	هزینه‌های متغیر
هزینه‌هایی که با تغییر تولید و فروش، تغییر نمی‌کنند. (هزینه‌های سربار) نمونه: اجاره	به صورت مستقیم با میزان تولید، تغییر می‌یابند. نمونه: مواد خام

هزینه‌های کل:
مجموع هزینه‌های ثابت و متغیر یک مجموعه از محصولات تولیدی

هزینه و درآمد حاشیه‌ای

هزینه‌ی مورد نیاز برای تولید یک واحد جدید را هزینه‌ی حاشیه‌ای، و درآمد حاصل از فروش یک واحد جدید را درآمد حاشیه‌ای می‌نامند.

منحنی یادگیری (تجربه) و اثر آن بر قیمت:

تولیدکننده در اثر کسب تجربه و مهارت می‌تواند کالا را با قیمت تمام‌شده‌ی کمتری تولید کند. این نوع کاهش در قیمت تمام‌شده از طریق منحنی تجربه توجیه می‌شود که شیب نزولی دارد.

تجزیه‌وتحلیل رابطه‌ی قیمت و تقاضا:

قیمتی را که شرکت برای محصول تعیین می‌کند، باعث خواهد شد که سطح معینی از تقاضا به وجود آید. رابطه‌ی بین قیمت و تقاضا با منحنی تقاضا نشان داده می‌شود. منحنی تقاضا، نشان‌دهنده‌ی آحاد محصولی است که در یک دوره‌ی زمانی معین به

قیمتهای متفاوت به فروش می‌رسد.

$$کشش تقاضا = \frac{درصد تغییر در مقدار تقاضا}{درصد تغییر در قیمت}$$

✴ هرقدر کشش تقاضا کمتر باشد، فروشنده با افزایش قیمت، پول بیشتری به دست می‌آورد.

✴ اگر تقاضا دارای کشش باشد، فروشنده به فکر پایین آوردن قیمت می‌افتد. کاهش قیمت موجب افزایش فروش می‌شود. تا زمانی که هزینه‌های اضافی مربوط بـه تولید و فروش از درآمد اضافی حاصل از فروش بیشتر شود، انجام دادن این کار معقول است. البته باید به طرز تفکر مردم درباره‌ی کاهش قیمت هم توجه کرد، چون ممکن است کاهش قیمت در ذهن ایشان مترادف کاهش کیفیت، مشکلات درون شرکت، و... باشد.

عواملی که در کشش تقاضا مؤثرند:

◆ وجود کالاهای جانشین برای کالای مورد نظر

◆ قیمت کالای مورد نظر نسبت به درآمد مصرف‌کنندگان

◆ قابلیت کاربرد کالا در سایر موارد

◆ مدت استفاده از محصول یا دوام آن

معمولاً در طولانی‌مدت با افزایش امکان تغییر رفتار مصرف‌کننده، کشش نیز بیشتر است.

عوامل مؤثر بر تصمیمهای قیمت‌گذاری:

فیلیپ کاتلر، صاحب‌نظر پرآوازه‌ی بازاریابی، تصمیمهای قیمت‌گذاری را متأثر از عوامـل داخلی بنگاه اقتصادی و عوامل خارجی آن می‌داند (شکل ۳).

شکل ۳ . عوامل مؤثر بر تصمیمهای قیمت‌گذاری

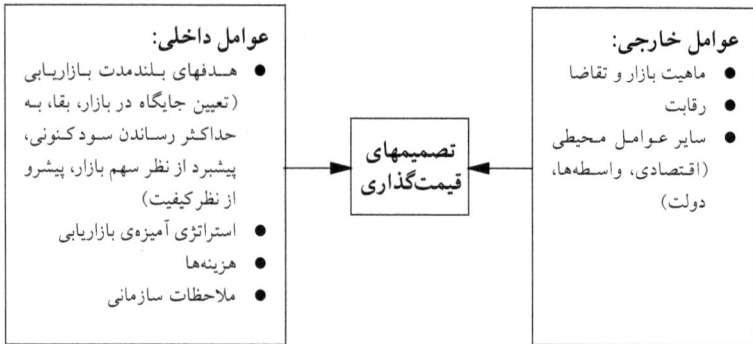

```
┌─────────────────────────────────┐                              ┌──────────────────────────┐
│           عوامل داخلی:          │                              │       عوامل خارجی:       │
│ ● هـدفهای بـلندمدت بـازاریـابی   │                              │ ● ماهیت بازار و تقاضا    │
│   (تعیین جایگاه در بازار، بقا، بـه │          ┌──────────┐        │ ● رقابت                  │
│   حداکثر رسـاندن سـود کـنونی،    │ ───────▶│تصمیمهای  │◀────── │ ● سایر عـوامل مـحیطی     │
│   پیشبرد از نظر سهم بازار، پیشرو  │          │قیمت‌گذاری │        │   (اقتصادی، واسطه‌ها،    │
│   از نظر کیفیت)                  │          └──────────┘        │   دولت)                  │
│ ● استراتژی آمیزه‌ی بازاریابی      │                              │                          │
│ ● هزینه‌ها                       │                              │                          │
│ ● ملاحظات سازمانی                │                              │                          │
└─────────────────────────────────┘                              └──────────────────────────┘
```

از جمع‌بندی منابع مختلف، در مجموع عوامل مؤثر بر قیمت‌گذاری را بـه شش دسته می‌توان تقسیم کرد:

۱. هدفها و آرمان سازمان:

● نظیر نرخ بازدهی حداکثرسازی سود سهم بازار، رشد هدفهای مالی و غیرمالی.
سؤال: هدفها و آرمان سازمان شما چیست؟

۲. هزینه‌ها:

● پیش‌بینی تأثیر قیمتهای مختلف بر سود، تعیین حداقل قیمت با توجه به هزینه‌ها.
سؤال: حداقلهای سازمان شما چیست؟

۳. تقاضای مصرف‌کننده:

● تمایز قائل شدن برای کالاها و کشش قیمتی تقاضا، ارزشی است که مشتری در مقایسه با محصولات مشابه بـرای مـحصول تـولیدی شرکت شما قائل است. بدیهی است اگر ارزش کالا از دید مشتری بیش از قیمت در نظر گرفته شده از سوی شما باشد، نسبت به خرید اقدام می‌کند و در غیر این‌صورت خرید نمی‌کند.
سؤال: تابع تقاضای پیش روی سازمان شما چگونه است؟

۴. بازار:

از نظر اقتصاددانان، بازارها به چهار دسته تقسیم می‌شوند:

- **رقابت کامل:** بازار از تعدادی خریدار و فروشنده تشکیل می‌شود که محصولاتی مشابه مثل غلات، مس، اوراق بهادار، و... دادوستد می‌کنند و هیچ خریدار یا فروشنده‌ای نمی‌تواند بر قیمت بازار اثر بگذارد.

- **انحصار کامل فروش:** در این حالت، تنها یک فروشنده در بازار وجود خواهـد داشت.

- **رقابت انحصاری:** تـعدادی خـریدار و فـروشنده، تشکیل‌دهنده‌ی بـازارنـد کـه می‌توانند با قیمتهای متفاوت (و نه تنها قیمت رایج در بازار) دادوستد کنند. بدان سبب قیمتها متفاوت است که فروشندگان می‌توانند محصولات متفاوتی بـرای خریداران عرضه کنند.

- **انحصار چندجانبه:** در حالتی که تنها چند فروشنده به صورت انحصاری در بازار وجود داشته باشند، این تعداد انگشت‌شمار در برابر استراتـژیهای بـازاریـابی و قیمت‌گذاری یکدیگر بسیار حساس خواهند بود.

سؤال: بنگاه شما در چه بازاری فعالیت می‌کند؟

۵. الزامات قانونی:

- قوانین دولتی، مقررات و ضوابط محیط زیست، الزامات قانونی هر کسب‌وکاری را تشکیل می‌دهند.
- **سؤال:** سازمان شما در چه محیطی فعالیت می‌کند؟

۶. مسئولیتهای اجتماعی و اخلاقی:

- مسئولیتهای اجتماعی و اخلاقی همان ملاحظات اجتماعی و اخلاقی هستند.
- **سؤال:** مسئولیتهای سازمان شما چه هستند؟

سیاست قیمت‌گذاری

سیاستهای قیمت‌گذاری متعددند که در اینجا به مهمترین آنها اشاره می‌شود.

۱. هدایت قیمت[1]

زمانی که فروشنده و یا تولیدکننده‌های بزرگ قادر باشند بر قیمت کالا و یا خدمت (به‌دلیل قدرت رقابتی پایین سایرین) تأثیر بگذارند، از این سیاست استفاده می‌کنند.

۲. مبتنی بر هزینه‌ی تبدیل[2]

مشتریان، مواد اولیه‌ی لازم را تأمین می‌کنند و هزینه‌ی تولید، تنها شامل نیروی کار و بالاسری شرکت خواهد بود.

۳. مبتنی بر قیمت تمام‌شده[3]

درصدی بر هزینه‌ی متوسط اضافه می‌شود و میزان درصد بستگی به نرخ بازدهی و یا بازدهی برسرمایه‌گذاری هدفگذاری شده دارد.

از جمله مزایای این روش می‌توان به مورد استفاده‌ی بالا، سهولت محاسبه، تضمین سود مورد انتظار، و تضمین تأمین هزینه‌ی تمام‌شده‌ی محصول اشاره کرد. اما عیب این روش آن است که توجهی به کشش قیمتی تقاضا و یا رابطه‌ی درآمد نهایی با هزینه‌ی نهایی (شرط حداکثر سود) ندارد.

۴. مبتنی بر هزینه‌ی نهایی[4]

این روش شامل تغییر هزینه بر اساس تولید یک واحد بیشتر محصول و استفاده از درصدی مبتنی بر هزینه‌ی نهایی و افزودن آن بر کل هزینه است.

این روش، متمرکز بر میزان هزینه‌ی ثابت و سود ناشی از تولید یک واحد بیشتر، و یا پاسخگویی به سفارش بیشتر است.

۵. استراتژی رسوخ در بازار[5]

- ارائه‌ی قیمتهای نسبتاً پایین در مراحل اولیه‌ی عمر محصول و سپس افزایش آن است. هدف شرکتی که این نوع قیمت‌گذاری را انتخاب می‌کند، مأیوس کردن رقبا برای حضور در بازار، از طریق به‌دست آوردن سهم بازار بیشتر و کسب مزیت هزینه‌ای است. البته در این روشِ قیمت‌گذاری، باید الزامات زیر لحاظ شوند:
  - ★ محصول باید به اندازه‌ی کافی برای بازار جذاب باشد تا بتواند مزیت هزینه داشته باشد.

---

1. Administered Pricing (AdP)
2. Conversion Cost Pricing (CCP)
3. Cost Plus Pricing (CPP)
4. Differential Cost Pricing (DCP)
5. Penetration Pricing (PP)

* تقاضا باید کاملاً با کشش باشد تا شرکت، برای مزیت هزینه‌ای خود تضمین داشته باشد.

نتایج مورد انتظار از این روش عبارتند از:

* حجم بالای فروش و سهم بزرگی از بازار
* حاشیه‌ی سود پایین
* هزینه‌های پایین هر واحد محصول در مقایسه با رقبا، به‌واسطه‌ی استفاده از صرفه‌جویی در مقیاس

۶. نظریه‌ی اقتصادی[۱]

در این روش، کشش قیمتی تقاضا برای محصول محاسبه می‌شود و کالاهای جانشین و مکمل مورد مطالعه قرار می‌گیرند و با ترسیم منحنیهای هزینه و سود، نسبت به قیمت‌گذاری اقدام می‌شود.

۷. مبتنی بر عدالت و انصاف[۲]

این روش مبتنی بر تأمین تمامی هزینه‌ها با در نظر گرفتن یک سود منصفانه است، اما مشکل اساسی این است که تعریف مشخصی از عدالت و انصاف وجود ندارد.

۸. نظریه‌ی بازی[۳]

در رقابت ناقص (انحصار دوجانبه، و...) بین تولیدکنندگان انجام می‌گیرد. همانند رقابت بین چند تولیدکننده و عدم تعیین قیمت تنها توسط یک نفر است. نتیجه‌ی بازی بستگی به استراتژی طرفین دارد.

۹. قیمتهای کنترل شده[۴]

+ نظیر دخالت دولت در تعیین قیمت کالاهای عمومی، (آب، برق، تلفن، و...).
+ معمولاً بر اساس کل هزینه‌های تولید صورت می‌گیرد.
+ هدف این روش، تشویق و یا عدم تشویق مصرف برخی کالاها (مانند سیگار، و...) است.

۱۰. قیمت‌گذاری به اندازه‌ی استحقاق[5]

معمولاً در مورد کالاهایی به‌کار می‌رود که مصرف‌کننده، حد مشخصی بر مبنای استحقاق و توان خود برای آن در نظر می‌گیرد. (نظیر حداکثر هزینه برای اجاره‌ی منزل و

---

1. Economic Theory
2. Fair Pricing
3. Game Theory
4. Regulated Pricing
5. Quantum Pricing

حداکثر مبلغ مدنظر برای خرید خانه). این روش موجب صرفه‌جویی در زمان می‌شود.

۱۱. قیمت‌گذاری انتقالی [1]

عبارت است از فروش محصول به بخش دیگر به‌عنوان نهاده.

انواع قیمتهای انتقالی:

- معادل هزینه‌ی تولید و درخواست از واحد تحویل‌گیرنده
- معادل قیمت فروش به هر بنگاه خارج از مجموعه
- معادل قیمت تأمین کالا از خارج از مجموعه
- هزینه‌ی فرصت
- مذاکره

۱۲. قیمت‌گذاری پرمایه و گران (خامه‌گیری) [2]

عبارت از ارائه‌ی قیمت نسبتاً بالا در مراحل اولیه‌ی عرضه‌ی محصول جدید است. هدفهای این شیوه‌ی قیمت‌گذاری عبارتند از:

- ارائه به مشتریانی که نسبت به قیمت حساس نیستند، تا زمانی‌که هنوز بازار رقابتی نشده است.
- پوشش درصد زیادی از هزینه‌های ترفیع، تحقیق، و توسعه، از طریق دستیابی به حاشیه‌ی سود بالا

البته الزامات زیر نیز در این روش وجود دارد:

۱. بخش‌بندی بازار بر اساس مشتریانی که نسبت به قیمت خیلی حساس نیستند.

۲. کسب حاشیه‌ی سود بالا از فروش محصولات که هزینه‌های تحقیق و توسعه و ترفیع را خواهد پوشاند.

۳. فرصتی برای شرکت تا قیمتها را پایینتر بیاورد و به‌صورت انبوه، محصولات خود را قبل از اینکه رقبا وارد بازار شوند، بفروشد.

آوبری ویلسون، مؤلف کتاب ارزشمند «ممیزی بازاریابی»، نمونه‌هایی از کاربرد فنون قیمت‌گذاری را در کتاب خود تشریح کرده است که در جدول شماره‌ی ۱، صفحه‌ی بعد ملاحظه خواهید کرد:

---

1. Transfer Pricing   2. Skimming Pricing

جدول ۱. نمونه‌هایی از کاربرد فنون قیمت‌گذاری

عنوان	شرح	تأثیر
یکه‌تازی در بازار (loss leading)	انقباض اختیاری قیمت به منظور گرفتن نخستین دادوستد، یا ورود به بازار	پیروزمند در برابر مشتری ساده، ولی سقف قیمت را محدود می‌کند.
جبرانی (offest)	قیمت اصلی پایین، قیمت متعلقات بالا	در زمان وجود سهمیه‌بندی، ازنظر روانی مؤثر، ولی اجرایش دشوار است.
انحرافی (diversionary)	گزینش قیمت پایه‌ی پایین در فراورده‌های انتخابی، به منظور کم نشان دادن	اغلب کارآمد تا زمانی که فروش انحرافی در جریان است.
تخفیف (discount)	پاسخ به استعلام بها بر پایه‌ی قیمت پایین از پیش مشخص	تشویق خریدار برای تهیه‌ی سفارشها با مذاکره‌ی قبلی با تأمین‌کنندگان
ضمانت (guarantee)	• تضمین یک کیفیت یا عملکرد. • رقیبان را از دور بیرون می‌کند.	رقابت را از قیمت به میدان کیفیت می‌کشاند.
مشروط (conditional)	قیمت، مشروط به خریددیگر فراورده‌ها می‌شود.	فراورده‌های وابسته باید خود نیز با کیفیت باشند. این روش در بعضی از جاها غیرمجاز است.
غافلگیرانه (predatory)	با قیمت بسیار پایین، رقیب را از میدان می‌راند.	باید از منابع رقیب، خوب اطلاع داشت وگرنه نابودکننده است.
خامه‌گیری (skimming)	بالاگرفتن قیمت هنگام نبود رقابت و تقاضای بالا	افزایش سودآوری و تأمین منابع اضافی در صورت ادامه‌ی درازمدت
ارجاعی (referential)	اطمینان از اینکه کمترین قیمت را داده‌اید.	تنها در مناقصه‌ی باز کاربرد دارد.
قیمت ثابت (price lining)	قیمت ثابت می‌ماند، ولی کیفیت یا کمیت نسبت به تغییر هزینه تعدیل می‌شود.	در مذاکرات، فراورده جانشین عامل قیمت می‌شود.
قیمت‌گذاری بر پایه‌ی پرداخت اقتضایی (contingency pay pricing)	قیمت (یا نرخ) بر پایه‌ی نتیجه یا فعالیتی که خواهد شد.	خریدار، تضمین استواری از کارایی عملکرد در دست دارد.
بهای تمام‌شده + درصدی به‌عنوان سود (cost plus)	جمع هرینه‌ها + سود دلخواه	• تضمین سود و محاسبه‌ی آن آسان است. • بی‌توجه به رقابت است.
ارزش بازار (value)	تخمین میزانی که بازار، کشش و پذیرش دارد.	• فروش قطعی است، ولی شاید سود نباشد. • به قدرت بالا در مذاکره نیاز دارد.
دریافت تشویقی (premium)	دریافت اضافی در برابر خدمات ویژه/ یا وضعیت استثنایی	اگر با دقت فراوان انجام نگیرد، مشتری ناراضی خواهد شد.
قیمت‌گذاری بر پایه‌ی پرداخت رقابتی (competitive pay pricing)	کاربرد در جایی که هزینه، وابسته به مزد یا وقت است (تنها در بخش خدمات)	• هنگامی که حقوق و دستمزد مطرح است، مایه‌ی دقت در تخمین هزینه‌ها می‌شود.

روشهای عمومی قیمت‌گذاری از دیدگاه پروفسور فیلیپ کاتلر عبارتند از:

۱. قیمت‌گذاری بر مبنای افزودن درصدی به هزینه‌ها:

این روش معمولاً قابل توجیه نیست، چون به تقاضا و قیمت شرکتهای رقیب و تقاضای بازار و ارزش مشتری توجه نشده است. فرمولهای زیر در این روش مورد استفاده قرار می‌گیرند.

$$\text{بهای تمام‌شده‌ی یک واحد محصول} = \text{هزینه‌ی متغیر} + \frac{\text{هزینه‌های ثابت}}{\text{فروش (تعداد)}}$$

$$\text{قیمت} = \frac{\text{بهای تمام شده‌ی یک واحد محصول}}{\text{بازده مورد انتظار از فروش} - 1}$$

- در تعیین قیمت با استفاده از این روش، باید حد بالا و حد پایین قیمت‌گذاری را مدنظر داشت.
- از افراط و تفریط در قیمت‌گذاری پرهیز کنید.

یک ضرب‌المثل روسی می‌گوید که «در هر بازاری دو احمق وجود دارد: فردی که قیمت محصول خود را خیلی کم تعیین می‌کند، و فردی که قیمت محصول خود را خیلی زیاد تعیین می‌کند».

۲. تجزیه‌وتحلیل نقطه‌ی سربه‌سر و قیمت‌گذاری بر مبنای سود مشخص:

محل تلاقی دو خط متعلق به کل درآمد و کل هزینه‌ها، نقطه‌ی سربه‌سر نامیده می‌شود. برای درک دقیقتر، شکل شماره‌ی ۴ را ملاحظه کنید.

شکل ۴ . نمودار نقطه‌ی سربه‌سر

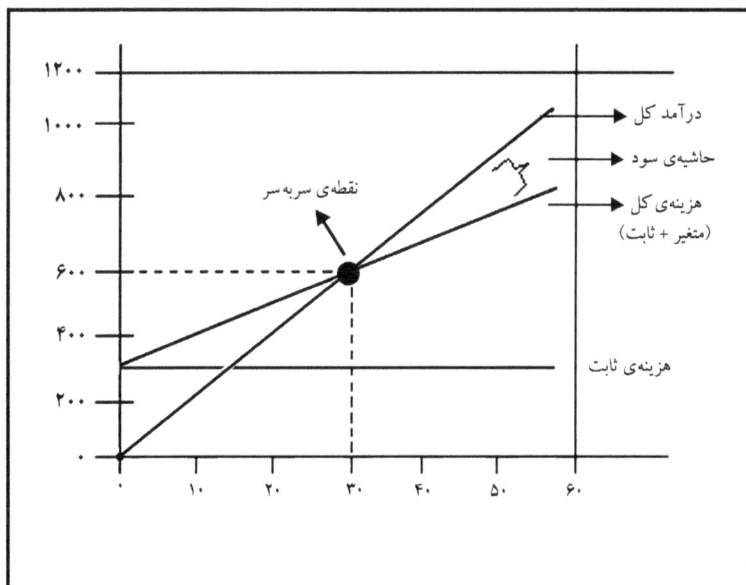

- تعداد تولید در نقطه‌ی سربه‌سر با توجه به رابطه‌ی $Q = \frac{FC}{P-V}$ به دست می‌آید. در این سطح از تولید، هزینه‌ها با درآمدها برابرند و شرکت، سود یا زیان نخواهـد داشت (FC: کل هزینه‌ی ثابت، P: قیمت یک واحد، V: هزینه‌ی متغیر هر واحد). شرکت در سطح تولید بیش از نقطه‌ی سربه‌سر، سود، و در سطح تولید کمتر از نقطه سربه‌سر، زیان خواهد داشت.

- تحلیل نقطه‌ی سربه‌سر، معین‌کننده‌ی حجمی از فروش است که بنگاه به منظور پوشش دادن به همه‌ی هزینه‌هایش باید به آن دست یابد. در بلندمدت این امـر بسیار ضروری است.

- یافتن نقطه‌ی سربه‌سر تنها یک آغاز است زیرا هدف، بیشینه‌سازی سود از طریق به‌کارگیری استراتژیها و تکنیکهای مختلفِ امکان‌پذیر خواهد بود و باید از نقطه‌ی

سربه‌سری به سمت جلو گام برداشت.

- قیمت نقش بسیار مهمی در تحلیل سربه‌سری دارد. برای مثال با افزایش قیمت، ممکن است درآمد افزوده شود و سریعتر بتوانیم هزینه‌ها را پوشش دهیم؛ اما نکته‌ی مهمتر این است که افزایش قیمت لزوماً به معنی پایین آوردن نقطه‌ی سربه‌سر نیست. برای دستیابی سریعتر به نقطه‌ی سربه‌سر می‌توانیم هزینه‌ها را با یک برنامه‌ی کنترل هزینه بکاهیم.

مزیت اساسی تحلیل نقطه‌ی سربه‌سر

- ✦ امکان تخمین اینکه برای جبران هزینه‌ها چه مقدار باید بفروشیم یا اینکه اگر حجم فروش بیشتری داشته باشیم، چه مقدار سود کسب می‌کنیم.
- ✦ اگر شرکتی موقعیت خود را نزدیک نقطه‌ی سربه‌سری بیابد، باید از دو رویکرد «افزایش قیمت» یا «کاهش هزینه» استفاده کند.

محدودیتها در تحلیل نقطه‌ی سربه‌سر

- دانستن اینکه یک قلم هزینه‌ای، هزینه‌ی ثابت به شمار می‌آید یا متغیر، همیشه آسان نیست.
- چون تحلیل سربه‌سری رویکردی هزینه‌محور است، تقاضا برای محصول یا خدمت را در نظر نمی‌گیرد. یعنی همواره فرض می‌گیرد که مقداری کالا با قیمت مشخص به فروش می‌رسد، حال آنکه هیچ تضمینی برای این وضعیت وجود ندارد.

۳. قیمت‌گذاری بر مبنای هزینه:

در این روش ابتدا محصول تولید می‌شود، سپس هزینه‌های آن (قیمت تمام‌شده) مشخص خواهد شد و درصد سود مدنظر شرکت به آن اضافه می‌شود تا قیمت فروش تعیین شود. بعد از آن محصول برای فروش به بازار عرضه می‌شود تا سنجش شود که تقاضای مشتری و ارزشی که مشتری بر آن می‌گذارد، آیا با پیش‌بینی‌های شرکت همخوانی دارد یا خیر؟

محصول
هزینه
قیمت
ارزش
مشتری

۴. قیمت‌گذاری برمبنای ارزش:

در این روش که روشی منطقی و عقلانی است، مثل تمام فعالیتهای دیگر بازاریابی در فضای رقابتی، ابتدا باید مشتریان از ابعاد مختلف مورد شناسایی قرار بگیرند و متناسب با خواست مشتری از محصول، ارزش مدنظر ایشان و قدرت خرید آنها، نسبت به طراحی و تولید محصول به صورت آزمایشی اقدام شود و پس از سنجش بازار، نسبت به تولید در سطح وسیعتر اقدام شود.

مشتری
ارزش
قیمت
هزینه
محصول

- بازاریاب باید به دلایل خرید پی ببرد و قیمت را با توجه به پنداشت یا برداشت مصرف‌کننده (از ارزش محصول) تعیین کند.
- از آنجا که مشتری برای جنبه‌ی خاصی از محصول ارزش خاصی قائل است، بازاریاب باید برای بخشهای مختلف بازار قیمتهای متفاوتی تعیین کند.
- ارزش برای مشتری عبارت است از مقایسه‌ی بین هزینه‌ها و فایده‌ها. منظور از هزینه‌ها دیگر فقط هزینه‌ی مالی نیست؛ چون امروزه هزینه‌های زمان، انرژی، و هزینه‌های روانی هم از سوی مشتری ملاک محاسبه هستند.
- اسکار وایلد[1] تفاوت عمده‌ای را بین قیمت و ارزش ملاحظه کرد. وی می‌گوید یک فرد شکاک، کسی است که قیمت همه چیز را می‌داند و ارزش هیچ چیز را نمی‌داند.
- با تمام اینها باید توجه داشت که قرار نیست که مشتریان هزینه‌های بالای تمام‌شده‌ی شما را بپردازند. روش استاندارد و قدیمی برای تعیین قیمت، مشخص کردن هزینه و افزایش درصدی به عنوان سود به آن است، اما باید توجه کرد که هزینه‌ی شما هیچ ارتباطی با دیدگاه مشتری در مورد ارزش محصول

1. Oscar Wilde

ندارد. هزینه‌ی شما در درجه‌ی اول مشخص می‌کند که آیا شما باید محصول را تولید کنید یا خیر؟

- پس از اینکه قیمت تعیین شد، از آن برای فروش استفاده نکنید. برای فروش از مقدار ارزش آن برای مشتری بهره‌برداری کنید. همان‌گونه که لی آیاکوکا[1] گفت: وقتی که محصول مناسب باشد، شما نباید بازاریاب بزرگی باشید تا بتوانید آن را بفروشید؛ البته به نظر نگارنده هر قدر رقابت بیشتر می‌شود، حتی برای فروش محصول مناسب‌تر از سایر رقبا هم نیاز به علم بازاریابی است و امروزه افزون بر اینکه عطر باید ببوید، عطار نیز باید بگوید.

- جف بزوس، مدیر شرکت آمازون دات کام، معتقد است: من از رقیبی که قیمت آن ۵ درصد کمتر است ناراحت نیستم. من نگران رقیبی هستم که ممکن است تجربه‌ی بهتری را عرضه کند؛ پس باید دنبال این باشید که چه ارزش بیشتری را می‌توان نسبت به رقبا به مشتری ارائه کرد تا تجربه‌ی بهتری برای او باشد.

- هیچگاه قیمت را به تنهایی برای مشتری مطرح نکنید بلکه، سایر منافع و ارزشها را یادآور شوید که به او عرضه می‌کنید. نحوه‌ی عرضه کردن قیمت از سوی شما ممکن است بعداً با اعتراض نسبت به قیمت منجر شود. به‌ندرت باید قیمت را به تنهایی مورد بحث قرار داد. اگر قیمت با مزایا مطرح شود، آنگاه جنبه‌ی ارزشی آن خیلی بیشتر می‌شود. یادتان باشد مشتریان، منافع حاصل از محصول را می‌خرند نه فقط خود محصول را. پس شما هم باید بتوانید این نکته را به‌خوبی به ایشان تفهیم کنید.

به این نکته هم توجه داشته باشید که مشتری در بعضی موارد حتی نمی‌تواند ارزش مدنظر خویش را تعریف کند. وظیفه‌ی بازاریاب، شناسایی و کشف ارزش در بازار، تأمین و تهیه‌ی ارزش بهتر و مؤثرتر از رقبا، و حفظ آن ارزش است.

۵. قیمت‌گذاری بر مبنای قیمت محصولات رقبا:

٭ در این روش، از مدلهای قیمت‌گذاری به نرخ متداول (کمتر یا بیشتر) و در قیمت‌گذاری مناقصه‌ای (با قیمت کمتر تا حد ممکن) استفاده می‌شود.

---

1. Lee Ayakoka

استراتژیهای تعدیل قیمت

۱. قیمت‌گذاری بر اساس عوامل روانی:

- ✶ قیمت‌گذاری بر اساس مسائل روانی، نظیر قیمت بالا، نشان‌دهنده‌ی کیفیت بالاست.
- ✶ **قیمت مرجع:** قیمتی است که خریدار در فکر و ذهن خود دارد و هنگامی که به محصولی نگاه می‌کند، آن را به یاد می‌آورد.

۲. قیمت‌گذاری بر مبنای تخفیفات:

تخفیف عبارت از کاهش قیمت اعلام شده است. انواع تخفیف عبارتند از:

- **تخفیف نقدی:** نوعی از تخفیف است که در مقابل خرید اعتباری و یا نسیه دادن اعمال می‌شود؛ به عبارتی، کاهش قیمت به یک مشتری یا واسطه در صورت پرداخت نقدی صورتحساب است.
- **تخفیف فصلی:** یعنی کم کردن قیمت برای خریدارانی که کالا یا خدمتی متعلق به فصل دیگری را می‌خرند. برای مثال، تخفیف برای فروش بخاری در اواخر فصل سرما و شروع گرما. چون تولیدکننده هزینه‌هایی نظیر عدم گردش پول و خواب سرمایه، هزینه‌های انبارداری، احتمال از رده خارج شدن آن نوع از کالا و احتمال آسیبهایی چون آتش‌سوزی، و... را محاسبه می‌کند، ممکن است به این نتیجه برسد که می‌توان با تخفیف فصلی از منفعت بیشتری بهره‌مند شد.
- **تخفیف مقداری:** نوعی از تخفیف است که به‌حجم فروشهای بیشتر تعلق می‌گیرد.
- **تخفیف مقدار فراوانی خرید:** تخفیف روی مجموعه‌ی خریدها در یک دوره‌ی زمانی است.
- **تخفیف جنسی:** این نوع تخفیف، یکی از روشهای ترویج شرکت و محصولات آن است؛ به‌نحوی که در مقابل حجم خرید، مقداری از همان کالا به صورت مجانی به خریدار تحویل می‌شود.
- **تخفیف تجاری:** به این نوع از تخفیف در بازار ایران، تخفیف «همکار» هم گفته می‌شود و عبارت است از تخفیفی که شرکتها به عاملان فروش و نمایندگیهای خود می‌دهند تا در مقابل آن، کار ویژه‌ای را برای شرکت انجام دهند. نظیر تبلیغات محلی.
- **تخفیف روی بعضی از خریدها:** تخفیف قیمت اعلام شده برای یک سفارش.

- **کسر کردن و برگرداندن وجه (استرداد):** برگرداندن مبلغ نقدی برای خرید یک محصول در یک دوره‌ی خاص.

- **تسهیلات بدون بهره:** قرض دادن یا ایجاد تسهیلات، بدون ایجاد هـزینه بـرای خریداران در دوران بحران.

قوانین طلایی تخفیف دادن:

- اگر شرکت شما تخفیف می‌دهد، قوانین طلایی زیر را در هنگام تـخفیف دادن رعایت کنید:

✓ حدود کاملاً تفهیم‌شده‌ای را بـرای اختیارات افـراد بـه‌منظور تـخفیف دادن تعیین کنید.

✓ بر سطح کل تخفیف‌های داده‌شده، به عنوان درصدی ازکل فروش نظارت کنید. بهترین راه نیل به این هدف، از طریق نظام حسابداری است. فروش را بـاید طبق فهرست قیمت ثبت کرد و تخفیف‌ها به عنوان هزینه‌ای نشان داده می‌شوند که از فروش ناخالص کسر می‌شود تا فروش طبق صورتحساب به‌دست آید.

✓ متوسط درصد تخفیفی راکه هر عضو گروه فروش منظور مـی‌کند، بـررسی کنید. کارکنان فروش را تشویق کنید تـا از تـخفیف بـه عـنوان یک وسیله‌ی هدفمند، و نه بخشش و پاداش، استفاده کنند.

✓ از تخفیف‌های منتخب به عنوان جزئی فعال از یک بـرنامه‌ی جـلب مشتریان جدید و فروش اضافی استفاده کنید.

✓ اجازه ندهید شرکت به دلیل استفاده‌ی بیش از حد و بـدون مهار از تخفیف‌ها بـه منظورهای مقطعی و نه درازمدت، در قید قیمت‌های پایین گرفتار شود. بـه یاد داشته باشید که قیمت‌های پایین غالباً به چرخه‌ای از قیمت‌های بسیار پایین‌تر و به امکان بسیار کم بقا منجر می‌شوند.

از تخفیف به صورت هدف‌دار استفاده کنید

- تضمین کنید که تنها به فروش‌هایی چنین پاداش‌هایی را بـدهید کـه شـرکت بـدون تخفیف قادر به انجام آن نبوده است.

- ساختار تخفیف خود را تا حد امکان به صورتی مساعد و مفید ارائه کنید.

نکات مهم در مبحث تخفیف

- بر اجباری شدن تخفیف غلبه کنید.
- از یکسان بودن تخفیف خودداری کنید.
- برای تسویه‌حساب تخفیف ندهید.
- روشهای مختلف تخفیف (نقدی، فصلی، کالایی، عمده‌فروشی، تجاری، و...) را در موقعیتهای مناسب به‌کار گیرید.

توان مذاکره و چانه‌زنی، از ابزارهای مؤثر رسیدن به قیمتهای رضایتبخش است. اگر مشتری در مرحله‌ی مذاکره انتظار تخفیف دارد، باید امتیازهایی از نمونه‌های زیر را هم بدهد:

- ◆ زودتر یا بی‌درنگ پرداخت کند.
- ◆ سفارش خود را زمانبندی کند و با برنامه‌ی تولید هماهنگ شود.
- ◆ به مقدار سفارش بیفزاید، یا به‌طور مشخص نشان دهد که اگر با دریافت چند محموله‌ی نخست راضی بود، دادوستد را حتماً ادامه خواهد داد.

۳. قیمت‌گذاری بر مبنای بخشهای مختلف بازار:

- ◆ قیمت‌گذاری متفاوت برای مشتریان مختلف (نظیر قیمت‌گذاری موزه برای مشتریان مختلف).
- ◆ قیمت‌گذاری متفاوت در مناطق مختلف (نظیر ردیفهای جلو یا عقب صندلی در سالن نمایش تئاتر).
- ◆ قیمت‌گذاری متفاوت با توجه به زمان (فصل، ماه، سال، و...).
- ◆ قیمت‌گذاری متفاوت برای شکلهای مختلف یک محصول (نظیر قیمت‌گذاری برای بسته‌بندیهای مختلف شیرخشک).

۴. قیمت‌گذاری بر مبنای مناطق جغرافیایی:

- ◆ قیمت‌گذاری تحویل در مبدأ
- ◆ قیمت‌گذاری یکسان و تحویل در مقصد
- ◆ قیمت‌گذاری منطقه‌ای
- ◆ قیمت‌گذاری بر مبنای مبدأ یا مرکز توزیع
- ◆ قیمت‌گذاری مبتنی بر جذب هزینه‌ی حمل

۵. قیمت‌گذاری با هدف افزایش فروش:

که از جمله می‌توان به موارد زیر اشاره کرد:

- **پیشروان زیان‌ده:** در سوپرمارکتها و فروشگاههای زنجیره‌ای مورد استفاده قرار می‌گیرد که در آن با هدف جذب مشتری، قیمت یک یا چند قلم محصول را به‌شدت کاهش می‌دهند.
- **خدمات مجانی پس از فروش:** نظیر حمل رایگان تا مقصد
- **ارزان کردن در فصل خاص:** تخفیف فصلی
- **زیر قیمت عادی دادن**
- **تخفیف ویژه برای خرید نقدی**
- **ارائه‌ی تضمین بلندمدت**
- **دادن وام با بهره‌ی اندک**

۶. قیمت‌گذاری در اجرای سیاستهای تشویقی:

تعدیل قیمتها به صورت موقت، برای افزایش فروش در کوتاه‌مدت که به آن «حراج» گفته می‌شود. به عقیده‌ی بسیاری از متخصصان بازاریابی، حراج کردن غیر از موارد خاصی که اجتناب‌ناپذیر است، عمدتاً به دلیل تبعیت از دیگران یا رفع نارساییهای ناشی از ضعف فروش صورت می‌گیرد. یک بازاریاب قوی با به‌کارگیری تکنیکهای فروشندگی حرفه‌ای نباید کاری کند که بعداً ناچار به حراج محصول شود.

تحقیقات نشان داده است که حدود ۸۰ درصد از مشتریان که در مواقع حراجی مراجعه می‌کنند، در حقیقت همان مشتریان معمولی هستند که بر اساس تجربه منتظر می‌مانند تا در زمانهای خاصی حراج صورت گیرد. یعنی شرکتها با این اعمال به آنها نشان داده‌اند که اگر اندکی صبر کنند، در زمان حراجی محصول را با قیمتی به مراتب پایین‌تر از همان شرکت یا فروشگاه می‌خرند.

۷. استراتژی قیمت‌گذاری آمیزه‌ای از محصول:

این استراتژیها در جدول صفحه‌ی بعد نشان داده شده‌اند:

جدول ۲. استراتژیهای قیمت‌گذاری آمیزه‌ای محصول

استراتژی	شرح
قیمت‌گذاری خط محصول	تعیین قیمت بـرای دسته‌ها یـاگروههایی از تـولیدات یک خط محصول(گروه‌بندی).
قیمت‌گذاری محصولات تزئینی	قیمت‌گذاری محصولات تزئینی یا اضافی که با محصولات عـرضه می‌شود.
قیمت‌گذاری محصولات مکمل	تعیین قیمت محصولاتی که باید با محصول اصلی مـورد استفاده قرار گیرد.
قیمت‌گذاری محصولات فرعی	تعیین قیمت بسیار پایین برای محصولات فرعی، با هدف رهایی از دست آنها.
قیمت‌گذاری مجموعه‌ای از محصولات	تعیین قیمت مجموعه‌ای از محصولات که با هم (یکجا) به فروش می‌رسند.

۸. قیمت‌گذاری در سطح جهانی:

✦ تعدیل قیمتها در بازارهای جهانی از نظر قیمتهای مختلف برای بازارهای مختلف صورت می‌گیرد.

افزون بر عوامل مؤثر بر تصمیمهای قیمت‌گذاری که در بازار داخلی مهم هستند، در بازارهای خارجی باید به موارد زیر هم توجه شود:

عوامل مربوط به شرکت و مربوط به محصول:

✓ هدفها، جایگاه، تنوع محصولات، چرخـه‌ی عـمر مـحصولات، سـاختار هزینه

عوامل مربوط به بازار:

✓ دیدگاه مشتری، انتظارات و قدرت خریدار، لزوم تطبیق دادن محصول با بازار، ساختار بازار، آهنگ رشد بازار، کشش تقاضا

عوامل محیطی:

✓ اثر تصمیمهای دولت، ارز و نوسانات ارزی، میزان تورم، شبه پول، وضع رقابت، شبکه‌ی توزیع و پخش

در چه مواقعی قیمت‌گذاری برای مدیریت مسأله می‌شود؟

وظیفه‌ی اساسی مدیریت، تصمیم‌گیری است و اتخاذ تصمیمهای نابجا، گاه صدمات جبران‌ناپذیری به شرکت وارد می‌سازد. برای قیمت‌گذاری در موارد زیر نقش تصمیمهای مؤثر مدیران حائز اهمیت است:

۱. مواقعی که رقبا قیمت را تغییر دهند

همان‌طور که بارها در مقالات متعدد ذکر شده است، بازاریابی در فضای رقابتی، شبیه بازی شطرنج است که در آن تصمیم‌گیری برای هر حرکت باید با مطلع بودن از عملکرد رقیب باشد. با توجه به اینکه در بازار، بازی فقط با یک رقیب نیست بلکه با رقبای متعدد است، شاید تعداد رقبای شما زیاد باشند و امکان زیر نظر داشتن تمام آنها را نداشته باشید، اما ناگریزید که حداقل رقبای مطرح و نزدیک به خودتان را زیر نظر بگیرید. پس اگر رقبا قیمت محصولات خویش را تغییر دادند، شما نمی‌توانید بی‌تفاوت باشید. منظور این نیست که شما هم ناگریز از کاهش قیمت هستید، ولی به هر حال رقیب در بازی شطرنج حرکت کرده است، حال باید نقشه‌های مختلف را مدنظر داشت و بلافاصله با بصیرت و آگاهی نسبت به حرکت حساب‌شده اقدام کرد.

۲. انتخاب قیمت محصول برای اولین بار

تصمیم‌گیری در این شرایط نیز آسان نیست؛ چون دیگر نمی‌توانید فقط قیمت تمام‌شده را ملاک قرار دهید و سود مدنظر خودتان را به آن اضافه کنید. پس افزون بر محاسبه‌ی دقیق هزینه‌ی کل که شامل جمع هزینه‌ی ثابت (به ازای هر واحد محصول) و هزینه‌ی متغیر آن است، باید عوامل دیگری نظیر قیمت رقبا و ارزش مشتری را هم مدنظر داشته باشید.

۳. وقتی چند محصول تولید می‌شود و قرار است هزینه‌های ثابت را روی قیمت سرشکن کنیم

در این حالت، نقش مدیران و کارشناسان مالی برای محاسبه‌ی دقیق هزینه‌ها حائز اهمیت است. حتماً باید هر یک از محصولات را به عنوان یک واحد کسب‌وکار و به‌صورت

جدا ملاک ارزیابی قرار دهید و سود و زیان هر محصول را جداگانه حساب کنید.

چون در غیر این‌صورت، ممکن است شرکت سود دهد، اما یک یا چند محصول زیان‌ده در حاشیه‌ی سود سایر محصولات پنهان شده باشد و شرکت همچنان به تولید آنها ادامه دهد. در صورتی‌که اگر با محاسبه‌ی دقیق هزینه‌ها، تک‌تک محصولات را جداگانه بررسی کنید، چه بسا تصمیم به حذف بعضی از آنها گرفته شود تا ضمن رهایی از دردسرهای تولید آنها، سود شرکت نیز افزایش یابد و منابع نیز به‌نحو بهینه‌تری تخصیص یابند.

۴. وقتی که با توجه به شرایط محیطی لازم است در قیمت تجدید نظر شود

عملکرد بنگاههای اقتصادی متأثر از محیط خرد و محیط کلان محل فعالیت آنهاست. طبیعی است تصمیمهای مقامات ارشد هر کشور بر بازار تأثیر می‌گذارد و شرکتها را نیز دستخوش تلاطم یا آرامش می‌کند. هر قدر میزان تنش و ناآرامی در بازار بیشتر باشد، فضا برای کسب‌وکار هم نامساعدتر خواهد بود؛ از این رو یکی از وظایف مهم مقامات دولتی و قوای دیگر، ایجاد بستر امن و آرام برای کسب‌وکار است. تصمیمهای عجولانه و غیرکارشناسی می‌تواند موجبات بی‌ثباتی و ناآرامی درون شرکتها شود، و به عرضه‌ی تولیدات لطمه‌های فراوان وارد سازد. در این شرایط، شرکتها با مشکلات متنوع روبه‌رو می‌شوند. پس به توصیه‌های زیر در هنگام افزایش یا کاهش دادن قیمت توجه کنید:

قیمت‌گذاری و وفاداری مشتریان

اگر بتوانید اثبات کنید که تقاضا برای کالای شما نسبت به تغییرات قیمت بسیار حساس است، آنگاه کاهش قیمتها می‌تواند سود شما را افزایش دهد.

در واقع، تقاضا برای کالاها غالباً نسبت به تغییرات قیمتها بسیار کمتر از آنچه ما انتظار داریم حساس است.

در دسترس بودن، عادت، رضایت قبلی، نگرانی در مورد کیفیت، و نظریه‌ی «شیطانی که می‌شناسید بهتر از شیطان ناشناس است»، و مانند اینها بسیاری از مشتریان را نسبت به تغییر منابع تأمین کالا به‌خاطر اندکی کاهش قیمت (از سوی رقیب آن بنگاه) بی‌میل می‌سازد.

در مواقع انعطاف‌پذیری نسبت به مشتریان مختلف، نکات زیر را رعایت کنید:

- ✓ محدوده‌ی قیمت را به درستی و دقت تشخیص دهید.
- ✓ سعی کنید قیمت نهایی که به مشتری عرضه می‌کنید، کمتر از برآورد اولیه‌ی اعلام‌شده باشد.
- ✓ از ارقام سرراست‌شده پرهیز کنید، مثلاً به‌جای ۱۰۰۰ بگویید ۹۹۵ تومان.
- ✓ برای نشان دادن قیمت، از چهار عمل اصلی در نامه‌نگاری استفاده کنید.

از ارائه‌ی قیمت به صورتی که بر توجه روحی مردم نسبت به پول تأثیر منفی بگذارد، اجتناب کنید و قیمت را مستهلک سازید. برای مثال در فروشهای اقساطی بجای ماهیانه ۱/۲۰۰/۰۰۰ ریال، بهتر است بگویید به ازای هر روز فقط ۴۰/۰۰۰ ریال.

کاهش قیمت

شرکتها ممکن است به‌دلیل مازاد ظرفیت، نگرانی برای از دست دادن بخشی از سهم بازار، یا با هدف سلطه یافتن بر بازار و یا برای پاسخگویی به نیاز مشتری که به‌واسطه‌ی تغییرات محیطی ایجاد شده است، کاهش قیمت دهند.

در هنگام کاهش قیمت، شرکت بایستی از لحاظ مالی و قدرت رقابتی قویتر باشد تا اگر ناگزیر باشد، بتواند از عهده‌ی جنگ قیمتها برآید.

همچنین شرکت باید درک خوبی از عملکرد تقاضای محصولش داشته باشد.

- گاهی شرکت می‌تواند قیمت را کاهش دهد (نه از طریق مذاکره و چانه‌زنی بلکه، به عنوان تدبیری برای بازاریابی). این امر ممکن است به تغییرات فناوری یا فشار رقابتی مربوط باشد، که البته برای آن دلایل زیادی وجود دارد.

هدایای غیرمنتظره می‌تواند شک‌برانگیز باشد و اگر به مشتریان گفته شود قیمتها ۱۰ درصد کاهش یافته‌اند، اولین واکنش آنها «چرا؟» است و این واکنش خوبی نیست. پس باید در اینگونه مواقع هشیارانه عمل کنید.

استیو پایپ، می‌گوید:

هرگز این معادله‌ی ساده را که خیلی مورد علاقه‌ی فروشندگان است، نپذیرید:

قیمتهای کمتر = فروش بیشتر = سود بیشتر

به عکس اگر خواستار معادلات ساده هستید، این دو را امتحان کنید:

قیمتهای کمتر = سود کمتر، مگر آنکه خلافش ثابت شود.

قیمتهای بیشتر = سود بیشتر، مگر آنکه خلافش ثابت شود.

دامهای کاهش قیمت:

وقتی قیمت فروش محصول را کاهش می‌دهید، شکهای زیادی را ممکن است در ذهن مشتری سبب شوید. برای مثال:

✓ تصویر محصول یا خدمات شما به عنوان «ارزان» و «بنجل» تقویت می‌شود.

✓ مانع جلب مشتریانی می‌شود که نگران کیفیت هستند.

✓ باعث می‌شود حجم فروش و میزان کسب‌وکار شما پایین باشد و به‌طور ناگزیر مجبور به تلاش برای بقا شوید.

✓ در ذهن مشتریان ممکن است این تصویر پیش آید که شرکت در حال تعویض کردن محصول است.

✓ ممکن است مشتریان تصور کنند که شرکت با مشکلات مالی روبه‌رو شده است.

✓ و نهایتاً اینکه ممکن است تصور کنند باز هم قیمت پایینتر می‌آید، پس بهتر است فعلاً صبر کنند تا منفعت بیشتری در خرید آینده نصیبشان شود.

در مواقعی که ناگزیر از کاهش قیمت هستید، دلایل آن را برای مشتریان توضیح دهید. از طرحهای بلندمدت شرکت و آینده‌ی زیبای آن صحبت کنید و در خصوص افزایش کنترل شرکت بر روی کیفیت به آنها اطلاعات بدهید. همچنین مدت زمان کاهش قیمت را به مشتریان گوشزد کنید و به آنها نشان دهید که چگونه توانسته‌اید قیمتها را کاهش دهید.

قیمت‌گذاری بالا

تعیین قیمت بالا ممکن است موجب از دست دادن فروش و مشتری شود. پیتر دراکر[1]، نگرانی دیگری را نیز مطرح کرد: «تعیین قیمت بالا همواره بازار جدیدی را برای یک رقیب ایجاد می‌کند.» با تمام اینها، شرکتها در شرایطی قیمت محصولات خود را افزایش می‌دهند.

---

1. Peter Drucker

هدفهای شرکتها در هنگام افزایش دادن قیمتها عبارتند از:

- حفظ سودآوری در طول دوران تورم
- برای به‌دست آوردن مزیت از تفاوتهای محصول (واقعی یا ادراک‌شده)
- بخش‌بندی بازار فعلی

چگونه قیمتها را بالا ببریم

✳ اطلاع‌رسانی در موقعیتهای قبلی به مشتریان

✳ قیمتهای خود را هماهنگ با صنعت افزایش دهید.

✳ خبر بد را با خبر خوب شیرین کنید. مثلاً یک اقدام مجانی جدید را به اطلاع آنها برسانید.

✳ هیچگاه قیمتها را خیلی افزایش ندهید.

✳ در صورت امکان، افزایش قیمت بیشتر از دو بار در سال نباشد.

✳ اطلاع‌رسانی به مشتریان در خصوص افزایش هزینه‌ها، یا بهبود بهره‌وری، یا مزایای اضافی

✳ برای توجیه قیمتهای خود آماده باشید. برای مثال:

✓ آگاهی از قیمتهای گرانترین رقیب شما

✓ نشان دادن صرفه‌جویی و مزایای ناشی از استفاده از محصول شما

✓ نشان دادن اینکه کالای شما بسیار برتر، و در نتیجه اندکی گرانتر است

✓ حداقل نشان دادن ظاهر قیمت، مثلاً از طریق اشاره به فایده‌ای که این محصول برای آنها خواهد داشت

• مواظب مشتریان عمده‌ی خود باشید:

✓ به آنها امتیازهای موقتی بدهید.

✓ ارتباط بیشتری با آنها داشته باشید.

• به آنان کمک کنید تا تأثیر آن را برای خودشان کاهش دهند. برای مثال:

✓ به آنها یادآور شوید که اگر سفارش بزرگتری داشته باشند، می‌توانند سفارش را با قیمت پایینتر دریافت کنند.

✓ اگر زودتر از موعد مقرر سفارش دهند، می‌توانند تخفیف بگیرند.

✓ و به آنها راههای پیشنهادی خودتان به‌منظور کاهش هزینه‌های جانبی را

آموزش دهید؛ نظیر آموزش نصب، تعمیر، و...

پاتریک فورسایت می‌گوید:

همه می‌دانند که کالاها و خدمات هزینه دارند و گاهی قیمتها تـغییر مـی‌کنند. اگـر توضیحات شما روشن باشد، هر قدر قیمتها تغییر یابند مشتری با شما خواهد ماند، با شما به معامله ادامه خواهد داد، و حتی بیشتر از گذشته خواهد خرید.

عوامل مؤثر بر حساسیت قیمت

عوامل مختلفی بر حساسیت قیمت تأثیر می‌گذارند که نیگل[1] در این زمـینه، ۹ عـامل مختلف را به‌شرح زیر شناسایی کرده است:

✦ **تأثیر فایده‌ی منحصربه‌فرد**: وقتی که کالایی شاخص‌تر باشد، خریداران نسبت به قیمت حساسیت کمتری دارند.

✦ **تأثیر آگاهی از کالای جانشین**: وقتی خریداران از وجود کالای جانشین آگاهی نداشته باشند، نسبت به قیمت حساسیت کمتری خواهند داشت.

✦ **تأثیر دشواری مقایسه**: اگر خریداران نتوانند به‌راحتی کیفیت کالاهای جانشین را با هم مقایسه کنند، نسبت به قیمت حساسیت کمتری خواهند داشت.

✦ **تأثیر هزینه‌ی کل**: هر قدر سهم هزینه‌ی مورد نظر در کل هزینه‌ها کمتر بـاشد، خریداران نسبت به قیمت حساسیت کمتری خواهند داشت.

✦ **تأثیر مزیت پایانی**: هر قدر هزینه نسبت به کل هزینه‌ی کالای پـایانی کـوچکتر باشد، خریداران نسبت به قیمت حساسیت کمتری نشان می‌دهند.

✦ **تأثیر هزینه‌ی مشترک**: وقتی بخشی از هزینه را شخص دیگری پرداخت می‌کند، خریداران نسبت به قیمت حساسیت کمتری دارند.

✦ **تأثیر سرمایه‌گذاری انجام شده**: وقتی کالایی در ارتباط با دارایی‌هایی کـه قـبلاً خریداری شده است مورد مصرف قرار گیرد، نسبت به‌قیمت حساسیت کمتری دارند.

✦ **تأثیر قیمت نسبت به کیفیت**: وقتی فرض بر این است که کالا کیفیت برتری دارد و

---

1. Nagle

بیشتر از بقیه‌ی کالاها شخصیت‌آور بوده و منحصربه‌فردتر است، خریداران نسبت به قیمت حساسیت کمتری دارند.

✦ **تأثیر موجودیها:** وقتی خریداران نتوانند کالا را ذخیره یا انبار کنند، حساسیت آنها نسبت به قیمت کمتر خواهد بود.

روشهای قیمت‌گذاری در تعامل با رقیبان

۱. **قیمت‌گذاری بر پایه‌ی همکاری:** قیمت با همکاری و توافق جمعی شرکا تعیین می‌شود. این وضعیت بیشتر در بازارهای رقابت انحصاری چندجانبه رخ می‌دهد.

۲. **قیمت‌گذاری انطباقی:** رهبر بازار و دارندگان سهم بازار بیشتر، قیمت را تعیین کرده، دیگران قیمتهای خود را متناسب با قیمتهای تعیین شده مشخص می‌کنند.

۳. **قیمت‌گذاری فرصت‌طلبانه:** در برخی بازارها، زمانی که یک عرضه‌کننده قیمت محصولاتش را افزایش دهد، رقیبی که از منابع و امکانات خوبی برخوردار است قیمت محصول خود را تغییر نمی‌دهد. در برخی موارد نیز هنگام افزایش قیمت از سوی یک تولیدکننده، رقیب به‌رغم افزایش قیمت، با عرضه‌ی خدمات بیشتر تلاش می‌کند که بخشی از مشتریان شرکتِ آغازکننده‌ی افزایش قیمت را جذب کند. این روش را «قیمت‌گذاری فرصت‌طلبانه» می‌نامند.

۴. **قیمت‌گذاری تنبیهی:** برخی عرضه‌کنندگان که از توانایی و امکانات خوبی برخوردارند، برای حذف رقیبان کوچکتر به کاهش قیمت محصولات خود می‌پردازند. گاهی استفاده از این روش منجر به حذف عرضه‌کنندگان کوچک بازار می‌شود که این روش همان جنگ قیمتهاست.

جنگ قیمتها عبارت است از کاهش قیمتها از سوی یک فروشنده، با هدف از میدان به در کردن سایر رقبا، به منظور کسب سود بلندمدت که از سوی سایر شرکتها نیز تکرار می‌شود.

عوامل مؤثر بر بروز جنگ قیمتها عبارتند از:

- عوامل مربوط به بازار (نظیر وجود ظرفیت مازاد تولید در صنعت)
- عوامل مربوط به شرکت (نظیر بالا بودن موانع خروج از صنعت و وخیم شدن وضعیت مالی شرکت)

◆ عوامل مربوط به محصول (نظیر اهمیت استراتژیک محصول برای شرکت)

◆ عوامل مربوط به مشتری (نظیر بالا بودن حساسیت قیمتی و پایین بودن وفاداری مشتریان نسبت به برند).

راههای پیشگیری از جنگ قیمتها

۱. بهبود ساختار هزینههای شرکت

۲. نظارت مستمر بر قیمتهای رقبا

۳. تحلیل ساختارها و نقاط ضعف و نقاط قوت رقبا

۴. ارسال علائمی به رقبا در مورد وضعیت مطلوب ساختارهای هزینهی شرکت

۵. ابراز مقاصد و هدفهای خود از کاهش قیمتهای موقتی محصولات شرکت

۶. استفاده از رابطهی قیمت با کیفیت

۷. ایجاد وفاداری در مشتریان

۸. موافقتهای ضمنی با رقبا

راههای مقابله با جنگ قیمتها پس از وقوع

۹. عرضهی محصول جدید برای خروج از فشار قیمتها

۱۰. تشکیل اتحادیهی شرکتهای کوچک در مقابل شرکتهای بزرگ

۱۱. تأکید بر کیفیت و متمایز کردن محصول

۱۲. اعتراض قانونی و راهکار حقوقی

متداولترین اشتباهات در قیمتگذاری

۱. قیمتگذاری به صورتی که توجه بسیار زیادی به هزینهها شود

همانطور که تأکید شد، امروزه دیگر نمیتوان فقط به عامل قیمت تمامشده توجه داشت بلکه، عواملی همچون ارزش مشتری، قیمت رقبا، میزان دخالت دولت، آرمان و هدفهای شرکت، و تفکر مدیریت را هم باید مدنظر داشت.

۲. عدم تجدیدنظر در قیمتها، متناسب با تغییرات بازار

یکی از بهترین تعاریفی که برای مدیریت بازاریابی ارائه شده است، بر این نکته تأکید دارد که مدیریت بازاریابی همان مدیریت تغییر است و بازاریابی، علمی عینی است. از

این‌رو هماهنگ شدن با تغییرات بازار و متناسب با آن اتخاذ و اجرای تصمیم‌های اثربخش، از خصوصیات مدیران عصر رقابتی است. البته منظور این نیست که بلافاصله به فکر کاهش قیمت بیفتید بلکه، می‌توان به راه‌های دیگری هم توجه کرد که در ادامه به آنها پرداخته می‌شود.

۳. عدم لحاظ سایر عوامل بازاریابی در قیمت‌گذاری

خریداران، خواهان محصولاتی هستند که با توجه به قیمت، ارزنده‌تر باشد. پس بازاریاب‌ها باید به هنگام تعیین قیمت، مجموعه‌ی تاکتیک‌های بازاریابی را در نظر بگیرند.

شکل ۵. برخی عوامل بازاریابی مؤثر در قیمت‌گذاری

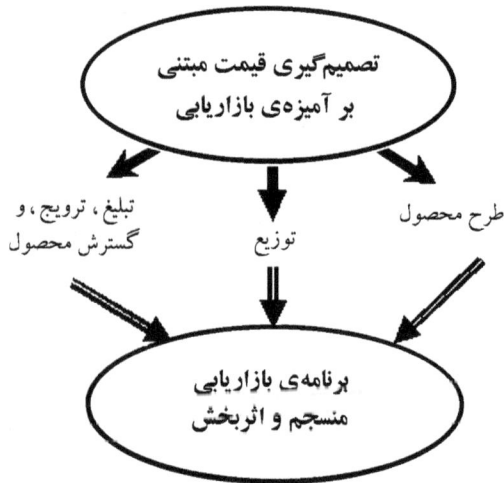

۴. متفاوت نبودن قیمت در بخش‌های مختلف بازار و محصول

ویژگی‌های بازار رقابتی باعث می‌شود گاهی محصول یکسان، با اندک تغییرات در بازارهای مختلف، قیمت‌گذاری متفاوتی داشته باشد و گاهی هم شرکت‌ها یک قیمت را برای تمام بخش‌های بازار در نظر می‌گیرند. این بستگی به شرایط محیط و بازار دارد و به‌صورت کلی نمی‌توان یک نسخه‌ی خاص برای تمام بازارها و تمام حالات فروش نوشت.

۵. متفاوت نبودن قیمت در شرایط گوناگون خرید

بدیهی است قیمت عمده‌فروشی با خرده‌فروشی متفاوت است؛ همین‌طور قیمت فروش نقدی از فروش نسیه و اعتباری پایینتر است.

گزینه‌های پیش روی شرکتها در موقع کاهش قیمت رقبا

هر قدر تعداد رقبا کمتر باشد، شباهت محصولات آنها به یکدیگر بیشتر باشد، و آگاهی مشتریان بالاتر باشد، واکنش رقبا نسبت به تغییرات قیمت فروش محصولات یکدیگر بیشتر است. کاتلر، مؤلف کتابهای برجسته‌ی بازاریابی، در شکل زیر ارزیابی تغییرات قیمت شرکتهای رقیب و چگونگی واکنش مناسب در برابر آنها را نشان داده است:

شکل ۶. گزینه‌های پیش روی شرکتها در موقع کاهش قیمت رقبا

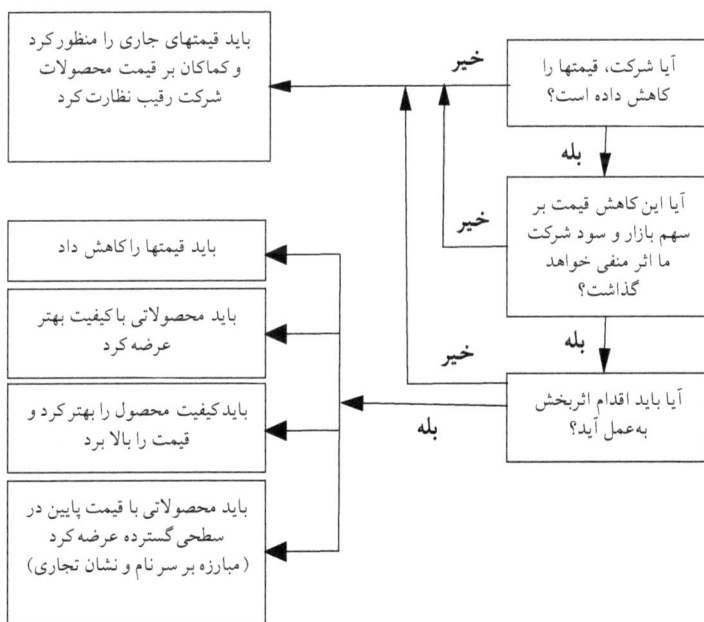

افزایش یا کاهش قیمت، هر یک ممکن است معضلاتی را برای شرکت ایجاد کنند. پس راه‌حل چیست؟

به نظر می‌رسد که پاسخ اصلی به این مشکلات، تقسیم‌بندی بهتر بازارها، نامگذاری تجاری قویتر و مدیریت بهتر روابط با مشتریان است. نباید به قیمت به‌صورت تک‌عاملی بنگرید بلکه، باید چنان برنامه‌ریزی و اقدامی داشته باشید که قیمت به عنوان یک عامل درکنار سایر عوامل مورد توجه قرار گیرد و نقش آن در تصمیم‌گیری مشتری کم شود. در جدول زیر استراتژیهای مختلف حاصل از تلاقی قیمت و کیفیت نشان داده شده‌اند.

جدول ۳. خط‌مشی ترکیبی کیفیت و قیمت

		قیمت: بالا	قیمت: متوسط	قیمت: پایین
کیفیت	بالا	۱. خط‌مشی اضافه قیمت	۲. فایده‌ی زیاد	۳. خط‌مشی فایده‌ی عالی
	متوسط	۴. خط‌مشی اجحاف	۵. خط‌مشی فایده‌ی متوسط	۶. خط‌مشی فایده‌ی خوب
	پایین	۷. خط‌مشی چپاولی/کلاهبرداری	۸. خط‌مشی اقتصادی کاذب	۹. خط‌مشی اقتصادی

خط‌مشی‌های ۱ و ۵ و ۹ همگی می‌توانند در یک سطح بازار همزیستی داشته باشند. یعنی شرکتی می‌تواند کالایی با کیفیت بالا و قیمت فروش بالا عرضه کند، دیگری کالایی متوسط در سطح قیمت فروش متوسط، و شرکت سومی کالایی با کیفیت پایین و قیمت پایین عرضه کند.

تا زمانی که بازار از سه گروه تشکیل می‌شود، هر سه رقیب می‌توانند همزیستی مسالمت‌آمیز داشته باشند.

خط‌مشی جایگاه‌یابی شماره‌های ۲ و ۳ و ۶، راههای حمله به جایگاههای اریبی را نشان می‌دهند.

خط‌مشی ۲ مدعی است که کیفیت کالای ما مشابه کیفیت کالای ۱ است، اما فقط قیمت ما ارزان‌تر است. خط‌مشی ۳ نیز همان ادعا را دارد، در حالی‌که عنوان می‌کند اقتصادی‌تر است.

خط‌مشی جایگاه‌یابی ۴ و ۷ و ۸، به معنی دریافت قیمت زیاد نسبت به کیفیت است. در اینجا مشتریان احساس می‌کنند که از سوی شرکت مورد چپاول قرار گرفته‌اند و شرکت کلاه‌برداری کرده است و شاید هم علیه شرکت شکایت کنند و یا تبلیغات دهان به دهان راه بیندازند. مدیران حرفه‌ای معمولاً از پیروی از این خط‌مشی‌ها خودداری می‌کنند.

قیمت‌گذاری و چالشهای جدید

جهانی شدن، رقابت بسیار شدید، و اینترنت، در حال تغییر دادن شکل بازارها و کسب‌وکار هستند. هر سه نیروی فوق، فشار شدیدی را برای کاهش قیمت وارد می‌کنند. جهانی شدن، شرکتها را تشویق می‌کند تا محل تولید محصولات خود را به مکانهای ارزان‌تر منتقل کند که این عمل موجب کاهش قیمتها می‌شود.

رقابت بسیار شدید نیز موجب می‌شود تا شرکتهای بیشتری برای جذب مشتریان با یکدیگر رقابت کنند، که این موضوع منجر به کاهش قیمتها می‌شود. اینترنت به مردم فرصت می‌دهد تا راحت‌تر قیمتها را با یکدیگر مقایسه کنند و پیشنهادهای ارزان‌تر را برگزینند. بدین ترتیب چالش بازاریابی، پیداکردن راههایی برای حفظ قیمتها و سودآوری در رویارویی با این روندهای کلان است.

جمع‌بندی در قالب بیست توصیه برای قیمت‌گذاری

۱. قیمت‌گذاری را به عنوان یکی از اجزای آمیزه‌ی بازاریابی در نظر بگیرید و از مطرح کردن آن به‌تنهایی خودداری کنید.

۲. فرایند قیمت‌گذاری را رعایت کنید و به تمام عوامل دخیل در آن توجه داشته باشید.

۳. مشتریان تعهدی ندارند که هزینه‌های بالای قیمت تمام‌شده را بپردازند، پس روی هزینه‌ها کنترل داشته باشید.

۴. تفاوت خرج نکردن با درست خرج کردن را بدانید.

۵. به‌طور مرتب تمام اعمال رقبا، از جمله استراتژیهای قیمت‌گذاری ایشان را زیر نظر داشته باشید.

۶. از قوانین و محدودیتهای بازار هدف مطلع باشید.

۷. انواع سیاستهای قیمت‌گذاری را بشناسید و با نگرش اقتضایی و شناخت بازار، سیاست مطلوب را انتخاب کنید.

۸. تجزیه‌وتحلیل نقطه‌ی سربه‌سر را اعمال کنید، اما آن را به تنهایی ملاک عمل قرار ندهید.

۹. ارزش مشتری را قبل از عرضه‌ی محصول به بازار، مورد سنجش قرار دهید.

۱۰. در هنگام دشوار شدن فروش، بلافاصله به فکر کاهش دادن قیمت نیفتید. همچنین مواظب دامهای کاهش قیمت باشید.

۱۱. در هنگام افزایش قیمت، توصیه‌های ذکر شده را عمل کنید.

۱۲. نگرش سیستمی را در قیمت‌گذاری فراموش نکنید. همچنین مجموع عوامل داخلی و خارجی را مدنظر داشته باشید.

۱۳. فنون قیمت‌گذاری و استراتژیهای تعدیل قیمت را با نگرش اقتضایی به‌کار گیرید.

۱۴. در هنگام لزوم، از قوانین طلایی تخفیف دادن استفاده کنید.

۱۵. از افراط و تفریط در قیمت‌گذاری خودداری کنید.

۱۶. مواظب جنگ قیمتها باشید.

۱۷. به سیاستهای عمومی قیمت‌گذاری و قوانین مربوطه در بازار هدف توجه داشته باشید.

۱۸. به چرخه‌ی عمر محصول در استراتژیهای قیمت‌گذاری توجه کنید.

۱۹. مواظب تغییر قیمت واسطه‌ها بدون هماهنگی با شرکت مادر باشید.

۲۰. به چالشهای جدید اثرگذار بر قیمت توجه داشته باشید.

فصل هجدهم

مدیریت توزیع در بازارهای مصرفی با نگرش بازار ایران

این فصل با همین عنوان در نشـریه‌ی
توسعه مـهندسی بـازار، شـماره‌ی یک
منتشر شده است.

چکیده

توزیع، رساندن محصول مناسب در زمان مناسب و مکان مناسب بـه مشـتریان هـدف است. توزیع یکی از ارکان اساسی ابزارهای بازاریابی است که به همراه عوامل دیگری همچون محصول، قیمت، و ارتباطات، بـرای مـتقاعد سـاختن مشـتریان بـه‌کـار گرفته می‌شود. توزیع مؤثر می‌تواند مزیت رقابتی شرکت شما نسبت به رقبا باشد.

در این فصل، ضمن ارائه‌ی ادبیات تحقیق از مـنابع مـختلف، در خـصوص مبحث توزیع، به وظایف واسطه‌های کانال توزیع در قبال عرضه‌کنندگان و مشتریان پرداخـته می‌شود، ساختار کانالهای توزیع مورد بـررسی قرار مـی‌گیرد، و بـه انـواع ارتباط بـین تولیدکننده و مشتری نیز اشاره خواهد شد. در ادامه، مباحثی چون کـانال بـازاریـابی پیوندی، برنامه‌ریزی توزیع، چگـونگی کـنترل عـملیات و نیروها، آمـیخته‌ی تـوزیع و مهمترین سؤالات مطرح در ممیزی توزیع مطرح شده‌اند و فصل با ارائه‌ی ۱۵ توصیه‌ی کاربردی برای مدیریت توزیع در بازارهای مصرفی ایران جمع‌بندی شده است.

مقدمه

توزیع یکی از اجزای آمیخته‌ی بازاریابی[1] است که به همراه سایر عوامل چون محصول، قیمت، ترویج، گسترش، و... مورد توجه مشتری قرار گرفته و در صورت متقاعد شدن مشتری، موجب خرید او می‌شود. بنگاههای اقتصادی نه تنها باید کانالهای بازاریابی را

---

1. Marketing Mix

اداره و توسعه دهند بلکه، باید آماده باشند تا کانالهای جدید را اضافه و کانالهای ضعیف را حذف کنند. کانالهای توزیع بسیار پویا هستند؛ در صورتی که آنها به شیوه‌ی صحیحی مورد استفاده قرار گیرند، می‌توانند مزیت رقابتی مطلوبی ایجاد کنند، اما اگر به شیوه‌ی ضعیفی مورد بهره‌برداری قرار گیرند، عدم مزیت رقابتی را ایجاد می‌کنند. به همین دلیل است که پیتر دراکر گفت: بزرگترین تغییرات در روشهای تولید و مصرف نخواهد بود بلکه، در کانالهای توزیع اتفاق خواهد افتاد.

در تعداد زیادی از موارد، هزینه‌های بازاریابی به‌طور متوسط، ۵۰ درصد کل هزینه‌های شرکت را شامل می‌شود. تولیدکنندگان علاقه‌مندند که واسطه را که پول زیادی در فرایند دادوستد می‌گیرد حذف کنند. شاید بتوان واسطه‌ها را حذف کرد، اما کارهایی که آنها انجام می‌دهند قابل حذف کردن نیست. سرانجام شما و یا مشتری مجبور می‌شوید که کار واسطه‌ها را با کیفیت پایین‌تر انجام دهید.

توزیع چیست؟

توزیع عبارت است از قابل دسترس ساختن محصولات در بازارها؛ به سخن ساده، توزیع رساندن محصول مناسب به مکان مناسب و در زمان مناسب است. قابل دسترس ساختن محصول دو جنبه‌ی عمومی دارد؛ اولاً قابل دسترس ساختن محصول برای فروش به استفاده‌کنندگان نهایی است که مقصود از آن، جنبه‌ی دادوستدی توزیع است، ثانیاً قابل دسترس ساختن محصول از طریق تملک فیزیکی محصول از سوی استفاده‌کننده‌ی نهایی است که موضوع فعالیت مدیریت توزیع فیزیکی خواهد بود.

امروزه توزیع با تغییرات فناوری در آستانه‌ی تغییرات قابل‌توجهی قرار گرفته است و مفاهیم آن نیز به تبع آن دچار دگرگونیهایی خواهد شد. توزیع را به زبان ساده چنین تعریف کرده‌اند: رساندن محصول مورد نظر به مشتری در زمان مطلوب به مکان مورد نظر، و در تعریفی دیگر آن را چنین آوردند: توزیع عبارت است از مجموعه‌ای از اقدامات هماهنگ که کالا را از نظر فیزیکی از منابع تولید به سمت خریداران انتقال دهد.

تصمیم‌گیری درباره‌ی کانال توزیع کالا، از جمله‌ی مهمترین تصمیمهایی است که فراروی مدیران قرار دارد. تصمیم درباره‌ی توزیع فیزیکی کالا، بر سایر تصمیمهای بازاریابی تأثیر مستقیم می‌گذارد. انتخاب هر سیستم کانال توزیع، شرکت را با یک سطح فروش و هزینه‌ی خاص روبه‌رو می‌سازد. پس از انتخاب کانال توزیع، شرکت معمولاً

باید برای مدتی طولانی از همین کانال استفاده کند. کانال انتخابی هـم بـر سـایر ارکان ترکیب عناصر بازاریابی تأثیر می‌گذارد و هم از آنها تأثیر می‌پذیرد.

مدیریت برنامه‌ریزی شده‌ی توزیع می‌تواند تأثیر مهم و مناسبی بر تمامی فعالیتهای مختلف بنگاه داشته باشد. برای یک بنگاه فعال اقتصادی کشور نیز هر روز بیش از پیش اهمیت یک برنامه‌ی جدید بـرای مـدیریت تـوزیع احسـاس مـی‌شود. بـا از بین رفتن امتیازات واحدهای دولتی نسبت به واحدهای غیردولتی، و بـا حـذف انـحصارات در جریان بسترسازی رشد برای بخش خصوصی، و بالاخره با آزادسازی هـر چـه بیشتر اقتصاد و عزم آن برای توسعه‌ی صادرات غیرنفتی، راهی جـز فـعالیت در یک شـرایـط رقابتی برای واحدهای اقتصادی تولید کالا و خدمات باقی نمی‌ماند و در این شـرایـط رقابتی، دیگر مدیریت توزیع با شرایط انحصاری کارساز نیست و باید در صدد تحول آن به مدیریت نوین توزیع کالا برآمد که پیامدهای وسیعی بر جنبه‌های مـختلف فـعالیت بنگاه در داخل و خارج کشور دارد.

کانال توزیع که گاهی کانال تجاری نامیده می‌شود، مسیری است که از آن برای انتقال کالا از تولیدکننده به مصرف‌کننده‌ی نهایی استفاده می‌شود.

در واقع، کانال توزیع از نظر زمانی، مکانی، و مالکیت آن، فـاصله‌ای را از مـیان بـر می‌دارد که موجب جدایی کالاها و خدمات از استفاده‌کنندگان واقعی آنها می‌شود.

اگر چه بعضی از شرکتها خود وظایف کانالها را انجام می‌دهند، اما معمولاً چندین سازمان به‌طور جـمعی و شـبکه‌ای در زمینه‌های گـوناگون تـوزیع مـانند حـمل‌ونقل، خدمات، جور کردن و بسته‌بندی مجدد فعالیت می‌کنند. سازمانهایی که این فعالیتها را بر عهده دارند، واسطه‌ها، دلالها، یا فروشندگان مجدد نامیده می‌شوند.

کانال توزیع دلخواه شرکتها، کانالی است که هم نیازهای مشتریان را تأمین می‌کند و هم قدرت رقابت داشته باشد. طراحی توزیع نیازمند روشی سازمان‌یافته است کـه بـه صورت زیر نشان داده شده است:

شکل ۱ . طراحی توزیع

| گزینش اعضای کانالهای مشخص | ← | تعیین تعداد واسطه‌های توزیع | ← | انتخاب نوع کانال توزیع | ← | ترسیم نقش توزیع درآمیخته‌ی بازاریابی |

فعالیتهای انجام شده در یک کانال توزیع را می‌توان به سه دسته تقسیم کرد:

۱. فعالیتهای مربوط به تغییر مالکیت یعنی مذاکره، خرید و فروش، و کانال تجاری.

۲. فعالیتهای مربوط به عرضه‌ی فیزیکی محصول نظیر حمل‌ونقل، انبارداری و شبکه‌ی توزیع فیزیکی.

۳. فعالیتهای جنبی که باعث تحصیل موارد فوق می‌شوند مانند گردآوری و پخش اطلاعات، ریسک‌پذیری، تأمین مالی و فعالیت پیشبرد فروش، در تقسیم‌بندی کارهایی که باید در شبکه‌ی توزیع صورت گیرد.

وظایف به اعضای فعال در کانال توزیع واگذار می‌شود و آنها باید به صورتی اثربخش و با کارایی بالا این وظایف را انجام دهند تا محصولات و خدمات به دست مصرف‌کنندگان واقعی (مورد نظر) برسد. نقشهای کانالهای توزیع در شکل زیر نشان داده شده است.

شکل ۲ . وظایف واسطه‌های کانال در قبال عرضه‌کنندگان

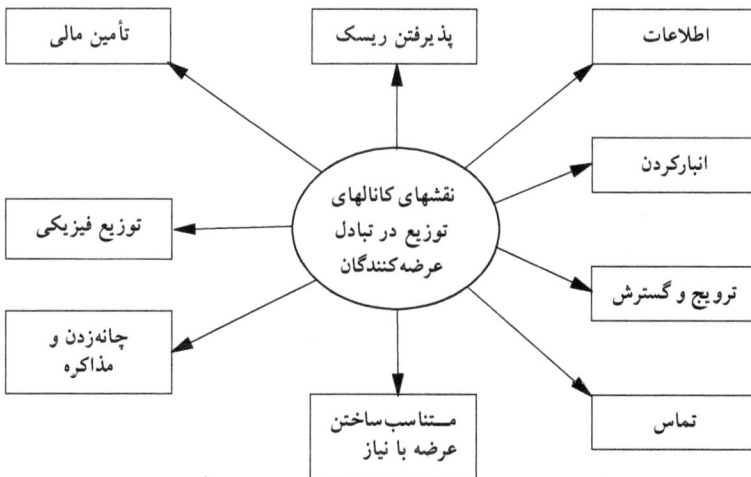

در دورانی که بنگاههای اقتصادی در فضای انحصاری فعالیت می‌کردند، هـر چنـد بـا گسترش تقاضا مواجه بودند، اما بسیاری از آنها وظیفه‌ی تـوزیع مـحصولاتشان را بـه شرکتهای پخش سپرده بودند که عمده‌ی آنها نیز مالکیت دولتی یا شبه‌دولتی داشتند. متأسفانه بسیاری از این شرکتهای پخش، تمام وظایف مربوط به یک توزیع‌کننده‌ی حرفه‌ای را که در شکل شماره‌ی ۲ نشان داده شده است، انجام نمی‌دادند و حداکثر مسئولیت خویش را رساندن کالا به دست مغازه‌داران می‌دانستند؛ در حالی که وظایف یک شرکت توزیع‌کننده بسیار فراتر از پخش بوده و مسئولیتهایی همچون مطلع ساختن تولیدکنندگان از نظرات بازار، ترویج و شناساندن محصولات شرکت به بازار، و... را هم به‌عهده دارند.

خرده‌فروشها که محصولات مورد نیاز مصرف‌کنندگان را در اختیار آنها قرار می‌دهند نیز خواسته‌هایی از واسطه‌های کانالهای توزیع دارند که در صورت بـرآورده نشـدن از سوی ایشان نسبت به‌تعویض واسطه اقدام خواهند کرد. این وظایف در شکل شماره‌ی ۳ نشان داده شده‌اند.

شکل ۳ . نقشهای کانالهای توزیع در قبال خرده‌فروشان

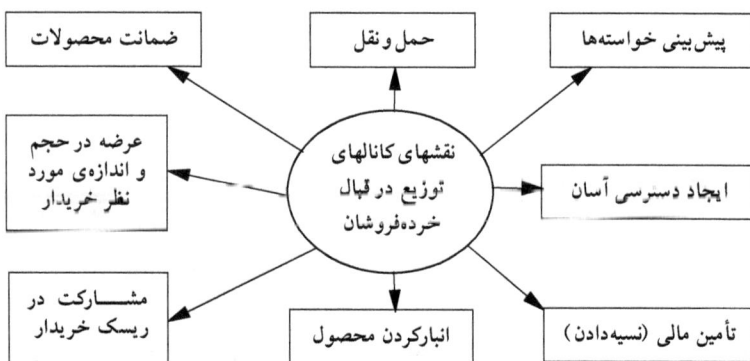

شرکتها و تأمین‌کنندگان پیشرو به دنبال پخش‌کنندگان قدر و پیشرو هستند، امـا بـه هـر صورت اوضاع به گونه‌ای است که داشتن یا نداشتن پخش‌کننده، از نقاط آسیب‌پذیری اغلب شرکتها و تولیدکنندگان فراورده‌های امروزی است.

ساختار کانال توزیع

بهطور کلی و به کوتاهترین عبارت، مهمترین روشهای توزیع و فروش کالاهای مصرفی عبارتند از:

● توزیع غیرمستقیم یا فروش بهوسیلهی عـاملان فـروش، اعـم از عـمدهفروش و خردهفروش، که این روش را میتوانیم توزیع کالا از طریق واسطهها نیز بنامیم.

● توزیع و فروش مستقیم، آنگونه که از نام آن پیداست، در این روش عامل فروش یا واسطه وجود ندارد بلکه، کالا بهطور مستقیم از تولیدکننده بـه مـصرفکنندهی نهایی منتقل میشود.

تصمیم دربارهی نوع یا انواع کانال مورد استفاده، مستلزم طی این مراحل است:

۱. تجزیهوتحلیل و بررسی نیازهای مشتری

۲. تعیین هدفهای کانال

۳. شناسایی و ارزیابی گزینههای مختلف کانال شامل تعیین نـوع و تـعداد عـناصر واسطهای که در کانال مشغول به کار هستند.

بحث اساسی در ساختار کانال تـوزیع، استفاده از واسطههاست. وجـود واسطههای حرفهای و متخصص، از تعدد ارتباطات بین تولیدکنندگان و مشتریان میکاهد و موجب افزایش بهرهوری میشود.

ساختار کانال توزیع را سه عامل اصلی تعیین میکند:

✳ نیازمندیهای مشتری نهایی

✳ توانمندیهای شرکت اصلی

✳ در دسترس بودن و تمایل واسطههای مناسب (به هنگام نیاز) بـرای حـضور در کانال توزیع.

سـاختار کانال توزیع، ایستا و عمومی نیست بلکه، قابل تغییر و در حال تغییر است و از بازاری به بازار دیگر تفاوت دارد.

شرکت باید در مورد توزیع کالای خود به صـورت انـحصاری، انـتخابی، یـا انـبوه،

تصمیم بگیرد. شرکت همچنین باید به وضوح شرایط و مسئولیتهای هر یک از اعضای کانال را روشن سازد.

مدیریت کارآمد کانال، مستلزم انتخاب عناصر واسطه، و تشویق و ترغیب آنها به کار است. در واقع، هدف تشکیل یک شراکت بلندمدت است، به گونه‌ای که برای همه‌ی اعضای کانال سودآور باشد. هر یک از اعضای کانال باید از نظر معیارهای مشخص‌شده به‌طور دوره‌ای مورد ارزیابی قرار گیرند.

ترتیبات اتخاذ شده در مورد کانال هم باید با تغییر شرایط بازار، اصلاح و تعدیل شود.

توزیع، درگیر چالشهای مختلف ناشی از تغییرات فناوری و اجتماعی شده است. در بازار کالاهای مصرفی، مبارزه‌های گسترده‌ای درگیر است(مبارزه میان فروشگاههای کوچک با فروشگاههای بزرگ و فروشگاههای بزرگ با دیگر همتایان). افزون بر این راههای گوناگون دیگری پیدا شده است که علاقه‌مندان را از رفتن به فروشگاهها، رانندگی، یافتن محل توقف، خرید، و در صف صندوق ماندن آزاد کرده است. اکنون خرید از محل خانه و به صورتهای ششگانه‌ی زیر شدنی است:

- از راههای کاتالوگهایی که به خانه‌ها فرستاده می‌شوند.
- سفارش مستقیم پستی و دریافت در خانه
- خرید به کمک برنامه‌های تلویزیونی
- پیشنهادهای فروش در روزنامه‌ها، رادیو و تلویزیون
- بازاریابی تلفنی و تماس با خانه‌ها
- سفارش از راه اینترنت

با کمتر شدن و فشرده شدن وقتهای آزاد، استقبال از خرید در خانه با شتاب رو به افزایش است.

تمام روشهای ششگانه‌ی فوق در ایران و بخصوص در شهرهای بزرگ به‌وضوح قابل مشاهده است. امروزه شهروندان با انبوهی از کاتالوگها نظیر پیک برتر، پیک محله، و... مواجه می‌شوند. تبلیغات روزنامه‌ها، مجلات، تلویزیون، و... با سرعت سرسام‌آوری در حال افزایش است.

بسیاری از مغازه‌داران با تلفن سفارش می‌گیرند و محصول را در منزل مشتری تحویل می‌دهند و سفارش از طریق اینترنت نیز با توجه به جوان بودن جمعیت ایران، در حال گسترش است.

اما با تمام اینها به دلیل علاقه‌ی مردم ایران به حضور در اجتماعات و خرید همراه با تفریح، سیستمهای رایج توزیع در بازار ایران همچنان از اهمیت خاصی برخوردارند.

البته هر چه سود ناخالص محصول پایینتر و تعداد دفعاتی که مصرف‌کنندگان خرید می‌کنند زیادتر باشد، کانال توزیع طولانیتر است (یعنی بیشتر بودن سطوح واسطه‌ها) و برعکس، هر قدر تعداد دفعاتی که از کالا خرید می‌کند کمتر باشد، کانال توزیع کوتاهتر است.

در چند ساله‌ی اخیر، در بازار ایران نیز به تبعیت از بازار کشورهای پیشرفته، فروشگاههای خرده‌فروشی بزرگ نظیر فروشگاههای زنجیره‌ای شهروند، رفاه، و ... رو به افزایش هستند و به‌رغم بالاتر بودن قیمت اجناس این فروشگاهها در بعضی از کالاها، تمایل مردم به خرید از آنها رو به افزایش است. دلایل متعددی برای این مراجعات می‌توان لحاظ کرد؛ نظیر صرفه‌جویی در وقت، خرید همراه با تفریح، امکان مقایسه بیشتر محصولات، و.... . به هر حال می‌توان گفت که خرده‌فروشیهای بزرگ در نظام بازاریابی و توزیع آینده‌ی جهان و ایران جایگاه مهمی خواهند داشت و بهتر است که تولیدکنندگان باگسترش ارتباط با این فروشگاهها محصولات خویش را در معرض دید و خرید جمعیت انبوهی قرار دهند که روزانه به این فروشگاهها مراجعه می‌کنند. این اقدام افزون بر استفاده از فرصتهای جدید بازاریابی، در کوتاه شدن شبکه‌ی توزیع و افزایش بهره‌وری برای تولیدکننده مؤثر است.

در شکل شماره‌ی ۴، انواع کانالهای توزیع در بازارهای مصرفی نشان داده شده‌اند.

● قدیمیترین شیوه‌ی توزیع در بازارهای مصرفی همان شیوه‌ی معروف «از تولید به مصرف» است که در آن، تمام مصرف‌کنندگان نهایی محصولات مورد نیاز خویش را مستقیماً از تولیدکنندگان خرید می‌کردند. بدیهی است این حالت زمانی امکانپذیر بود که وسعت بازار کم بود و مصرف‌کنندگان امکان دستیابی به تولیدکنندگان را به صورت مستقیم داشتند. البته با گسترش فناوری و به کارگیری سیستم بازاریابی تک‌به‌تک[1]، مجدداً این امکان برای ارتباط مستقیم بین تولیدکنندگان و مصرف‌کنندگان فراهم شده است. لازم به ذکر است سیستم بازاریابی تک‌به‌تک، برای بعضی از محصولات، قابل استفاده نیست.

---

1. One to One Marketing

شکل ۴ . انواع کانالهای توزیع

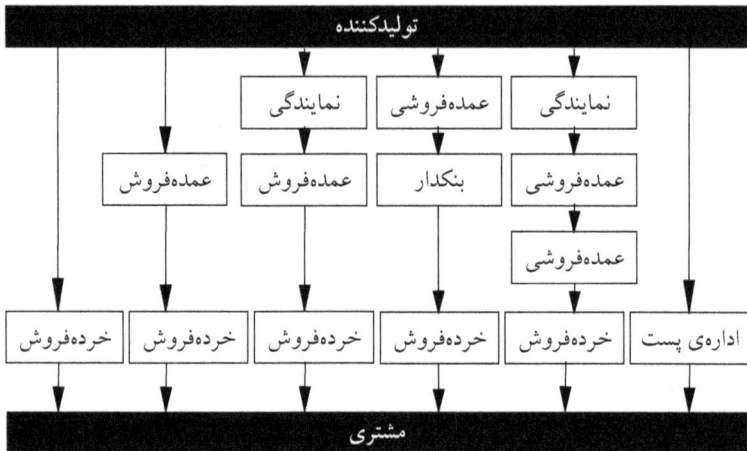

* با گسترش شهرها و دور شدن محل تولید از محل مصرف، خرده‌فروشیها یا همان مغازه‌ها شکل گرفتند و حال این مغازه‌داران بودند که به کارخانجات مراجعه می‌کردند و محصولات مورد نیاز مصرف‌کنندگان را تهیه، و در مغازه‌های خویش به آنها عرضه می‌کردند.
* اما باز هم بازارها گسترش یافتند و توزیع محصولات و تعدد کارخانجات، امکان دستیابی تمام مغازه‌داران را به محلهای تولید دشوار ساخت. بنابراین نمایندگیها و عمده‌فروشان وظیفه‌ی ارتباط تولیدکنندگان با خرده‌فروشان را به‌عهده گرفتند.
* و نهایتاً با گسترش بازارها، نیاز به برقراری ارتباط بین عمده‌فروشان و خرده‌فروشان با شکل‌گیری واسطه‌های جدیدی که به آنها بنکدار می‌گفتند، ضرورت یافت. در حقیقت بنکدارها عمده‌فروشان شماره‌ی دو هستند که در محلات حضور می‌یابند و وظیفه‌ی تأمین کالا برای خرده‌فروشان اطراف خویش را به‌عهده دارند.

لازم به‌ذکر است در سالهای گذشته بعضی از توزیع‌کنندگان با به‌کارگیری استراتژی

عمودی رو به بالا، وارد عرصه‌ی تولید شده‌اند و با خرید یا دائر کردن کارخـانجات تولیدی، عملاً بخش قابل‌توجهی از محصولات مورد نیاز در شبکه‌ی توزیع را خودشان تولید می‌کنند. به تبع این موضوع، با بهره‌مندی بیشتری که از ارزش افزوده نصیب ایشان می‌شود، آنها منافع بنگاه اقتصادی خویش را افزایش می‌دهند. در مواردی نیز تولیدکنندگان با راه‌اندازی شـرکت تـخصصی در زمینه‌ی تـوزیع مـحصولات خـویش و مـحصولات مکمل، سیستم بازاریابی عمودی را دائر می‌کنند تا از بهره‌وری حاصله منتفع شوند.

البته عمده‌فروشان هم ممکن است با به‌کارگیری سیستم بازاریابی عمودی، نسبت به افزایش مالکیت و کنترل خویش بر شبکه‌ها اقدام کنند.

انواع سیستمهای مهم بازاریابی عمودی در شکل شماره‌ی ۵ نشان داده شده‌اند.

شکل ۵. انواع سیستمهای مهم بازاریابی عمودی

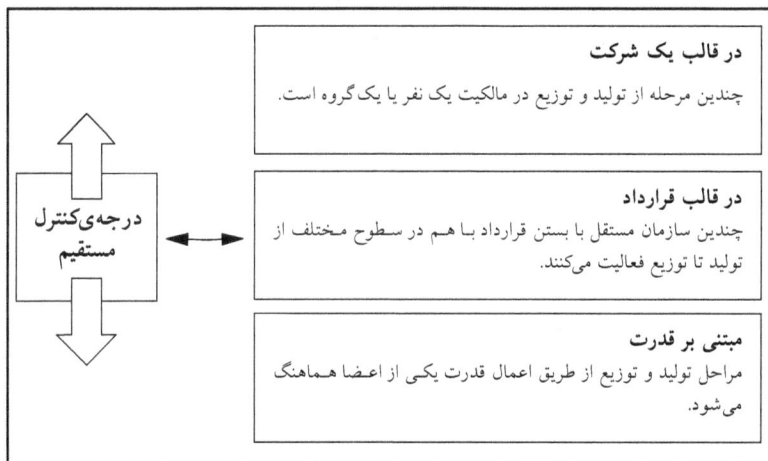

مشخصه‌ی کانالهای بازاریابی، تغییر و تحول پیوسته و گاه اساسی آنهاست. سـه رونـد اساسی در این زمینه، رشد سیستمهای بازاریابی عمودی (در قالب یک شرکت، در قالب قرارداد، مبتنی بر قدرت)، سیستمهای بازاریابی افقی (همکاری بین رقبا) و سیستمهای بازاریابی چندکاناله است.

منظور از کانال بازاریابی پیوندی، به کارگیری چند سیستم توزیع به صورت توأم است که در شکل شماره‌ی ۶ نشان داده شده است.

شکل ۶. کانال بازاریابی پیوندی

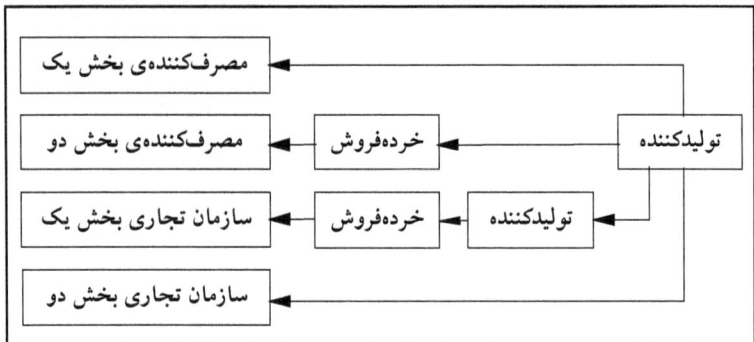

نکته‌ی مهم در به کارگیری سیستم کانال بازاریابی این است که به منظور گسترش و تعدد راههای رساندن محصول به مشتریان نهایی، ممکن است کنترل بر روی شبکه ضعیف شود و کیفیت محصولات آسیب ببیند و نکته‌ی مهمتر این است که به دلیل تضاد در منافع اعضای فعال در کانال، احتمال تعارض افزایش می‌یابد.

موفقیت هر یک از افراد و اعضای کانال در گرو موفقیت کلی کانال است. بنابراین وجود نگرش سیستمی و هماهنگی و تشریک مساعی تمام اعضا الزامی است. دید کوتاه‌مدت در کسب منافع اعضای کانال، موجب تعارض می‌شود.

تضاد و رقابت به‌طور بالقوه در تمام کانالهای بازاریابی وجود دارد. این تضادها و رقابتها ناشی از ناسازگاری هدف، وجود تعریف نه چندان روشن از نقش و حقوق اعضای کانال، وجود تفاوتهای ناشی از تلقی و برداشت، و روابط وابسته به هم است. شرکتها می‌توانند با تلاش برای هدفهای عالیه، نقل و انتقال افراد بین دو یا تعداد بیشتر سطوح کانال، همقطارپذیری و جلب حمایت و پشتیبانی گردانندگان در بخشهای مختلف

کانال، و تشویق و ترغیب عضویت مشترک در بین اتحادیه‌های صنفی، تضاد را از میان بردارند یا از بروز آن جلوگیری کنند. اگر تعارض تبدیل به رقابت سالم شود، به نفع کانال توزیع است. رهبری قوی در کانال توزیع می‌تواند موجب تقویت همکاری، تعیین نقش یا وظیفه و حل اختلاف شود.

تصمیمهای مهم در طراحی کانال توزیع

در این فعالیت، چهار مرحله‌ی زیر باید اجرا شوند:

۱. جایگاه و نقش توزیع در آمیخته‌ی بازاریابی مشخص شود.
۲. نوع کانال مناسب انتخاب شود.
۳. تعداد واسطه‌های توزیع در سطوح مختلف مشخص شود.
۴. اعضای مورد نظر برای کانالها باید انتخاب شوند.

برنامه‌ریزی توزیع

در برنامه‌ریزی توزیع، سه سؤال اساسی مطرح است:

۱. ما کجا هستیم؟

منظور شناخت دقیق از وضعیت شرکت در بازار در مقایسه با رقبا، طراحی دقیق مدل TOWS (SWOT سابق)، شناخت تهدیدات، فرصتها، نقاط قوت و نقاط ضعف، و به صورت کلی تحقیق و کسب اطلاعات از ویژگیها و خواستهای مشتریان، توان و عملکرد رقبا، شناخت محیط درونی سازمان از جنبه‌های مختلف، و شناخت محیط بیرونی سازمان از نظر عوامل اقتصادی اجتماعی، سیاسی و فناوری است.

۲. به کجا می‌خواهیم برویم؟

منظور ترسیم دقیق و مشخص چشم‌انداز و مأموریت شرکت و تعیین هدفهای کیفی و کمّی است.

۳. چگونه می‌خواهیم برویم؟

منظور تدوین و پیاده‌سازی آمیخته‌ی توزیع است که خود بخشی از آمیخته‌ی بازاریابی است. منظور از آمیخته یا آمیزه، به‌کارگیری مجموعه‌ای از عوامل است که در قالب ابزارهای هماهنگ در تأثیرگذاری بر مشتریان و توفیق در بازار عمل می‌کنند. آمیخته‌ی

توزیع را ترکیبی از عوامل زیر می‌دانند:

الف. موجودی کالا: عواملی همچون مقدار موجودی، نحوه‌ی نگهداری، مـقادیر و تناوب سفارشات، از نکات مهم و مؤثر در توفیق یا ناکامی شرکت توزیع‌کننده است. چون موجودی کم باعث نارضایتی مشتریان بـه جهت مـعطلی زیـاد در دریافت سفارش و نهایتاً از دست دادن مصرف‌کنندگان نهایی است و موجودی زیاد و غیرقابل متعارف موجب خواب سرمایه و هزینه‌های مالی فراوان می‌شود. به همین دلیل، پیش‌بینی تقاضا، پیش‌بینی فـروش، و خـلاصه بـرنامه‌های دقیق بازاریابی که از سوی متخصص کارآزموده طراحی شـده بـاشند، از نـوسانات و نارساییهای فوق می‌کاهد.

ب. ارتباطات: منظور نحوه‌ی ارتباط با مغازه‌داران و مـصرف‌کنندگان نـهایی اسـت. مواردی چون روش رسیدگی بـه سـفارش، روش صـدور صـورتحساب، روش پیش‌بینی تقاضا، مدیریت اعتراضات مشتریان، مدیریت سـؤالات مشتریان، نحوه‌ی برخورد با مشتری، و... جزء مبحث ارتباطات توزیع است.

نوع انتخاب نمایندگیهای شرکت و نماینده‌های فروش (ویـزیتورها) و رانـندگان شرکت و میزان و نحوه‌ی آمـوزش آنـها در بـرقراری ارتباطات اثربخش حـائز اهمیت است.

پ. تسهیلات: منظور تسهیلات فیزیکی انبارداری نظیر تعداد انبارها، مکان‌یابی و اندازه‌ی انبار و کارخانه‌ها، و همچنین تسهیلات مالی نظیر سرمایه‌ی درگردش است.

ت. واحدبندی یا تعیین اندازه‌ی واحد بار: اندازه‌ی بسته‌هایی که کالاهای اصلی در آنها بسته‌بندی مـی‌شوند و به تجمع این بسته‌ها در بسته یا واحدبندیهای بزرگتر اطلاق می‌شود.

بسته‌بندی افزون بر وظیفه‌ی حفاظت از کالا برای سالم رسیدن به مقصد، با زیبایی و طراحی مناسب در جذب مشتری مؤثر است؛ همچنین نحوه‌ی چیدمان بسته‌ها در کنار یکدیگر و در قالب یک بسته‌ی بـزرگتر، در کیفیت حـمل و در نـتیجه هزینه‌ی مربوطه تأثیر مستقیم دارد.

ث. حمل‌ونقل: نوع وسیله‌ی حمل‌ونقل، تعداد آنها، نحوه‌ی مـالکیت آنـها، تناوب تحویل به مشتری، و... از جمله‌ی این موارد است. برای مثال، انتخاب اتومبیلهای

یکدست، با طراحی و رنگ‌آمیزی زیبا و یکسان، که افـزون بـر نشـانه‌ی نـظم و آراستگی، به عنوان بیلبوردهای سیّار شرکت در سطح بازار در تردد هستند، حائز اهمیت است.

همچنین وجود چند دستگاه اتومبیل متوسط (نظیر نیسان) بـه‌عنوان عـوامـل اورژانس برای رساندن سریع محصول بـه اتـومبیلهایی کـه سـریعتر از زمـان مـعمول، محصول بارگیری‌شده را به فروش رسانده‌اند، حائز اهمیت است. چون با این روش از بـرگشت مجدد اتومبیلهای سنگین جلوگیری می‌شود که افزون بر هزینه‌های مالی با مدت زمان بیشتری هم همراه خواهد بود.

کنترل توزیع

معنی لغوی کنترل، اصلاح کردن و بازگرداندن به مسیر صحیح است. در هر کنترلی چهار سؤال اساسی مطرح می‌شود:

الف. چه باید می‌شد؟ منظور این است که برنامه‌ها چه بوده‌اند و برای رسیدن به چه هدفهایی تعیین شده بودند.

ب.   **چه شده است؟** منظور اندازه‌گیری دقیق از عملکرد فعلی است.

پ.   **چرا این‌طوری شده است؟** این سؤال مهمترین قسمت کنترل است و اشاره به آسیب‌شناسی و علت‌یابی از انحرافات عملکرد از برنامه دارد.

متأسفانه در ایران بیشتر به‌جای دید مسأله‌یابی، دید مقصریابی وجود دارد؛ دید مسأله‌یابی، نیروها را مسئولیت‌پذیر بار می‌آورد، در حالی که دید مقصریابی آنها را مسئولیت‌گریز بار می‌آورد.

تجربه‌ی نیروها به آنها نشان می‌دهد کـه در پیدا کردن مـقصر، میزان قصور مدیران و مقامات مافوق نادیده گرفته می‌شود و نیروهای زیردست، مقصر تام قلمداد می‌شوند.

باید پذیرفت که در هر اتفاق نامناسبی مـدیران هـم مـقصر هسـتند؛ شـاید در انتخاب، نیروها دقت لازم را نکرده‌اند، شاید آموزش آنها مناسب نبوده است و شاید نظارت و کنترل دقیق بر عملکرد نیروها وجود نداشته است.

ت.   **چه باید کرد؟** و آخرین سؤال مبحث کنترل که در حقیقت فعالیت درمان است،

به «چه باید کرد» می‌پردازد. بدیهی است وقتی به سؤال سوم یعنی مـرحـلـه‌ی تشخیص، درست پاسخ داده شده باشد، پیدا کردن راه‌حلهای درمانی آسـانـتر خواهد بود.

❖ طبق تجربیات نگارنده، مناسبترین شیوه‌ی کـنترل نیروها را مـی‌تـوان بـه دو دسته‌ی مستقیم و غیرمستقیم تقسیم کرد. منظور از کنترل مستقیم، دریـافت گزارشهای شناسایی و کتبی منظم، با رعایت چـارچـوبهای مـربوطه است و کنترل غیرمستقیم، مذاکره با مـغازه‌داران و حـضور در بـازار بـرای سـنجش عملکرد نیروهاست.

❖ البته اهمیت کنترل فقط شامل نیروهای انسانی نمی‌شود و سایر عوامل نظیر کنترل دستیابی به هدفها، رضایت‌سنجی مشتریان و مصرف‌کنندگان نهایی از محصولات شرکت، و سایر اقدامات بنگاه اقتصادی را نیز شامل می‌شود.

ممیزی توزیع

برای ممیزی توزیع، سؤالات فراوانی می‌توان مطرح کرد که به بعضی از این سؤالات اشاره می‌شود:

۱. ماهیت کانالهای توزیع چیست؟

۲. شرکت در طرحریزی و مدیریت کانالهای توزیع با چه مسأله‌هایی روبه‌رو است؟

۳. برای جلب توجه و تأمین رضایت مشتری، توزیع فیزیکی مـحصول چـه نـقشی دارد؟

۴. تأثیر متقابل سازمان و واسطه‌ها چگونه است؟

۵. چه کانالهای توزیعی در شرکت شما مورد استفاده قرار می‌گیرند و چرا؟

۶. رقبای اصلی شما از چه کانالهای توزیعی و چگونه استفاده می‌کنند؟

۷. شرکت شما برای ارزیابی کانالهای توزیع فعلی و انتخاب کانال توزیع جدید، از چه معیارهایی استفاده می‌کند؟

۸. شما چه استنباطی از «آمیخته‌ی توزیع» به هنگام به‌کارگیری آن در شرکت خود دارید؟

۹. شرکت شما به هنگام انتخاب شیوه‌ی حمل‌ونقل، چه عواملی را در نظر می‌گیرد؟

۱۰. نحوه‌ی خدمت‌رسانی به مشتریان را در شرکت خودتان چگونه ارزیابی می‌کنید؟

۱۱. نحوه‌ی کنترل مالی بر عملیات توزیع چگونه است؟ این کنترل چقدر در افزایش توفیق شرکت برای دستیابی بهتر به مشتریان مؤثر بوده است؟

۱۲. آیا می‌دانید هنگامی که شرکت شما با وضعیت اتمام موجودی روبه‌رو شود، مشتریان احتمالاً چه واکنشی نشان خواهند داد؟

۱۳. عوامل عمده‌ای که در کار شما بر سطح خدمت به مشتری اثر می‌گذارد، چیست؟

۱۴. در شرکت شما، پیش‌بینی‌های فروش چگونه تهیه می‌شود؟ این پیش‌بینی‌ها چقدر دقیق هستند؟

۱۵. از این پیش‌بینی‌های فروش، در برنامه‌ریزی تأمین و تولید چقدر استفاده‌ی مؤثر یا اثربخش می‌شود؟

۱۶. آیا مدیر توزیع شما یک نسخه از پیش‌بینی فروش و برنامه‌ی تولید را برای مقاصد برنامه‌ریزی فروش دریافت می‌کند؟

۱۷. آیا شرکت شما آمادگی کسب اطلاعات دقیق و قابل‌دسترس را از مسیرهایی دارد که سفارشهای مشتریان دریافت می‌شود؟

۱۸. آیا از اینکه موجودی شرکت شما به گونه‌ای مناسب کنترل می‌شود، مطمئن هستید؟

۱۹. ذخایر احتیاطی در کسب‌وکار چگونه تعیین می‌شود؟

۲۰. هزینه‌ی سالانه‌ی نگهداری موجودی در کسب‌وکار شما چگونه است و این هزینه چگونه با هزینه‌ی کمبود موجودی مقایسه می‌شود؟

۲۱. در شرکت خود از چه اندازه‌های واحدی برای بار استفاده می‌کنید و چقدر این انتخابها در بهره‌وری توزیع مؤثرند؟

۲۲. چه نوع تسهیلات انبارداری در کانالهای توزیعی مورد استفاده‌ی شرکت شما وجود دارد؟چه شیوه‌هایی برای انجام جابه‌جایی مواد به‌کار گرفته می‌شود؟

۲۳. شرکت شما چه شیوه‌هایی را برای حمل‌ونقل به‌کار می‌گیرد و چرا؟ اثربخشی این شیوه‌ها در مقایسه با شیوه‌های جایگزین چگونه است؟

۲۴. مشکلات اصلی سیستم فعلی توزیع در شرکت شما چیست؟ با رقبا خودتان را مقایسه کنید.

۲۵. آیا ماتریس TOWS را برای سیستم توزیع خود هر چند وقت یکبار پیاده می‌کنید؟ و از نتایج چه استفاده‌هایی می‌شود؟

۲۶. چشم‌انداز رسالت هدفهای کیفی و هدفهای کمّی سازمان توزیع شما چه هستند؟

۲۷. آیا اصولاً شرکت شما نیاز به واسطه دارد؟ معیارهایتان برای انتخاب واسطه‌ها چیست؟

۲۸. آمیخته‌ی بازاریابی شرکت و آمیخته‌ی توزیع چقدر هماهنگ هستند؟

۲۹. آیا می‌توانید با تغییر شرایط گزینش پخش‌کنندگان، سطح پوشش توزیع خود را به‌نحو شایسته‌ای گسترش دهید؟

۳۰. سیاست شرکت شما برای افزایش یا کاهش پخش‌کنندگان در سطح ملی و بین‌المللی چیست؟

۳۱. حدوداً چه تعدادی پخش‌کننده در بازار هستند که کالاهایی مانند فراورده‌هـای شما را عرضه می‌دارند؟

۳۲. چه درصـدی از ایـن بـازار را شـما در اختیار داریـد؟ و مـوانـع افـزایش شمـار پخش‌کنندگان کنونی چیست؟

۳۳. پخش‌کنندگان فراورده‌های شما چه کالاهای دیگری را عرضه می‌کنند؟

۳۴. چگونه می‌توانید میزان انگیزه‌ی پخش‌کنندگان را افزایش دهید؟

۳۵. مزیت رقابتی شما چیست؟

۳۶. جایگاه شما در صنعت مربوط کجاست؟

۳۷. آیا تفاوتهای فصلی در فعالیتها وجود دارد؟

۳۸. اعتبارسنجی شما از مغازه‌داران بر چه معیارهایی استوار است؟

۳۹. توزیع‌کنندگان شما چه خدماتی به مشتریان خود می‌دهند؟

۴۰. اگر بر میزان خدمات مشتریان بیفزایید، تأثیر آن بر فروش چگونه است؟

۴۱. در فروش و توزیع، چه پشتیبانیهایی برای توزیع‌کننده فراهم می‌آورید؟

۴۲. نحوه‌ی کنترل شما بر عملکرد واحد پخش چگونه است؟

۴۳. این کنترلها با چه تفاوتی انجام می‌گیرند؟

۴۴. چه دگرگونیهایی را پیش‌بینی می‌کنید که بر سیاستهای شما اثرگذار باشد؟

۴۵. چقدر از فناوریهای جدید در شرکت توزیع استفاده می‌کنید؟

۴۶. نظرسنجی علمی اندازه‌گیری رضایت مشتریان هر چند وقت صورت می‌گیرد؟

۴۷. چه معیارهایی را در انتخاب نیروهای فروش و تـوزیع (ویـزیتورها و رانـندگان) اعمال می‌کنید؟

۴۸. نیروهای استخدام شده چه آموزشهایی را می‌بینند؟

۴۹. مدت زمان آموزش و نحوه‌ی آموزش آنها چگونه است؟

۵۰. و...

چند توصیه‌ی مهم برای توفیق در فعالیت توزیع

۱. اگر می‌خواهید خودتان، شرکت توزیع یا واحد توزیع داشته باشید، قبل از هـر اقدامی با نظر متخصص امر نسبت به تدوین برنامه‌ی جامع توزیع اقدام کنید. در این برنامه، تمام پیش‌بینی‌های مربوطه را لحاظ کنید؛ برنامه‌ی توزیع باید بخشی از برنامه‌ی بازاریابی شرکت باشد و با نگرشی سیستمی، رابطه‌ی تـوزیع بـا سـایر اجزای آمیخته‌ی بازاریابی نظیر قیمت‌گذاری محصول، ترویج، و ارتباطات لحاظ شده باشد.

۲. هزینه‌های توزیع، فقط هزینه‌های حمل‌ونقل و انبارداری نیستند. اگر هـزینه را درست پیش‌بینی نکنید، در مرحله‌ی اجرا با مشکلات فراوان روبه‌رو خـواهـید شد. هزینه‌ی کل توزیع از فرمول زیر محاسبه می‌شود:

$$TDC = TC + FC + CC + IC + HC + PC + MC$$

تفسیر معادله‌ی فوق بدین شرح است:

TDC = هزینه‌ی کل توزیع

TC = هزینه‌ی حمل و نقل

FC = هزینه‌ی تسهیلات (انبارها و غیره)

CC = هزینه‌های ارتباطات (پردازش سفارش، صورتحساب فروش)

IC = هزینه‌ی موجودی

HC = هزینه‌ی نقل و انتقال موجودیها

PC = هزینه‌ی بسته‌بندی محافظتی

MC = هزینه‌ی مدیریت توزیع

۳. در انتخاب نیروها بر اساس روشهای علمی جدید عمل کنید. امروزه دیگر انتخاب مدیر، سرپرستان، و نمایندههای فروش (ویزیتورها و رانندگان) بر اساس شیوههای سنتی گذشته مطلوب نیست و باید انتخاب کارکنان را نیز به دست متخصصان استخدام، شامل تیمی از متخصصان روانشناسی صنعتی، منابع انسانی، و بازاریابی سپرد. این تیم با طراحی پرسشنامهی خاص و برگزاری جلسات مصاحبه با متقاضیان، به شناسایی لایههای درونی ذهن متقاضیان اقدام میکنند و به بررسی خصوصیاتی چون میزان برونگرایی افراد، قدرت سخنوری، تسلط بر خویشتن، و... میپردازند؛ زیرا در صورتی که افراد، ویژگیهای اولیه را داشته باشند، میتوان با آموزشهای مناسب، آنها را به نمایندگان فروش شایسته برای شرکت تبدیل کرد، اما در صورتی که افراد دارای خصوصیات درونگرایی، انرژی کم برای فعالیت، و درجهی لبخند پایین باشند، نمیتوانند نیروهای فروش و توزیع مناسبی باشند.

۴. تعداد نیروهای شاغل در سازمان توزیع به اندازه باشد. تعداد کم نیروها موجب خدماترسانی ضعیف به مشتریان و تعداد زیاد آنها موجب بالا رفتن هزینه و تبعات بعدی میشود.

لازم است با نظر خبرگان صنعت و متخصصان کارآزموده، و بر اساس مشاهدات عینی از عملیات مشابه در بازار، و همچنین در نظر گرفتن اختصاصات منطقهی عملیاتی، گروهبندی مشتریان، تعداد مراجعات بهینهی سالانه، نوع محصولات، میزان رقابت و شرح خدمات درخواستی از نیروها، و... نسبت به بهکارگیری نیروها در اندازه و تعداد مناسب اقدام کرد.

۵. در سرمایهگذاری مغزافزاری روی کارکنان مضایقه نکنید. برای آموزش نیروهایی که قرار است به عنوان نمایندهی شرکت در بازار فعالیت کنند، از استادانی استفاده شود که افزون بر قدرت سخنوری و تسلط علمی به مباحث روز، سابقهی کار عملیاتی و اجرایی نیز داشته باشند تا بتوانند به سؤالات نیروها بهنحو صحیح پاسخ دهند و در ارتقای مهارتهای ایشان مؤثر باشند.

آموزش نیروهای فروش و توزیع، امروزه از اهمیت بالایی برخوردار است و باید افزون بر مباحث بازاریابی و تکنیکهای فروشندگی و توزیع حرفهای، مباحثی

چون شناخت شرکت، شناخت دقیق محصولات، شناخت منطقه‌ی عملیاتی، شناخت فرهنگ مشتریان بازار هدف و سایر خصوصیات ایشان، شناخت رقبا، و سایر علوم مورد نیاز را هم شامل شود.

همچنین تأکید می‌شود نحوه‌ی گزارش‌دهی شفاهی و کتبی نیز به نیروها آموزش داده شود تا بتوانند به‌موقع شرکت را از وقایع و اطلاعات جدید مطلع سازند.

۶. در سرمایه‌گذاری دل‌افزاری روی کارکنان تلاش کنید.

نیروهای فروش و توزیع، بیشترین وقتشان را خارج از شرکت می‌گذرانند. با ارتباط مناسب و شایسته با ایشان، احترام به آنان، تلاش برای رفع مشکلات آنها، و... در افزایش انگیزه‌های آنان گام بردارید.

۷. هیچ‌وقت جبران خدمت کارکنان فروش و توزیع را فقط بر اساس حقوق ثابت قرار ندهید بلکه، افزون بر حقوق ثابت، طبق عُرف بازار، درصدی هم به عنوان پورسانت در نظر بگیرید تا انگیزه‌ی لازم برای فعالیت را حتی در ساعات غیرمعمول داشته باشند و تا جایی که امکان دارد، از عودت محصول به شرکت خودداری کنند.

۸. مدیران واحدها یا شرکتهای توزیع، لازم است طی جلسات هفتگی با نماینده‌های فروش (ویزیتورها)، از روند امور اطلاع کافی داشته باشند و این جلسات را به محلی برای انتقال تجربیات نیروها به یکدیگر و بسط نگرش سیستمی و روحیه‌ی خانواده‌ی کاری تبدیل کنند.

۹. هیچ‌وقت این تصور را نداشته باشید که با اجاره کردن چند دستگاه اتومبیل و به‌کارگیری چند نیرو می‌توانید یک واحد توزیع دائر کنید بلکه، این را بدانید این فعالیت نیز امروزه تخصصی شده و با پیچیدگیهای خاص خود همراه است. چه بسیار شرکتهایی که با این تصورات، طعم تلخ شکست را چشیدند و متحمل صدمات مالی و روانی فراوانی شدند.

۱۰. اعتبارسنجی مغازه‌داران بسیار مهم است. باید با بررسی محلی از نظر میزان خوشنامی ایشان و صورتحسابهایی چون میران دارایی فرد، و... سطح اعتبار آنها مشخص شود و متناسب با سقف اعتباری به ایشان کالای نسیه تحویل داد.

۱۱. نقش نمایندگان شرکت در فروش به مغازه‌داران بسیار مهم است، اما آنها حداکثر

کارشان، عرضه‌ی محصول در مغازه و نهایتاً چیدمان مناسب در غرفه یا ویترین مغازه‌دار است، اما بعد از آن دو نیرو هستند که نقش‌آفرینی می‌کنند؛ یکی از آنها تبلیغات شرکت شما است که باید مصرف‌کننده‌ی نهایی را به‌سمت خرده‌فروشی بکشاند و پس از آن نیروی دوم عمل می‌کند که نقش مغازه‌دار و شاگردان ایشان است که تمایل داشته باشند محصول شما را به‌خوبی به مصرف‌کنندگان معرفی کنند نه اینکه کالای شما را فقط برای جور بودن جنس خویش در مغازه بچینند، اما در حقیقت کالای رقیب را معرفی کنند.

- خرده‌فروشان تمایل دارند محصولی را معرفی کنند که برای آنها سود بیشتری داشته باشد. پس شما باید از درصدی که رقبا برای مغازه‌داران در نظر می‌گیرند، مطلع باشید.
- می‌توانید این سؤال را بپرسید که چرا خرده‌فروشان فقط اجناسی را که منفعت بیشتری برای آنها دارد در مغازه نمی‌گذارند و کالاهای رقبای آن محصولات را هم از شرکتها می‌پذیرند.

این موضوع می‌تواند دو دلیل عمده داشته باشد؛ یکی اینکه مشتریان علاقه‌مند به نام و نشان تجاری خاصی را از دست ندهند. اگر دقت کنید تعداد مشتریان برندمحور (آنهایی که برند خاصی را تعقیب می‌کنند و در صورت عدم موجودی از سایر برندها خرید نمی‌کنند) در مقایسه با مشتریان فراورده‌محور (مشتریانی که به برند خاصی تعلق خاطر ندارند بلکه، دنبال فراورده با هر نام و نشان تجاری هستند) روزبه‌روز بیشتر می‌شود.

و دلیل دوم این است که در متقاعد کردن مشتری با دست پر عمل می‌کنند. برای نمونه اظهار می‌دارند که توصیه این است که محصول الف را مصرف کنید، چون بیشتر افراد آن را می‌برند. اگر من محصول درخواستی شما را نداشتم، حق داشتید که تصور کنید چون آن محصول را ندارم توصیه نمی‌کنم، در حالی که می‌بینید آن محصول هم در مغازه موجود است، اما نظر مشورتی من مصرف محصول الف است. جالب است که بسیاری از مشتریان در مقابل این برهان مغازه‌دار قانع می‌شوند، غافل از اینکه چه بسا توصیه‌ی مغازه‌دار دلیل دیگری داشته باشد. البته در موارد زیادی هم مغازه‌داران به عنوان مشاور مشتری، اطلاعات واقعی خویش را به مصرف‌کنندگان ارائه می‌کنند. به هر حال،

محصولات شما، نحوه‌ی ارتباط با مشتری، رقم بهره‌مندی مغازه‌دار، و... همگی با هم در بازار عمل می‌کنند.

۱۲. بعضی از شرکتها برای فروش محصولاتشان در شهرستانها اقدام به گرفتن نمایندگی در مراکز استانها می‌کنند. اولاً توصیه می‌شود اگر امکان آن وجود داشته باشد که آن نمایندگی به صورت انحصاری برای شما کار کند، بسیار مطلوب خواهد بود؛ چون فردی که نمایندگی یا عاملیت فروش چند رقیب را دارد، عملاً تلاش خاصی برای فروش یک محصول نمی‌کند و در مقابل سؤال مشتریان نمایندگیها که مغازه‌داران هستند، پاسخشان این است که تمام محصولات خوب هستند، هر کدام را که شما تمایل دارید، ببرید. او درست می‌گوید هر کدام که فروش بروند، نماینده به منفعت خویش می‌رسد، اما اگر او نماینده‌ی انحصاری شرکت باشد و طبق تعهدی که به شرکت می‌دهد محصولات رقبا را عرضه نکند، در آن هنگام مُبلّغ شرکت و محصولات آن خواهد بود. البته شرکت هم باید از هر گونه اقدام نسبت به پخش محصولات در آن منطقه، خارج از سیستم نمایندگی انحصاری بپرهیزد، در این حالت بین شرکت و نمایندگی یک رابطه‌ی برد/ برد ایجاد می‌شود و شرکت نیز درصد نمایندگی را باید طوری تعیین کند که او تمایل به کار با هیچ یک از رقبا نداشته باشد.

۱۳. در بسیاری از موارد، امکان گرفتن نمایندگی انحصاری وجود ندارد یا حتی با بودن نماینده‌ی انحصاری، باز هم بسیاری از مغازه‌داران شهرستانهای تحت پوشش آن نمایندگی برای خرید به تهران مراجعه می‌کنند. این امر دو حالت کلی دارد؛ یا اینکه تبلیغات برای شناساندن و مطلع کردن تمام نقاط استان از سوی نمایندگی ضعیف بوده است که در این صورت باید برنامه‌های تبلیغات مناسب به‌عمل آید و شرکت مادر هم نظارت و کنترل داشته باشد. اما حالت دوم که در بیشتر موارد دلیل اصلی مراجعه‌ی مغازه‌داران شهرستانی به تهران است، عوامل قومی و اختلافات بین آن شهرستان با مرکز استان است. نگارنده که در راه‌اندازی شرکتهای توزیع زیادی مسئولیت داشته است و مشاور بنگاههای اقتصادی متعدد است، به عینه با این پدیده‌ی خاص ایران زیاد روبه‌رو بوده است؛ به‌طوری که بارها شاهد بوده‌ام که شخصی از مرکز استان گذشته و به بازار تهران مراجعه

کرده است، در صورتی که از حضور نماینده در مرکز استان نیز مطلع بوده است. جالب است که آنها به دلیل تعصبات خاص حاضر هستند هـزینه‌ی بیشتری را متحمل شوند، اما از مرکز استان خرید نکنند.

و صدمه‌ی بعدی این حرکت برای شرکت شما این است که وقتی او به بازار تـهران مراجعه می‌کند، با عمده‌فروشانی مواجه می‌شود که افزون بر محصولات شما، محصولات رقبا را نیز عرضه می‌کنند و چه بسا آن مغازه‌دار شهرستانی، محصولات رقبا را خریداری کند.

در این گونه موارد چه باید کرد؟

توصیه‌ی کاربردی من به شرکتهای طرف مشاوره که از امکانات و تمکن مالی مناسبی برخوردار بودند این است که برای هر محصولی یک بازار بورس وجود دارد. برای مثال در تهران، بازار مواد غذایی واقع در میدان گـمرک و خیابان مـولوی است، بـازار لوازم یدکی اتومبیل خیابان اکباتان و حوالی آن است، بازار مبل یافت‌آباد و هنگام است، و... بهتر است شما هم در مرکز بورس بازار یک نمایشگاه و فروشگاه دائر کنید، چـون خریدار شهرستانی برای خرید اجناس در سطح شهر تهران راه نـمی‌افتد تا مستقیماً کالای مورد نیاز خویش را از شرکتها خرید کند بلکه، در مرکز بازار نسبت به خرید کلی اجناس مورد نیاز اقدام خواهد کرد. پس بهتر است وقتی به آن بازار مراجعه می‌کند، با نمایشگاه و فروشگاه شما که به‌نحو زیباتری از سایرین نیز دکوراسیون شده و چیدمان محصول صورت گرفته، مواجه شود. ضمن اینکه از نظر روانی نیز چون مستقیم از شرکت خرید می‌کند، آسایش فکری بیشتری دارد که کالای اصلی را دریافت می‌کند و هـزینه‌های واسطه‌ها نیز از بین رفته است. این تـوصیه جواب خوبی داد، اما دو مشکل جدید به وجود آورد؛ یکی اینکه عمده‌فروشان بازار، دیگر تمایلی به عرضه‌ی محصول شما نخواهند داشت که البته این مشکل خیلی مهم نیست؛ چون خود شما چنین نقشی را در بازار ایفا می‌کنید؛ اما مشکل بـعدی کـه حـائز اهمیت بیشتری است، اعتراضـات نمایندگان مستقر در مراکز استانها خواهد بود که ادعا می‌کنند ما مـحصول را در بـازار استان معرفی می‌کنیم، امـا مغازه‌داران بـعضی از شهرستانها مستقیماً از شـما خـرید می‌کنند. این ادعا بجا و صحیح است، از این رو توصیه این است که شما درصدی (نه به اندازه‌ی درصد فروش نماینده در مرکز استان) را بابت هر مراجعه‌ای که از استانهای آنها صورت می‌گیرد به ایشان پرداخت کنید و این را در عمل ثابت کنید که با کمال صداقت

این کار را انجام می‌دهید. همچنین نماینده را نیز متقاعد سازید که اگر ما در تهران به مشتری شهرستانی کالا نفروشیم، قطعاً به رقبا مراجعه خواهد کرد. با این عمل هم شرکت منتفع می‌شود و هم نمایندگی. در این صورت، آنها هم با جدیت در ترویج و تبلیغ محصول در استان اقدام می‌کنند، حال مغازه‌داران شهرستانی از آنها خرید کنند یا اینکه پس از آشنایی با محصول، برای خرید به نمایشگاه و فروشگاه شرکت در تهران مراجعه کنند، در هر دو صورت نمایندگی نیز منتفع خواهد شد.

۱۴. نظارت و کنترل نیروها را به‌نحو صحیح اجرا کنید. چون امکان نظارت مستقیم مدیر بر فعالیت تمام نماینده‌های فروش و توزیع وجود ندارد، بدین‌رو هر چند منطقه را تحت نظر یک سرپرست مجرب قرار دهید. سرپرستان وظیفه‌ی سرکشی و مشاهده‌ی فعالیت کارکنان زیرمجموعه‌ی خویش و همچنین مذاکره با مغازه‌داران، و انعکاس دیدگاههای ایشان به شرکت را به عهده دارند. نظارت و کنترل نیز همچون سایر اجزای مدیریت، از مباحث با اهمیت‌اند و به‌منظور اصلاح اشتباهات به‌کار گرفته می‌شوند.

۱۵. از نقش نگرش سیستمی هیچ‌وقت غافل نشوید. اگر تمام نکات گفته شده را اجزای یک پیکر تصور کنید، نگرش سیستمی نحوه‌ی اتصال آنها به یکدیگر است. در ایجاد و گسترش روحیه‌ی خانواده‌ی کاری، همدلی بین تمام واحدهای شرکت و نیروها در تولید و افزایش رضایت مشتریان، برنامه‌ریزی و اقدام کنید.

نتیجه‌گیری

در فضای رقابتی عصر حاضر و آینده، مدیریت توزیع در کنار سایر ابزارهای بازاریابی، از اهمیت خاصی برخوردار است. توزیع یکی از تاکتیکهای بازاریابی است که در صورت به‌کارگیری صحیح می‌تواند در پیاده‌سازی استراتژیهای شرکت، تأثیر به‌سزایی داشته باشد.

در این فصل، مدیریت توزیع از ابعاد مختلف چون برنامه‌ریزی، اجرا، و کنترل مورد بررسی قرارگرفت و افزون بر استفاده از منابع مختلف، تجربیات نگارنده در مشاوره‌ی شرکتهای مختلف بازار ایران نیز منعکس شد. به‌کارگیری توصیه‌هایی که در پایان فصل عنوان شدند می‌تواند به بنگاههای اقتصادی در رسیدن به هدفهای توفیق در شرایط دشوار و پیچیده‌ی عصر حاضر کمک کند.

فصل نوزدهم

آسیب‌شناسی نمایندگیها
در
زنجیره‌ی ارزش‌آفرینی

این فصل با همین عنوان در نشریه‌ی عصر تبلیغات و بازاریابی شماره‌ی ۱۰ منتشر شده است.

مقدمه

بازارهای رقابتی قواعدی دارند که با چارچوب و شرایط بازارهای انحصاری بسیار متفاوت است. در بازارهای رقابتی، اهمیت تخصص رو به افزایش است. بسیاری از بنگاههای اقتصادی با بهره‌گیری از شیوه‌هایی چون برون‌سپاری و دریافت نمایندگیها، در کاهش درجات درگیری خویش گام برمی‌دارند. مدیریت توزیع و مدیریت نمایندگیها نیز نسبت به گذشته مشمول تغییرات بسیار زیادی شده است. نمایندگیها در ایجاد تصویر ذهنی مثبت از بنگاههای اقتصادی در ذهن سایر واسطه‌ها و مشتریان و مصرف‌کننده‌های نهایی نقش حیاتی و قابل‌توجهی دارند.

نگارنده با توجه به تحقیقات خویش در سطح بعضی از بنگاههای اقتصادی نظیر اتومبیل‌سازان و ارائه‌کنندگان ماشین‌آلات راهسازی و همچنین تولیدکنندگان صنایع غذایی، معضلات مدیریت نمایندگیها را در این فصل مورد بررسی قرار داده است.

نقش نمایندگیها در زنجیره‌ی ارزش‌آفرینی

تا زمانی که بازارها دستخوش رقابت شدید نشده بودند، بازاریابی دادوستد[1] کاربرد داشت که با نگاهی کوتاه‌مدت، فقط به یک دادوستد توجه می‌کرد؛ اما با شدت گرفتن رقابت، نیاز به آفرینش ادبیات جدید و کارکردهای متناسب با بازارهای رقابتی، بیش از پیش احساس شد و در همین ارتباط بازاریابی رابطه‌مند[2] به‌وجود آمد که تأکید آن بر

1. Transaction Marketing 2. Relationship Marketing

برقراری ارتباط تعاملی (دوطرفه) پیوسته بین بنگاه اقتصادی و مشتری بود. اما همین نوع از بازاریابی نیز نیاز به تکامل داشت، چون در صحنه‌ی کسب‌وکار، افزون بر شرکت و مشتری عوامل متعدد دیگری نیز دخالت دارند؛ به عبارتی یک شبکه که عملیات بازاریابی را انجام می‌دهد از تأمین‌کننده[1] که مواد اولیه، قطعات، و ملزومات مورد نیاز برای تولید محصول (کالا/ خدمت) را در اختیار شرکت قرار می‌دهد، تا تمام کارکنان درون شرکت، از نگهبانی تا عالیترین سطوح مدیریت عمومی بازاریابی و کسب رضایت مشتری را در بر می‌گیرد (هر چند مسئولیت مستقیم عملیات بازاریابی به‌عهده‌ی واحد بازاریابی است که در هماهنگی و ایجاد تفاهم و پیوستگی بین تمام شرکتها برای نیل به هدفهای نظام بازاریابی تلاش می‌کند). پس از اینکه محصول آماده‌ی فروش شد، نیروهای فروش که باید از بینش و دانش و توانمندی لازم برای فروش مؤثر برخوردار باشند، عملیات فروش را به عنوان انتهایی‌ترین بخش از عملیات بازاریابی انجام می‌دهند.

در بیشتر موارد، فروش به‌صورت مستقیم بین شرکت و مصرف‌کننده‌ی نهایی[2] صورت نمی‌گیرد بلکه، نیروهای واسطه این فرایند را تکمیل می‌کنند. به مجموع این واسطه‌ها که امروزه بهتر است از آنها به عنوان یاوران بنگاه اقتصادی نام ببریم، شبکه‌ی توزیع می‌گویند که شامل عمده‌فروش، بنکدار و خرده‌فروش می‌شوند.

با توسعه یافتن بازارها و هماهنگ شدن بنگاههای اقتصادی با تغییرات عصر جدید، در بسیاری از موارد به شبکه‌ی توزیع، نمایندگیها و شعب نیز اضافه شدند.

شعبه، دفتر فروش یا مغازه‌ای است که متعلق به خود شرکت است و کارکنان شعب، جزء کارکنان همان شرکت‌اند و در چارچوب قوانین و آیین‌نامه‌های شرکت فعالیت می‌کنند و حقوق‌بگیر همان بنگاه هستند.

اما نمایندگی عبارت است از یک شخصیت حقیقی یا حقوقی که با عقد قرارداد و مبتنی بر توافقات صورت گرفته بین شرکت (نمایندگی‌دهنده) و متقاضی (نمایندگی‌گیرنده)، نسبت به عرضه‌ی محصولات بنگاه اقتصادی طرف قرارداد در محدوده‌ی تعیین شده عمل می‌کند.

پوشش و قدرت توزیع، بیانگر تعداد واسطه‌هایی است که در بازار هدف و یا یک

---

1. Supplier   2. Consumer

منطقه‌ی مشخص، به توزیع و عرضه‌ی محصولات شرکت می‌پردازند. این واسطه ممکن است نماینده‌ی انحصاری، نماینده‌ی مجاز، و یا واسطه‌های پراکنده باشند.

نماینده‌ی انحصاری صرفاً محصولات شرکت را عرضه می‌کند و حق عرضه‌ی محصولات رقیب را ندارد. در این مقاله، منظور از نمایندگیها، این دسته از نمایندگان هستند. برای مثال، نمایندگیهای ایران‌خودرو، سایپا، و...

نماینده‌ی مجاز افزون بر محصولات شرکت، محصولات رقیبان را نیز عرضه می‌کند. و برخی نیز بدون رابطه‌ی مستقیم با شرکت، محصولات را از بازار تهیه و به مشتریان عرضه می‌کنند. بدیهی است این دسته جزء نمایندگان محسوب نمی‌شوند و به آنها واسطه‌های پراکنده گفته می‌شود که به هر حال جزئی از شبکه‌ی توزیع هستند. هر چند شرکت برای حفظ برند خود، ناچار از کنترل و بازرسی آنها نیز هست. برای مثال، این دسته از واسطه‌ها در بسیاری از موارد بدون هماهنگی با شرکت، نسبت به تغییر قیمت مصرف‌کننده اقدام می‌کنند. هر چند با افزایش رقابت، مصرف‌کنندگان نیز نسبت به حقوق خویش بیشتر آگاه شده‌اند، اما این نافی وظایف شرکت برای بازرسیهای لازم به‌منظور حفظ اعتبار و برند آن نخواهد بود.

هر یک از عوامل توزیع (در این مقاله بیشتر نمایندگیها مدنظر هستند) محصول را به مشتری تحویل می‌دهند. مشتری کسی است که عملیات خرید را انجام می‌دهد. بدیهی است مسئولیت نمایندگی، جذب، نگهداری، و رشد دادن مشتری (افزایش سهم شرکت در سبد خرید مشتری) است.

- جذب مشتری از طریق دادن وعده صورت می‌گیرد. بنابراین نمایندگیها و نیروهای فروش باید با معرفی صحیح و شایسته‌ی شرکت و محصولات آن و با ارائه‌ی وعده‌های واقعی در جذب مشتری بکوشند و از دادن وعده‌های غیرواقعی خودداری کنند که در بلندمدت صدمات جبران‌ناپذیری به شرکت می‌زند.
- نگهداری مشتری با رضایت حاصل از مصرف محصول صورت می‌گیرد. امروزه حتی رضایت معمول مشتریان مورد پذیرش نیست و توصیه می‌شود که شرکتها با ارائه‌ی ارزش مطلوبتر و مؤثرتر نسبت به رقبا، در خشنود ساختن مشتریان تلاش کنند. پس آمادگی و صلاحیت نمایندگی در خشنودسازی مشتری که نتیجه‌ی آن حفظ او خواهد بود، حائز اهمیت است.

- رشد دادن مشتریان نیز عبارت از این است که بتوانیم مشتریان را چنان به شرکت و محصولات آن علاقه‌مند سازیم که سایر ملزومات خویش و خدمات مورد نیاز را از شرکت خریداری کنند و از بین خادمان متعدد، شرکت و نمایندگی ما را برگزینند. پس برای دریافت پاداش بیشتر، باید خادم بهتری بود.
- با این توضیحات، مشتری حتی می‌تواند خرده‌فروشی باشد که از نمایندگی محصول را تهیه می‌کند. خرده‌فروشان در ارتباط بین نمایندگی و خودشان، مشتری هستند (این ارتباط بین شرکت و نمایندگی هم معنا دارد) و در ارتباط بین نمایندگی و مصرف‌کننده‌ی نهایی واسطه‌اند. به شکل زیر توجه کنید.

شکل ۱. شبکه‌ی بازاریابی

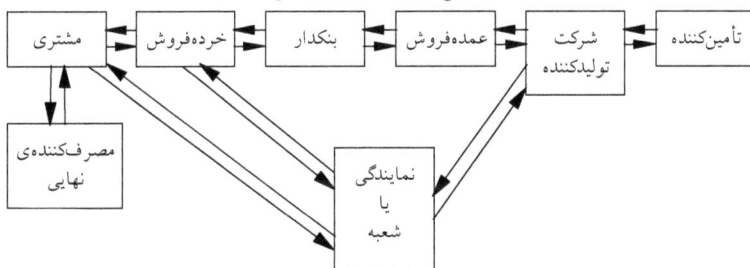

- همان‌طور که در شکل مزبور دیده می‌شود، نمایندگی و شعبه ممکن است مستقیماً محصول را به مشتری (خریدار) تحویل دهند که برای مثال می‌تواند پدر یا مادر خانواده باشد. والدین، مایحتاج عادی منزل را خریداری می‌کنند؛ اما همگی با هم درون منزل آن را مصرف می‌کنند. اما در بعضی موارد، مشتری با خریدار متفاوت است. برای مثال پدر، شیر خشک را می‌خرد ولی کودک مصرف‌کننده‌ی نهایی است. در بازارهای تجاری نیز خریدار با مصرف‌کننده‌ی نهایی متفاوت است. برای مثال خریدار کامپیوتر، مأمور خرید است اما مصرف‌کنندگان هر یک از کاربرها هستند. می‌توان به جرأت ادعا کرد که رضایت مصرف‌کننده‌ی نهایی، عامل بقای کل شبکه‌ی فوق است. اگر او از محصول

راضی باشد و آن را بپسندد، مجدداً به مشتری سفارش خرید می‌دهد و مشتری نیز به شبکه‌ی توزیع مراجعه می‌کند و در نتیجه تولید ادامه می‌یابد و درخواست ملزومات و قطعات از تأمین‌کننده نیز وجود خواهد داشت.

در حال حاضر می‌توان گفت که در فضای رقابتی حاکم بر کسب‌وکار کنونی، رقابت از سطح شرکتها خارج شده و به سطح شبکه‌ها رسیده است. بنابراین، تمام اعضا در شکل پیشین اجزای شبکه‌ی بازاریابی هستند که نام دیگر آن «زنجیره‌ی ارزش‌آفرینی» است؛ یعنی تمام اعضای شبکه ناگزیر از ارائه‌ی ارزش مطلوب به حلقه بعدی هستند تا نهایتاً ارزش دریافتی از سوی مشتری بالاتر از ارزش رقبا باشد. مسئولیت ایجاد، کنترل، و حفظ این شبکه، با بنگاه اقتصادی (شرکت) است. مصرف‌کننده‌ی نهایی هر ایرادی در محصول را از نامرغوب بودن مواد اولیه، تا نارسایی در رساندن به دست مصرف‌کننده، جزء نواقص کار شرکت می‌داند و بدیهی است این مشاهدات در ایجاد تصویر ذهنی [1] منفی در ذهن او نقش اساسی دارند. اما اگر رضایت مشتری و مصرف‌کننده‌ی نهایی بالا باشد، تصویر ذهنی مثبت شکل می‌گیرد و نگهداری مشتری میسر می‌شود.

پس عملکرد بنگاههای اقتصادی، مستقیماً تحت تأثیر سازمانهای تأمین‌کننده‌ی مواد و خدمات مورد نیاز برای تولید و همچنین تحت تأثیر سازمانهای ارائه‌دهنده‌ی محصول به مشتری و مصرف‌کننده‌ی نهایی قرار دارد.

معضلات امور نمایندگیها

در ارتباط بین بنگاههای اقتصادی و نمایندگیهای ایشان در سطح کشور، مسائل بسیاری مشاهده شده است که به‌صورت کلی می‌توان آنها را در پنج سرفصل جمع‌بندی کرد که عبارتند از:

۱. انتخاب نامناسب نمایندگیها:

نمایندگی نزد مشتری بخشی از شرکت است و تمام اقدامات مثبت یا منفی ایشان به حساب بنگاه مربوطه گذاشته می‌شود. متأسفانه در بسیاری از مشاهدات، انتخاب نمایندگیها بر اساس موازین علمی نیست و مواردی همچون سفارشات مقامات یا فقط

---

1. Image

توجه به نکات محدود نظیر محل نمایندگی یا دانش فنی، ملاک انتخاب بوده و از نگرش جامع و در نظر گرفتن جمیع جهات خودداری شده است.

هر چند نوع انتخاب نمایندگیها بستگی به ماهیت محصول و ماهیت بازار دارد، اما در تمام آنها رعایت اصول کلی توصیه می‌شود.

برای انتخاب نمایندگیها، راهکارهایی وجود دارد که دستیابی به هدفهای آن را میسر و ممکن می‌سازد. قواعد ارزیابی، ساختاری را برای انجام آن ارائه می‌دهد که طبق آن می‌توان این فرایند را با هدفهای روشن و مشخص اداره کرد.

بدیهی است در انتخاب نمایندگی، باید عوامل متعددی را مورد توجه داشت که برای مثال می‌توان به عوامل زیر اشاره کرد:

- تحصیلات متقاضی نمایندگی
- تجربه و تخصص ایشان
- بررسی وضعیت بنا و مکان
- مالکیت مکان
- میزان سرمایه‌ی اختصاص‌یافته
- بررسی سوابق و پیشینه‌ی متقاضی از نظر خوشنامی و اعتبار
- بررسی سوابق و گذشته‌ی متقاضی از نظر فعالیتهای قبلی

- قابلیت انطباق‌پذیری با سیستمهای مدیریتی و کیفیتی
- میزان آموزش‌پذیری متقاضی
- بررسی منابع انسانی نمایندگی
- قابلیتهای فنی نظیر امکانات فنی، ماشین‌آلات، و...
- برخورد و نگرش متقاضی نسبت به شرایط رقابتی
- سنجش متقاضی از نظر قابلیت عضو بودن در تیم و نگرش سیستمی
- و...

نحوه‌ی انتخاب

❖ هر یک از پارامترهای فوق یا پارامترهای دیگری که به تناسب هر کسب‌وکاری مورد توجه قرار می‌گیرند را با علامت اختصاری X نشان می‌دهیم، در نتیجه پارامترها از X_1 تا X_n را شامل می‌شوند. در این روش باید امتیاز هر یک از پارامترهای ارزیابی (Σx_i) در محدوده‌ی صفر تا ۱۰۰ محاسبه شود.

❖ چون وزن هر یک از پارامترها با یکدیگر مساوی نیست، بنابراین باید مقدار کمّی شاخصها (Σk_i) را با بهره‌گیری از نظرات خبرگان مربوطه و نظرسنجی از مشتریان کلیدی به‌دست آورد. مقدار کمّی شاخصهای اهمیت هر یک از پارامترهای مورد ارزیابی (Σk_i) باید کوچکتر از عدد یک باشد.

❖ به این ترتیب می‌توان امتیاز نهایی ارزیابی نمایندگی (X) را از رابطه‌ی جبری زیر محاسبه کرد:

$$X = K_1 . X_1 + K_2 . X_2 + ... + Kn . Xn$$

بدیهی است که امتیاز نهایی هر متقاضی نمایندگی، عددی بین صفر تا ۱۰۰ خواهد بود و بنگاه اقتصادی از بین واجدین شرایط، بهترین را به عنوان نمایندگی انتخاب خواهد کرد.

۲. آموزش نامناسب نمایندگیها:

نمایندگیها به‌صورت پیوسته با مشتریان و مصرف‌کنندگان نهایی سروکار دارند؛ بنابراین نوع برخورد و تسلط ایشان از جنبه‌های مختلف رفتاری و فنی حائز اهمیت است.

نمایندگیها نیز همچون شرکت مادر باید آموزش را به عنوان ابزار یادگیری باور داشته باشند و با بهره‌گیری از علوم مختلف مورد نیاز، برای ارتقای رضایت مشتریان تـلاش کنند.

مشتریان سؤالات فراوانی دارند که انتظار دارند نیروهای نمایندگی بتوانند به‌صورت جامع و با برخوردی شایسته و منطقی به ایشان پاسخ گویند. هر قدر حیطه‌ی آمـوزش وسیعتر و به‌روزتر باشد، رضایت مشتری از پاسخ دریافتی بالاتر خواهد بود.

در بررسیهای صورت گرفته، در بیشتر مـوارد نـمایندگیها از آمـوزش لازم بهـره‌مند نشده بودند و در موارد مشاهده شده نیز بیشتر آموزشها از نوع ارتقای مهارتهای فـنی بوده است.

آموزش باید در حوزه‌های مختلف نظیر موارد زیر باشد:

- آموزش برای شناخت شرکت
- آموزش برای شناخت محصول
- آموزش برای تسلط به مهارتهای بازاریابی و فروش
- آموزش برای تسلط به مهارتهای ارتباطی
- آموزش برای شناخت رقبا
- آموزش برای ارتقای مهارتهای الگوبرداری از بهترینها
- آموزش برای ارتقای مهارت گزارش‌نویسی

آموزش، ابزار یادگیری است؛ یادگیری عبارت از آموزشی است که منجر بـه تـغییر رفتار بشود و در مرحله‌ی عمل پیاده شود. آموزش را باید با مثالهای عینی و کاربردی و متناسب با بازار هدف و در نظر گرفتن شرایط واقعی ارائه کرد. نمایندگی شایسته، یک سازمان یادگیرنده است، یعنی سازمانی که تمام اعضای آن با هم در حال یادگیری هستند و از ارائه‌ی دانسته‌های خویش به یکدیگر مضایقه نمی‌کنند و حتی بـا سـرعت بیشتر نسبت به نمایندگیهای رقبا در جاده‌ی مشتری‌مداری حرکت می‌کنند. در این صورت آن نمایندگی را می‌توان یک سازمان تندآموز نامید؛ یعنی سازمان یادگیرنده‌ای که سریعتر از رقبا یاد می‌گیرد و عمل می‌کند. چنین سازمانی بـرای رضـایت مشتـری در چـارچوب قوانین حد و مرزی نمی‌شناسد.

۳. نظارت و کنترل نامناسب نمایندگیها:

هیچ انسان و سازمانی نیست که خود را بی‌نیاز از نظارت و کنترل بداند. نظارت از ناظر بودن می‌آید؛ لازم است بنگاه اقتصادی نمایندگی‌دهنده، واحدی را برای این منظور سازماندهی کند تا با حضور کارشناسان مجرب، نسبت به شناخت عیوب در نمایندگیها اقدام کرده و با پیگیری، در رفع آنها تلاش کند. اصل مهم و اساسی در این عملکرد این است که نمایندگی را باید تشویق کرد تا مسئولیتهای بیشتری را با هدف رشد و ترقی خود عهده‌دار شود.

کنترل به معنای اصلاح کردن و برگرداندن به مسیر صحیح، یکی از مهمترین اصول مدیریت سازمانها شناخته شده است. کارشناسان بنگاه اقتصادی در اعمال کنترل صحیح نمایندگیها باید چهار سؤال اساسی را مطرح کرده و در یافتن پاسخهای مناسب برای آنها تلاش کنند. این سؤالات عبارتند از:

٭ چی باید می‌شد؟ یعنی برنامه و پیش‌بینی اولیه چه بوده است؟ چه استانداردها و معیارهایی برای عملکرد نمایندگیها تعیین شده بود؟

٭ چی شده است؟ یعنی در عمل چه اتفاق افتاده است؟ برای پی بردن به عملکرد، افزون بر مشاهدات عینی کارشناسان و متصدی کنترل، مـذاکـره و مـصاحبه بـا مراجعان، و اندازه‌گیری رضایت مشتریان ـ که باید حداقل سـالی دو مـرتبه به‌صورت نظام‌مند و با رعایت موازین مربوطه صورت گیرد ـ نیز ضروری است.

٭ چرا اینطوری شده است؟ این سؤال بسیار اساسی و مهم است و به انحراف

عملکرد از برنامه می‌پردازد تا علت یا علل دست نیافتن به برنامه‌ها مشخص شود. این مرحله آسیب‌شناسی و علت‌یابی می‌کند. بدیهی است بدون شناخت دلایل ناکامیها و نقاط ضعف، هر نسخه‌ی درمانی از اثربخشی بالایی برخوردار نخواهد بود. یکی از برکات اجرای پروژه‌ی اندازه‌گیری رضایت مشتری، پی بردن به علت یا علل نارضایتی مشتریان است. برای مثال در این فرایند مشخص می‌شود که چند درصد از مشتریان از نحوه‌ی برخورد نیروها نارضایتی دارند، چند درصد از نحوه‌ی تعمیرات ناراضی هستند، و...

* آخرین سؤال از سؤالات کنترل اثربخش، عبارت از این است که حال چه باید کرد؟ این سؤال مرحله‌ی درمان است. با بهره‌گیری از مشاوران مجرب و با تکیه بر دانش، تجربه، شم، و اطلاعات، مدیران و کارشناسان می‌توانند پس از مرحله‌ی شناخت علل نارضایتی مشتریان، با ارائه‌ی راهکارهای مؤثر در رفع نارسایی تلاش کنند.

- به‌نظر نگارنده، یکی از بهترین شیوه‌های کنترل، مراجعات سر زده و بدون اطلاع قبلی است. چون ممکن است در مراجعات منظم و طبق برنامه‌های از پیش تعیین شده، آن چیزی که مشاهده می‌شود با آن چیزی که به‌صورت معمول در نمایندگی اتفاق می‌افتد تا حدی متفاوت باشد.
- یکی از بهترین شیوه‌های کنترل نیز مراجعه‌ی کارشناسان و مدیران یا مشاورانی است که نمایندگیها آنها را نمی‌شناسند، چون در این صورت همان چیزی مشاهده می‌شود که واقعاً وجود دارد.
- و نهایتاً توصیه می‌کنم که از سایر افراد برای مثال بستگان و آشنایان درخواست کنید تا به عنوان مشتری به نمایندگی موردنظر مراجعه کنند و مشاهدات و برداشتهای خویش را عنوان کنند.

۴. پشتیبانی نامناسب بنگاه اقتصادی از نمایندگی:

نمایندگی که وظیفه‌ی فروش کالا یا خدمت را به‌عهده دارد، به عنوان آینه‌ی شرکت در بازار عمل می‌کند و برداشتهای مثبت یا منفی مشتریان به حساب عملکرد شرکت گذاشته می‌شود. بدیهی است در صورت عدم پشتیبانی لازم و بهنگام بنگاه اقتصادی از

نمایندگی، نارضایتی از کل زنجیره‌ی ارزش‌آفرینی خصوصاً خود شرکت در نزد مشتری به‌وجود می‌آید. برای مثال اگر قطعات مورد نیاز نمایندگیها به تعداد مناسب یا در زمان مناسب در اختیار ایشان قرار داده نشود، نمایندگی نیز از انجام درست وظایف خویش باز می‌ماند. تصور کنید در اختیار قرار ندادن یک قطعه چه ضرر و زیانی را به مشتری تحمیل می‌کند، بخصوص اینکه مشتری صاحب ماشین‌آلات راه‌سازی باشد که به‌واسطه‌ی عدم تأمین به‌موقع یک قطعه باید چندین روز دستگاه مربوطه بدون فعالیت متوقف شود.

یا تصور کنید که شرکت مادر، اتومبیلی را همراه با نقص به نمایندگی تحویل داده است و نمایندگی نیز این اتومبیل را به خریدار تحویل دهد.

امروزه باید با مشتریان ازدواج دائم کرد؛ دیگر دوران جملاتی مثل «جنس فروخته شده پس گرفته نمی‌شود» گذشته است. باید دید بلندمدت داشت و رابطه‌ی برد/ برد را جایگزین رابطه‌ی برد/ باخت کرد. با تولید نارضایتی، نه تنها مشتری را از دست می‌دهید بلکه، خودتان یک مشتری ناراضی را به میان مردم فرستاده‌اید تا علیه شما تبلیغ کند.

در سمیناری که یکی از شرکتهای تولیدکننده‌ی اتومبیل برای قطعه‌سازان طرف قرارداد خویش ترتیب داده بود، شکایت چاپ شده‌ی یکی از مشتریان را در روزنامه‌ای برای ایشان خواندم. این شاکی عنوان کرده بود که در هنگام تحویل گرفتن اتومبیل در همان محل نمایندگی شهرستان مربوطه، اتومبیل ایشان روشن نشده و ادعا کرده‌اند که باتری خالی کرده است، بدین‌رو اتومبیل را با استفاده از اتومبیل دیگری روشن کرده‌اند و به ایشان تحویل داده‌اند. اما در مسیر، صاحب اتومبیل متوجه خرابی ضبط می‌شود و به اضافه‌ی اینکه پس از خاموش کردن اتومبیل، مجدداً وسیله‌ی نقلیه او روشن نمی‌شود و در مراجعه به مکانیک عنوان می‌شود که دینام خراب است. پس از ساعتی صاحب اتومبیل مزبور برای رفع عیوب به نمایندگی مراجعه می‌کند و ایشان هم مشکل را به کارخانه‌ی سازنده مربوط می‌داند و از پذیرش خودداری می‌کند، و...؛

در آن سمینار به حضّار عرض کردم که عدم دقت شما در ساخت قطعات مربوطه، و عدم دقت بنگاه در مورد کنترل هنگام تحویل قطعه، عدم دقت نمایندگی و نپذیرفتن مشکل توسط ایشان، همگی دست به دست هم داده‌اند تا چهره‌ی زنجیره‌ی ارزش‌آفرینی شما نزد آن مشتری و تمام مشتریانی که این نوشته را می‌خوانند و برای هم تعریف می‌کنند، نازیبا جلوه کند.

مهمترین تبلیغ در جوامع شرقی خصوصاً کشوری مثل ایران که مردم برای ارتباط با یکدیگر نیاز به شناخت قبلی ندارند و به‌راحتی با هم گفتگو می‌کنند، تبلیغات دهان به دهان است؛ حال اگر این تبلیغ مثبت باشد، به نفع شرکت تولیدکننده و ارائه‌کننده‌ی خدمت و کالا خواهد بود، و اگر هم منفی باشد، آثار زیانبار خود را در حد وسیع بجا خواهد گذاشت.

۵. نبود نگرش سیستمی:

تا وقتی که فضای یکدلی و یکپارچگی و نگرش سیستمی بین بنگاه اقتصادی و نمایندگی برقرار نشده باشد، مشکلات همچنان باقی است. سیستم، مجموعه‌ای از اجزای به هم پیوسته است که با هم در حال حرکت‌اند، و با هم در تعامل و ارتباط پیوسته هستند تا به هدفهای جمعی دست یابند.

در سمینارهایی که برای بسیاری از نمایندگیها داشته‌ام، گلایه‌های آنها از شرکت مادر متعدد بوده است. عنوان کردن این گلایه‌ها نزد مشتری، چهره‌ی شرکت را زیر سؤال می‌برد، چون مشتری از خود می‌پرسد اینها که اعضای یک خانواده هستند دلشان از هم خون است، حال چگونه می‌توانند به من مشتری خدمات مطلوبی ارائه کنند.

باید با بررسی همه‌جانبه، معضلات را شناخت و با توسعه‌ی جوّ همدلی، در رفع نارسایی تلاش کرد.

چند توصیه‌ی مهم در اثربخشی ارتباط بین بنگاه اقتصادی و نمایندگیها

۱. پیش از انتخاب نماینده از او بخواهید برنامه‌های خویش را کتباً اعلام کند و سپس به ارزیابی آنها بپردازید. این برنامه‌ها شامل مواردی از قبیل نکات زیر هستند:
   - بازار فروش
   - پژوهش بازار
   - برنامه‌های ترویجی
   - نوع مشاوره‌های مورد نیاز
   - حمل
   - و...

۲. در انتخاب نمایندگی، اصول مزبور را رعایت کنید. دقت در انتخاب، از بروز بسیاری از مشکلات آتی جلوگیری می‌کند.

۳. حدود اختیارات، وظایف، و حیطه‌ی عملکرد، میزان کمیسیون، نحوه‌ی پرداخت، و ... نمایندگی را به‌صورت شفاف مشخص کنید و آنها را کتباً به ایشان اعلام کنید.

۴. درون بنگاه اقتصادی واحدی را برای ارتباط با نمایندگیها سازماندهی کنید، به‌طوری که پشتیبانی مؤثر از نمایندگیها در دستور کار آن واحد باشد.

۵. با نمایندگیها قرارداد رسمی منعقد کنید و تمام موارد لازم را در قرارداد پیش‌بینی کنید، و موضوع حل اختلاف را هم برای روز مبادا روشن کنید.

۶. نمایندگی جزئی از شرکت محسوب می‌شود، پس ارتباط مستمر با آنها و درخواست ارائه‌ی اطلاعات بازار و رقبا از ایشان به‌صورت پیوسته صورت گیرد.

۷. برای آموزش نمایندگیها در حوزه‌های مختلف فنی، بازاریابی، ارتباطات، و... برنامه داشته باشید و به آنها عمل کنید.

۸. بر عملکرد نمایندگیها نظارت و کنترل داشته باشید و برای آن استانداردهایی تدوین کنید.

۹. افزون بر حضور نمایندگان شرکت به‌منظور سرکشی از نمایندگیها، مدیران هم برنامه‌ی بازدید و تعامل از نمایندگی داشته باشند.

۱۰. نظام پاداش‌دهی مشخصی برای نمایندگیهای فعال تنظیم کنید.

۱۱. برای حضور نمایندگیها در محل شرکت از آنها دعوت کنید. هم‌دلی را توسعه دهید و آثار آن را در پیشبرد کسب‌وکار ببینید.

۱۲. ابزارهای تبلیغاتی مناسب را در اختیار نمایندگیها قرار دهید و با مشاوره‌ی علمی از ایشان در راستای توسعه‌ی ارتباطات محلی پشتیبانی کنید.

۱۳. اغلب نمایندگیها ارائه‌ی گزارش کتبی به شرکت را کاری بیهوده می‌دانند؛ با ارائه‌ی بازخوردهای لازم و پیگیری مستمر و استفاده از نظرات و پیشنهادهای مؤثر، اهمیت این کار را به آنها نشان دهید.

۱۴. برای عملکرد هر یک از نمایندگیها، رکوردهای جداگانه‌ای نگه دارید تا در تصمیمهای آینده از آنها استفاده شود.

۱۵. میزان علاقه‌مندی نماینده به محصولات شرکت را برآورد کنید؛ نماینده‌ی کم‌علاقه، تلاش شایسته‌ای برای معرفی شرکت و محصول نخواهد کرد.

۱۶. اگر به‌رغم حضور نماینده‌ی انحصاری در هر یک از استانها، بعضی از مشتریان

آنها به دلیل اختلافات قومی و فرهنگی مستقیماً به شما مراجعه می‌کنند، کمیسیونی برای نماینده در نظر بگیرید. به هر حال او در معرفی شرکت مؤثر بوده است.

۱۷. مواظب جذب نمایندگیهای فعال و شایسته از سوی رقبا باشید.

۱۸. در سنجش عملکرد نمایندگی، از نقش پشتیبانی و وظایف شرکت مادر غافل نشوید. بدین‌منظور لازم است مهندسی شکست و مهندسی موفقیت داشته باشید.

۱۹. هر شش ماه یک‌بار، پروژه‌ی اندازه‌گیری رضایت مشتری، در سطح نمایندگی صورت گیرد. در این حالت نمایندگی را مشتری فرض کنید و رضایت ایشان را اندازه‌گیری کنید و علتهای نارضایتی را کشف کنید تا با روشهای منطقی، نسبت به رفع نارضایتیها تلاش شود.

۲۰. سنجش رضایت مصرف‌کنندگان نهایی نیز با مراجعات بدون برنامه‌ی قبلی و مذاکره و نظرسنجی از ایشان صورت گیرد.

نتیجه‌گیری

نمایندگی یکی از اجزای زنجیره‌ی ارزش‌آفرینی است و به عنوان آخرین حلقه در ارتباط با مشتری و مصرف‌کننده‌ی نهایی عمل می‌کند. برداشت مثبت یا منفی از نمایندگی، به حساب عملکرد بنگاه اقتصادی گذاشته می‌شود.

نگارنده در بررسیهای متعدد از بنگاههای مختلف، به معضلات متعددی برخورد کرده است که در دنیای رقابتی مانع دستیابی به هدفهای مشتری‌مداری می‌شوند. این معضلات در پنج عنوان که عبارتند از: انتخاب نامناسب نمایندگیها، آموزش نامناسب نمایندگیها، عدم نظارت و کنترل مناسب نمایندگیها، پشتیبانی نامناسب شرکت مادر از نمایندگیها، و از همه مهمتر نبود نگرش سیستمی و خانواده‌ی کاری بین بنگاه اقتصادی و نمایندگیها، جمع‌بندی شده‌اند و ضمن تشریح آنها، برای هر یک راهکارهایی ارائه شد.

فصل بیستم

▼

آمیزه‌ی ارتباطات و ترویج

این فصل با همین عنوان در نشـریه‌ی مهندسی تـبلیغات ــ بـهمن مـاه سـال ۱۳۸۵ منتشر شده است.

چکیده

با توجه به اهمیت روز افزون مشتری‌مداری و حفظ مشتریان برای رسیدن به اهداف بقا و توسعه‌ی بنگاههای اقتصادی، در این فصل یکی از ابزارهای مهم از مجموعه ابزارهای بازاریابی، یعنی آمیزه‌ی ارتباطات و ترویج مورد بررسی قرار گـرفته است و بـا ارائـه‌ی تعریفی از بازاریابی و مفهوم آن، و اهمیت ارتباطات برای نیل به هدفهای بازاریابی نوین، ارکان ۹ گانه‌ی فرایند ترویج و ارتباط مورد بازنگری و بررسی قرار مـی‌گیرد. هـمچنین ابزارهای پنجگانه‌ی ترویج شامل تبلیغ، پیشبرد فروش، روابط‌عمومی، فروش شخصی، و بازاریابی مستقیم تشریح شده‌اند.

مقدمه

هر چند گسترش و ارتقای فناوری، سرعت ارتباطات را به‌نحو چشمگیری افزایش داده، اما فزونی رقابت نیز بر پیچیدگی کسب‌وکـار افـزوده است و در ایـن مسیر بـنگاههای اقتصادی با بازنگری در سیاستها، استراتژیها، و تاکتیکهای خویش برای هماهنگ شدن با تحولات محیطی و دستیابی بهتر و مؤثرتر از گذشته به مشتریان تلاش می‌کنند و در این فضا، علم ارتباطات و بهره‌گیری اصولی و مؤثر از ابزارهای ارتباطی، بیش از پیش اهمیت یافته است.

- بازاریابی یک فرایند اجتماعی و مدیریتی است که به وسیله‌ی آن افراد و گروهها، خواستها و نیازهای خود را از طریق تولید و مبادله‌ی محصولات و ارزشها با یکدیگر برآورده می‌سازند. مـفهوم بـازاریـابی عـبارت است از شـناخت دقـیق نـیازها و

خواستهای مشتریان یک بازار هدف کاملاً تعریف شده، و ارائه‌ی محصول که می‌تواند کالا، خدمت، یا ترکیبی از هر دو باشد به آن بازار؛ به‌نحوی که بتوانیم نسبت به رقبا، ارزش بیشتری به مشتریان ارائه کنیم تا محصول مورد انتخاب آنان قرار گیرد و در بلندمدت نیز برای بنگاه اقتصادی سودآوری داشته باشد.

در تمام این فرایندها، ارتباطات مؤثر و دوطرفه بین شرکت و مشتری ضرورتی انکارناپذیر است. بازاریابی از تحقیق شروع می‌شود و تا رضایت مشتری ادامه می‌یابد و با سنجش رضایت مشتری که خود تحقیق دیگری برای اتخاذ تصمیمهای آتی است، این چرخه ادامه می‌یابد؛ پس بازاریابی فرایندی پویاست و به همین دلیل بازاریابی را «مدیریت تغییر» می‌نامند.

- بازاریابی یک علم است، بازاریابی علمی است درباره‌ی آزمایشگری، اندازه‌گیری، تجزیه‌وتحلیل، پالایش، و تکرار؛ باید آماده‌ی تغییر افکار خود باشید.
- شما باید بتوانید متناسب با میل بازار تغییر کنید. به عبارتی بازاریاب باید «بازارباب» باشد تا موفق شود. او باید در تمام مراحل با ایجاد و بسط ارتباطات مؤثر، همواره با مشتریان تعامل داشته باشد.
- آمیزه‌ی ارتباطات و ترویج که از چند ابزار تشکیل می‌شود، بخشی از آمیزه‌ی بازاریابی شرکت است که با هماهنگی با سایر ابزارهای تأثیرگذار بر مشتری نظیر محصول، قیمت، و توزیع، در فرایند متقاعدسازی مشتری عمل می‌کنند و در این بین نقش آمیزه‌ی ترویج برای آگاهی یافتن از مشتریان (شناسایی) و آگاهی دادن به آنها (شناساندن) حائز اهمیت است. آمیزه‌ی ترویج اثربخش که همگام با سایر ابزارهای بازاریابی عمل کند، در ذهنیت‌سازی مثبت نزد مشتریان مؤثر خواهد بود.
- کل آمیزه‌ی ارتباطات بازاریابی[1] را آمیزه‌ی ترویج و گسترش[2] می‌نامند که شامل ترکیبی ویژه از تبلیغ[3]، پیشبرد فروش[4]، روابط‌عمومی[5]، فروش شخصی یا فروش حضوری[6] و بازاریابی مستقیم[7] است که شرکت با بهره‌گیری از آنها می‌کوشد به هدفهای بازاریابی نائل شود.

---

1. Marketing Communication Mix
2. Promotion Mix
3. Advertising
4. Sales Promotion
5. Public Relation
6. Personal Selling
7. Direct Marketing

- این ابزارها باید با هدف مشخص و به‌طور هماهنگ مورد استفاده قرار گیرند تا منجر به افزایش تقاضا از شرکت و افزایش درآمد شوند.

ارتباطات بازاریابی یکپارچه این امکان را فراهم می‌سازد که تمام فعالیتهای پنجگانه‌ی ترویج و فرایند ارتباطات شرکت، در جهت هم‌توان‌افزایی یکدیگر و به صورت نگرش سیستمی عمل کنند تا ضمن افزایش اثربخشی ارتباطات، از خنثی کردن نتایج هم نیز جلوگیری کنند.

- ارتباطات را می‌توان جریانی دانست که طی آن دو یا تعداد بیشتری از افراد، به تبادل افکار، نظریات، احساسات، و عقاید می‌پردازند. شرکتها از طریق به‌کار بردن پیامهایی سعی می‌کنند رفتار دیگران را به‌نحوی تغییر دهند یا در آنها نفوذ کنند و از این راه موجب تحقق هدفهای سازمانی شوند. ارتباطات، واژه‌ی گسترده‌ای است که به صورت برنامه‌ریزی شده یا برنامه‌ریزی نشده اتفاق می‌افتد. مکان فروشگاه، تیپ ظاهری فروشنده، نحوه‌ی صحبت کردن او، تبلیغات شرکت، و... بر روی مشتریان تأثیر می‌گذارد. شلوغی بیش از حد بازار به منظور افزایش رقابت، ضرورت گسترش ارتباطات مؤثر را افزایش داده است. برای جلب توجه مشتریان در بازار شلوغ، نیاز به تلاش علمی بیشتر احساس می‌شود تا منجر به توجه، علاقه، تمایل، و خرید از سوی مشتری شده و با خدمات پس از فروش و پیگیریهای شرکت در راستای ارتقای رضایت مشتری، این ارتباط در زمانهای طولانی نیز ادامه داشته باشد.

- اگرچه شکل بازاریابی و روشها و رسانه‌های آن دگرگون شده‌اند، ولی اصول آن تغییر نیافته است. فرایند ارتباطی مدیریت بازار در ساده‌ترین وضعیت مناسب، وظیفه‌اش تبدیل خریدار بالقوه‌ی بی‌خبر از یک بنگاه تجاری و فراورده‌های (کالاها/ خدمات) آن، به یک مشتری آگاه، با شناخت، و عقیده‌مند است. تنها هنگامی که به این مرحله برسیم، می‌توان انتظار خرید داشت.

- این موارد در شکل صفحه‌ی بعد نشان داده شده است:

شکل ۱ . عملکرد نیروهای پیشبرنده و بازدارنده در فرایند شناساندن منجر به اقدام در مشتری

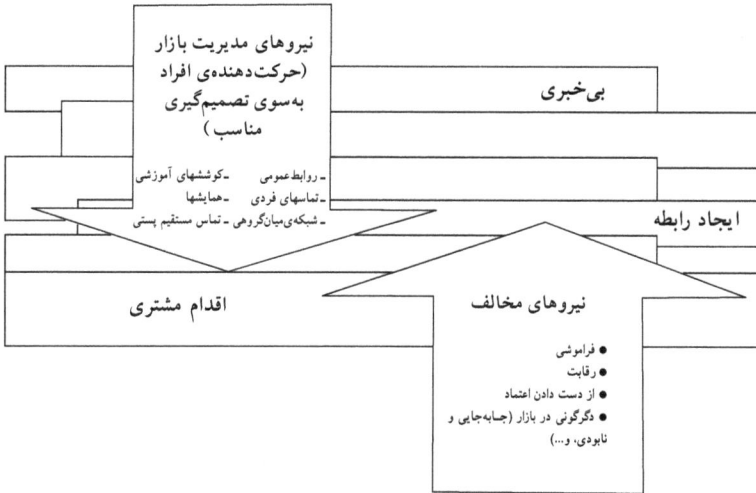

- گسترش رقابت از سویی و ارتقای فناوری از سوی دیگر، موجب تغییراتی در محیط ارتباطات شده‌اند که مهم‌ترین آنها عبارتند از:
  ✓ فاصله گرفتن از روشهای بازاریابی انبوه
  ✓ افزایش سرمایه‌گذاری در بازاریابی بخش‌بندی شده با بهره‌گیری از ICT
  ✓ گسترش مسائل اخلاقی در تبلیغات
  ✓ نظارت بیشتر دولتها برای ممانعت از تبلیغات گمراه‌کننده
  ✓ ارتباط بیشتر بین نگرش علمی و نگرش هنری تبلیغ

ارکان اصلی تشکیل‌دهنده‌ی فرایند ارتباطات

هر ارتباطی می‌تواند از ۹ رکن تشکیل شود که عبارتند از:

۱. **فرستنده یا دهنده‌ی پیام:** منظور فرد یا شرکتی است که پیام را برای یک مخاطب حقیقی یا حقوقی ارسال می‌کند.

۲. **به رمز درآوردن پیام:** فرایندی است که بدان‌وسیله، اندیشه یا فکر را به شکل نمادین درمی‌آورند. برای مثال تبلیغ چند سال گذشته‌ی لاستیک دنا که در آن یک آپاراتچی می‌گفت: «هر چه می‌خرید بخرید، فقط دنا نخرید.»

۳. **پیام:** مجموعه‌ای از نمادهایی که دهنده‌ی پیام منتقل می‌کند. برای مثال در همان تبلیغ لاستیک دنا، منظور گوینده این بود که چون کیفیت لاستیک دنا بالاست، بنابراین پنچر نمی‌شود و من آپاراتچی با کمبود کار مواجه می‌شوم و به صورت غیرمستقیم مزیت ادعا شده‌ی لاستیک دنا را به مخاطب منتقل می‌کرد.

۴. **رسانه:** شبکه‌های ارتباطی که بدان‌وسیله پیام از دهنده‌ی آن به گیرنده داده می‌شود.

روزبه‌روز بر تعداد رسانه‌ها افزوده می‌شود؛ در حال حاضر تلویزیون، رادیو، روزنامه، مجله، اتوبوس آگهی، دیوارنویسی، و... تا پیامک[1] همگی به عنوان رسانه عمل می‌کنند. البته باید توجه داشت که با توجه به نوع مخاطب و نوع محصول، و همچنین ویژگی پیام، باید انتخاب رسانه‌ی مناسب در دستور کار شرکتها قرار گیرد. برای مثال، در حالی که در بازار صنعتی تعداد کل شرکتهایی که مشتریان بالفعل و بالقوه‌ی یک بنگاه اقتصادی هستند کمتر از ۵۰۰ مورد است، استفاده از رسانه‌ی پرپوشش و پرهزینه‌ای چون تلویزیون منطقی نیست بلکه، باید از ابزارهایی چون لوح فشرده[2]ی تبلیغاتی مناسب، سمینار، کنفرانس، و نمایشگاه استفاده کرد.

۵. **گیرنده‌ی پیام:** گیرنده همان مخاطب شرکت است که می‌تواند مشتریان و یا حتی واسطه‌ها نظیر خرده‌فروشان باشد.

۶. **از رمز خارج کردن پیام:** رمزگشایی فرایندی است که به وسیله‌ی آن دریافت‌کننده‌ی پیام، به نمادهایی معنی می‌دهد که به‌وسیله‌ی فرستنده‌ی پیام به صورت رمز درآمده است. لازم به ذکر است که شرکتها در همه جا نیاز به استفاده از رمز و در نتیجه رمزگشایی از سوی مخاطب ندارند. برای مثال در جایی که مشتریان طبقات عامی جامعه را شامل می‌شوند و احتمال دارد برداشتی غیر از

---

1. SMS   2. CD

آنچه را که مدنظر شرکت است داشته باشند، رمزگذاری صحیح نیست. در واقع رمزگذاری برای این است که مشتری را وادار به تمرکز روی موضوع و در نتیجه جلب توجه بکند و بدیهی است دستیابی به این مقصود در تمام طبقات اجتماعی امکان‌پذیر نیست.

۷. **واکنش:** واکنشی که دریافت‌کننده‌ی پیام پس از قرارگرفتن در معرض پیام از خود نشان می‌دهد.

واکنشها را می‌توان به دو دسته‌ی مثبت و منفی تقسیم کرد. واکنشهای مثبت که می‌توانند مشتری را به سوی شرکت روانه کنند نیز به نوبه‌ی خود به دو دسته‌ی آنی و آتی تقسیم می‌شوند. واکنشهای آنی آنهایی هستند که از سوی مخاطبان در زمان اندکی پس از پخش پیام صورت می‌گیرد؛ بدیهی است این نوع واکنش اگر مثبت باشد، منجر به حرکت و اقدام مشتری برای دریافت اطلاعات بیشتر از محصول و ابتیاع آن می‌شود. اما واکنشهای آتی آنهایی هستند که مشتری را تحت تأثیر قرار می‌دهند، درحالی‌که او در آن زمان نیاز به این محصول ندارد. بنابراین واکنش آتی زمانی اتفاق می‌افتد که زمان احتیاج مشتری فرا رسد که ممکن است حتی مدت زمان مدیدی پس از دریافت پیام باشد.

۸. **بازخورد کردن نتیجه:** بخشی از واکنش دریافت‌کننده‌ی پیام است که دوباره به دهنده‌ی پیام برمی‌گردد. برای مثال یکی از شرکتهای تولیدکننده‌ی محصولات غذایی در چند سال قبل، تبلیغات فراوانی داشت که با بازخورد مشتریان مبنی بر اینکه شما از ما پول زیادی می‌گیرید که این همه تبلیغ می‌کنید روبه‌رو شد. این شرکت با اقدامی صحیح و تغییر در بسته‌بندی و کم کردن تبلیغ، ضمن پاسخ به صدای مشتری، با ایجاد تنوع و حرکت اصولی در بازار عمل کرد.

۹. **شلوغی یا سر و صدا:** مخدوش شدن فرایند ارتباطات هنگامی برای پیام مخابره‌شده اتفاق می‌افتد که دریافت‌کننده‌ی پیام، چیزی متفاوت از آنچه را دریافت کند که پیام‌دهنده ارسال کرده است. شلوغی یا پارازیت می‌تواند به دو دسته‌ی آگاهانه یا اتفاقی تقسیم‌بندی شود.

سکاکی، پژوهشگر ایرانی، الگوی تشریحی اجزای ارتباط را در شکل صفحه‌ی بعد نشان داده است:

شکل ۲. الگوی تشریحی اجزای ارتباط

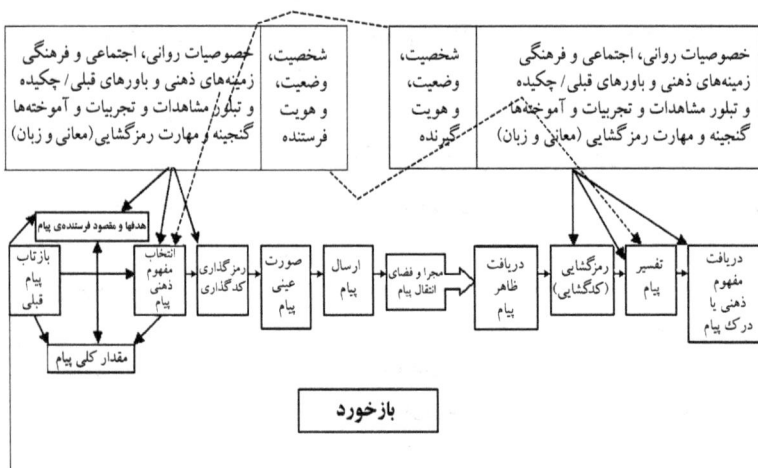

آمیزه‌ی ترویج و گسترش

■ هر چند که در برقراری ارتباط بین شرکت و مشتری، ابزارهای مختلفی نظیر محصول (طرح، رنگ، بسته‌بندی، شکل، و برند)، قیمت، و حتی محل فروشگاه یا دفتر یک شرکت نقش دارند و پرداختن به تمام آنها در جای خود ضروری و مهم است، اما آمیزه‌ی ارتباطات یا ترویج شامل ابزارهای پنجگانه‌ای است که شامل تبلیغات، روابط‌عمومی، فروش شخصی، پیشبرد فروش، و بازاریابی مستقیم هستند.

از لحاظ تئوریهای اقتصادی، هدف اصلی فعالیتهای ترویج عبارت است از تغییر محل و شکل منحنیهای تقاضا و درآمد برای محصولات شرکت به‌طور اساسی، و ترفیعات، یا ارتقا که عبارت است از مجموعه فعالیتهای اطلاع‌رسانی، ترغیب و اثرگذاری که این سه کاملاً به هم مربوطند. مهمترین روشهای به کار گرفته شده برای ترفیع نیز عبارتند از: فروش حضوری، روابط‌عمومی، تبلیغات، و پیشبرد

فروش که منظور از پیشبرد فروش، هماهنگ کـردن و فـراهـم کـردن فـعالیتهای فروش حضوری و تبلیغات است.

تبلیغات و پیشبرد فروش به مجموعه‌ی اطلاعاتی اطلاق می‌شود کـه کـالا را در بازار هدف به فروش برساند و هدف تعیین شده را تحقق بخشد یا حجم فروش را افزایش بدهد.

کاتلر و آرمسترانگ[1]، بـه‌جای عبارت «فعالیتهای ترفیعی و تشویقی» از عبارت «عناصر پیشبردی» استفاده کردند. آنان در مورد این عناصر و هدف شـرکتها از به‌کارگیری آنها چنین می‌گویند:

برنامه‌ی کامل ارتباطی بازاریابی یک شرکت، ترکیب عناصر پیشبردی آن شرکت نام دارد. این برنامه از ترکیب معینی از تبلیغات غیرشخصی، تبلیغات پیشبرد فروش، روابط‌عمومی، و فروشندگی شخصی تشکیل می‌شود و این ترکیبی است که شرکت برای نیل به هدفهای تبلیغاتی و بازاریابی خود از آنها استفاده می‌کند.

ابزارهای پنجگانه‌ی اصلی ترویج وگسترش به‌شرح زیر تعریف می‌شوند:

تبلیغات غیرشخصی: هرگونه ارائه و تبلیغات غیرشخصی ایده‌ها، کالاها، یا خدمات، که از سوی یک واحد تبلیغاتی انجام شـود و مستلزم پرداخت هـزینه‌ی تبلیغات بـاشد، تبلیغات غیرشخصی نام دارد.

تبلیغات پیشبرد فروش: محرکهای کوتاه‌مدتی هستند که برای تشویق بـه خـرید یـا فروش کالاها و خدمات به کار می‌روند.

روابط‌عمومی: ایجاد مناسبات مطلوب با جوامع مختلفی است که با شرکت سروکار دارند و از طریق کسب شهرت خوب، تصویر ذهنی کلی مطلوب، و برخورد مناسب یا برطرف کردن مشکلات، شایعات، روایات، و وقایع نامطلوب حاصل می‌شود.

فروشندگی شخصی: معرفی شفاهی است به صورت مذاکره‌ی حضوری با یک یا چند خریدار احتمالی به قصد فروش.

بـازاریـابی مستقیم: شـامل ارتباطات مستقیمی است کـه شـرکت بـا یکایک مصرف‌کنندگان مورد هدف برقرار می‌کند تا از واکنش آنی آنها آگاه شود.

---

1. Kotler & Armstrong

تبلیغات: تبلیغات تجاری، شکلی از ارتباط غیرشخصی است که در ازای پرداخت پول به‌وسیله‌ی یک حامی مالی مشخص، با استفاده از رسانه‌های گروهی، برای ترغیب مخاطب یا تأثیرگذاری بر او صورت می‌گیرد.

تبلیغات امر پیچیده‌ای است و شامل تبلیغات نام تجاری، تبلیغات خرده‌فروشی، تبلیغات سیاسی، تبلیغات کتاب راهنما، تبلیغات پاسخ مستقیم (نظیر پست مستقیم)، تبلیغات کسب‌وکار به کسب‌وکار[1]، تبلیغات مؤسسه‌ای یا نهادی، تبلیغات خدمات عمومی (نظیر تبلیغات راهنمایی و رانندگی)، و تبلیغات تعاملی (نظیر صفحات وب، و...) می‌شود.

ماکس ساترلند، رئیس سابق انجمن تحقیق بازار استرالیا (ان. اس. دبلیو[2])، در جمع‌بندی پایانی کتاب «روانشناسی تبلیغات تجاری» آورده است:

واقعیت آن است که تعداد تبلیغهایی که با شکست روبه‌رو شده‌اند، بیشتر از تعداد آنهایی است که خیلی موفق می‌شوند. اکثریت بالایی از تبلیغات در بهترین وضع، تأثیر پیش‌پاافتاده‌ای دارند.

نگارنده در مقاله‌ای با عنوان «تبلیغات و آسیب‌شناسی آن در بازار ایران» (که در مجله‌ی عصر تبلیغات و بازاریابی ـ شماره‌ی ۵ چاپ شده است)، دلایل شکست و نارسایی تبلیغات در بازار ایران را مورد بررسی قرار داده است.

با تمام اینها هنوز هم مؤثرترین ابزار ترویج در بازارهای مصرفی خصوصاً ایران، تبلیغات است. تبلیغات نیرومندترین ابزار آگاهی‌بخش در شناساندن یک شرکت، کالا، خدمت، یا اندیشه و دیدگاه است. البته تبلیغات هنگامی به‌خوبی کارساز است که محدود به بازار هدف باشد و با شناخت دقیق از ویژگیها و خصوصیات آن بازار صورت گرفته باشد.

■ بر انتخاب مؤسسه‌ی تبلیغاتی واجد شرایط که با بهره‌گیری از نظرات متخصصان بازاریابی فعالیت می‌کند تأکید می‌شود. سرجیو زیمن، مدیر پیشین بازاریابی کوکاکولا، می‌گوید یک مؤسسه‌ی واحد نمی‌تواند تمامی نیازهای مربوط به همه‌ی نامهای تجاری را تأمین کند. یک اندازه‌ی واحد، قطعاً مناسب هم نیست. به مؤسسات تبلیغاتی خود خوب پول پرداخت کنید تا بتوانند منابع لازم را برای جذب استعدادهای مفید داشته باشند ولی از آنها نتایجی را بخواهید که دقیقاً قابل اندازه‌گیری باشند.

---

1. B2B 2. N. S. W.

همان‌طور که اشاره شد، کاتلر و آرمسترانگ، مؤلفان برجسته‌ی کتاب «اصول بازاریابی»، آگهی تبلیغاتی را چنین تعریف کرده‌اند: «هر گونه ارائه و پیشبرد غیرشخصی ایده‌ها، کالاها، و خدمات که از سوی شخص یا مؤسسه‌ی معینی انجام می‌شود و مستلزم پرداخت هزینه است». کاتلر در جای دیگری در مورد تبلیغات می‌گوید: «نیرومندترین ابزار آگاهی‌بخش در شناساندن یک شرکت، کالا، خدمت، یا اندیشه و دیدگاه است».

پرویز زارعی نیز در سال ۱۳۴۹ آگهی را چنین تعریف کرده است:

«آگهی عبارت است از شناساندن مؤسسه‌ی اقتصادی و معرفی جزئیات محصول به گروه‌های مصرف‌کننده، به قصد نهایی دعوت ایشان برای مراجعه به بنگاه و مصرف محصولات آن».

همان‌طور که می‌بینیم با وجود اختلاف زمانی بیش از ربع قرن، تغییر اساسی در تعریف آگهی صورت نگرفته و فقط ملحقاتی به آن اضافه شده است. تعبیر احمد روستا و همکاران نیز چیزی شبیه به همین تعابیر است: «تبلیغات عبارت است از ارتباط و معرفی غیرشخصی محصول یا خدمات، از طریق حامل‌های مختلف در مقابل دریافت وجه برای مؤسسات انتفاعی یا غیرانتفاعی یا افرادی که به‌نحوی در پیام مشخص شده‌اند». حسن اسماعیل‌پور و کامل کمالی نیز از تعریف کاتلر برای معنای آگهی استفاده برده‌اند:

«امر تبلیغات بازرگانی به تصمیم‌گیری در پنج محور پیوند می‌یابد: رسالت تبلیغ، پیام، رسانه، هزینه و بودجه، و ارزیابی نتیجه».

پیشبرد فروش

به نظر می‌رسد دیدگاه‌های مربوط به پیشبرد فروش، نسبت به بقیه‌ی عوامل آمیخته‌ی بازاریابی از یک‌دستی بیشتری برخوردارند. کاتلر و آرمسترانگ در تعریف پیشبرد فروش گفته‌اند: مهارت‌های کوتاه‌مدتی هستند که برای تشویق خریداران به خرید یا فروش کالا یا خدمات مورد استفاده قرار می‌گیرند.

انواع برنامه‌های پیشبرد فروش شامل موارد زیر است:

انواع تخفیفات در قیمت برای مصرف‌کننده و تخفیفات تجاری، ارائه‌ی کوپن، ارائه‌ی نمونه‌ی رایگان، هدایای درون محصول و هدایای جداگانه، شرکت در قرعه‌کشی،

نمایش در محل خرید، بسته‌های حاوی چند محصول با تخفیف، تخفیفات در قالب برگشت بخشی از قیمت پس از خرید، جایزه برای مشارکت در مسابقه‌ها، جایزه و تخفیفات به مشتریان همیشگی.

احمد روستا و همکاران و حسن اسماعیل‌پور و همچنین کامل کمالی، همگی تعریف کاتلر و آرمسترانگ را پذیرفته‌اند و در مکتوبات خود آن را نقل کرده‌اند. منبع دیگری نیز همان تعریف را با کمی تغییر چنین آورده است: پیشبرد فروش یا ترویج فروش، به معنی استفاده از روشها یا وسایلی است که در کوتاه‌مدت بتواند مصرف‌کننده را نسبت به انتخاب کالا یا خدمات خاصی، همچنین بنگاه یا نام تجاری خاصی، تشویق و ترغیب کند.

در اهمیت پیشبرد فروش، کاتلر چنین می‌گوید: بسیاری از تبلیغات بازرگانی با شتاب بر فروش اثر نمی‌گذارند. کارایی تبلیغ بیشتر بر اندیشه و مغز انسانهاست تا رفتار آنها، ولی هنگامی که مشتریان از جریان فروشی ویژه، پیشنهاد خرید چند واحد از کالا با قیمت یک واحد، جایزه بردن، یا دریافت هدیه باخبر شوند، دست به اقدام می‌زنند.

روند اجرای پیشبرد فروش لجام گسیخته رو به افزایش است. در گذشته، شرکتها تا ۳۰ درصد بودجه‌ی ترویجی خود را در زمینه‌ی پیشبرد فروش هزینه می‌کردند؛ اکنون سهم این بخش از محورهای ترویج به ۷۰ درصد رسیده است.

طی سالهای گذشته، رو آوردن بنگاههای اقتصادی ایران به استفاده از شیوه‌های پیشبرد فروش نظیر جایزه گذاشتن و قرعه‌کشی، سرعت سرسام‌آوری یافته است، اما متأسفانه بیشتر آنها کارکرد اصلی پیشبرد فروش را فراموش کرده‌اند. باید تأکید کرد که در عصر رقابتی، هیچ چیز جای کیفیت را نمی‌گیرد. میزان آگاهی مشتریان به دلیل استفاده از فناوری و نیز ترویج گسترده‌ی بنگاههای اقتصادی با شناساندن ارزشهای ارائه شده به مشتری، روزبه‌روز افزایش می‌یابد؛ از این‌رو مشتریان خواهان کیفیت برتر در شرایط یکسان بودن قیمت هستند. باید بنگاههای اقتصادی نخست روی کیفیت سرمایه‌گذاری کنند و با پیشبرد فروش، مشتریان را علاقه‌مند کنند که یکبار محصول آنها را بخرند و با چنان کیفیتی مواجه شوند که دفعات بعد به خاطر خود محصول خرید کنند نه به خاطر جوایز آن. ولی وقتی کیفیت پایین است، پیشبرد فروش با گول‌زدن مشتری قرین خواهد شد و خود به عامل ضد تبلیغ تبدیل می‌شود.

برای اجرای یک برنامه‌ی پیشبرد فروش خوب، در مرحله‌ی نخست باید انـدازه‌ی جایزه یا مشوق مشخص شود و سپس شرایط مشارکت در برنامه‌ی پیشبرد فروش تعیین شود. به عبارتی باید مشخص شود چه کسانی از مزایای برنامه‌ی پیشبردی مـی‌تواننـد استفاده کنند. در قسمت سوم، برنامه‌ی مورد نظر و شیوه‌ی توزیع آن مشخص می‌شود و در مرحله‌ی بعد، طول مدت و زمانبندی اجرای برنامه تعیین می‌شود. سپس بودجه‌ی کل برنامه مشخص خواهد شد و در نهایت شیوه‌ی اجرا و برنامه‌ی ارزیابی پس از اجرای برنامه‌ی پیشبرد فروش، طراحی و مشخص می‌شود.

روابط‌عمومی

کاتلر و آرمسترانگ در این باره می‌گویند: روابط‌عمومی یکی دیگر از ابزارهای تبلیغاتی پیشبردی اصلی به شمار می‌رود. روابط‌عمومی ایجاد مناسبات مطلوب بـا جـوامع مختلفی است که با شرکت سروکار دارند. این مناسبات و روابط مطلوب، از طریق کسب شهرت خوب، ایجاد یک رفتار مناسب (ذهنیت کلی مطلوب)، رفع مشکلات، شایعات، شکـایات و وقـایع نـامطلوب امکان‌پذیر خواهـد شـد. قبلاً بـه بازاریابی از طریق روابط‌عمومی، «ایجاد اشتهار» می‌گفتند.

احمد روستا و همکاران، تعریفی مشابه کاتلر را با کمی تغییر چنین آورده‌اند: ایجاد تقاضا با ارائه‌ی اخبار شایان توجه در رسانه‌ها، بدون پرداخت هزینه. و در جای دیگر چنین آورده‌اند: تشویق غیرشخصی، تقاضا برای یک محصول، خدمت، یا واحد تجاری از طریق درج اخبار تجاری بااهمیت و مثبت در یک رسانه‌ی انتشاراتی، یا پخش آن از رادیو و تلویزیون، بدون اینکه سازمان ذی‌ربط پولی پرداخت کند. حسن اسماعیل‌پور نیز روابط‌عمومی را چنین تعریف می‌کند: ایجاد و ارتباط خوب بـا اقشـار مـختلف مـردم، ایجاد ذهنیت مثبت در مورد شرکت، و از بـین بـردن شـایعات و غیره، روابط‌عمومی خوانده می‌شود.

کامل کمالی نیز همان تـعریف حسن اسـماعیل‌پور را بـرگزیده است. کاتلر بـرای روابط‌عمومی نقشی فراتر از تبلیغات و پیشبرد فروش قائل است و چـنین مـی‌گوید: هنگامی که کار تبلیغات و پیشبرد فروش در خصوص فراورده‌هایی کم اثر شـود، بـاید دست به دامان روابط‌عمومی بازاریابی شد.

ابزارهایی که در روابط‌عمومی مورد استفاده قرار می‌گیرند عبارتند از:

ـ **نشریات:** مجله‌ی ویژه‌ی شرکت، گزارش سالانه، بروشورهای سودمند، و...

ـ **موقعیتها:** رخدادهای هنری، پشتیبانی از قیمتها و مسابقه‌های ورزشی، نمایشگاهها، و...

ـ **اخبار:** پخش خبرهای سودمند و خوب درباره‌ی شرکت، کارکنان، فراورده‌ها، و...

ـ **مشارکت در فعالیتهای اجتماعی:** اختصاص وقت و بودجه به نیازمندیهای محلی و...

ـ **شناساندن سازمان:** پخش نوشت‌افزار با نام شرکت، کارتهای نام و نشان، پوشاک با نام و آرم شرکت، و...

ـ **فعالیتهای پیشبرد قانونگذاری:** کوشش در راه تصویب قانونهایی که به سود شرکت باشند و همچنین جلوگیری از تصویب قانونهایی که به زیان شرکت و صنعت مربوط به آن هستند.

بودجه و هزینه‌های روابط‌عمومی بیشتر صرف ایجاد دید مثبت در جامعه و بازار هدف برای شرکت می‌شود.

کاتلر می‌گوید: من انتظار دارم که شرکتها هزینه‌های خود را از تبلیغات به سمت روابط‌عمومی جابجا کنند. تبلیغات در حال از دست دادن اثربخشی پیشین خود است. به دلیل افزایش فزاینده‌ی قطعه‌قطعه شدن مخاطبان، دسترسی به مخاطبان انبوه دشوار شده است.

روابط‌عمومی یا تبلیغات غیرمستقیم، تأییدی است که نهایتاً از سوی دیگران برای شرکت و محصولات آن صورت می‌گیرد و باید پذیرفت که اثر تأیید، رفته‌رفته از اثر تبلیغ بیشتر می‌شود.

مدیران موفق در صنعت و بازرگانی امروز به روابط‌عمومی سازمان خود اهمیت ویژه‌ای می‌دهند. آنها در جستجوی برتری، خلاقیت، و ابتکار عمل هستند و کارشناسان ورزیده و مبتکر روابط‌عمومی را به کار می‌گیرند تا از کنشها و واکنشهای جامعه‌ی پیرامون خود آگاهی یابند.

واحد روابط‌عمومی شرکت شما در حقیقت دو وظیفه‌ی اساسی دارد که عبارتند از:

گسترش خوشنامی شرکت با به‌کارگیری ابزارهای غیرمستقیم نظیر ارتباط با خبرنگاران، استادان دانشگاه، حرکتهای عام‌المنفعه، و... و خنثی‌سازی شایعات بد علیه شرکت با هشیاری و واکنش به‌موقع و با بهره‌گیری از ابزارها و شیوه‌های اثربخش.

روابط‌عمومی، کارکردی مدیریتی است که سازمانها را قادر می‌سازد تا با درک عقاید، نگرشها و ارزشهای مخاطبان خود، به روابطی اثربخش با آنها دست یابند.

برای به‌کارگیری روابط‌عمومی، ابتدا هدفهای بلندمدت مشخص می‌شود، سپس پیامهای مورد نظر و رسانه‌های مورد استفاده تعیین می‌شود. آنگاه برنامه‌های تعیین‌شده به اجرا در می‌آیند، و در پایان به ارزیابی نتایج می‌پردازند.

فروش شخصی ـ حضوری

احمد روستا و همکاران چنین می‌گویند: فروش حضوری عبارت است از انتقال اطلاعات درباره‌ی محصول، خدمت، ایده، و نظایر اینها به مشتریان، به‌منظور متقاعد کردن آنها برای خرید.

تعریف کاتلر و آرمسترانگ به گونه‌ای دیگر است: فروشندگی شخصی، معرفی شفاهی است به صورت مذاکره‌ی حضوری با یک یا چند خریدار احتمالی، به قصد فروش. حسن اسماعیل‌پور نیز همین تعریف را پذیرفته است. کاتلر و آرمسترانگ در قالب بررسی فروشندگی شخصی، به توضیح اقسام فروش شخصی پرداخته‌اند و می‌گویند: اصطلاح فروشنده به مشاغل بسیار متنوعی اطلاق می‌شود که وجوه افتراق آنها بیش از وجوه اشتراکشان است.

بازاریاب یا فروشنده‌ی حرفه‌ای کسی است که هنر و دانش کافی برای موفقیت در بازارهای رقابتی و پیچیده‌ی امروزی دارد. فروشندگان موفق دارای تحصیلات عالی یا آموزشهای حرفه‌ای هستند که می‌توانند روابطی بلندمدت با مشتریان ایجاد و آنها را حفظ کنند. آنها از طریق گوش دادن به مشتریان، ارزیابی نیازهای آنها، و سازماندهی تلاشهای شرکت برای حل مسأله‌های مشتری و تأمین نیازهای او، می‌کوشند روابطی محکم با او برقرار کنند. ایجاد رابطه‌ی قوی با مشتری یکی از شاخصهای مهم ارزیابی فروشندگان موفق است که موجب حفظ، نگهداری، و رشد دادن مشتری و نهایتاً سودآوری بلندمدت شرکت می‌شود. فروش یک رابطه‌ی بلندمدت با مشتری است.

فروشندگان موفق با انجام معامله، مشتریان را فراموش نمی‌کنند. آنها می‌دانند بهترین راه برای گرفتن سفارش این است که با مشتریان، روابطی بلندمدت و محکم برقرار کنند.

یکی از پرهزینه‌ترین ابزار ارتباطی در بازاریابی، بهره‌گیری از نیروی فروش شرکت است که برای جلب خشنودی مشتریان تازه به سفرهای کوتاه و بلندمدت می‌روند. از این رو در استخدام فروشندگان باهوش و مناسب باید با دست و دلبازی اقدام کرد. البته فروش شخصی و حضوری کاری دشوار است و تنها با ظاهر مناسب و لبخند فروشنده پیش نمی‌رود. فراورده‌ها باید خوب و باکیفیت باشند و فروشنده نیز در تنظیم و پیشبرد پیشنهادهای خود با آگاهی و ابتکار عمل کند. در فروش حضوری، اصول و فنون مذاکره همراه با تحلیل رفتاری کاربرد دارند. فروش حضوری بیشترین تأثیر را از بین روشهای ترویج در بین بازرگانان شرکتها و دولت دارد. در فروش حضوری رابطه دوطرفه است.

جریان فروش شخصی، طی هفت مرحله به‌شرح زیر اجرا می‌شود:

- جستجو برای یافتن مشتریان بالقوه
- ایجاد آمادگی اولیه
- برقراری تماس
- عرضه و معرفی محصول
- رفع موانع و مخالفتها
- بستن قرارداد و انجام فروش
- پیگیری

بازاریابی مستقیم

اکنون بازار به گروهی از بازارهای کوچک شکسته شده است و در نتیجه رسانه‌های تازه و گوناگون به میدان آمده و فعالیت می‌کنند. جمله‌های تخصصی فراوان به وجود آمده‌اند که هر کدام آگهیهای تبلیغاتی ویژه‌ای را به گروه مخاطب خود می‌رسانند. رسانه‌های پیشرفته‌ای همچون تلویزیونهای کابلی، ارتباطات ماهواره‌ای، و شبکه‌های رایانه‌ای، نه تنها بخش‌بندی کوچک مینیاتوری را در بازار فراهم کرده‌اند که بازاریابی یک‌نفره به

کمک شبکه و رایانه‌های شخصی هم امکانپذیر شده است. بسیاری از شرکتها، پایگاه داده‌پردازی گسترده‌ای دارند که نام و نشان هزاران و حتی میلیونها مشتری را در خودگرد آورده‌اند.

- بازاریابی تک‌به‌تک، مدیریت ارتباط با مشتری، مدیریت ارتباط شرکت، صمیمیت با مشتری، بازاریابی در لحظه (آنی)، مدیریت ارتباطات، و بازاریابی ارتباطات، همگی اسامی مشابهی هستند که بر مفهوم «ایجاد و مدیریت بر رابطه‌ی فردی با تک‌تک مشتریان» تکیه دارند. در بازاریابی تک‌به‌تک، به جای نمونه‌برداری از مشتریان، با کمک سه نوع از ابزارهای فناوری کامپیوتر، یعنی پایگاه داده‌ها، تعامل، و تولید انبوه سفارشی، می‌توان رابطه‌ای را برقرار ساخت که بر مبنای آن ادعا کرد که مشتری را کاملاً شناخته‌ایم، زیرا اطلاعات وی در پایگاه داده‌های فروشنده قرار دارد و بنابراین قادر به جوابگویی نیازهای وی هستیم. فرایند اجرای برنامه‌ی بازاریابی تک به تک شامل مراحل زیر است:
  1. مشتری خود را بشناسید.
  2. مشتریان خود را متمایز کنید (از نظر تفاوت ارزشی در نزد فروشنده و تفاوت در نیازهایشان).
  3. با مشتریان خود تعامل داشته باشید.
  4. بعضی از رفتارهای سازمان خود را با مشتری تطبیق دهید.
- برای اجرای مفهوم تک به تک ضروری است که شرکتها کل کسب‌وکار خود را از دیدگاه مشتری مورد بازنگری قرار دهند.
- با پیدایش و گسترش اینترنت، بازاریابی و تجارت الکترونیکی رشد نجومی در پیش گرفته است. اگرچه تور جهانگستر وب تنها یکی از کانالهای ارتباطی است، ولی چنان می‌نماید که به‌زودی به بزرگترین و کارآمدترین روش ارتباطات بازاریابی تبدیل خواهد شد. به‌رغم راه درازی که تا همه‌گیر شدن اینترنت در سراسر جهان داریم، هر سازمانی باید دست‌کم گونه‌ای از برنامه‌ی مشروط و مقدماتی را برای بهره‌گیری و پیگیری تحولات این نورسیده داشته باشد.

کاتلر، اجزای ترفیع و تشویق را در زیرمجموعه‌ی هر یک از ابزارهای پنجگانه‌ی آمیزه‌ی ترویج در شکل صفحه‌ی بعد نشان داده است:

شکل ۳. اجرای ترفیع و تشویق

تبلیغات	پیشبرد فروش	روابط‌عمومی	نیروی فروش	بازاریابی مستقیم
- آگهیهای چاپی و رادیو و تلویزیون - رویه‌ی بیرونی بسته‌بندی - یادداشتهای درون بسته‌بندی - فیلمهای سینمایی - دفترچه‌ها و بروشورها - پوسترها و برگهای آگهی - راهنماهای چاپ - تابلو آگهیهای دیواری - تابلو آگهیهای خیابانی - ویترینهای فروش - آرمها و نهادها - نوارهای ویدیوئی	- مسابقه‌ها، بازیها، لاتاری - هدیه‌ها، پاداشها - دادن نمونه - نمایشگاههای بازرگانی -کارناوال فروش -کوپنهای ویژه‌ی تخفیف - اعطای اعتبار کم‌بهره -میهمانیها و پذیراییها -پاداشهای خرید ویژه -برنامه‌های ارتباط پیوسته - وابسته کردن مشتری	-گزارشهای مطبوعاتی - سخنرانیها - همایشها -گزارش سالیانه - پرداخت به سازمانهای خیریه - برنامه‌های حمایتی (از تیمهای ورزشی) - انتشارات - روابط اجتماعی -اقدامهای پیشبردقانونگذاری - نشریه‌ی ویژه‌ی سازمان -فعالیت در موقعیتهای ویژه	- اجرای برنامه‌های فروش - دیدارهای ویژه‌ی فروش -برنامه‌های پاداش‌دهی - عرضه‌ی نمونه‌ها -فعالیت در نمایشگاهها	- با کاتالوگ - با پست - تلفنی -فروش الکترونیکی -فروش تلویزیونی -فروش با کمک نمابر -فروش با پست الکترونیکی -فروش با پست‌آوایی

نتیجه‌گیری

باید پذیرفت که در دنیای پیچیده‌ی رقابتی عصر حاضر که به صورت دائم بر پیچیدگی آن افزوده می‌شود، دیگر نمی‌توان منتظر شد تا مشتریان همانند گذشته به سراغ بنگاههای اقتصادی بیایند و حتی در صفهای طولانی، انتظار دریافت محصول را بکشند بلکه، این شرکتها هستند که باید بستر ایجاد ارتباط تعاملی و دوطرفه بین شرکت و مشتری را فراهم سازند. شرکتها باید با بهره‌گیری از علوم مختلف از جمله بازاریابی و فناوری اطلاعات، در شناساندن خویش به مشتریان تلاش کنند و همچنین فضایی را فراهم سازند تا هر زمانی که مشتریان علاقه به ارتباط با شرکت داشتند، به‌راحتی این ارتباط برقرار شود. بدیهی است این منظور (ارتباط مؤثر) افزون بر هزینه، نیاز به طرز تفکر شایسته‌ی مدیران عالی سازمان دارد که در راستای آن تصمیم‌گیری و اقدام می‌کنند.

ارتباطات را مدیریت فرایند خرید مشتری در بلندمدت می‌نامند و مطلع بودن از نظرات مشتریان، امیال، و آرزوهای آنها و حتی انتقادات و پیشنهادات آنها، برای هر چه نزدیکتر شدن به ایشان ضرورتی انکارناپذیر است. در این فصل ضمن تشریح نکات فوق، ارکان مختلف ارتباطات و ابزارهای متفاوت آمیزه‌ی ترویج مورد بررسی قرار گرفتند.

فصل بیست‌ویکم

تبلیغات و آسیب‌شناسی آن در بازار ایران

این فصل با همین عنوان در نشریه‌ی عصر تبلیغات و بازاریابی شماره‌ی ۵ منتشر شده است.

چکیده

تبلیغات یکی از مهم‌ترین ابزارهای برقراری ارتباط با مشتریان و سایر مخاطبان در فضای رقابتی عصر حاضر است. تبلیغ معرفی کالا یا خدمات، به‌وسیله‌ی شیوه‌های غیرشخصی با مسئولیت فرد یا سازمان است. البته این کارکرد تبلیغ، افزون بر محصولات انتفاعی مورد استفاده‌ی مؤسسات غیرانتفاعی نیز قرار می‌گیرد. متأسفانه به دلایل مختلف از جمله نگرش بعضی از مدیران بنگاه‌های اقتصادی، عملکرد نامناسب خیلی از شرکت‌های تبلیغاتی فاقد تخصص، و... در بسیاری از موارد تبلیغات صورت گرفته با اثربخشی مطلوبی همراه نبوده است. در این فصل، تبلیغات در بازار ایران از جنبه‌های مختلف مورد بررسی و آسیب‌شناسی قرار می‌گیرد و توصیه‌هایی برای ارتقای اثربخشی آن ارائه خواهد شد.

مقدمه

ارتباط را می‌توان جریانی دانست که طی آن دو نفر یا تعداد بیشتری از افراد، به تبادل افکار، نظریات، احساسات، و عقاید می‌پردازند.

شرکت‌ها از طریق به‌کاربردن پیام‌هایی سعی می‌کنند رفتار دیگران را به‌نحوی تغییر دهند یا در آن‌ها نفوذ کنند و از این راه موجب تحقق هدف‌های سازمانی شوند.

شرکت‌ها با فرایند ارتباطات می‌خواهند که بر محیط خود اثر بگذارند. **ارتباطات در دنیای شلوغ امروزی، مدیریت فرایند خرید مشتری در بلندمدت است.**

بر همین اساس، بازاریابان به‌مرحله‌ی پیش از خرید، زمان خرید، و پس از مصرف توجه می‌کنند.

چون مشتریان متفاوت هستند، بنابراین ارتباطات اثربخش در بخشهای مختلف بازار نیز متفاوت است. بنگاههای اقتصادی موفق، با بررسی ابزارهای مختلف ارتباطی، به‌منظور نیل به هدفهای از پیش تعیین شده تلاش می‌کنند.

تبلیغات یکی از اجزای پنجگانه‌ی ابزارهای ترویج[1] است که به همراه پیشبرد فروش، روابط‌عمومی، فروش شخصی، و بازاریابی مستقیم، در برقراری ارتباط با مخاطبان هدف به‌کار گرفته می‌شود.

افزون بر ابزارهای پنجگانه‌ی ترویج، سایر اجزای آمیزه‌ی بازاریابی نیز در ایجاد و توسعه‌ی ارتباط با مخاطبان مؤثرند. به شکل شماره‌ی ۱ توجه کنید:

شکل ۱. ابزارهای مختلف سازمان به‌منظور نیل به ارتباطات اثربخش

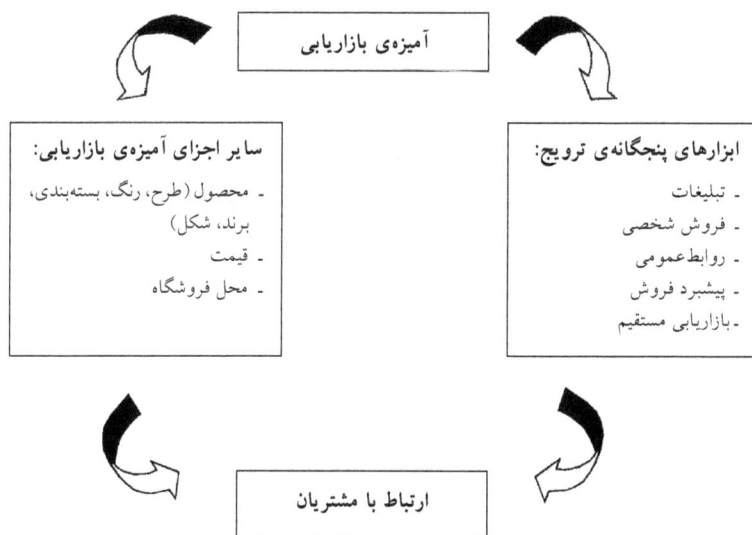

---

1. Promotion

تبلیغات

در بین ابزارهای مختلف ارتباطی که در شکل قبل نشان داده شده‌اند، نقش تبلیغات در بازار ایران، خصوصاً در بازارهای مصرفی حائز اهمیت است.

تبلیغ، معرفی کالا یا خدمات به‌وسیله‌ی شیوه‌های غیرشخصی با مسئولیت فرد یا سازمان است. تبلیغ راهی مناسب برای آگاه کردن مردم و تشویق آنها به خرید کالا یا خدمتی است که نیاز و خواست ایشان را برطرف کند.

سازمانهای تجاری و شرکتهای بازرگانی، سازمانهای غیرانتفاعی، نهادهای اجتماعی و حرفه‌ای، و حتی اشخاص سیاسی، همه برای اعلام موجودیت خود و آگاه کردن مردم از تبلیغ استفاده می‌کنند.

تبلیغات نیرومندترین ابزار آگاهی‌بخش در شناساندن یک شرکت، کالا، خدمت، یا اندیشه و دیدگاه است. **تبلیغات هنگامی به‌خوبی کارساز است که محدود به بازار هدف باشد.** پس اولین گام در تبلیغات، بررسی و شناسایی دقیق مخاطبان هدف از جنبه‌های مختلف فرهنگی، اقتصادی، جمعیت‌شناسی، و... است. باید پذیرفت که هر فعالیتی در بازاریابی رقابتی از جمله تبلیغات، باید با تحقیقات بازاریابی شروع شود. به همین دلیل است که تحقیقات و پژوهش را به عنوان اولین گام در فرمول گامهای بنیادین فرایند بازاریابی قرار داده‌اند.

آسیب‌شناسی تبلیغات در بازار ایران

متأسفانه به دلایل مختلف از جمله نگرش بعضی از مدیران بنگاههای اقتصادی، عملکرد نامناسب خیلی از شرکتهای تبلیغاتی فاقد تخصص، ضعف مراکز آموزشی، و کمبود کتابها و مجلات تخصصی، در بسیاری از موارد نتایج قابل قبولی از تبلیغات به‌دست نیامده است.

در این مقاله با شمردن پانزده عامل، به آسیب‌شناسی تبلیغات در بازار ایران پرداخته می‌شود.

۱. دید کوتاه‌مدت بعضی از مدیران بنگاههای اقتصادی

مدیران بنگاههای اقتصادی موفق، کسب‌وکار را یک فرایند طولانی‌مدت می‌دانند و بـا تدوین هدفهای مدون، برنامه‌ریزیها و اقدامات مختلف سازمانی از جمله تبلیغات را در این فضا طراحی و اجرا می‌کنند. ولی بسیاری از مدیران شرکتها متأسفانه این نگرش را ندارند و دارای دید کوتاه‌مدت هستند و انتظار دارند تبلیغات در فرصت بسیار کوتاهی و آن هم با اختصاص هزینه‌ی بسیار پایین، اثربخشی بسیار بالا داشته باشد.

لازم است این قبیل مدیران با شرکت در دوره‌های آموزشی، مـطالعات مسـتمر، و بهره‌گیری از مشاوران کارآزموده، در تغییر افکار خود مـتناسب بـا شـرایط کسب‌وکار جدید تلاش کنند و به‌دنبال معجزه و معجزه‌گر نباشند.

۲. انتظارات غیراصولی مدیران بنگاههای اقتصادی از تبلیغات

در بسیاری از موارد، تصویر مناسبی از تبلیغات اثربخش در اذهان مخاطبان وجود ندارد و با کمال تأسف در یکی از کتابهای جـدیدی کـه بـه بـازار عـرضه شـده است هـمان بزرگنماییهای نابجا از تبلیغات را باز هم مشاهده کردم.

به‌طوری که ادعا می‌شود امریکاییها اگر ده دلار داشته باشند، یک دلار را خرج تولید کرده و ۹ دلار را خرج تبلیغ می‌کنند و ادعا می‌شود که تبلیغات می‌تواند بـه اسکیمو، یخچال و فریزر بفروشد و به عرب بادیه‌نشین ریگ بیابان و یا بخاری عرضه کند.

این تصویر درستی از تبلیغات نیست و در آن شعور مخاطب دست‌کم گرفته شـده است. باید بپذیریم که در فضای کسب‌وکار جدید که به دلیل گسـترش رقـابت، میزان آگاهی مشتریان روزبه‌روز بیشتر می‌شود و در کنار آن سطح تـوقع و قـدرت چـانه‌زنی مشتریان افزایش می‌یابد، برای جذب، نگهداری، و رشد دادن مشتریان، باید اولین اقدام شرکتها، برنامه‌ریزی و تلاش برای ارتقای کیفیت باشد. به عقیده‌ی نگارنده هـیچ چـیز جای کیفیت را نمی‌گیرد.

تبلیغات به‌وجود نیامده است که محصول نامناسب را بـه مشتری بـقبولاند بلکه، کارکرد اصلی تبلیغ اثربخش، معرفی بجا و شایسته‌ی محصول مناسب (از نظر مشتری)

به ایشان است؛ به عبارتی تبلیغ یک ابزار شناساندن است.

ممکن است برای خواننده این پرسش پیش بیاید که اگر محصول، کیفیت مطلوب را داشته باشد، چه نیازی به تبلیغ دارد؟

پاسخ این است که در دنیای شلوغ، صدای شرکتی شنیده می‌شود که بلندتر داد بزند، و پیام مناسب خود را در زمان و مکان مناسب به مخاطب برساند.

بنابراین تبلیغ، کیفیت، بسته‌بندی، قیمت، و... همگی با هم در متقاعدسازی مشتریان مؤثرند و باید یک نگرش سیستمی بین تمام آنها قائل بود. **همه چیز ایجاد ارتباط می‌کند.** پس به نقش هر یک از عوامل در برقراری ارتباط با مشتری توجه کنید.

۳. تبلیغات نوشدارو نیست

بعضی از مدیران بنگاههای اقتصادی زمانی به سراغ تبلیغات می‌روند که شرکت آنها در بحران جدی است و انتظارات نوشدارویی از این ابزار ارتباطی دارند. لازم است این قبیل مدیران به برنامه‌های تبلیغاتی بنگاههای اقتصادی معروف جهان نظیر کوکاکولا توجه کنند و از خودشان پرسش کنند که اگر کارکرد تبلیغات در این مواقع است چرا شرکتهای بزرگ و معتبر که در اقصانقاط جهان شناخته شده‌اند، خودشان را از تبلیغات مؤثر و مستمر بی‌نیاز نمی‌دانند؟ آنها می‌گویند چرا فضایی از ذهن مشتریان را که در اختیار خود قرار داده‌ایم، با قطع تبلیغات در اختیار رقبا قرار دهیم که بعداً برای بازپس‌گیری آن دچار هزینه‌های بیشتر و مشکلات بزرگتر شویم؟

تبلیغات مستمر، متناسب با چرخه‌ی عمر محصول و با تنوع‌بخشی در آن یک ضرورت است و همان‌طور که تداوم تولید محصول مدنظر مدیران است، تداوم تبلیغات اثربخش زیر نظر متخصصان نیز الزامی است. **به تبلیغات درست به عنوان یک سرمایه‌گذاری نگاه کنید؛** این هزینه نیست که هر وقت اراده کردید آن را قطع کنید.

۴. مشخص نبودن هدف تبلیغ

در تدوین استراتژی سه سؤال اساسی مطرح است:

- ما کجا هستیم؟ (تجزیه‌وتحلیل و شناخت موقعیت)

ـ به کجا میخواهیم برویم؟ (رسالت و هدف)

ـ چگونه میخواهیم برویم؟ (مشخص کردن تاکتیکها)

بسیاری از مدیران بنگاههای اقتصادی و حتی آفرینندگان تبلیغ، وقتی در معرض این سؤال قرارمی گیرند که «هدف از تبلیغ چیست؟» بلافاصله پاسخ می دهند که هدف مشخص است و آن هم افزایش فروش است. این میتواند هدف بازاریابی باشد اما برای رسیدن به هدف بازاریابی، هدف تبلیغ نیز باید مشخص شده و سپس در جهت رسیدن به آن، تاکتیکها تعیین و اجرا شوند.

مقصود از هدف تبلیغ، انجام دادن کاری خاص است که با آن پیامی به یک گروه مخاطب مورد هدف، در یک دورهی زمانی خاص میرسد.

هدف تبلیغ با توجه به تجزیهوتحلیل و شناخت موقعیت از بازار هدف، تعیین جایگاه در بازار و در آمیزهی بازاریابی است.

هدفهای تبلیغ به سه دستهی کلی یادآوریکننده، آگاهیدهنده و ترغیبکننده تقسیم میشوند. به شکلهای شمارههای ۲، ۳، و ۴ توجه کنید.

شکل ۲. تبلیغ یادآوریکننده

تبلیغ یادآوریکننده
یادآوری به مشتری از اینکه محصول مورد تبلیغ در آیندهی نزدیک مورد نیاز خواهد بود. مثال: تبلیغ کولر در اسفند ماه
یادآوری به مشتری از مکانی که میتوان محصول را خریداری کرد. مثال: تبلیغ فروشگاههای شهروند در تابلوهای سطح شهر تهران
زنده نگه داشتن خاطرهی محصول در ذهن مشتری در فصلهایی که موسم مصرف محصول مزبور نیست. مثال: تبلیغ بستنی میهن در زمستان
همواره خاطرهی محصول را در ذهن مشتری زنده نگه داشتن. مثال: تبلیغ کوکاکولا در سراسر جهان و در تمام ایام سال

شکل ۳. تبلیغ آگاهی‌دهنده

تبلیغ آگاهی‌دهنده	
بازار را از محصول جدید آگاه ساختن. مثال: تبلیغ کیسه زباله‌ی رولی پیلگون	شرح خدماتی که ارائه می‌شود. مثال: تبلیغ بیمه‌ی ایران
بیان مصرف جدید برای محصول مثال: استفاده از کیوی برای شیرینی‌پزی و ترشی و...	اصلاح اثرهای ناگوار ونادرست و کم کردن ترس یا وحشت خریدار.
آگاه کردن بازار از تغییر قیمت. مثال: تبلیغ حراج محصولات آرین جین	مثال: تبلیغات ایران‌خودرو برای رفع عیب پژو ۴۰۵ و کاهش ترس دارندگان این اتومبیل
توضیح درباره‌ی شیوه‌ی کارکرد محصول. مثال: تبلیغ پودر کیک رشد	ایجاد تصویری در ذهن خریدار مثال: تبلیغات ایرانول به عنوان حامی تیم ملی فوتبال

شکل ۴. تبلیغ ترغیب‌کننده

تبلیغ تشویقی یا ترغیب‌کننده
سوق دادن سلیقه‌ی مشتری به محصولی با نام و نشان تجاری خاص مثال: تولی‌پرس نشانه‌ی پاکیزگی
تشویق مشتریان و جلب توجه آنها به محصول شرکت مثال: تبلیغ سس هزارجزیره‌ی مهرام
تغییر دادن دیدگاههای مشتری درباره‌ی ویژگیهای محصول مثال: تبلیغ بانک خاص برای نشان دادن افزایش سرعت خدمات
تشویق مشتریان و جلب توجه آنها به فریادهای فروشنده (شرکت) مثال: تبلیغات بانکهای دولتی برای حسابهای قرض‌الحسنه
تبلیغ مقایسه‌ای: برخی از تبلیغهای تشویقی به‌صورت تبلیغ مقایسه‌ای درآمده است که در آن شرکت به‌صورت مستقیم و غیرمستقیم، محصولی با نام و نشان تجاری خاصی را با انواع محصولات با نامها و نشانهای تجاری مقایسه می‌کند. مثال: تبلیغ تلویزیونی ماشین لباسشویی آبسال در مقایسه با ماشین لباسشویی خارجی

۵. بودجه‌بندی نامناسب

تعیین بودجه، کار چندان ساده‌ای نیست و روش سنجش یا اندازه‌گیری نتیجه‌های حاصل از بودجه‌ی تبلیغ نیز یک علم کاملاً دقیق نمی‌باشد. شرکتها برای تعیین بودجه باید به عوامل زیر توجه کنند:

ـ **مرحله‌ی چرخه‌ی زندگی:** مرحله‌ی رشد به بودجه‌ی بیشتر، و مرحله‌ی بلوغ به بودجه‌ی کمتری نیاز دارد.

ـ **سهم بازار:** حفظ سهم بازار بالا و گرفتن سهم بازار از رقبا، به بودجه‌ی بیشتری نیاز دارد.

ـ **رقابت و هیاهو:** هرچه رقابت بیشتر باشد، به بودجه‌ی تبلیغ بیشتری نیاز است.

ـ **تکرار تبلیغ:** برای رساندن پیام، به‌تکرار تبلیغ و درنتیجه به‌بودجه‌ی بیشتری نیاز است.

ـ **متمایز بودن محصول:** نشان دادن وجوه تمایز، نیاز به بودجه‌ی بیشتری دارد.

بسیاری از شرکتهای ایرانی بودجه‌ای برای تبلیغات در نظر نگرفته‌اند و به‌صورت مقطعی و موردی با ابزار بسیار مهم تبلیغات برخورد می‌کنند و بعضی هم بدون ارائه‌ی دلیل منطقی و فقط بر مبنای نظر مدیریت، مبلغی را به عنوان بودجه‌ی تبلیغات تصویب می‌کنند. در این روش مشخص نیست که چرا این رقم تعیین شده است و دلیل منطقی آن چیست؟ البته بعضی از شرکتها هم از روشهای دیگری چون درصدی از فروش، و یا تقلید از رقبا استفاده می‌کنند. در حالی‌که هیچ‌یک از این روشها مناسب و اصولی نیستند. **منطقی‌ترین و در عین حال سخت‌ترین روش تدوین بودجه‌ی تبلیغات، روش مبتنی بر هدف و کار است.** در این روش، ابتدا هدف بازاریابی مشخص می‌شود، سپس هدف تبلیغ تعیین می‌شود. و پس از آن با تکیه بر تجارب، بهره‌گیری از نظر متخصصان بازاریابی، و بررسیهای لازم، فهرست کارهایی که باید صورت گیرند، همراه با تعیین بودجه‌ی هر یک از آنها مشخص، و با جمع‌بندی آنها بودجه‌ی تبلیغ مشخص می‌شود.

۶. دخالت مدیران بنگاههای اقتصادی در طراحی پیام، و تعیین رسانه بر اساس سلیقه‌ی شخصی

طراحی پیام و انتخاب رسانه، فعالیتهایی تخصصی هستند و باید با هدف تأثیرگذاری مطلوب روی مخاطبِ هدف صورت گیرد. به شکل شماره‌ی ۵ توجه کنید.

شکل ۵. هماهنگی بین پیام و رسانه

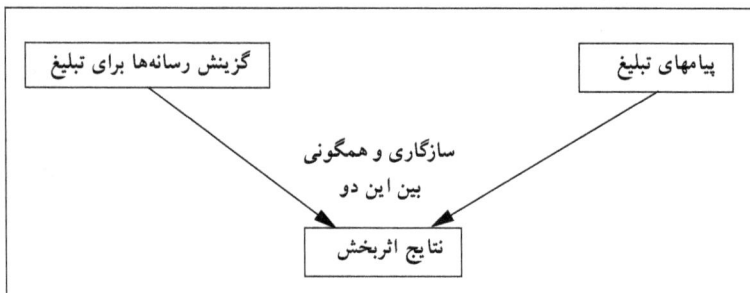

پیام اثربخش دارای خصوصیات و ویژگیهایی است که در شکل شماره‌ی ۶ نشان داده شده‌اند.

شکل ۶. ویژگیهای پیام اثربخش

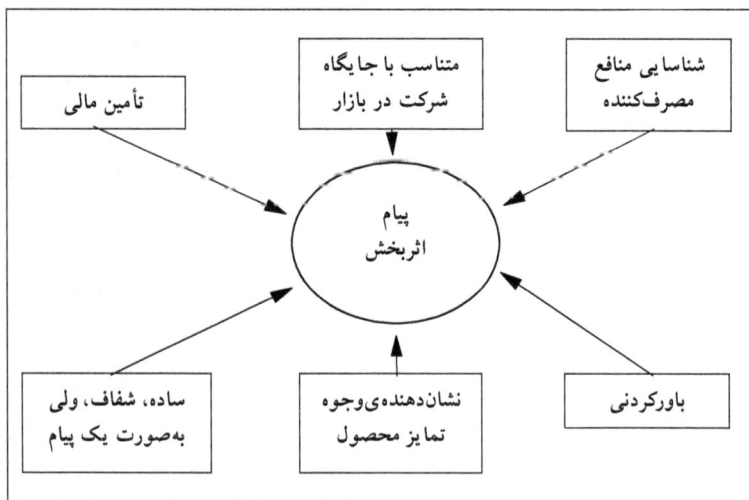

هر یک از رسانه‌ها نیز متناسب با محصول، بودجه، و مخاطبان تعیین‌شده، دارای اثربخشی متفاوت و همچنین نقاط قوت و ضعف هستند. **انتخاب رسانه‌ی مناسب نیز باید با بررسی لازم و برآیند هزینه‌ها و فایده‌ها، و نهایتاً ارزشی که ایجاد می‌کنند صورت گیرد.**

متأسفانه با مدیران بسیاری روبه‌رو شده‌ام که رنگ پوستر، کاتالوگ، و حتی نوع ساخت تیزر، و... را بر اساس سلیقه‌ی شخصی و آن‌طور که خودشان پسندیده‌اند انتخاب کرده‌اند. در صورتی‌که پاسخ نگارنده به ایشان این است که هر وقت تمایل داشتید تمام محصولات تولیدی را خودتان بخرید، آن‌طوری تولید، بسته‌بندی، و تبلیغ کنید که خودتان دوست دارید. ولی اگر هدف شما متقاعدسازی مشتری برای خرید است، پس باید با نظر متخصصان بازاریابی و تبلیغات پیام‌ها را بسازید و رسانه‌ها را انتخاب کنید. همچنین قبل از پخش، با انجام پیش‌آزمون در بازار هدف، تبلیغات مربوط باید مورد سنجش و اصلاح قرار گیرد و سپس اجرا شود و پس از اجرا نیز با انجام اقدامات پس‌آزمونی علمی، میزان اثربخش بودن آنها در ارتباطات و فروش باید مورد سنجش قرار گیرد.

۷. نگرش جزیره‌ای به تبلیغ و عدم وجود نگرش ارتباطات بازاریابی یکپارچه در آمیزه‌ی ترویج و آمیزه‌ی بازاریابی:

ارتباطات بازاریابی یکپارچه این امکان را فراهم می‌سازد که تمام فعالیتهای پنجگانه‌ی ترویج و فرایند ارتباطات شرکت در جهت هم‌توان‌افزایی یکدیگر و به‌صورت نگرش سیستمی فعالیت کنند تا ضمن افزایش اثربخشی ارتباطات، از خنثی کردن نتایج هم جلوگیری شود. همچنین بین فعالیتهای ترویج با پایگاه و موضع شرکت[1]، هویت شرکت، تصویر ذهنی، و... هماهنگی و همخوانی باشد.

همان‌طورکه ملاحظه می‌شود، نگرش جزیره‌ای به‌تبلیغات یا هریک از ابزارهای ارتباطی دیگر و سایر اجزای آمیزه‌ی بازاریابی، مانع از رسیدن شرکتها به هدفهای خودشان می‌شود.

۸. اهمیت ندادن به تحقیقات بازاریابی در بهره‌گیری از تبلیغ:

هر یک از فعالیتهای بازاریابی از جمله تبلیغات، زمانی مؤثر خواهند بود که در ابتدا با

---

1. Positioning

تحقیقات صحیح برای به‌دست آوردن اطلاعات از مخاطبان همراه باشد.

اطلاعات صحیح، ریسک تصمیم‌گیری غلط را کم می‌کند. نسخه‌ی واحد داشتن بـرای تمام بازارها و تمام مشتریان، راه به جایی نمی‌برد. قبل از هر اقدامی برای خـلق پیـام و انتخاب رسانه، با فرایند تحقیقات بازاریابی نسبت به جـمع‌آوری اطـلاعات مشـتریان، رقبا، و محیط اقدام کنید تا از هزینه‌های نامناسب جلوگیری شود.

۹. تخصص پایین شرکتهای تبلیغاتی (در بیشتر موارد) و عدم استفاده از متخصصان بازاریابی:
متأسفانه مدیران و کارکنان بیشتر شرکتهای تبلیغاتی راگرافیستها تشکیل مـی‌دهند. جالبتر اینکه بسیاری از آنها به‌صورت تجربی گرافیست شده‌اند (منظور از این نوشته، نـادیده گرفتن تجربه نیست بلکه، تأکید بر جایگاه نگرش علمی است که افزون بر تجربه، دانش و اطلاعات نیز جایگاه خاص و مهم خودشان را دارند). در صورتی که تیمهای تبلیغاتی موفق، از سایر تخصصها نظیر جامعه‌شناسی، کامپیوتر، و خصوصاً تخصص بازاریابی نیز بهره‌مندند.

در دنیای علمی باید حرفه‌ای اندیشید، حرفه‌ای سخن گفت و حرفه‌ای عمل کرد. بدیهی است که گرافیستها برای انجام فعالیت هنری جـایگاه مـهمی در تـیم تبلیغ دارنـد؛ امـا نمی‌توانند به‌جای سایر متخصصان بنشینند و تصمیم‌گیری کنند. هر یک از حـوزه‌های علم، حیطه‌ی خودشان را دارنـد و کسانی حـق ورود بـه هـر حـوزه را دارا هستند کـه صلاحیت ورود به آن حوزه را داشته باشند و صلاحیت را هم تسلط علمی تعیین می‌کند.

۱۰. کم‌توجهی به وجه بخردانه و همچنین وجه اخلاقی در تبلیغ اثربخش، و اهمیت بیش از حد به وجه احساسی:
تبلیغ اثربخش دارای سه وجه احساسی، عقلانی، و اخلاقی است.

منظور از وجه احساسی، توان ارتباط برقرار کردن بـا مـخاطب است؛ بـه‌طوری کـه مخاطب به دیدن و شنیدن پیام علاقه نشان دهد. اما اگر پیام فقط وجه احساسی داشته باشد و نتواند مخاطب را با ارائه‌ی دلیل که همان وجه عقلانی یا بخردانه است متقاعد کند، فقط یک جنبه‌ی احساسی دارد و منجر به حرکت مخاطب و مصرف مـحصول نخواهد شد. به این حالت «پدیده‌ی مصرف‌نمایی» می‌گویند. حتی بعضی از مواقع برای بالا بردن وجه احساسی تبلیغ، از چهره‌های نامناسب استفاده مـی‌شود. بارها شاهد

بوده‌ایم که چهره‌ای با یک تبلیغ مورد توجه قرار می‌گیرد و پس از آن از همان چهره در تبلیغات دیگری که تناسبی با آن چهره ندارد نیز استفاده می‌شود. لازم است بین چهره، محصول، و وجه تشابه آن، ارتباط منطقی وجود داشته باشد. این نکته‌ی مهمی است که آفرینندگان تبلیغ باید به آن توجه کنند.

تبلیغ اثربخش افزون بر وجه احساسی، باید با نشان دادن وجوه تمایز و برتری محصول نسبت به محصول رقبا، مخاطب را مایل به خرید و مصرف کند. البته وجه تمایز لازم نیست حتماً در کیفیت باشد بلکه، می‌تواند در سایر فواید محصول نظیر قیمت، خدمات، و... وجود داشته باشد.

اما وجه سوم تبلیغ، وجه اخلاقی آن است. یعنی افزون بر رعایت قوانین مربوط، در نشان دادن صداقت به مشتری موفق باشد. اگر می‌خواهیم با مشتریان رابطه‌ی بلندمدت داشته باشیم، باید بتوانیم اعتماد ایشان را جلب کنیم و این میسر نمی‌شود مگر با ایجاد رابطه‌ی برد/ برد.

به شکل شماره‌ی ۷ توجه کنید.

شکل ۷. وجوه سه‌گانه‌ی تبلیغ اثربخش

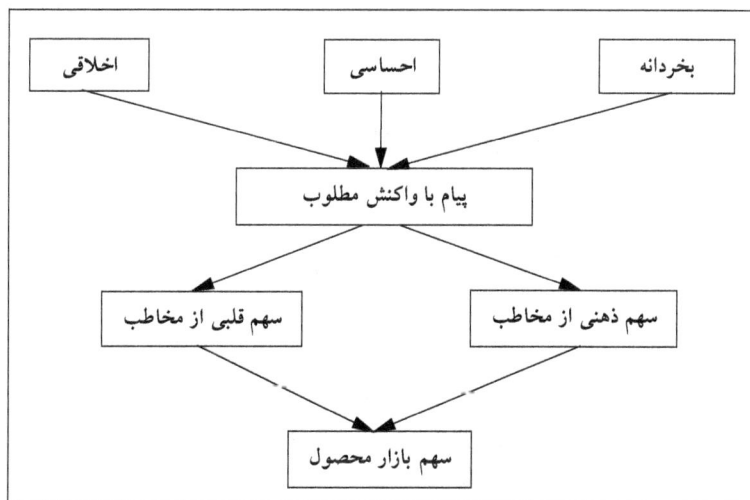

همان‌طور که در شکل ۷ نشان داده شده است، در صورت رعایت وجوه احساسی، عقلانی، و اخلاقی، مشتریان با ذهن و قلب خود محصول را می‌پذیرند و نتیجه‌ی این پذیرش، افزایش سهم بازار است.

متأسفانه به‌دلیل بهره‌مند نبودن بیشتر شرکتهای تبلیغاتی از متخصصان و مشاوران بازاریابی، ایشان عمدتاً فقط در بالابردن وجـه احساسی (شعر، آهنگ، و...) تـلاش می‌کنند و تبلیغات آنها در بیشتر موارد فاقد وجوه اخلاقی و عقلانی است.

۱۱. عدم توجه به تفاوت بین تبلیغات در بازارهای مصرفی با بازارهای صنعتی

تبلیغات بازارهای مصرفی و صنعتی در مشترک بودن هدف آنها که همانا برقراری ارتباط با مخاطب است شباهت دارند؛ اما باید به تفاوتهای آنها هم توجه داشت. بعضی از این تفاوتها عبارتند از:

الف. حاکمان بازارهای مصرفی، خانمها هستند و در نتیجه، نقش عوامل فرهنگی در این بازارها قویتر از سایر عوامل محیط کلان نظیر عوامل اقتصادی، سیاسی، و... است.

در چنین بازارهایی نقش احساس بسیار قوی است و آفرینندگان تبلیغ باید بـه این مهم توجه خاص داشته باشند.

در بازارهای صنعتی (تجاری)، آقایان حاکم بازار هستند و در نتیجه نقش عوامل اقتصادی در این بازارها بارزتر است و بنابراین در تبلیغ بـاید بـه جنبه‌های بهره‌وری و نقش محصول درتولید و کاهش هزینه‌ها، و... بیشتر توجه شود.

ب. تعداد مخاطبان در بازارهای مصرفی بسیار بیشتر از مخاطبان بازارهای صنعتی است، بدین‌رو سطح پوشش در بازارهای مصرفی باید گسترده باشد؛ در نتیجه هزینه‌ی ترویج در این بازارها بیشتر از بازارهای صنعتی است.

ج. با توجه به تفاوت مخاطبان در بازارها، نوع رسانه‌ها و اثربخشی آنها نیز در بسیاری از موارد متفاوت خواهد بود. در بازارهای صنعتی استفاده از شیوه‌های ترویجی دوطرفه نظیر فروش شخصی، برگزاری سمینار، فرستادن نامه‌ی مستقیم، فرستادن لوح فشرده به‌صورت مستقیم، و... مؤثرتر است. ولی اجرای

این برنامهها در بازارهـای مـصرفی تـقریباً غیرممکن است؛ از ایـن رو بیشتر رسانههای پرپوشش نظیر تلویزیون اهمیت مییابند.

د. نوع پیام نیز در بازارهای مصرفی و صنعتی متفاوت است. برای مثال با توجه به مخاطبان بازارهای مصرفی در ایران، از تبلیغات آهنگین، خندهدار، شعر، و... استفاده میشود. اما این شیوهها در بازارهای صنعتی کمتر جواب میدهد کـه مخاطبان آنها شرکتها و کارشناسان آنها هستند؛ در این بازارها به وجوه تمایز و مزیت رقابتی محصول و نقش آن در ارتقای بهرهوری بپردازید.

ذ. در صورتیکه لازم است برای رساندن پیام در بازارهای صنعتی از رسانههای پرپوشش نظیر تلویزیون و رادیو استفاده کنید، به این نکتهی مهم توجه داشته باشید که ساعات پخش مناسب پیام بسیار متفاوت از ساعات پخش محصولات مصرفی خواهد بود.

ر. صـحت اطلاعات کسب شـده در مـرحلهی ارزیابی و اثربخشی تبلیغ، در بازارهای صنعتی بیشتر از بازارهای مصرفی است.

۱۲. توجه نکردن به چرخهی عمر تبلیغ و تنوع نداشتن پیامها:

همانطور که محصول دارای چرخهی عمر است و ایـن چـرخـه شـامل مـراحـل تـولد، معرفی، رشد، بلوغ، و نزول است، تبلیغ نیز دارای همین مراحل است. در مراحل اولیهی چرخهی عمر، تبلیغ باید بهصورت تهاجمی و پرفشار، محصول را معرفی کند و وقتی به مرحلهی بلوغ رسید، با یادآوری کردن آن، در زنده نگه داشتن نـام و نشـان تـجاری و محصول در ذهن مشتریان باید تلاش کرد. وقتی تبلیغ به مرحلهی نزول میرسد، یعنی برای مخاطبان دیگر جذابیت ندارد و حتی قبل از رسیدن به این مرحله لازم است با تنوع دادن به تبلیغ از خستگی مخاطب و یکنواختی تبلیغ جلوگیری کرد؛ بهطوری که تبلیغ همیشه برای مخاطب جذابیت و تازگی داشته باشد. بـه هـر حـال تـنوع تبلیغ در نـزد مخاطب باعث جلوگیری از دلزدگی وی میشود.

متأسفانه بارها شاهد بودهایم که محصولی با یک یا دو تیزر برای چند ماه متوالی از شبکههای تلویزیونی پخش میشود که قطعاً پس از مدتی جذابیت و اثربخشی خود را از

دست مـی‌دهد. در هـمین راسـتا پـخش تبلیغات مکرر تـلویزیونی و رادیـویی بـرای محصولات مختلف با یک صدای یکسان که تنوع و تمایزی را در ذهن مخاطبان به‌وجود نمی‌آورد، نیز قابل اشاره است.

۱۳. ضعیف بودن بعضی از مجلات حوزه‌ی تبلیغات:
در سال‌های اخیر تعداد مجلات تخصصی حوزه‌ی بازاریابی و تبلیغات نسبت به قبل رشد چشم‌گیری داشته است؛ اما متأسفانه بعضی از آن‌ها با ضعیف بودن نگرش بازاریابی، در انجام رسالت خویش موفق نیستند. مجله‌ی تبلیغات خود باید مظهر محتوای عـلمی، زیبایی، طراحی، و... باشد تا بتواند به مخاطبان این پیام را منتقل کند که در معرفی علم تبلیغات رسانه‌ی مناسبی است.

۱۴. کمبود مدرس و مراکز آموزشی معتبر و ضعیف بودن نقش مراکز نظارتی:
هر چند تعداد مدرسان و مراکز آموزشی نیز نسبت به قبل رشد قابل‌توجهی داشته است، اما حقیقت این است که فقط تکیه بر مطالب ترجمه‌ای و عدم انطباق آن‌ها با فـرهنگ و شرایط مخاطبان ایرانی، ما را از رسیدن به هدف باز می‌دارد.

لازم است مراکز صدور مجوز، دقت بیشتری به‌عمل آورند و همان‌طور که انسان‌های بی‌صلاحیت در حوزه‌ی علم پزشکی و حقوق و... نمی‌توانند مطب و دفتر حقوقی و... دائر کنند، افراد فاقد تخصص در حوزه‌ی بازاریابی و تبلیغات نیز نباید موفق به دریافت مجوز دائر کردن مراکز آموزشی بشوند. علم بازاریابی و تبلیغات بسیار تخصصی و حرفه‌ای است؛ بدون احترام به علم و تخصص و تجربه چگونه می‌توان انتظار پیشرفت و توفیق داشت؟

چون ما به سرعت به سمت بـازارهـای رقابتی در حـرکت هستیم، پس لازم است مراجع قانون‌گذار در تصویب قوانین مناسب کسب‌وکار محیط رقابتی در تمام زمینه‌ها از جمله تبلیغات تلاش کنند. در کشورهای توسعه‌یافته، اگر تبلیغ غیرواقعی و گمراه‌کننده به مخاطبان ارائه شود، متخلفان با جـریمه‌های سـنگین و بـرخوردهای قـانونی از سـوی مراجع نظارتی مواجه می‌شوند. ما هم باید به این سمت حرکت کنیم.

پس نیاز به تصویب قوانین کارآمد در حوزه‌ی تبلیغات، و نظارت دقیق برای احترام بـه شعور مخاطب و حفظ منافع مصرف‌کنندگان، ضرورتی انکارناپذیر است.

۱۵. نگرش منفی افراد جامعه نسبت به تبلیغ:

متأسفانه به‌دلیل تبلیغات ناصحیح، نگرش جامعه نیز نسبت به آن مثبت نیست. بایـد مراکز مرتبط، در ارتقای آگاهی جامعه از علم تبلیغات به عنوان عـلم اطلاع‌رسانی و آگاه‌سازیِ مردم تلاش کنند.

هر قدر جامعه با تولیدات بیشتر داخلی و خارجی همراه می‌شود، ضرورت تبلیغات صحیح و اثربخش برای رساندن پیام شرکتها به مشتریان بیشتر می‌شود و بـا نظارت صحیح، مشتریان نیز می‌توانند با دریافت اطلاعات نسبت به ارتقای آگاهی خویش و در نتیجه انتخاب شایسته‌تر تلاش کنند.

نتیجه‌گیری

در این فصل پس از تعریف ارتباطات و اهمیت آن در فضای کسب‌وکار رقابتی عـصر حاضر، به شیوه‌های مختلف برقراری ارتباطات اثربخش بین بنگاههای اقتصادی و مخاطبان هدف اشاره شد و پس از تعریف تبلیغات و شمردن نکاتی در زمینه‌ی اهمیت آن، به دلایل پایین بودن اثربخشی تبلیغات از دیدگاه آسیب‌شناسی نیز پرداخته شـد. آسیب‌شناسی صورت گرفته در این فصل، بخشی بـه‌علت عـدم دیـد صـحیح مـدیران بنگاههای اقتصادی، بخشی به ضعف شرکتهای تبلیغاتی، و بخشی به حوزه‌های نظارتی و مراکز آموزشی و انتشاراتی در حوزه‌های تبلیغات مربوط می‌شود.

پیوست شماره‌ی ۱

این پیوست با همین عنوان در نشریه‌ی عصر تبلیغات و بازاریابی شماره‌ی ۸ منتشر شده است.

ضرورت نگرش سیستمی در نظام بازاریابی بنگاه اقتصادی

چکیده

در این پیوست به اهمیت نگرش سیستمی در نظام بازاریابی بنگاه اقتصادی پرداخته شده است. سپس با ذکر مقدمه و تعریف سیستم، اهمیت نگرش سیستمی بین کارکنان شرکت، واحدهای مختلف سازمانی، آمیزه‌ی بازاریابی، ابزارهای مختلف ترویج و ارتباطات، و همچنین تمامی اجزای زنجیره‌ی ارزش‌آفرینی بررسی، و تأکید می‌شود در شرایط دشوار کسب‌وکار امروز و آینده، حرکتهای ناهماهنگ کشتی سازمان را از رسیدن به ساحل زیبای هدفها باز می‌دارد؛ بدین‌رو برای توفیق در شرایط پیچیده‌ی کسب‌وکار، نیاز به روحیه‌ی همدلی و همکاری با ایجاد و بسط نگرش سیستمی در تمامی اجزا اجتناب‌ناپذیر است.

مقدمه

در شرایط کسب‌وکار رقابتی، مشتریان رئیس هستند، چون آنها قدرت تصمیم‌گیری دارند و انتخاب بنگاههای اقتصادی برای خرید از آنها به‌عهده‌ی مشتریان است. فعالیتهای ناهماهنگ درون شرکتها و زنجیره‌ی ارزش‌آفرینی، آنها را از رسیدن به مشتریان باز می‌دارد و از گردونه‌ی رقابت خارج می‌سازد. برای بقا، رشد، و توسعه‌ی

بنگاههای اقتصادی در شرایط پرچالش و رقابتی عصر حاضر که دائماً در حال افزایش است، نگرش سیستمی در تمام سطوح ضروری است.

نگرش سیستمی

یک نفر مسیری را حفر می‌کرد و بلافاصله نفر دیگری خاکها را سر جای اول برمی‌گرداند؛ رهگذران سؤال کردند که شما چه می‌کنید و از این عمل چه چیزی حاصل می‌شود؟ آنها گفتند حقیقت این است که ما ۳ نفر بودیم و قرار است در این مسیر، لوله کار بگذاریم. امروز نفر وسط که لوله را در محل حفرشده قرار می‌دهد، نیامده است و ما هم که نمی‌توانیم کارمان را تعطیل کنیم. یک نفر از ما مسئول حفر کردن و نفر بعدی مسئول پر کردن مسیر است و ما هم وظیفه‌ی خودمان را انجام می‌دهیم.

در موارد زیادی در بنگاههای اقتصادی و در بین قسمتهای مختلف یک شرکت چنین اعمالی را شاهد هستیم؛ به‌طوری که یک قسمت، فعالیتی را حسب وظیفه انجام می‌دهد و قسمت دیگری بدون هماهنگی، حرکتی در جهت خنثی‌سازی آن انجام می‌دهد و هر دو در انجام مأموریت و مسئولیت خویش تأکید می‌ورزند. این واحدها، کارایی بالایی دارند، اما متأسفانه چون عملکرد آنها هماهنگ نیست، اثربخشی قابل‌توجهی در نیل به هدفهای شرکت حاصل نمی‌شود.

یکی از وظایف بسیار مهم مدیران ارشد سازمان، ایجاد و بسط روحیه‌ی همدلی و توسعه‌ی هماهنگی بین قسمتهای مختلف سازمان است؛ به‌طوری که از برقراری فضای رقابتی درون شرکت جلوگیری کنند که همچون سمی کشنده عمل می‌کند. مدیران ارشد باید مواظب باشند درون سازمان رفاقت حاکم شود و تمام نیروها هماهنگ با هم در برقراری و توسعه‌ی روحیه‌ی رقابت در بیرون سازمان تلاش کنند؛ به عبارتی اگر بنگاه اقتصادی را یک سیستم بزرگ بدانیم، زیرسیستمها باید با هم هماهنگ باشند.

در تعریف سیستم گفته‌اند: سیستم مجموعه‌ای است از عناصری که به‌نحو خاصی با یکدیگر در ارتباط و وابستگی متقابل باشند. این ارتباط و وابستگی به سیستم، خصوصیات و توانایی رفتاری متمایز از خصوصیات و رفتار و توانایی اجزای متشکّله‌ی آن را می‌دهد. اگر اجزای یک مجموعه ارتباط و وابستگی متقابل ذکر شده را نداشته باشند، یک سیستم را تشکیل نمی‌دهند. با این توصیف، شناخت سیستم تنها از طریق

شناخت اجزا میسر نیست. آگاهی از نـحوه‌ی ارتباط و وابستگی اجزا، در شناخت عملکرد سیستم واجد اهمیت است.

مجموعه‌ی بنگاه اقتصادی هم یک سیستم است کـه مـیان اجـزای آن (واحـدهای مختلف سازمانی) باید ارتباط و وابستگی متقابل وجود داشته باشد. توانایی‌های سازمان در دستیابی به هدف‌ها، ناشی از همین ارتباط، وابستگی متقابل، و اقدامـات هـماهنگ اجزای تشکیل‌دهنده‌ی سیستم است.

مفهوم وابستگی متقابل اجزا آن است که اگر جزئی از سیستم دستکاری و دچار تغییر شود، برخی از اجزای دیگر نیز دستخوش تـحول می‌شوند. بـنابراین بـاید نگرش سیستمی و کل‌نگری بر مجموعه‌ی واحدهای مرتبط حاکم شود و نشست‌ها و گفتگوها و همدلی‌ها و درک حساسیت به‌منظور اقدامات به‌موقع صورت گیرد.

متأسفانه در مواردی شاهد هستیم که اعضای خانواده‌ی کاری به یکدیگر به چشم رقیب می‌نگرند و نتیجه‌ی این نگرش، با هدف‌های نگرش سیستمی که ارتباط اجزا بـه صورت هماهنگ است، تفاوت دارد. باید به چنین کارکنانی گوشزد کرد کـه بـه خـاطر «من»، «ما» را از بین نبرید. دیگر دوران جملاتی نظیر اینکه «این مشکل شماست» گذشته است و اکنون اگر درون سازمان مشکلی به‌وجود آید، باید بگوییم «این مشکل ما است». به گفته‌ی پیتر سنگه، نویسنده‌ی توانا و دانشمند کتاب «پنجمین فرمان»، از طریق تفکر سیستمی می‌توان معرفت‌های دیگر را بـا یـکدیگر آمیخت و بـه صـورت مـجموعه‌ای هماهنگ از تئوری‌ها و فنون به کار گرفت. با این توصیف، تفکر سیستمی، نـظم و نـظام دیدن «کل»‌ها، و چارچوبی است برای دیدن الگوی تحول، نه نقاطی ایستا. امروزه تفکر سیستمی بیش از هر زمانی مورد نیاز است.

پس لازم است تغییر در نوع نگرش ایجاد شود و فراموش نکنیم کـه مـا در دنیـایی زندگی می‌کنیم که به‌رغم سهولت ارتباطات، روزبه‌روز بر پیچیدگی‌های آن و عدم قطعیت محیطی افزوده می‌شود؛ در این شرایط آنهایی که با تغییر همساز هستند و انعطاف‌پذیری لازم را دارند و بالاتر از آن، خود آینده‌ساز و تغییرساز هستند، قطعاً پیشتازان خواهـند بود.

برای داشتن بنگاه‌های اقتصادی قوی که قدرت بقا و جنگندگی در فضای رقابتی پرچالش امروز و آینده را داشته باشند، نیاز به تغییر در نگرش‌ها، خصوصاً در سطوح

مدیران ارشد ضروری است و یادمان باشد «کلید بهبود، تغییر تفکر مدیران ارشد است».

پس در رفتارمان بازنگری کنیم، در ایجاد هماهنگی کامل بکوشیم و بدانیم که مجموعه‌ی تصمیمهای ما بر عملکرد بنگاه اقتصادی تأثیرگذار خواهد بود. تغییر ضروری است و بخصوص در سطح نظام بازاریابی بنگاه اقتصادی، این تغییرات حیاتی است.

- بازاریابی یعنی طور دیگر دیدن، روش بهتری خلق کردن، و در مجموع بازاریابی همان خلاقیت مستمر در ارائه‌ی کالا و خدمات بهتر است. در واقع بازاریابی مدیریت تغییر است؛ تغییر در جهت رسیدن به وضعیت بهتر و ارائه‌ی کالا و خدمات بهتر. از این رو «تغییر» اسم دیگر بازاریابی است؛ تغییری که در جهت کمال باشد.
سازمانها همانند سیستمهای باز و زنده نیازمند منابع برای بقای خویش هستند. آنها به محیط خود وابستگی دارند و چون محیط متغیر و متلاطم است و این تغییر و تلاطم و عدم قطعیت، آثار خود را در بقا، رشد، و سودآوری شرکتها نشان می‌دهد، پس سازمانها باید همواره آماده‌ی موضع‌گیری استراتژیک باشند و این ممکن نیست مگر با ایجاد و توسعه‌ی نگرش سیستمی؛ در این صورت با مشکل مواجه نمی‌شوند و اگر هم با مشکلی برخورد کنند، با راهکارهای استراتژیک پویا و منعطف، و همدلی و هماهنگی، گلوگاهها را برطرف می‌سازند. در غیر این صورت از دور رقابت حذف می‌شوند.
- در شرایط جدید که مفهوم بازاریابی عبارت است از شناخت دقیق نیازها و خواستهای مشتریان یک بازار هدفِ کاملاً تعریف شده، و ارائه‌ی محصول (کالا/خدمت) به آن مشتریان، به‌نحوی که نسبت به رقبا به آنها ارزش بیشتری ارائه کنند و در بلندمدت برای شرکت سودآوری داشته باشد، مسئولیت بازاریابی بر عهده‌ی تمام کارکنان سازمان از نگهبانی تا مدیریت ارشد است و هیچ فرد یا واحدی نیست که در نیل به هدفهای مهم نظام بازاریابی مسئول نباشد؛ این هدفها عبارتند از: جذب، نگهداری، و رشد دادن مشتریان. در این راستا مسئولیت واحد بازاریابی شرکت، برقراری هماهنگی بین قسمتهای مختلف برای انجام مسئولیت عمومی بازاریابی است.
- مشتریان از برخورد نگهبان و منشی گرفته، تا کیفیت محصول، بسته‌بندی آن،

قیمت، توزیع، و چگونگی برقراری ارتباط شرکت با آنها، و... الهام می‌گیرند و در مورد قطع یا ادامه‌ی همکاری با سازمان قضاوت می‌کنند. به همین دلیل است که به تاکتیک‌های بازاریابی، آمیزه‌ی بازاریابی نیز می‌گویند.

آمیزه‌ی بازاریابی مجموعه‌ای از ابزارهای قابل کنترل بازاریابی است که شرکت آنها را در هم می‌آمیزد تا پاسخگوی بازار مورد هدف باشد. آمیزه‌ی بـازاریابی دربرگیرنده‌ی همه‌ی کارهایی است که شرکت می‌تواند انجام دهد تا بـر میزان تقاضا (برای محصولاتش) اثر بگذارد. منظور از آمیزه‌ی بازاریابی همان ۴ پی معروف و سنتی بازاریابی است، که ترجمه‌ی کلمات محصول، قیمت، تـوزیع و ترویج[1] هستند. هر چند ۴ پی در تمام موارد مصداق ندارد، اما آمیزه‌ی بازاریابی، آمیخته‌ی بازاریابی، یا ترکیب بازاریابی شرکت هر چه باشد، باید بین تمام اجزای آن نگرش سیستمی وجود داشته باشد تا از بـین آمیزه‌ی بـازاریابی بـنگاه‌های اقتصادی متعدد که در فضای رقابتی روزبه‌روز بیشتر می‌شوند، آمیزه‌ی بازاریابی شرکت ما در دستیابی به مشتریان موفق باشد؛ چرا که مشتری رئیس است و هر روز قدرت چانه‌زنی و تصمیم‌گیری او افزایش می‌یابد.

- یکی از اجزای آمیزه‌ی بازاریابی، آمیزه‌ی ترویج است که از پنج ابزار تبلیغات، فروش شخصی، پیشبرد فروش، روابط‌عمومی، و بـازاریابی مستقیم تشکیل می‌شود. لازم است بین ابزارهای مختلف ترویج نیز نگرش سیستمی برقرار باشد که به آن سیستم ارتباطات یکپارچه‌ی بازاریابی مـی‌گویند؛ در غیر ایـن‌صورت به‌رغم هزینه‌های بالا، سازمان به هدف‌های ارتباطی و فروش خود دست نخواهد یافت. اگر بهترین تبلیغات به‌کار گرفته شود، اما نیروهای میز پذیرش (نگهبان‌ها و منشی‌ها) و نیروهای فروش شرکت آموزش ندیده باشند و در جذب و نگهداری مشتریان موفق نباشند، هزینه‌ی تبلیغات نیز بی‌نتیجه خواهد ماند. یا اگر واحد روابط‌عمومی که وظیفه‌ی گسترش خوشنامی شرکت و خنثی‌سازی شایعات بد علیه شـرکت را بـه‌عهده دارد، بـا سـایر فـعالیت‌های تـرویجی هـماهنگ نباشد، نمی‌تواند به هدف‌های خود برسد.

---

1. Promotion

سیستم ارتباطات یکپارچه‌ی بازاریابی، بدین معنی است که تمام پیامهای شرکت، همه‌ی تصویرهایی که مشتریان از شرکت و محصولات آن در ذهن خود دارند، پایگاه و موضع شرکت در بازار، و سرانجام هویت شرکت (در تمام سیستم ارتباطات بازاریابی) یکپارچه شود.

سیستم ارتباطات یکپارچه بدین صورت است که محتوای نامه‌ای که به صورت مستقیم برای مشتری فرستاده می‌شود با آگهیهای بازرگانی و پیامهایی که از پایگاه شبکه پخش می‌شود، همخوانی دارد. همچنین حرکات و اعمال نیروهای فروش و واحد روابط‌عمومی، و تمامی اقدامات شرکت در جهت ارتقا و پیشبرد فروش نظیر جایزه گذاشتن، هدیه دادن، و... با هم هماهنگ و هم‌جهت هستند.

با نگرش سیستمی بین اجزای ارتباطات بازاریابی، ارتباطات به شیوه‌ای همگون و موزون به اجرا درمی‌آید و آثاری مؤثرتر بر فروش می‌گذارد؛ به عبارتی با هم‌راستا کردن ابزارهای مختلف آمیزه‌ی ترویج، این اجزا با یکدیگر هم‌توان‌افزایی ایجاد می‌کنند، از دوباره‌کاریها و هزینه‌های مرتبط با آن اجتناب خواهد شد، و برنامه‌های ترویج به‌صورت مؤثر طراحی و اجرا می‌شوند. اما در صورت عدم وجود ارتباطات هماهنگ، متأسفانه همین ابزارها یکدیگر را خنثی می‌سازند. بدین‌رو ایجاد و توسعه‌ی هماهنگی بین ابزارهای پنجگانه‌ی ترویج نیز حائز اهمیت است.

- افزون بر نکات فوق، با فرض هماهنگی کامل بین اجزای آمیزه‌ی ترویج و در سطح بالاتر بین اجزای آمیزه‌ی بازاریابی و همچنین کل قسمتهای مختلف شرکت، وظیفه‌ی بعدی مدیریت ارشد شرکت تلاش برای ایجاد نگرش سیستمی بین کل اجزای زنجیره‌ی ارزش‌آفرینی است.

زنجیره‌ی ارزش‌آفرینی به زنجیره‌ی عرضه گفته می‌شود که از تأمین‌کنندگان (که مواد اولیه و قطعات را در اختیار شرکت قرار می‌دهند) شروع می‌شود و به درون شرکت (که تمام اجزا باید با هم هماهنگ و همدل باشند) می‌رسد و تولیدات آن به شبکه‌ی توزیع (عمده‌فروش، بنکدار، خرده‌فروش، حمل‌ونقل، نمایندگیها، شعب، و...)، و نهایتاً به مشتری و مصرف‌کننده‌ی نهایی خواهد رسید. تأمین‌کنندگان، شرکت تولیدکننده، و تمام واسطه‌ها، باید به این مهم واقف باشند که آنچه موجب بقای آنها می‌شود، رضایت مصرف‌کننده‌ی نهایی و مشتری است. بنابراین باید تمام اجزای این زنجیره در حفظ نگرش سیستمی تلاش کنند و با برقراری رابطه‌ی برد/ برد به فعالیت با نگاه بلندمدت

بیندیشند. قطعاً دید کوتاه‌مدت در دنیای رقابتی عصر جدید، ناکارآمد و محکوم به فناست. لزوم تغییر در روش‌ها و ایجاد نگرش سیستمی و هماهنگی بین اعضای خانواده‌ی کاری و تمام تاکتیک‌ها و فراتر از اینها بین تمامی اعضای شبکه‌ی ارزش‌آفرینی، یک واقعیت است و آنچه که بیش از هر چیز به آن نیاز داریم این نیست که ایده‌آل‌های خود را به واقعیت مبدل کنیم بلکه، این است که واقعیت را به صورت ایده‌آل درآوریم.

نتیجه‌گیری

در این پیوست به اهمیت سیستم به معنای مجموعه‌ای از اجزا که با هم تشکیل یک «کل» را می‌دهند، با هم در تعامل و ارتباط هستند، و با هم برای رسیدن به هدف یا هدف‌های مشترک حرکت می‌کنند، اشاره شد.

همچنین ضرورت نگرش سیستمی بین اجزای مختلف واحدهای سازمانی برای تشکیل خانواده‌ی کاری هماهنگ، و نیز نگرش سیستمی بین اجزای آمیزه‌ی ترویج با یکدیگر و در سطح بالاتر اجزای آمیزه‌ی بازاریابی با یکدیگر، و نهایتاً ایجاد و بسط نگرش سیستمی بین تمامی اجزای زنجیره‌ی ارزش‌آفرینی یادآوری شد. امروزه می‌توان با قاطعیت ادعا کرد که رقابت از سطح شرکت‌ها خارج شده است و به سطح شبکه‌ها رسیده است که همان زنجیره‌ی ارزش‌آفرینی هستند و بنگاه‌های اقتصادی برای نیل به هدف‌های نظام بازاریابی خویش، ملزم به ایجاد و گسترش نگرش سیستمی در تمام سطوح یادشده هستند.

پیوست شماره‌ی ۲

این پیوست با همین عنوان در نشریه‌ی تدبیر شماره‌ی ۱۲۵ منتشر شده است.

الگوهای رفتاری موجودات انبوه‌زی در مدیریت

مقدمه

از ویژگیهای عصر حاضر افزون بر جهانی‌سازی و مجازی شدن، به تغییرات بسیار سریع محیط می‌توان اشاره کرد. این تغییرات به‌قدری سریع صورت می‌گیرند که در بسیاری از موارد، بنگاههای اقتصادی که خود را برای انعطاف‌پذیری با شرایط محیطی آماده نکرده‌اند چاره‌ای جز شکست و خارج شدن از عرصه‌ی رقابت با سایرین را ندارند. پیتر سنگه، نویسنده‌ی توانای کتاب «پنجمین فرمان»، پنج اصل را برای موفقیت سازمانها در چنین محیطی که با عدم قطعیت و با پیچیدگی فراوان روبه‌روست، ضروری می‌داند که عبارتند از: قابلیت شخصی، الگوهای ذهنی، یادگیری تیمی، آرمان مشترک، و تفکر نظام‌گرا.

به‌طور خلاصه، یک سازمان موفق که توانایی آینده‌سازی و انعطاف‌پذیری را در جهان معاصر داشته باشد، نیاز دارد که اعضای آن به‌طور مرتب میزان تسلط یا قابلیتهای شخصی خود را افزایش دهند و خود را با مهارتهای جدید مجهز سازند و برای افزایش مهارتهای گوناگون از جمله مهارت ادراکی، انسانی، و فنی تلاش مستمر داشته باشند. این افراد از راههای مختلف آموزش می‌بینند که عبارتند از: آموزشهای دانشگاهی، مطالعات فردی، تکیه بر تجربه‌هایی که با رشد همراه است، و همچنین یادگیری از محیط که در آن دوستان، همکاران، و حتی رقبا قرار دارند؛ به عبارتی برای انسانهای موفق که

سازمانهای موفق را می‌سازند، حتی رقبا نیز جنبه‌ی آموزگاری دارد و می‌توانند از عملکرد آنها درس بگیرند. در چنین سازمانهایی، الگوهای ذهنی سنتی شکسته است و نوآوری و خلاقیت و بهره‌گیری از فکر کارکنان از طرق مختلف از جمله روش بسیج اندیشه‌ها، به‌نحو احسن صورت می‌گیرد. این سازمانها اصطلاحاً سازمانهای یادگیرنده نامیده می‌شوند، یعنی سازمانهایی که اعضای آن به‌طور مرتب در حال یادگیری هستند و بر یکدیگر برای افزایش مهارتها و تواناییها تأثیر دارند. همچنین هم‌افزایی ایجاد می‌کنند تا به مرحله‌ی سازمانهایی برسند که قدرت یادگیری سریعتر از رقبا را دارند. سازمانهای یادگیرنده درست به همین دلیل می‌توانند پیشتاز باشند یا حداقل تقلیدکننده‌ی سریع هستند، چرا که در غیر این‌صورت از گردونه رقابت خارج، و محکوم به فنا می‌شوند. در این سازمانها، رسالت یا آرمان مشترکی وجود دارد که مورد قبول همگان است. به عبارتی مسیر یا هدف نهایی مشخص است و تمام فعالیتها در راستای رسیدن به هدف از پیش تعیین شده صورت می‌گیرد و در نهایت در این سازمانها، تفکر سیستمی یا تفکر نظام‌گرا حاکم می‌شود.

در این سازمانها تمام اعضا خود را جزئی از سیستم می‌دانند که این اجزا با هم در تعامل هستند و روی همدیگر تأثیر دارند. به کارگیری این پنج جزء با هم موجبات موفقیت سازمانها را در جهان پیچیده‌ی کنونی مهیا می‌سازد که با عدم قطعیت محیطی همراه است و تولید دانش در آن خیلی سریع صورت می‌گیرد و در نتیجه رقابت بسیار سریع است. بنابراین در دنیای کنونی فقط در صورتی می‌توان بقا داشت که مرتب یاد گرفت و افرادی ناراضی داشت؛ یعنی افرادی که به هیچ وجه به وضعیت کنونی دلخوش نمی‌کنند و مرتب به فکر نوآوری هستند و تمام جنبه‌های طبیعت و محیط برای آنها جنبه‌ی آموزشی دارد. یکی از مواردی که می‌توان از طبیعت درس گرفت تفکر و مطالعه در زندگی موجودات انبوه‌زی است. طبق تعریف، یک انبوه‌زی مجموعه‌ای از کارگزاران متحرک است که متعهد به ارتباط مستقیم یا غیرمستقیم (با فعالیت در محیط خود) با یکدیگر هستند و به‌طور جمعی عهده‌دار حل مسأله‌ی گسترده‌شده‌ای هستند. این موجودات به صورت گروهی زندگی می‌کنند نظیر زنبورها، مورچه‌ها، و موریانه‌ها، و نوع الگوریتم آنها فراابتکاری است که اصطلاحاً الگوریتم مورچگان نیز نامیده می‌شود.

از مشخصات یک انبوه‌زی می‌توان به مواردی از قبیل گسترده شدن بدون کنترل مرکزی یا منبع داده‌ها ـ بدون برداشت آشکار از محیط ـ قابلیتهای سطح پایین چندگانه،

توانایی استنباط محیط، و توانایی تغییر محیط اشاره داشت. در این مقاله به بعضی از درسهایی پرداخته می‌شود که می‌توان از مطالعه‌ی زندگی موجودات انبوه‌زی (خصوصاً زنبور عسل) فراگرفت.

لازم به‌ذکر است یادگیری از موجودات انبوه‌زی نه تنها به معنای پایین آوردن شأن و منزلت انسان نیست بلکه، نشان‌دهنده‌ی این است که انسان که اشرف مخلوقات است، با تکیه بر خصوصیاتی نظیر قوه‌ی اختیار و انتخاب، می‌تواند از تمامی جنبه‌های محیط و طبیعت برای ساختن دنیای بهتر و زندگی پرثمر درس گیرد؛ در حالی که موجودات انبوه‌زی که قوه‌ی اراده و اختیار خودآگاهانه ندارند، از این قابلیت بی‌بهره هستند. توانایی یادگیری انسان که قابلیت به‌کمال رساندن دل و همچنین عقل را دارد فقط مختص اوست و از آنجا که بسیاری از مشکلات صنعت و خدمات شبیه مشکلات حشرات در طبیعت است، بنابراین بررسی شیوه‌های عملکرد آنها برای انسان شیفته‌ی یادگیری مفید خواهد بود.

اصول

۱. اصل با جریان حرکت کردن

مورچه‌ها قدرت بینایی ندارند، بدین‌رو هر مورچه هنگام راه رفتن مقداری فرمون روی زمین برجای می‌گذارد؛ فرمون یک نوع هورمون است که مورچه‌ها می‌توانند بوی آن را حس کنند. فرمونِ به‌جای مانده‌ی مورچه، ردپایی است برای مورچه‌های دیگر که برای جهت‌یابی از آن استفاده کنند. اگر به حرکت مورچه دقت کنید، متوجه خواهید شد که به‌صورت مرتب و در یک صف منظم، پشت سر همدیگر در حرکت هستند و مسیر غذا تا لانه را با نظم خاصی طی می‌کنند. حال اگر همین موضوع مورد توجه قرار گرفته و در رانندگی در مسیرهای شلوغ مورد استفاده قرار گیرد و هر اتومبیل فقط در همان خط تعیین شده‌ی خود به حرکت ادامه دهد و از مارپیچ رفتن در بزرگراهها و خیابانها خودداری کند، بسیاری از مشکلات تردد در شهرهای بزرگ حل می‌شود و با اتلاف فراوان وقت و انرژی مواجه نخواهیم شد.

۲. اصل تطبیق با تغییرات محیطی

موجودات انبوه‌زی قادرند خود را با شرایط محیطی تطبیق دهند. برای مثال وقتی مانعی در سر راه مورچگان قرار می‌گیرد و مسیر کوتاه قبلی تغییر می‌کند، در زمان اندکی

کوتاهترین مسیر جدید را پیدا می‌کنند. همچنین یا زنبورها به تغییرات درجه حرارت داخلی کندو سریعاً واکنش نشان می‌دهند و در زمانی که لاروها در حال پرورش هستند، اگر درجه حرارت کندو از حد طبیعی پرورش لاروها (۳۴ـ۳۵) افزایش یابد، زنبورها سریعاً نسبت به حمل آب به داخل کندو اقدام می‌کنند و با فشار و به صورت پمپاژ، آب را به داخل کندو می‌پاشند و با این عمل، دمای داخل کندو را پایین می‌آورند تا در رشد لاروها خللی ایجاد نشود.

همچنین در زمستان که هوا سرد است و زنبورها نمی‌توانند از کندو خارج شوند و در طبیعت نیز شهدی وجود ندارد که از آن تغذیه کنند و مجبور هستند از ذخیره‌ی موجود در کندو استفاده کنند، برای اینکه انرژی کمتری تلف شود و ضمن مصرف کمتر عسل، گرمای مورد نیاز را نیز تأمین کنند، به صورت یک خوشه در می‌آیند و در یک محل تجمع می‌کنند و به‌تدریج زنبورهایی که گرم می‌شوند به سطح خوشه می‌آیند و جای خود را با سایرین عوض می‌کنند.

در زمان فراوانی گل در طبیعت نیز که زنبورها با سرعت زیاد شهد را از روی گلها جمع می‌کنند و به داخل کندو می‌آورند، برای اینکه محل بیشتری برای ذخیره‌ی عسل داشته باشند، ارتفاع سلولها یا همان سوراخهای شش ضلعی ذخیره‌ی عسل را افزایش می‌دهند. مثالهای انعطاف‌پذیری زنبورها در مقابل تغییرات محیطی بسیار زیاد است که به همین چند مورد بسنده می‌شود.

۳. اصل قابلیتهای سطح پایین چندگانه

زنبورهای کارگر در طول عمر خود که در بهار ۶ تا ۷ هفته بوده ولی در پاییز ۶ تا ۷ ماه است (چون میزان فعالیت و کار زنبورهای پاییزه به دلیل کم بودن گل نسبت به زنبورهای بهاره کمتر است)، فعالیتهای مختلفی را تجربه می‌کنند؛ به‌طوری که در دو روز اول به نظافت سلولی می‌پردازند که از آن بیرون آمده‌اند و سلول را کاملاً تمیز می‌کنند تا آماده‌ی بهره‌برداری مجدد باشد. آنها در سه روز بعد به تغذیه‌ی لاروهای مسن با ترشحات غدد شیری موجود در سرشان می‌پردازند و بعد که غده‌های شیری رشد کافی کردند و ترشحات آنها غنی‌تر شد، به تغذیه‌ی لاروهای جوان و ملکه مشغول می‌شوند که نیاز به غذایی با ترکیبات مقوی‌تر دارند. این موضوع تا روز ۱۳ زندگی ادامه می‌یابد و پنج روز بعد از آن را زنبورها با ترشحات غدد مومی از زیر شکمشان به موم‌سازی

مشغول می‌شوند؛ چراکه شانهای عسل که محل تخم‌گذاری ملکه و پرورش لاروهاست، و همچنین مخزن عسل و گرده‌ی گل که در آن ذخیره می‌شود، از موم ساخته می‌شود و هر قدر فعالیت زنبورها بیشتر باشد، قطعاً نیاز به موم بیشتری خواهد بود. این عملیات تا روز ۱۸ ادامه دارد و سه روز بعد، نوع فعالیت این زنبورها عوض می‌شود و آنها به دفاع و حراست از کندو در مقابل مهاجمان و غارتگران می‌پردازند و در جلو کندو انجام وظیفه می‌کنند. گاهی نیز به پروازهای جهت‌یابی می‌پردازند تا محل استقرار کندو را شناسایی کنند و در ذهن خود به خاطر بسپارند.

از روز ۲۱ به بعد، نوع فعالیت آنها از درون کندو به خارج کندو عوض می‌شود و به چهار دسته تقسیم می‌شوند؛ عده‌ای شهد گلها را جمع کرده و برای تولید عسل به داخل کندو می‌آورند، عده‌ای دیگر برای تأمین پروتئین مورد نیاز بدن، گرده‌ی گلها را جمع و به داخل کندو حمل می‌کنند. عده‌ای نیز برای رفع آب مورد نیاز کندو مسئول تأمین آب می‌شوند و نهایتاً عده‌ای به حمل موم مشغول می‌شوند که افزون بر خاصیت میکروب‌کشی، نقش ماده‌ی ضدعفونی‌کننده‌ی الکل را برای زنبورها را بازی می‌کنند و خود از صمغ درختان به‌دست می‌آید و برای گرفتن درزها و سوراخهای کندو مورد استفاده قرار می‌گیرد.

همان‌طور که مشاهده می‌شود یک زنبور کارگر، مهارتهای مختلف را در طول دوران زندگی خود تجربه می‌کند. در مدیریت سازمانها نیز اصلی به نام چرخش شغلی وجود دارد که در آن برای افزایش مهارتها و تواناییهای کارکنان سازمانی، در یک سطح سازمانها به جابه‌جایی افراد می‌پردازند تا میزان مهارت افراد افزایش یابد. چرخش شغلی اثرهای مثبت فراوانی دارد؛ به طوری که افراد به یکدیگر کمک و نسبت به انتقال مهارتها به همدیگر تلاش می‌کنند و از این رو پس از مدتی، سازمان مربوط از افرادی بهره‌مند می‌شود که قابلیتها و مهارتهای چندگانه دارند تا در مواقع ضرورت با مشکل مواجه نشود. از سوی دیگر، افزایش سطح دانش و مهارتها، در بالندگی افراد و در نتیجه سازمان نیز نقش بسزایی خواهد داشت.

۴. اصل استحکام

با توجه به عمر کوتاه زنبور عسل و تخم‌ریزی ملکه به صورت مرتب، جمعیت تغییر می‌یابد؛ یعنی عده‌ای می‌میرند و عده‌ای دیگر جایگزین می‌شوند. اما مرگ یک یا چند زنبور هیچ خللی در امور ایجاد نمی‌کند و گروه همچنان به اجرای وظایف خود ادامه

می‌دهد؛ در سازمانهای مطرح و موفق امروزی که از نیروهایی بـا قـابلیتهای چنـدگانه برخوردارند نیز وقفه در کار یک قسمت مانع توقف سـازمان نمی‌شود، زیـرا سـایرین سریعاً نسبت به رفع مشکل اقدام می‌کنند و سازمان همچنان در مسیر پیشرفت گام برمی‌دارد.

۵. اصل خودنظمی

زنبورها بدون اینکه مرتب از مقام مافوق خود دستور بگیرند، با جدیت فعالیت می‌کنند و نیاز به کنترل بیرونی چندانی ندارند؛ به عبارتی خودپلیس هستند. در سازمانهای پیشتاز و موفق نیز افراد نیازی به کنترلهای مرتب ندارند و همه‌ی آنها با جدیت کار می‌کنند.

۶. اصل تلاش جمعی برای حل مسأله

همان زنبورهایی که به بهترین نحو در دوران زندگی به نقشهای مختلف می‌پردازند و بین آنها تقسیم کار صورت گرفته است، در مواقع بحرانی که مسأله‌ای به وجود مـی‌آیـد بـه صورت جمعی برای حل مسأله اقدام می‌کنند. برای مثال اگر کندو مورد تهاجم گروهی از زنبوران غارتگر قرار گیرد، سریعاً دیگران به کمک زنبورهای سرباز مـی‌آینـد و به مقابله با دشمن می‌پردازند. یا هنگامی که درجه‌ی حرارت کندو غیرطبیعی شده و با گرمای زیاد مواجه می‌شوند، تعداد زنبورهای آب‌آور به‌نحو چشمگیری افزایش می‌یابد. هـمچنین هنگامی که پس از کوچ زنبورها و اسکان در کندوی جدید سریعاً نیاز بـه مـوم زیـادی دارند، زنبورهای مسن که مدت زیادی از دوره‌ی مـوم‌سازی آنـها گـذشته است، غـدد مومی‌شان تحریک می‌شود و تا رفع بحران کمبود موم، به ترشح موم و شان‌سازی می‌پردازند. اگر همین اصل در سازمانها نیز مورد توجه قرار گیرد، دیگر با جمله‌هایی نظیر «این مشکل شماست» یا «قسمت ماکارش را خوب انجام داده و با سایر قسمتها کاری ندارد» مواجه نمی‌شویم. چون در سازمانهای یادگیرنده و تندآموز، نگرش سیستمی و نظام‌گرا حاکم است و افراد می‌دانند که در مواقع بحران به کمک مهارتهایی که کسب کرده‌اند، بـایـد بـه گلوگاهها حمله کنند و با ایجاد و توسعه‌ی روح همدلی برای رفع موانع اقدام شود.

۷. اصل پاکیزگی محیط

آشغال موجود در لانه را که مورچه‌ها خود تولید کرده‌اند، به بیرون از لانه حمل می‌کنند تا لانه‌ای تمیز داشته باشند. زنبورها نیز به پاکیزگی بسیار اهمیت می‌دهند. برای مثال زنبورها هیچ‌وقت داخل کندو مدفوع نمی‌کنند و همیشه در حال پرواز نسبت به مدفوع اقدام می‌کنند؛ حتی در زمستانها گاهی چند روز دفع مدفوع را به تعویق می‌اندازند تا یک

روز هوا گرم شده و بتوانند ضمن پرواز دفع مدفوع کنند. همچنین زنبورهای جوان بلافاصله پس از تولد، به تمیز کردن سلول خود و سلولهای مجاور می‌پردازند تا محیطی سالم و پاک برای فعالیت داشته باشند. بیایید شعار «شهر ما، خانه‌ی ما» را جدی‌تر بگیریم.

۸. اصل کنترل

زنبور ملکه که به عبارتی رهبر کندو است، فقط در سلولهایی تخم‌ریزی می‌کند که کاملاً پاکیزه باشند و قبل از تخم‌ریزی، سر خود را درون سلول فرو می‌برد و با شاخکهای خود دیوارها را لمس می‌کند تا نسبت به تمیزی سلول مطمئن شود و سپس سر خود را بیرون می‌آورد و قسمت انتهایی بدن را وارد سلول می‌کند و یک عدد تخم سفید بسیار ریز (به‌اندازه سر سوزن) داخل سلول می‌گذارد. تصور کنید برای ملکه که در زمان فراوانی گل و فعالیت شدید زنبورها روزانه حتی تا ۳۰۰۰ تخم می‌گذارد، این عملیات چقدر سنگین است. هر چند زنبورها خودپلیس هستند ولی این موضوع مانع از ساده گرفتن اصل کنترل نمی‌شود؛ چرا که کنترل در سازمانها، برگرداندن نیروی انسانی به مسیر صحیح است. یکی از اصول مدیریتی بعد از برنامه‌ریزی و سازماندهی، هدایت و رهبری است که همراه با نظارت به کار گرفته می‌شود.

۹. اصل هر چیز سر جای خود

زنبورها عسل را در سلولهای جداگانه و همچنین گرده‌ی گل را در سلولهای مربوطه ذخیره می‌کنند. هیچگاه پیش نمی‌آید که زنبورها، عسل و گرده‌ی گل را به صورت مخلوط ذخیره کنند و همچنین در سلولهایی که ملکه تخم‌ریزی کرده است تا زمان بیرون آمدن زنبور جوان از آن سلول، هیچ چیز دیگری ذخیره نمی‌شود و حتی بستن سر سلولها هم قواعد خاص خودش را دارد. مثلاً آنها سر سلولهای حاوی عسل را با یک لایه از موم غیرقابل نفوذ با هوا می‌پوشانند، اما سر سلولهایی را که لاروها در آن قرار دارند و برای رشد نیاز به هوا دارند با موم قابل نفوذ با هوا می‌پوشانند؛ به عبارتی در داخل کندو هر چیزی سر جای خود قرار می‌گیرد.

۱۰. اصل قوی بودن نسل آینده

ملکه چهار روز پس از تولد به بلوغ می‌رسد و قادر است جفت‌گیری کند. وی در سنین اول بلوغ در یک روز آفتابی و قبل از ظهر، کندویش را ترک کرده و در هوا پرواز می‌کند و در این پرواز حداقل با ۱۲ زنبور نر جفت‌گیری خواهد کرد و به کندو باز می‌گردد و اگر

لازم باشد در روزهای بعد (حداکثر تا سه روز)، این کار را ادامه می‌دهد. بدیهی است در این عملیات فقط زنبورهای نری که قدرت بیشتری دارند و توانایی رساندن خود به ملکه را دارند فرصت جفت‌گیری پیدا می‌کنند، بنابراین نسل بعد نسل قوی‌تری خواهـد بـود (آینده را بی‌پروایان می‌سازند).

اگـر سـازمانهای یادگیرنده را نیز مـوجودات زنـده‌ای تـصور کنیم کـه ارگـانیسم منحصربه‌فردی دارند که اجزای آن را انسانها تشکیل می‌دهند، بنابراین برای حفظ بقا و رقـابت بـاید بـهترینها جـذب شـوند و در انتخاب افراد بـرای پستهای مـدیریتی، شایسته‌سالاری باید به‌جای حاکمیت رابطه حاکم باشد. اگر مظهر عـصرفراصنعتی را شرکت مایکروسافت، و مظهر عصر صنعت را شرکت جنرال‌الکتریک بدانیم، مدیران مطرح و نام‌آور این شرکتها یعنی بیل گیتس و جک ولش، هر دو بر به‌کارگیری نیروی باهوش و قوی تأکید دارند و می‌گویند نیروهای قوی را به کـار گـیرید، ابـزار کـار را در اختیارشان قرار دهید، و سپس از سر راهشان کنار بروید تا کار کنند.

۱۱. اصل ممانعت از ادامه‌ی فعالیت نیروهای بیکار و تنبل

زنبورهای نر که هیچ وظیفه‌ای غیر از جفت‌گیری با ملکه ندارنـد، در هـنگام تـخم‌ریزی ملکه برای تمام جمعیت کندو قابل احترام هستند. این زنبورها پس از پایان فصل گلها که پایان تخم‌ریزی ملکه خواهد بود، به دلیل اینکه هیچ کـاری نـمی‌کنند و فـقط تـنبلهای مفت‌خور هستند، مورد غضب زنبورهای کارگر (ماده‌های نابالغ) قرار می‌گیرند و به بیرون از کندو رانده می‌شوند تا تلف شوند. شاید در سازمانها به نوعی این عمل بی‌رحمی به حساب آید، اما باید چنین افرادی خود را تغییر دهند و با کسب مهارتها و فرهنگ کار، همپای جمع حرکت کنند و تلاشگر و پویا باشند. در جوامع صنعتی و تـوسعه‌یافته کـه اقتصاد آزاد حاکم است، تحمل نگهداری چنین افرادی در سازمانها وجود ندارد. سازمانهای موفق از انسانهای فعال و پرانرژی تشکیل‌شده‌اند که همگی در راستای هدفهای سازمان تلاش می‌کنند و افراد غیرفعال از چنین سازمانهایی اخراج می‌شوند.

۱۲. اصل کوچ کردن

وقتی ازدحام جمعیت در کندو زیاد شود و فضا برای زندگی و کار کم باشد، مـلکه بـه همراه زنبورهای بالغ از کندو خارج می‌شوند. این عمل بسیار زیبا و اوج ایثار است؛ چون آنها خانه‌ی امن خویش را به ملکه و زنبورهای جوان که بـه‌دنیا خواهنـد آمـد، تـقدیم

می‌کنند و خود به‌دنبال سرپناهی جدید می‌روند.

بسیار شایسته خواهد بود اگر مدیران بنگاههای اقتصادی و سـازمانهـا کـه بـه سـن بازنشستگی می‌رسند، داوطلبانه از سمتهای خـود کنـاره‌گیری کنند و میدان را بـرای جوانترها باز کنند و خود در چند سال آخر به فعالیت مشاوره‌ای آنها بپردازند و نـقش مدیرپروری را بازی کنند. البته در سـازمانهـای مطرح و موفق دنیا، سـن بـازنشستگی مدیران را تعیین کرده‌اند و مدیریت ارشد نیز هر قدر که توانا باشد، خود را مقید می‌داند که در آن سن بازنشسته شود و از بین بهترینها، رهبر آینده را انتخاب کند. جک ولش، مدیر اسطوره‌ای قـرن بیست‌ویکم، نیز در نـهایت اقتـدار و تـوانـایی، وقتـی بـه سـن بازنشستگی رسید، همین عمل را انجام داد.

۱۳. اصل روانی جریان اطلاعات

وقتی یک زنبور، مزرعه‌ای از گلها را پیدا می‌کند که با شهد فراوان همراه است، سریعاً به کندو مهاجرت می‌کند و به شیوه‌های مخصوص (رقصهای دایره‌ای و نیم‌دایره‌ای) نشانی دقیق مزرعه را به سایرین می‌دهد و دیگر زنبورهای کارگر سریعاً به آن محل مـراجعـه کرده و نسبت به حمل شهد اقدام می‌کنند؛ به عبـارتی زنبـورها در دادن اطلاعـات بـه یکدیگر کوتاهی نمی‌کنند.

شنیده‌ایم که اطلاعات، قدرت می‌آورد و قدرت هم اطلاعات می‌آورد. متأسفانه موارد فراوانی مشاهده شده است که مدیران مقداری از اطلاعات را به زیردستان ارائه نمی‌کنند تا همیشه ابزاری برای اعمال قدرت داشته باشند. در دنیای پیشرفته، مدیران ارشد سازمانهای یادگیرنده، از مهارتهای ادراکی سطح بالا برخوردارند و مهارتهای فنی میزان بسیار کمی از مجموع مهارتهای آنها را شامل می‌شود. بنابراین نیازی به کتمان اطلاعات ندارنـد و نقل و انتقال اطلاعات در تمام ابعاد سازمان به سادگی جریان دارد و کارکنان و مدیران با گرفتن و دادن اطلاعات، در هم‌افزایی دانش و مهارتهای یکدیگر نقش فراوان دارند.

۱۴. اصل فعالیت شدید رهبران

ملکه‌ی زنبور عسل که نقش رهبر کندو را ایفا می‌کند، خود نیز با نهایت سرعت و دقت به انجام فعالیت مشغول است؛ چرا که میزان فعالیت او سبب افزایش جمعیت قوی می‌شود که در نهایت به افزایش تولید جمعیت منجر می‌شود. در سازمانهای موفق و پیشتاز نیز رهبران، خود الگوهای کار و نظم هستند. بیل گیتس، رهبر سابق شرکت مایکروسافت،

که جزء ثروتمندترین افراد دنیاست، هنوز هم حدود ۱۵ ساعت در روز فعالیت می‌کند. نمی‌توان در دنیا شرکت موفقی را مثال زد که رهبر آن نیز به پرکاری معروف نباشد. بنگاههایی موفق با مدیرانی چون بیل گیتس، جک ولش، ماتسوشیتا، مایکل دل، روبرت مرداگ، ریچارد برانسون، و... نمونه‌هایی از این بنگاههای پردرآمد و سودزا هستند که کوشش خستگی‌ناپذیر مدیران آن زبانزد خاص و عام است.

۱۵. اصل تصمیم‌گیری گروهی

یک بچه زنبور پس از خروج از کندو، در اولین شاخه که نزدیک کندو است استقرار می‌یابد و بلافاصله تعدادی از زنبورها برای پیدا کردن خانه‌ی جدید به اطراف پرواز می‌کنند و بعد از مدتی بازمی‌گردند و اطلاعات خود را به سایرین می‌دهند. بر اساس اطلاعات به دست آمده، زنبوران به صورت گروهی تصمیم می‌گیرند که کدام یک از محلهای کشف‌شده را انتخاب کنند. البته زنبوردارها در این موقع دست به‌کار می‌شوندند و قبل از پرواز مجدد، جمعیت آنها را در کندویی تمیز اسکان می‌دهند ولی به‌رغم این تدبیر، بازهم نقش تصمیم‌گیری گروهی زنبورها مهم است. امروزه نیز با تجربه و تحقیق ثابت شده است که دیگر دوره‌ی اینکه یک نفر استراتژیست کبیر باشد و دیگران مطیع محض، افسانه‌ای بیش نیست. امروزه رهبران شایسته، زمینه‌ی اظهارنظر کارکنان را فراهم می‌کنند و با روشهایی همچون چالش اندیشه‌ها، از افکار تمام کارکنان بهره‌مند می‌شوند و تصمیم‌گیری مشارکتی و گروهی، منشأ تغییر و تحولات سازنده و شگرفی در سازمانها شده است.

۱۶. اصل رقابت‌پذیری

بعد از کوچ زنبورها، ملکه‌ی جوان که سر از تخم بیرون آورده، رهبر کندو می‌شود و با زنبورهای باقیمانده، جمعیت را تشکیل می‌دهد و چهار روز بعد از تولد، اقدام به جفت‌گیری کرده و سپس با شدت شروع به تخم‌ریزی می‌کند تا جمعیتی قوی بسازد. ولی در مواردی نادر پیش آمده است که دو ملکه با هم سر از تخم بیرون می‌آورند و با یکدیگر به رقابت و جنگ می‌پردازند تا یکی کشته شده و از میدان خارج شود.

در سازمانهای امروزی نیز اصل رقابت پذیرفته شده است و سازمانها با توجه به نقاط ضعف خود در مقابل رقبا، و همچنین فرصتها و تهدیدهای محیطی که رقبا در آن قرار دارند، خود را می‌سنجند تا با پرورش نقاط قوت و برطرف کردن نقاط ضعف، و

استفاده‌ی به‌موقع و صحیح از فرصتها، و اتخاذ تدابیر صحیح و بجا در مقابل تهدیدات محیطی، از گردونه‌ی رقابت خارج نشوند و پویا و ارگانیک باشند. در غیر این صورت، به‌راحتی از سوی دیگران حذف می‌شوند. البته روح رقابت‌پذیری باید در تمام کارکنان سازمان در مقابله با سازمانهای دیگر وجود داشته باشد، اما ضروری است در داخل سازمان، روح همدلی و همکاری حاکم باشد. اگر قسمتهای مختلف سازمانی با همدیگر احساس رقابت داشته باشند، آن سازمان با مشکل مواجه خواهد شد.

۱۷. اصل اولویت‌بندی کارها

زنبورها در هنگام فراوانی شهد، با سرعت شهد را به کندو حمل می‌کنند. ولی این شهد برای تبدیل شدن به عسل، نیاز به عملیاتی از جمله کم کردن میزان آب آن دارد که این کار در مواقع بعدی که امکان آوردن شهد نیست، صورت می‌گیرد مانند شبها یا روزهای بارانی که زنبورها نمی‌توانند از کندو خارج شوند. در سازمانها نیز برای موفقیت، لازم است کارها را اولویت‌بندی کرد تا با مدیریت زمان، از آن به‌نحو شایسته‌ای استفاده شود.

۱۸. اصل تبعیت از رهبر قوی

درتمام مدتی که ملکه به صورت فعال داخل کندو مشغول فعالیت است، بویی را از خود پخش می‌کند که زنبورها حتی بدون دیدن ملکه و فقط با دریافت بو با جان و دل کار می‌کنند و هنگامی که ملکه تصمیم به کوچ هم می‌گیرد، بدون چون و چرا همراه او خانه و کاشانه‌ی خود را رها می‌کنند و به خارج از کندو می‌روند. نقش رهبران موفق و همچنین نقش کارکنان در حمایت از چنین رهبرانی در سازمانهای پیشتاز مشهود است.

اگر ملکه پیر شود و قدرت تخم‌ریزی بالایی نداشته باشد، زنبورهای کارگر یک یا چند سلول تخم‌ریزی ملکه را برای پرورش ملکه‌ی بعدی مهیا می‌سازند و چند زنبور مأمور می‌شوند که دور ملکه‌ی فعلی را بگیرند تا به او غذا نرسیده، تلف شود. برای بقا چاره‌ای جز حذف رهبران ضعیف بنگاههای اقتصادی که خود حاضر به کنار رفتن نیستند، وجود ندارد. البته در دنیای اقتصاد آزاد و اقتصاد رقابتی، کمتر این اتفاق می‌افتد ولی در دنیای رابطه‌بازی، مثالهای فراوان وجود دارد که مدیران ارشد خود را به میزشان دوخته‌اند.

۱۹. اصل پیش‌بینی

هنگام تولد بچه‌ها، زنبورهایی که قصد پیدا کردن لانه‌ی جدید دارند، هر یک مقداری از عسل داخل کندو را برمی‌دارند و در داخل کیسه‌ی عسل خود ذخیره می‌کنند تا در هنگامی که روی شاخه‌ی درخت به صورت خوشه‌ای آویزان شده‌اند و مدت زمانی که

طول می‌کشد تا در خانه‌ی جدید استقرار یابند، بدون غذا نمانند. امروزه برنامه‌ریزی یا پیش‌بینی تمامی عملیات، اقدامات، و فعالیتها، با توجه به امکانات و منابع (مادی، انسانی) و با توجه به قوانین و محدودیتها برای رسیدن به هدف یا هدفهای از پیش تعیین شده به عنوان یک اصل مهم شناخته شده است به‌طوری که بعضی از استادان، تعریف مدیریت را برنامه‌ریزی و اجرای آن می‌دانند. یعنی سایر اصول مدیریت در مقام اجرا قرار می‌گیرد و برنامه‌ریزی به عنوان مهمترین اصل به‌شمار می‌رود.

۲۰. اصل فرهنگ کار و بهره‌وری

این اصل در سراسر کندو وجود دارد و ملکه با شدت فعالیت می‌کند. زنبورهای کارگر بی‌وقفه کار می‌کنند و حتی شبها نیز به فعالیتهای داخل کندو مشغول هستند و اصلاً پدیده‌ای به نام خواب برای زنبور غیر قابل مفهوم است. نمی‌توان از انسانها انتظار داشت که همانند زنبورها به‌طور مرتب کار کنند و استراحت نداشته باشند، ولی می‌توان انتظار داشت که فرهنگ کار در ساعات کار در سازمان حاکم باشد و از اتلاف وقت جلوگیری شود.

متأسفانه میزان کار مفید نیروی کار در کشور ما بسیار پایین است و یکی از دلایل بسیار مهم عقب‌ماندگی ما این است که فرهنگ کار در سازمانها نهادینه نشده است. برای مثال اگر دو زنبور با هم وارد کندو شده و اطلاعاتی که می‌دهند حاکی از این باشد که یکی مزرعه‌ی گلی پیدا کرده است که میزان غلظت قند شهدگلهای آن ۳۰ درصد است و دیگری اطلاعاتی بدهد که میزان غلظت قند شهدگلهای کشف شده از سوی او ۵۰ درصد است و هر دو در یک فاصله‌ی مساوی قرار دارند، بدون شک زنبورها به سمت مزرعه‌ای می‌روند که زنبور دوم نشانی داده است؛ یعنی زنبورها به اصل بهره‌وری معتقد هستند.

تعریف بهره‌وری عبارت است از: مجموع اثربخشی و کارایی؛ یعنی هم کار درست را انتخاب کنیم و هم آن کار را به بهترین نحو انجام دهیم. سازمانهای موفق قطعاً سازمانهایی با بهره‌وری بالا هستند که با بررسی شرایط محیطی و تواناییهای سازمان، مسیر را صحیح انتخاب می‌کنند و با جدیت در جهت تحقق آرمانها و هدفهای تعیین شده گام برمی‌دارند.

قطعاً با مطالعه‌ی بیشتر در رفتار موجودات انبوه‌زی می‌توان اصلهای بیشتری را فهرست کرد و از آنها برای یادگیری و بهره‌مندی از استعدادهای بالفعل سود جُست. کشورهای توسعه‌یافته قبل از هر چیز نیاز به انسانهای توسعه‌یافته دارند و انسانهای توسعه‌یافته آنهایی هستند که عالم عامل عاشق باشند.

فهرست منابع

۱. ابراهیمی، صبا. پورداریانی، احمد.(۱۳۸۳)، «کارآفرینی یک دقیقه‌ای»، تهران، انتشارات مـحراب قلم، چاپ دوم.

۲. ابراهیمی، عبدالحمید. روستا، احمد. ونوس، داور.(۱۳۸۴)، «تحقیقات بازاریابی»، تهران، سـازمان تدوین کتب علوم انسانی دانشگاهها (سمت)، چاپ پنجم.

۳. ابیلی، خدایار. موفقی، حسن.(۱۳۸۲)، «دریچه‌ای بر مفاهیم نوین مدیریتی»، تهران، نشر شیوه، چاپ اول.

۴. اختر، اس. اچ.(۱۳۸۰)، «بازاریابی جهانی»، ترجمه‌ی حسن اسماعیل‌پور و محسن نجفیان، تهران، انتشارات نگاه دانش، چاپ اول.

۵. ار. دیوید، فرد.(۱۳۸۱)، «مدیریت استراتژیک»، ترجمه‌ی سید محمد اعرابی و عـلی پـارسائیان، تهران، دفتر پژوهشهای فرهنگی، چاپ سوم.

۶. اس مینور، میشل. سی. مـوون، جـان،(۱۳۸۱)، «رفتار مـصرف‌کننده»، ترجمـه‌ی عباس صـالح اردستانی، تهران، نشر آن، چاپ اول.

۷. اسلاتر، رابرت،(۱۳۷۹)، «جک‌ولش راه جنرال‌الکتریک»، ترجمه‌ی عبدالرضا رضایی‌نژاد، تـهران، انتشارات فرا، چاپ اول.

۸. اسماعیل‌پور، حسن،(۱۳۷۹)، «مدیریت بازاریابی بین‌المللی»، تهران، نشر نگاه دانش، چاپ دوم.

۹. اسماعیل‌پور، مجید،(۱۳۸۲)، «راهنمای عملی به‌کارگیری بازاریابی در خدمات بانک»، تهران، انتشارات ترمه، چاپ اول.

۱۰. افلاکی، شاهرخ.(۱۳۸۴)، «بازاریابی (مدیریت بازار)»، تهران، انتشارات کیومرث، چاپ اول.

۱۱. اگیلوی، دیوید.(۱۳۸۰)، «رازهای تبلیغات»، ترجمـه‌ی کـوروش حیدری و عـلی فـروزفر، تهران، انتشارات مبلغان، چاپ اول.

۱۲. امیرشاهی، میر احمد،(۱۳۸۵)، «جزوه‌ی درسی مدیریت تمایز و نوآوری در شرکت توسعه مهندسی بازار گستران آتی (TMBA)»

۱۳. امـیرشاهی، میراحمد،(۱۳۸۰)، «جـزوه‌ی درسی مـدیریت بـرند در شـرکت تـوسعه مـهندسی بازارگستران آتی (TMBA)»

۱۴. انواری رستمی، علی اصغر،(۱۳۸۱)، «آشنایی با سیستم‌های توزیع»، تهران، طراحان نشر، چاپ اول.

۱۵. یاکوکا، لی.(۱۳۸۰)، «فراز و شیب مدیریت در فورد و کرایسلر»، ترجمه‌ی محمد ابراهیم محجوب، تهران، انتشارات معراج، چاپ دوم.

۱۶. ایران‌نژاد پاریزی، مهدی.(۱۳۷۸)، «روش‌های تحقیق در علوم اجتماعی»، تهران، نشر مدیران، چاپ اول.

۱۷. بغزیان، آلبرت.(۱۳۸۴)، «جزوه‌ی درسی قیمت‌گذاری در شرکت توسعه مهندسی بازار گستران آتی (TMBA)»

۱۸. باترا، پرمود.(۱۳۸۳)، «راه‌های ساده برای شغل شریف فروشندگی»، تهران، کتاب‌سرای تندیس، چاپ اول.

۱۹. باترا، پرمود.(۱۳۸۲)، «فکر بکر برای خلاقیت و ابتکار مدیران»، ترجمه‌ی طوبی یکتایی، تهران، کتاب‌سرای تندیس، چاپ اول.

۲۰. باقری، کامران. کنعانی، مهدی. محبوبی، جواد. و همکاران.(۱۳۸۵)، «عبور از توفان»، تهران، انتشارات رسا، چاپ اول.

۲۱. باکینگهام ف مارکوس. کافمن، کورت.(۱۳۸۱)، «گام نخست، رمیدن از قانون‌های کهنه»، ترجمه‌ی عبدالرضا رضایی‌نژاد، تهران، انتشارات فرا، چاپ اول.

۲۲. بایایی زکلیکی، محمد علی.(۱۳۸۲)، «بازاریابی بین‌المللی»، تهران، سازمان مطالعه و تدوین کتب علوم انسانی دانشگاهها (سمت)، چاپ سوم.

۲۳. برانچ، الن.(۱۳۸۰)، «مدیریت بازاریابی صادرات»، ترجمه‌ی محمد ابراهیم گوهریان، تهران، شرکت چاپ و نشر بازرگانی، چاپ دوم.

۲۴. برد، پالی.(۱۳۸۴)، «تحقیقات بازاریابی در یک هفته»، ترجمه‌ی محمد حسن امامی و پرویز درگی، تهران، انتشارات تورنگ، چاپ اول.

۲۵. برنت، جان. موریرتی، ساندرا. وند، ویلیام.(۱۳۸۳)، «تبلیغات تجاری، اصول و شیوه‌های عمل»، ترجمه‌ی سینا قربانلو، تهران، انتشارات مبلغان، چاپ اول.

۲۶. بروس، اندی. لانگدن، کن.(۱۳۸۱)، «مشتری‌مداری»، ترجمه‌ی محمد رضا جباری و محمد منتظری، تهران، انتشارات سارگل، چاپ اول.

۲۷. بست، راجر. کانی، کنث. هاوکیتر، دل.(۱۳۸۵)، «رفتار مصرف‌کننده»، ترجمه‌ی عطیه بطحایی و احمد روستا، تهران، انتشارات سارگل، چاپ اول.

۲۸. بهرامی، ایرج.(۱۳۶۹)، «بازاریابی در بازرگانی پیشرفته»، تهران، انتشارات پیشبرد، چاپ اول.

۲۹. بلانچارد، کنث.(۱۳۸۹)، «مدیریت بر قلب‌ها»، ترجمه‌ی عبدالرضا رضایی نژاد، تهران، انتشارات فرا، چاپ اول.

۳۰. بلانچارد، کنث، بولز، شلدون.(۱۳۸۵)، «فراسوی مشتری‌مداری»، ترجمه محمد گذرآبادی، تهران، انتشارات رسا، چاپ اول.

۳۱. بلانچارد، کنث. و همکاران.(۱۳۷۷)، «نزدیک شدن به خطر (جهانی شدن در فرصت باقی مانده)»، ترجمه‌ی منوچهر سلطانی، تهران، شرکت چاپ و نشر بازرگانی، چاپ اول.

۳۲. بلوریان تهرانی، محمد.(۱۳۸۲)، «طراحی استراتژی، برنامه‌ریزی و مهارت‌های فروش و فروشندگی حرفه‌ای»، تهران، شرکت چاپ و نشر بازرگانی ، چاپ اول.

۳۳. برن، رابین. فوریست، پاتریک.(۱۳۸۳۹، «تحقیق در بازار»، ترجمه‌ی علی پارسائیان، تهران، انتشارات ترمه، چاپ اول.

۳۴. پایپ، استیو.(۱۳۷۸)، «۱۰۱ راه برای کسب سود بیشتر»، ترجمه‌ی علی ضرغام، تهران، انتشارات قدیانی، چاپ اول.

۳۵. پورشمس، محمدرضا. سالک زمانی، مریم.(۱۳۸۵)، «مدیریت کیفیت رضایت مشتری»، تهران، انتشارات مرکز آموزش و تحقیقات صنعتی ایران، چاپ اول.

۳۶. پیرس، جان. رابینسون.(۱۳۷۷)، «برنامه‌ریزی و مدیریت استراتژیک»، تهران، انتشارات یادواره کتاب، چاپ اول.

۳۷. پی. کاتر، جان.(۱۳۷۸)، «رهبری کارآفرین»، ترجمه‌ی محمدعلی طوسی، تهران، انتشارات مرکز آموزش مدیریت دولتی، چاپ اول.

۳۸. تاشمن، مایکل. اریلی سوم، چارلز.(۱۳۷۸)، «نوآوری بستر پیروزی»، ترجمه‌ی عبدالرضا رضایی‌نژاد، تهران، انتشارات رسا، چاپ اول.

۳۹. تایلین، دیوید.(۱۳۸۴)، «جادوی بیل گیتس، دوازده راه مدیریت موفق مایکروسافت»، ترجمه‌ی سید رضا افتخاری، مشهد، انتشارات مرندیز، چاپ اول.

۴۰. تروت، جک.(۱۳۸۴)، «تمایز یا نابودی»، ترجمه‌ی میراحمد امیرشاهی، تهران، نشر فرا، چاپ دوم.

۴۱. تروت، جک.(۱۳۸۳)، «شرکت‌های بزرگ، مشکلات بزرگ»، ترجمه‌ی میراحمد امیرشاهی، تهران، انتشارات الزهرا، چاپ اول.

۴۲. تریسی، برایان.(۱۳۸۴)، «راز موفقیت ستارگان بزرگ فروش جهان»، ترجمه‌ی علی‌اکبر قاری نیت، تهران، نشر آزمون، چاپ اول.

۴۳. تریسی، برایان.(۱۳۸۵)، «روان‌شناسی فروش»، ترجمه‌ی بهادر صادقی، قزوین، انتشارات سایه‌گستر، چاپ اول.

۴۴. تریسی، برایان.(۱۳۸۵)، «فکرت را تغییر بده تا زندگیت تغییر کند»، ترجمه‌ی فاطمه فریدنیا، قزوین، انتشارات سایه گستر، چاپ اول.

۴۵. تریسی، برایان. فریزر، کمپبل.(۱۳۸۴)، «مربی موفقیت (کلیدهای موفقیت شغلی)»، ترجمه‌ی علی‌اکبر قاری نیت، تهران، نشر آزمون، چاپ اول.

۴۶. تریسی، مایکل. ویرزما، فرد.(۱۳۷۸)، «راهکارهای پیشتازان بازار»، ترجمه‌ی عبدالرضا رضایی نژاد، تهران، انتشارات رسا، چاپ دوم.

۴۷. تزو، سان.(۱۳۸۳)، «هنر جنگ‌آوری»، ترجمه‌ی علی کردستی، تهران، انتشارات فرا، چاپ اول.

۴۸. ثریا، سید مهدی.(۱۳۷۷)، «روش بحث و مذاکره بر اساس مطالعه تأثیر و تأثر متقابل دو گروه»، تهران، انتشارات رشد، چاپ دوم.

۴۹. جفرز، سوزان.(۱۳۷۹)، «ترس را تجربه کنیم»، ترجمه‌ی فروزان گنجی‌زاده، تهران، انتشارات نسل نواندیش، چاپ اول.

۵۰. جمعی از اساتید مدیریت.(۱۳۷۸)، «برنامه‌ریزی استراتژیک»، تهران، مرکز انتشارات مرکز آموزش مدیریت دولتی، چاپ اول.

۵۱. جمعی از استادان مدیریت.(۱۳۷۸)، «مدیریت استراتژیک(۲)»، تهران، مرکز انتشارات مرکز آموزش مدیریت دولتی، چاپ اول.

۵۲. جی. کابودیان، آرمن.(۱۳۸۰)، «همیشه حق با مشتری است»، ترجمه‌ی کوروش محمد خراسانی و سیامک ستاره‌نژاد، تهران، نشر اوحدی، چاپ اول.

۵۳. چاووشی، کاظم. متولی، علی. منتی، حسین. یاوری گهر، فاطمه. (۱۳۸۵)، «برنامه‌ریزی بازاریابی»، تهران، انتشارات ترمه، چاپ اول.

۵۴. چیت وود، روی.(۱۳۸۰)، «فروش حرفه‌ای»، ترجمه‌ی محمد ابراهیم گوهریان و شهلا یوسفی، تهران، انتشارات امیر کبیر، چاپ اول.

۵۵. چاک، وای. گی.(۱۳۷۷)، «جهانگردی در چشم‌انداز جامع». ترجمه‌ی علی رسائیان و محمد اعرابی، تهران، انتشارات دفتر پژوهشهای فرهنگی، چاپ اول.

۵۶. حسینی کیا، سید تقی. زری‌باف، مهدی.(۱۳۸۲)، «مدیریت بازاریابی جهانی»، تهران، انتشارات گسترش علوم پایه، چاپ اول.

۵۷. حقیقی نسب، منیژه.(۱۳۸۲)، «اصول و مفاهیم بازاریابی بین‌المللی، جهانی با نگرش کاربردی»، تهران، دانشگاه الزهرا(س)، چاپ اول.

۵۸. خوش دهان، علی.(۱۳۸۱)، «آشنایی با مفاهیم و اندازه‌گیری رضایت مشتریان»، تهران، انتشارات شرکت مشاورین کیفیت ساز، چاپ اول.

۵۹. دابل یو. بلای، رابرت.(۱۳۸۱)، «ادبیات تبلیغ»، ترجمه‌ی منیژه بهزاد (شیخ جوادی)، تهران، انتشارات کارون.

۶۰. دابل یو. بوید، هارپد. سی. واکر، اورویل. لرش، ژان کلود. مالینز، جان. (۱۳۸۳)، «استراتژی بازاریابی»، ترجمه‌ی سید محمد اعرابی و داوود ایزدی، تهران، دفتر پژوهشهای فرهنگی، چاپ اول.

۶۱. دان، پیرز. راجرز، مارتا.(۱۳۸۴)، «بازاریابی تک‌به‌تک»، ترجمه‌ی علی عیاری، تهران، نشر فرا، چاپ اول.

۶۲. دادخواه، محمدرضا. کمالی، کامل.(۱۳۷۹)، «بازاریابی و مدیریت بازار»، تهران، انتشارات شهر آشوب، چاپ اول.

۶۳. داتریس، دونیس.(۱۳۸۳)، «مبادی سواد بصری»، ترجمه‌ی مسعود سپهر، تهران، انتشارات سروش، چاپ نهم.

۶۴. دراکر، پیتر.(۱۳۷۸)، «چالش‌های مدیریت در سده ۲۱»، ترجمه‌ی عبدالرضا رضایی نژاد، تهران، انتشارات فرا، چاپ اول.

۶۵. دراکر، پیتر.(۱۳۸۱)، «ماجراهای یک مشاهده‌گر»، ترجمه‌ی غلامحسین خانقائی، تهران، انتشارات فرا، چاپ اول.
۶۶. درگی، پرویز.(۱۳۸۶)، «مدیریت فروش و فروش حضوری با نگرش بازار ایران»، تهران، انتشارات رسا، چاپ اول.
۶۷. درگی، پرویز.(۱۳۸۵)، «جزوه‌ی درسی بازاریابی در مقطع کارشناسی ارشد رشته‌ی مدیریت اجرایی سازمان مدیریت صنعتی».
۶۸. درگی، پرویز.(۱۳۸۵)، «جزوه‌ی درسی بازاریابی بین‌المللی، دانشگاه شیراز».
۶۹. درگی، پرویز.(۱۳۸۴)، «جزوه‌ی درسی مدیریت استراتژیک بازاریابی در مقطع کارشناسی ارشد رشته‌ی مدیریت اجرایی سازمان مدیریت صنعتی».
۷۰. درگی، پرویز.(۱۳۸۵)، «جزوه‌ی درسی روانشناسی برخورد با مشتری، شرکت توسعه مهندسی بازارگستران آتی (TMBA)»
۷۱. درگی، پرویز.(۱۳۸۵)، «جزوه‌ی درسی مهندسی فروش در مؤسسه توسعه و تحقیقات اقتصادی دانشگاه تهران».
۷۲. درگی، پرویز.(۱۳۸۵)، «جزوه‌ی درسی اصول بازاریابی و مدیریت بازار در دانشکده‌ی اقتصاد دانشگاه تهران».
۷۳. درگی، پرویز. و همکاران.(۱۳۸۵)، «جزوه‌ی درسی بازاریابی و مشتری‌مداری در شرکت توسعه مهندسی بازارگستران آتی (TMBA)»
۷۴. راجرز، لن.(۱۳۷۵)، «بازاریابی راهنمای مؤسسات کوچک»، ترجمه‌ی عباس مخبر، تهران، انتشارات کتاب ماد، چاپ دوم.
۷۵. رازبری، سالی. فیلیپس، مایکل.(۱۳۸۵)، «بازاریابی بدون تبلیغات»، ترجمه‌ی محمد سالاری، کرج، پایا کرج، چاپ اول.
۷۶. رایز، آل. رایز، لورا.(۱۳۸۱)، «۲۲ قانون ثابت برای تثبیت نام تجاری»، ترجمه‌ی منیژه بهزاد (شیخ جوادی)، تهران، انتشارات فرا، چاپ اول.
۷۷. روستا، احمد.(۱۳۸۴)، «جزوه‌ی درسی قیمت‌گذاری در دانشگاه شهید بهشتی».
۷۸. رشیدی، حجت‌الله.(۱۳۷۷)، «درس‌نامه روش تحقیق علمی در مدیریت»، تهران، انتشارات گل پونه، چاپ اول.
۷۹. رنجبریان، بهرام.(۱۳۷۸)، «بازاریابی و مدیریت بازار»، تهران، شرکت چاپ و نشر بازرگانی، چاپ اول.
۸۰. زیمن، سرجیو.(۱۳۸۴)، «پایان عصر بازاریابی سنتی»، ترجمه‌ی سینا قربانلو، تهران، انتشارات مبلغان، چاپ سوم.
۸۱. ساترلند، ماکس.(۱۳۸۰)، «روان‌شناسی تبلیغات تجاری»، ترجمه‌ی سینا قربانلو، تهران، انتشارات فرا، چاپ اول.

۸۲. سانجایا، لال.(۱۳۸۵)، «سیاست فناوری و تشویق بازار»، ترجمه‌ی میثم قاسم نژاد و علی قاسمی و هادی کوزه‌چی، تهران، انتشارات رسا، چاپ دوم.

۸۳. سانچز، دیان. هیمن، استفان.(۱۳۸۵)، «استراتژی فروش»، ترجمه‌ی محمد راد، تهران، انتشارات نسل نواندیش، چاپ اول.

۸۴. سرمد سعیدی، سهیل. میرابی، وحیدرضا.(۱۳۸۲)، «بازاریابی بین‌الملل»، تهران، انتشارات اندیشه‌های گوهربار، چاپ اول.

۸۵. سقایی، عباس. کاوسی، محمدرضا.(۱۳۸۴)، «روش‌های اندازه‌گیری رضایت مشتری»، تهران، انتشارات سبزان، چاپ اول.

۸۶. سیکلنت، جیمز آر. ارستی، جفری ام.(۱۳۷۸)، «مذاکرات تجاری بین‌المللی»، ترجمه‌ی علی رضا نعیمی یزدی، تهران، مرکز چاپ و انتشارات مرکز آموزش مدیریت دولتی، چاپ اول.

۸۷. سپهری، محمد مهدی. نیک‌نژاد طهرانی، حسین.(۱۳۸۰)، «سمینار هوش انبوهزی و الگوریتم مورچگان»، خانه مدیران سازمان مدیریت صنعتی.

۸۸. سمپسون، الری.(۱۳۷۸)، « ۱۰۱ راه برای رفتار حرفه‌ای در تجارت»، ترجمه‌ی علی ضرغام، تهران، انتشارات قدیانی، چاپ اول.

۸۹. سنگه، پیتر.(۱۳۸۰)، «پنجمین فرمان»، ترجمه‌ی حافظ کمال هدایت و محمد روشن، تهران، انتشارات سازمان مدیریت صنعتی، چاپ سوم.

۹۰. سنگه، پیتر. و همکاران.(۱۳۸۳)، «رقص تغییر»، ترجمه‌ی حسین اکبری و مسعود سلطانی، تهران، انتشارات آتنا، چاپ اول.

۹۱. شوک، رابرت.(۱۳۸۲)، «هر فروشنده باید بداند...»، ترجمه‌ی هومن مجردزاده کرمانی، تهران، مؤسسه فرهنگی راه بین، چاپ دوم.

۹۲. شهریاری، زهرا.(۱۳۸۱)، «طرح‌ها و استراتژی‌های بازاریابی صادرات»، تهران، شرکت چاپ و نشر بازرگانی، چاپ اول.

۹۳. شهریاری، عمادالدین.(۱۳۸۲)، «مدیریت بازاریابی جهانی»، تهران، انتشارات آذرپور، چاپ اول.

۹۴. شریعتی، تقی ناصر.(۱۳۸۴)، «جزوه‌ی درسی تفکر سیستمی در سازمان مدیریت صنعتی».

۹۵. شریفی، علیرضا. و همکاران.(۱۳۸۵)، «جزوه‌ی درسی مهارتهای ارتباطی در شرکت توسعه مهندسی بازارگستران آتی (TMBA) »

۹۶. صالحی، محمد رضا.(۱۳۸۴)، «اصول و روش‌های بازاریابی و مدیریت فروش محصولات»، اصفهان، انتشارات فرهنگ مردم، چاپ اول.

۹۷. صفائیان، میترا. ونوس، داور.(۱۳۸۱)، «روش‌های کاربردی بازاریابی خدمات بانکی برای بانک‌های ایرانی»، تهران، انتشارات نگاه دانش، چاپ اول.

۹۸. صمدی، منصور.(۱۳۸۲)، «رفتار مصرف‌کننده»، تهران، انتشارات آئیژ، چاپ اول.

۹۹. صنایعی، علی.(۱۳۷۷)، «اصول بازاریابی و مدیریت بازار»، تهران، نشر پرسش، چاپ سوم.

۱۰۰. عزیزی، احمد.(۱۳۸۴)، «جزوه‌ی درسی جنگ قیمتها در دانشگاه شهید بهشتی».

۱۰۱. عقدائی، کاوه.(۱۳۸۴)، «ناگفته‌های بازار»، تهران، انتشارات نسیم دانش، چاپ اول.

۱۰۲. علمی، محمد.(۱۳۷۴)، «نمایشگاه‌ها و چگونگی برپایی و شرکت در آنها»، تهران، مرکز توسعه صادرات ایران، چاپ اول.

۱۰۳. علمی، محمد. ( )، «نقش دفاتر نمایندگی بازرگانی در پیشبرد اهداف صادراتی»، تهران، مرکز توسعه صادرات ایران، چاپ اول.

۱۰۴. علی، موآ.(۱۳۸۴)، «روابط‌عمومی اثربخش»، ترجمه‌ی سمیه شریعتی راد، تهران، انتشارات سارگل، چاپ اول.

۱۰۵. علی، موآ.(۱۳۸۲)، «بازاریابی اثربخش»، ترجمه‌ی محمد منتظری، تهران، انتشارات سارگل، چاپ اول.

۱۰۶. عماد، حجت،(۱۳۷۹)، «ارتباطات و آداب معاشرت در هتل»، تهران، انتشارات یادواره اسدی، چاپ اول.

۱۰۷. غفاریان، وفا، کیانی، غلامرضا(۱۳۸۳)، «استراتژی اثربخش» تهران، انتشارات فرا، چاپ اول.

۱۰۸. غفاریان، وفا، کیانی، غلامرضا(۱۳۸۴)، «پنج فرمان برای تفکر استراتژیک» تهران، انتشارات فرا، چاپ اول.

۱۰۹. فرهنگ، منوچهر.(۱۳۸۳)، «جزوه‌ی درسی مدیریت استراتژیک بازاریابی کارشناسی ارشد رشته‌ی مدیریت اجرایی در سازمان مدیریت صنعتی».

۱۱۰. فرهنگ، منوچهر.(۱۳۸۲)، «جزوه‌ی درسی بازاریابی بین‌المللی، کارشناسی ارشد رشته‌ی مدیریت اجرایی سازمان مدیریت صنعتی».

۱۱۱. فاستر، مری. مک ناتون، راس.(۱۳۷۸)، «مبانی تحقیقات بازاریابی»، ترجمه‌ی بهرام صنعتی طراح، تهران، انتشارات مبلغان، چاپ اول.

۱۱۲. فورسایت، پاتریک.(۱۳۸۱)، «۱۰۱ راه برای افزایش فروش»، تهران، انتشارات قدیانی، چاپ سوم.

۱۱۳. فیشر، راجر. یوری، ویلیام.(۱۳۷۵)، «اصول و فنون مذاکره»، ترجمه‌ی مسعود حیدری، تهران، انتشارات سازمان مدیریت صنعتی، چاپ دوم.

۱۱۴. فتوت، احمدرضا.(۱۳۸۵)، «جزوه‌ی درسی روانشناسی مشتری در شرکت توسعه مهندسی بازار گستران آتی (TMBA)»

۱۱۵. کاپلان، رابرت. نورتون، دیوید.(۱۳۸۳)، «سازمان استراتژی‌محور»، ترجمه‌ی پرویز بختیاری، تهران، انتشارات سازمان مدیریت صنعتی، چاپ اول.

۱۱۶. کیگان، وارن جی.(۱۳۸۰)، «مدیریت بازاریابی جهانی»، ترجمه‌ی عبدالحمید ابراهیمی، تهران، دفتر پژوهشهای فرهنگی، چاپ اول.

۱۱۷. کاتلر، فیلیپ.(۱۳۷۹)، «کاتلر در مدیریت بازار»، ترجمه‌ی عبدالرضا رضایی‌نژاد، انتشارات فرا، چاپ اول.

۱۱۸. کاتلر، فیلیپ.(۱۳۸۳)، «دایرةالمعارف بازاریابی از A تا Z» ترجمهی عبدالحمید ابراهیمی و همکاران، تهران، انتشارات آن، چاپ اول.

۱۱۹. کاتلر، فیلیپ. و همکاران.(۱۳۸۴)، «استراتژی بازاریابی»، ترجمهی علی عیاری، تهران، انتشارات فرا، چاپ اول.

۱۲۰. کاتلر، فیلیپ. آرمسترانگ، گری.(۱۳۸۲)، «اصول بازاریابی»، ترجمهی علی پارسائیان، تهران، نشر اربستان، چاپ دوم.

۱۲۱. کاتلر، فیلیپ. تریاس دبس، فرناندو.(۱۳۸۴)، «بازاریابی خلاق»، ترجمهی کامبیز حیدرزاده و رضا رادفر، تهران، انتشارات کسا کاوش، چاپ اول.

۱۲۲. کاتلر، فیلیپ.(۱۳۸۲)، «مدیریت بازاریابی»، ترجمهی بهمن فروزنده، تهران ، نشر آتروپات، چاپ اول.

۱۲۳. کارت رایت، راجر.(۱۳۸۳)، «ارتباط با مشتری»، ترجمهی علی پارسائیان، تهران، انتشارات ترمه، چاپ اول.

۱۲۴. کارخانهای، بهرام.(۱۳۸۳)، «کاربرد علوم رفتاری و ارتباطات در خدمت رضایت و تکریم مشتری»، تهران، انتشارات دیفرش، چاپ اول.

۱۲۵. کاشانی، مجید.(۱۳۸۳)، «خویش را باور کن»، تهران، مؤسسهی فرهنگی ورزشی سایپا، چاپ اول.

۱۲۶. کان هی، لی.(۱۳۷۷)، «تغییر از من آغاز میگردد»، ترجمهی کامبیز بدیع، تهران، نشر هزاران، چاپ اول.

۱۲۷. کرمانی نژاد، فرزان.(   )، «نگاهی به طراحی بستهبندی»، تهران، انتشارات کارین، چاپ اول.

۱۲۸. کریستوفر، مارتین.(۱۳۸۵)، «مدیریت توزیع (علمی عملی)»، ترجمهی احمد اخوی، تهران، شرکت چاپ و نشر بازرگانی، چاپ اول.

۱۲۹. کنان، کیت.(۱۳۸۵)، «چگونه بر خویشتن مدیریت کنیم؟» ترجمهی قاسم کریمی نژاد، تهران، انتشارات قدیانی، چاپ سوم.

۱۳۰. کوپر، رابرت.(۱۳۷۷)، «مدیریت عشق و عاطفه»، ترجمهی علیرضا عزیزی، تهران، انتشارات توفیق، چاپ اول.

۱۳۱. کول، کریس.(۱۳۷۴)، «کلید طلایی ارتباطات»، ترجمهی محمدرضا آل یاسین، تهران، چاپ مقصود، چاپ اول.

۱۳۲. کوشیلیام، سوزان.(۱۳۸۵)، «تفکر مثبت»، ترجمهی شیوا ایزدی و محمد علی حسینی، تهران، انتشارات سارگل، چاپ اول.

۱۳۳. کیوساکی، رابرت. لچتر، شارون.(۱۳۸۲)، «بابای دارا، بابای نادار»، ترجمهی عبدالرضا رضایی نژاد، تهران، انتشارات فرا، چاپ اول.

۱۳۴. گاتر، باب.(۱۳۷۸)، «سازمان تندآموز»، ترجمهی خدایار ابیلی، تهران، نشر ساپکو، چاپ اول.

۱۳۵. گربر، مایکل.(۱۳۷۸)، «راز موفقیت در کسبوکار آزاد»، ترجمهی حسن اسلمی ارانی، تهران، انتشارات آوازه، چاپ اول.

۱۳۶. گوهریان، محمد ابراهیم.(۱۳۷۹)، «مدیریت نوین صادرات»، تهران، انتشارات اسرار دانش، چاپ اول.
۱۳۷. گیتس، بیل.(۱۳۸۰)، «کسب‌وکار بر بال اندیشه»، ترجمه‌ی عبدالرضا رضایی نژاد، تهران، انتشارات فرا، چاپ دوم.
۱۳۸. گیلهام، بیل.(۱۳۸۲)، «طراحی پرسشنامه تحقیقاتی»، ترجمه‌ی علی اکبر انصاریان و حسین حیاری خامنه، تبریز، انتشارات افق دانش، چاپ اول.
۱۳۹. لاما، دالایی.(۱۳۸۲)، «کتاب کوچک عقل و خرد»، ترجمه‌ی محمدرضا آل یاسین، تهران، انتشارات هامون، چاپ اول.
۱۴۰. لوشر، مارکس.(۱۳۸۰)، «روان‌شناسی رنگ‌ها»، ترجمه‌ی لیلا مهرادپی، تهران، انتشارات حسام، چاپ هشتم.
۱۴۱. لوشر، مارکس.(۱۳۸۱)، «فالنامه و روان‌شناسی رنگ»، ترجمه‌ی امیرحسین برهمندپور، تهران، انتشارات اخوان، چاپ دوم.
۱۴۲. لومسون، لس.(۱۳۸۰)، «بازاریابی گردشگری»، ترجمه‌ی محمد ابراهیم گوهریان، تهران، دفتر پژوهش‌های فرهنگی، چاپ اول.
۱۴۳. مال هاترا، نارش.(۱۳۷۸)، «تحقیقات بازاریابی»، ترجمه‌ی محمد زنجانی، تهران، انتشارات سازمان مدیریت صنعتی، چاپ اول.
۱۴۴. متولی، کاظم.(۱۳۸۴)، «روابط‌عمومی و تبلیغات»، تهران، انتشارات بهجت، چاپ اول.
۱۴۵. مدرس طهرانی، مجتبی.(۱۳۷۹)، «صادراتچی»، تهران، انتشارات قدم به قدم، چاپ اول.
۱۴۶. مجاهدی نسب، علیرضا.(۱۳۸۴)، «روش‌های قیمت‌گذاری»، تهران، انتشارات رادان، چاپ اول.
۱۴۷. محمدی، اسماعیل.(۱۳۸۲)، «مشتری‌مداری و تکریم ارباب‌رجوع»، تهران، انتشارات رسا، چاپ اول.
۱۴۸. محمدیان، محمود.(۱۳۸۲)، «مدیریت تبلیغات»، تهران، انتشارات حروفیه، چاپ دوم.
۱۴۹. محمدیان، محمود. آقاجان، عباس.(۱۳۸۱)، «آسیب‌شناسی تبلیغات در ایران». تهران، انتشارات حروفیه، چاپ اول.
۱۵۰. مور، دیوید. میلر، جان.(۱۳۸۵)، «کسب‌وکار نام‌های تجاری»، ترجمه‌ی عطیه بطحایی و پرویز درگی، تهران، انتشارات رسا، چاپ اول.
۱۵۱. مهدوی نیا، سید محمد.(۱۳۸۱)، «مدیریت بازاریابی»، تهران، نشر گرایش، چاپ اول.
۱۵۲. میرزایی، محسن.(۱۳۸۳)، «مدیریت فروشگاه و خرده‌فروشی‌ها با رویکرد استراتژیک»، تهران، شرکت چاپ و نشر بازرگانی، چاپ اول.
۱۵۳. مین، جرمی. ویند، جری یورام.(۱۳۸۱)، «هدایت تغییر»، ترجمه‌ی نوید هاشمی‌طبا، تهران، چاپ رامین، چاپ اول.
۱۵۴. نصیری قیداری، حسن.(۱۳۸۳)، «مدیریت روابط‌عمومی»، تهران، انتشارات رسا، چاپ اول.

۱۵۵. واترز، مالکوم.(۱۳۷۹)، «جهانی شدن»، ترجمه‌ی اسماعیل مردانی گیوی و سیاوش مریدی، تهران، انتشارات سازمان مدیریت صنعتی، چاپ اول.

۱۵۶. ولش، جک.(۱۳۸۲)، «جک سخنی از درون دل»، ترجمه‌ی محمد علی طوسی، تهران، سازمان مدیریت صنعتی، چاپ اول.

۱۵۷. ونوس، داور.(۱۳۸۱)، «قضایایی در بازاریابی و مدیریت بازار»، تهران، سازمان مطالعه و تدوین کتب علوم انسانی دانشگاهها (سمت)، چاپ چهارم.

۱۵۸. ویسکات، دیوید.(۱۳۷۵)، «هنر ریسک کردن»، ترجمه‌ی کیان‌دخت نورافروز، تهران، انتشارات ناهید، چاپ اول.

۱۵۹. ویلسون، آوبری.(۱۳۸۴)، «ممیزی بازاریابی»، ترجمه‌ی عبدالرضا رضایی‌نژاد، تهران، انتشارات رسا، چاپ اول.

۱۶۰. هارت، نورمن.(۱۳۸۲)، «بازاریابی صنعتی»، ترجمه‌ی محمد کرمانی و محمد ابراهیم گوهریان، تهران، انتشارات امیر کبیر، چاپ دوم.

۱۶۱. هاور، دنیس.(۱۳۸۴)، «اصول مذاکرات تجاری و ترفندهای آن»، ترجمه‌ی رضا حسین‌زاده ناصر، تهران، انتشارات نسیم دانش، چاپ اول.

۱۶۲. هلر، رابرت.(۱۳۸۳)، «روابط‌عمومی اثربخش»، ترجمه‌ی سید علی میرزائی، تهران، انتشارات سارگل، چاپ دوم.

۱۶۳. هلر، رابرت.(۱۳۸۳)، «مدیریت انگیزش»، ترجمه‌ی خدایار ابیلی و سعید علی میرزایی، تهران، انتشارات سارگل، چاپ دوم.

۱۶۴. هلر، رابرت.(۱۳۸۲)، «مدیریت تغییر»، ترجمه‌ی خدایار ابیلی و سعید علی میرزایی، تهران، انتشارات سارگل، چاپ اول.

۱۶۵. هیگیتر، جیمز. ۰۱۳۸۱)، «۱۰۱ تکنیک حل خلاق مسأله»، ترجمه‌ی محمود احمدپور داریانی، انتشارات امیر کبیر، چاپ سوم.

۱۶۶. یوسفی، محمد حسین.(۱۳۸۴)، «جزوه‌ی درسی مباحث کمی در قیمت‌گذاری»

167. Albert N. Link, Charles J. Woelfel, "the Complete Executive's Encyclopedia of Accounting, Finance, Investing, Banking & Economics", Progus Publishing Company, Chicago.

168. Bingam, Frank. (1995), "G: Business Marketing Management", South Western Colly Publishing.

169. D. Macdaniel, Carl, W. Lamb, Charlies. F. hair, Joseph. (2006), "marketing".

170. Douglas j. Dalrymple, William L. Cron and Thomas E. Decarlo, (2004), "Sales Management", John Willy & Sons, Inc U.S.A.

171. F. Heinecke, William. (2000), "The Enterprencure, 21 Golden Rules for the Globan Business Managers", John Willy & Sons pub, NY.

172. H. B. McDonald, Malcolm. (2002), "marketingplans : how to prepare them how to use them".

173. Hill, Nigel and Alexander, Jim. (2000), "Handbook of Customer satisfaction loyalty Measurment", second edition.

174. J. Mullins, Laurie. "Management and Organisational, Behaviour", Pitman company, second edition.

175. J. Kimmel, Allan. (2005), "marketing communication: new approaches, technologies and styles".

176. J. Leadley, patch, Forsyth, Patrick (2004), "marketing: Essential Principles, new realities".

177. Kotler, Philip. Lane Keller, Kevine, (2005), "marketing management", 12th edition.

178. Kotler, Philip and Armestrong, Gary, (2001), "Marketing Principles", Mac Grow Hill intl. U.S.A.

Hall, inc (now know as Pearson Education, inc) U.S.A.

179. Kotler, Philip and Armestrong, Gary, (2005), "Principles of Marketing", Prentic

180. Meisner, chet. Olson, Jerry, (1999), "the Complete guid to direct marketing creating break through programs that relly work".

181. Peter, Paul and C. Olson, Jerry, (1999), "Consumer Behaviour and Marketing Strategy", Mac Grow Hill pub, U.S.A.

182. T. Coughlan, Anne, (2001), "marketing channels".

آشنایی با فعالیتهای

▼

شرکت توسعه مهندسی بازارگستران آتی

TMBA

TMBA در یک نگاه

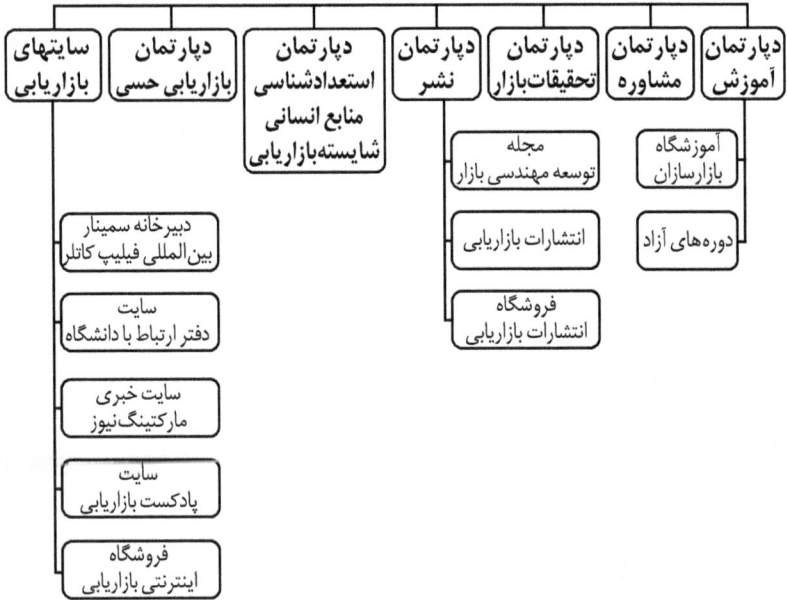

دپارتمان آموزش
دپارتمان مشاوره
دپارتمان تحقیقات بازار
دپارتمان نشر
دپارتمان استعدادشناسی منابع انسانی شایسته بازاریابی
دپارتمان بازاریابی حسی
سایتهای بازاریابی
آموزشگاه بازارسازان
دوره‌های آزاد
مجله توسعه مهندسی بازار
انتشارات بازاریابی
فروشگاه انتشارات بازاریابی
دبیرخانه سمینار بین‌المللی فیلیپ کاتلر
سایت دفتر ارتباط با دانشگاه
سایت خبری مارکتینگ‌نیوز
سایت پادکست بازاریابی
فروشگاه اینترنتی بازاریابی

نشانی: تهران، خیابان آزادی، جنب مترو آزادی، خیابان شاهین، پلاک ۶، طبقه ۳،

صندوق پستی: ۱۳۴۴۵/۱۳۴۵ - تلفن: ۴-۶۶۰۲۸۴۰۱ - فاکس: ۶۶۰۲۸۴۰۵ - همراه: ۰۹۱۲۱۹۹۴۲۸۱

www.TMBA.ir Email: info@TMBA.ir

شرکت توسعه مهندسی بازار گستران آتی (TMBA)

شرکت توسعه مهندسی بازار گستران آتی، تنها شرکت بازاریابی در ایران است که تمامی فعالیتهای آموزش بازاریابی، مشاوره بازاریابی، تحقیقات بازاریابی، انتشارات بازاریابی (کتابهای بازاریابی و مجله‌ی بازاریابی با عنوان "توسعه مهندسی بازار")، استعدادشناسی منابع انسانی شایسته‌ی بازاریابی، و بازاریابی حسی را بر عهده دارد.
شماره‌ی ثبت: ۲۳۷۸۰۸ / سال تأسیس: ۱۳۸۳

- **مدیریت** TMBA:

مدیریت TMBA بر عهده‌ی پرویز درگی، مدرس دوره‌های تخصصی بازاریابی در مقطع کارشناسی ارشد دانشگاه، مشاور و محقق بازاریابی است.

- **رسالت** TMBA:

ارتقای سطح کسب‌وکار بنگاههای اقتصادی طرف قرارداد با ارائه‌ی خدمات آموزشی، مشاوره، تحقیقات، و نشر مباحث بازاریابی به نحوی که بتوانیم ارزش مطلوبتری را برای مشتریان ارائه دهیم و در راستای رسیدن به هدفهای فوق در فضای رقابتی موفق باشیم.

- **خط‌مشی کیفیت** TMBA:

مدیریت شرکت، خود را در قبال کیفیت متعهد می‌داند و بر کیفیت پویا تأکید می‌کند و به ۴ موردی که در پی می‌آید، اعتقاد دارد:
۱- افزایش رضایت مشتریان با احترام گذاردن به نظرات ایشان
۲- ارتقای صلاحیت منابع انسانی به عنوان باارزشترین سرمایه‌های شرکت

نشانی: تهران، خیابان آزادی، جنب مترو آزادی، خیابان شاهین، پلاک ۶، طبقه ۳،
صندوق پستی: ۱۳۴۴۵/۱۳۴۵ - تلفن: ۴-۶۶۰۲۸۴۰۱ - فاکس: ۶۶۰۲۸۴۰۵ - همراه: ۰۹۱۲۱۹۹۴۲۸۱
www.TMBA.ir Email: info@TMBA.ir

۳- استفاده از تکنولوژی روز به منظور ارائه‌ی خدمات بهتر برای کارفرمایان

۴- بهبود فرایندهای بازاریابی و گسترش جغرافیایی فعالیتهای شرکت.

• عضویتها:

■ عضو انجمن تحقیقات بازاریابی اروپا (ESOMAR)

■ عضو آکادمی علوم بازاریابی (AMS)

■ عضو انجمن تحقیقات بازاریابی ایران

■ عضو انجمن علمی بازاریابی ایران

■ عضو انجمن صنفی مشاوران مدیریت ایران

■ عضو انجمن روابط عمومی ایران

■ عضو اتحادیه‌ی ناشران و کتابفروشان

■ دارای پروانه‌ی انتشار نشریه‌ی "توسعه مهندسی بازار" از وزارت فرهنگ و ارشاد اسلامی با گستره‌ی سراسری

■ دارای پروانه‌ی "انتشارات بازاریابی" از وزارت فرهنگ و ارشاد اسلامی

■ دارای مجوز آموزشگاه بازارسازان از سازمان آموزش فنی‌وحرفه‌ای کشور

• وجوه تمایز TMBA:

■ کاربردی کردن مطالب علمی در حوزه‌های آموزش، مشاوره، تحقیق و نشر، با نگرش بازار ایران

■ بهره‌مندی از استادان مجرب دانشگاهی که سوابق اجرایی و مشاوره در بنگاههای اقتصادی موفق دارند

■ واجد تیم کارشناسی مجرب و حرفه‌ای

• شعار خانواده‌ی TMBA:

امید، آگاهی و مهارت را با دقت، سرعت و کیفیت عرضه می‌کنیم.

نشانی: تهران، خیابان آزادی، جنب مترو آزادی، خیابان شاهین، پلاک ۶، طبقه ۳،
صندوق پستی: ۱۳۴۴۵/۱۳۴۵ - تلفن: ۴-۶۶۰۲۸۴۰۱ - فاکس: ۶۶۰۲۸۴۰۵ - همراه: ۰۹۱۲۱۹۹۴۲۸۱
www.TMBA.ir   Email: info@TMBA.ir

• **مشتریان ما:**

اسامی بعضی از بنگاههای اقتصادی که TMBA افتخار همکاری با ایشان را داشته است	
فرآورده‌های لبنی میهن	سلامت سبز آسیا
بانک اقتصاد نوین	شرکت چرم مشهد
فولاد هفت الماس	سرمایه‌گذاری غذایی تامین
اتاق بازرگانی و صنایع و معادن اصفهان	گلدن گروپ
چای گلستان	شرکت پک‌تین -کره بادام‌زمینی پرارین
رامک	شرکت محور ماشین
مهیا پروتئین	بانک توسعه صادرات
بانک سامان	توزیع داروپخش
بوش (ابزارسرا)	بیمه سامان
شرکت صنایع استیل البرز	همگام خودرو
سازه‌گستر سایپا	گروه اشی مشی
گروه صنعتی امرسان	آلپ
پیام همشهری	شرکت اریکه درنا-مواد غذایی
نوآوران آیدا پلاستیک	گروه صنعتی ایران خودرو
شرکت توسعه سرزمین هوشمند	شرکت مرغ اجداد ارم
هتل امیرکبیر اراک	سازمان بنادر و کشتیرانی جمهوری اسلامی ایران
شرکت سایپا دیزل	شرکت الدورا
لیان گلچین جنوب	انجمن اپتیک
بازرگانی لطیفی	شرکت پخش پیشگام وابسته به گروه تاژ
اطلس خودرو	نفت پاسارگاد
آلوم پک	شرکت زانتوس
بازرگانی صوفیائی	ستاد کارآفرینی شهرداری تهران
شودر	پیشرانه
آرد سینا	سازمان اقتصادی کوثر
شبکه بین‌المللی آفتاب	فراورده‌های گوشتی آندره

نشانی: تهران، خیابان آزادی، جنب مترو آزادی، خیابان شاهین، پلاک ۶، طبقه ۳،
صندوق پستی: ۱۳۴۴۵/۱۳۴۵ - تلفن: ۴-۶۶۰۲۸۴۰۱ - فاکس: ۶۶۰۲۸۴۰۵ - همراه: ۰۹۱۲۱۹۹۴۲۸۱
www.TMBA.ir Email: info@TMBA.ir

اسامی بعضی از بنگاههای اقتصادی که TMBA افتخار همکاری با ایشان را داشته است	
فروش خودرو ایرانیان	بیمه پارسیان
پلی‌پک	شرکت پارس‌خودرو
تک ماکارون	آرتاجوجه
پتوی پرنیا	آفرینگان نوین
پیروزان صنعت	آپادانا سرام
آرد البرز	شرکت سهامی صنایع شیر ایران
شرکت هپکو	کومت
شرکت همانندسازبافت	نساجی نخ‌ریس البرز
شرکت مگاموتور	الوگیفت
شرکت فرش مشهد	نان البرز
شرکت بازارنگر	ایساکو
پاتیلان صنعت	پگاه سیستم
آسان موتور	شرکت اطلس‌پود
فولاد اسفراین	شرکت شهرکهای صنعتی- اصفهان
طرح سازگوهر	شرکت نام نیک -کیک آشنا
بانک ملی ایران	شرکت دام و دریا - کنسرو پونل
فورتکس	بهستان دارو
پرمیت	سایپا یدک
شرکت ورق‌کار-تزئینات ساختمان	صبا جهاد
گروه بهپرور ارومیه	اکسپو کیش
کشتیرانی جمهوری اسلامی ایران	شهر نیرو سپاهان
شرکت فنرلول ایران	فراوردهای شیلاتی بندر عباس
مجتمع فولاد آلیاژی اصفهان	شرکت نفت ایرانول
گلشاد مشهد	شرکت پارس ابزارتندیس Ronix

برای اطلاعات بیشتر از مشتریان تازه‌ی شرکت TMBA می‌توانید به پرتال شرکت TMBA به نشانی www.TMBA.ir مراجعه کنید.

نشانی: تهران، خیابان آزادی، جنب مترو آزادی، خیابان شاهین، پلاک ۶، طبقه ۳،

صندوق پستی: ۱۳۴۴۵/۱۳۴۵ - تلفن: ۴-۶۶۰۲۸۴۰۱ - فاکس: ۶۶۰۲۸۴۰۵ - همراه: ۰۹۱۲۱۹۹۴۲۸۱

www.TMBA.ir Email: info@TMBA.ir

• دپارتمان آموزش:

▪ آموزشگاه بازارسازان:

در سال ۱۳۹۱، آموزشگاه بازارسازان با دریافت مجوز از سازمان فنی و حرفه‌ای کشور، تأسیس شد. این آموزشگاه، آموزش نیروهای مجرب و حرفه‌ای را برای فعالیتهای متنوع فروش، بازاریابی، ویزیتوری، تبلیغات، و... بر عهده دارد.

▪ دوره‌های آزاد:

۱- برگزاری ۵ دوره‌ی کاربردی جامع مدیریت بازاریابی با همکاری دانشکده‌ی مدیریت دانشگاه تهران.
- ویژگیهای دوره: طول هر دوره ۲۰۰ ساعت طراحی شده بود.
- شروع دوره‌ی اول: ۵ خرداد ۱۳۸۸
- صدور گواهینامه: دانشکده‌ی مدیریت دانشگاه تهران.

۲- برگزاری ۴ دوره‌ی تربیت ویزیتور با همکاری دانشکده‌ی مدیریت دانشگاه تهران.
- شروع دوره‌ی اول: ۱۴ آبان ماه ۱۳۸۸
- صدور گواهینامه: دانشکده مدیریت دانشگاه تهران.

۳- سمینارها و دوره‌های سفارسی مشتریان: سمینارهای و دوره‌هایی که سازمانها بنا به صنعت خاص خود، سفارش می‌دهند.

▪ برگزاری دوره‌های آموزش بازاریابی (به صورت رایگان):

۴- خانه‌ی هنرمندان ۱۳۸۵ و ۱۳۸۶ (کارفرما: پیام همشهری/ مجری: TMBA؛ دوره‌ی خاص برای بازاریابهای مطبوعاتی و شرکتهای تبلیغاتی)

۵- دانشکده‌ی مدیریت دانشگاه تهران ۱۳۸۷ (کارفرما: پگاه سیستم/ کمیته‌ی علمی: شرکت TMBA / دوره‌ی خاص برای مدیران ارشد سازمانها)

نشانی: تهران، خیابان آزادی، جنب مترو آزادی، خیابان شاهین، پلاک ۶، طبقه ۳،
صندوق پستی: ۱۳۴۴۵/۱۳۴۵ - تلفن: ۴-۶۶۰۲۸۴۰۱ - فاکس: ۶۶۰۲۸۴۰۵ - همراه: ۰۹۱۲۱۹۹۴۲۸۱
www.TMBA.ir   Email: info@TMBA.ir

۶- دانشگاه صنعتی شریف؛ ۱۳۸۹ (کارفرما: سازمان آگهیهای روزنامه‌ی ایران/ مجری: TMBA / ویژه‌ی مدیرعاملان و مدیران ارشد سازمانها)

۷- و...

برای ثبت‌نام در دوره‌ها و هرگونه اطلاع بیشتر از دوره‌های آموزش و آموزشگاه بازارسازان، می‌توانید به سایت www.marketingSchool.ir مراجعه کنید.

• دپارتمان مشاوره:

فعالیتهای این بخش به شرح زیرند:

۱- طراحی و پیاده‌سازی سازمان بازاریابی و فروش از آغاز تا انجام (A تا Z)

۲- ارزیابی متقاضیان استخدام در حوزه‌ی Marketing با نگرش PEO

۳- مشاوره در خصوص چگونگی ارتقای فروش

۴- مشاوره در خصوص فعالیتهای صادرات و واردات

۵- مشاوره در ابعاد مختلف Promotion شامل تبلیغات، روابط عمومی، چاشنیهای فروش، بازاریابی مستقیم و فروش شخصی

۶- سایر فعالیتهای مرتبط متناسب با نیاز بنگاه اقتصادی نظیر قیمت‌گذاری، ارائه‌ی محصول جدید به بازار، توزیع و...

برای اطلاع بیشتر می‌توانید به سایت www.MarketingConsulting.ir مراجعه کنید.

• دپارتمان تحقیقات بازاریابی:

تمامی پروژه‌های تحقیقات بازاریابی با نظارت مدیرعامل TMBA (عضو هیأت مدیره‌ی انجمن تحقیقات بازاریابی ایران، عضو هیأت مدیره‌ی انجمن علمی بازاریابی ایران، و عضو هیأت علمی مقطع کارشناسی ارشد سازمان مدیریت صنعتی) تدوین و اجرا می‌شوند.

نشانی: تهران، خیابان آزادی، جنب مترو آزادی، خیابان شاهین، پلاک ۶، طبقه ۳،

صندوق پستی: ۱۳۴۴۵/۱۳۴۵ - تلفن: ۴-۶۶۰۲۸۴۰۱ - فاکس: ۶۶۰۲۸۴۰۵ - همراه: ۰۹۱۲۱۹۹۴۳۸۱

www.TMBA.ir Email: info@TMBA.ir

عناوین بعضی از پروژه‌های تحقیقاتی عبارتند از:

- طرح شناخت (مطالعه‌ی محیط داخلی بنگاه اقتصادی)
- تحقیقات تست ایده (Concept Test) قبل از خلق محصول
- تحقیقات تست محصول (Product Test) قبل از خلق محصول
- سنجش صدای مشتری (VOC)
- ارزیابی رضایت مشتری (CSM) شامل درصد نارضایتی و علل نارضایتی
- ارزیابی رضایت کارکنان (ESM) شامل درصد نارضایتی و علل نارضایتی
- ارزیابی رضایت عمده‌فروشان و خرده‌فروشان از نیروهای فروش و عوامل توزیع
- بررسی سیستم توزیع و شناخت نقاط قوت و نقاط ضعف آن در سطوح عمده‌فروشی، خرده‌فروشی، نمایندگیها و شعب
- بررسی اثربخشی فعالیتهای مختلف ترویج شرکت (تبلیغات، روابط عمومی، فروش شخصی، چاشنیهای فروش، بازاریابی مستقیم)
- بررسی قیمت و سیاستهای قیمت‌گذاری
- بررسی جنبه‌های مختلف محصول (کیفیت، بسته‌بندی، برند، خدمات حمایتی، و...)
- بررسی جایگاه شرکت در صنعت (رتبه - سهم بازار، و جایگاه برند)
- برآورد تقاضا و پیش‌بینی فروش
- امکان‌سنجی به‌منظور افزایش طول خط محصول(تنوع در محصولات موجود) و عرض خط محصول (اضافه کردن محصول جدید به سبد تولیدات شرکت)
- مطالعات کتابخانه‌ای مرتبط با موضوع تحقیق به منظور جمع‌آوری اطلاعات ثانویه
- تهیه‌ی برنامه‌ی بازاریابی(Marketing plan) در قالب رویکردی سازمان‌یافته و جامع

برای اطلاع بیشتر می‌توانید به سایت www.Marketing-Research.ir مراجعه کنید.

نشانی: تهران، خیابان آزادی، جنب مترو آزادی، خیابان شاهین، پلاک ۶، طبقه ۳،
صندوق پستی: ۱۳۴۴۵/۱۳۴۵ - تلفن: ۴-۶۶۰۲۸۴۰۱ - فاکس: ۶۶۰۲۸۴۰۵ - همراه: ۰۹۱۲۱۹۹۴۲۸۱
www.TMBA.ir Email: info@TMBA.ir

• دپارتمان استعدادشناسی منابع انسانی شایسته‌ی بازاریابی:

دپارتمان استعدادشناسی منابع انسانی شایسته‌ی بازاریابی، دو وظیفه‌ی عمده دارد:

۱- ارزیابی همکاران فعلی حوزه‌ی بازاریابی و فروش و میز پذیرش (منشی و...) در سازمانها

۲- ارزیابی علاقه‌مندان به همکاری در قسمتهای بازاریابی و فروش میز پذیرش

برای اطلاعات بیشتر به سایت دپارتمان استعدادشناسی منابع انسانی شایسته‌ی بازاریابی به نشانی www.MarketingJobs.ir مراجعه کنید.

• دپارتمان بازاریابی حسی – میدانی

فعالیتهای این واحد در دو حوزه‌ی بازاریابی حسی و بازاریابی میدانی خلاصه می‌شود:

▪ بازاریابی حسی:

از واحد بازاریابی حسی می‌توان موارد زیر را انتظار داشت:

۱- افزایش فروش

۲- افزایش آگاهی در مورد برند

۳- افزایش پاخور فروشگاه و افزایش بازدید از وب‌سایت شرکت

۴- به زندگی آوردن شخصیت برند

۵- افزایش وفاداری مشتری

۶- کسب اعتبار در بین بخش خاصی از مشتریان هدف (niche)

۷- ایجاد تبلیغات دهان به دهان

۸- ایجاد مبلغان و مروجان برند

و...

نشانی: تهران، خیابان آزادی، جنب مترو آزادی، خیابان شاهین، پلاک ۶، طبقه ۳،

صندوق پستی: ۱۳۴۴۵/۱۳۴۵ - تلفن: ۴-۶۶۰۲۸۴۰۱ - فاکس: ۶۶۰۲۸۴۰۵ - همراه: ۰۹۱۲۱۹۹۴۲۸۱

www.TMBA.ir   Email: info@TMBA.ir

■ **بازاریابی میدانی**

در این حوزه به فعالیتهای برونسپاری شده‌ی شرکتها برای فروش و ترویج پاسخ می‌دهیم.

برای توضیحات بیشتر در مورد فعالیت این دپارتمان به سایت این دپارتمان به‌نشانی www.ExperientialMarketing.ir و www.FieldMarketing.ir مراجعه کنید یا با شماره تلفنهای شرکت TMBA تماس بگیرید.

• **بانک مقالات بازاریابی و سایت دفتر ارتباط با دانشگاه:**

TMBA بنا به مسئولیتهای اجتماعی وظیفه دارد پل ارتباطی صنعت با دانشگاه باشد. تمامی دپارتمانهای این شرکت نیز در خدمت همین ارتباط - صنعت با دانشگاه - است. سایت بانک مقالات بازاریابی از سال ۱۳۸۶ در شرکت TMBA تأسیس شد. این سایت هم‌اکنون میزبان بیش از ۳۰۰۰ مقاله است.

- سایت بانک مقالات بازاریابی: www.MarketingArticles.ir

استقبال فراوان دانشگاهها و مراکز علمی از این سایت، TMBA را بر آن داشت تا سایت مستقلی را به‌نام دفتر ارتباط با دانشگاه در آذرماه سال ۱۳۸۹ راه‌اندازی کند. این سایت وظیفه دارد اخبار و اطلاعات دانشگاهها و مراکز علمی را در حوزه‌های بازاریابی، تبلیغات، اقتصاد، مدیریت، و MBA معرفی کند. این اخبار عبارتند از:

- معرفی دانشگاهها و مراکز علمی
- معرفی نشریات، پایان‌نامه‌ها و پروژه‌های دانشگاهها و مراکز علمی
- معرفی استادان دانشگاهها و مراکز علمی
- معرفی و بازتاب رویدادها و کنفرانسهای دانشگاهها و مراکز علمی

- سایت دفتر ارتباط با دانشگاه: www.UniversityAndMarket.ir

نشانی: تهران، خیابان آزادی، جنب مترو آزادی، خیابان شاهین، پلاک ۶، طبقه ۳،
صندوق پستی: ۱۳۴۴۵/۱۳۴۵ - تلفن: ۴-۶۶۰۲۸۴۰۱ - فاکس: ۶۶۰۲۸۴۰۵ - همراه: ۰۹۱۲۱۹۹۴۲۸۱
www.TMBA.ir Email: info@TMBA.ir

• انتشارات بازاریابی:

انتشارات بازاریابی با هدف ارتقای دانش حرفه‌ای مدیران بویژه مدیرعاملان و مدیران بازاریابی و فروش، در دو حوزه‌ی ۱) کتابهای بازاریابی و ۲) مجله‌ی بازاریابی فعالیت می‌کند.

- **مدیر مسئول:** پرویز درگی
- **مدیر اجرایی:** احمد آخوندی
- **آغاز فعالیت:** ۱۵ خرداد ۱۳۹۰

- فهرست کتابهای انتشارات بازاریابی به شرح زیرند:

۱- کتاب "مدیریت فروش و فروش حضوری با نگرش بازار ایران" تألیف پرویز درگی (چاپ پانزدهم).
۲- کتاب "تحقیقات بازاریابی در یک هفته" ترجمه‌ی محمدحسن امامی و پرویز درگی (چاپ دوم).
۳- کتاب "کسب‌وکار نام‌های تجاری" ترجمه‌ی پرویز درگی و عطیه بطحایی.
۴- کتاب "مباحث و موضوعات مدیریت بازاریابی با نگرش بازار ایران" تألیف پرویز درگی (چاپ سوم).
۵- کتاب "قضایای موردی واقعی بازاریابی با نگرش بازار ایران" تألیف پرویز درگی (چاپ دوم).
۶- کتاب "بازاریابی و فروش تلفنی با نگرش بازار ایران" تألیف پرویز درگی (چاپ دوم).
۷- کتاب "کلینیک محصول، آزمون بازاریابی محصولات جدید" تألیف پرویز درگی و سیدسعید میرواحدی.
۸- کتاب "دل‌گفته‌ها و دل‌نوشته‌های معلم بازاریابی" تألیف پرویز درگی.
۹- کتاب "مبانی تحقیقات کاربردی (اشتباهات رایج، مسائل و راه‌حلهای کارشناسی)" ترجمه‌ی استاد سینا قربانلو.
۱۰- کتاب "مباحث و موضوعات بازاریابی خدمات با نگرش بازار ایران" تألیف پرویز درگی.

نشانی: تهران، خیابان آزادی، جنب مترو آزادی، خیابان شاهین، پلاک ۶، طبقه ۳،
صندوق پستی: ۱۳۴۴۵/۱۳۴۵ - تلفن: ۴-۶۶۰۲۸۴۰۱ - فاکس: ۶۶۰۲۸۳۰۵ - همراه: ۰۹۱۲۱۹۹۴۲۸۱
www.TMBA.ir Email: info@TMBA.ir

۱۱- کتاب "چگونگی اداره‌ی کسب‌وکار در بحران اقتصادی" تألیف پرویز درگی.
۱۲- کتاب "آدکار؛ تکنیکهای کاربردی تغییر در کسب‌وکار" ترجمه‌ی مونا محمدزاده جور.
۱۳- کتاب "اصول، فنون، و هنر مذاکره با نگرش بازار ایران" تألیف محمدحسین غوثی و پرویز درگی (چاپ دوم).
۱۴- کتاب "تکنیکهای فرصت‌یابی در بازاریابی و فروش (با نگرش بازار ایران)" تألیف پرویز درگی.
۱۵- کتاب "مدلهای مدیریتی برای راه‌اندازی و اداره‌ی یک کسب‌وکار/ از تئوری تا عمل" تألیف پرویز درگی و محمد سالاری.
۱۶- کتاب "بازاریابی حسی" ترجمه‌ی پرویز درگی و محمد سالاری.
۱۷- کتاب "هوشمندی رقابتی و هوشمندی بازاریابی" تألیف پرویز درگی (چاپ دوم).
۱۸- کتاب "فروشگاه؛ راهکارها و نکته‌ها"، تألیف ستیلا باسقی (چاپ دوم).
۱۹- کتاب "یاداشتهای معلم بازاریابی"، تألیف پرویز درگی.
۲۰- کتاب "تبلیغات پنهان در بازاریابی"، تألیف علی سلیمانی بشلی و وجیهه طالبی.
۲۱- کتاب "نقشه‌ی ذهن مشتری"، ترجمه‌ی پرویز درگی و محمد سالاری.

کتابهای در دست انتشار:

۱- کتاب "بازاریابی بدون تبلیغات"، ترجمه‌ی محمد سالاری (چاپ دوم)، زمان انتشار ۱۳۹۱.
۲- کتاب "سلام؛ صبح‌بخیر همراه"، تألیف پرویز درگی، زمان انتشار ۱۳۹۱.
۳- کتاب "درسنامه‌های معلم بازاریابی"، تألیف پرویز درگی، زمان انتشار ۱۳۹۱.
۴- کتاب "مهارتهای ارتباط با مشتریان شاکی"، تألیف پرویز درگی، زمان انتشار ۱۳۹۱.
۵- کتاب "پرورش نبوغ بازاریابی"، ترجمه‌ی استاد سینا قربانلو، زمان انتشار ۱۳۹۱.
۶- کتاب "رفتار مصرف‌کننده"، ترجمه‌ی دکتر کامبیز حیدرزاده، زمان انتشار ۱۳۹۱.
۷- کتاب "فرهنگ واژگان بازاریابی"، ترجمه‌ی دکتر کامبیز حیدرزاده و حسین‌علی سلطانی، زمان انتشار ۱۳۹۱.

نشانی: تهران، خیابان آزادی، جنب مترو آزادی، خیابان شاهین، پلاک ۶، طبقه ۳،
صندوق پستی: ۱۳۴۴۵/۱۳۴۵ - تلفن: ۴-۶۶۰۲۸۴۰۱ - فاکس: ۶۶۰۲۸۴۰۵ - همراه: ۰۹۱۲۱۹۹۴۲۸۱
www.TMBA.ir Email: info@TMBA.ir

۸- کتاب "مدیریت انتظارات مشتریان"، ترجمه‌ی احمد آخوندی و محسن جاویدمؤید، زمان انتشار ۱۳۹۱.
۹- کتاب "شناساندن به مشتری"، تألیف پرویز درگی، زمان انتشار ۱۳۹۱.
۱۰- کتاب "سرگذشت برندهای نام‌آور جهانی"، تألیف پرویز درگی، زمان انتشار ۱۳۹۱.
۱۱- کتاب "هفت راز تحول سازمانهای بازاریابی و فروش"، تألیف پرویز درگی، زمان انتشار ۱۳۹۱.
۱۲- کتاب "راهنمای مدیران در کانال توزیع" ترجمه و تألیف پرویز درگی و امیرحسین سرفرازیان، زمان انتشار ۱۳۹۱.
و...

شرایط چاپ کتاب در انتشارات بازاریابی:

مؤلفان و مترجمان علاقه‌مند به انتشار کتابهای بازاریابی، در صورت تمایل می‌توانند آثار خود را برای دفتر انتشارات بازاریابی ارسال کنند.

اصلی‌ترین مخاطبان این انتشارات، مدیرعاملان و نیز مدیران بازاریابی و فروش است. بدین‌رو ویژگیهایی مورد توجه انتشارات بازاریابی عبارتند از:

۱. موضوعات تازه‌ی بازاریابی
۲. نثر روان، کاربردی، همراه با مطالعات موردی (Case Study)
۳. مطالعات بین‌رشته‌ای از اولویت چاپ برخوردارند

برای اطلاعات بیشتر می‌توانید به سایتهای اینترنتی انتشارات بازاریابی، به نشانی www.MarketingBooks.ir و یا www.MarketingPablisher.ir مراجعه کنید یا با شماره تلفنهای ۴-۶۶۰۲۸۴۰۱ (۰۲۱) تماس بگیرید.

نشانی: تهران، خیابان آزادی، جنب مترو آزادی، خیابان شاهین، پلاک ۶، طبقه ۳،
صندوق پستی: ۱۳۴۴۵/۱۳۴۵ - تلفن: ۴-۶۶۰۲۸۴۰۱ - فاکس: ۶۶۰۲۸۴۰۵ - همراه: ۰۹۱۲۱۹۹۴۲۸۱
www.TMBA.ir Email: info@TMBA.ir

• مجله‌ی توسعه مهندسی بازار:

- **صاحب امتیاز و مدیر مسئول:** پرویز درگی
- **سردبیر:** محسن جاویدمؤید
- **آغاز انتشار:** بهار ۱۳۸۶
- **آخرین تیراژ:** ۳۰۰۰ نسخه
- **گستره‌ی توزیع:** سراسری
- **مخاطبان نشریه:** مدیران بنگاهها، شرکتها، مؤسسات بویژه مدیران بازاریابی، سرپرستان و کارکنان فروش، مدیران روابط عمومی و تبلیغات، علاقه‌مندان به موضوعات بازاریابی در دنیای رقابت خصوصاً استادان و دانشجویان رشته‌های مرتبط.

برای اطلاعات بیشتر به سایت اینترنتی مجله‌ی توسعه مهندسی بازار به نشانی www.MarketingMag.ir مراجعه کنید.

• لوح‌های فشرده (سی‌دی) بازاریابی:

مدیران علاقه‌مند، استادان، و دانشجویان بازاریابی می‌توانند برای اطلاع از تازه‌ترین موضوعات بازاریابی، لوح‌های فشرده (سی‌دی) بازاریابی را ببینند. این سی‌دی‌ها عمدتاً آثار دانشگاه هاروارد است که با زیرنویس فارسی در شرکت TMBA تهیه و تولید شده است.

عناوین این لوح‌های فشرده(سی‌دی) عبارتند از:

- خلق تفکر نوآوری
- ایجاد کسب‌وکار مشتری‌مدار
- چگونه عامل تغییر رسانه‌های اجتماعی باشیم
- نوآوری در شرکت پراکتراندگمبل

نشانی: تهران، خیابان آزادی، جنب مترو آزادی، خیابان شاهین، پلاک ۶، طبقه ۳،

صندوق پستی: ۱۳۴۴۵/۱۳۴۵ - تلفن: ۴-۶۶۰۲۸۴۰۱ - فاکس: ۶۶۰۲۸۴۰۵ - همراه: ۰۹۱۲۱۹۹۴۲۸۱

www.TMBA.ir Email: info@TMBA.ir

- پنج نیروی رقابتی شکل‌دهنده‌ی استراتژی
- برند رهبری
- اهمیت یادگیری در سازمان
- روانشناسی مصرف‌کننده در دوره‌ی رکود
- خواندن ذهن مشتری
- بزرگترین اشتباه رهبران تجاری
- رهبران آینده چه نقشی دارند؟
- ستاره‌های خود را بسازید؛ آنها را نخرید
- MBA بر سر دو راهی
- رهبران آینده را کجا پیدا کنیم؟
- مدیرعامل درون خود را پرورش دهید
- سازمانتان را آسانتر اداره کنید
- سمینار تخصصی "هوشمندی رقابتی و هوشمندی بازاریابی"
- سمینار تخصصی "شبکه (Network) در بازاریابی"
- سمینار تخصصی "توصیه‌های کاربردی به بنگاههای اقتصادی"

برای اطلاعات بیشتر به سایت اینترنتی www.MarketingMag.ir مراجعه کنید.

• فروشگاه انتشارات بازاریابی:

فروشگاه انتشارات بازاریابی با هدف مهیاسازی کتابهای بازاریابی از تمامی ناشران ایرانی، در تهران، واقع در میدان انقلاب، روبه‌روی دانشگاه تهران، ابتدای خیابان ۱۲ فروردین، پاساژ کتاب فروردین دایر است. علاقه‌مندان برای خرید بیش از ۲۰۰۰ عنوان از کتابهای تخصصی بازاریابی و فروش می‌توانند حضوری مراجعه کنند و یا با شماره تلفنهای ۶۶۴۰۸۲۵۱ و ۶۶۴۰۸۲۷۱ تماس بگیرند.

نشانی: تهران، خیابان آزادی، جنب مترو آزادی، خیابان شاهین، پلاک ۶، طبقه ۳،
صندوق پستی: ۱۳۴۴۵/۱۳۴۵ - تلفن: ۴-۶۶۰۲۸۴۰۱ - فاکس: ۶۶۰۲۸۴۰۵ - همراه: ۰۹۱۲۱۹۹۴۲۸۱
www.TMBA.ir Email: info@TMBA.ir

• **فروشگاه اینترنتی** TMBA:

شما می‌توانید با مراجعه به پورتال TMBA، یا سایت فروشگاه اینترنتی TMBA به‌نشانی www.Shop.Tmba.ir، محصولات فرهنگی حوزه‌ی بازاریابی (کتابها، نشریات، وی‌سی‌دی یا دی‌وی‌دی) را سفارش دهید یا تلفنی سفارش خود را دستور دهید.

نشانی: تهران، خیابان آزادی، جنب مترو آزادی، خیابان شاهین، پلاک ۶، طبقه ۳،
صندوق پستی: ۱۳۴۴۵/۱۳۴۵ - تلفن: ۴-۶۶۰۲۸۴۰۱ - فاکس: ۶۶۰۲۸۴۰۵ - همراه: ۰۹۱۲۱۹۹۴۲۸۱
www.TMBA.ir Email: info@TMBA.ir

منتشر می شود:

پرورش نبوغ بازاریابی

تألیف:

پیتر فیسک

مترجم:

سینا قربانلو

با پیشگفتاری از:

پرویز درگی

مدرس دانشگاه - مشاور و محقق بازاریابی

نشانی: تهران، خیابان آزادی، جنب مترو آزادی، خیابان شاهین، پلاک ۶، طبقه ۳،
صندوق پستی: ۱۳۴۴۵/۱۳۴۵ - تلفن: ۴-۶۶۰۲۸۴۰۱ - فاکس: ۶۶۰۲۸۴۰۵ - همراه: ۰۹۱۲۱۹۹۴۲۸۱
www.TMBA.ir Email: info@TMBA.ir

منتشر می‌شود:

فرهنگ واژگان بازاریابی

ترجمه:

دکتر کامبیز حیدرزاده

حسین‌علی سلطانی

با پیشگفتاری از:

پرویز درگی

مدرس دانشگاه - مشاور و محقق بازاریابی

نشانی: تهران، خیابان آزادی، جنب مترو آزادی، خیابان شاهین، پلاک ۶، طبقه ۳،

صندوق پستی: ۱۳۴۴۵/۱۳۴۵ - تلفن: ۴-۶۶۰۲۸۴۰۱ - فاکس: ۶۶۰۲۸۴۰۵ - همراه: ۰۹۱۲۱۹۹۴۲۸۱

www.TMBA.ir Email: info@TMBA.ir

چند کتاب پیشنهاد سردبیر انتشارات برای شما

برای تهیه کتاب ها از آمازون یا وبسایت انتشارات می توانید بارکدهای زیر را اسکن کنید

kphclub.com

Amazon.com

Kidsocado Publishing House
خانه انتشارات کیدزوکادو
ونکوور، کانادا

تلفن : ۶۳۳ ۸۶۵۴ (۸۳۳) ۱+
واتس آپ:۳۳۳ ۷۲۴۸ (۲۳۶) ۱ +
ایمیل:info@kidsocado.com
وبسایت انتشارات: https://kidsocadopublishinghouse.com
وبسایت فروشگاه: https://kphclub.com